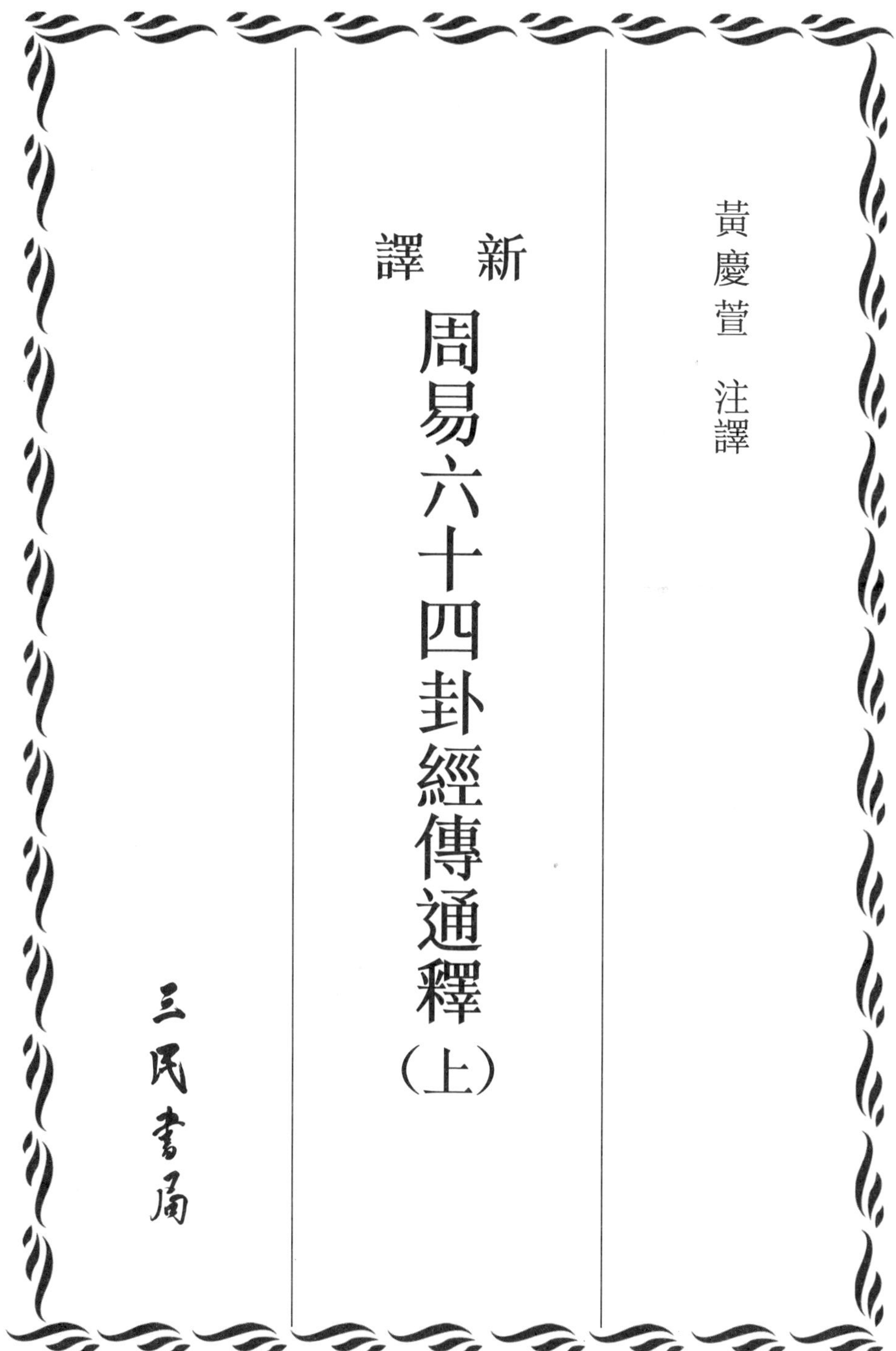

黃慶萱 注譯

新譯周易六十四卦經傳通釋（上）

三民書局

刊印古籍今注新譯叢書緣起

劉振強

人類歷史發展，每至偏執一端，往而不返的關頭，總有一股新興的反本運動繼起，要求回顧過往的源頭，從中汲取新生的創造力量。孔子所謂的述而不作，溫故知新，以及西方文藝復興所強調的再生精神，都體現了創造源頭這股日新不竭的力量。古典之所以重要，古籍之所以不可不讀，正在這層尋本與啟示的意義上。處於現代世界而倡言讀古書，並不是迷信傳統，更不是故步自封；而是當我們愈懂得聆聽來自根源的聲音，我們就愈懂得如何向歷史追問，也就愈能夠清醒正對當世的苦厄。要擴大心量，冥契古今心靈，會通宇宙精神，不能不由學會讀古書這一層根本的工夫做起。

基於這樣的想法，本局自草創以來，即懷著注譯傳統重要典籍的理想，由第一部的四書做起，希望藉由文字障礙的掃除，幫助有心的讀者，打開禁錮於古老話語中的豐沛寶藏。我們工作的原則是「兼取諸家，直注明解」。一方面熔鑄眾說，擇善而從；一方面也力求明白可喻，達到學術普及化的要求。叢書自陸續出刊以來，頗受各界的喜愛，使我們得到很大的鼓勵，也有信心繼續推廣這項工作。隨著海峽兩岸的交流，我們注譯的成員，也由臺灣各大學的教授，擴及大陸各有專長的學者。陣容的充實，使我們有更多的資源，整理更多樣化的古籍。兼採經、史、子、集四部的要典，重拾對通才器識的重視，將是我們進一步工作的目標。

古籍的注譯，固然是一件繁難的工作，但其實也只是整個工作的開端而已，最後的完成與意義的賦予，全賴讀者的閱讀與自得自證。我們期望這項工作能有助於為世界文化的未來匯流，注入一股源頭活水；也希望各界博雅君子不吝指正，讓我們的步伐能夠更堅穩地走下去。

新譯周易六十四卦經傳通釋　目次

坤卦經傳通釋第二

屯卦經傳通釋第三

蒙卦經傳通釋第四

需卦經傳通釋第五

訟卦經傳通釋第六

師卦經傳通釋第七

比卦經傳通釋第八

小畜卦經傳通釋第九

履卦經傳通釋第十

泰卦經傳通釋第十一

否卦經傳通釋第十二

同人卦經傳通釋第十三

大有卦經傳通釋第十四

謙卦經傳通釋第十五

豫卦經傳通釋第十六

隨卦經傳通釋第十七

蠱卦經傳通釋第十八

臨卦經傳通釋第十九

觀卦經傳通釋第二十

噬嗑卦經傳通釋第二十一

賁卦經傳通釋第二十二

剝卦經傳通釋第二十三

復卦經傳通釋第二十四

无妄卦經傳通釋第二十五

大畜卦經傳通釋第二十六

頤卦經傳通釋第二十七

大過卦經傳通釋第二十八

坎卦經傳通釋第二十九

離卦經傳通釋第三十

導讀

關於《周易》，我經常被問到的問題有兩個。第一個是：「你研究《易經》呀？你會不會卜卦？替我卜一卦好嗎？」第二個是：「《易經》，好玄啊！聽說微積分和電子計算機都是從《易經》中發展出來的，是嗎？」

對第一個問題，我的答案是：「《易經》本來的確是占筮之書。但是孔子已把它看做寡過之書，說『五十以學《易》，可以無大過矣！』並且明明白白告訴學生：『不占而已矣！』」對第二個問題，我的回答是：「德國數學家萊布尼茲（Leibniz, Gottfried Wilhelm，一六四六—一七一六）在一六六六年寫成《組合的藝術》，闡述了計算機的理論。一六七二年造出一臺計算機。一六七九年，改進了二進位制，提出位置分析法，後來發展成一般拓樸學。一六八四年發表《求最大和最小的新方法》，解釋了他的微分學。而一六九七年，在中國傳教的法國傳教士白晉（Joachin Bouvet，一六五六—一七三〇）開始和萊布尼茲通信。一六九八年二月二十八日的信才談及《易經》。一七〇一年，白晉把一張從《易經》看到的「伏羲六十四卦方位圖」寄給萊氏，一直到一七〇三年才輾轉遞到萊氏手中。那年五月十八日，萊氏回給白晉的信中，詳細闡釋二進位制數學和六十四卦六爻排列的對應關係。一七一三年，白晉再寄給萊氏一本《易經》。由上述事實及其發生的年代看來，說萊氏醉心於二進位數學，並因此對《易經》六十四卦排列產生興趣是可以的；但是，要斷定萊氏的二進位數學理念及其製作計算機，是受六十四卦倍進法的啟示，則需補足更多的證據。」

假如站在文獻學的立場看經學中的《易經》，可以發現《易經》是經典中的經典，根源裏的根源。在中國圖書經、史、子、集四分法中，史部根源是經部的《尚書》和《春秋》，是記憶活動的記錄，以求真為重點；子部根源於經部的《周易》、《周禮》、《儀禮》、《禮記》，是理智活動的成果，以求善為重點；集部根源於經部的《詩經》、《樂經》，是情感活動的產物，以求美為重點。按照經學古文學派的排列，六經的次序是：《易》、《書》、《詩》、《禮》、《樂》、《春秋》。古文學派注重歷史，認為《易經》起於伏羲畫卦，時代最早；《尚書》有〈堯典〉、〈舜典〉，時代次之；《詩經》三〈頌〉中有〈商頌〉，時代又次之；周公姬旦制禮作樂，又晚於商；而孔子修《春秋》，時代就更晚了。伏羲畫卦，雖然只是文獻上記載的傳說，但是在新石器時代的遺物上已有三個及六個數字組成的數字卦出現，易卦的起源的確是夠早的。而且卦爻辭中記載的如：「鳥焚其巢，旅人先笑後號咷，喪牛於易，凶」，說的是殷先祖王亥在「有易」這個地方作買賣，而喪失牛羊的事。「高宗伐鬼方，三年克之，小人勿用」，說的是殷祖武丁征討犬戎的事。此外，如：「帝乙歸妹，以祉元吉」、「箕子之明夷，利貞」、「拘係之，乃從維之，王用亨於西山」、「康侯用錫馬蕃庶，晝夜三接」，說的是商周之際的史實。可以視為《尚書》、《春秋》記事的濫觴。又如：「匪我求童蒙，童蒙求我」、「訟：有孚，窒惕。中吉，終凶」、「師出以律，否臧凶」、「視履考祥，其旋元吉」、「咸：亨，利貞。取女吉」、「家人嗃嗃，悔厲吉；婦子嘻嘻，終吝」等，點出了教育、司法、軍事、禮儀、人倫等的原則，可以視為「三禮」之根源。至如「明夷于飛，垂其翼；君子于行，三日不食」、「鳴鶴在陰，其子和之；吾有好爵，吾與爾靡之」，更已有《詩經》如歌的節奏了。謂之《詩》、《樂》之祖，孰曰不宜？所以，無論就創作時代和卦爻辭內容來看，《易經》在中國文化史上根源性的地位是可以肯定的。

現在就來談《周易》的內容。許多人的印象，常認為《周易》是「一本書」。這個印象，恐怕有礙於真相的了解，常使我們無法對《周易》作較客觀的認識。嚴格說來：《周易》不是「一本書」，而像戴靜山（君仁）先生《談易》一書所說的，是「一部叢書」。它包括「經」和「傳」兩大類，細分又有許多單元，各有不同的「作者」和「時代背景」。是含糊不得的。

一、《周易》的內容

(一)《易經》

先說「經」。包括六十四卦卦爻象、卦爻名、卦爻辭。簡單介紹如下：

1.六十四卦卦爻象

《周易》主要部分，由「六十四卦」組成。而其他文字，皆環繞此六十四卦而試作「占斷」或「解釋」。六十四卦由「八卦」重疊而成；八卦又由陽爻、陰爻三疊而成。大概古人觀察人類及其生活的環境，發現人類有男有女，生活在天地之間。於是以陽爻代表男性、天，以及一切陽剛的事物，其象為「一」；以陰爻代表女性、地，以及一切陰柔的事物，其象為「--」。進一步三疊而有八卦。☰為乾，代表天、父等；☷為坤，代表地、母等；☳為震，代表雷、長子等；☴為巽，代表風、長女等；☵為坎，代表水、中男等；☲為離，代表火、中女等；☶為艮，代表山、少男等；☱為兌，代表澤、少女等。天地之間的事物當然不止這八種，於是再重卦而有六十四卦，包含三百八十四爻，來擬儀神祕的自然，象徵萬物的情況。《周易．繫辭傳》：「近取諸身，遠取諸物，於是始作八卦，以通神明之德，以類萬物之情。」又說：「八卦成列，象在其中矣；因而重之，爻在其中矣；剛柔相推，變在其中矣；繫辭焉而命之，動在其中矣。」應該就是這種意思。因此，我個人粗淺的看法，以為從陰陽而八卦而六十四卦的演進過程中，可以略知我們祖宗對宇宙人生的緣起以及演進過程的解釋。

相傳八卦是伏羲所畫；六十四卦是文王所重。個人的看法，伏羲象徵著中國古代史上的一個漁獵時代。他實在沒有傳說上那麼地早，應該相當於從事漁獵的殷商時代；而周為后稷之後，正是農耕民族。這樣說來，伏羲畫卦，文王重卦，與《周易》六十四卦源於殷商龜卜，實具有相似的意義。

現在必須再談談的是「數字卦」。這是一九八〇年張政烺在〈試釋周初青銅器銘文中的易卦〉一文中首先提出的，見北京《考古學報》。香港劉述先、臺北戴璉璋、大陸李學勤等，對此都有所論述。數字卦由三個數字或六個數字構成。前者相近於八卦；後者相近於六十四卦。常見的數字有一、五、六、七、八，與《易》占之用六、七、八、九，有少許出入。所以「數字卦」很可能是「八卦」和「六十四卦」的源頭。在新石器時代的遺物上已有六個數字組成的數字卦出現，這使我們對「三易」：神農《連山易》、黃帝《歸藏易》和周代《周易》演進的可能性，要以較肯定的態度重加檢驗與思考。

也許，占筮與龜卜是兩大家族，《周易》六十四卦與殷墟卜辭只是姻親關係，與數字卦才是血親關係。

2. 卦爻名

六十四卦卦象下面，有「卦名」，包括三畫之卦的卦名，和六畫之卦的卦名。舉乾、坤、既濟、未濟為例：

䷀ 乾下乾上 乾　　䷁ 坤下坤上 坤

䷾ 離下坎上 既濟　　䷿ 坎下離上 未濟

「乾下」、「乾上」，「坤下」、「坤上」，「離下」、「坎上」，「坎下」、「離上」，指的是三畫之卦的卦名及其上下的位置，至於「乾」、「坤」、「既濟」、「未濟」，則是六畫之卦的卦名。

六十四卦的卦名，高亨以為是由卦爻辭中摘取主要或常見的一兩字而成。如「乾」卦，摘取九三爻辭「君子終日乾乾」之「乾」為名；「需」卦，摘取爻辭「需于郊」「需于沙」「需于泥」「需于血」「需于酒食」之「需」為名。古書常無篇名，像《詩經》、《論語》，篇名都是後人加的。《周易》也一樣，先有卦爻辭，後來才加上卦名，這是有可能的。

「爻名」又稱「爻題」，由陰數「六」、陽數「九」，配合自下至上的爻位數「初、二、三、四、五、上」構成。計有初六、六二、六三、六四、六五、上六，初九、九二、九三、九四、九五、上九，共十二個。六十四卦有三百八十四爻，所以自「初六」到「上九」，都各有三十二個。在《易經》原文中，每卦卦名卦辭之後，是該卦六爻的爻名與爻辭，區別分明；但引用時，爻名前必須冠以卦名，如「乾初九」、「坤六二」之類，才不致弄混。

3. 卦爻辭

包括卦辭、爻辭，和乾坤二卦的用辭。

卦辭是說明一卦的現象和占斷一卦的吉凶禍福的。如乾：「元、亨、利、貞。」坤：「元亨，利牝馬之貞。君子有攸往：先，迷；後，得主，利。西南得朋，東北喪朋。安貞吉。」

爻辭是說明一爻的現象和占斷一爻的吉凶禍福的。如乾初九：「潛龍勿用。」九二：「見龍在田，利見大人。」九三：「君子終日乾乾，夕惕若，厲无咎。」九四：「或躍在淵，无咎。」九五：「飛龍在天，利見大人。」上九：「亢龍，有悔。」

用辭是占斷乾坤兩卦六爻全變時的吉凶禍福的，所以只有乾坤兩卦才有。乾用九：「見群龍，无首，吉。」坤用六：「利永貞。」就文字形式上，用辭有點像爻辭；就占筮功能來說，用辭相當於六爻皆變所成「之卦」的卦辭。

卦爻辭占斷吉凶禍福的方式，有直接下斷語的，如「元亨利貞」。有通過象徵來表示的，如通過「潛龍」表示「勿用」。有以行事的因果關係來說明的，如「先，迷；後，得主，利」。還有引述古事表明的，如未濟九四：「震用伐鬼方，三年有賞於大國。」

卦爻辭的作者，鄭玄以為是周文王；馬融、陸績以為卦辭文王作，爻辭周公作。近人顧頡剛所作〈周易卦爻辭中的故事〉，以為卦爻辭中所述：「王亥喪牛羊於有易」、「高宗伐鬼方」發生在商朝；「帝乙歸妹」、「箕子明夷」、「康侯用錫馬蕃庶」發生在商末周初。而沒有周中葉以後的故事。所以斷定卦爻辭的「著作時代當在西周初葉」。此後，余永梁有〈易卦爻辭的時代及其作者〉，證明「卦爻辭為周初作」；李鏡池有〈周易筮辭考〉，以為「《周易》是周民族的占書，編纂年代是在西周初葉」；屈翼鵬（萬里）先生有〈周易卦爻辭成於周武王時考〉，確定它是武王時代的作品。我們知道：無論商代的龜卜，或周代的占筮，一直由專門的「官吏」擔任其事。卦爻辭既為西周初葉所作，那麼，它很可能出於文王武王成王時代占筮之官。其事始於文王，成於周公。而所以託名文王周公所作，那與《四庫全書》託名乾隆「欽定」道理是一樣的。近人的考證，恰恰補足了馬鄭諸人的說法。

卦爻辭一部分由累世彙集的筮辭中挑選而來，如上文提到的坤卦辭和「引述古事」之類。在這部分，辭和象之間，較少對應關係。一部分在編纂過程中，曾經筮官刻意加工，精心編排，如乾卦六爻的爻辭，層次井然，頗見用心。這部分，辭象間對應關係就很明顯了。

《易經》由於文字很多，所以分為「上」、「下」兩篇：「經上」由乾、坤到坎、離有三十卦；「經下」由咸、恆到既濟、未濟有三十四卦。

(二)《易傳》

再說「傳」，也就是《十翼》。包括：〈彖傳〉、〈象傳〉、〈繫辭傳〉、〈文言傳〉、〈說卦傳〉、〈序卦傳〉、〈雜卦傳〉。所以號稱「十翼」，那是〈彖傳〉、〈象傳〉、〈繫辭傳〉都分上下的緣故。翼，是羽翼、輔助的意思。《十翼》對《易經》的解釋，輔助我們了解《易經》，為《易經》添了翅膀。分述於下：

1.〈彖傳上〉
2.〈彖傳下〉

〈彖傳〉的「彖」，是「斷」的意思。由於六十四卦的卦象、卦名、卦辭所傳達的意義有些模糊，〈彖傳〉依據組成此六畫之卦的兩個三畫之卦的卦象、卦德，以及此六畫之卦的爻位排列的特徵，來闡釋卦名、卦辭、卦義、卦象、爻象和易理。〈彖傳〉分上下兩篇，解釋上經三十卦的，稱〈彖傳上〉；解釋下經三十四卦的，稱〈彖傳下〉。

3.〈象傳上〉
4.〈象傳下〉

〈象傳〉的「象」，是現象，也有象徵的意思。又分大小：〈大象傳〉解釋六十四卦的卦象、卦名和卦義；〈小象傳〉解釋三百八十四條爻辭和二條用辭的現象和道理。〈象傳〉也分上下兩篇，解釋上經三十卦卦爻的，稱〈象傳上〉；解釋下經三十四卦卦爻的，稱〈象傳下〉。

5.〈繫辭傳上〉
6.〈繫辭傳下〉

〈繫辭傳〉的「繫辭」，本指繫在卦爻之下的卦爻辭。〈繫辭傳〉對卦爻的現象與變化、卦爻辭的深義奧旨，以及《周易》的創作背景、占筮原理、關鍵詞彙、形上思想和對人生的啟示，均有所傳述闡發，所以稱為〈繫辭傳〉。今傳〈繫辭傳〉因字多分為上下二篇。帛書本〈繫辭傳〉不分上下，今傳本〈繫辭傳上〉自「大衍之數五十」至「知變化之道者其知神之所為乎」共二〇四字不見於帛書。今傳本〈繫辭傳下〉解釋否九五、鼎九四、復初九、損六三、益上九爻辭的，帛書本均收在題名為〈要〉的佚書中。自此以下，包括：「子曰：乾坤其《易》之門邪」至「以明失得之報」一一九字，「《易》之興也其於中古乎」至「巽以行權」一四五字，「《易》之為書也不可遠」至「則思過半矣」一六三字，「二與四同功而異位」至「此之謂《易》之道也」一八八字，與今傳本〈說卦傳〉的前三章，自「昔者聖人之作《易》也」至「是故《易》逆數也」一六〇字，見於帛書〈繫辭傳〉後面，首句為「子曰《易》之義」的另一篇佚書〈衷〉中。

7.〈文言傳〉

「經天緯地曰文」，《尚書》馬融傳和鄭玄注，對〈堯典〉「欽明文思」的「文」，都這麼解釋。〈文言傳〉是闡發乾坤兩卦的微言大義的。乾為天，坤為地，真有「經天緯地」的氣派。而且，「文」還有「文采」之義。《文心雕龍・原道》：「乾坤兩位，獨制〈文言〉，言之文也，天地之心哉！」把經緯天地和文采兩個意思全概括進去了。〈文言傳〉釋乾卦，分六節：一釋元亨利貞四德。二採師生問答體，闡乾六爻爻辭之奧義。三、四分從人事、天象點明爻辭微意。五參〈彖〉、〈象〉兩傳，再釋卦辭。六重申爻辭主旨所在。釋坤卦，只二節：一參〈彖〉、〈象〉兩傳釋卦辭。二申爻辭主旨所在。大抵相當於釋乾卦的五、六兩節。

8.〈說卦傳〉

主旨在說明八卦的生成、性質、功能、變化和所代表的各種事物。前三章以生蓍、倚數、立卦、生爻、窮理、盡性，以至於命的易道，配合天道、地道、人道，說明六畫之卦結構的意義所在，並分述其八卦相錯的空間結構和數往知來的時間結構，哲學意味濃厚。與今傳本〈繫辭傳下〉一些章節同在帛書〈衷〉中。四章以後不見於帛書。大體說明八卦功能、化育、德性、現象。研究《周易》，無論取象取義，〈說卦傳〉都是很基本的材料。

9.〈序卦傳〉

以相因、相反兩方面說明六十四卦的次序及其理由。分二節，第一節說明「上經」三十卦的次序，第二節說明「下經」三十四卦的次序。茲附次序圖於下（見下頁）。

孔穎達在《周易正義》指出六十四卦的次序：「二二相耦，非覆即變。」所謂「覆」，是反覆，像屯䷂反過來看是蒙䷃，咸䷞反過來看是恆䷟之類；所謂「變」，是六爻陰陽全改變，像乾䷀六陽變六陰成坤䷁，中孚䷼六爻陰陽全變成小過䷽之類。〈序卦傳〉以相因、相反說卦序，與此編排有些關係，但未能全部密合。又一與二、三與四、五與六等等可以以「非覆即變」來說明；但二與三、四與五等等的關係，卻少軌跡可尋。也許在「覆」或「變」的平衡對稱局面之後，總是失衡的局面吧！〈序卦傳〉沒有說。還有六十三卦既濟䷾，陰居偶，陽居奇，六爻皆得位而有應，達到排列上最完美的境界；接著卻是未濟䷿，陰居奇，陽居偶，六爻位置全錯了。似乎不止是暗示世界永遠不圓滿，還有即使在更大的周流變易中，平衡局面獲致的一剎那，也正是此平衡局面破壞復歸失衡之時。這些，〈序卦傳〉也沒說。

「上經」三十卦次序圖：

卦序	卦名	卦畫	倒卦名	倒卦序
1	乾	䷀		
2	坤	䷁		
3	屯	䷂	蒙	4
5	需	䷄	訟	6
7	師	䷆	比	8
9	小畜	䷈	履	10
11	泰	䷊	否	12
13	同人	䷌	大有	14
15	謙	䷎	豫	16
17	隨	䷐	蠱	18
19	臨	䷒	觀	20
21	噬嗑	䷔	賁	22
23	剝	䷖	復	24
25	无妄	䷘	大畜	26
27	頤	䷚		
28	大過	䷛		
29	坎	䷜		
30	離	䷝		

「下經」三十四卦次序圖：

卦序	卦名	卦畫	倒卦名	倒卦序
31	咸	䷞	恆	32
33	遯	䷠	大壯	34
35	晉	䷢	明夷	36
37	家人	䷤	睽	38
39	蹇	䷦	解	40
41	損	䷨	益	42
43	夬	䷪	姤	44
45	萃	䷬	升	46
47	困	䷮	井	48
49	革	䷰	鼎	50
51	震	䷲	艮	52
53	漸	䷴	歸妹	54
55	豐	䷶	旅	56
57	巽	䷸	兌	58
59	渙	䷺	節	60
61	中孚	䷼		
62	小過	䷽		
63	既濟	䷾	未濟	64

帛書六十四卦次序與今本不同，沒有〈序卦傳〉。

10.〈雜卦傳〉

混雜了六十四卦的次序，以相類或相反的關係，作二二相耦的對比，並說明各卦要旨。顯示了作者對既有些秩序系統而又有些矛盾對立的世界之粗淺的認識。

《十翼》各篇由始具雛型到編纂完成的年代相當長。今試由內容比較、文獻引述、史書著錄、出土文物各方面加以考察。

八卦的說明應早於六十四卦的說明。因此，〈說卦傳〉第四章「雷以動之」以下，在《十翼》中專說八卦的，應該也是《十翼》中最早出現的篇章。《左傳》記《易》占，有：「坤，土也；巽，風也；乾，天也。」（莊公二十二年）「離，火也；艮，山也。」（昭公五年）《國語・晉語》也說：「震，雷也，車也；坎，勞也，水也。……坤，母也；震，長男也。」說與〈說卦傳〉類同。當時必有記八卦取象之書如〈說卦傳〉者。《晉書・束晳傳》記：晉太康二年（西元二八一年），汲郡人盜發魏襄王墓（或言安釐王冢），得竹書數十車，中有《易經》二篇，又一篇，似〈說卦〉而異，無〈彖〉、〈象〉、〈文言〉、〈繫辭〉諸傳，也可能顯示一個事實，當時（同時出土的《竹書紀年》至安釐王二十年，西元前二五七年）除〈說卦傳〉外，其他諸傳都還沒有出現。

繼〈說卦傳〉之後出現的是〈繫辭傳〉，理由一：〈繫辭傳〉內容比較蕪雜，而且既不能像〈彖傳〉、〈象傳〉、〈序卦傳〉那麼完整地對六十四卦作系統的解釋；也不能像〈文言傳〉那麼專門地對乾坤兩卦作深入縝密的闡發。應該是較早期的作品。理由二：馬王堆出土的帛書《周易》，是漢文帝十二年（西元前一六八年）以前寫定的，已有〈繫辭傳〉，內容與今本略有出入。但是沒有〈彖〉、〈象〉、〈文言〉、〈序卦〉諸傳。至於〈繫辭傳〉形成年代，張岱年以為《莊子・天下篇》「天與地卑」是〈繫辭傳〉「天尊地卑」的反命題。又《莊子・大宗師》「夫道……在太極之先而不為高」是〈繫辭傳〉「《易》有太極」的反命題。故〈繫辭傳〉早於《莊子》。又以為「太極」的「太」，是受《老子》「吾不知其名，字之曰道，強為之名曰大」的「大」影響而略變其說。故〈繫辭傳〉晚於《老子》。很具啟發性。漢初陸賈《新語》曾兩次引〈繫辭上傳〉文而稱「《易》曰」，當時〈上繫〉當已成篇。但今本〈繫辭上下傳〉分見於帛書本〈繫辭傳〉、〈要〉，及首句為「易之義」的〈衷〉中，則可斷定〈繫辭傳〉上下篇全文在漢文帝十二年仍未完成。〈繫辭傳〉和〈說卦傳〉一樣，曾經長期增益改動，不是一時一人寫定的。

〈彖傳〉完整地解釋了六十四卦的卦名和卦辭。馬王堆帛書中尚無〈彖傳〉。古籍引〈彖傳〉，以文景時韓嬰《韓詩外傳》為最先。則文景間，〈彖傳〉當已成篇。或據《荀子・大略》「《易》之〈咸〉，見夫婦。夫婦之道不可不正也，君臣父子之本也。咸，感也。以高下下，以男下女，柔上而剛下」與〈彖傳〉「咸，感也。柔上而剛下，二氣感應以相與，止而說，男下女」兩相比較，認為〈彖傳〉成篇在《荀子》之前。我想不盡然。〈彖傳〉應是文景時授《易》經師編定，而《荀子》等，正是經師所據之資料。其事與〈文言〉襲用《左傳》相似。

〈象傳〉中的〈大象傳〉釋卦名，〈小象傳〉釋爻辭，均不釋卦辭，高亨以為〈彖傳〉已解在先之故。其說可從。〈象傳〉亦成篇於文景時，較〈彖傳〉稍晚。《論語・憲問》：「君子思不出其位。」〈大象傳〉：「兼山艮；君子以思不出其位。」此經師襲取曾子語以作〈大象傳〉。《禮記・深衣》：「故《易》曰：『六二之動，直以方也。』」為坤六二〈小象傳〉文。可為洪業、王夢鷗等言《禮記》成於東漢添一佐證。

〈文言傳〉之釋乾、坤，有雷同於〈繫辭傳〉的，如釋乾上九爻辭「亢龍，有悔」，同曰：「子曰：『貴而无位，高而无民，賢人在下位而无輔，是以動而有悔也。』」有依〈彖傳〉立說的，如釋乾卦云：「大哉乾乎！剛健中正，純粹精也；六爻發揮，旁通情也；時乘六龍，以御天也；雲行雨施，天下平也。」襲取〈彖傳〉「大哉乾元，萬物資始，乃統天。雲行雨施，品物流形。大明終始，六位時成，時乘六龍以御天」之意。又：「君子以成德為行，日可見之行也」意受〈象傳〉「天行健；君子以自強不息」之影響。至於《左傳・襄公九年》記有穆姜釋《周易》隨卦卦辭之「元亨利貞」，此尤可為經師參考古代文獻而編次有所改易之證。董仲舒作《春秋繁露》，於〈基義〉引：「《易》曰：『履霜堅冰，蓋言遜也。』」董仲舒是景帝、武帝時人，〈文言傳〉在景帝時當已成篇。

帛書本的卦序，不同於今本的卦序，因此在漢文帝十二年之前，應無依今本卦序編寫的〈序卦傳〉。但《淮南子・繆稱》：「《易》曰：『剝之不可遂盡也，故受之以復。』」為今本〈序卦傳〉文。淮南厲王劉長子劉安，於文帝七年（西元前一七三年）封阜寧侯；文帝十六年（西元前一六四年）封淮南王。《淮南子》成書於武帝時，故得引〈序卦傳〉文。

〈雜卦傳〉，西漢古籍，無一引用。王充《論衡・謝短》：「宣帝之時，河內女子壞老屋，得《易》一篇。」〈正說篇〉又說：「得逸《易》、《禮》、《尚書》各一篇，奏之。」論者多說就是〈雜卦傳〉。〈雜卦傳〉可能成於漢宣帝之後。

最後說明一下《周易》經傳的編次和本書一些特別安排。《漢書・藝文志・六藝略》首列：「《易經》十二篇，施、孟、梁丘三家。」顏師古《注》：「上下經及《十翼》，故十二篇。」施讎、孟喜、梁丘賀都是漢宣帝時人。那時《周易》第一篇、第二篇是「經」，第三篇到第十二篇是「十翼」，經傳是分開的。《漢書・儒林傳》略云：「費直治《易》為郎，長於卦筮，亡章句，徒以〈彖〉、〈象〉、〈系辭〉十篇之言解說上下經。」想來只是以傳說經，沒有寫成文字的章句，更談不上篇次的變更。《三國志・魏書・高貴鄉公紀》記帝幸太學，問：「孔子作〈彖〉、〈象〉，鄭玄作《注》，雖聖賢不同，其所釋經義一也。今〈彖〉、〈象〉不與經文相連，而《注》連之，何也？」《易》博士淳于俊回答說：「鄭玄合〈彖〉、〈象〉于經者，欲使學者尋思易了也。」鄭玄繼承費直以傳說經的理念，所著《周易注》，已把〈彖〉、〈象〉移置於卦爻辭之後，《周易》篇次才有所改變。到了王弼《周易注》，更進一步把〈文言〉附在乾、坤二卦之後。程頤《伊川易傳》連〈序卦傳〉也分別引錄於相關各卦之首。清儒朱駿聲《六十四卦經解》，更摘取〈繫辭傳〉、〈說卦傳〉、〈序卦傳〉、〈雜卦傳〉中與各卦相關的文句，置於該卦之前；割裂〈彖傳〉、〈大象傳〉分置各相關卦卦辭之後，〈小象傳〉分置各爻爻辭之後。〈文言傳〉則分置乾坤卦辭、乾六爻爻辭、與用辭之後。以傳附經，朱駿聲所作可算最徹底的了！我這本《新譯周易六十四卦經傳通釋》，把《十翼》有關乾坤者，全部錄置在卦辭、爻辭及用辭之後，正是依據費直以傳說經的理念，採用朱駿聲以傳附經的方法，目的在「使學者尋思易了」，對古人之說六十四卦有一個通盤的認識。已熟悉《周易》古十二卷本或王弼《注》本的讀者，這樣編排也許不太習慣，所以書前編了詳細的目次。特別要說的是：〈繫辭傳〉下面的章名，是我加上去的，大抵摘取該章首句或主旨簡約而成。〈繫辭傳〉之說六十四卦，多兩卦兩卦連成一氣。我把「概論」性質的置於前卦之下，把「較論」性質的置於後卦之下。「注釋」、「語譯」之後，「附錄古義」，則取自楊樹達《周易古義》，並一一校以所據原書，偶有增益。書後附錄《周易本義‧筮儀》、《周易啟蒙‧考變占第四》，皆錄自朱熹之書，所以明占筮。雖說不占，但其「本」不可不知。

二、本書的寫法

西漢古《周易》大致上都是「十二卷」本：〈經〉上、〈經〉下、〈彖傳上〉、〈彖傳下〉、〈象傳上〉、〈象傳下〉、〈繫辭傳上〉、〈繫辭傳下〉、〈文言傳〉、〈說卦傳〉、〈序卦傳〉、〈雜卦傳〉。西漢後期，費直在民間傳《易》，本子是古文寫的，號「古文《易》」。無章句，只把〈彖〉、〈象〉、〈文言〉插入上下經為解說，費直可能是第一人。費直《易》在西漢時未能在「學官」列為正式課目。到東漢時卻大大流傳，馬融、鄭眾、鄭玄、荀爽，都傳費氏《易》。東漢末期鄭玄《易》已將〈彖〉、〈象〉整體移置於《經》後。晉王弼《易》更將〈彖〉、〈大象〉、〈小象〉分置於卦辭、六爻爻辭之後。但〈文言傳〉卻只將整體一分為二，置於乾、坤兩卦最後面。王弼只注了〈經〉上、〈經〉下，〈彖傳上〉、〈彖傳下〉、〈象傳上〉、〈象傳下〉、和〈文言傳〉。他的學生韓康伯補注了〈繫辭傳〉上下、〈說卦傳〉、〈序卦傳〉、〈雜卦傳〉。唐代孔穎達取王弼、韓康伯注本，詳加疏解，名為《周易正義》，又稱「單疏本」。後人合《注》、《疏》為一，是為「《注疏》本」。唐李鼎祚稍後於孔穎達，他不滿鄭玄「多參天象」，王弼「全釋人事」的作風，於是「集虞翻、荀爽三十餘家。刊輔嗣（王弼）之野文，補康成（鄭玄）之逸象」，而作《周易集解》。《集解》在經傳的安排上有一特色：就是把〈序卦傳〉拆散置於卦辭之前。如〈序卦傳〉首句：「有天地然後萬物生焉；盈天地之間者唯萬物，故受之以〈屯〉。屯者，盈也；屯者，物之始生焉。」就被割開，擺在屯卦辭的前面。宋代程頤作《伊川易傳》，也在卦前說明卦序。伊川不太講象數，與《集解》迥異。但先說卦序，再說卦辭，卻同於《集解》。而全盤推翻《周易》經、傳分列十二卷古本，而以傳附經的，是清朝的朱駿聲。朱駿聲專治《說文解字》和《周易》，他的《說文通訓定聲》打破《說文》分五百四十部首，始一終亥的安排，而取《說文》九千餘字，依聲分為一一三七母，依韻編成十八部，這是革命性的改變。他所作《六十四卦經解》，拆散《十翼》，附於經下，也是空前的。可惜的是：《經解》在〈繫辭傳〉部分，仍有些遺漏。我這本《通釋》在經、傳安排方面，全依朱君《經解》，只是將《經解》偶漏的，加以補全而已。

三、本書的寫作過程

原本是按照乾、坤、屯、蒙、需、訟、師……一卦一卦地寫下去，在臺灣師大的《易經》課上，也這麼一卦一卦地教下去，大致教到同人就結束了。直到有一年，師大中研所入學考試，專書《易經》卷上出現「試論：《周易・艮卦》之大義」的考題，我才恍然大悟：八卦要先教完。何況宋儒有號艮齋的，有號止齋的，都是醉心《易經》的理學家。（也都是鄙鄉賢溫州人。艮齋薛季宣，字士龍，永嘉人；止齋陳傅良，字君舉，瑞安人）此可見艮卦的重要。於是同人之後，我接著寫坎、離、震、艮、巽、兌。後來指導研究生以「《周易》憂患意識」之研究為碩士論文題目，因此自己必須對「三陳憂患九卦」有所了解，於是接著寫此九卦，九卦中履、巽前已寫過，新寫的是謙、復、恆、損、益、困、井，七卦而已。但履、巽依後七卦寫作體例有所修訂。這些卦注釋完成後，多曾在學術期刊上發表過，後來三民書局蒐集刊印，名為《周易讀本》。這次作《經傳通釋》，從乾、坤重新開始，雖依早年所寫「讀本」作基礎，但幾乎全般改寫，內容、體例，完全不同了。

至於每卦的寫作過程是：

一：先依十三經注疏本抄下經、傳原文。在「經」部分，先卦爻名，再卦爻辭；在「傳」部分，依〈彖傳〉、〈象傳〉、〈文言傳〉、〈繫辭傳〉、〈說卦傳〉、〈序卦傳〉、〈雜卦傳〉次序插入「經」下撰作，缺者從略。

二：卦名、爻名，初只寫「名」，而暫不注釋。等全卦、全爻通釋寫完後，再補注卦名、或爻名。大略近於「卦旨」、「爻旨」，但以象數為主要內容。

三：將卦辭、爻辭、《十翼》分句。在經部分，先明其為「象」或「占」；再錄近年發現：上海博物館藏《戰國楚竹書（三）》中《周易》濮茅左的〈釋文考釋〉，和長沙馬王堆漢墓出土的帛書《周易》。帛書〈經〉部分參照張立文的《周易帛書今注今釋》。在〈傳〉部分，參照廖名春的《帛書易傳初探》。當然《周易》文字方面，古今異文甚多。從東漢許慎的《說文解字》到近年出土有關《周易》文獻，大陸學者侯乃峰著成《周易文字彙校集釋》，材料豐富齊全，所下工力極深。《通釋》重在象數和義理的詮釋；異文方面，雖在必要時偶有提及，但非重點所在。專門研究《周易》者，不妨逐卦逐爻先讀侯著，再讀《通釋》，也許是比較實際的門道。

四：將六十四卦經傳逐句注釋。大致上先據李鼎祚《集解》和李道平《篹疏》說清象數，偶亦加以評斷。其次敘述王弼和韓康伯的《注》，偏近道家玄言。但孔穎達《正義》多少已拉回到儒理。第三，講述宋元以來的理學《易》，以程頤、朱熹為主。重要的參考書是《通志堂經解》裡的《大易集義粹言》，為清皇族納蘭成德所編；和《周易折中》，為清大學士李光地所編。注釋先說「象數」，再講「義理」，徵用同派之說，則以時代為序。

五：語譯。全卦經傳全部注釋完成，再作語譯。這樣，就可強迫自己把注釋重看一遍，如有前後矛盾，也可以修訂改寫，而全卦語譯，也有一氣呵成的順暢。語譯不談象數，只以口語說明文本的義理。

我七十歲（二〇〇〇年）從臺灣師範大學國文系退休，開始改寫舊作。二〇〇七年完成《新譯乾坤經傳通釋》。乾卦據《讀本》改寫了十次，坤卦改寫了三次，內子德瑩不厭其煩在電腦上為我打字，教我感激不盡。乾坤之單行，古已有之。《隋書・經籍志》就著錄有《周易乾坤義》，南齊劉瓛撰。近代大儒熊十力先生也有《乾坤衍》一書，刊行於世。因此我就央請三民書局把《新譯乾坤經傳通釋》先行出版。二〇二〇年九月《周易六十四卦經傳通釋》稿成，遂了平生夙願。期望本書能幫助讀者理解《周易》，書中如有不足之處，尚祈各界先進不吝指正，使本書更臻完善。

周易六十四卦卦象表

1 乾	2 坤	3 屯	4 蒙	5 需	6 訟	7 師	8 比
䷀	䷁	䷂	䷃	䷄	䷅	䷆	䷇
9 小畜	10 履	11 泰	12 否	13 同人	14 大有	15 謙	16 豫
䷈	䷉	䷊	䷋	䷌	䷍	䷎	䷏
17 隨	18 蠱	19 臨	20 觀	21 噬嗑	22 賁	23 剝	24 復
䷐	䷑	䷒	䷓	䷔	䷕	䷖	䷗
25 无妄	26 大畜	27 頤	28 大過	29 坎	30 離	31 咸	32 恆
䷘	䷙	䷚	䷛	䷜	䷝	䷞	䷟
33 遯	34 大壯	35 晉	36 明夷	37 家人	38 睽	39 蹇	40 解
䷠	䷡	䷢	䷣	䷤	䷥	䷦	䷧
41 損	42 益	43 夬	44 姤	45 萃	46 升	47 困	48 井
䷨	䷩	䷪	䷫	䷬	䷭	䷮	䷯
49 革	50 鼎	51 震	52 艮	53 漸	54 歸妹	55 豐	56 旅
䷰	䷱	䷲	䷳	䷴	䷵	䷶	䷷
57 巽	58 兌	59 渙	60 節	61 中孚	62 小過	63 既濟	64 未濟
䷸	䷹	䷺	䷻	䷼	䷽	䷾	䷿

☷地 ☶山 ☵水 ☴風 ☳雷 ☲火 ☱澤 ☰天

乾卦經傳通釋第一

卦辭

䷀乾下乾上 乾（ㄑㄧㄢˊ）❶：元（ㄩㄢˊ）、亨（ㄏㄥ）、利（ㄌㄧˋ）、貞（ㄓㄣ）❷。

注釋

❶䷀乾下乾上乾

卦名，數也。六畫的卦，由兩個三畫的卦自下至上重疊而成。下面三畫的卦叫下卦，又叫內卦，要先畫；上面三畫的卦叫上卦，又叫外卦，要後畫。《易》卦先下而後上，與甲骨文下上連書先下而後上，可能都受事物由下向上發展的啟示，並含有重視基層的意思。六畫的乾卦，下卦是三畫的乾，叫乾下；上卦也是三畫的乾，叫乾上。當占筮所得六爻皆少陽「七」，也就是本卦、之卦都是乾，就以乾卦辭占。《易》法自然，乾得之於自然之道中的天道。取象於天，其德為健。〈說卦傳〉：「乾為天。」又說：「乾，健也。」綜合天象健德，就稱之為乾。據〈序卦傳〉：「有天地然後萬物生焉。」故《周易》以乾卦為首卦；以坤卦為次卦。帛書「乾」作「鍵」，無「乾下乾上」字。《周易》筮儀，蓍草五十策，留一策擺回櫝中，用四十九策。經過「分而為二」、「掛一象三」、「揲之以四」、「歸奇於扐」，四營而得一變，三變而成一爻。由掛、扐之數可推知過揲之數有四：三十六策為四個九，稱老陽；三十二策為四個八，稱少陰；二十八策為四個七，稱少陽；二十四策為四個六，稱老陰。少長成老，陰仍為陰，陽仍為陽，量變而質不變。老陽變而為少陰，老陰變而為少陽，則質量全變。占筮時，自初至上所得都為少陽七，本卦為乾，少陽七變為老陽九，之卦仍是乾，或自初至上所得都是老陰六，本卦是坤，之卦是乾，這兩種情形，都以乾卦辭占。詳見乾卦所錄〈繫辭傳‧天地之數章〉「大衍之數五十」和以下各條之注，及書末所附〈筮儀〉。

❷元、亨、利、貞

是乾卦的卦辭。占亦象也，即占即象。吳澄《易纂言》以為「元亨」、「利貞」皆「占也」。高亨《周易古經通說》以「元亨」為「記事之辭」，「利貞」為「斷占之辭」。根據〈文言傳〉，這四個字有三種不同的解釋。(一) 四德說：元、亨、利、貞為四德，都有獨立的意義。(二) 兩段說：元亨是一個單位，利貞是一個單位。(三) 一貫說：合四字成一句。宋代項安世作《周易玩辭》，曾為之調和，說：「此一理而四名也。故分而為四，則曰：『元者，善之長也；亨者，嘉之會也；利者，義之和也；貞者，事之幹也。』比而為二，則曰：『乾元者，始而亨者也；利貞者，性情也。』混而為一，則曰：『乾始能以美利利天下，不言所利，大矣哉！』」所以這三種說法是可互相補足分別成立的。又根據〈彖傳〉，還有第四種斷句法。就是三分法：元、亨各為一個單位，利貞合為一個單位。在〈文言傳〉和〈彖傳〉外，我還曾歸納其他六十三卦卦爻辭之言及「元亨利貞」者，察其句讀，有「元」、「亨」、「利」、「貞」分用的，有「元亨」連用的，有「利貞」連用的，有「元亨利貞」連用的。分用的，或獨立成義，或連他字成義；連用的也多可分可合，不固執一種意義。由其他六十三卦「元亨利貞」之獨用連用，可分可合，又可證乾卦辭「元亨利貞」之多義，固所當然。卦爻辭原為占筮之辭，喜用模稜語，本質上就含有多元解析之可能，實在不必局限於一種斷句與一種詮釋。以下分別說明這四種句法的大義。

一、四德說

先從字源學探討元、亨、利、貞的意義。

元，甲骨文作[illegible]，從人而指出頭的位置；又作[illegible]，從二（上）從人，會意為首。有始、大等意思。乾之為天體，行健不息，萬物因而產生；草木蟲魚鳥獸有生之屬，皆直接或間接依光合作用製造原生質，古人稱為「吸取日月光華」；而上天這種生生不息之仁，又是所有德性的根源。如此說來，乾天行健之性，乃是萬物之始，生命之始，德行之始。這種創始的功能，是普遍而恆久的，既偉大，又遠大，於是元引申又有大意。

亨，甲骨文作[illegible]、[illegible]、[illegible]、[illegible]，與享、烹為一字，象宗廟之形。亨，帛書正作享字。宗廟為祭獻鬼神之所，溝通神明，祈求賜福，有烹饗、感應、享用、亨通之意。乾為天，天體對萬物具有彰顯亨通的作用。生命亦藉此化育滋長，嘉會感應，而天人來往之禮存乎其中。

利，甲骨文有[illegible]、[illegible]、[illegible]等形。大致上從[illegible]（耒耜）鋤地種禾之形。或加點象翻起的土粒，或加[illegible]象手，加[illegible]象土。《說文》以為「刀和然後利，从刀，和省」。就更饒哲思了。天體的運轉與化育，為一大和諧的秩序。所以星球不致互撞，萬物各得其所，蒙受和諧之利。人類有察於此，安身立命，互助合作，而能順天利物而合義。

貞，甲骨文作[illegible]、[illegible]、[illegible]，本象鼎形，卜辭中常表示卜問。鼎本宗廟之常器，穩重正固，引申有常、正之義。天剛毅行健，化育不息，有其軌道，有其常態；人法天行，參贊化育，貞固幹事，亦有常道正道可循。

元、亨、利、貞四德，不僅是並立的，也可能是遞進的，還可能是一種世界性的複雜組合的原型(archetypal patterns)。〈文言傳〉以仁、禮、義、固四德來詮釋元、亨、利、貞，固然以並立為重；《子夏易傳》（或謂孔子弟子子夏卜商撰，或謂《韓詩》作者子夏韓嬰撰）：「元，始也；亨，通也；利，和也；貞，正也。」則並立以外，隱含遞進可能。南陳周弘正《周易講疏》：「元，始也，於時配春……；亨，通也，於時配夏……；利者，義也，於時配秋……；貞者，正也，於時配冬……。」就承子夏之言而配以春、夏、秋、冬。《朱子語類・卷六十八》甘節錄：「以天道言之為元亨利貞；以四時言之為春夏秋冬；以人道言之為仁義禮智；以氣候言之為溫涼燥濕；以四方言之為東西南北。」更將元亨利貞視為複雜組合的原型。明薛瑄《讀書錄》以花果為喻，說：「一花即具元亨利貞之理。花始萼而未開者，元也；開而盛者，亨也；盛而就實者，利也；實已成熟者，貞也。成熟可種而復生，又為貞下之元矣。生理循環蓋未嘗毫髮止息間斷。」是對此原型生動的描述。加拿大文學理論家傅萊 (Northrop Frye) 在《本體的寓言》(*Fables of Identity*, Harcourt, 1963) 中，給各種原型階段及跟它相當的文學類型作了這樣的對比說明：「1.黎明期，春季及誕生階段，……此屬傳奇故事及狂熱詩歌的原型。2.全盛期，夏季及成婚或勝利階段，……此屬喜劇、牧歌及田園詩的原型。3.日落期，秋季及死亡階段，……此屬悲劇與哀歌的原型。4.黑暗期，冬天及崩潰階段，……此為諷刺詩文……等等的原型。」元亨利貞作為組合原型之具有普遍性與世界性，由薛瑄、傅萊之言可見一斑。

二、三分說

元、亨、利貞，分別為一意義單位，這是〈彖傳〉的說法。〈彖傳〉有「乾元」一詞，代表統貫宇宙萬物運行變化，生物生生不息的一種普遍的創始性能。此種性能彰顯在現象界，一方面是自然界在恰當的時空際會中化育萬物；另一方面，作為萬物之靈的人類也要回報自然界而參贊化育。這種天人與人天間雙向溝通，正是「亨」。至於如何保持此大自然的和諧，那就需要各自努力，遵守自然界本然的法則了。此即為「利貞」。

三、兩段說

認為「元亨」是一階段，「利貞」是另一階段。上天只在初期賦予萬物亨通發展的性能，至於後段，就靠自己的修為，應該循常軌正道。父母之於子女亦然。美國總統林肯 (Abraham Lincoln) 名言：「四十歲以前的臉孔，由父母負責；四十歲以後的臉孔，由自己負責。」正是對人生前後段最具體鮮活的描述。屈萬里先生《周易集釋初稿》釋云：「言大亨而利於守其常也。」亦屬兩段說，可能更合乎經文原意。

四、一貫說

這又分兩面。一面是乾之具元亨利貞的一貫性能。乾以剛健創始的性能（元），來化育彰顯萬物（亨），使萬物各得其所，蒙受和諧的益處（利），而公平公正，不會專利一物（貞）。〈文言傳〉就由此一面說。另一面乾又為亨利貞之元。乾之創始的性質與功能，正是這種能夠生長萬物（亨），使萬物順遂（利），而又無偏無私地成全萬物（貞）的根源和本體（元）。宋儒如朱熹等有此一說。《朱子語類・卷六十八》葉賀孫錄：「四德之元，猶五常之仁，偏言則一事，專言則包四者。」又黃卓錄：「元者，天地生物之端倪也。元者生意：在亨則生意之長；在利則生意之遂；在貞則生意之成。」皆以元統貫亨利貞。

語譯

三畫卦的乾作下卦，三畫卦的乾作上卦，重疊成六畫的乾卦。取象於天，性質剛健。它是構成萬事萬物的源頭（元）；具有溝通萬事彰顯萬物的功能（亨）；它是和諧的秩序（利）；它是穩重恆常的正道（貞）。象徵仁、禮、義、智（並列的）；也代表春、夏、秋、冬（貫時的）。它是宇宙之間萬物所以創始的原理（元）；依據時空化育彰顯著萬物（亨）；萬物應該遵循這宇宙共同原理所賦予的特性而正確從事（利貞）。乾道在開始時提供萬物生存發展的原動力（元亨）；至於後來萬物應該各自遵循正道而努力（利貞）。乾以創始的性能來化育彰顯萬物，使萬物全得到益處，而公正平等，不會專利一物（元亨利貞）。乾，它正是這種能夠亨通萬物，造福萬物，無所偏私的源頭和本體（亨利貞之元）。

附錄古義

戴德《大戴禮記・保傅》：「《春秋》之元，《詩》之〈關雎〉，《禮》之冠婚，《易》之乾、巛（坤），皆慎始敬終云爾。」

劉熙《釋名・釋天》：「天，《易》謂之乾。乾，健也；健行不息也。」

揚雄《法言・問明》：「或曰：『龍何如可以貞利而亨？』曰：『時未可而潛，不亦貞乎？

時可而升，不亦利乎？潛升在己，用之在時，不亦亨乎？』」

王充《論衡・刺孟篇》：「夫利有二：有貨財之利，有安吉之利。惠王曰：『何以利吾國？』何以知不欲安吉之利，而孟子徑難以貨財之利也？《易》曰：『利見大人』，『利涉大川』，『乾：元、亨、利、貞。』《尚書》曰：『黎民亦有利哉！』皆安吉之利也。」

徐幹《中論・治學》：「群道統乎己心，群言一乎己口，唯所用之故，出則元亨，入則利貞，默則立象，語則成文。」

彖傳

大哉乾元，萬物資始，乃統天❶。雲行雨施，品物流形。大明終始，六位時成，時乘六龍以御天❷。乾道變化，各正性命，保合太和，乃利貞❸。首出庶物，萬國咸寧❹。

注釋

❶**大哉乾元，萬物資始，乃統天**

此釋卦辭「元」。

「大哉乾元」，是倒裝的表態句。主語「乾元」本當先說；表語「大哉」本當後說，倒裝以加重「大哉」的強度。《論語・堯曰》：「唯天為大。」乾為天，其作為創始的性能極普遍，概括萬物、生命、道德，故以「大」贊歎之。〈彖傳〉說乾曰「乾元」，說坤曰「坤元」。因為一者，乾天坤地為生物的端倪，生物由坤，端倪自乾；再者，乾坤是六十四卦之首，六十四卦也全由乾陽爻與坤陰爻構成；三者強調元之創始性能，下面言亨、言利、言貞，都淵源於乾元之德；而非於乾元之外別有亨、有利、有貞。

「萬物資始」，說明乾元，就物方面說，是天地萬物所憑資以創始的總根本；就事方面說，又是宇宙運行變化，生物生生不息的原動力。而一切德性，亦源於上天好生之德，生生不息之仁。

「統天」之統，意思與乾〈文言〉「本乎天」的本，和「與天地合其德」的合相承相輔。有以一該眾，統貫所有的意思。乃統天，言乾元剛強、創始、行健、生化不息之仁體本乎天道合乎天道，於是也就統貫著天道。

❷雲行雨施，品物流形。大明終始，六位時成，時乘六龍以御天

此釋卦辭「亨」。

「雲行雨施」，是就發動方面而言，指出元德仁體，像雲的飄行，像雨的施被，鮮活呈現出乾元成就著生化萬物的具體內容。

「品物流形」，是就接受方面而言，指出各類物品受此元德仁體的流布滋潤而完成其形體。而此發動者與接受者之間的溝通，正其所以為「亨」之一端。

「大明」，指乾元仁體，廣大普遍，虛靈不昧，具眾理而應萬事。在表面上，是虛空的，不具生化之相；在本體裏，卻靈明湛然，是一切生化的源頭。語法上，「大明」可以是兩個形容詞的聯合詞組；也可以是副詞加形容詞的偏正詞組；本身又可視為名詞。《易》多模稜語，所以如此。

「終始」，形容此大明之體，純健不息，為萬物全終復始的根據。事物之始，固本乎乾元仁體；事物之終，更應保全此乾元仁體，不為物欲所蔽，不為氣稟所拘。如此，就能全終而復始，生生而不息。此言「終始」不言「始終」，表明了「終」非終結，而是另一個新的開始。《易》言「人之終始」、「懼以終始」、「終則有始」、「成終而成始」，皆先說終後說始。唯「原始反終，故知死生之說」，先始後終，是受動詞「原」、「反」影響，但句中「死生」一詞仍堪玩味，特別點明於此。「大明」以空間為主；「終始」以時間為主。

所以「大明終始」是乾元天道時空配合之亨通。

「六位」，指居六爻初、二、三、四、五、上，分屬地、人、天之位置，重在空間。「時成」，指根據時勢配合時勢而完成天命，重在時間。所以「六位時成」是天命適時適地使此仁體生意亨通。以上四句言天道之亨通萬物。

「時乘六龍以御天」主語當為「人」。六龍，指潛龍、見龍、惕龍、慮龍、飛龍、悔龍。乾六爻爻數皆九，以龍象之，與乾為馬、震為龍之卦象無涉。御天，是具仁德之人，體會天命，遵循時序，參贊上天化育。所以「時乘六龍以御天」是人類仁體亨通之後，轉而弘揚天道，亨通天道。天生萬物以養人，這是來亨；作為萬物之靈的人類參贊化育以報天，這是往亨。來往雙亨，才是亨的極致。〈彖傳〉前言「統天」，此言「御天」，萬年淳《易拇》云：「統天者，乾元之用；御天者，聖人之用也。」

❸乾道變化，各正性命，保合太和，乃利貞

此釋卦辭「利貞」。

乾道與乾元同中有異。《周易玩辭》云：「推其本統言之則曰乾元；極其變化言之則曰乾道。」《易》言變化，有「天地變化草木蕃」、「四時變化而能久成」等等。所以乾道變化在現象方面指天體的運行與化育，如日月麗天，四時代序，化育萬物而不息。《易》又謂變化為「剛柔相推而生」的「進退之象」，所以乾道變化在理論方面，可指由元而亨、而利、而貞，而貞下又起元；可指由初而二、三、四、五，至上，而上復為初；更可指與坤相推而生巽、離、兌、震、坎、艮六子，進而八卦相疊而成六十四卦；還可指如乾九四之「或躍」而進，或退「在淵」；六十四卦之「來往」，亦進退也。由變化之「象」上探，則為「數」。所以〈繫辭傳〉說：「凡天地之數五十有五。此所以成變化而行鬼神也。」又說：「知變化之道者，其知神之所為乎！」前曾說到「六位」、「六龍」，皆數也。而聖人極數通變，極深研幾，效法天地之化而能裁之。所以《易》之為變易，可視為一種「數本論」的哲學。

「各正性命」，朱熹《周易本義》云：「物所受為性，天所賦為命。」這是扣緊《中庸》「天命之謂性」

說。天命之性，本當純善，然性不能獨存，必寄託於萬物之中，而受形體之拘蔽，須時時提撕振作。性命之須正，猶明德之須明也。各正者，各視其本人身分而行其正也。如《大學》：「為人君，止於仁；為人臣，止於敬；為人子，止於孝；為人父，止於慈；與國人交，止於信。」如此之類。各，並有各自、親自之意。

「保合太和」，保謂常存，合謂發而皆中節。太和指自然界普遍和諧相濟。此顯示我國古代對環境保護、生態均衡的重視。《論語》論君子小人，我個人最欣賞的是：「君子和而不同；小人同而不和。」推之於萬物皆然。《孟子・梁惠王上》：「不違農時，穀不可勝食也；數罟不入洿池，魚鼈不可勝食也；斧斤以時入山林，材木不可勝用也。」已隱含生態均衡之意。又〈離婁上〉說：「故善戰者服上刑；連諸侯者次之；辟草萊任土地者次之。」把關農耕盡地利之罪過與戰爭、縱橫術相提並論，其重視大自然環境的保護，尤其明顯。二〇〇三年四月二十四日《洛杉磯時報》，刊出一九五八年諾貝爾醫學獎得主李德堡的文章說：在愛滋病之後，又有SARS流行，我們得到教訓應該是要和細菌尋求一種共生的關係，而不能希望完全征服它們取得最後勝利。我們應該把人看成一種包容極廣的超級生物，遺傳基因組內含人體細胞以及微生物和病毒的遺傳基因，幫助我們維持身體健康。因此，我們不只要研究細菌和病毒的行為，也要研究它們如何保護我們，找到合作的方式。李德堡這番話，從醫學觀點肯定了《易》學保合太和的理想。

〈彖傳〉以為遵循以上三句所說的道理行事，就是善用正道了，故以「乃利貞」結束。

❹首出庶物，萬國咸寧

此為結語。首出庶物即元亨。陽氣為萬物所始，人君為萬民之主，所以乾卦首出，與坤卦共同領導代表眾物與萬民的六十二卦。〈說卦傳〉：「乾為首。」也有同樣的意思。萬國咸寧即利貞。乾六爻皆陽，是任用君子，行事光明之象，所以萬國咸寧。乾〈文言〉：「乾元用九，天下治也。」也有同樣的意思。乾卦〈彖傳〉中：元、天、形、成、命、貞、寧，古協韻。

語譯

偉大啊，乾之為天地間生生不息的本體，是六十四卦源頭之一。萬物憑藉乾元天道，才能開創而有原始的生命及生生不息的德性。所以說乾元統率支配著化育萬物的宇宙。像雲的飄行雨的施被一般，各種品物接受天道的流布滋潤而完成形體。乾元天道是浩瀚靈明，周流運轉，生生不息，終而復始的。所以無論居於六爻的任何位置，都能根據地位配合時勢而完成天命。作為萬物之靈的人類因此要順著時空，像乘坐或潛、或見、或惕、或慮、或飛、或悔的神龍一樣，體現了弘揚了天道。乾元天道是有變化的，我們每人必須稟著天道正確安頓自己的性命。心中常存著普遍和諧的天道，行動常合乎普遍和諧的天道。所以說利於固守正道啊。乾元天道首先開創並統率萬物，聖人效法天道，領導萬民，使得萬國均能和諧安寧。

附錄古義

裴松之《三國志・魏書・管輅傳・注》：「輅別傳曰：『故郡將劉邠字令元，清和有思理，好《易》而不能精。與輅相見，意甚喜歡，自說注《易》向訖也。輅言：「《易》安可注也！輅不解古之聖人，何以處乾位於西北，坤位於西南。夫乾坤者，天地之象，然天地至大，為神明君父，覆載萬物，生長無首，何以安處二位與六卦同列？乾之〈彖象〉曰：『大哉乾元，萬物資始，乃統天。』夫統者，屬也，尊莫大焉，何由有別位也？」邠依〈易繫詞〉，諸為之理以為注，不得其要。輅尋聲下難，事皆窮析。曰：「夫乾坤者，《易》之祖宗，變化之根源，今明府論清濁者有疑，疑則無神，恐非注《易》之符也。」輅於此為論八卦之道及爻象之精，大論開廓，眾化相連。邠所解者，皆以為妙；所不解者，皆以為神。』」

王符《潛夫論・本訓》：「天道曰施，地道曰化，人道曰為。為者，蓋所謂感通陰陽而致珍異也。人行之動天地，譬猶車上御駟馬，蓬中擢舟船矣。雖為所覆載，然亦在我何所之耳。」

孔子曰：『時乘六龍以御天。』『言行，君子所以動天地也；可不慎乎！』」

袁宏《後漢紀・十六・安帝紀》：「魯恭王上疏云：『案《易》消息，四月乾卦用事。《經》曰：「乾以美利利天下。」又曰：「時乘六龍以御天。」』」

司馬彪《續漢書・五行志一》：「《易》曰：『時乘六龍以御天。』行天者莫若龍，行地者莫如馬。」

荀悅《申鑒・雜言下》：「《易》稱『乾道變化，各正性命』，是言萬物各有性也。『觀其所感，而天地萬物之情可見矣』，是言情者應感而動者也。昆蟲草木，皆有性焉，不盡善也。天地聖人，皆稱情焉，不主惡也。又曰『爻彖以情言』，亦如之。凡情意心志者，皆性動之別名也。『情見乎辭』，是稱情也；『言不盡意』，是稱意也；『中心好之』，是稱心也；『以制其志』，是稱志也。惟所宜各稱其名而已；情何主惡之有？」

《後漢紀・七・光武紀論》：「袁宏曰：『《書》稱「協和萬邦」，《易》曰「萬國咸寧」：然則諸侯之治，建於上古，未有知其所始者也。』」

象傳

天行健❶；君子以自強不息❷。

注釋

❶天行健

〈大象傳〉通常分兩句。第一句由卦象與卦名結合而成。「天行」是乾上乾下構成的卦象；「健」應是卦名，今本卦名作「乾」，帛書作「鍵」。同卦相重，坎曰水洊至；離曰明兩作；震曰洊雷；艮曰兼山；巽曰隨風；兌曰麗澤。洊、兩、兼、隨、麗，都取重複義。只有乾〈大象〉曰天行，坤〈大象〉曰地勢，因為天地廣大，不得以兩天兩地限之，必須直言其天行健、地勢坤。關於天行健，如日月麗天，晝夜循環，四季代序，古人當然有所體會。《大戴禮記・夏小正》保存了夏代一些天文曆法的敘述，如一年各月晨昏時北斗七星斗柄的指向和某些恆星的見、伏。《尚書・堯典》有「四仲中星」的記載，用四組恆星黃昏時在正南方出現來標明季節。還明白頒布「朞三百有六旬有六日，以閏月定四時成歲」。甲骨卜辭中有日蝕、月蝕、歲（木星）的紀錄。不過，天行健當然不僅僅只說這些常見的天文曆法方面的現象，更重要的是天道生生不息的化育性能。熊十力《讀經示要》說得好：「此以天之行健，喻乾元之化至健而無留滯也。……常使物捨故創新，而無一瞬可容暫住。……此生化勢能只是生而不有，故乃不窮於生；化而不留，故乃不竭於化。以是知其健而又健，德至盛也，故以天之行健象之。」

❷君子以自強不息

君子效法乾元天道運轉不止之象，生化不息之德，因此也無一息不在強毅奮發之中，充實自己的德性，參贊天地之化育，而永不懈怠休息。熊十力《讀經示要》：「天道不唯任運而已，要本之健德。……人道當體天德之健而實現之，積至剛以持之終身。百年之內，萬變之繁，無一息不在強毅奮發之中。智周萬物而不敢安於偷以自固；道濟天下而不敢溺於近以自私。立成器以為天下利，其勇於創作也；洗心退藏於密，其嚴於自修也。此所以體乾之由初至上，潛見躍飛，積健不已，盡人道而合天德。故曰君子以自強不息也。」說來最有力氣。由天道以明人事，這一點，可以說是《周易》乃至儒家和全體中國人意識的特別處。西方人多把客體排諸外，所以英國劍橋大學教授莫爾所著《倫理原理》，便宣稱「你不能由不是倫理界的事實中，來吸取倫理的教訓」。中國人將人視為自然界的一員。自然界有個別現象，也有共同法則。就共同法則而言，人當然可以向自然界取經，於是把客體納諸內、轉化而成主體，所以常能自天文物理，引出價值觀念和道德標準。至於〈象傳〉稱「君子以」者，凡五十三卦。所謂君子，乾〈文言傳〉以為：「君子以成德為行。」孔穎達《周易正義》（以下簡稱《正義》）卻以為：「言君子者，謂君臨上位，子愛下民，通天子諸侯兼公卿大夫有地者。」我個人認為：《周易》為周代朝廷占筮之書，君子本義當如孔穎達所說，指貴族有地者。儒家視《周易》為修身寡過之書，所以〈文言傳〉認為君子是「成德」之稱。因此人人可自《周易》獲取行為的標準，豐富了並且擴大了《周易》的效用。君子以之以，是一個原因介詞，作因此解。《易・象》言「自強不息」，《中庸》言「至誠無息」。宋儒游酢在《中庸解》中有很富啟發性的比較：「至誠無息，天行健也，若文王之德之純是也；未能無息而不息者，君子之自強也，若顏子三月不違仁是也。」天道無息，是自然而然的；自強不息，是人力勉強的。由「不息」而「無息」，那便由「君子」而入「聖人」的境界了。

語譯

乾元天道的運轉與生化，是至健而永恆的；一個努力修養品德的君子，效法天道的剛健，因此也要強毅奮發，充實自己的德性，參贊天地之化育，而永不懈怠休止。

附錄古義

范曄《後漢書・黃瓊傳》：「瓊上疏奏曰：『臣聞先王制典，籍田有日，司徒咸戒，司空除壇；先時五日，有協風之應；王即齋宮，饗醴載耒，誠重之也。自癸巳以來，仍西北風，甘澤不集，寒涼尚結。迎春東郊，既不躬親；先農之禮，所宜自勉，以逆和氣，以致時風。《易》曰：「君子自強不息。」斯其道也。』」

徐幹《中論・治學》：「志者，學之帥也；才者，學之徒也。學者不患才不贍，而患志之不立。是以為之者億兆，而成之者無幾：故君子必立其志。《易》曰：『君子以自強不息。』」

文言傳

元者，善之長也❶；亨者，嘉之會也❷；利者，義之和也❸；貞者，事之幹也❹。君子體仁足以長人❺，嘉會足以合禮❻，利物足以和義❼，貞固足以幹事❽。君子行此四德者，故曰：「乾：元、亨、利、貞。」❾

注釋

❶元者，善之長也

元為元首，引申為元始，此指天之體性，生養萬物，為萬物、生命之始，亦為德行之始。〈繫辭傳下〉：「天地之大德曰生。」所以乾為天而有始生以及生生不息之大德。首出萬物，而眾善即從此生生之仁體發展而出，為眾善之主。長，兼含生長、首長二義；正因其能生長眾善，故為眾善之首長。

❷亨者，嘉之會也

亨為亨通，嘉為美好，會為聚會。嘉之會也，指天道本身時空際會，主動地與萬物作美好的溝通，因而使萬物化育、生命滋長，德行增進。

❸利者，義之和也

利，此指天道之為利萬物。義，指物各得宜。和，指和諧相處。天道之所以為利，是因為使萬物由於各得其宜而形成和諧相處的境界。物各得宜是和諧相處的前提，所以說「義之和」。

❹貞者，事之幹也

貞，指天道有常，正直無私。事，天生萬物使各得其所之事。幹，《說文》無。經籍言幹，義同榦字，就是樹榦。《淮南子・主術》：「枝不得大於榦。」天道有常並正直無私是化生萬物的根本德性。《禮記・孔子閒居》：「天無私覆，地無私載。」《中庸》：「天地之無不持載，無不覆幬。」由「無私覆」而至「無不覆幬」，恰好主動地說明了「貞」為「事之幹」的道理。以上四句就乾元天道而言，有此元亨利貞四德。

❺君子體仁足以長人

此下四句，就人之能體現天道而言。首標「君子」二字，貫通以下四句。體仁之體是一個多義性的詞彙，《正義》作「人體」解，言「君子之人，體包仁道，汎愛施生」。程頤《易傳》（以下簡稱程《傳》）作「體法」解；《本義》作「以仁為體」解。體仁二字，最恰當的解釋應該是：體法上天好生之德，身體力行仁道，於是仁便成為生命的主體。長人的長也是個多義性的詞彙，有使人生長，為人首長兩種意義。只有體仁的君子，才能使眾人發展其天命的仁性，而成為眾人的領導者。我國傳說：有巢氏構木為巢，燧人氏鑽木取火，伏犧氏作網罟以田漁，神農氏製耒耜教民農作，都能法天體仁，嘉惠人民，而民悅之，使王天下。正是體仁足以長人的好例證。

❻嘉會足以合禮

此嘉會也包含兩層意思：一是君子由盡己之性而盡人之性而盡物之性，使自己之性與人物之性相通。於是萬物皆備於我，與我相親，樂莫大焉。二是時乘六龍以御天，上下與天地同流，參贊天地之化育。前者為人物之嘉會；後者是人天之嘉會。天道時空際會亨通萬物，這是「來」；人稟天道，亦能盡人物之性，轉而弘揚天道，這是「往」。《禮記・曲禮》：「禮尚往來：往而不來，非禮也；來而不往，亦非禮也。」天人及人物之間如此有來有往，所以「足以合禮」。

❼利物足以和義

不限於一己的私利，而能為萬民萬物謀福利，此為「利物」；如此，才是造成和諧社會的適宜行為，所以說「足以和義」。利與仁義的關係是相輔相成的，而非對立矛盾的。《左傳・成公十六年》記申叔時語：

「義以建利。」《論語・里仁》記孔子語：「仁者安仁；知者利仁。」孟子見梁惠王，曾有義利之辯。孟子以為「上下交征利而國危矣」，所以征利反而不能得利；而「未有仁而遺其親者也；未有義而後其君者也」。所以只有仁義才能得利。與《易・文言》之意並不矛盾。王充《論衡・刺孟篇》於此亦有說，參本卦卦辭後「附錄古義」。

❽**貞固足以幹事**

貞固，是體天之正直與有常，而擇善固執。心中有此原則，於是事無不成。幹事之幹，由名詞轉為動詞，《正義》作「使事皆濟幹」解，亦可從。案：自「元者，善之長也」至此，《左傳・襄公九年》記穆姜語也曾引用。茲錄於下：「《周易》曰：『隨：元亨利貞，無咎。』元，體之長也；亨，嘉之會也；利，義之和也；貞，事之幹也。體仁足以長人，嘉德足以合禮，利物足以和義，貞固足以幹事。」唯穆姜所言四德，乃就「隨」卦卦辭而說，不是說「乾」；而說元為「體之長」，「體仁」上無「君子」二字，「嘉會」作「嘉德」，文字與〈文言傳〉略有出入。

❾**君子行此四德者，故曰：「乾：元、亨、利、貞。」**

四德，指元亨利貞。在天為春夏秋冬，在人為仁義禮信。君子推行元德，於是有仁；推行亨德，於是有禮；推行利德，於是有義；推行貞德，於是固信。四德雖然不同，但都要堅強地推行，此非至健的君子不能。所以「君子」是「行此四德者」，而「元亨利貞」正代表春生、夏長、秋收、冬藏「天行健」的「乾」道，是君子體法的依據。案：六十四卦都由乾坤演變而出，所以乾坤四德可通於其他六十二卦。只是其他六十二卦，於四德或全有或不全而已。當於各卦分別說明。以上係就〈文言傳〉四分乾卦辭「元亨利貞」為四德，而加以解釋。

語譯

元，有始生、好生的大德，是一切善的根源與領導者。亨，是亨通，為天道適地適時與萬物作最完美的聚會。利，是使萬物各得其宜，彼此協調，因而形成了宇宙的和諧。貞，是公正恆常，為上天行事的根本原則。成德的君子，體會到上天生生之德，身體力行，使仁成為生命的主體，這就夠資格領導眾人了。盡力改善萬民萬物生存的品質以弘揚天道，如此與天人萬物作美好的聚會，就稱得上合乎禮尚往來了。能為萬民萬物謀福利，這樣才是造成和諧世界的適宜行為。為人公正堅定，這樣就能興辦事情了。稟承天命而奉行仁義禮信的君子，是推行元亨利貞四德的人。所以，乾卦特別強調「元、亨、利、貞」。

附錄古義

《左傳・襄公九年》：「穆姜薨於東宮。始往而筮之，遇艮䷳之八。史曰：『是謂艮之隨䷐；隨其出也。君必速出。』姜曰：『亡！是於《周易》曰：「隨：元亨利貞，無咎。」元，體之長也；亨，嘉之會也；利，義之和也；貞，事之幹也。體仁足以長人，嘉德足以合禮，利物足以和義，貞固足以幹事。然，故不可誣也；是以雖隨無咎。今我婦人而與於亂；固在下位，而有不仁，不可謂元；不靖國家，不可謂亨；作而害身，不可謂利；棄位而姣，不可謂貞。有四德者，隨而無咎；我皆無之，豈隨也哉！我則取惡，能無咎乎？必死於此，弗得出矣！』」

馬端臨《文獻通考・二百八・引子思子》：「孟軻問牧民之道何先。子思曰：『先利之。』孟軻曰：『君子之教民者，亦仁義而已，何必曰利？』子思曰：『仁義者，固所以利之也。上不仁則不得其所，上不義則樂為詐：此為不利大矣。故《易》曰：「利者，義之和也。」又曰：「利用安身，以崇德也。」此皆利之大者也。』」

乾元（亨）者，始而亨者也❶；利貞者，性情也❷。乾始能以美利利天下，不言所利，大矣哉❸！大哉乾乎！剛健中正，純粹精也❹；六爻發揮，旁通情也❺；時乘六龍，以御天也；雲行雨施，天下平也❻。君子以成德為行，日可見之行也❼。

注釋

❶乾元（亨）者，始而亨者也

王引之《經義述聞》：「『乾元』下亦當有『亨』字，傳先舉經文『亨』字而後解之。」〈文言傳〉在此將乾「元亨利貞」截分為二。先釋元亨，指出乾之生物，在開始之時，必令萬物具可亨通之道。至於以後如何，那要靠人類自己的修為了。宋呂與叔《東見錄》引程頤語云：「元亨者，只是始而亨者也。此通人物而言，謂始初發生，大概一例亨通也。及到利貞，便是各正性命，後屬人而言也。」

❷利貞者，性情也

性情，王弼《注》作「性其情」解，性為致使動詞，情為名詞作其賓語，就是以天命的純然善良的性去控制喜怒哀樂之情。《說文》：「情，人之侌气有欲者。」「性，人之昜气性善者。」案：性無不善；情發而中節則善，不中節則不善。又案：諸家多以性情為兩個名詞組成的聯合詞組。程、朱皆如此。胡炳文《周易本義通釋》：「乾性情只是一個健字。健者，乾之性，而情其著見者也。且性情並言昉於此。」亦可備一說。

❸乾始能以美利利天下，不言所利，大矣哉

〈文言傳〉在此又將乾之四德統歸於「元」德。「乾始」為全句主語，指乾元創始之德。乾元本體只是個剛強開創、生生不息的仁體，亨之美滿通暢、利之造福天下、貞之公正恆常諸德，都是仁體的發展。句中始字釋元，美利釋亨，利天下釋利，不言所利釋貞。坤卦言「利牝馬之貞」，指言所利，故小；乾卦不言所利的對象，則一切事物都蒙其利，故大。

❹大哉乾乎！剛健中正，純粹精也

剛是剛強不撓的創始性能；健是勁健的生生不息的力量。乾六爻皆陽，所以質剛而行健。中是無過不及；正是無所偏倚。案：《易》例凡陽居五，陰居二，叫作「中正」。乾九二非陰，而稱中正，於《易》為特例。朱子對此曾有一番解釋。《本義》云：「或疑乾剛无柔不得言中正者，不然也。天地之間，本一氣之流行，而有動靜耳。以其流行之統體而言，則但謂之乾，而无所不包矣；以其動靜分之，然後有陰陽剛柔之別也。」不雜於陰柔，曰純；不雜於邪惡，曰粹。而精，指剛健、中正、純粹的極致。

❺六爻發揮，旁通情也

王引之《經義述聞》：「六爻發揮，猶言『六位時成』耳；旁者，溥也。」屈萬里先生《先秦漢魏易例述評》（以下簡稱《易例述評》）：「六爻發揮，即『變動不居，周流六虛』之義。旁通情者，即『以類萬物之情』之義。」案：六爻發揮，是六爻稟剛健中正純粹之德性，發揮潛、見、惕、慮、飛、悔的功能；旁通情也，是在各種不同的情況下，都能普遍亨通萬物之情態。不過，漢儒以象數說《易》，卻另有解釋。李鼎祚《周易集解》（以下簡稱《集解》）引陸績曰：「乾六爻發揮變動，旁通于坤，坤來入乾，以成六十四卦，故曰：旁通情也。」把兩卦相比，爻體陰陽相對互異，稱為「旁通」。《集解》引虞翻注：比䷇與大有䷍旁通；小畜䷈與豫䷏旁通；履䷉與謙䷎旁通。凡言旁通者二十一卦。屈先生《易例述評》云：「其所以造為此例者，亦因本卦之象，不敷資取；不得不更取旁通之卦之象，以足成其說也。」

❻時乘六龍，以御天也；雲行雨施，天下平也

「時乘六龍以御天也」，已見乾〈彖傳〉，表明聖人稟承乾道，足以駕御天道，這是上達；「雲行雨施天下平也」，表明聖人稟承乾道，足以統治天下，這是下施。「雲行雨施」也已見〈彖傳〉。但〈彖傳〉此四字言乾之亨德，而〈文言傳〉卻用此四字言聖人之德。正好證明聖人能通於天命。元熊良輔《周易本義集成》

引建安張氏（名清子，有《周易本義附錄集註》十一卷）曰：「〈象〉言雲行雨施而以品物流行繼之，則雲雨為乾之雲雨；此言雲行雨施而以天下平繼之，則聖人之功即乾，而雲雨乃聖人之德澤也。」案：以上〈文言傳〉參考〈彖傳〉來解說乾卦辭。先分說「元亨」與「利貞」；再合說「元亨利貞」；然後贊美乾德之精，爻動之通情，以及其御天平天下的效用。

❼**君子以成德為行，日可見之行也**

此句參考乾〈大象〉來解說「乾」。前人多以此連下文「潛之為言」，誤以為解說「乾初九」。茲據王夫之《周易內傳》正。本句有兩點值得注意：一、肯定「君子」是「以成德為行」者；而非「貴族有地者」，從而使《周易》由朝廷占筮之書一變而成所有人類修養之書。二、肯定「成德為行」是「日可見之行」，除「日」字隱含「天行健；君子以自強不息」之義外，更強調「成德」之道德主體性之「可見」於外。發揮了《中庸》「人之視己，如見其肺肝然」、「誠於中，形於外」以及《孟子・盡心》「君子所性，仁義禮智根於心。其生色也，睟然見於面，盎於背，施於四體，不言而喻」的道理。

語譯

乾卦辭所說的「元亨」，是指出乾元天道始生萬物時，賦予萬物具備可以發展的基礎；所說的「利貞」，是指出萬物必須以天命純善之性去控制喜怒哀樂之情。乾元這種剛強行健化育不息的創始性質，能夠用它亨通美滿、創造福利的功能來造福天下，公正恆常，不限定所利的對象，真是偉大極了呀！偉大呀乾啊！剛強、勁健，無過不及，不偏不倚、不雜陰柔邪惡，已到至善的境界。六爻稟承剛健中正純粹至極之德性，發揮潛、見、惕、慮、飛、悔的功能，普遍地亨通了萬物之情態。像配合時空乘坐著六條神龍一樣，體現了弘揚了天道。像雲行雨施一般，使萬民萬物亨通，蒙受福利，天下就太平了。君子要以成就道德作行為的目標。這種努力要像天體的運行一樣，必須每天每天體現著，篤行著。

附錄古義

袁宏《後漢紀・十六・安帝紀》：見乾〈彖傳〉附錄古義。

繫辭傳上

天尊地卑章

天尊地卑，乾坤定矣❶。卑高以陳，貴賤位矣❷。動靜有常，剛柔斷矣❸。方以類聚，物以群分，吉凶生矣❹。在天成象，在地成形，變化見矣❺。是故剛柔相摩，八卦相盪❻。鼓之以雷霆，潤之以風雨。日月運行，一寒一暑❼。乾道成男，坤道成女❽。乾知大始，坤作成物❾。乾以易知，坤以簡能❿。易則易知，簡則易從。易知則有親，易從則有功。有親則可久，有功則可大。可久則賢人之德，可大則賢人之業⓫。易簡則天下之理得矣！天下之理得，而成位乎其中矣⓬！

章旨

孔穎達、朱熹皆以此為〈繫辭傳〉上篇第一章。全章以天地萬物演進的現象，推論變化的道理。又說明乾代表天象，坤代表地形，而人兼具乾之平易，坤的簡單，故易知易從，有親有功，同天之久，同地之大，頂立於天地之中，成其德業。《正義》云：「天尊地卑至其中矣，此第一章。明天尊地卑及貴賤之位、剛柔動靜、寒暑往來；廣明乾坤易簡之德，聖人法之，能見天下之理。」《本義》云：「此章以造化之實，明作經之理。又言乾坤之理，分見於天地，而人兼體之也。」

注釋

❶**天尊地卑，乾坤定矣**

天地是宇宙間有形的實體，依人類直觀，天在上，故尊；地在下，故卑。乾坤是由宇宙實體抽離出來，相對的兩種性質之名，乾代表天，坤代表地。其內容起初是由實存的天地所決定。乾坤是《周易》的門戶，蘊涵著《周易》的精義，所以成為〈繫辭傳〉上篇第一章第一句。帛書作「天奠地庳，鍵川定矣」。

❷**卑高以陳，貴賤位矣**

卑高，指地天兩儀。言「卑高」不說「高卑」，與爻位自下往上數、重卦先下後上道理相同。《易》說陰陽、終始、死生……，也都含這種理念。以，原因介詞。以陳，因而陳列。以，帛書作「已」，以、已古通用。已陳，如作已經陳列解，亦通。貴，言乾天尊高貴重。賤，言坤地卑低輕賤。不過，尊卑貴賤都是相對而非絕對的。所以六畫之卦成立後，乾初九〈象傳〉言：「潛龍勿用，陽在下也。」是乾亦有卑下時；坤六五爻辭：「黃裳元吉。」是坤亦有尊貴時。位，帛書作「立」，謂高貴與卑賤的位階成立了。

❸**動靜有常，剛柔斷矣**

常，指常規、原則。斷，指判斷、分別。由乾天尊貴，坤地卑賤再加引申，於是有乾動而剛，坤靜而柔的說法。但動靜剛柔仍是相對的。〈繫辭傳〉下文說：「夫乾，其靜也專，其動也直，是以大生焉；夫坤，其靜也翕，其動也闢，是以廣生焉。」是乾坤各有動靜。又咸卦艮下兌上，〈彖傳〉云：「柔上而剛下，二氣感應而相與。」〈文言傳〉：「坤至柔而動也剛。」〈說卦傳〉：「立地之道曰柔與剛。」是柔可在上，剛可在下，坤地可柔可剛。

❹方以類聚，物以群分：吉凶生矣

前賢釋方、物，多注重二者之異，而每相矛盾。如《集解》一引《九家易》云：「方，道也，謂陽道施生，萬物各聚其所也；陰主成物，故曰物也，至於萬物一成，分散天下也。」是以陽為道，陰成物。再引虞翻曰：「坤方道靜，故以類聚；乾物動行，故以群分。乾生故吉，坤殺故凶，則吉凶生矣。」是又以坤為道，乾為物，與《九家易》相反。至清代李光地修《周易折中》所作案語云：「在天有方焉，春秋冬夏，應乎南北東西者是也。其生殺之氣，則以類聚。在地有物焉，高下燥濕，別為浮沉升降者是也。」仍以方屬天，物屬地，以區分之。近人高亨作《周易大傳今注》，更以「方」當作「人」，篆文形似而誤，謂：「人有異類，各以其類相聚。物有異群，各以其群相分。異類異群矛盾對立，於是吉凶生。」人、物仍是二分。個人以為：方、物，都是「方物」一詞的省稱，互文以見意。《尚書・旅獒》：「無有遠邇，畢獻方物。」是「方物」在古為複詞之證。其本義為「方土所生之物」，即今語「土產」，引申為所有事物之通稱。「方以類聚，物以群分」，只是說各種事物因其類別與群體的不同，有聚有分。朱震《漢上易傳》：「五方之物，各以其類聚，同氣也；五物之類，各以其群分，異情也。」似已見及此。至於群類聚分與吉凶之關係，〈文言傳〉釋九五：「飛龍在天，利見大人。」曰：「各從其類。」是以「從類」為利；〈彖傳〉釋坤：「西南得朋，東北喪朋。」曰：「西南得朋，乃與類行；東北喪朋，乃終有慶。」是以離類喪朋為有慶。乾用九言「見群龍，无首，吉」，是以群龍獨立為吉；而〈文言傳〉釋九四曰：「進退无恆，非離群也。」以是為无咎。所以群類聚分與吉凶，沒有絕對關係。只能籠統地說：這種聚或分如合乎自然界間動靜剛柔的法則，則吉，亦即有所收穫；否則為凶，即是一種損失。〈繫辭傳下〉：「吉凶者，言乎其失得也。」是也。近人徐志銳《周易大傳新注》：「天下四方的萬物，凡屬同一物種才能群居在一起，不同的物種就不能群居在一起，彼此是分離的。群居在一起的同一物種又分為陰陽兩類，兩類相合相聚可以繁殖而興盛，兩類不相合不相聚就不能繁殖而衰敗下去。《易》書效法這一自然現象，一卦設六位分陰分陽，又設六爻分柔分剛，柔爻應當居陰位，剛爻應當居陽位，這體現著『物以群分』。又確定出承乘比應的爻位關係，以陰陽剛柔對立面能相應相比合聚在一起而生吉辭，不能合聚在一起絕對對立而生凶辭，這就體現著『方以類聚』。」就自然界與《易》書分別論述群分類聚，並指出《易》法自然，卓識深具參考價值，特引於此。

❺在天成象；在地成形：變化見矣

象，指日月星辰。形，指山川動植。由於日月星辰的運轉，而有晝夜的循環，四時之成歲；由於山川動植的化育，而有滄海桑田，生老病死。這些都是「變化」。見，顯現的意思。以上為本章第一節，為天地兩儀定名，並對其尊卑、貴賤、動靜、剛柔、分聚、吉凶等性能作初步的說明。

❻是故剛柔相摩，八卦相盪

摩，切摩感生。剛柔相摩，指陽上生陽為太陽「⚌」，陽上生陰為少陰「⚍」，陰上生陽為少陽「⚎」，陰上生陰為太陰「⚏」，此即「四象」，四象之上又與剛柔相摩，於是感生「八卦」：乾☰、兌☱、離☲、震☳、巽☴、坎☵、艮☶、坤☷。盪，激盪、重疊等運化。如：天地定位、山澤通氣、雷風相薄、水火相射，是八卦相激盪；而六十四卦是八卦兩兩相疊的成果。

❼鼓之以雷霆；潤之以風雨。日月運行，一寒一暑

此數句選擇性地說明乾、坤所生六子：震、坎、艮、巽、離、兌的功能。兩「之」字，皆指稱萬物。《正義》：「鼓動之以震雷離電；滋潤之以巽風坎雨。或離日坎月，運動而行，一節為寒，一節為暑。」六子中提到了震、巽、離、坎，未直接說到艮、兌。《正義》以為：「雷電風雨亦出山澤也。」間接點出了艮山、兌澤。

❽乾道成男；坤道成女

成，成為；成就。〈說卦傳〉：「乾，天也，故稱乎父；坤，地也，故稱乎母。」是乾本即為父為男；坤本即為母為女。成採成為義。〈說卦傳〉又說：「震一索而得男，故謂之長男；巽一索而得女，故謂之長女。坎再索而得男，故謂之中男；離再索而得女，故謂之中女。艮三索而得男，故謂之少男；兌三索而得女，故謂之少女。」是乾道又能索而得成就眾男；坤道又能索而得成就眾女。成採成就義。《集解》引荀爽曰：「男謂乾。初適坤為震；二適坤為坎；三適坤為艮，以成三男也。女謂坤。初適乾為巽；二適乾為離；三適乾為兌，以成三女也。」是也。人類有男女，生物亦有雌雄。《朱子語類・卷七十四》黃營錄：「乾道成男，坤道成女，通人物言之，如牡馬之類。在植物亦有男女，如有牡麻及竹有雌雄之類，皆離陰陽剛柔不得。」馮友蘭以此為《周易》的宇宙論。馮友蘭《中國哲學史》第一篇第十五章云：「講《周易》者之宇宙論，係以個人生命之來源為根據，而類推及其他事物之來源。《易・繫辭》云：『天地絪縕，萬物化醇；男女構精，萬物化生。』男女交合而生人，故類推而以為宇宙間亦有二原理。其男性的原理為陽，其卦為乾；其女性的原理為陰，其卦為坤。而天地乃其具體的代表。」對此二句亦有所闡發。以上為本章第二節，言剛柔相摩而生四象八卦，代表雷電風雨日月寒暑等自然現象，也象徵男女雌雄等生命情況。

❾乾知大始；坤作成物

知，睿知，兼有主導、管理之意。大始，指普遍創始的性能。作，作用。成物，成全萬物。知之為義，很難確詁。僅朱熹一人，即有四解。《本義》：「知，猶主也。」此一解也。《語類・卷七十四》周謨錄：「知者，管也。」又龔蓋卿錄：「太始是萬物資始，乾以易，故管之；成物是萬物資生，坤以簡，故能之。大抵讀經只要自在，不必泥於一字之間。」此二解也。主為主導，管為管理，二解義相近。又陳文蔚錄：「知字作當字解。……言乾當此太始，然亦自有知覺之義。」相當、知覺，此三、四解也。案：知覺之解，孔穎達已如此。《正義》：「乾知大始者，乾是天陽之氣，萬物皆始在於氣，故云知其大始也；坤作成物者，坤是地陰之形，坤能造作，以成物也。初始無形，未有營作，故但云知也；已成之物，事可營為，故云作也。」蓋以知為「未有營作」之前知識之「知」。吳怡《新譯易經繫辭傳解義》進一步引〈繫辭傳〉：「知周乎萬物」、「通乎晝夜之道而知」、「知崇禮卑」、「卦之德方以知」，以為：「這個『知』是包羅萬物，通貫晝夜，崇高方正的，這正是乾的一大特性。所以乾知應解作乾的智性。」亦意味雋永，提作再思之資。並請參閱以下各條注釋。

❿乾以易知；坤以簡能

易，平易。簡，簡約。知，指主導管理者面對當下萬物資始之睿知，兼含朱熹所言主、管、當、知覺等義。能，功能。乾天之普遍創始的性能，剛健中正純粹，甚為平易，此正其作為主管者面對萬物資始之睿知處；地道順承天道，載物而能含弘光大，甚為簡約，此即其面對萬物資生之功能。《正義》：「乾以易知者，易謂易略，无所造為，以此為知，故曰乾以易知也；坤以簡能者，簡謂簡省凝靜，不須繁勞，以此為能，故曰坤以簡能也。」《本義》：「乾健而動，即其所知，便能始物，而无所難，故為以易而知大始；坤順而靜，凡其所能，皆從乎陽，而不自作，故為以簡而能成物。」又《語類・卷七十四》石洪慶錄：「問：『若以學者分上言之，則廓然大公者，易也；物來順應者，簡也。不知是否？』曰：『然！乾之易，致知之事也；坤之簡，力行之事也。』」所言並可作參考。

⓫易則易知；簡則易從。易知則有親；易從則有功。有親則可久；有功則可大。可久則賢人之德；可大則賢人之業

以兩兩相對形式，層層遞進，闡釋乾易坤簡的道理，而歸結於賢人之德業。朱子《本義》：「人之所為，如乾之易，則其心明白，而人易知；如坤之簡，則其事要約，而人易從。易知則與之同心者多，故有親；易從則與之協力者眾，故有功。有親則一於內，故可久；有功則兼於外，故可大。德謂得於己者；業謂成於事者。」釋義簡明流暢。《語類・卷七十四》董銖錄：「『乾以易知，坤以簡能』以上，是言乾坤之德；『易則易知』以下，是就人而言，言人兼體乾坤之德也。」則說章旨。吳怡《解義》云：「《易》學上提到聖人，都是指先知先覺的聖王；……提到賢人都是指後知後覺，跟隨聖王之道的賢臣。」對聖人、賢人有清晰的判別。

⓬易簡則天下之理得矣！天下之理得，而成位乎其中矣

言得天下易簡之理者，則能在天地之間成就了「人」位，參贊化育，與天地合德，共成「三才」。案：成位於天地間者究為何？眾說紛紜，約分二派。一派以為易道、易象。陸德明《經典釋文》：「馬（融）王（肅）作『而易成位乎其中』。」以為「易」指易道。韓康伯《繫辭注》：「成位，況立象也。極易簡，則能通天下之理；通天下之理，故能成象並乎天地。」則以為易象。程頤《二程遺書・易說》：「天下之理，易簡而已，有理而後有象，成位乎其中也。」亦仍韓《注》以為易象。另一派則以為「人道」或「人」。張載《橫渠易說》：「易簡理得而成乎天地之中，蓋盡人道並立乎天地以成三才，則是與天地參矣。」指其為人道。朱熹《本義》：「成位，謂成人之位；其中，謂天地之中。至此則體道之極功，聖人之能事，可以與天地參矣。」則成位者，為人。此二說亦可調和，蓋此所言之「人」，實為得乾坤易簡之理之「聖人」，故能與天地合其德，上下與天地同流，參贊天地之化育。所以在天地中者，既是人，亦是易簡之理。

自「乾知大始」至此，為本章第三節。復分三目：首四句先言乾坤知易行簡之德；中八句言人法乾坤可成就賢人之德業；末三句謂人得易簡之理可與天地合德而成三才。

語譯

天在上而崇高，地在下而低卑，乾坤的名稱、性質和內容，也就由這兩個相對存在的現象中抽繹出來而確定了。由低卑到崇高相對排列著，高貴與卑賤的位置就此成立了。天體運動，地體安靜，具有一定的原則，剛健與柔順的差別由此斷定了。天地間各種事情，按照它們類別相聚合；天地間所有物品，按照所屬範疇來劃分：收穫或損失，就從分、聚的適不適當中產生了。在天構成日月星辰等現象；在地構成山川動植等形態：於是時空和萬物種種變化都出現了。所以陰柔陽剛交相感通摩擦，八卦相互激盪重疊。震雷離電鼓動了萬物的生機；巽風坎雨滋潤了萬物的成長。再配合離日坎月的交替運行，一寒一暑的循環消長。天地化育的作用中，陽剛的乾道成就了男性；陰柔的坤道成就了女性。乾的睿智主導著普遍地賦予萬物創始的性能；坤的作用在圓滿成就萬物本然的形體。乾以平易顯示出它的睿智；坤以簡約作為它的功能。由於平易，才容易被了解；由於簡約，才容易被接受隨從。容易被了解，自然有一種親和力；容易被順從，自然有美好的功效。彼此親和融洽，德行才能維繫長久；做事有功效，事業才能擴大恢宏。德行恆久正是賢人立德的特徵；事業發展正是賢人立業的特徵。平易、簡約，那麼天下的道理就能掌握了！能夠掌握天下道理，於是就能在天地之間成就了人類參贊化育的地位了！

附錄古義

范曄《後漢書・周舉傳》：「舉對問曰：『臣聞：《易》稱「天尊地卑，乾坤定矣。」二儀交構，乃生萬物。萬物之中，以人為貴。故聖人養之以君，成之以化，順四時之宜，適陰陽之和，使男女婚娶不過其時。包之以仁恩，導之以德教，示之以災異，訓之以嘉祥，是先聖承乾養物之始也。』」

又〈荀爽傳〉：「爽對策曰：『孔子曰：「天尊地卑，乾坤定矣。」夫婦之道，所謂順也。今漢承秦法，設尚主之儀，以妻制夫，以卑臨尊，違乾坤之道，失陽唱之義。』」（《後漢紀・二十二・桓帝紀》文同。）

孔穎達《周易正義・引鄭玄易贊及易論》：「《易》一名而含三義：易簡，一也；變易，二也；不易，三也。故〈繫辭〉云：『乾坤其《易》之蘊邪！』又云：『《易》之門戶邪！』又云：『夫乾，確然示人易矣；夫坤，隤然示人簡矣。』『易則易知，簡則易從。』此言其易簡之法則也。又云：『為道也屢遷，變動不居，周流六虛，上下无常，剛柔相易，不可為典要，唯變所適。』此言順時變易，出入移動者也。又云：『天尊地卑，乾坤定矣。卑高以陳，貴賤位矣。動靜有常，剛柔斷矣。』此言其張設布列，不易者也。」

班固《漢書・郊祀志》：「王莽奏云：『《易》曰：「方以類聚，物以群分。」分群神以類相從，為五部兆。』」

應劭《風俗通・聲音篇》：「《易》稱『鼓之以雷霆』，聖人則之，不知誰所作也？鼓者，郭也，春分之音也。萬物郭皮甲而出，故謂之鼓。」

韓嬰《韓詩外傳・卷三》：「《傳》曰：『昔者，舜甑盆無羶，而下不以餘獲罪；飯乎土簋，啜乎土型，而農不以力獲罪；麑衣而盭領，而女不以巧獲罪；法下易由，事寡易為功，而民不以政獲罪。故大道多容，大德眾下，聖人寡為，故用物常壯也。』《傳》曰：『易簡而天下之理得矣。』」

范曄《後漢書・郎顗傳》：「顗對問云：『王者之法，譬猶江河，當使易避而難犯也。故《易》曰：「易則易知，簡則易從。易簡而天下之理得矣。」』」

陳壽《三國志・魏書・崔林傳》：「散騎常侍劉劭作〈考課論〉，制下百僚。林議曰：『案《周官》考課，其文備矣。自康王以下，遂以陵遲。此即考課之法存乎其人也。及漢之季，其失豈在乎佐吏之職不密哉？方今軍旅或猥或卒，備之以科條，申之以內外，增減無常，固難一矣。且萬目不張舉其綱，眾毛不整振其領，皋陶仕虞，伊尹臣殷，不仁者遠，五帝三王未必如一，而各以治亂。《易》曰：「易簡而天下之理得矣。」』」

易準天地章

《易》與天地準，故能彌綸天地之道❶。仰以觀於天文，俯以察於地理，是故知幽明之故❷。原始反終，故知死生之說❸。精氣為物，游魂為變，是故知鬼神之情狀❹。與天地相似，故不違❺。知周乎萬物，而道濟天下，故不過❻。旁行而不流，樂天知命，故不憂❼。安土敦乎仁，故能愛❽。範圍天地之化而不過❾，曲成萬物而不遺❿；通乎晝夜之道而知⓫：故神无方而易无體⓬。

章旨

孔、朱分章不同。《正義》以「《易》與天地準……故知死生之說」連上文為第三章；以「精氣為物……故君子之道鮮矣」為第四章。此從朱子《本義》，定為〈繫辭傳〉上篇第四章。說明《易》道與天地準，可以範圍天地，曲成萬物，通乎晝夜。可以推知幽明、死生、鬼神。使人不違、不過、不憂而能愛；不過、不遺而能知。並以神无方而易无體為全章結。

注釋

❶**《易》與天地準，故能彌綸天地之道**

此複句為全章之大綱。易，指《周易》一書及所含推天道以明人事的道理，亦即《易》道。與，韓康伯作「以」解，《繫辭注》云：「作《易》以準天地。」朱熹則從本字，《本義》：「《易》書卦爻具有天地之道，與之齊準。」都可通。準，《釋文》：「京（房）云：『準，等也。』鄭（玄）云：『中也，平也。』」李鼎祚《周易集解》：「虞翻曰：『準，同也。』」意並相近。吳怡《解義》：「就是標準。」最合今語。彌綸，指易道所概括者既周密又有條理。《本義》云：「彌如彌縫之彌，有終竟聯合之意；綸，有選擇、條理之意。」綸，帛書作「論」。天地之道，王宗傳《童溪易傳》：「即下文所謂一陰一陽是也。」《周易》由人類之有男女，類推宇宙間亦有陰陽二原理，其具體的代表則為天地。復由天地返觀人生，故每由天道而推論人事。所以《易》道以天地之道為標準，與天地之道等齊，能概括天地之道。

❷**仰以觀於天文，俯以察於地理，是故知幽明之故**

天文，指日月星辰的運轉，晝明而夜幽。地理，指山川的脈理。由於中國位居北半球，山南水北較明曰陽，山北水南較幽曰陰。又天文、地理兩者相較，則天明而地幽。又天有寒暑，地上生物有枯榮，枯寒屬幽，榮暑屬明。是故，因這種緣故。「之故」之「故」，指事故、現象。包括背陰、向陽的相對，晝夜、寒暑、枯榮之交替等等。

❸原始反終，故知死生之說

原，追究。反，測判。《本義》：「原者，推之於前；反者，要之於後。」究始測終，何以能知死生之說？《集解》引《九家易》曰：「陰陽交合，物之始也；陰陽分離，物之終也。合則生；離則死。故原始及終，故知死生之說矣！」原，帛書作「觀」。反，《集解》本作「及」。

❹精氣為物，游魂為變，是故知鬼神之情狀

精，精神，為陽。氣，血氣形骸，為陰。二者相聚為生物，生命得以伸展。若魂遊體外，生變為死，則歸為鬼類。王充《論衡・論死篇》：「鬼者，歸也。……鬼神，陰陽之名也。陰氣逆物而歸，故謂之鬼；陽氣導物而出，故謂之神。神者，伸也。」鬼與歸，神與伸，音皆相近，語源相同。《本義》：「陰精陽氣，聚而成物，神之伸也；魂遊魄降，散而為變，鬼之歸也。」陰精陽氣之說，述者多從之，揆以〈文言傳〉謂乾「純粹精也」，其說可商。

❺與天地相似，故不違

言《易》道與天地之道相似，所以不會違反天地之道。《集解》引虞翻曰：「乾、神似天；坤、鬼似地。聖人與天地合德，鬼神合吉凶，故不違。」將此句連上文「是故知鬼神之情狀」為句。《本義》：「天地之道，知仁而已！」將此句與下文「知周乎萬物……安土敦乎仁……」連讀。考上文自「《易》與天地準」以下，有三個「故知」，是就知解方面說；此「與天地相似」以下，有七個「故」，先言「故不違」，依次又言「故」不過、不流、不憂、能愛、不過、不遺，皆就證行方面說。《本義》分目，似較妥。

❻知周乎萬物，而道濟天下，故不過

知，指易道中的天道主導萬物資始的智慧和知識。周，周到；普遍。道，指《易》道中的地道具備萬物資生的方法和功能。濟，濟助；成就。過，踰越；過分。知周乎萬物，就天而言，重在「知」；道濟天下，就地而言，重在「行」。知行並重，天地合一，則不致踰越天地之道。〈繫辭傳〉下文言「大衍之數」，有：「二篇之策萬有一千五百二十，當萬物之數也。」荀爽引此以說「故曰知周乎萬物也」。見《集解》。是以數象解《易》。《本義》：「知周乎萬物者，天也；道濟天下者，地也。知且仁，則知而不過。」則承前文：「乾以易知；坤以簡能。」以義理解《易》。

❼旁行而不流，樂天知命，故不憂

「旁行而不流」，指易道中的天地之道。旁行，普遍地施行。王引之《經義述聞》：「旁之言溥也，遍也。《說文》：『旁，溥也。』旁行者，變動不居，周流六虛之謂也。」《中庸》：「天地之道，博也，厚也，高也，明也，悠也，久也。」博厚高明悠久，正是「旁行」的具體說明。帛書作「方行」，旁方古通用。如作「行為方正」解，亦可。不流，不致隨俗漂流，泛濫不歸。《集解》引《九家易》曰：「旁行周合六十四卦，歲既周而復始也。」又引唐人侯果曰：「應變旁行，周被萬物而不流淫也。」分就時、空詮釋，可以參考。吳怡《解義》：「今人治哲學常犯二病，不是侈談形而上，不能落實，不能起用；便是過份重視經驗，不能上升，不能返本。在《中庸》第十章上強調：『君子和而不流。』也正是此處『不流』兩字的引申。」並以「不要留戀不返，以致沉迷不拔」釋不流，至味耐嚼。不流之流，京房作「留」。不留，正是不要留滯、不要留戀之意。帛書作「遺」，疑涉下文「曲成萬物而不遺」之「遺」而誤。

「樂天知命，故不憂」，指易道中的人事之道。孔穎達《正義》：「順天施化，是歡樂於天；識物始終，是自知性命。順天道之常數，知性命之始終，任自然之理，故不憂也。」釋義甚好。又樂天知命，須由兩方面思考：一是與上文「知周乎萬物而道濟天下」暨下文「安土敦乎仁」較，則乾為天主知而周乎萬物，坤安土敦仁而道濟天下。一是與《論語》「五十而知天命」、《中庸》「天命之謂性」較。朱熹《論語章句》：「天命，即天道之流行而賦於物者，乃事物所以當然之故也。」又《中庸章句》：「天以陰陽五行化生萬物，氣以成形，而理亦賦焉，猶命令也。」樂天知命者，樂知天道流行，所賦周乎萬物；然既賦於物，理在形氣之中，即有拘蔽，須時時提撕以明之，此種局限亦命也。知此，復何憂之有？

❽安土敦乎仁，故能愛

承前續言人事之道。安土，安於所住的環境，順從土地的特性。敦乎仁，敦厚加強天化地育生生不息之仁。順應自然，厚德載物，此正是愛的源頭，愛的表現。帛書作「安地厚乎仁故能既」。既，誤字。天之道在行健，君子樂天知命，自強不息而不憂；地之道在安順，君子安土敦仁，厚德載物而能愛。韓康伯《注》：「安土敦仁者，萬物之情也。物順其情，則仁功贍矣！」有順應自然，維護生態意。朱子《本義》：「蓋仁者，愛之理；愛者，仁之用。故其相為表裏如此。」則以理、(氣)、(體)、用，說仁、愛。以上說「故不違」、「故不過」、「故不憂」、「故能愛」，皆言易道之運作「與天地準」。

❾範圍天地之化而不過

範，模範，引申有仿效之意。圍，合圍，引申有包含之意。化，變化，引申有化育之意。韓康伯《注》：「範圍者，擬範天地而周備其理也。」朱子《本義》：「範，如鑄金之有模範；圍，匡郭也。」說理釋義甚是。惟孔氏《正義》，朱子《本義》均以「範圍天地」之主語為「聖人」；吳怡《解義》說：「是指易理。」

❿曲成萬物而不遺

曲，委婉、曲折而普遍。吳怡《解義》將「曲成」與《中庸》「致曲」、《荀子・天論篇》「曲致曲適」、《老子》「善救無棄」等作綜合討論，而結語說：「所謂曲成，在方法上來講，就是不以自己的主觀之見，正面去解決問題，必須繞個彎子，像地之順成天道一樣，遷就別人，而在無形中把問題解決了。在境界上來講，就是老子的自然無為，因為一切順物自然，而不加人為（指自己主觀人為的作法），則萬物皆能依順自己的本性發展。就像地一樣，它沒有自己的成見。花苗種下去，便長花；樹苗種下去，便成樹，完全是依據萬物本身的性能，以助之成長的。唯有這樣，萬物都能各盡其生，各抒其長，而無一絲一毫被遺漏。」釋義精詳。試與上句「範圍天地」較，上句主「大」，此句主「細」；上句重「不過」，此句重「無不及」。惟皆以「上下四方」空間為主。

⑪通乎晝夜之道而知

此句以「古往今來」時間為主。通乎，帛書作「達諸」。晝夜之道，承上文天地之道、幽明之故、死生之說、鬼神之情狀、樂天安土、知命敦仁而來，更上溯《繫辭傳》上篇第一章，又與尊卑、動靜、剛柔、方物、吉凶、寒暑、男女、易簡、知能、親功、久大、德業之道有相關處。以上所說種種相對、變化，卻又恆常存在的現象，如要抽繹出一種道理，那就是「一陰一陽之道」。焦循《易章句》：「晝夜之道即一陰一陽之道也。」而下章即以「一陰一陽之謂道」起，承接本章並進而闡示道體及其功用。知，指通曉晝夜之道後，獲知一陰一陽即易道，因而呈現之智慧。以上說「而不過」、「而不違」、「而知」，皆言易道「能彌綸天地之道」。

⑫故神无方而易无體

此句「故」字上托「範圍天地」、「曲成萬物」、「通乎晝夜」三句。句中「神」字當然與上文「是故知鬼神之情狀」之「神」意義不同。〈說卦傳〉：「神也者，妙萬物而為言者也。」以為「神」之作為語言中的單詞，所指涉的是宇宙間能微妙地創生並化育萬物之最高原理。據〈繫辭傳〉上篇後文所述，此宇宙創化最高原理具有超知性、可知性、能知性，而均與《易》相關。「極數知來之謂占；通變之謂事；陰陽不測之謂神。」此神之超知性。「知變化之道者，其知神之所為乎！」此神之可知性。「蓍之德圓而神；卦之德方以知。……神以知來；知以藏往。」此神之能知性。「易，无思也，无為也，寂然不動，感而遂通天下之故，非天下之至神，孰能與於此！」此易道至神，故亦能感通，兼具神之超知、可知、能知性。此言「神无方」之「神」，意亦同此。方，方法；方面；方位。體，形體；形態。東晉干寶《周易注》於此有佳注，《集解》引之曰：「否泰盈虛者，神也；變而周流者，易也。言神之鼓萬物無常方；易之應變化無定體也。」韓康伯《繫辭注》：「方體者，皆係乎形器者也。神則陰陽不測，易則唯變所適，不可以一方一體明。」言理尤精。孔氏《正義》為韓《注》疏云：「凡无方、无體，各有二義。一者，神則不見其處所云為，是无方也；二則周遊運動，不常在一處，亦是无方也。无體者，一是自然而變，而不知變之所由，是无形體也；二則隨變而往，无定在一體，亦是无體也。」分而釋无方无體甚細。近人金景芳、呂紹綱合著《周易全解》云：「《易》中所謂神，所謂道，所謂易，名雖不同，其實一物，都是陰陽。語其陰陽不測則謂神，語其一陰一陽則謂道，語其陰陽生生則謂易。」合而較論神、道、易皆是陰陽，亦甚好。又吳怡《解義》於此句奧義解釋更詳，文長不引，讀者請自參閱。

本章結構，項安世《周易玩辭》嘗析之云：「凡言《易》者，皆指《易》之書也。此書之作，與天地準；故此書之用，能彌遍綸理天地之道。此二句者，一章之主意也。自此以下，皆敷演此二句之義。自仰以觀於天文，至故知鬼神之情狀，此三知者，言《易》之所知與天地準也；自與天地相似故不違，至安土敦乎仁故能愛，此四故者，言《易》之所能與天地準也；自範圍天地之化而不過，至神无方而易无體，此三而者，言彌綸之功也。」剖析全章綱目，可作參考。

語譯

《周易》一書所說的道理以天地間各種現象作為概括、模擬、效法的標準，所以能夠周密而且有條理地概括天地間陰陽運作、萬物生化的道理。抬頭來觀測日月星辰的運轉，低頭來考察地面山陵河川的脈理，於是知道了晚上、白天，背陽、向陽等等幽暗與光明交替或相對現象的原因。追究陰陽交合，萬物發始，反觀神形分離，復歸塵土的終結，於是知道了死生的學說。精神和血氣聚合形成生物，魂魄離散又為死物的變化，於是知道了神清氣爽跟終歸鬼類的情況。《周易》的道理和天地的法則相似，所以不會違背天地的道理。《周易》中的天道那種創始的智慧和知識普遍地主導著萬物；《周易》生化的方法和功能成就了世界：所以不致偏頗過分。天地之道，高明博厚悠久，方正而不泛濫漂流，而人參贊天地，也樂於順從天道，知道天命所在，所以不會憂愁。安於配合地理，厚德載物，強化了生生之仁，所以能夠愛護萬物。易道模擬並且包含了天地的化育而不致逾越；委婉、曲折而普遍地成全了萬物而沒有遺漏；通曉晝夜相對、交替，卻又恆常運行著背後的一陰一陽大道理，於是顯示其睿智：所以作為宇宙間能微妙地締造並化育萬物之最高原理——神，隨物而命性賦形，並且與時俱化，沒有固定的方法、方面、方位；而模擬神道的易理，也就沒有固定的形體與形態可言了。

附錄古義

劉向《說苑・辨物》：「《易》曰：『仰以觀於天文，俯以察於地理，是故知幽明之故。』夫天文地理人情之效存於心，則聖智之府。是故古者聖王既臨天下，必變四時，定律曆，考天文，揆時變，登靈臺以望氣氛。」

陰陽之道章

一陰一陽之謂道❶，繼之者善也，成之者性也❷。仁者見之謂之仁，知者見之謂之知，百姓日用而不知：故君子之道鮮矣❸！顯諸仁，藏諸用，鼓萬物而不與聖人同憂。盛德大業至矣哉❹！富有之謂大業；日新之謂盛德❺；生生之謂易；成象之謂乾；效法之謂坤❻；極數知來之謂占；通變之謂事；陰陽不測之謂神❼。

章旨

孔、朱分章不同。《正義》以「一陰一陽」至「君子之道鮮矣」為第四章；「顯諸仁」以下至「道義之門」，包括《本義》六、七章為第五章。今從朱子《本義》，定為第五章。本章指明《易》道就是一陰一陽之道，仁智兼具，而人多偏知或不知。並進而闡釋道體和功用，而以陰陽不測結。《周易折中》引程氏敬承曰：「此章承上章說來。上言彌綸天地之道；此則直指一陰一陽之謂道。上言神无方易无體；此則直指陰陽之生生謂易，陰陽不測謂神。」並加案語云：「程氏以此為申說上章，極是。然只舉其首尾天地之道，及神易兩端而已。須知繼善成性，見仁見知，即是申說與天地相似一節意。顯仁藏用，盛德大業，即是申說範圍天地之化一節意。見仁見知之偏，所以見知仁合德者之全也。顯為晝，藏為夜，鼓萬物而無憂，所以見通知晝夜，曲成萬物，以作《易》者之有憂患也。」較論四、五章，述其章旨，頗多啟示。

注釋

❶一陰一陽之謂道

〈繫辭傳〉有關「道」者，最常被引用的兩句：一是本句，另一句是「形而上者謂之道」。此二句正是《周易》論「道」最重要的兩句。一陰一陽之謂道，包含著三個問題：一是一陰一陽的關係；二是一陰一陽與道的關係；三是道究竟是二元的或是一元的。分別析論，並作平議於後。

一、一陰與一陽的關係：

1. 把一陰一陽看作並時對立存在的關係，如天地、尊卑、男女、知能、久大、德業等。〈彖傳〉說泰卦䷊「內陽而外陰」，說否卦䷋「內陰而外陽」；〈繫辭傳〉下篇說「乾，陽物也；坤，陰物也」；〈說卦傳〉說「分陰分陽」：都屬並時對立存在的關係。

2. 把一陰一陽看作歷時交替變化的關係，如晝夜、死生、寒暑等。〈說卦傳〉「觀變於陰陽而立卦」、「迭用剛柔」：都屬於歷時交替變化的關係。

3. 對立與交替之兼具與變化，如「幽明」，倘指背陽、向陽為對立的；倘指白天、夜晚為交替的。又如堯、舜、禹之君臣關係本是對立的；禪讓之後，君臣易位，卻是交替的。〈彖傳〉說泰卦：「內君子而外小人。君子道長，小人道消也。」說否卦：「內小人而外君子。小人道長，君子道消也。」也是對立、交替並行的生動描述。

二、一陰一陽與道的關係：

宋代理學家如程頤、朱熹均以陰陽是氣非道，一陰一陽，所以陰陽者方是道。《河南程氏遺書・卷十五》伊川先生語一：「離了陰陽更無道。所以陰陽者，是道也；陰陽，氣也。氣是形而下者；道是形而上者。」《朱子語類・卷七十四》記程端蒙所錄：「道須是合理與氣看。理是虛底物事，無那氣質，則此理無安頓處。《易》說『一陰一陽之謂道』，這便兼理與氣而言。陰陽，氣也；一陰一陽則是理矣。猶言『一闔一闢謂之變』，闔闢非變也；一闔一闢則是變也。蓋陰陽非道；所以陰陽者，道也。」依程朱之見，陰陽的對立和迭運都還不能稱為「道」；只有那使得陰陽對立迭運的根本道理才是「道」。所以《本義》簡明了當地說：「陰陽迭運者，氣也；其理則所謂道。」

三、「道」究竟是二元的或是一元的：

1. 陰陽二元論：《十翼》中〈彖傳〉早就說出二元：「大哉乾元，萬物資始。……至哉坤元，萬物資生。」指出乾、坤為二元，乾坤猶陽陰也。漢京房（本姓李，字君明）在《易傳》說豐卦䷶云：「陰陽之體，不可執一為定象。於八卦，陽盪陰，陰盪陽，二氣相感而成體，或隱或顯，故〈繫〉云：『一陰一陽之謂道。』」北宋張載《橫渠易說》云：「一陰一陽不可以形器拘，故謂之道。」又《正蒙・太和》：「其實一物無無陰陽者，以是知天地變化，二端而已。」明末遺老王夫之《周易內傳》：「盈天地之間，惟陰陽而已矣。一一云者，相合以成主持而分劑之謂也。无有陰而无陽，无有陽而无陰，兩相倚而不離也。隨其隱現，一彼一此之互相往來，雖多寡之不齊，必交待以成也。……此太極之所以出生萬物成萬理而起萬事者也，資始資生之本體也，故謂之道。」船山此言，近承橫渠，遠祧〈彖傳〉與京房，皆陰陽二元論也。

2.理氣二元論：前引程、朱論一陰一陽與道的關係，大抵為理氣二元論。道是理，一陰一陽是氣。吳康《宋明理學》述朱熹「理氣」說云：「自伊川程子為理氣二元之論，朱子承之，益廣闡其義，《語類》云：『有是理，後生是氣，自「一陰一陽之謂道」推來。』」其實朱熹於理氣二元，還有更明白的表示：《晦庵先生朱文公文集・卷四十六・答劉叔文》：「所謂理與氣，此決是二物。但在物上看，則二物渾淪不可分開各在一處，然不害二物之各為一物也；若在理上看，則雖未有物，而已有物之理，然亦但有其理而已，未嘗實有是物也。」

3.貴無一元論：韓康伯《繫辭注》是最好的代表。他說：「道者何？无之稱也。无不通也，无不由也，況之曰道。寂然无體，不可為象，必有之用極，而无之功顯，故至乎神无方而易无體，而道可見矣。故窮變以盡神，因神以明道。陰陽雖殊，无一以待之，在陰為无陰，陰以之生；在陽為无陽，陽以之成。故曰一陰一陽也。」

四、平議：

1.二元論與一元論平議：二元論與一元論本是西洋哲學的用語。純粹的二元論或一元論，無論中外，都很少見。十七世紀法國哲學家笛卡爾 (René Descartes) 是倡二元論的。他認為精神和物質是兩種絕對不同的實體，固然為二元；但他又說二者的本源，是「絕對的實體——上帝」。這又有點像《周易》由陰陽二儀推向太極之道，回到客觀唯心主義的一元論了。一元論最主要的有唯心論與唯物論。倡唯心論的如十八、九世紀德國哲學家黑格爾 (Georg Wilhelm Friedrich Hegel)，主張：「絕對是同一和非同一的同一。」同一與非同一不是有點像陽正、陰負，近乎二元嗎？又說：主體是主觀的「主體－客體」；客體是客觀的「主體－客體」。主體與客體不也近乎二元嗎？倡唯物論的恩格思 (Friedrich Engels) 以為：哲學上的物質概念是對世界上各種有形存在著的事物的根本特性的最高概括（參《馬克思恩格思全集》第二十卷）。「物質概念」豈不近於「形而上者謂之道」，「有形存在著的事物」豈不近於「形而下者謂之器」嗎？道、器猶理、氣，不也有人界定為二元嗎？西洋哲學如此，我國哲學亦然。說「陰陽」，固可視為二；說「道」，卻是一。船山說：「《周易》並建乾坤為諸卦之統宗，不孤立也。」為二元論矣；又說：「太極者，乾坤之合撰。」又似一元論也。說「理氣」，固可視為二元；但程朱多次言「理一分殊」，歸於「理一」，故學者頗有以程朱為一元論者。韓康伯承王弼說「無」，為一元「無」本論，卻又說陰生於無陰、陽生於無陽，是有無陰、無陽二元矣。二元、一元都難確立，中外皆然，大致如此。

2. 陰陽說與理氣說平議：理氣說以「道」即太極即理，為形而上者；「陰陽」即二儀即氣，為形而下者。北宋周敦頤《太極圖說》推崇「太極」，說：「無極而太極。太極動而生陽，動極而靜，靜極生陰。」無極是「零」，是「無」；太極是「一」，是「有」，是「理一」。但是周氏《通書》以「大哉乾元」為「誠之源也」，導出朱熹「一源萬別」之說，又似推崇「乾元」為「理一」。於是問題產生了：乾陽究竟是「氣」還是「理」？早在三國時代，吳人虞翻《周易注》在〈繫辭傳〉「易有太極」下注云：「太極，太一也。」又在「天下之動貞夫一者也」下注云：「一謂乾元。」已把太極、太一、一、乾元，都繫聯起來。民國熊十力《讀經示要》說到《易經》乾卦云：「乾元即太極也。」下文更自創「元極」一詞，說：「元極者，取乾元、太極二名，合用為複詞。」熊十力主「體用不二」，見所著《體用論》；又說「乾坤互含」，見《乾坤衍》。其卓識在超越唯物與唯心之對立，不僅在調和陰陽、理氣說而已！

《易緯．乾鑿度》：「《易》一名而含三義，所謂易也，變易也，不易也。」鄭玄作〈易贊〉及〈易論〉，說：「易簡一也，變易二也，不易三也。」實本《易緯》。將一陰一陽看作並時對立存在的關係，以二分法不斷區分天地萬事萬物，此《易》所以為「易簡」；將一陰一陽看作歷時交替變化的關係，來模擬此變動不居的世界，此《易》所以為「變易」。由「一陰一陽」上溯為永恆的真理「道」，此《易》所以為「不易」。如此看來，「一陰一陽之謂道」已把《易》一名三義完全概括在此一判斷句中了。

❷繼之者善也，成之者性也

二「之」字，皆指一陰一陽之道。關於繼之者善也，李光地在《周易折中》案云：「聖人用繼字極精確，不可忽過。此繼字，猶人子所謂繼體，所謂繼志。蓋人者，天地之子也。天地之理，全付於人，而人受之；猶《孝經》所謂『身體髮膚，受之父母』者，是也。但謂之付，則主於天地而言；謂之受，則主於人而言；惟謂之繼，則見得天人承接之意，而付與受兩義，皆在其中矣。天付於人，而人受之，其理既無不善；則人之所以為性者，亦豈有不善哉！」釋義甚妙，天地之理即一陰一陽之道也。成之者性也，謂參贊並完成此道者，是天賦的仁知之性。案：《中庸》首章云：「天命之謂性；率性之謂道；修道之謂教。」與此「一陰一陽之謂道，繼之者善也，成之者性也」可作較論。一陰一陽之道重在天道，人性由盡己之心，盡人之心，盡物之心，進而參贊天道，故人性可成之；率性之道重在人道法天，故天命之性可遵循之。再案：前人於此二句別有佳見。如虞翻《周易注》云：「乾能統天生物，坤合乾性，養化成之，故繼之者善，成之者性也。」朱子《本義》：「道具於陰而行乎陽。繼言其發也，善謂化育之功，陽之事也；成言其具也，性謂物之所受，言物生則有性，而各具是道也，陰之事也。」以乾坤陰陽為綱而疏通之，宜細思其中異同。

❸仁者見之謂之仁，知者見之謂之知，百姓日用而不知：故君子之道鮮矣

二「見之」之「之」仍指「道」。《周易折中》引保氏八曰：「仁者見其有安土敦仁之理，則止謂之為仁；知者見其有知周天下之理，則止為之為知：是局於一偏矣！百姓終日由之而不知，故君子之道，知者鮮矣！」案：保八，元人，著有《易體用》。此條依上文「安土敦仁」、「知周天下」釋仁、知，甚好。考仁知之見，孔門早有之。《論語・里仁》：「子曰：『參乎，吾道一以貫之！』曾子曰：『唯！』子出。門人問曰：『何謂也？』曾子曰：『夫子之道，忠恕而已矣！』」此見仁也；又〈衛靈公〉：「子曰：『賜也，女以予為多學而識之者與？』對曰：『然！非與？』曰：『非也，予一以貫之。』」此見知也。又《中庸》：「子曰：『中庸其至矣乎？民鮮能久矣！』」子曰：『道之不行也，我知之矣。知者過之；愚者不及也。道之不明也，我知之矣。賢者過之；不肖者不及也。人莫不飲食也，鮮能知味也。』」子曰：『道其不行矣

夫！』」此言「百姓習用而不知」，亦《中庸》「鮮能知味」之類也。這幾句都從「道」之認知方面說。

❹顯諸仁，藏諸用，鼓萬物而不與聖人同憂。盛德大業至矣哉

主語仍是「道」，承前省略。韓康伯《注》：「衣被萬物，故曰顯諸仁。日用而不知，故曰藏諸用。萬物由之以化，故曰鼓萬物也。聖人雖體道以為用，未能至无以為體，故順通天下，則有經營之跡也。」朱子《本義》：「顯，自內而外也；仁，謂造化之工，德之發也。藏，自外而內也；用，謂機緘之妙，業之本也。」釋義甚好。吳澄《易纂言》：「仁者，生物之元，由春生而為夏長之亨，此仁顯見而發達於外，……故曰顯諸仁。用者，收物之利，由秋收而為冬藏之貞，此用藏伏而歸復於內，……故曰藏諸用。二氣運行於四時之間，鼓動萬物而生長收閉之。天地無心而造化自然，非如聖人之於民，有所憂而治之教之也。仁之顯而生長者，為德之盛；用之藏而收閉者，為業之大。其顯者流行不息；其藏者充塞無閒。此所謂易簡之善極其至者，故贊之曰至矣哉。」以陰陽二氣聯繫春夏秋冬四時，元亨利貞四德，闡發顯仁藏用，盛德大業，環環相扣，理路更為清晰。盛德大業，與《論語》「修己安人」、《大學》「明德親民」、《莊子》「內聖外王」等大義相近。至於天地無心，聖人有憂，尚有兩點補充。一、《周易》本是憂患意識強烈的一本書。牟宗三在《中國哲學的特質》中說：「中國哲學之重道德是根源於憂患的意識。中國人的憂患意識特別強烈，由此種憂患意識可以產生道德意識。憂患並非如杞人憂天之無聊，更非如患得患失之庸俗。只有小人才會長戚戚，君子永遠是坦蕩蕩的。他所憂的不是財貨權勢的未足，而是德之未修與學之未講。他的憂患，終生無已，而永在坦蕩蕩的胸懷中。文王被囚於羑里而能演《易》，可見他是多憂患且能憂患的聖王。我們可從《易經》看出中國古代的憂患意識。〈繫辭下〉說：『《易》之興也，其於中古乎？作《易》者，其有憂患乎？』又說：『《易》之興也，其當殷之末世，周之盛德耶？當文王與紂之時耶？』可見作《易》者很可能生長於一個艱難時世，而在艱難中鎔鑄出極為強烈的憂患意識。《易‧繫》又描述上天之道『顯諸仁，藏諸用，鼓萬物而不與聖人同憂』，這是說天道在萬物的創生化育中、仁中顯露。在能創生化育的大用(Function)中潛藏。它鼓舞著萬物的化育，然而它不與聖人同其憂患。程明道常說的『天地無心而成化』，便是這個道理。上天既無心地成就萬物，它當然沒有聖人的憂患。可是聖人就不能容許自己『無心』。天地雖大，人猶有所憾，可見人生宇宙的確有缺憾。聖人焉得無憂患之心？他所抱憾所擔憂的，不是萬物的不能生育，而是萬物生育之不得其所。這樣的憂患意識，逐漸伸張擴大，最後凝成悲天憫人的觀念。……儒家由悲憫之情而言積極的、入世的參贊天地的化育。」二、由憂患意識凝成悲憫之情，轉而積極地參贊天地化育，當然是好的，但不可存有人類為萬物之靈，可以任意制天闢地的傲慢。《荀子・天論篇》說：「從天而頌之，孰與制天而用之。」就顯示此種傲慢來。我們曾經嫌麻雀白白吃掉我們辛苦生產的糧食，全民捕雀的結果，第二年全面歉收，因為沒有麻雀為我們啄食害蟲。「沙塵暴」固然部分原因是人類過度開墾後大地的反撲，退農還草是應該的，但在全球碳循環的過程中，沙塵暴也為海洋浮游植物帶來養分，在吸收溫室氣體二氧化碳方面作出貢獻。從上述生命鏈、碳循環兩個例子中，我們也許可以體會到天地無心，造化自然，冥冥中有人類尚未完全了解的道理在。

❺富有之謂大業；日新之謂盛德

《周易集解》引荀爽曰：「盛德者天；大業者地也。」又引王凱沖曰：「物无不備，故曰富有；變化不息，故曰日新。」案：荀爽，東漢末年人，有《周易注》。王凱沖，《唐書・藝文志》著錄其《周易注》，而《隋志》未著錄。想當是唐朝人。二君所注，重在自然之道體。吳怡《解義》：「先分析『藏諸用』的大業。大業在於富有，所謂『富有』，是指豐富其所有。……『顯諸仁』的盛德就在於日新，日新是指仁的德行。而表現在事功上，便是『富有』的大業。」緊接上文，攝體歸用，推向人事。我在上注已將盛德大業與《論語》「修己安人」、《莊子》「內聖外王」相提並論，當然也注意到推天道以論人事。此處要進一步言：使自己富有，使人人富有，孔子從未諱言。《論語・述而》記孔子之言：「富而可求，雖執鞭之士，吾亦為之！」又〈子路〉記孔子適衛，見人口眾多，曰：「庶矣哉！」當時孔子的學生冉有替他駕車子，就問：「既庶矣，又何加焉？」孔子說：「富之！」可以為證。使人人富有，正是聖人「大業」之一。《孟子・盡心上》說：「萬物皆備於我矣，反身而誠，樂莫大焉！」這種和萬物合為一體的充實和樂處，是充分發揮惻隱、羞惡、辭讓、是非之心，存養仁、義、禮、知之性的成果，更是德性方面的「富有」。至於「日新」，亦〈象傳〉「天行健；君子以自強不息」之意。《大學》曾引湯之〈盤銘〉曰：「苟日新，日日新，又日新。」由盥洗室之能滌除汙垢，引申為日新明德，可作參考。

❻生生之謂易；成象之謂乾；效法之謂坤

生生，生而又生。易，指萬物化生不已這種簡易明瞭的變易現象所顯示的不易的道理。京房《易傳》：「八卦相盪，陽入陰，陰入陽，二氣交互不停，故曰生生之謂易。」《正義》：「生生，不絕之辭，陰陽轉變，後生次於前生，是萬物恆生，謂之易也。」上文云：「在天成象；在地成形：變化見矣。」而乾為天，所以說「成象之謂乾」。乾主創始，坤主順承，所以說「效法之謂坤」。帛書「乾」作「鍵」，「坤」作「川」。川，順之字源。

❼極數知來之謂占；通變之謂事；陰陽不測之謂神

極，窮究。數，本指《易》筮中蓍策之數，實際上模擬著宇宙萬物演進變化之數。〈繫辭傳〉「大衍之數」章略言其原理。朱子《本義》卷首有〈筮儀〉一文，詳述其程序與方法，以為可知未來之吉凶得失，悔吝憂虞云云。數，引申有律數義，即在組合或演變中有規律可循之數。在「大衍之數」的敘述中，已明白顯示：天地萬物等空間存在，既是數的組合；四時年月日等時間運行，也是數的演變。所以窮究數的運算，可以推知未來的消息。我在上文〈象傳〉「乾道變化」注釋中，把《易》視為「數本論」的哲學，此亦證據之一。通變，通曉、適應、掌握事物變化的規律。事，事業。〈繫辭傳〉每言「通變」或「變通」，如：「通其變遂成天地之文」、「通其變，使民不倦」、「易窮則變，變則通」、「變通者，趣時者也。……功業見乎變」、「變而通之以盡利」等。通曉變化，而能變通，趣時盡利，功業可見，所以說「通變之謂事」。「陰陽不測之謂神」，前注釋「神无方而易无體」時，曾將它歸於「神之超知性」。韓《注》：「神也者，變化之極，妙萬物之為言，不可以形詰者也，故曰陰陽不測。」《正義》疏之云：「天下萬物，皆由陰陽，或生或成，本其所由之理，不可測量，之謂神也。」張載《正蒙・參兩篇》：「一物兩體，氣也。一故神，（自

註：兩在故不測。）兩故化，（自註：推行於一。）此天之所以參也。」王夫之《注》：「神者，不可測也，不滯則虛，善變則靈，太和之氣，於陰而在，於陽而在。其於人也，含於虛而行於耳目口體膚髮之中，皆觸之而靈，不能測其所在。」韓《注》以為「神」變化神速，虛形神妙，故不可測；孔《疏》以陽陰生成之理為「神」，而不可測；《正蒙》及《注》以「神」或在陽，或在陰，不能測其所在。諾貝爾物理獎得獎者李政道在一九七二年十二月二十二日於香港中文大學接受榮譽博士學位典禮中致詞說：「牛頓力學已被量子力學來代替。在量子力學中有條很基本很重要的定律叫做『測不準定律』。這條定律說，我們永遠不能測準一切。任何物件假如我們能完全測定它在任何一時間的位置，那在同一時間，它的動量就無法能固定。對普通一般物件而論，動量不固定，就是速度不固定。既然速度不能固定，那也就無法完全預定這物件將來的路線了。從哲學上講，『測不準定律』和中國《老子》所說『道可道，非常道，名可名，非常名』的意思，頗有符合之處。所以近代物理學有些看法，和中國太極和陰陽二元的學說有相似的地方。因此量子學的創造人，丹麥大物理家寶雅教授，在他被封為爵士的時候，選了中國的太極圖案，作為他的徽章，象徵著中西文化的融合。」李政道把量子力學中「測不準定律」和「太極和陰陽二元的學說」相提並論，使「陰陽不測之謂神」有了更具體的新解。

本章以「一陰一陽之謂道」起，以「陰陽不測之謂神」結。吳怡《解義》云：「前面寫『一陰一陽之謂道』，此處說『陰陽不測之謂神』，正好前後呼應。尤其值得注意的是，呼應的意義，不在文字，而是在思想的境界。因為本章後段談到極數的占卜之事，作《易》者深怕學者執迷於占數，所以最後，又用佛家『破』的方法，把我們的思想向上提昇了上來。在〈繫辭傳上〉中慣用這種筆法，如第一章，最後把人納入天地而成位。……第四章，最後強調『神无方而易无體』，寫出了易道的空靈超越。總之此處『陰陽不測』點醒我們『一陰一陽之謂道』……只是跡而已，由跡固然可以測變化的動向，卻未必能完全把握『所以一陰一陽之道』的那個造化的主體。因為這個主體是發動陰陽的，自然它的知性必須超乎陰陽。……『陰陽不測之謂神』……從人生哲學上來說，這句話，卻為我們的意志自由，精神自主，留下了一片天地。」

較析入微，雄辯滔滔，說來極富精神。

語譯

天地間所有事物都是由一陰一陽相對構成，並可以此作簡易的區分；由陰變為陽，由陽變為陰，陰陽交感，化育萬物，如此交替變易著：這種現象簡明的本質，變易的道理，卻是永恆不變的，叫做「道」。繼承著這個本質、這種道理而發展的，是生生不息的至善大德；完成這個本質、這種道理的，是天賦的仁、智之性。具有愛心的人看到這種本質、這種道理，以為只是忠恕而已，卻不知學識的重要；才智卓越的人看到這種本質、這種道理，以為只是多學而識，卻不知愛心的重要。一般民眾，每天稟承著這種本質，運用這種道理做事，卻自己不覺得：所以能夠全面認識這種本質，自覺運用這種道理做事的人就太少了！道體透過天地生生不息的大仁大德而顯示出來，隱藏在化育萬物的妙用中。自自然然地鼓動著萬物的生機，卻不跟聖人那般為天下蒼生而擔憂。這種顯示在生生不息的盛德，隱藏在化育萬物的大業，到達最高境界！厚德載物的本質，使萬物都能充分發展，豐富了全部的生命，這就是偉大的功業；自強不息的本質，永遠在開創新機，這就是隆盛的德性。賦予生命發展的潛能並且使它連續不斷的成長繁衍，這就是《周易》簡明不變的化育功能。天道構成日月星辰等現象，開創生命的新機，這就是易道中的乾；地道效法天道成就萬物，使萬物豐富其所有，這就是易道中的坤。從卦爻之數的演算中，模擬並窮究宇宙萬物變化的本質與道理，以推知未來，這叫做「占」；通曉、適應、掌握宇宙萬物演進變化的本質與道理，以謀求其均衡發展，這叫做「事業」。至於運用陰陽這種簡明變化的本質與道理仍無法推測的，那就是超越乎陰陽的奇妙的「神」了。

附錄古義

劉向《說苑・辨物》：「夫占變之道，二而已矣。二者，陰陽之數也。故《易》曰：『一陰一陽之謂道。』道也者，物之動莫不由道也。是故發於一，成於二，備於三，周於四，行於五。是故懸象著明，莫大於日月；察變之動，莫著於五星。天之五星運氣於五行，其初猶發於陰陽，而化極萬一千五百二十。」

班固《漢書・翼奉傳》：「上以奉為中郎，召問奉：『來者以善日邪時，孰與邪日善時？』奉對曰：『……辰疏而時精，其效同功，必參五觀之，然後可知。故曰：察其所繇，省其進退，參之六合五行，則可以見人性，知人情，難用外察，從中甚明。故《詩》之為學，性情而已。五性不相害，六情更興廢。觀性以曆，觀情以律，明主所宜獨用，難與二人共也。故曰：「顯諸仁，藏諸用。」露之則不神，獨行則自然矣。』」

范曄《後漢書・張衡傳》：「衡作〈應閒〉云：『且學非以要利，而富貴萃之。貴以行令，富以施惠，惠施令行，故《易》稱以「大業」。』」

徐幹《中論・藝紀》：「美育群才，其猶人之於藝乎。既修其質，且加其文。質著然後體全，體全然後可登乎清廟而可羞乎王公。故君子非仁不立，非義不行，非藝不治，非容不莊，四者無愆，而聖賢之器就矣。《易》曰：『富有之謂大業』，其斯之謂歟？」

班固《漢書・王莽傳》：「莽下書曰：『〈紫閣圖〉曰：「太一、黃帝皆僊上天，張樂崑崙虔山之上；後世聖主得瑞者，當張樂秦終南山之上。」予之不敏，奉行未明，乃今諭矣。復以寧始將軍為更始將軍，以順符命。《易》不云乎？「日新之謂盛德，生生之謂易。」予其饗哉！』欲以誑燿百姓，銷解盜賊，眾皆笑之。」

徐幹《中論・脩本》：「君子之於己也，無事而不懼焉。我之有善，懼人之未吾好也；我之有不善，懼人之必吾惡也。見人之善，懼我之不能修也；見人之不善，懼我之必若彼也。故其嚮道，止則隅坐，行則驂乘，上懸乎冠綏，下繫乎帶佩，晝也與之游，夜也與之息。此〈盤銘〉之謂『日新』。《易》曰：『日新之謂聖德。』」

天地之數章

天一，地二；天三，地四；天五，地六；天七，地八；天九，地十❶。天數五，地數五，五位相得而各有合。天數二十有五，地數三十，凡天地之數五十有五。此所以成變化而行鬼神也❷。大衍之數五十，其用四十有九❸。分而為二以象兩；掛一以象三；揲之以四以象四時；歸奇於扐以象閏，五歲再閏，故再扐而後掛❹。乾之策二百一十有六，坤之策百四十有四，凡三百有六十，當期之日❺。二篇之策，萬有一千五百二十，當萬物之數也❻。是故四營而成易；十有八變而成卦。八卦而小成❼。引而伸之，觸類而長之，天下之能事畢矣❽。顯道神德行，是故可與酬酢，可與祐神矣❾。子曰：「知變化之道者，其知神之所為乎！」❿

章旨

此章多錯簡。孔穎達《正義》本，「天一」至「地十」條原在第十章；「天數五」至「行鬼神也」條本在第八章「大衍之數」至「再扐而後掛」句後。「子曰」句則屬下第九章。茲據《漢書・律曆志》，及朱熹《本義》，先順其簡次，並依《本義》統定為第九章。全章言天地大衍之數，揲蓍求卦之法，可以藉知變化之道，與神之所為。

注釋

❶天一，地二；天三，地四；天五，地六；天七，地八；天九，地十

先說句序。朱熹《本義》：「此簡本在第十章之首，程子曰宜在此，今從之。」考《漢書・律曆志》引《易》，此條與下條「天數五……而行鬼神也」相連，其句序正同程朱所說，簡尚未錯，請參閱「附錄古義」。再說其意。虞翻以為與五行十干相配。《集解》引其義云：「天一，水甲；地二，火乙；天三，木丙；地四，金丁；天五，土戊；地六，水己；天七，火庚；地八，木辛；天九，金壬；地十，土癸。此則大衍之數五十有五，蓍龜所從生，聖人以通神明之德，以類萬物之情。」虞翻所說，亦有所本。《漢書・五行志》：「天以一生水；地以二生火；天以三生木；地以四生金；天以五生土。五位皆以五而合，而陰陽易位，故曰『妃以五成』。然則水之大數六，火七，木八，金九，土十。……陽奇為牡，陰耦為妃。」已以五行小數（亦稱生數）一、二、三、四、五，與五行大數（亦稱成數）六、七、八、九、十，說明五行生成與陰陽易位，虞翻更納入十干。這是古人把天地結構與變化數位化。天奇而地偶，五行配陰陽。結構既相對，而變化又有次序。這就為數本位的宇宙觀奠定基礎，並為《易》筮法儀天地，能通神明之德，能類萬物之情，建立了理論體系。

❷天數五，地數五，五位相得而各有合。天數二十有五，地數三十，凡天地之數五十有五。此所以成變化而行鬼神也

此條本在「大衍之數……故再扐而後掛」之後。朱子《本義》以為「宜在此」。從《漢志》引文及行文理路上看是正確的。天數五，指一、三、五、七、九，都是奇數；地數五，指二、四、六、八、十，都是偶數。五位相得而各有合，實際上可能只是說：天數五位相加，地數五位相加，各有它們的和數。但是古人有更深一層的詮釋。孔穎達在《禮記正義・月令》引鄭玄《易・繫辭注》云：「天一生水於北，地二生火於南，天三生木於東，地四生金於西，天五生土於中。陽無耦，陰無配，未得相成。地六成水於北，與天一並；天七成火於南，與地二並；地八成木於東，與天三並；天九成金於西，與地四並；地十成土於中，與天五並也。」鄭玄這種見解，本於揚雄《太玄》及班固《漢書・五行志》。並影響了虞翻、韓康伯。揚雄《太玄・太玄數》云：「三、八為木，為東方，為春。……四、九為金，為西方，為秋。……二、七為火，為南方，為夏。……一、六為水，為北方，為冬。……五、五為土，為中央，為四維。」《漢志》之言則已見注❶，此不贅。《集解》引虞翻曰：「或以一、六合水，二、七合火，三、八合木，四、九合金，五、十合土也。」韓康伯《繫辭注》：「天地之數各五，五數相配，以合成金木水火土。」及至朱熹，作《本義》云：「相得，謂一與二，三與四，五與六，七與八，九與十，各以奇耦為類而自相得；有合，謂一與六，二與七，三與八，四與九，五與十，皆兩相合。」又云：「此言天地之數，陽奇陰耦，即所謂《河圖》者也。其位一、六居下；二、七居上；三、八居左；四、九居右；五、十居中。」以一與二等等奇偶為類釋「相得」；以一與六等等生成配合為「相合」，並說明其方位與《河圖》一致。天數二十有五，指一、三、五、七、九，五個奇數相加，其和為二十五；地數三十，指二、四、六、八、十，五個偶數相加，其和為三十。凡天地之數五十有五，指天數二十五，加地數三十，其和為五十五。此所以成變化而行鬼神也的「變化」，《集解》引荀爽曰：「在天為變，在地為化。」朱熹《本義》云：「變化，謂一變生水，而六化成之；二化生火，而七變成之；三變生木，而八化成之；四化生金，而九變成之；五變生土，而十化成之。」實本揚雄《太玄》與荀爽《周易注》而更詳言之，說明了天變地化，奇偶相配，互為生成的錯綜關係。至於「鬼神」，荀爽曰：「在地為鬼，在天為神。」《本義》云：「鬼神，凡奇耦生成之屈伸往來者。」行鬼神，指生命主體如此踐行出處進退。出，進為伸，為神；處，退為歸，為鬼。案：自「天一，地二」至「此所以成變化而行鬼神也」，朱熹《周易啟蒙》有綜合之詮釋，雖與上注有重複處，然對全節之了解，頗有幫助，茲引錄於下：「此一節夫子所以發明《河圖》之數也。天地之間，一氣而已。分而為二則為陰陽，而五行造化，萬物始終，無不管於是焉。故《河圖》之位，一與六共宗，而居乎北；二與七為朋，而居乎南；

三與八同道，而居乎東；四與九為友，而居乎西；五與十相守，而居乎中。蓋其所以為數者，不過一陰一陽，一兩其五行而已。所謂天者，陽之輕清而位乎上者也；所謂地者，陰之重濁而位乎下者也。陽數奇，故一三五七九皆屬乎天，所謂天數五也；陰數耦，故二四六八十皆屬乎地，所謂地數五也。天數地數，各以類而相求，所謂五位之相得者然也。天以一生水，而地以六成之；地以二生火，而天以七成之；天以三生木，而地以八成之；地以四生金，而天以九成之；天以五生土，而地以十成之。此又其所謂各有合焉者也。積五奇而為二十五；積五耦而為三十。合是二者而為五十有五。此《河圖》之全數，皆夫子之意，而諸儒之說也。」

❸大衍之數五十，其用四十有九

大，言其浩大、重要。衍，鄭玄、王弼皆訓演；王廙、蜀才皆訓廣；干寶訓合。李道平綜合三義，《周易集解纂疏》云：「蓋惟合天地之數而後可以推演而廣大之也。」最符《易》旨。五十，有異文而多別解。《周易正義》：「京房云：『五十者，謂十日、十二辰、二十八宿也，凡五十。其一不用者，天之生氣，將欲以虛來實，故用四十九焉。』馬季長云：『《易》有太極，謂北辰也。太極生兩儀，兩儀生日月，日月生四時，四時生五行，五行生十二月，十二月生二十四氣。北辰居位不動，其餘四十九轉運而用也。』」《本義》：「大衍之數五十，蓋以《河圖》中宮天五乘地十而得之。至用以筮，則又止用四十有九，蓋皆出於理勢之自然，而非人之知力所能損益也。」如此等等，皆主其數為「五十」，並對所以為五十之故，及整句意義作出詮釋。或以大衍之數即天地之數，當為「五十有五」。《正義》又引姚信、董遇之說：「天地之數五十有五者，其六以象六畫之數，故減之而用四十九。」即此說之代表。介於二說之間者，為鄭玄。《正義》：「鄭康成云：『天地之數五十有五，以五行氣通，凡五行減五，大衍又減一，故四十九也。』」以天地之數減五，為大衍之數，大衍之數再減一，為用筮之數。至於虞翻，既言「大衍之數五十有五」，已見注❶；《集解》復引其注「凡天地之數五十有五」云：「天地數見於此，故大衍之數略其奇五而言五十也。」似欲調合二說。歷來說「大衍之數」者不勝枚舉，至今爭論未息，《易》無定象與確詁，信然！最後再說「其用四十有九」。在筮法上，用蓍草五十策，兩手執之，薰香祝禱後，取出一策，放回櫝中。所以實際用到的，只有四十九策。在義理方面，韓康伯《注》引王弼曰：「演天地之數所賴者五十也，其用四十有九，則其一不用也。不用而用之以通；非數而數之以成：斯《易》之太極也。四十有九，數之極也。夫无不可以无明，必因於有，故常於有物之極，而必明其所由之宗也。」王弼以「其一不用」為太極，朱熹不以為然。〈蓍卦考誤〉云：「五十之內去其一，但用四十九策。合同未分，是象太一也。」以「四十九策」合而未分為太一，亦即太極。二說不同。關於筮儀，詳參本書附錄一《周易本義》卷首所載〈筮儀〉，附錄二《周易啟蒙‧考變占第四》。

❹**分而為二以象兩；掛一以象三；揲之以四以象四時；歸奇於扐以象閏，五歲再閏，故再扐而後掛**

在筮儀上，選擇一間潔淨的房間作筮室，門朝南。房中放一張蓍桌，大約長一百五十公分，闊九十公分，不要太靠近牆壁。蓍草五十根，用纁帛包著，套在黑袋子裏，裝進圓柱形的筒中，豎放在桌子靠北桌邊的位置。蓍筒的南邊放一長條形的木頭格子，跟桌子同長，以斜角側著橫立於桌子中線的北面。中間有兩個大凹槽，叫「大刻」；靠西有三個小凹槽，叫「小刻」。木頭格子南面，放著香爐，更南面桌邊位置放香盒。占筮時筮者衣服要整齊清潔，用凹透鏡利用陽光聚焦點香。再取出五十根蓍草，以洗乾淨的雙手拿著在香爐上薰過，向神明致敬，並稟告要占筮的問題，祈求神明指示。於是以右手從左手所執蓍草中抽出一根擺回蓍筒中，而以左右手中分四十九根蓍草，放置在木格的左右兩大刻中。這就是「分而為二以象兩」，象徵太極分為兩儀。再以左手取左大刻中的蓍草拿著，而以右手取右大刻中的一根蓍草掛在左手的小指與無名指間。這就是「掛一以象三」，象徵天、人、地三才。再用右手四根、四根地數著左手所拿的蓍草並握在右手。這就是「揲之以四以象四時」，象徵春、夏、秋、冬四季的輪替。揲，接連數著的意思。這時左手所剩的蓍草，或一根，或兩根，或三根，或四根，而把它夾在左手無名指與中指之間。這就是「歸奇於扐以象閏」，象徵著陰曆的閏月。奇，指餘數。扐，夾持之意。再以右手放回數過的蓍草到左大刻中，於是又拿起右大刻的蓍草握著，而以左手四根、四根地數著握著。這時右手所剩的蓍草，也可能是一根、兩根、三根、四根，而把它夾在左手中指與食指間，象徵陰曆五年中有二個閏月。並以右手放回數過的蓍草到右大刻中，最後合左手一掛二扐的蓍草放進木格上第一小刻。這就是「五歲再閏故再扐而後掛」。掛，懸放在一起。由於木格是斜著橫立的，所以蓍草放進時像懸掛。通過上述「分二」、「掛一」、「揲四」、「歸奇再扐」四個步驟，構成「一變」。蓍草五十根，放回蓍筒一根，剩四十九根。掛在小指一根，剩四十八根，為四的倍數。所以一扐再扐之和非四即八，加掛一根，非五即九。而一變所剩的蓍草，或四十四根，或四十根。重複分、掛、揲、扐四步驟，而把掛扐的蓍草或四根、或八根放到第二小格，構成「二變」。二變所剩蓍草可能是四十、三十六、三十二。第三次重複四步驟，構成「三變」。三變之後所餘蓍草數目為：三十六、三十二、二十八、二十四。三十六為四個九，九稱老陽；三十二為四個八，八稱少陰；二十八為四個七，七稱少陽；二十四為四個六，六稱老陰。如此三變得一爻，十八變成一卦。於是得到「本卦」。本卦少者漸老，量變而陰陽之質不變；而老陽變少陰，老陰變少陽，量變而質亦變，由此「本卦」變成「之卦」。於是可決定由某卦卦辭或某爻爻辭來占斷。在哲學層面來看：筮儀仿擬並復演天地的開闢，人類的誕生，季節的流轉。把天地和生命、空間與時間，綰合在一起，並且以數字呈現出來，代表一種數本位的宇宙人生觀。從心理學立場來看：筮室要「擇地潔處」，筮者要「齊潔衣冠北面，盥手焚香致敬」，儀式結束要「再焚香致敬」：這種種，都希冀由儀式的慎重導引心靈的虔誠。又像焚香要由「日炷」，蓍草要用纁帛包著，取出後還要「兩手執之，熏于爐上」，更暗示蓍草之為靈物，藉以達成溝通天人的神祕功能與綿密過程。至於「一變」中，初、再兩「扐」蓍草之數，初一則再必三，初二則再亦二，初三則再必一，初四則再必四。加上所掛一根，非五即九。「二變」與「三變」中，初、再兩「扐」蓍草之數，初一則再必二，初二則再必一，初三則再必四，初四則再必三。加上所掛一根，非四即八。再扐之數，在初扐後早已知道，為什麼還不厭其煩一再四根四根來數呢？三變得一爻，十八變成一卦，數得多煩人呀！答案仍舊是：由繁複的演算過程中，顯示儀式的慎重，正因為結果得來之不易，所以才更加珍惜。孟子在〈公孫丑〉說過：「志壹則動氣，氣壹則動志也。今夫蹶者，趨者，是氣也，而反動其心。」已指出心理能影響行動，行動也能影響心理。而美國實用主義心理學家威廉・詹姆斯 (William James) 也曾有一句名言：「不是由於恐懼才逃跑；乃是在逃跑過程中才產生恐懼。」就更強調「氣」之「反動其心」的作用了。行動或儀式，與情緒、情愫間的關係，確是這樣弔詭的。

❺**乾之策二百一十有六，坤之策百四十有四，凡三百有六十，當期之日**

乾六爻都是老陽九，每爻過揲蓍草之數為三十六，六爻共計為二百十六；坤之六爻都是老陰六，每爻過揲蓍草為二十四，六爻共計為一百四十四。兩者相加為三百六十，相當一年三百六十日。策，占筮所用的蓍草。期，一周年。字亦可作「朞」。《尚書・堯典》：「朞三百有六旬有六日，以閏月定四時成歲。」一年實有三百六十五又四分之一日。言「三百有六十」或「三百有六旬有六日」，皆舉其整數而言。孔穎達《正義》：「三百六十日，舉其大略，不數五日四分日之一也。」此將乾坤之策與一年之日數相結合，顯示筮儀與時間之密切關係。

❻**二篇之策，萬有一千五百二十，當萬物之數也**

二篇，指《周易》上篇三十卦與下篇三十四卦，共六十四卦。每卦六爻，凡三百八十四爻。其中陽爻一百九十二，乘以過揲三十六策，得六九一二策；陰爻亦一百九十二，乘以二十四，得四六〇八策。相加為一一五二〇策，舉其大略，相當於萬物之數。此將六十四卦之策與萬物之數相結合，顯示筮儀與空間萬物之密切關係。

❼**是故四營而成易；十有八變而成卦。八卦而小成**

四營，指分二、掛一、揲四、歸奇再扐。營，謂經營運作。《集解》引陸績曰：「分而為二以象兩，一營也；掛一以象三，二營也；揲之以四以象四時，三營也；歸奇于扐以象閏，四營也。」易，變易。四營成一變，三變成一爻，一卦有六爻，故十八變成六畫之卦，名「大成卦」。九變成三畫之卦，名「小成卦」。《正義》：「八卦而小成者，象天、地、雷、風、日、月、山、澤，於大象略盡，是易道小成。」

❽**引而伸之，觸類而長之，天下之能事畢矣**

引而伸之，義有多種。《集解》引虞翻曰：「引信三才，兼而兩之以六畫。」是三畫卦的八卦引伸為六畫的八八計六十四卦。《正義》亦云：「引而伸之者，謂引長八卦而伸盡之，謂引之為六十四卦也。」蓋本於虞義。此其一也。《本義》：「謂已成六爻，而視其爻之變與不變，以為動靜。則一卦可變而為六十四卦，以定吉凶，凡四千九十六卦也。」是六十四卦，每一卦除「本卦」外，又有六十三個「之卦」，於是六十四卦自乘，得四千九十六卦。此其二也。朱熹在《周易啟蒙》中更說六十四卦：「若於其上各卦，又各生一奇一耦，則為七畫者百二十八矣；七畫之上，又各生一奇一耦，則為八畫者二百五十六矣；八畫之上，又各生一奇一耦，則為九畫者五百十二矣；九畫之上，又各生一奇一耦，則為十畫者千二十四矣；十畫之上，又各生一奇一耦，則為十一畫者二千四十八矣；十一畫之上，又各生一奇一耦，則為十二畫者四千九十六矣。此焦贛《易林》變卦之數，蓋亦六十四乘六十四也。……若自十二畫之上，又各生一奇一耦，累至二十四畫，則成千六百七十七萬七千二百一十六變，以四千九十六自相乘，其數亦與此合。引而伸之，蓋未知其所終極也。雖未見其用處，然亦足以見易道之無窮矣。」引伸之義，此其三也。觸類而長之，亦有多說。《集解》引虞翻曰：「觸，動也。……觸類而長之，其取類也大，則發揮剛柔而生爻也。」意指變剛生柔爻，變柔生剛爻。而孔穎達不以為然，《正義》：「觸類而長之者，謂觸逢事類而增長之。若觸剛之事類，以次增長於剛；若觸柔之事類，以次增長於柔。」取類推之義，剛以剛類推，柔以柔類推。二義皆有所偏。李光地《周易折中》案云：「彼此相觸，或相因以相生，或相反以相成，其變無窮，則義類亦無窮，故曰觸類而長之。」綜合二義，似較周延。由一分為二，二而生三以及八卦而六十四卦，加以引伸，由相因相生、相反相成加以類推，則天下可能產生之事物，其現象、性能、彼此消長與相處之道，都能概括於其中。所以說：「天下之能事畢矣。」

❾ 顯道神德行，是故可與酬酢，可與祐神矣

顯，顯示彰明。道，天地人事變化之道。神，或以為名詞。韓《注》：「由神以成其用。」或以為致使動詞。《正義》：「神靈其德行之事。」與，王引之《經傳釋詞》：「與，猶以也。《易・繫辭傳》曰：『是故可與酬酢，可與祐神矣。』言可以酬酢，可以祐神也。」酬酢，猶應對也。祐，助成也。韓《注》：「可以應對萬物之求，助成神化之功也。」此數句說明《周易》占筮能顯明天地人事變化之道，因神靈而使德行神聖神妙。所以可以運用蓍筮而使萬物能與神靈應對溝通，了解神靈對所求問題的指示，可以贊助神靈教化之功。張載《橫渠易說》：「示人吉凶，其道顯；陰陽不測，其德神。顯故可與酬酢；神故可與祐神。受命如嚮，故可與酬酢；知來藏往，故可與祐神。示人吉凶，其道顯矣；知來藏往，其德行神矣。語蓍龜之用也。」又云：「顯道者，危使平，易使傾，懼以終始，其要无咎之道也。神德行者，寂然不動，冥會於萬化之感而莫知為之者也。受命如嚮，故可與酬酢；曲盡鬼謀，故可與祐神。顯道神德行，此言蓍龜之行也。」以為此數句環環相扣，皆說明蓍龜之理論與實踐。頗值參考。

⑩子曰：「知變化之道者，其知神之所為乎！」

變化之道，當為天地自然以及人事變化之規律，兼指筮儀中揲蓍演變之法。並由揲蓍之結果，究天人之際，通古今之變，從而推知神明所作之指示。韓康伯強調「不為而自然」，《注》云：「變化之道，不為而自然。故知變化之道者，則知神之所為。」朱熹以為即筮儀之「數法」，《本義》：「變化之道，即上文數法是也。」似皆有所偏。《朱子語類》記董銖所錄：「銖問：『陽化為陰，陰變為陽者，變化也；所以變化者，道也。道者，本然之妙；變化者，所乘之機。故陰變陽化而道无不在。兩在故不測，故曰：「知變化之道者，其知神之所為乎？」不審可如此看否？』先生答云：『亦得之。』」於道之為形上，變化之為形下，以及神與道之合一，所言甚當。考基督教《新約・約翰福音》：「太初有道，道與神同在，道就是神。這道太初與神同在，萬物是藉著祂造的。」兩者似可較論，以知中西思想之異同。董真卿《周易會通》引雙湖先生曰：「此章首論天地之數，次論蓍策之數，末論卦畫之數。天地，數之原也；蓍策，數之衍也；卦畫，數之鍾聚也。蓋至於卦畫足以濟生人之用矣。故始之以成變化而行鬼神，明數之體段原於天地者，將必有如是之功用；終之以變化之道神之所為，明數之功用達於蓍卦者，原其初已有如是之體段也。變化之道即成變化之事。揲蓍中老陽變為少陰，老陰變為少陽是也。神之所為，即行鬼神之事。卦畫既立，吉凶禍福，皆可得而前知。所謂定天下之吉凶，成天下之亹亹是也。簡編釐正之功大矣。」雙湖先生，元儒胡一桂之號。於《易》，著有《周易本義附錄纂注》、《周易啟蒙翼傳》。然《會通》所引，未見於此二書，或在雙湖與師友論學書信中。引文於本節之內容、層次，辨析至精，而歸本於「數」，尤具卓識。

語譯

天數為一，地數是二；天數為三，地數是四；天數為五，地數是六；天數為七，地數是八；天數為九，地數是十。天數有一、三、五、七、九，共五個；地數有二、四、六、八、十，也是五個。一與二，三與四，五與六，七與八，九與十，天地相配，奇偶相得；而一與六代表水，二與七代表火，三與八代表木，四與九代表金，五與十代表土，又天變地化，五行相合。五個天數加起來是二十五；五個地數加起來是三十。總計天地之數是五十五。由於這些數目的排列組合形成了時空萬物的變化，啟示人生在天地相配跟變化中知道如何正確踐行出、處，進、退。筮儀中用來作重大推演工具的蓍草數目是五十根（或云五十五根），但是其中一根（或云六根）放回去，實際運用的為四十九根。把四十九根蓍草分為兩半，代表天地兩儀；再從代表地的蓍草中取出一根掛在左手小指與無名指間，象徵天、人、地三才；把代表天的蓍草四根四根接連地數著，表示春、夏、秋、冬的運轉；把數剩的蓍草夾在左手無名指與中指間，算是閏月；再取另一半代表地的蓍草以同樣方式連數著，將數剩的蓍草夾在中指與食指間，算是五年中有兩個閏月，於是在再夾之後把所有夾在左手手指間的蓍草合起來懸放在一起。乾卦在占筮中運算過的蓍草是二百十六根，坤卦是一百四十四根，相加是三百六十根，約略相當於一整年的日數。《周易》上經與下經兩篇共六十四卦，運算過的蓍草總共一萬一千五百二十根，約略相當於萬物的數目。因此，經過分二、掛一、揲四、歸奇再扐這四種運作步驟構成一次變易；三變形成一爻。十八變形成六畫之六十四卦中的一卦，為大成卦，代表易道重大單位的完成；九變形成三畫的八卦中的一卦，為小成卦，代表易道小單位稍具規模了。由一分為二，二又生三，三重疊成六，引伸開展，可能有七畫、八畫、九畫、十畫、十一畫、十二畫……以及六畫重疊為十二畫，十二畫重疊為二十四畫……無窮無盡的各種卦。觸類旁推，或相因相生，或相反相成。於是天下可能產生之事物以及其性能、現象、彼此消長與相處之道，就完全概括在其中了。《周易》占筮能夠彰顯天地人事變化的道理，因神靈的指示而使德行神聖神妙。所以可以使萬物與神靈應對溝通，可以贊助神靈教化的功能。孔子說：「知道用筮儀中揲蓍演變的方法，來推斷天地人事變化的規律，那麼也許會知道神靈的作為了吧！」

附錄古義

班固《漢書・律曆志》：「數者，一、十、百、千、萬也，所以算數事物，順性命之理也。《書》曰：『先其算命。』本起於黃鐘之數，始於一而三之，三三積之，歷十二辰之數，十有七萬七千一百四十七，而五數備矣。其算法用竹，徑一分，長六寸，二百七十一枚而成六觚，為一握。徑象乾律黃鐘之一，而長象坤呂林鐘之長。其數以《易》大衍之數五十，其用四十九，成陽六爻，得周流六虛之象也。」

又《漢書・律曆志》：「經元一以統始，《易》太極之首也；《春秋》二以目歲，《易》兩儀之中也；於春每月書王，《易》三極之統也；於四時雖亡事必書時月，《易》四象之節也；時月以建分至啟閉之分，《易》八卦之位也；象事成敗，《易》吉凶之效也；朝聘會盟，《易》大業之本也。故《易》與《春秋》，天人之道也。《傳》曰：『龜，象也；筮，數也。』物生而後有象，象而後有滋，滋而後有數。是故元始有象，一也；春秋，二也；三統，三也；四時，四也；合而為十，成五體；以五乘十，大衍之數也，而道據其一；其餘四十九，所當用也。故著以為數，以象兩兩之，又以象三三之，又以象四四之，又歸奇象閏十九，及所據一加之，因以再扐兩之，是為月法之實。如日法得一，則一月之日數也，而三辰之會交矣；是以能生吉凶。故《易》曰：『天一，地二；天三，地四；天五，地六；天七，地八；天九，地十。天數五，地數五，五位相得而各有合。天數二十有五，地數三十，凡天地之數五十有五。此所以成變化而行鬼神也。』并終數為十九，易窮則變，故為閏法，參天九，兩地十，是為會數。參天數二十五，兩地數三十，是為朔望之會。以會數乘之，則周於朔旦冬至，是為會月。九會而復元，黃鐘初九之數也。」

王充《論衡・卜筮篇》：「天道稱自然無為。今人問天地，天地報應，是自然之有為以應人也。案《易》之文，觀揲蓍之法，二分以象天地，四揲以象四時，歸奇於扐以象閏月，以象類相法，以立卦數耳。豈云天地告報人哉？」

乾坤易緼章

乾坤其易之緼邪？乾坤成列，而易立乎其中矣❶！乾坤毀，則无以見易；易不可見，則乾坤或幾乎息矣❷！是故形而上者謂之道，形而下者謂之器❸。化而裁之謂之變，推而行之謂之通，舉而錯之天下之民，謂之事業❹。

章旨

〈繫辭傳〉上篇，《正義》、《本義》皆分為十二章，而章之起訖多有不同。本節無論孔、朱，皆在第十二章中。首論乾坤與《易》關係之密切；繼言易道與器皆以形為中心而有上下之分；結言變通如何落實而為事業。

注釋

❶乾坤其易之緼邪？乾坤成列，而易立乎其中矣

帛書作「鍵川，亓易之經與？鍵川成列，易位乎亓中」。緼，與「韞」、「蘊」並通。虞翻《注》：「緼，藏也。」韓康伯《注》：「緼，淵奧也。」蘊藏、深奧二義可並存。帛書作「經」，則取經緯主線之義，亦甚好。乾坤成列有二解：孔氏《正義》：「夫易者，陰陽變化之謂。陰陽變化，立爻以效之，皆從乾坤而來。故乾生三男，坤生三女，而為八卦。變而相重，而有六十四卦，三百八十四爻。本之根源，從乾坤而來。故乾坤既成列位，而易道變化，建立乎乾坤之中矣。」此一解也。王夫之《周易內傳》：「成列，二卦並建而陰陽十二全備也。」指乾坤並建，而初九、九二、九三、九四、九五、上九，初六、六二、六三、六四、六五、上六：十二爻全備也。惠棟《周易述》：「六位時成，故成列。」李道平《周易集解纂疏》：「又成列謂乾坤各三爻，天尊地卑，乾坤定矣！」以成列指乾坤各六爻或各三爻，此又一解也。其大義，胡瑗言之甚善。《周易口義》：「此言大易之道本始於天地。天地設立，陰陽之端，萬物之理，萬事之情，以至寒暑往來，日月運行，皆由乾坤之所生。故乾坤成而易道變化建立乎其中矣。」〈繫傳〉此節先言「乾坤成列」，而後言「易立乎其中」；胡氏《口義》亦謂「大易之道本始於天地」：意皆若謂先有乾坤天地，後有「形而上」之易道。及王夫之《周易外傳》：「形而上者，非无形之謂。既有形矣，有形而後有形而上。无形之上，亙古今，通萬變，窮天窮地，窮人窮物，皆所未有者也。」更直接拈出「有形而後有形而上」來。此等論述，雖有特異之見；然細思之，仍未合〈繫傳〉本意。蓋〈繫傳〉前已明言：「易有太極，是生兩儀。」易道太極既生乾坤兩儀，則易道亦同時立乎乾坤中，未必先有乾坤，後有易道也。

❷乾坤毀，則无以見易；易不可見，則乾坤或幾乎息矣

帛書作「鍵川毀，則无以見易矣。易不可則見，則鍵川不可見，鍵川不可見，則鍵川或幾乎息矣！」毀，缺壞。或，表態副詞，表不盡然。幾乎，近於。息，止息。《正義》：「易既從乾坤而來，乾坤若缺毀，則易道損壞，故云『无以見易也』。……若易道毀壞，不可見其變化之理，則乾坤亦壞，或其近乎止息矣。」下更以根株譬乾坤，枝幹譬易道，云：「猶乎樹之枝幹生乎根株，根株毀，則枝條不茂；若枝幹已枯死，其根株雖未全死，僅有微生，將死不久。」《正義》此云「易道」，指乾坤生六子，而為八卦，重而有六十四卦，三百八十四爻而言倘解為《周易》之原理，則大有乾坤為本，易道為末之意，恐不合〈繫傳〉「太極生兩儀」之本意。胡氏《口義》：「若乾坤毀棄，則无以見易之用；易既毀，則无以見乾坤之用。如是乾坤或幾乎息矣！」則以乾坤與易，互以為用。熊十力《體用論・明變》：「余之宇宙論，主體用不二，蓋由不敢苟同於佛法，乃返而遠取諸物，近取諸身，積漸啟悟，遂歸宗乎《大易》也。」於《新唯識論・功能下》主「即體而言用在體」、「即用而言體在用」，云：「前就體言，本唯一真而含萬化，故用不異體；今就用言，於茲萬化皆是一真，由體不異用故，……」其意與胡氏《口義》相近。皆源於〈繫辭傳〉此節之言也。

❸是故形而上者謂之道，形而下者謂之器

形，是地形天象的省稱。〈繫辭傳上〉一開始，即說：「天尊地卑，乾坤定矣。……在天成象；在地成形：變化見矣。」本節先言「乾坤其易之緼」，接言「形上形下」，形即乾坤天地之形象，道即易道，並以「是故」連繫之。形而上，指在天地形象上存在的一陰一陽之抽象原理。道，是乾坤之合德，猶陰陽兩儀之於太極。上文言「《易》與天地準，故能彌綸天地之道」。而天地即乾坤，即陰陽，所以「形而上者謂之道」與「一陰一陽之謂道」涵義實同。形而下，是天地變化向下落實到現象界。器，是陰陽交感所生的具體事物。《朱子語類・卷七十五》記周謨所錄：「形而上者，指理而言；形而下者，指事物而言。事事物物，皆有其理。事物可見，而其理難知。即事即物，便要見得此理，只是如此看。但要真實於事物上見得這箇道理，然後於己有益。為人君止於仁；為人子止於孝。必須就君臣父子上見得此理。大學之道，不曰窮理，而謂之格物，只是使人就實處窮竟事事物物上有許多道理，窮之不可不盡也。」關於道、器的關係，孰先孰後，約有三說，析論於後，並略作平議。

一、道先器後說：

《老子》已有「道生一，一生二，二生三，三生萬物。萬物負陰而抱陽，沖氣以為和」的話。道是原理，

一是材質，二是陰陽，三是陰陽交感之初生，於是衍生萬物。這是道先器後說之濫觴。後世闡揚此說者以《淮南子》為代表。《淮南子・原道》：「夫太上之道，生萬物而不有，成化像而弗宰。」又云：「道者一立而萬物生矣。是故一之理施四海，一之解（解，通達也。）際天地。」認為道能生萬物，化育萬物成就不同的形象，卻不擁為己有，作其主宰。道，是一也是理，施於四海之內，達於天地之際。所以先有道，後有天地萬物。而說《易》者亦有主先道後形者，如孔氏《正義》云：「道是无體之名；形是有質之稱。凡有從無而生；形由道而立。是先道而後形。是道在形之上，形在道之下。故自形外以上者謂之道也；自形內而下者謂之器也。」又如邵雍，每如此說。《皇極經世・觀物內篇》：「天由道而生；地由道而成；物由道而形；人由道而行。天地人物則異矣，其於道一也。」又〈外篇之一〉：「道生天地萬物而不自見也；天地萬物亦取法乎道矣。」「生者性，天也；成者形，地也。生而成，成而生，《易》之道也。以天地生萬物，則以萬物為萬物；以道生天地，則天地亦萬物也。道為太極。」亦主天地人物由道而生，道先器後。

二、道器不離說：

以程顥、朱熹之說為代表。程顥之言見於《二程遺書・卷一》：「蓋上天之載，无聲无臭，其體則謂之《易》；其理則謂之道。……形而上為道，形而下為器，須著如此說。器亦道，道亦器。但得道在，不繫今與後，己與人。」明白指出「器亦道，道亦器」。關於形上之道、形下之器，朱熹師生間多所討論。《朱子語類・卷七十五》記周謨所錄：「問：『形而上下如何以形言？』曰：『此言最的當。設若以有形無形言之，便是物與理相間斷了。所以謂截得分明者，只是上下之間，分別得一箇界止分明。器亦道，道亦器，有分別而不相離也。』」朱熹此答，今人吳怡在《易經繫辭傳解義》有深入而淺明的詮釋：「朱子這段話極為精闢，如果把道與器以無形和有形來分，那麼便會有兩種結果，一是使道離形而虛脫，變成一個空虛的概念，西方的形而上學 (Metaphysics) 常犯此病。二是使道和器之間的溝通，顯得非常困難。易理的高明處，就在於不以形之有無，而以形之上下去分別道與器。所謂『形而上者』，乃是指形的向上提升，所謂『形而下者』，乃是指形的向下落實。就拿陰陽來說，其向上提升，是陰陽之中和，便是道；而其向下落實，是陰陽之相感以生萬物，便是器。」《語類》又記葉賀孫錄：「形而上者謂之道；形而下者謂之器。道是道理，事事物物皆有箇道理；器是形跡，事事物物亦皆有箇形跡。有道須有器，有器須有道，物必有則。」又林夔孫錄：「指器為道固不得；離器於道亦不得。且如此火，是器，自有道在裏。」有道須有器；有器須有道。器不是道，但不離道；道不是器，卻在器裏。這便是程、朱對道、器的基本看法。而這種看法與中國哲學中天人合一、理氣不離、體用不二的觀念有貫連性。

三、器先道後說：

此說王夫之極力言之，而唐人崔憬《周易探玄》「器體道用」說實為先導。李鼎祚《集解》引崔憬曰：「此結上文，兼明《易》之形器變通之事業也。凡天地萬物皆有形質，就形質之中有體有用。體者，即形質也；用者，即形質上之妙用也。言有妙理之用，以扶其體，則是道也。其體比用，若器之于物，則是體為形之下，謂之為器也。假令天地圓蓋方軫為體為器，以萬物資始資生為用為道；動物以形軀為體為器，以靈識為用為道；植物以枝幹為器為體，以生性為道為用。」崔憬此說，與後來朱子「道體器用」說大不相同。《語類・卷七十五》記學生（佚名）問：「『形而上者謂之道』這一段，只是這一個道理，但即形器之本體。」朱子應之以「是」。又記曾祖道問：「如何分形器？」曰：「形而上者是理，才有作用，便是形而下者。」便是證明。及明末王夫之作《周易外傳》，曰：「天下惟器而已矣！道者，器之道；器者，不可謂之道之器也。无其道則无其器，人類能言之；雖然，苟有其器矣，豈患无道哉？君子之所不知而聖人知之；聖人之所不能而匹夫匹婦能之。人或昧於其道者，其器不成，不成非无器也。无其器則无其道，人鮮能言之，而固其誠然者也。洪荒无揖讓之道；唐虞无弔伐之道；漢唐无今日之道；則今日无他年之道者多矣。未有弓矢而无射道；未有車馬而无御道；未有牢醴璧幣鐘磬管絃而无禮樂之道。則未有子而无父道，未有弟而无兄道，道之可有而且无者多矣！故无其器則无其道，誠然之言也，而人特未之察耳！」先言「无其道則无其器」，以為「聖人知之」，「匹夫匹婦能之」。此說製器，道先器後。再言「无其器則无其道」，舉「未有弓矢而无射道」等為例，此為用器，器先道後。雖然製器用器，道器各有先後，但王夫之力倡「唯器」論，《周易外傳》又云：「形而上者，非无形之謂。既有形矣，有形而後有形而上。无形之上，亙古今，通萬變，窮天、窮地、窮人、窮物，皆所未有也。」堅決提出「有形而後有形而上」的結論，其偏向器先道後說是十分明顯的。

四、平議：

1. 道器皆以形為中心：道為形而上者，器為形而下者，皆以形為中心。王宗傳《童溪易傳》云：「道外无器，器外无道，其本一也，故形而上者與形而下者，皆謂之形，則易之形見，蓋有不可掩也。」此理本甚明，惜歷來注《易》者，多在道、器、上、下四字用工夫，而獨忽形字，甚至以形、器為一義，頗可商榷。

2. 形指乾天坤地之形象：在「乾坤其易之緼」數句，與「形而上者謂之道」間，有連詞「是故」。於是可推知「道」即「易」，「形」即「乾坤」之在天成象、在地成形之「形象」的省稱。歷來注《易》者，對「是故」一詞，亦多未深究。

3. 地形天象之上即一陰一陽之道：將「形而上者謂之道」與上文「一陰一陽之謂道」相對照，可推知形而上者即一陰一陽。一陰一陽之道實為由地形天象向上歸納紬繹所得之宇宙終極原理。

4. 道成形而道在形，形生器而道在器：〈繫辭傳上〉明言：「是故《易》有太極，是生兩儀，兩儀生四象，四象生八卦，八卦定吉凶，吉凶生大業。」「形」既為乾坤兩儀，則是太極（即易即道）所生。及至天地變化，陰陽交感，而生四象：春夏秋冬、東南西北、木火金水。再生八卦：乾天為父、坤地為母、震雷為長男、巽風為長女、坎水為中男、離火為中女、艮山為少男、兌澤為少女。以至六十四卦，三百八十四爻，及二篇之策，萬有一千五百二十，當萬物之數，皆天地所生。是道成形，形生器。上文云：「乾坤成列，而易立乎其中矣！」蓋乾坤既生，易道即在乾坤中；乾坤成列，易道即在成列之四象、八卦、六十四重卦、三百八十四爻、一萬一千五百二十策中。《語類・卷一》記朱熹回答陳淳說：「在天地言，則天地中有太極；在萬物言，則萬物中各有太極。」也正是道成形而道在形，形生器而道在器的意思。

5. 化裁推行舉措屬通變事業，然亦不妨論其道器：在析論之三「器先道後說」曾引崔憬、王夫之之言。崔憬所說，尚能扣緊天地動植而論道器體用。王夫之以為「无其道則无其器」，製器道先於器；「无其器則无其道」，器用器先於道。則直以人所製作運用而論道器，已屬下文所謂化裁推行舉措之通變事業，與《周易》道之為言，多指一切事物及其變化之根本、普遍而永恆不易的原理，義界已有不同。然天地一太極，物物一太極，亦不妨論其道器也。船山言「有形而後有形而上」，此語與「存在先於本質」若合符節。又言「今日无他年之道者多矣」，尤具遠見。今之航天潛海之器，基因改造之果，皆先有其道而後成之；既成之後，駕御享用之道亦隨而興矣。船山此處所言之道，殆取方法義，故道器各有先後也。

關於「形」字，〈繫辭傳〉還有二句話：「見乃謂之象，形乃謂之器。」意思是陰陽之道所顯現的，名之為現象；陰陽交感所形成的，名之為器。「見」、「形」二字都是動詞。詞品轉變是漢語特色之一。甲骨卜辭中有「雨」、「不雨」、「其雨」，雨為動詞；又有「不遘大雨」、「其遘大雨」，雨為名詞。又如「王賓后且乙歲宰」，賓是動詞（從郭沫若、陳夢家說）：「我亩賓為」、「我勿為賓」，賓為名詞。所以，形可以是名詞，為天象地形之省；也可以是動詞，取形成顯現之義。以「形」為形成顯現來詮釋「形而上者謂之道」，那麼可以說：形成具體的天地形象之上層抽象的一陰一陽名之為道。意義和我上文所釋，仍然是一致的。

總之，由地形天象上歸納紬繹，獲致一陰一陽抽象之原理，叫做「道」；由天地變化向下落實，是陰陽交感所生具體事物，名為「器」。道器之中心都是「在天成象；在地成形：變化見矣」之地形天象。就此而言，易道與西方以整個宇宙及一切可見事物之全部為研究對象，探求其起源、變化、及其終究之宇宙論 (cosmology)，或探討存在本身及其本質和規律的本體論 (ontology)，其異同有可資比較之處。而道成形而在形，生器而在器。道與形、器不即不離。古希臘哲人亞里士多德 (Aristotle) 曾在呂克亞學院講學。後來安德羅尼柯 (Andronicus) 將他的單篇論文、講稿、並參考學生筆記編成全集，把有關自然界運動變化的論著合在一起，取名 *Physica*，意指「物理學」或「自然科學」；又把研究抽象本質問題的作品，包括 *First Philosophy*（《第一哲學》）在內，編成後篇，取名 *Metaphysica*。Meta 是一個詞頭，有「之後」、「超越」諸義。自此 Metaphysics 成為西方哲學重要術語，意為超越於自然科學之上的後設的學問。國人依據《周易・繫辭傳》：「形而上者謂之道，形而下者謂之器。」把 Metaphysics 譯作「形上學」，是相當妥貼傳神的譯名。而「形而上者謂之道」之句因此在哲學界也就更耳熟能詳了。

❹化而裁之謂之變，推而行之謂之通，舉而錯之天下之民，謂之事業

化，天地間陰陽運作。裁，節制。舉，執持。錯，措施、安頓。孔氏《正義》：「陰陽之化，自然相裁；聖人亦法此而裁節也。因推此以可變而施行之，謂之通也。猶若亢陽之後，變為陰雨，因陰雨而行之，物得開通；聖人亦當然也。……自然以變化錯置於民也；聖人亦當法此錯置變化於萬民，使成其事業也。凡〈繫辭〉之說，皆說易道以為聖人德化，欲使聖人法易道以化成天下。……非是空說易道，不關人事也。」孔氏以自然有變、通、事業，而聖人法之，此正《周易》推天道以明人事之例。至於變通事業與道器象辭的關係，王夫之詳乎言之。《周易內傳》：「此言《易》之功用盡於象辭變通之中也。化裁者，陰陽之迭相變易以裁其過，而使剛柔之相濟；推行者，陰陽之以類聚，相長而相屬，即以著之剛柔，更推而進盡其材用也。此以形而上之道為形之所自殊，可於器而見道者也。以其變通之義合於已成之象，而玩其所繫之爻辭，舉是而措之於民用，觀其進退合離之節，以擇得失而審吉凶，則事業生焉。此以形而發生乎用之利，可即器以遇道者也。聖人作《易》之意，合上下於一貫，豈有不可見之祕藏乎！」船山之意，以為「化裁」是陰陽變化中，節制其過分，而使之均衡相配；「推行」是進一步充分發揮陰陽相輔相成的作用。六十四卦、三百八十四爻，卦卦有殊，爻爻不同，正可在此形而下處見形而上之道的變化。觀象玩辭而施於民生日用，於是在得失吉凶中慎思明辨，知所進退離合，則事業創立。此正是就形而下之利用中求其合乎形而上之道。《內傳》此段，把道器與通變事業，上下連貫起來。

語譯

乾坤，是易道精義蘊藏的處所吧？乾坤相對排列，交感化育，而易道的精義就存立在這中間了！乾坤相對交感化育的作用如果毀壞了，就無法來發現易道的精義；易道的精義不能發現，那麼天行健而資始、地勢坤而資生的功能，也許會幾乎停止了！所以由地形天象向上歸納紬繹，得到陰陽和合這種宇宙終極的抽象原理，叫做「道」；由此地形天象向下落實，陰陽交感，化育成具體的事物，叫做「器」。易道通過天地化育、裁成萬物，稱之為「變」；推廣化育，使萬物運作，稱之為「通」；執持陽健陰順、交感變通的道理來安頓天下老百姓，稱之為「事業」。

附錄古義

孔穎達《周易正義・引鄭玄易贊及易論》見乾〈繫辭傳上・天尊地卑章〉附錄古義。

班固《漢書・藝文志》：「六藝之文，《樂》以和神，仁之表也；《詩》以正言，義之用也；《禮》以明體，明者著見，故無訓也；《書》以廣聽，知之術也；《春秋》以斷事，信之符也。五者蓋五常之道，相須而備，而《易》為之原。故曰：『易不可見，則乾坤或幾乎息矣。』言與天地為終始也。至於五學，世有變改，猶五行之更用事焉。」

繫辭傳下

乾坤易門章

子曰：「乾坤，其《易》之門邪❶？乾，陽物也；坤，陰物也。陰陽合德而剛柔有體❷，以體天地之撰，以通神明之德❸。其稱名也，雜而不越，於稽其類，其衰世之意邪❹？」夫《易》，彰往而察來，而微顯闡幽。開而當名辨物，正言斷辭則備矣❺。其稱名也小，其取類也大，其旨遠，其辭文，其言曲而中，其事肆而隱❻。因貳以濟民行，以明失得之報❼。

章旨

《繫辭傳》下篇，孔穎達分為九章，本章為第五章；朱熹分為十二章，本章為第六章。本章先引孔子之言，謂乾坤其《易》之門，代表陰陽、剛柔、天地、神明，有衰世之意。後半節則經師之闡發：彰往察來，顯微闡幽，蓋釋天地神明；當名辨物，正言斷辭，蓋釋乾陽坤陰，剛柔有體；稱名取類，旨遠辭文，言曲而中，蓋釋稱名雜而不越；以濟民行，以明得失，蓋釋衰世之意。

注釋

❶乾坤，其《易》之門邪

此句為本章之總綱要旨。帛書作「子曰：『《易》之要，可得而知矣。鍵川者，《易》之門戶也。』」乾坤是了解並踐行《易》學的門戶，也是《易》學要旨綱領之所在。《周易》六十四卦三百八十四爻，全由乾坤陰陽變化組合而成，代表天地間各種不同的事物，所以乾坤為《易》之綱領及入《易》之門。〈繫辭傳上〉：「是故闔戶謂之坤；闢戶謂之乾。一闔一闢謂之變；往來不窮謂之通。」也含有這種意思。孔氏《正義》：「《易》之變化，從乾坤而起，猶人之興動，從門而出，故乾坤是《易》之門邪。」注重「門戶」義。而一部《周易》，其要旨綱領，亦在乾坤。程頤《經說》：「乾坤，天地也。萬物烏有出天地之外者乎？知道者，統之有宗，則然也。」注重「要領」義。

❷乾，陽物也；坤，陰物也。陰陽合德而剛柔有體

乾坤為卦名，乾三連，畫作☰，代表天；坤六斷，畫作☷，代表地。於是有了具體形象，可以陽物、陰物稱之。《集解》引荀爽曰：「陽物天，陰物地也。」揆之下文有「以體天地之撰」句，荀注可從。陰陽合德而剛柔有體，德，德性；體，體質，亦可作體法解。《集解》引虞翻曰：「乾剛以體天，坤柔以體地也。」蓋言乾坤體法天地而得其剛柔之體質也。又曰：「合德謂天地雜，保太和。」蓋取〈文言傳〉說坤上六：「夫玄黃者，天地之雜也。天玄而地黃。」暨〈彖傳〉說乾：「乾道變化，各正性命，保合太和，乃利貞。」而論陰陽合德。孔氏《正義》：「以陰陽組合，乃生萬物，或剛或柔，各有其體。陽多為剛，陰多為柔也。」則由天地擴及萬物。以為陽剛多而中有柔；陰柔多而中有剛。張栻《南軒易說》：「以卦言之：乾之三奇，乃陽物也；坤之三耦，乃陰物也。三奇三耦，索而為六子；互體卦變，積而為六十四：此陰陽合德而剛柔有體也。」則由乾坤擴及八卦及六十四卦而論也。

❸以體天地之撰，以通神明之德

帛書「撰」作「化」，「通」作「達」。體，體現。撰，韓康伯、孔穎達說「數也」；古籍中「選」、「撰」每假借為「算」，所以撰有「數也」之義。《周易》為「數本論」的哲學，我在〈彖傳〉「乾道變化」及〈繫辭傳〉上文「極數知來」注釋中已屢言之。朱子《本義》：「撰，猶事也。」此又一說。《集解》引《九家易》曰：「撰，數也。萬物形體皆受天地之數也。謂九天數，六地數也。剛柔得以為體矣。」又曰：「隱藏謂之神，著見謂之明，陰陽交通乃謂之德。」《南軒易說》：「夫四時之迭運，五行之攸序，皆天地之撰也。聖人作《易》所以體天地之撰者，如損、益之盈虛，剝、復之進退，乃體天地之撰者乎！陰陽之造化，剛柔之消長，皆神明之德也。聖人作《易》所以通神明之德者，如知死生之說，知幽明之故，乃通神明之德者乎！」更舉損卦䷨，損下卦之三，由盈而虛；益上卦之上，由虛而盈；益卦䷩，損上卦之四，由盈而虛；益下卦之初，由虛而盈。剝卦䷖，陰進而陽退；復卦䷗，陽進而陰退：此皆體天地運作之律數也。何楷《古周易訂詁》：「有形可擬，故曰體；有理可推，故曰通。體天地之撰，承剛柔有體言，兩體字相應；通神明之德，承陰陽合德言，兩德字相應。」說字義，析結構，均可參考。

❹其稱名也，雜而不越，於稽其類，其衰世之意邪

帛書「稱名」作「辯名」，「稽其」作「指易」。名，指卦爻辭中言及之事物。雜，繁雜。越，踰越。於，嗟歎之詞。稽，考察。類，事物之類別。衰世，指商末周初，紂王在位，文王蒙憂之時。韓《注》：「備物極變，故其名雜也。各得其序，不相踰越，況爻繇之辭也。有憂患而後作《易》，世衰則失得彌彰，爻繇之辭，所以明失得，故知衰世之意邪。」（繇，音ㄓㄡˋ，卦之占辭。）孔氏《正義》：「《易》之爻辭，多載細小之物，若『見豕負塗』之屬，是雜碎也。辭雖雜碎，各依爻卦所宜而言之，是不相踰越也。……然考校《易》辭事類多有悔之憂虞，故云變亂之世所陳情意也。若盛德之時，物皆遂性，人悉懽娛。无累於吉凶，不憂於禍害。今《易》所論，則有『亢龍有悔』，或稱『龍戰於野』，或稱『箕子明夷』，或稱『不如西鄰之禴祭』：此皆論戰爭盛衰之理，故云衰意也。」舉例說明，甚是仔細。郭雍《郭氏傳家易說》：「陰陽相盪，剛柔相推，自乾坤而變八卦，自八卦而變六十四卦三百八十四爻，其稱名也，雜然不齊，枝葉至扶疏矣，而亦不越乎陰陽二端而已。乾坤其《易》之門邪！」更直指卦爻辭之稱名不越乎陰陽，這樣就與上文「乾坤其《易》之門邪」貫通起來。孔子之言，至此結束。

❺夫《易》，彰往而察來，而微顯闡幽。開而當名辨物，正言斷辭則備矣

帛書作「《易》（彰往而察）來者也。微顯贊絕，巽而恆當，當名辯物，正言巽辭而備。」夫，發端連詞。自此以下皆經師闡發孔子所言之意。彰，彰顯，《集解》本作「章」。「而微顯闡幽」，意為「顯微而闡幽」。開，指乾坤之門敞開，索得六子，六十四卦，三百八十四爻。當名辨物，面對卦爻而辨明事物現象，如乾為陽物，坤為陰物，乾上九「亢龍有悔」，坤上六「龍戰于野」之類。正言斷辭，正確論斷之言辭，指卦爻辭。備，完備。韓《注》：「《易》无往不彰，无來不察，而微以之顯，幽以之闡。闡，明也。開釋爻卦，使各當其名也。理類辨明，故曰斷辭也。」言簡意賅。《南軒易說》：「論《易》之神，彰往察來；論《易》之道，微顯闡幽。往來以時言，或往或來，以其无常，人不能知也。惟《易》之神，往者彰之，來者察之。微幽以理言，或微或幽，人不能察也。惟《易》之道，微者顯之，幽者闡之。《易》之神，《易》之道，儻非乾坤開而當名辨物，正言斷辭，則《易》之道安能備而無窮乎？是以乾陽物，其數為奇；坤陰物，其數為耦。陽奇陰耦以示之。然後即其健而名之以乾，即其順而名之以坤，以至六子，六十四卦，當其名也。夫名既當，則剛柔之物雖曰相雜，蓋有自然而辨者矣。言天下之至賾而為象；言天下之至動而為爻；以至吉凶者，言乎其失得；悔吝者，言乎其小疵：皆正其言也。夫言既正，則辭之指其所者，蓋有自然而斷者矣。」連接上下文義，以傳解傳，頗能暢釋傳意。

❻其稱名也小，其取類也大，其旨遠，其辭文，其言曲而中，其事肆而隱

帛書「小」作「少」，「大」作「多」，「旨遠」作「指閒」，「肆而隱」作「隱而單」。取類，取象作類比以託喻。肆，開朗明白。隱，蘊藏精奧的義理。虞翻《周易注》：「其稱名也小：謂乾坤與六子，俱名八卦而小成，故小復小而辯于物者矣。其取類也大：謂乾，陽也，為天為父，觸類而長之，故大也。其旨遠，其辭文：遠謂乾，文謂坤也。其言曲而中，其事肆而隱：曲，詘；肆，直也。陽曲初震為言，故其言曲而中；坤為事，隱未見，故肆而隱也。」緊扣上文「乾坤其《易》之門」，以象數為釋。韓《注》：「託象以明義，因小以喻大。變化无恆，不可為典要，故其言曲而中也。事顯而理微也。」以義理為釋，甚為簡明。

劉勰《文心雕龍・比興第三十六》：「觀夫興之託諭，婉而成章，稱名也小，取類也大。關雎有別，故后妃方德；尸鳩貞一，故夫人象義。義取其貞，無從於夷禽；德貴其別，不嫌於鷙鳥：明而未融，故發注而後見也。」雖所舉為《詩經》之例，而所釋《周易》稱名取類，事肆而隱，說義甚善。《南軒易說》：「夫名卦曰睽而已，而天下之事同，男女之事類在焉；名卦以恆而已，而日月之久照，四時之久成在焉：此稱名小而取類大也。利用安身，窮神知化，咸九四之意深矣，其辭乃曰：『憧憧往來，朋從爾思。』而已；絪縕化醇，男女構精，損六三之意遠矣，其辭乃曰：『三人行則損一人，一人行則得其友。』而已：此其旨遠，其辭文也。在同人，未嘗言同，所言者『類族辨物』之事：其言雖曲也，乃中其尚同大過之弊也。在鼎所載者，以木巽火，烹飪之事，其事甚肆而易見也，然所寓者皆養賢享帝與夫取新之道隱於其間也。」取睽卦、恆卦之〈象傳〉，以說稱名小取類大；取咸九四、損六三之爻辭，以說其旨遠其辭文；取同人卦之〈象傳〉以說其言曲而中；取鼎卦之〈象傳〉以說其事肆而隱：則以《易》證《易》，更具體而得當。

❼因貳以濟民行，以明失得之報

帛書作「因齎人行，明……」，下有闕文。貳，指吉凶。濟，匡助。報，報應。〈繫辭傳上〉：「吉凶者，言乎其失得也。」所以用吉凶的理論來匡助人民行為可明失得之報。虞《注》：「二謂乾與坤也。坤為民；乾為行。行得則乾報以吉；行失則坤報以凶也。」把乾坤與民行、得失、吉凶全連繫起來。今日視之，似嫌牽強；然《易》本占筮之書，此種牽強連繫，正是《易》筮之本色。韓《注》：「貳則失得也。因失得以通濟民行，故明失得之報也。失得之報者，得其會則吉，乖其理則凶。」於吉凶、得失之外，更拈出「會」、「理」二字，指機會與道理。

語譯

孔子說：「乾、坤兩卦，可說是了解《周易》要旨的兩扇大門吧！乾為天，代表陽剛的事物；坤為地，代表陰柔的事物。陰陽的德性相交感配合，而剛健柔順各有體質，來體現天地運行化育的理數，以通達既神祕又顯明的生生之德性。《周易》卦爻辭中所提到事物名稱，雖然繁雜，卻不會踰越卦爻的道理。唉！考察這些事物的類別屬性，也許含有衰亂世代的憂患意識吧？」這《周易》呢，明白往事的歷程而觀察未來的動向，顯示微妙的現象而闡發幽隱的意義。打開乾坤的大門，面對卦爻而辨清事物現象，正確的語言和決斷的措辭，是能夠完備地顯示意義的。卦爻辭所稱述的，雖然是些細小的事物，但是其中隱含的譬喻或象徵等類比意義，卻是相當廣大的。它的意旨深遠，它的措辭文雅，它的言語委婉曲折而切中事理，它所說的事實明朗顯著卻隱藏著精奧的道理。用吉凶的因果關係來教導人民行為，使人民明白善惡得失的報應。

附錄古義

孔穎達《周易正義・引鄭玄六藝論》見乾〈繫辭傳上・天尊地卑章〉附錄古義。

說卦傳

窮理盡性章

昔者聖人之作《易》也❶：幽贊於神明而生蓍❷；參天兩地而倚數❸；觀變於陰陽而立卦❹；發揮於剛柔而生爻❺；和順於道德而理於義；窮理盡性以至於命❻。

章旨

此為〈說卦傳〉孔本第一節，朱本第一章。帛書則在〈衷〉中。〈衷〉，或以為即〈繫辭傳〉之下篇，或以其首句為「易之義」而名之曰〈易之義〉。本章說明《周易》性命之學的淵源：生蓍、倚數、立卦、生爻、理義，盡性以至於命。《正義》曰：「『昔者聖人』至『以至於命』，此一節將明聖人引伸因重卦之意，故先敘聖人本制蓍數卦爻，備明天道人事之妙極之理。」《本義》亦以為第一章。《周易折中》案語云：「此章次第最明，《易》為卜筮之書，而又為五經之原者，於此章可見矣。生蓍者，立蓍筮之法也；倚數者，起蓍筮之數也；立卦生爻，則指畫卦繫辭言之。是二者，蓍筮之體而言於後，明《易》為卜筮而作也。和順於道德而理於義，言卦畫既立，則有以契合乎天之道，性之德，而下周乎事物之宜也；窮理盡性以至於命，言爻辭既設，則有以窮盡乎事之理，人之性，而上達乎天命之本也。夫《易》以卜筮為教，而道德性命之奧存焉。然則以機祥之末言《易》者，迷道之原者也；以事物之跡言《易》者，失教之意者也。」於章旨闡述甚詳。

注釋

❶昔者聖人之作《易》也　作《易》，據下文，包括：生蓍、倚數、立卦、生爻，有六畫、六位，所以含六十四卦之卦爻符號。又說：「和順於道德而理於義；窮理盡性以至於命。」此非卦爻辭而不能窮盡，因此又含卦爻辭。孔穎達《周易正義》：「據今而稱上世謂之昔者也，聰明叡知謂之聖人，此聖人即伏犧也。」蓋以六十四卦為伏犧所畫。近來考古發現，新石器時代遺物已有六個數字組成的數字卦出現。因此對伏犧時代之有六畫之卦，要以較肯定的態度加以檢驗與思考。《周易正義．序》又云：「卦辭，文王；爻辭，周公。」卦爻辭當是周初掌占筮之官從累世留存下來的占筮之辭整理編輯而成。

❷幽贊於神明而生蓍

幽有深、隱義；贊有明、助義。《正義》：「幽者，隱而難見，故訓為深也；贊者，佐而助成，而令微者得著，故訓為明也。」已從韓《注》：「幽，深也；贊，明也。」引伸出幽隱、贊助第二義。神明，言易道本乎天地晝夜時空變化之道，既神妙又顯明也。荀爽《周易注》：「神者在天，明者在地；神以夜光，明以晝照。」生蓍，產生用蓍占筮之法。干寶《周易注》：「乃得自然之神物能通天地之精而管御百靈者，始為天下生用蓍之法者也。」生蓍，帛書作生占，意為產生占筮之法。

❸參天兩地而倚數

參天兩地，說者分歧。《正義》曰：「先儒馬融、王肅等解此，皆依〈繫辭〉云：『天數五、地數五，五位相得，而各有合。』以為五位相合，以陰從陽。天得三合，謂一、三與五也；地得兩合，謂二與四也。鄭玄亦云：『天地之數備於十，乃三之以天，兩之以地，而倚託大衍之數五十也。』」宋張栻《南軒易說》依此更詳乎言之：「一、三、五、七、九，皆陽數也，獨以一、三、五參之而用九，此倚其陽數也；二、四、六、八、十，皆陰數也，獨以二、四兩之而用六者，此倚其陰數也。特取九、六，而不用七、八者，乃參天兩地而倚其數也。」《正義》又引南朝陳張譏《周易講疏》，曰：「張氏云：以三中含兩，有一以包兩之義，明天有包地之德，陽有包陰之道。」於何以參天兩地，有所闡釋。又韓康伯《注》云：「參，奇也；兩，耦也。七九陽數；六八陰數。」《正義》疏云：「此倚數生數在生蓍之後，立卦之前，明用蓍得數而布以為卦，故以七八九六當之。七九為奇，天數也；六八為耦，地數也。故取奇於天，取耦於地，而立七八九六之數也。」並以為此用「王輔嗣意」云云。《集解》引虞翻曰：「倚，立；參，三也。謂分天象為三才，以地兩之，立六畫之數，故倚數也。」似均不若馬、王之說為妥。倚數，帛書作義數，義當為議，議，論斷之意。

❹觀變於陰陽而立卦

虞翻《周易注》：「謂『立天之道曰陰與陽』。乾坤剛柔，立本者。卦謂六爻。陽變成震坎艮，陰變成巽離兌，故立卦。六爻三變，三六十八，則有十八變而成卦。八卦而小成，是也。〈繫〉曰：『陽一君二民；陰二君一民。』不道乾坤者也。」虞說有些模稜兩可。一方面以為陽爻入坤☷，成震☳、坎☵、艮☶；陰爻入乾☰，成巽☴、離☲、兌☱，故立八卦，又名小成卦。又說卦謂六爻，六爻每爻用蓍草經：分、掛、揲、扐，四營為一變，三變為一爻，十八變得六爻而成六十四卦，又名大成卦。那麼觀變於陰陽所立的卦到底是八卦還是六十四卦？虞翻於最後引〈繫下〉文，由震坎艮一陽為君，二陰為民，陰卦巽離兌反是。而乾純陽，坤純陰，不包括在內，以「八卦而小成是也」。代表象數派對本句的詮釋。韓康伯《注》：「卦，象也；蓍，數也。卦則雷風相薄，山澤通氣，擬象陰陽變化之體；蓍則錯綜天地參兩之數。蓍極數以定象；卦備象以盡數。故蓍曰參天兩地而倚數；卦曰觀變於陰陽也。」注意到「倚數」、「立卦」間，「極數以定象」、「備象以盡數」的生、存關係，代表玄理派對本句的了解。船山《周易內傳》：「天地自然之變，發見於物理人情者，六十四象亦略備矣。其變一盈一虛，陰陽互用也。故以十八變而成一卦，因蓍其象，立其名，顯其性情功效之殊焉。」則代表儒理派的看法。

❺發揮於剛柔而生爻

發，闡發。揮，揮動，此有運作、運算之意。虞《注》：「謂『立地之道曰柔與剛』。發動揮變，變剛生柔爻；變柔生剛爻。以三為六也，因而重之，爻在其中，故生爻。」筮法每三變成爻，所得凡四：九為老陽，八為少陰，七為少陽，六為老陰。「本卦」無論老少，陽仍為陽，陰仍為陰；「之卦」則少者陰陽之德不變，而老陽成陰，老陰成陽。虞翻以「變剛生柔爻，變柔生剛爻」，當指老陽老陰也。又依〈繫下〉：「八卦成列，象在其中；因而重之，爻在其中矣。」以證成「立卦」為八卦，「生爻」為六十四卦。而實不必如此強分，故虞翻前《注》有「卦謂六爻」兩可之說也。《朱子語類．卷七十七》記㬇淵所錄：「觀變於陰陽，且統說道有幾畫陰，幾畫陽，成箇甚卦；發揮剛柔，卻是就七、八、九、六上說。初間做這箇卦時，未曉得是變與不變；及至發揮出剛柔了，方知這是老陰、少陰，那是老陽、少陽。」㬇，音ㄏㄨㄢˇ。此姓甚少，晉有中郎將㬇清。㬇淵，字亞夫，宋涪陵人。一一九三年朱熹六十四歲時，從朱熹學。所錄於觀變陰陽，與發揮剛柔之異，區別甚是，可澄清虞氏之模稜。《語類》又記黃榦所錄：「問：『「觀變於陰陽而立卦，發揮於剛柔而生爻。」既有卦則有爻矣，先言卦而後言爻，何也？』曰：『自作《易》言之，則有爻而後有卦；此卻似自後人觀聖人作《易》而言。方其立卦時，只見是卦；及細別之，則有六爻。』問：『陰陽，剛柔也。而別言之，何也？』曰：『觀變於陰陽近於造化而言；發揮於剛柔近於人事而言。且如泰卦，以卦言之，只見得小往大來，陰陽消長之意；爻裏面便有包荒之類。』」此條元董真卿《周易會通》亦採之，而署（楊）道夫所錄，未知孰是。於立卦、生爻辨別亦細矣！

❻和順於道德而理於義；窮理盡性以至於命

道，天地間陰陽變化的道理。德，從道理中所得到的。道德，指行為的準則。理，治理；聖人所「理」，乃治理天下。義，宜也。窮理，窮極道理。盡性，充分發揮德性，包括盡己之性，盡人之性，盡物之性。命，指天命。帛書「性」作「生」。虞《注》：「謂『立人之道曰仁與義』。和順謂坤，道德謂乾。以乾通坤，謂之理義也，以乾推坤，謂之窮理；以坤變乾，謂之盡性。性盡理窮，故至于命。巽為命也。」虞翻以乾代表仁、道德、性；坤代表義、和順、理、情；而巽「申命行事」而為命。因而有如此解釋。《易緯・乾鑿度》：「天動而施曰仁；地靜而理曰義。」乾九三〈象傳〉：「終日乾乾，反復道也。」乾〈文言傳〉：「利貞者，性情也。」坤〈彖傳〉：「乃順承天。」坤六五〈文言傳〉：「君子黃中通理。」也許可能是虞翻的依據。韓《注》：「剛柔發散，變動相和。命者生之極，窮理則盡其極也。」則闡其玄理，言甚簡約。《正義》曰：「蓍數既生，爻卦又立，易道周備，无理不盡。聖人用之，上以和協順成聖人之道德；下以治理斷割人倫之正義。又能窮萬物深妙之理；究盡生靈所稟之性。物理既窮，生性又盡，至於一期所賦之命，莫不窮其短長，定其吉凶。故曰：『和順於道德而理於義，窮理盡性以至於命也。』」疏解轉詳。朱熹《本義》：「和順從容，无所乖逆，統言之也；理謂隨事得其條理，析言之也。窮天下之理，盡人物之性，而合於天道，此聖人作《易》之極功也。」何楷《古周易訂詁》：「數既形矣，卦斯立焉；卦既立矣，爻斯生焉。和順於道德而理於義，從合而分；窮理盡性以至於命，從分而合。理義非二也，程子謂『在物為理，處物為義。』是也；性命與道德非二也，子思謂『天命之謂性，率性之謂道。』是也。窮、盡、至，皆造極之意。性者，理之原，理窮則逢其原，故窮理所以盡性；命者，性之原，性盡則逢其原，故盡性所以至命：只是一事。」於《本義》多所補充。此理學家之詮釋，心學家或不以為然。近人陳鼓應〈說卦「窮理盡性」的道家理路〉，中云：「〈說卦〉所謂『和順於道德而理於義』，是說《周易》的創作，乃順合於宇宙規律和現象，並使兩者統一於合宜的關係中。所謂『窮理盡性以至於命』，說的是《周易》的作用，其意為以『道德』原則來窮究物理探究人性，繼而安頓人類的終極命運。〈說卦〉這裡提出『窮理盡性』以及安頓性命之說，是為古代中國哲學宇宙論和心性論中的重要議題。」又云：「『窮理』和『盡性』有其不同面向，前者為向外在探索宇宙的現象及規律，後者為向人類自身探討其存在樣態及性能。故兩者可納入古代哲學之天人關係及主客關係的思路架構中。」以道家理路說《易》，亦別有一種風味，可以擴展學《易》者之視野。

語譯

古代聖人創作《周易》：冥冥中深深明白天地晝夜既神妙又顯明的變化，受到啟示，於是模擬並參與贊助這種變化，因而產生用蓍占筮的方法；聖人把代表天的三個奇數一、三、五相加，得到九而依託為老陽之數；把代表地的兩個偶數二、四相加，得到六而依託為老陰之數；觀察時空事物各種陰陽變化，效法它而建立六十四卦；闡發運算卦中少陽七量變為老陽九，老陽九質變為少陰八，少陰八量變為老陰六，老陰六質變為少陽七，因而產生爻中剛柔的變動；這種生蓍、倚數、立卦、生爻，都和諧地順承於陰陽變化的道理，而聖人並從中獲致為人接物的處世準則，於是運用適宜的方式治理天下；窮極天地人物各種道理，充分發揮自己的、人人的、萬物的德性，以至於與天命合為一體。

附錄古義

班固《漢書・律曆志》：「《易》曰：『參天兩地而倚數。』天之數始於一，終於二十有五。其義紀之以三。……地之數始於二，終於三十。其義紀之以兩。」荀悅《漢紀・六・高后紀論》：「且夫疾病有治而未瘳，瘳而未平，平而未復；教化之道，有教而未行，行而未成，成而有敗；故氣類有動而未應，應而未終，終而有變；遲速深淺，變化錯於其中矣，是故參差而均矣。天地人物之理，莫不同之。凡三勢之數，深不可識，故君子盡心力焉以任天命。《易》曰：『窮理盡性，以至於命。』其此之謂乎？」

六位成章章

昔者聖人之作《易》也，將以順性命之理❶。是以立天之道，曰陰與陽；立地之道，曰柔與剛；立人之道，曰仁與義❷。兼三才而兩之，故《易》六畫而成卦❸；分陰分陽，迭用剛柔，故《易》六位而成章❹。

章旨

此為〈說卦傳〉孔本第二節，朱本第二章。帛書則在〈衷〉中。說明八卦相重，兼三才而兩之，六畫成卦之大義所在，乃明天道之陰陽，地道之柔剛，人道之仁義。性命之理在此。並指出六位分陰分陽之確定性，六爻迭用柔剛之變動不居。

注釋

❶**昔者聖人之作《易》也，將以順性命之理**

此句帛書〈衷〉省去。《中庸》言「天命之謂性」，是就「性」之本源說。此言「將以順性命之理」，是順著上文「窮理盡性以至於命」，就「性」之功能效用說。參見乾〈彖傳〉「乾道變化，各正性命」注釋。《正義》：「此《易》卦以順從天地生成萬物性命之理也。」蓋綜言之。《河南程氏遺書・卷十八》記程頤語曰：「在天為命，在義為理，在人為性，主於身為心，其實一也。」朱震《漢上易傳》：「自萬物一源觀之謂之性，自稟賦觀之謂之命，自天地人觀之謂之理：三者一也。」皆析言之。惟伊川就人論性，似不若孔氏、朱震就萬物論性為廣也。《周易折中》引邱氏富國曰：「上言窮理盡性至命，此言順性命，則《易》中所言之理皆性命也。然所謂性命之理，即陰陽、柔剛、仁義是也。」則較諸上下文而指出性命之理具體內容。案：邱富國，宋代人，受業於朱熹之門人。著有《周易輯解》、《學易說約》。引文似出於《說約》。《折中》案語更云：「上章云觀變於陰陽而立卦，和順於道德而理於義；此章即所以申其指。性，即德也；命，即道也。性命流行於事物而理名焉，即道德之散而為義者也，故總之曰性命之理。」上下對照，所言更周到。

❷**是以立天之道，曰陰與陽；立地之道，曰柔與剛；立人之道，曰仁與義**

「立天之道曰陰與陽」是一判斷句，意為天所以成立為天的道理就是陰與陽。立地、立人二句，句型同此。《集解》引崔憬曰：「此明一卦立爻，有三才二體之義。故先明天道既立陰陽，地道又立剛柔，人道亦立仁義，以明之也。」崔言見《周易探玄》。《折中》引蔡清曰：「立天之道，非有以立之也，謂天道之立以陰陽也。」蔡言見《周易蒙引》。並可從。《易》每以陽剛屬天，陰柔屬地。而此所言不同。韓康伯《注》曰：「在天成象，在地成形。陰陽者，言其氣；柔剛者，言其形。變化始於氣象，而後成形。萬物資始乎天，成形乎地，故天曰陰陽，地曰柔剛也。或有在形而曰陰陽者，本其始也；在氣而曰柔剛者，要其終也。」於陰陽剛柔相對而互含，所言甚是。《周易探玄》亦曰：「在天雖剛，亦有柔德；在地雖柔，亦有剛德。」並引《尚書・洪範》：「沉潛剛克，高明柔克。」為證。考孔安國《傳》：「沉潛謂地，雖柔亦有剛，能出金石；高明謂天，言天為剛德，亦有柔克，不干四時。」是古人於剛柔互含多有所認識，不獨《易》為然也。關於「仁與義」的前後配合，朱熹有所質疑。《朱子語類》記夔淵所錄：「陰陽，剛柔，仁義，看來當曰義與仁，當以仁對陽。仁若不是陽剛，如何做得許多造化？義雖剛，卻主於收斂。仁卻主於發舒，這也是陽中之陰，陰中之陽，互藏其根之意。且如今人用賞罰，到賜與人，自是無疑，便做將去；若是刑殺時，便遲疑，不肯果決。這見得陽舒陰斂，仁屬陽，義屬陰處。」案：《易緯》已以仁為天施，義為地理。《易緯・乾鑿度》曰：「天動而施曰『仁』；地靜而理曰『義』。仁成而上，義成而下。……正形於人，則道德立而尊卑定矣。」馬融曰：「取仁于陽，資義于陰。」惟朱熹於仁屬陽，義屬陰外，更進一步以陰陽互藏其根說明。

❸兼三才而兩之，故《易》六畫而成卦

三才，指天地人。三畫之卦，初爻為地，中爻為人，上爻為天。兩之，指三才分陰分陽或相重成六畫之卦，凡六十四卦。下兩爻為地爻，初爻剛，二爻柔；中兩爻為人爻，三爻義，四爻仁；上兩爻為天爻，五爻陽，上爻陰。韓康伯《注》：「設六爻以效三才之動，故六畫而成卦也。」三才之動，言天道之分陰陽，人道之分仁義，地道之分柔剛，採三才二分說。邱富國則以重卦為說，《折中》引其言曰：「兼三才而兩之，言重卦也。方卦之小成，三畫已具三才之道，至重而六，則天地人之道各兩，所謂六畫成卦也。」二說並存，以供參考。

❹分陰分陽，迭用剛柔，故《易》六位而成章

分陰分陽，指六爻之卦，初、三、五為陽位，二、四、上為陰位：此是固定的。迭用，指交互運用。柔剛，指六爻之德，或為少陰八，老陰六，皆柔爻也；或為少陽七，老陽九，皆剛爻也。六十四卦中六爻之剛柔排列，絕無雷同：此是變動不居的。章，本指樂章或色彩之組合，此指陰陽剛柔之間隔組合。《折中》引邱富國曰：「分陰分陽以位言，凡卦初三五位為陽，二四上位為陰。自初至上，陰陽各半，故曰分。迭用柔剛以爻言，柔謂六，剛謂九也。位之陽者，剛居之，柔亦居之；位之陰者，柔居之，剛亦居之。或柔或剛，更相為用，故曰迭。分之以示其經，迭用以為之緯。經緯錯綜，粲然有文，所謂六位成章也。」

語譯

古代聖人創作《周易》，將要以此順應天命，盡力發揮天命之性，以至與天命合一的大道理。天所以成為天的道理在於陰與陽；地所以成為地的道理在於柔與剛；而人所以成為人的道理就在於仁與義。綜合天地人三種材質而各分為二，所以《周易》六畫而構成一卦。六畫中又固定的分陰位與陽位，交互變化排列著柔爻或剛爻，因此《周易》六十四卦形成既有秩序又不雷同的美學體系。

附錄古義

班固《漢書・律曆志》：「三統者，天施地化人事之紀也。十一月，乾之初九，陽氣伏於地下，始著為一，萬物萌動，鐘於太陰，故黃鐘為天統，律長九寸。九者，所以究極中和，為萬物元也。《易》曰：『立天之道，曰陰與陽。』六月，坤之初六，陰氣受任於太陽，繼養化柔，萬物生長，楙之於未，令種剛彊大，故林鐘為地統，律長六寸。六者，所以含陽之施，楙之於六合之內，令剛柔有體也。『立地之道，曰柔與剛。』乾知太始，坤作成物。正月，乾之九三，萬物棣通，族出於寅，人奉而成之，仁以養之，義以行之，令事物各得其理。寅，木也，為仁，其聲商也，為義，故太族為人統，律長八寸，象八卦，宓戲氏之所以順天地，通神明，類萬物之情也。『立人之道，曰仁與義。』在天成象。在地成形。后以裁成天地之道。輔相天地之宜，以左右民。此三律之謂矣，是為三統。」

王符《潛夫論・釋難》：「今以目所見，耕，食之本也；以心原道，即學又耕之本也。《易》曰：『立天之道，曰陰與陽；立地之道，曰柔與剛；立人之道，曰仁與義。』」

荀悅《漢紀・成帝紀論》：「〈經〉稱『立天之道，曰陰與陽；立地之紀，曰柔與剛；立人之道，曰仁與義。』陰陽之節，在於四時五行；仁義之大體，在於三綱六紀。上下咸序，五品有章；淫則荒越，民失其性。于是在上者則天之經，因地之義，立度宣教，以制其中。施之當時，則為道德；垂之後世，則為典經：皆所以總統綱紀，崇立王業。」

袁宏《後漢紀・順帝紀》：「馬融對曰：『臣聞立天之道，曰陰與陽；立地之道，曰柔與剛。夫陰陽剛柔，天地所以立也。取仁于陽，資義于陰，柔以施德，剛以行刑。各順時月，以厚群生。』」

又〈桓帝紀〉：「劉淑對曰：『臣聞立天之道，曰陰與陽；立人之道，曰仁與義。故夫婦正則父子親，父子親則君臣通，君臣通則仁義立，仁義立則陰陽和而風雨時矣。』」

劉熙《釋名・釋形體》：「人，仁也；仁，生物也。故《易》曰：『立人之道，曰仁與義。』」

荀悅《漢紀・高后紀論》：「故堯湯水旱者，天數也；〈洪範〉咎徵，人事也；魯僖澍雨，乃可救之應也；周宣旱應，難變之勢也；顏冉之凶，性命之本也。猶天迴日轉，大運推移，雖日遇禍，福亦在其中矣。今人見有不移者，因曰：『人事無所能移』；見有可移者，因曰：『無天命』；見天人之殊遠者，因曰：『人事不相干』；知神氣流通者，人共事而同業：此皆守其一端而不究終始。《易》曰：『有天道焉，有地道焉，有人道焉。』言其異也。『兼三才而兩之。』言其同也。故天人之道，有同有異，據其所以異而責其所以同，則成矣；守其所以同而求其所以異，則弊矣。」

班固《漢書・郊祀志》：「莽又頗改其祭禮，曰：『……陰陽有離合，《易》曰：「分陰分陽，迭用剛柔。」以日冬至，使有司奉祠南郊，高帝配而望群陽；日夏至，使有司奉祭北郊，高后配而望群陰：皆以助致微氣，通道幽弱。』」顏師古注：「《易・說卦》之辭也。陽為剛，陰為柔。陰陽既分，則剛柔迭用也。迭，互也，音大結反。」

天地定位章

天地定位❶，山澤通氣，雷風相薄，水火不相射❷；八卦相錯❸。數往者順，知來者逆，是故《易》逆數也❹。

章旨

此為〈說卦傳〉孔本第三節，朱本第三章。帛書在〈衷〉中。說明八卦兩兩相對，交錯運作，以及易道順著以往歷史的演進，推知此後時代的發展，為一種依照數據預測未來的學問。

注釋

❶天地定位

帛書作「天地定立」。八卦中，乾天坤地相對，艮山兌澤相對，震雷巽風相對，坎水離火相對，交錯運作於宇宙之中。此先說天地。定位，確定了相對而相通的位置。王夫之《周易內傳》：「定位者，陽居上，清剛而利於施；陰居下，柔濁而利於受。惟其位定，是以交也。」

❷山澤通氣，雷風相薄，水火不相射

帛書自「天地定立」下，作「□□□□，火水相射，雷風相搏」，缺文四字當為「澤山通氣」。「火水相射」句無「不」字。考自「天地定立」以下至此共四句，皆言八卦之兩兩相對相通，無「不」字是也。又句在「雷風相搏」前。則與邵雍所言「伏羲八卦次序」：乾一（天）、兌二（澤）、離三（火）、震四（雷）相符。山澤通氣，《朱子語類》記林學蒙所錄：「問：『山澤通氣，只為兩卦相對，所以氣通？』曰：『澤氣升於山，為雲為雨，是山通澤之氣；山之泉脈流於澤，為泉為水，是澤通山之氣：是兩箇之氣相通。』」雷風相薄，指風起雷動，激烈振盪。水火不相射，射作厭解，見《釋文》與《集解》。《語類》記林學蒙所錄：「射一音亦，是不相厭之義；一音石，是不相害。……二義皆通。」又記黃榦所錄：「問：『射或音石，或音亦，孰是？』曰：『音石。不相射乃下文不相悖之意，不相悖乃不相害也。……以其不害，而明其相應也。』」意多猶豫，蓋其時帛書未出土，故不知「不」為衍文。相射，當謂往來激射。

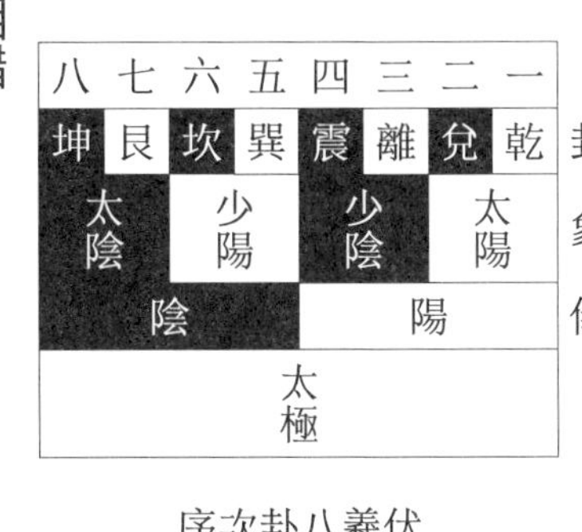

伏羲八卦次序

❸八卦相錯

相錯，就八卦符號而言，指陰陽爻互變。來知德《周易集註》：「相錯者，陰與陽相對待，一陰對一陽，二陰對二陽，三陰對三陽也。故一（乾）與八（坤）錯，二（兌）與七（艮）錯，三（離）與六（坎）錯，四（震）與五（巽）錯。八卦不相錯，則陰與陽不相對待，非易矣！」就八卦象徵義而言，相錯指八卦相對運作，包括「定位」、「通氣」、「相射」、「相搏」。或以「重卦」釋「相錯」。《正義》：「聖人重卦，令八卦相錯，乾、坤、震、巽、坎、離、艮、兌，莫不交互而相重，以象天、地、雷、風、水、火、山、澤，莫不交錯。則《易》之爻卦，與天地等，成性命之理，吉凶之數。」義可互補。邵雍有「伏羲八卦方位圖」，以今本〈說卦傳〉所言次序說之，不可通；以帛書「天地定立，澤山通氣，火水相射，雷風相搏」說之，則符節悉合。

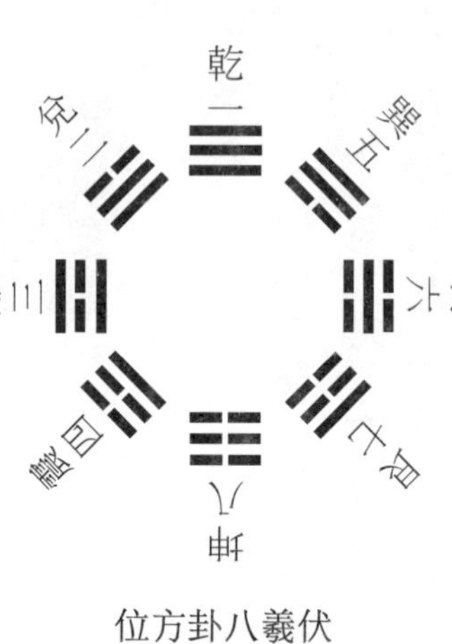

伏羲八卦方位

❹ **數往者順，知來者逆，是故《易》逆數也**

帛書「逆數」作「達數」。此三句多異說，今擇要分就義理、象數說明。就義理言，韓《注》：「《易》八卦相錯，變化理備。於往，則順而知之；於來，則逆而數之。作《易》以逆睹來事，以前民用。」認為《周易》八卦交相重疊，成六十四卦，每卦六爻。自然演變，人事進化，道理都具備於卦爻之中。對於往事，就順著時代發展而知曉；對於未來，就回頭考察歷史軌跡而推斷。所以作《周易》考察過去而推斷未來，在事前指導人民運用。此一說也。就象數言，邵雍《皇極經世書・卷七・先天象數第二》：「天地定位一節，明伏羲八卦也。八卦者，明交相錯而成六十四卦也。數往者順，若順天而行，是左旋也，皆已生之卦也，故云數往也；知來者逆，若逆天而行，是右旋也，皆未生之卦也，故曰知來也。夫《易》之數，由逆而成矣，此一節直解圖意，若逆知四時之謂也。」《周易本義》有「伏羲八卦方位圖」，其下說明引邵子曰：「乾南、坤北，離東、坎西，震東北、兌東南，巽西南、艮西北。自震至乾為順，自巽至坤為逆。後六十四卦方位放此。」綜覽圖文：震卦初陽生；離卦初三皆陽、兌卦初二皆陽，是二陽生；乾卦三爻皆陽。其方向，由震東北，而離東，而兌東南，至乾南，是順天而左旋的。就生卦次序來說，乾一、兌二、離三，都在震四前，都是既往已生之卦。所以自震至乾，數既往已生之卦，順天而左旋，陽氣漸進。巽卦初陰生；坎卦初三皆陰，艮卦初二皆陰，是二陰生；坤卦三爻皆陰。其方向，由巽西南，坎西，艮西北，坤北，是逆天而右旋的。再就生卦次序來說，坎六、艮七、坤八，都在巽五之後，都是未來將生之卦。所以自巽至坤，可知此後將生之卦，逆天而右旋，陰氣漸進。《皇極經世》還說「若逆知四時之謂也」，《本義》引亦有「後六十四卦方位放此」之語。因此，此數句不但可解釋日夜消長，還可解釋四時循環；不但指涉八卦，更可延伸指涉六十四卦。於是「《易》逆數也」也可以得到合理的詮釋。此又一說也。二說可並存。

語譯

乾為天，坤為地，確定了相互配合的位置；艮為山，兌為澤，彼此流通著氣息；震為雷，巽為風，雙方激盪應和；坎為水，離為火，不相厭棄而相協助。（帛書無「不」字，則相射當作往來激射解。）八卦就這樣相對交錯運作著。一一稽查往事，可順著時代先後而知曉；想預知未來，就要回頭考察歷史軌跡作推斷。所以《周易》呀，正是一種依照歷史軌跡上的數據而作推斷的學問。

附錄古義

應劭《風俗通・山澤》：「《孝經》曰：聖不獨立，智不獨治，神不過天地。同靈造虛，由立五嶽，設三台。《傳》曰：五嶽視三公，四瀆視諸侯，其餘或伯或子男，大小為差。《尚書》『咸秩無文』，王者報功，以次秩之，無有文也。《易》稱『山澤通氣』，《禮》『名山大澤不以封諸侯』，故積其類曰山澤也。」

歐陽詢《藝文類聚・七・引張昶西嶽華山堂闕碑銘》：「《易》曰：『天地定位，山澤通氣。』然山莫尊於嶽，澤莫盛於瀆。嶽有五而華處其一，瀆有四而河在其數，其靈也至矣。」

乾德乾象各章

乾以君之❶。……戰乎乾❷。……戰乎乾，乾西北之卦也，言陰陽相薄也❸。乾，健也❹……。乾為馬❺。……乾為首❻。……乾天也，故稱乎父❼。……乾為天、為圜、為君、為父、為玉、為金、為寒、為冰、為大赤、為良馬、為老馬、為瘠馬、為駁馬、為木果❽。

章旨

以上各條，節取自朱子《本義》本〈說卦傳〉四、五、七、八、九、十、十一章，帛書無。分別言八卦之功能、與化育時空的關係、卦德、遠取象於動物、近取象於人身、乾坤六子之關係、以及廣明乾卦之象。此所節取，皆關乎乾者。第六章僅及六子未提乾坤，故缺。其詳及孔本節次，請參閱注釋。

注釋

❶**乾以君之**

以，用來。君之，君臨萬物。王夫之《周易內傳》：「此言六子之大用，所以摩盪陰陽，互相節宣，而歸其本於乾坤也。……而宰制陰陽，使因時而效六子之績者，健行之氣君之也。」此句孔本在第四節，朱本屬第四章，章旨在闡八卦之功能。本句言乾卦之功能。

❷戰乎乾

戰義有二說。一指陰陽相搏鬥。《正義》：「陰陽相戰則在乎乾。」二指陰陽相交接。《說文解字》：「壬，位北方也。陰極陽生，故《易》曰：『龍戰于野。』戰者，接也。象人懷妊之形。」蓋謂陰陽交合而懷孕。詳下條注釋。此及下條孔本仍在第四節；朱本析孔本第四節為四、五兩章，此句及下條都在第五章。章旨在說明八卦與萬物生長的關係，並與方位、季節相配合。

❸戰乎乾，乾西北之卦也，言陰陽相薄也

薄有搏鬥、接入二義。前已言「戰乎乾」，此又言「乾」為「西北之卦」、「陰陽相薄」者，《周易內傳》：「前舉其目，而後釋之。或古有此言，而夫子釋其義。」此章言八卦與萬物化育歷程之關係，並涉及方位與季節。以為：震，東方（春分）；巽，東南（立夏）；離，南方（夏至）；坤，西南（立秋）；兌，西方（正秋也）；乾，西北（立冬）；坎，正北方（冬至）；艮，東北（立春）。由《傳》意推之，乾於季節，當是秋冬之交，立冬（陽曆十一月八日前後）之時。陰盛侵陽，故陽與之搏鬥也。孔氏《正義》：「解上『戰乎乾』。以乾是西北方之卦，西北是陰地，乾是純陽而居之，是陰陽相薄之象也。」是就方位言。崔憬《周易探玄》：「立冬則乾王，而陰陽相薄。」是就季節言。楊萬里《誠齋易傳》：「乾，西北之卦，九、十月之交，陰盛陽衰之時，……陰疑於陽也。不然，則坤之上六，……何以言『龍戰于野』？」則綜時位而言之。此採搏鬥一義而言也。虞翻《周易注》：「薄，入也。」惠士奇《易說》：「陰陽交接。」惠棟《周易述》：「〈說卦〉戰乎乾，謂陰陽相薄也。卦无傷象。王弼謂『與陽戰而相傷』，失之。」金穀元〈申說文龍戰于野義〉：「龍，陽物，謂乾也。『龍戰于野』，即〈說卦傳〉所謂『戰乎乾』也。……『戰乎乾』者，入乎乾也。入接一義，與《說文》訓龍戰為龍接之意正合。……許君以龍戰為龍交，以于野為于王，其說自古矣。」此採接入一義而言也。

❹乾，健也

此說八卦中乾之性能。虞翻《周易注》：「精剛自勝，動行不休，故健也。」孔氏《正義》：「乾象天，天體運轉不息，故為健也。」案：天體若僅是運動不息，則與行屍走肉何異？其健尤在於生生不息，化育不息。參閱乾〈象傳〉「天行健；君子以自強不息」注釋。此條孔本在第六節，朱本在第七章。案：〈說卦傳〉第六章言六子中水火、雷風、山澤，相反相成以成就萬物，而未言及乾坤。或以其首句「神也者」之「神」，即指天地造化之神妙云。

❺**乾為馬**

此說明八卦之乾「遠取諸物」。動物中馬最健行，故取以為乾之象。《正義》：「此一節說八卦畜獸之象，略明遠取諸物也。乾象天，天行健，故為馬也。」此條孔本在第七節，朱本在第八章。

❻**乾為首**

此說明八卦之乾「近取諸身」。人身頭在上而最尊貴，故取以為乾之象。《正義》：「此一節說八卦人身之象，略明近取諸身也。乾尊而在上，故為首也。」此條孔本在第八節，朱本在第九章。

❼**乾天也，故稱乎父**

此節主要說明乾父坤母產生六子之歷程。設想天人間均具陰陽二原理，天地之化育萬物，猶父母之生養子女。崔憬《周易探玄》：「欲明六子，故先說乾稱天、父，坤稱地、母。」是也。王夫之《周易內傳》：「稱者，以此之名加彼之辭也。張子《西銘》理一分殊之旨，蓋本諸此。父母者，吾之所生成者也。因之而推其體，則為天地；因此而推其德，則為乾坤。天地大而父母專；天地疏而父母親。故知父母而不知乾坤者有矣；未有不知父母而知乾坤者也！思吾氣之所自生，至健之理存焉；思吾形之所自成，至順之理在焉。氣固父之所臨也；形固母之所授也。故敬愛行，而健順之實、知能之良，於此而凝承以流行於萬理。則見乾於父，見坤於母，而天地之道不違矣。是以可名乾以父，名坤以母。而父母之尊親始昭著而不可昧。」說理既詳而明。張載《西銘》：「乾稱父，坤稱母。予茲藐焉，乃混然中處。故天地之塞，吾其體；天地之帥，吾其性。民，吾同胞；物，吾與也。」由乾天為父，坤地為母，導出民胞物與，〉實本〈說卦〉。近人蔡仁厚《宋明理學》有〈西銘開示的義理與踐履規模〉一節，解說綦詳，請參閱坤〈說卦傳・坤德坤象各章〉「坤，地也，故稱乎母」注釋。此條孔本在第九節，朱本在第十章。

❽**乾為天、為圜、為君、為父、為玉、為金、為寒、為冰、為大赤、為良馬、為老馬、為瘠馬、為駁馬、為木果**

《正義》：「此下歷就八卦，廣明卦象者也。此一節廣明乾象。」陸德明《經典釋文》：「荀爽《九家集解》本乾後更有四：『為龍、為首、為衣、為言。』」孔言大旨，陸補佚文。至於為何如此取象，李鼎祚《周易集解》引述前人所說，可供參考。全錄於下：「『乾為天』，宋衷曰：『乾動作不解，天亦轉運。』『為圜』，宋衷曰：『動作轉運，非圜不能，故為圜。』『為君』，虞翻曰：『貴而嚴也。』『為父』，虞翻曰：『成三男，其取類大，故為父也。』『為玉為金』，崔憬曰：『天體清明而剛，故為玉為金。』『為寒為冰』，孔穎達曰：『取其西北冰寒之地。』又崔憬曰：『乾主立冬以後，冬至以前，故為寒為冰也。』『為大赤』，虞翻曰：『太陽為赤，月望出入時也。』又崔憬曰：『乾四月純陽之卦，故取盛陽色為大赤。』『為良馬』，虞翻曰：『乾善故良也。』『為老馬』，《九家易》曰：『言氣衰也，息至已必當復消，故為老馬也。』『為瘠馬』，崔憬曰：『骨為陽，肉為陰。乾純陽爻，骨多，故為瘠馬也。』『為駁馬』，宋衷曰：『天有五行之色，故為駁馬也。』『為木果』，宋衷曰：『群星著天，似果實著木，故為木果。』」然《集解》所述，後人亦頗多修正。如郭雍《郭氏傳家易說》：「『果實著木，如星之著天。』如是，則果為星象，非天象也。乾元為萬物之始，居群物之上，萬物之所資焉。而果者，木之始也。木以果為始，亦猶物以乾為始也。然聖人言此，使學者知其道无乎不在也。此亦舉其大概耳，安能盡言天下萬物之象哉！觸類而長之，斯可矣。」又如高亨《周易大傳今注》疑「為寒為冰」似為「坤為地為母」之下文字，誤竄於此。如此之類，不勝枚舉。學《易》者，可觸類旁通，而毋須執著於《易》象。此條孔本單獨成為第十節，朱本則合其下七卦為第十一章。廣述八卦之取象。

語譯

乾以剛健中正的創始功能主導萬物。……與坤纏鬥交合在乾的時空。……在乾纏鬥交合，乾是西北之卦，相當於秋冬之交，正好說明陰陽相纏交接的時空。乾，剛健而運作不息。……乾，像動物中最能健行的馬。……乾，像身體上的頭。……乾代表天公，所以就用乾來稱呼父親。……乾的運作像上天，終而復始像圓圈，主導萬物像君王，賦予兒女生命像父親，晶瑩無瑕像美玉，剛堅寶貴像黃金，像寒冬中隱含著的陽氣，像冰雪中埋藏著的生意，像顏色中的大紅，像健行不息的好馬，像耐久識途的老馬，像少肉多骨的瘦馬，像毛色鮮明的花馬，像樹上滿藏種子的果實。

附錄古義

班固《漢書・五行志》：「於《易》，乾為君為馬。馬任用而彊力。君氣毀，故有馬禍。」

陳壽《三國志・魏書・高貴鄉公紀》：「帝又問：『乾為天，而復為金，為玉，為老馬，與細物並邪？』（《易》博士淳于）俊對曰：『聖人取象，或遠或近，進取諸物，遠則天地。』」

序卦傳

有天地然後萬物生焉❶。

注　釋

❶**有天地然後萬物生焉**
《周易》六十四卦始於乾坤。乾為天，坤為地，天地交感化育而生萬物；於是以乾坤生六子，重疊為六十四卦，象徵萬物之生。前賢之注，意見不一，茲錄三家，以備參考。一、干寶《周易注》：「物有先天

地而生者，今止取始于天地；天地之先，聖人弗之論也。故其所法象，必自天地而還。《老子》曰：『有物混成，先天地生，吾不知其名，彊字之曰道。』〈上繫〉曰：『法象莫大乎天地。』《莊子》曰：『六合之外，聖人存而不論。』《春秋穀梁傳》曰：『不求知所不可知者，智也。』而今後世浮華之學，彊支離道義之門，求入虛誕之域，以傷政害民，豈非『讒說殄行』，大舜之所疾者乎！」案：干寶先引《老》、《莊》、《穀梁》以明「取始于天地」之義；繼引大舜之言以斥當時浮華之學。入室操戈，以攻虛誕，蓋有感而發也。所引《老子》語在二十五章；《莊子》語在〈齊物論〉；《穀梁傳》語在隱公三年；大舜語在《尚書・舜典》。又案：《易緯・乾鑿度》：「夫有形生於无形，乾坤安從生！故曰：有太易，有太初，有太始，有太素也。太易者，未見氣也；太初者，氣之始也；太始者，形之始也；太素者，質之始也。」干寶所謂「虛誕」者，或指此類。二、王夫之《周易外傳・卷七》：「〈序卦〉非聖人之書也，乾坤並建而捷立，《周易》以始。蓋陰陽之往來无淹待，而嚮背无吝留矣，故道生於有，備於大。繁有皆實，而速行不息。太極之函乎五行二殊，固然如斯也，有所待非道也。……是故六陰六陽，十二皆備，統天行地，極盛而不缺，至純而莫位，以為之始，則萬物之生，萬物之化，質必達情，情必成理。相與參差，相與夾輔，相與補過，相與進善，其情其才，其器其道，於乾坤而皆備。抑无不生，无不有，而後可以為乾坤。天地不先，萬物不後。而〈序傳〉曰：『有天地而後萬物生焉。』則未有萬物之前，先有天地，以留而以待也。是以知〈序卦〉非聖人之書也。」船山以乾坤並建而無淹待，天地萬物並存而無先後，以此駁斥〈序卦傳〉。言雖雄辯，而理猶可商。三、李光地《周易折中・序卦明義》：「乾坤者，眾卦之宗，故居篇首。先儒謂《周易》首乾，則此是文王所定，不可易也。」熊十力於船山，頗為推崇，然於此則有異見。《讀經示要》曰：「〈序卦〉一篇，昔人多疑為非聖人之言，此陋見也。余以為〈序卦〉非聖人不能作，其義宏闊深遠，嘗欲取而釋之而未有暇也。茲略舉上篇數節，稍疏之，以見其概。『有天地然後萬物生焉。盈天地之間唯萬物，故受之以屯。屯者，盈也。』乾坤二卦之後，繼以屯卦。乾有天象，坤有地象。屯者，萬物始生之象。故云：『有天地然後萬物生』也。太空之中，諸天體凝成。而地球為太陽系中之一行星，其凝固之勢，與氣溫之度，至適宜於生物時，則萬物始生。此屯之所以繼乾坤也。」其肯定〈序卦傳〉先有天地，後生萬物之意，至為明顯。三說並陳，欲讀者自行思索採擇也。

語譯

有了天地，然後萬物產生在天地之間。

雜卦傳

乾剛坤柔❶。

注釋

❶乾剛坤柔

六十四卦中，惟乾六爻皆陽，為純剛之卦；坤六爻皆陰，為純柔之卦。故以剛柔況之。其他六十二卦，皆陰陽相雜，凡陰皆源自坤卦，凡陽皆源自乾卦。以陰陽相雜故，不得以為純剛或純柔。虞翻《周易注》：「乾陽金堅，故剛；坤陰和順，故柔。」郭雍《郭氏傳家易說》：「六子之剛柔，索於乾坤；六十四卦之剛柔，重於八卦。故卦中之剛柔皆乾之剛坤之柔也，是以獨乾坤為剛柔。」朱震《漢上易傳》：「乾坤《易》之門。凡剛皆乾也；凡柔皆坤也。剛柔相雜乃成諸卦，故曰乾剛坤柔。」王夫之《周易內傳》：「二卦並建，剛柔備矣。分之則純以成德，合之則雜以成章也。」

語譯

乾六爻皆陽，是純剛之卦；坤六爻皆陰，是純柔之卦。

初九爻辭

初九❶：潛龍❷，勿用❸。

注釋

❶**初九**

爻名，數也。初是爻位之數，指六爻之卦最下面的一個位置；九是爻德之數，指在陰陽之道中所得為陽剛之德。陽爻居初位，就叫初九。初為爻位之始，爻位的重要性超過爻德的重要性，所以先言「初」而後言「九」。《周易》占筮的時候，自初至上所得為九、七、七、七、七、七，本卦是乾䷀，之卦是姤䷫；或所得為七、六、六、六、六、六，本卦是復䷗，之卦是乾：這兩種情形，都以乾初九爻辭占。

❷**潛龍**

「潛龍，勿用」是乾卦初九的爻辭。潛龍是乾初九的「象」。潛，潛伏而未顯的意思。《易》參三才而兩之：初二為地位；三四為人位；五上為天位。初為地下，所以有潛伏之象。乾元天道，本來備萬理、應萬事、含萬德、行萬化。當其在「初」，隱而未顯之時，卻必須退藏於密，充實自己，鞏固根基，待機而動，以培養無限發展的可能性。龍是古代傳說中的神物，陽升而出，陽降而蟄，無論水陸天空，都能自由活動。象徵乾陽「九」的強健、能變化，和適應環境。《史記・老子韓非列傳》記載孔子贊美老子的話說：「鳥，吾知其能飛；魚，吾知其能游；獸，吾知其能走。走者可以為罔；游者可以為綸；飛者可以為矰。至於龍，吾不知其乘風雲而上天。吾今日見老子，其猶龍邪？」《周易集解》引沈驎士曰：「稱龍者，假象也。天地之氣有升降；君子之道有行藏。龍之為物，能飛能潛，故借龍比君子之德也。」可以反映古人對龍的看法。

由爻位「初」之數可推出「潛」之象；由爻德「九」之數，可推出「龍」之象：因數成象，此又一證。

❸勿用

是乾初九的「占」。勿用包含兩層意思：一是不被任用；一是不必有所作為。告訴我們年紀幼少，處身低微，環境惡劣，未被社會所用的時候，正是鍛鍊體魄，增進學識，砥礪品德的時機。不必刻意表現，干祿求用。「勿用」之義理，是由「潛龍」之現象推出。

語譯

六爻的乾卦居最下面初位的是陽爻「九」。它像潛伏未顯的神龍一樣，啟示我們年紀尚輕，環境惡劣，地位低微，未被任用的時候，不必要刻意表現，有所作為。

附錄古義

《左傳・昭公二十九年》：「史墨曰：『龍，水物也。水官棄矣，故龍不生得。不然，《周易》有之：在乾䷀之姤䷫曰：「潛龍勿用。」其同人䷌曰：「見龍在田。」其大有䷍曰：「飛龍在天。」其夬䷪曰：「亢龍有悔。」其坤䷁曰：「見群龍无首，吉。」坤之剝䷖曰：「龍戰于野。」若不朝夕見，誰能物之？』」

賈誼《新書・容經》：「龍也者，人主之辟也。亢龍往而不返，故《易》曰：『有悔。』悔者，凶也。潛龍入而不能出，故曰：『勿用。』勿用者，不可也。」

《淮南子・人間》：「古者，五帝貴德，三王用義，五霸任力。今取帝王之道而施之五霸之世，是由乘驥逐人於榛薄，而蓑笠盤旋也。今霜降而樹穀，冰泮而求穫，欲其食，則難矣。故《易》曰『潛龍勿用』者，言時之不可行也。故『君子終日乾乾，夕惕若厲，無咎』。終日乾乾，以陽動也；夕惕若厲，以陰息也。因日以動，因夜以息，惟有道者能之。」

揚雄《法言・先知》：「龍之潛亢，不獲其中矣。是以過中則惕，不及中則躍，其近於中乎？」

范曄《後漢書・魯恭傳》：「恭議奏曰：『《易》曰：「潛龍勿用。」言十一月十二月陽氣潛藏，未得用事；雖煦嘘萬物，養其根荄，而猶盛陰在上，地凍水冰，陽氣否隔，閉而成冬。故曰：「履霜堅冰，陰始凝也；馴致其道，至堅冰也。」言五月微陰始起，至十一月堅冰至也。』」

阮籍《通易論》：「《易》之為書也，本天地，因陰陽，推盛衰，出自幽微以致明著。故乾元初『潛龍勿用』，言大人之德隱而未彰，潛而未達，待時而興，循變而發。」

象傳

潛龍勿用❶，陽在下也❷。

注釋

❶潛龍勿用

〈小象傳〉先舉所釋爻辭之全文，作為論述的依據。

❷陽在下也

「陽」釋爻辭「龍」字，《周易集解》引馬融曰：「物莫大於龍，故借龍以喻天之陽氣也。」《周易》中，陽也常常象徵光明、道德、君子。「在下」釋「潛」字，同時說明了「勿用」的原因。案：《周易》卦爻辭無「陽」字；中孚九二爻辭雖有：「鳴鶴在陰，其子和之。」惟句中「陰」字假借為「蔭」，是樹蔭的意思。亦無陰陽義之「陰」字。〈象傳〉言乾初九「潛龍勿用」之因，為「陽在下也」，點出「九」有「陽」義。又《易》例：凡初爻稱「下」。

語譯

潛伏的龍，不被任用，也不要有所作為，這是陽氣尚在地下的緣故啊！

文言傳

初九曰：「潛龍勿用。」何謂也❶？子曰❷：「龍德而隱者也❸。不易乎世，不成乎名❹；遯世无悶，不見是而无悶❺；樂則行之，憂則違之，確乎其不可拔❻：潛龍也❼。」

潛龍勿用，下也❽。

潛龍勿用，陽氣潛藏❾。

潛之為言也，隱而未見，行而未成，是以君子弗用也❿。

注釋

❶初九曰：「潛龍勿用。」何謂也

先舉爻辭而發問。

❷子曰

子為孔子，〈文言傳〉引子曰凡六次。

❸龍德而隱者也

龍德，指龍的強健剛毅，順時適境的德性。而隱，是說能隱；或以「而」為轉折連詞，亦通。「神龍見首不見尾」，正是龍德能隱的最佳寫照。喻人具聖德，而位處卑下，也要隱居韜光。注意：「隱」必須與「德」相結合。無德不配稱隱，隱居仍要修德。

❹不易乎世，不成乎名

不易乎世，不被世俗所變易，也就是「世易而道不易」的意思，承上文「德」字而言。乎作「於」解。不成乎名，不成就自己的虛名。名本因事功而成，而潛龍勿用，靜修而已，所以事功未著，名望也就不必成立了，承上文「隱」字而言。

❺遯世无悶，不見是而无悶

遯世无悶，承上文「不易乎世」而言。是說雖逢無道，避世隱居，內心堅貞，所以也就無憂悶了。即《論語》「人不知而不慍」的意思。不見是而无悶，承上文「不成乎名」而言。是說自己雖然不被世人認為是對的，但自己認清了真理，也就無憂悶了。即《中庸》「遯世不見知而不悔」的意思。案：儒家這種人生哲學，於處世很有價值。否則如屈原〈離騷〉所言：「已矣哉！國無人莫我知兮，又何懷乎故都？既莫足與為美政兮，吾將從彭咸之所居！」那就只有自沉一條悲劇之路，由潛而見、或躍而飛的機會，也全無可能了。

❻樂則行之，憂則違之，確乎其不可拔

樂則行之，是進一層說明「遯世无悶，不見是而无悶」的。樂於遯世不見是，於是行此遯世不見是之事。而由消極的「无悶」而至積極的以此為「樂」，境界尤高。憂則違之，是進一層說明「不易乎世，不成乎名」的。以隨俗浮沉、浪得虛名為憂，因此不肯「易乎世成乎名」。確乎其不可拔，表示樂行憂違原則之堅定而不可動搖。確，剛貌。案：桑代克「學習三定律」中有「效果律」，強調刺激反應間聯結的強弱要靠反應後的效果來決定。若反應後使個體獲得滿足的效果，則刺激反應間的聯結加強；反之若得到的是煩惱的效果，則刺激反應間的聯結便減弱。聖人要人「樂則行之，憂則違之」，不僅合乎「效果律」學習定律，而且注重道德的自主性及堅貞，故境界更高一層。

❼**潛龍也**

回應上文「龍德而隱者也」，而結穴於爻辭。孔子之答覆至此結束。綜觀答辭：首尾呼應；中間七句，有駢有散，相對相承。邏輯結構，十分嚴密。以上為〈文言傳〉採用師生問答的方式，對乾初九爻辭的義理所作第一次的解釋。

❽**潛龍勿用，下也**

此為〈文言傳〉對乾初九爻辭所作第二次的解釋。乾〈文言〉第二次解釋爻辭，都以人事就每爻道理下一斷語。與乾〈小象〉綜合天象人事以說明爻辭，略有出入。乾初九〈小象〉：「潛龍勿用，陽在下也。」既指天之陽氣之潛伏地下，亦喻人中君子猶在社會底層；而乾初九〈文言〉：「潛龍勿用，下也。」大致上僅指「人事」方面地位的低微。《集解》引隋何妥曰：「此第二章，以人事明之。當帝舜耕漁之日，卑賤處下，未為時用，故云下。」

❾**潛龍勿用，陽氣潛藏**

此為〈文言傳〉對乾初九爻辭所作第三次的解釋。乾〈文言〉第三次解釋爻辭，都以天時就每爻氣象作一說明。唯於人事仍含啟示的作用。《集解》引何妥曰：「此第三章，以天道明之。當十一月，陽氣雖動，猶在地中，故曰潛龍也。」便以天時為釋。程《傳》：「方陽微潛藏之時，君子亦當晦隱，未可用也。」則以天道而推人事，有所發揮。案：何妥，隋人，著有《周易講疏》。此處所引，本於爻辰說。始於京房，而鄭玄小變之。以乾六爻自初至上，配子寅辰午申戌，以坤六爻自初至上，配未酉亥丑卯巳。茲更補以二十四節氣，並附公曆，及全爻所值公曆起迄月日約數，表列於下：

爻名	值支	值氣	起迄月日約數
乾初九	子	冬至（12月21日至23日）、小寒（1月5日至7日）	12月22日至1月19日
坤六四	丑	大寒（1月20日至21日）、立春（2月3日至5日）	1月20日至2月18日
乾九二	寅	雨水（2月18日至20日）、驚蟄（3月5日至7日）	2月19日至3月20日
坤六五	卯	春分（3月20日至22日）、清明（4月4日至6日）	3月21日至4月19日
乾九三	辰	穀雨（4月19日至21日）、立夏（5月5日至7日）	4月20日至5月20日
坤上六	巳	小滿（5月20日至22日）、芒種（6月5日至7日）	5月21日至6月20日
乾九四	午	夏至（6月21日至22日）、小暑（7月6日至8日）	6月21日至7月22日
坤初六	未	大暑（7月22日至24日）、立秋（8月7日至9日）	7月23日至8月22日
乾九五	申	處暑（8月22日至24日）、白露（9月7日至9日）	8月23日至9月22日
坤六二	酉	秋分（9月22日至24日）、寒露（10月8日至9日）	9月23日至10月22日
乾上九	戌	霜降（10月23日至24日）、立冬（11月7日至8日）	10月23日至11月21日
坤六三	亥	小雪（11月22日至23日）、大雪（12月6日至8日）	11月22日至12月21日

❿潛之為言也，隱而未見，行而未成，是以君子弗用也

此為〈文言傳〉對乾初九爻辭所作第四次的解釋。乾〈文言〉第四次解釋爻辭，以字義句義為重心。隱而未見，以位言，是解說「潛」之「象」的；行而未成，以道言，是解說「弗用」之「理」的。「君子」具語法上的模稜。「君子」可能是主語，意指君子不用潛龍；也可能是前置的賓語，意指不用潛龍這種君子。

語譯

初九爻辭所說的「潛龍勿用」，是什麼意思呢？孔子說：「具有像龍一樣陽剛矯健的德性，又能隱伏潛藏不露光芒的意思啊！不因世俗而改變初衷，不願意苟且形成自己的虛名。雖然避世遁隱，卻能保持理想，所以不會憂悶；雖然自己的德行未受世人肯定，但是自己認清了真理，所以也不會憂悶。合道理的事，做了快樂，就做；不合道理的事，做了不快樂，就不做。堅持原則，絕對不可動搖：這樣才像一條潛伏的神龍啊！」

潛伏的龍，不被任用，沒有作為；因為地位低下啊！

潛伏的龍，不要出來活動，因為陽剛之氣潛藏在地下，還沒有到顯露的時候啊！

「潛」這個字啊，是隱藏而未顯現，德行尚無成就的意思。所以在位者不會用他，而君子也不求被用！

附錄古義

陳壽《三國志・蜀書・秦宓傳》：「宓答（王商）書云：『昔堯優許由，非不弘也，洗其兩耳；楚聘莊周，非不廣也，執竿不顧。《易》曰：「確乎其不可拔。」夫何衒之有？』」

九二爻辭

九二❶：見龍在田❷，利見大人❸。

注釋

❶九二

爻名，數也。是陽爻「九」居六爻之卦自下向上數的第二爻的位置。二、三、四、五，爻位已因「初」而定，此時爻德的重要性已超過爻位的重要性，所以先言爻德之數「九」，而後言爻位之數「二」。占筮所得，自初至上為七、九、七、七、七、七，本卦為乾䷀，之卦為同人䷌；或所得為六、七、六、六、六、六，本卦是師卦䷆，之卦是乾：這兩種情形，都以乾九二爻辭占。關於九二，王弼《周易注》有一段精闢的分析比較，全錄於後：「出潛離隱，故曰見龍；處於地上，故曰在田。德施周普，居中不偏，雖非君位，君之德也。初則不彰，三則乾乾，四則或躍，上則過亢。利見大人，唯二五焉。」

❷見龍在田

這是乾九二的「象」。見，顯現的意思。田，指地面。初九注釋已說過：六畫卦，初與二象地在下；三與四象人在中；五與上象天在上。初為地下，九象徵龍德，所以乾初九以潛龍為象；二為地上，九二表示龍已出潛離隱，顯現在地面。所以乾九二以見龍在田為象。這時，乾元的生機，已充滿在地面，昭示於天下了。

❸利見大人

這是乾九二的「占」。《易》下卦上卦相疊，又每以下卦代表地方，上卦代表中央統治階層。乾之九二，居下卦之中，象徵民間的中堅分子。德修學成，可以移風易俗，革新社會，為民間中的大人，所以利見九五之大人，而本身也為地方人士所利見。大人，陸德明《經典釋文》引王肅云：「聖人在位之目。」必須兼具聖德與政治地位。利見大人，有兩種不同的解釋：鄭玄以為「九二利見九五之大人」；《正義》卻依王弼的意見，認為：「二之與五，俱是大人，為天下所利見也。」程《傳》調和二說。云：「以聖人言之、舜之田漁時也。利見大德之君，以行其道；君亦利見大德之臣，以共成其功；天下利見大德之人，以被其澤。」認為九二利見九五之大人；九五也利見九二之大人；天下的人更利見九二、九五具大德之人出現。《本義》亦採是說。案《易》例：初與四、二與五、三與上，陰陽相配叫「應」；否則稱「敵應」。乾二、五都是陽爻，本屬敵應。所以王弼、孔穎達都不採鄭玄「九二利見九五之大人」的說法。或以乾坤兩卦，在「位」、「應」方面，並不跟其他六十二卦一致。程《傳》就曾指出：「乾坤純體，不分剛柔，而以同德相應。」因此，鄭玄以為九二利見九五之大人之說，不可偏廢，而程朱融會鄭王的說法，最為周延得當。

語譯

陽爻九居於六爻的乾卦自下至上第二爻的位置。它像顯現在地面的龍一樣，是地方上的意見領袖。地方百姓是何等樂於見到有大德的人在民間出現，更希望他能和朝廷中的大人見面溝通！

附錄古義

《左傳・昭公二十九年》見乾初九爻辭附錄古義。

《論衡・刺孟篇》見乾卦辭附錄古義。

唐・馬總《意林・四・引風俗通》：「《易》云：『利見大人。』大人與聖人，其義一也。」

《三國志・蜀書・劉封傳》：「孟達與封書曰：『陛下大軍金鼓以震，當轉都宛鄧。若二敵不平，軍無還期。足下宜因此時早定良計。《易》有「利見大人」，《詩》有「自求多福」。行矣，今足下勉之。』」

象傳

見龍在田，德施普也❶。

注釋

❶**德施普也**

普是周遍。德施普也，包括兩層意思：其一是陽出地上，草木禽獸都開始生長。這是上天造化之德的普及。其二是大人或能博施濟眾，或能移風易俗。這是君子參與贊助天地化育之功的普及。

語譯

龍在地面上出現，象徵春回大地，生機發越，陽光普照著萬物，使萬物發育生長。具大德的社會中堅分子，因而也要博施濟眾，或者開導風氣，加惠萬民，造福人群啊！

文言傳

九二曰：「見龍在田，利見大人。」何謂也？子曰：「龍德而正中者也❶。庸言之信；庸行之謹❷。閑邪存其誠；善世而不伐；德博而化❸。《易》曰：『見龍在田，利見大人。』君德也❹。」

見龍在田，時舍也❺。

見龍在田，天下文明❻。

君子學以聚之，問以辯之，寬以居之，仁以行之❼。《易》曰：「見龍在田，利見大人。」君德也❽。

注釋

❶龍德而正中者也

正中，是正位於中，不偏不倚，無過、不及的意思。《周易》爻例：凡二五稱中；因為二居下卦之中，五居上卦之中。而凡陽居五，陰居二，就稱中正；因為初、三、五是陽位，二、四、上是陰位，所以六二以陰爻居陰位，九五以陽爻居陽位，都居中得正。乾九二雖在下卦之中，但以陽爻居陰位，並未得正。而〈文言傳〉卻以為「正中」，理由可能有二：第一、正中是正得中位，不是中正之既中且正。項安世《周易玩辭》：「稱中正者，二事也：二、五為中，陰陽當位為正。稱正中者，一事也；猶言『兌，正秋』、『坎，正北方』，但取其正得中位，非以當位言也。」便否認正中之正與位有關。第二、乾卦純陽，無當位不當位的限制。王夫之《周易內傳》：「乾無當位不當位，天化无所不行，凡位皆其位也，中斯正矣，故曰正中。」考〈文言傳〉說乾上九有「貴而无位」的話，那麼就〈文言傳〉而言，乾卦有當位不當位。王說似不如項說之妥當。

❷庸言之信；庸行之謹

庸是平常；之，猶亦也。朱子《本義》：「常言亦信，常行亦謹。」九二以陽爻居陰位，所以必須如此信實謹慎。《集解》引《九家易》：「以陽居陰位，故曰謹也。」可從。案：《中庸》也有：「庸德之行，庸言之謹。」的話，可以參看。

❸閑邪存其誠；善世而不伐；德博而化

閑作「防」解。以陽爻居陰位，所以必須防止陰邪的誘惑。存其誠，承上句「信」字而來。《集解》引宋衷曰：「二在非其位，故以閑邪言之；能處中和，故以存誠言之。」伐，自誇。九二居中而在下卦，尤其不可自誇。《九家易》以為乾始以美利利天下而不言所利，就是善世而不伐。並云：「《老子》曰：『上德不德，是以有德。』此之謂也。」不伐，承上句「謹」字而來。化，指變化氣質，二本陰位，氣質濁柔，陽九必須使之變化。案：閑邪是消極的，存誠是積極的，所以閑邪存其誠是由消極進而積極；善世是積極的，不伐是消極的，所以善世而不伐在積極作為中仍保存消極防弊的自我警惕：此可見《易》言之周延。又案：由「存誠」而「善世」，是儒家修己治人一貫主張；進而「德博而化」，更是儒家「參贊天地化育」之崇高理想。與《大學》之言「明明德」、「親民」、「止於至善」；《中庸》之言「盡性」、「盡人之性」、「盡物之性」、「贊天地之化育」，道理是一致的。而「誠」尤其值得注意。就《周易》爻德來看，陽爻中實為誠，陰爻中虛為敬。所以〈文言傳〉於乾九二提出「誠」字，於坤六二提出「敬」字。成為宋儒程顥、陸九淵立誠敬之教的主要源頭。據吳怡《中庸誠字的研究》所述：《春秋》及《春秋》以前的典籍，「誠」字非常少見，而且全作副詞或形容詞使用。《周易・文言傳》釋九二、九三爻辭，兩次提到「誠」，而且都作名詞使用，帶著道德主體的特殊含義。更標以「子曰」，雖然是儒門後世子弟追述先師孔子的話；但是，我們仍然可以認為這是中國先聖把「誠」當作代表道德主體的名詞使用的早期資料之一。

❹《易》曰：『見龍在田，利見大人。』君德也

君德，指九二具有領袖所應具備的德行。九二既能修己治人，德博而化，這就是君德了。同時啟示我們：九二爻辭所說的「大人」可指「九二」本身。案：「君臣」關係是一種相對而可以改變的關係。《易緯・乾鑿度》：「初為元士，二為大夫，三為三公，四為諸侯，五為天子，上為宗廟。」相對於天子、諸侯、三公，大夫為臣；相對於元士，大夫為君。這種相對的關係還是可以改變的。升遷、貶謫、禪讓、廢立、革命都是。儒家經典甚至鼓勵在位者要及時禪讓，否則可能被武力推翻。所以《中庸》記載：「仲尼祖述堯舜，憲章文武。」《周易・彖傳・革》：「湯武革命，順乎天而應乎人。」《孟子・梁惠王下》：「聞誅一夫紂矣，未聞弒君也。」都是證明。人人盡責，並擁有公平調整職務機會的社會，才是合理的社會。以上為〈文言傳〉對乾九二爻辭所作第一次的解釋。

❺見龍在田，時舍也

舍，作居住休止解。時舍是說暫時居止於此。二非陽位，不宜久居；龍非地上池中之物，終必躍飛。這也是乾元具有生生不息，精進不已的德性，所以〈文言傳〉之言如此。此為〈文言傳〉對乾九二爻辭所作第二次的解釋。《集解》引何妥曰：「此夫子洙泗之日，開張業藝，教授門徒。自非通舍，孰能如此。」通舍，言既利見大人，與五相通，又能離潛現於田，暫時止息，雖通仍舍。

❻見龍在田，天下文明

就天時來說，夏曆正月建寅，雨水、驚蟄之時（約當陽曆二月十九日至三月二十日），陽氣上升，春回大地，萬物萌生，天下呈現一片文采燦爛的景象。就人事來說，君子信言謹行，存誠善世，德博能化，為天下興起欣欣向榮的新風氣。這是〈文言傳〉對乾九二爻辭所作第三次的解釋。

❼君子學以聚之，問以辯之，寬以居之，仁以行之

四「之」字皆指稱「誠」。即以學聚誠，以問辨誠，以寬居誠，以仁行誠。辯、辨古每通用。今辯論之辯，從言作辯；辨別剖決之辨，從刀作辨。吳澄《易纂言》：「學，效也。有所未知，則效知者以求知之。蓋理具於心，而散於事物。事物之理，有一未明，則心之所具有未盡。必博學周知，俾萬理皆聚而无所闕遺。故曰學以聚之。辯，剖決也。既聚矣，必問於先知先覺之人，以剖決其是否。故曰問以辯之。寬，猶曾子所謂弘，張子所謂大心也。居，謂居業之居。問既辯矣，必有弘廣之量，以藏蓄其所得。故曰寬以居之。仁者，心德之全，天理之公也。既有以居之矣，心德渾全，存存不失。應事接物，皆踐其所知。而所行无非天理之公，故曰仁以行之。」《中庸》：「誠之者，擇善而固執之者也。博學之、審問之、慎思之、明辨之、篤行之。」意旨略同。宋郭忠孝（兼山）《中庸解》引《易・文言》此四句，以為「蓋言誠之者之事也」。詳見〈文言傳〉釋乾九五注❾。

❽**《易》曰：「見龍在田，利見大人。」君德也**

上文所言學問是修己的工夫；寬仁是治人的工夫。修己治人，故再度肯定九二之「君德」。《易纂言》又云：「學聚之，以知其理；仁行之，以行其事；問辯之，以審別所當行於學知之後；寬居之，以存貯所已知於仁行之先。寬之所居即學之所聚者；仁之所行即問之所辯者。學至於是，則為大人。雖居下位，而其德乃君德也。」以上是〈文言傳〉對乾九二所作第四次的解釋。

語譯

九二爻辭所說的：「見龍在田，利見大人。」是什麼意思呢？孔子說：「具有像龍一樣陽剛矯健的德性，又能正好不偏不倚無過不及的意思啊！即使日常的言語也要信實；即使日常的行為也要謹慎。防止陰邪的誘惑，存養自己充實的德性；改善世俗而不自誇；大德廣被而能感化民眾。《周易》上說：『見龍在田，利見大人。』表示九二具有這種做領袖所應具備的德性啊！」

龍出現在地面上，只是暫時停留罷了。

龍出現在地面上，天下呈現一片美麗光明的景象。

君子努力學習來聚集自己充實的道德主體；仔細發問來明辨自己充實的道德主體；從容不迫地來涵養自己充實的道德主體；仁民愛物地來篤行自己充實的道德主體。《周易》上說：「見龍在田，利見大人。」表示九二具有這種做領袖所應具有的德性啊！

九三爻辭

九三❶：君子終日乾乾❷，夕惕若❸，厲无咎❹。

注釋

❶九三

爻名，數也。陽爻居六爻之卦自下向上數的第三爻的位置。占筮所得，自初至上，唯第三爻為老陽九，他爻皆為少陽七，則本卦為乾䷀，之卦為履䷉；或唯第三爻為少陽七，他爻皆老陰六，即本卦是謙卦䷎，之卦為乾：這兩種情形，都以乾九三爻辭占。王弼《注》：「處下體之極，居上體之下，在不中之位，履重剛之險。上不在天，未可以安其尊也；下不在田，未可以寧其居也。純脩下道，則居上之德廢；純脩上道，則處下之禮曠。故終日乾乾，至于夕惕，猶若厲也。居上不驕，在下不憂，因時而惕，不失其幾，雖危而勞，可以无咎。處下卦之極，愈於上九之亢，故竭知力而後免於咎也。乾三以處下卦之上，故免亢龍之悔，坤三以處下卦之上，故免龍戰之災。」依象釋義，並與乾上、坤三較論，於本爻有全面而深入的分析。

❷君子終日乾乾

乾九三之象。君子，本指貴族有地者，〈文言傳〉擴充其義，以為成德之稱。詳已見乾〈象傳〉「君子以自強不息」注釋。鄭玄《周易注》以為：「三於三才為人道，有乾德而在人道，君子之象。」乾乾，健而又健，努力進德修業而不懈的意思。關於乾九三所以「終日乾乾」的原因，在爻象上說，劉百閔《周易事理通義》：「乾三在乾下卦之上，而外接乾之上卦，故曰乾乾。」在義理上說，乾九三稟乾元精進不已之仁德，健而又健，所以終日進德修業，不懈如此。《論語・里仁》：「君子無終日之間違仁，造次必於是，顛沛必於是。」意相近。

❸夕惕若

也是乾九三之象。惕是警惕反省；若，語尾。惕若就是惕然。《孟子・梁惠王》：「即不忍其觳觫若，無罪而就死地也。」若亦為語尾。說見俞樾《群經平議・卷三十二》。船山《周易內傳》：「惕若，憂其行之過健而有戒也。」《周易》倡中道而戒過分。所以九二居下卦之中而言「利」。九三居下卦之上而言「惕」。這裏必須注意的是：惕只是警惕小心，絕不是恐懼投降。九三以陽爻居陽位，得位而正，用不著怕什麼！請參閱下條注。

❹厲无咎

這是「占」。《淮南子・人間篇》：「終日乾乾，以陽動也；夕惕若厲，以陰息也。」《漢書・王莽傳》：「《易》曰：『終日乾乾，夕惕若厲。』公之謂矣。」厲字都連上句。王弼《周易注》：「至于夕惕，猶若厲也。」雖連上讀；又云：「雖危而勞，可以无咎。」則以厲為危，連下文无咎成句。案：「厲无咎」為《周易》常語。睽九四爻辭有「厲无咎」、姤九三爻辭有「厲无大咎」。厲字要連无咎為句。所以乾〈文言傳〉以「雖危无咎矣」釋「厲无咎」，程《傳》、朱《義》也用「雖處危地而无咎」來解釋「厲无咎」。清儒注《易》，重義理的如船山《周易內傳》，重象數的如惠棟《周易述》，都以「厲无咎」為句。厲是危險，許慎作夤，《說文解字》：「夤，敬惕也。从夕，寅聲。《易》曰：『夕惕若夤。』」无是無的古文奇字。咎是罪過。〈上繫〉第三章：「无咎者，善補過也。」〈下繫〉第八章：「三多凶，五多功，貴賤之等也。其柔危，其剛勝邪！」三居下卦最上，為多凶之位，易惹咎過。好在乾九三以君子之人，當陽爻之位，日乾夕惕，進德修業，勤奮不懈，善於補過，能以「剛勝」，這是雖危而不會有罪過的原因。干寶《周易注》：「此蓋文王反國，大釐其政之日也。凡无咎者，憂中之喜，善補過者也。文王早耀文明之德，以蒙大難，增脩柔順，以懷多福，故曰无咎矣。」

語譯

陽爻九居於六爻的乾卦自下至上第三爻的位置。在內卦位置最高，好像一位在野的領袖。必須整天勤奮，努力不懈，到了晚上還要反省警惕。這樣，雖然地位危險，仍不會有禍害的。

附錄古義

《淮南子・人間》見乾初九爻辭附錄古義。

班固《漢書・王莽傳上》：「陳崇時為大司徒司直，與張敞孫竦相善。竦者，博通士。為陳崇草奏稱莽功德：『……開門延士，下及白屋；婁省朝政，綜管眾治；親見牧守以下，考迹雅素，審知白黑。《詩》云：「夙夜匪解，以事一人。」《易》曰：「終日乾乾，夕惕若厲。」公之謂矣。』」

象傳

終日乾乾，反復道也❶。

注釋

❶反復道也

反復，重複踐行，終而又始之意；九三居下卦之終，行將開上卦之始，所以行健不息如此。道，乾元仁道，在天為行健，為化育萬物，為生生不已；在人為自強，為參贊化育，為精進不已。熊十力《讀經示要》：「明大化推盪，無有已止，此其所以為乾而又乾，健之至也。」

語　譯

整日勤奮，努力不懈，那是效法終而又始，生生不已的天道，而精進不息啊！

附錄古義

班固《白虎通・天地》：「君舒臣疾，卑者宜勞。天所以反常行何？以為陽不動無以行其教，陰不動無以成其化，雖終日乾乾，亦不離其處也。故《易》曰：『終日乾乾，反覆道也。』」

文言傳

九三曰：「君子終日乾乾，夕惕若，厲无咎。」何謂也？子曰：「君子進德脩業❶。忠信，所以進德也❷；脩辭立其誠，所以居業也❸，知至至之，可與言幾也❹；知終終之，可與存義也❺。是故居上位而不驕❻，在下位而不憂❼。故乾乾因其時而惕，雖危无咎矣❽。」

終日乾乾，行事也❾。

終日乾乾，與時偕行❿。

九三，重剛而不中⓫，上不在天，下不在田⓬，故乾乾因其時而惕，雖危无咎矣⑬。

注釋

❶君子進德脩業

進德，增進德行，為明德修己的工夫。脩業，修治功業，是親民治人的工夫。〈上繫〉：「夫《易》，聖人所以崇德而廣業也。」由進德而崇德，由脩業而廣業，此君子而聖人之進階。九二已具「君德」，九三更宜增進為君之德；九二已為「大人」，九三更需修治大人之業。進德脩業為終日乾乾之所事。

❷忠信，所以進德也

忠信，是盡己之力，信實待人。《論語・學而》記曾子之言：「為人謀而不忠乎？與朋友交而不信乎？」忠信二者，都兼體用內外而言。所有的「道德」，都必須發生「作用」，才能成立。因此，「德」字，常是「德行」的簡稱。程《傳》以「內積忠信」，《本義》以「忠信主於心」，把忠信局限於「內」「心」，恐非。盡己之力，信實待人，以此增進自己的德行，這是以體生用，由內至外。

❸脩辭立其誠，所以居業也

脩是修營，為方法；辭是辭令，為對象；誠即上文所言之忠信，是原則；居業就是修業而永保之，為效果。後世之言「修辭」，本於此。王應麟《困學紀聞・卷一》：「脩辭立其誠，修其內為誠，修其外則為巧言。《易》以辭為重：〈上繫〉終於『默而成之』，養其誠也；〈下繫〉終於『六辭』，驗其誠不誠也。」修營言辭要建立在忠誠信實的基礎上，以此創立功業，永保功業，這是用本於體，外出於內。以上忠信與脩辭立誠二句分別言進德修業的方法。

❹知至至之，可與言幾也

與，介詞，介動作的共同參與者。幾，〈下繫〉：「幾，動之微，吉之先見者也。」言幾，共同討論將來機微的情況與行動。幾既是先見，所以就象數方面說，上文「知至」之至不指九三本爻，乃指九五。《集解》引翟玄曰：「知五可至而至之，故可與行幾微之事也。」是可以採信的。三、五都是陽位，但是三未得中，必須至五才居中得正。知道目標是五，而向五前進，這樣就可以跟他商量精微機密的行動了。就義理方面說，知道必先脩己，方能安人以至於安百姓；必先明明德，而後可以親民新民而止於至善；必先格物、致知、誠意、正心、修身，而後可以齊家、治國、平天下；必先盡己之性，方能盡人之性，盡物之性，以至於贊天地之化育。必先進德，才能創業以至於發展事業，此屬知解之事，故曰「知至」；於是脩辭立誠，以至居業，此屬證行之事，故曰「至之」。如此常於動心起念處下工夫，方可以與之共同商討治國平天下以至參贊化育的精微機密的行動。案：「可與言幾也」，或無「言」字。如唐石經，宋岳珂刻王弼《注》本，閩、監、毛三種《注疏》本，程頤《易傳》本，朱熹《本義》本，皆無「言」。惟李鼎祚《集解》本、李道平《纂疏》本，及日本國古本、足利本，有「言」字。考孔穎達《周易正義》云：「既能見是將至，則是識幾知理，可與共論幾事。」所謂「共論幾事」，即「言幾」也。又崔憬《周易探玄》云：「故言知至至之，可與言微也。」「言微」亦「言幾」之意也。唐人《正義》、《探玄》如此，故以有「言」者為是。

❺知終終之，可與存義也

就象數方面說，九三處內卦之終，所以說知終；能貫徹始終，全終復始，就是終之。這樣就可以與他共同從事合乎義理的行動了。《集解》引崔憬的話，以為文王「貽厥武王至于九五」是知至至之；「三分有二以服事殷」是知終終之。可供參考。就義理方面說，內聖外王，談何容易；脩己以安百姓，堯舜其猶病諸；察時度力，知己有所未能：此為「知終」。於是盡忠講信，以進明德，此為「終之」。案：立志不可不大，故以居業兼善天下為目標；然事有不可強求者，倘力有未逮，時不我予，則獨善其身，亦可以存義矣。《朱子語類》：「知終終之者，既知到極處，便力行到極處。此真實見於行事，故天下義理，都無走失，故曰可與存義。」說理甚高遠。自「進德脩業」至此，皆言「終日乾乾」之義。

❻居上位而不驕

九三居內卦的上位，知終存義，所以不驕。孔穎達《正義》：「居上位而不驕者，謂居下體之上位而不驕也。以其知終，故不敢懷驕慢。」

❼**在下位而不憂**

九三在外卦的下方，知至見幾，所以不憂。孔穎達《正義》：「處上體之下，故稱下。以其知事將至，務幾欲進，故不可憂也。」此句與上句，重在九三之所「在」，而就其相對於上下之位置，警惕其應不驕不憂，反覆闡釋「夕惕若」的含義。

❽**故乾乾因其時而惕，雖危无咎矣**

故乾乾因其時而惕，總結上文；雖危无咎矣，釋爻辭「厲无咎」。以上為第一次解釋九三。

❾**終日乾乾，行事也**

九三以陽爻居陽位，於三才屬人。像一位性格剛強的人從事艱巨的任務，一切的事必須自己動手，不能不努力去做自己當做的事：包括「進德」、「脩業」、「夕惕」。《易傳》釋《經》，引《經》文有省略之例。此引「終日乾乾」，下省去「夕惕若」。以上為第二次解釋九三。

❿**終日乾乾，與時偕行**

《集解》引何妥曰：「此當三月，陽氣浸長，萬物將盛，與天之運俱行不息也。」這是就天時而說的。指夏曆三月，穀雨、立夏之時（約當陽曆四月二十日至五月二十日）。李光地《周易折中》：「與時偕行，即上乾乾因其時之義。言終日之閒，無時不乾乾。」這是就義理說的。二十世紀中葉，閻錫山曾言：「一隻不能跟著時間轉動的錶，就叫廢錶；一個不能隨著時代前進的人，就叫廢人。」意近。以上為第三次解釋九三。

⓫**九三，重剛而不中**

重剛，指九三由下乾而接上乾；不中，謂非二非五而不在卦之中爻。《集解》引虞翻曰：「以乾接乾，故重剛；位非二五，故不中也。」可從。《本義》：「重剛，謂陽爻陽位。」雖然能解釋九三之重剛，但解釋下文「九四重剛而不中」就不通了。因此朱熹注九四重剛，只好以「重字疑衍」來搪塞。

⓬**上不在天，下不在田**

既非九五之飛龍在天；又非九二之見龍在田故。

⓭**故乾乾因其時而惕，雖危无咎矣**

〈文言傳〉第一次解釋九三，也曾用此句。不過，第一次是就九三所「在」，而指出其所以故；此第四次解釋九三，是就九三所「不在」，而指出其所以故。既慮其所「在」，又慮其所「不在」，《周易》言事之「周」，於此可見。

語譯

九三爻辭所說的：「君子終日乾乾，夕惕若，厲无咎。」是什麼意思呢？孔子說：「這是勉勵君子增進德行，修治功業。盡忠講信，憑此來增進德行啊！修飾辭令要站在誠實的基礎上，憑此來修治功業啊！知道目標是至善的『五』位，是創造發展一番大事業，而修辭立誠，向至善的『五』位前進，這樣就可以事先跟他商量精微機密的行動了；知道自己所處的『三』位是內卦的終極，知道本身條件和外界環境都有所局限，於是忠信進德，獨善其身，而能全終復始，這樣就可以跟他共同去從事合乎義理的行動了。居於內卦的最高位而不驕傲；在外卦的下面而不憂悶。所以努力不懈，隨時警惕。這樣，雖然處在危險的位置也不會有罪過了。」

整天勤奮，行健不息，天地在從事化育工作，君子也在從事進德修業的工作啊！

整天勤奮，行健不息，萬物隨著時間成長，君子也跟時代一齊前進啊！

九三，處在重疊的兩個三畫的乾卦的連接處，卻不是二、五居中的位置。上不在「飛龍在天」的五位；下不在「見龍在田」的二位。所以必須努力不懈，隨時警惕，這樣，雖然處在危險的位置也不會有罪過了。

九四爻辭

九四❶：或躍在淵❷，无咎❸。

注釋

❶九四

爻名，數也。陽爻居六爻之卦自下向上數的第四爻的位置。占筮所得，自初至上，唯第四爻為九，他爻皆為七，則本卦為乾䷀，之卦為小畜䷈；或唯第四爻為少陽七，他爻皆老陰六，即本卦是豫䷏，之卦是乾：這兩種情形，都以乾九四爻辭占。王弼《注》於本爻有頗為全面的剖析，先錄於下：「去下體之極，居上體之下，乾道革之時也。上不在天，下不在田，中不在人，履重剛之險，而无定位可處，斯誠進退无常之時也。近乎尊位，欲進其道，迫乎在下，非躍所及；欲靜其居，居非所安，持疑猶豫，未敢決志。用心存公，進不在私，疑以為慮，不謬於果，故无咎也。」

❷或躍在淵

為乾九四之「象」。或，朱子《本義》以為「疑而未定之詞」；躍，暫時跳起來。就卦象而論，初二地位，三四人位，五上天位。三是地面人，腳面貼在地面上；四是太空人，與地球卻有一段距離。所以乾九四有「或躍」的動態。在淵，指初九「潛龍」在淵，《易》卦初為下卦第一爻；四為上卦第一爻。四由初生；初是四的出發點。「或躍在淵」，包含兩層意思：一指由初九在淵經九二、九三而躍居九四。〈文言傳〉：「或躍在淵，乾道乃革。」就採用這種意思。一指或從九四躍居九五，或從九四退返初九而在淵。〈文言傳〉：「九四，重剛而不中……故或之。」便以九四之不可久處，所以有或進或退的考慮。揚雄《法言・先知篇》：「龍之潛亢，不獲其中矣。是以過中則惕，不及中則躍。其近乎中乎？」也以為「躍」是要躍到上卦之「中」的九五。關於九四「或躍在淵」的義蘊，《集解》引干寶曰：「四，虛中也。躍者，暫起之言，既不安於地而未能飛於天也。四以初為應，淵謂初九甲子，龍之所由升也。或之者，疑之也。此武王舉兵孟津觀釁而退之爻也。守柔則逆天人之應，通權則違經常之教，故聖人不得已而為之，故其辭疑矣。」依象釋義，引史為證。熊十力《讀經示要》有更精彩的闡發：「從宇宙大生命的進程而言：一方面固見其上進無已，即所謂躍；一方面又見其保留元來階地，即所謂在淵。龍之或奮躍而欲上於天，或復不離於淵，正可以象宇宙大生命在進程中之情狀。」以為「此爻之義，深微極矣」。

❸无咎

為乾九四之「占」。咎，過失也。〈下繫〉：「四多懼。」《易》例：五為天子。四爻伴君如伴虎。以漢武帝為例：據《漢書・百官公卿表》記載：元狩五年（西元前一一八年），丞相李蔡有罪自殺；元鼎二年（西元前一一五年），丞相莊青翟有罪自殺；五年，丞相趙周下獄死；征和二年（西元前九一年），丞相公孫賀下獄死；三年，丞相劉屈氂下獄腰斬。二十九年間，連死了五位丞相。可見四居五下之危險。乾九四以陽爻居陰位，又為多懼之位，所以懷疑它可能得咎。倘若九四能夠深思熟慮，當各項因素成熟之後，可以躍居九五而得位；否則退回初九，在淵而得位。九四仍可能无咎的。船山《內傳》：「或躍也，或在淵也，疑而未決。志健而慮深，則其躍也，不以躁進為咎；其在淵也，不以怯退為咎。」可供參考。

語譯

陽爻九居於六爻的乾卦自下至上第四爻的位置。從初九在淵的位置一路跳躍到上卦九四的位置來，或再跳到九五，或返回到初九，都不會有錯誤的。

象傳

或躍在淵，進无咎也❶。

注釋

❶**進无咎也**

前進之物，停則墜落。臺灣企業家吳火獅的座右銘是：「保持現狀，就是落伍。」陽道樂進，躍至九四，雖有不及於中，居非其位的疑惑；但是再進可至九五，就居中得位了。所以九四充滿光明的遠景，而可无咎。熊十力《讀經示要》：「夫子於此爻，直以『進无咎』三字贊之，意深遠哉。吾人欲生命超拔於墮沒之中，而遠於咎，亦果於進而已矣。」

語譯

從初九淵水中一路跳上來，應再跳到九五呢？還是回到初九呢？前進是不會有錯的。

文言傳

九四曰：「或躍在淵，无咎。」何謂也？子曰：「上下无常，非為邪也❶；進退无恆，非離群也❷；君子進德脩業，欲及時也❸。故无咎❹。」

或躍在淵，自試也❺。

或躍在淵，乾道乃革❻。

九四，重剛而不中❼，上不在天，下不在田，中不在人，故或之❽。或之者，疑之也，故无咎❾。

注釋

❶上下无常，非為邪也

上下以位言。上指躍居上卦之中；下指退居下卦之初。无常，是沒有一定的意思。「非為邪也」的「為」不是判斷動詞，而是及物動詞，作出之意。與下文「非離群也」的「離」詞性相對相當。躍居上卦九五，既居中得位；退處下卦初九，也在淵得位。所謂「居廟堂之高，則憂其民；處江湖之遠，則憂其君」。都不會作出邪惡的事。啟示吾人無論身在何處，都不可為非作歹。

❷進退无恆，非離群也

進退以動言。進指或躍，退指在淵。无恆，即无常的意思。非離群也，指不脫離下卦之群眾。《易》例每以上卦為統治者，下卦為群眾。譬之於人事：不論進退，都要以群眾為依歸。本身即為群眾的一分子，一切以群眾的利益為利益，以群眾的意旨為意旨。而非在群眾之外，抓住群眾心理，利用群眾為個人擴張力量。抓住群眾，利用群眾，與群眾仍然是隔離的。《周易折中》引林希元曰：「蓋以爻與位言，九陽爻，四陰位，陽主進，陰主退，是進退未定也。以上體言，四居上之下，居上欲進；居上之下，則又未必於進：亦進退未定也。以上下二體言，四初離下體，入上體，是為改革之際，亦進退未定也。」依象析義甚是。又熊十力《讀經示要》曰：「生命躍進上一階地，若（似也）與其元來下一階地相離異。其實上下元為一體，何離異之有。」說義理尤精。

❸君子進德脩業，欲及時也

三、四皆「人」位。三是「人」位的開始，所以〈文言傳〉諄諄告以進德修業的方法；四是人生的後半輩子，所以〈文言傳〉諄諄促以「及時」。希望九四增進品德，不可為邪；脩治大業，不可離群。都必須及時努力。朱熹《本義》：「進德脩業，九三備矣；此則欲其及時而進也。」甚是。

❹故无咎

承「非為邪也」、「非離群也」、「及時進德脩業」三事而說。以上為〈文言傳〉對乾九四爻辭第一次的闡釋。元俞琰《周易集說》曾分析此節文字云：「上與進釋『躍』字；下與退釋『在淵』之義；无常无恆釋『或』之義；非為邪、非離群、欲及時，以申『進无咎』之義。」

❺或躍在淵，自試也

決定行動的因素有五：一、在道理上該不該作；二、在環境上宜不宜作；三、在時機上可不可作；四、在能力上能不能作；五、在效果上利不利作。〈文言傳〉在此強調「自」字，就是強調自己對這些條件作全盤的考慮。合，就躍；不合，就退居在淵。與功名之士勇於行，隱遯之士果於止，有所不同。《論語・子路篇》：「不得中行而與之，必也狂狷乎。狂者進取，狷者有所不為。」勇於行是「狂者」；果於止是「狷者」；而九四要看各種因素，卻屬「中行」。於「自」之外，〈文言傳〉更標出一個「試」字。小鳥學飛之前，先學跳躍。試試自己的能力，能不能跳，能不能飛。自古成功在嘗試，這是必要的步驟。此為〈文言傳〉第二次闡釋乾九四爻辭。

❻或躍在淵，乾道乃革

由初九在淵，經九二、九三而躍居九四，為乾道離下入上，變革之象。以天時說，夏至、小暑之時（約當陽曆六月二十一日至七月二十二日），日光已由直射北回歸線而逐漸南移。《集解》引何妥曰：「此當五月微陰初起，陽將改變，故云革也。」就人事說，象徵生命發展至一個嶄新的階段。這是文言傳第三次闡釋乾九四爻辭。

❼九四，重剛而不中

九四也在乾下乾上二剛相重之處，而非二非五不在卦之中爻。參閱乾九三〈文言傳〉「九三，重剛而不中」注釋。

❽上不在天，下不在田，中不在人，故或之

非五，所以上不在天；非二，所以下不在田；非三，故中不在人。《正義》：「三之與四，俱為人道。但人道之中，人下近於地，上遠於天。九三近二，是下近於地，正是人道。故九三不云『中不在人』。九四則上近於天，下遠於地，非人所處，故特云『中不在人』。」九四如此懸在半空中，或上？或下？就得仔細考慮了。案：一九七六年諾貝爾文學獎得主梭爾・貝洛 (Saul Bellow)，第一部小說《懸空的人》(*Dangling Man*)，寫芝加哥人約瑟夫應徵入伍前七個月，辭去工作，靠妻子賺錢過活。以為可以自由自在地讀書、思考、過理想且有意義的日子，誰知大大不然。他與親友、鄰居不和：他們覺得他遊手好閒，而他覺得他們庸俗。他參加「青年精神團契」，初時喜獲知音，不久即發現這些年輕人幼稚、浪漫、空有理想而不合現實。他甚至不滿自己的妻子只照顧他的身體而忽略他的精神需求，因此而有外遇。……於是反陷在疏離狀態：沒有歸屬，沒有認同，找尋不到生命的意義和生活的目標，而社會就是他懸蕩於其中的空間。這本小說正好可以移作「中不在人」的註腳。

❾或之者，疑之也，故无咎

疑不是狐疑，只是詳審。疑而能決，就可无咎。在二十世紀美國實用主義哲學家杜威 (John Dewey) 的《追求真相》(*The Quest for Certainty*) 中，指出解決疑難的五個步驟：一、發現困難或疑問。二、確定問題的性質。三、提出各種可能的假設。四、選擇合理的假設。五、經證驗而成立結論。於疑難的解決，所言頗可參考。以上為〈文言傳〉第四次闡釋乾九四爻辭。

語譯

九四爻辭所說的：「或躍在淵，无咎。」是什麼意思呢？孔子說：「或從九四跳到九五，或退回下卦的初九，雖然不一定；但是，必須安分守己，不可為非作歹啊！或許跳躍前進，或許退回淵中，雖然也不一定；但是，九四必須保留原來階地，不可脫離基層的群眾啊！生命已成長，君子增進德行，脩治功業，必定要及時努力啊！所以才不會有過錯。」

或從九四跳上九五，或退回初九在淵，要自己嘗試啊！

或在淵中躍起，由乾下跳到乾上，乾道於是起了變動。

九四，處在重疊的兩個三畫的乾卦的接連處，卻不在二、五居中的位置。上面攀不住天；下面踩不到地；懸在空中不成人的生活。或上或下？何去何從？所以用「或」字表明它。用「或」字表明它，是考慮處在這種尷尬地位的進退方針啊！所以不會有過錯的。

九五爻辭

九五❶：飛龍在天❷，利見大人❸。

注釋

❶九五

爻名，數也。陽爻居六爻之卦自下向上數的第五爻的位置。占筮所得，第五爻為九，其他五爻都是七，本卦為乾䷀，之卦為大有䷍；或只有第五爻是少陽七，他爻皆老陰六，本卦是比卦䷇，之卦是乾：這兩種情形，都以乾九五爻辭占。全爻通說，仍引王弼《注》以明之：「不行不躍，而在乎天，非飛而何？故曰飛龍也。龍德在天，則大人之路亨也。夫位以德興，德以位敘，以至德而處盛位，萬物之覩，不亦宜乎？」案：在乾卦六爻中，初九、九三得位而非中；九二居中卻失位；九四、上九既非中又失位；唯有九五，居中得位。又乾為天，九五更是居中得位而近人的天爻。在乾卦中，是最主要的一爻。

❷飛龍在天

此為乾九五的「象」。《易》例：五與上為天位。龍升於天，非飛為何？關於飛龍在天，熊十力《讀經示要》有一段精彩的闡釋：「九以陽居天位，是龍之果於躍，而飛至於天也。故曰飛龍在天。就乾元始物而言，萬物資潛在之勢能以生。此勢能之潛移默運乎萬物也，將令萬物時時捨故創新。而物皆始乎微隱，以成乎盛著。如自然界，其始但鴻濛一氣，隱微極矣。及至凝為諸天，則燦然盛著。又如原形質為生物之始，其後生機體日益複雜，乃至物種嬗變。生物界之由微而著，莫可究詰。人群萬事之始乎簡單，終乎繁以鉅，亦與自然同例。蓋皆由潛能運物，使之捨故創新，故物得由微隱至盛著也。此亦如龍之由潛而見，而益篤其健。以至於躍，而飛在天也。夫萬物者，本潛能之發現。其發現也，由微隱而底於盛著。故以龍之由潛藏以至飛而在天象之。……就人事而言：如革命勢力，其始本潛伏無形也。剛健之德，真積力久，一旦天佑人助而大業成。天者何？自然之理，必至之勢也。佑亦助也。改革之業，順乎理而乘其勢，物莫之逆，佑莫大焉！群眾咸曉然於公利公害之所在，為人生最高之理想而效死，是人皆互助也。大業之成，夫豈偶然！則飛龍在天之象也。」考熊氏「物皆始乎微隱，以成乎盛著。」「人群萬事之始乎簡單，終乎繁以鉅。」之說，似受斯賓塞（Herbert Spencer）《第一原理》（*First Principles*）影響甚深。劉百閔有《易事理學的第一原理》，可以參閱。

❸利見大人

此為乾九五的「占」。是九二之大人利見九五之大人，九五之大人亦利見九二之大人，而萬物更利見此九五大人之出現。程《傳》：「聖人既得天位，則利見在下大德之人，與共成天下之事，天下固利見夫大德之君也。」所言最妥。詳已見乾九二爻辭注釋。

語譯

陽爻九居於六爻的乾卦自下至上第五爻的位置。它像飛翔在天空的龍一樣，是高層領導中心。天下的人是何等樂於見到有大德的人在統治階層出現，更希望他能和地方上的領袖見面溝通！

附錄古義

《左傳・昭公二十九年》見乾初九爻辭附錄古義。

司馬遷《史記・蔡澤列傳》：「語曰：『日中則移，月滿則虧。』物盛則衰，天地之常數也；進退盈縮，與時變化，聖人之常道也。故國有道則仕，國無道則隱。聖人曰：『飛龍在天，利見大人。』」

班固《漢書・郊祀志》：「武帝……制詔御史：『昔禹疏九河，決四瀆，間者河溢皋陸，隄繇不息。朕臨天下二十有八年，天若遺朕士而大（欒大）通焉。乾稱「飛龍」，「鴻漸于般（磐）」，朕意庶幾與焉。』」

《文選・四十七・引王褒聖主得賢臣頌》：「故世必有聖智之君；而後有賢明之臣；虎嘯而谷風冽，龍興而致雲氣，蟋蟀俟秋吟，蜉蝣出以陰。《易》曰：『飛龍在天，利見大人。』《詩》曰：『思皇多士，生此王國。』故世平主聖，俊乂將自至。若堯舜禹湯文武之君，獲稷契皋陶伊尹呂望之臣，明明在朝，穆穆列布，聚精會神，相得益章；雖伯牙操篪鐘，逢門子彎烏號，猶未足以喻其意也。」

《文選・五十一・引王褒四子講德論》：「非有聖智之君。惡有甘棠之臣，故虎嘯而風寥戾，龍起而致雲氣，蟋蟀俟秋吟，蜉蝣出以陰。《易》曰：『飛龍在天，利見大人。』鳴聲相應，仇偶相從。人由意合，物以類同。是以聖主不遍窺望而視以明，不殫傾耳而聽以聰。何則？淑人君子，人就者眾也。」

揚雄《法言・問神》：「或曰：『龍必欲飛天乎？』曰：『時飛則飛，時潛則潛。既飛且潛，食其不妄形其不可得而制也與？』」

陳壽《三國志・蜀書・先主傳》：「許靖……等上言：『……間黃龍見武陽赤水，九日乃去。《孝經・援神契》曰：「德至淵泉，則黃龍見。」龍者，君之象也。《易》乾九五：「飛龍在天」，大王當龍升登帝位也。』」

象傳

飛龍在天，大人造也❶。

注釋

❶大人造也

造字意義，古有多說：陸績、王肅、王夫之都當「至」講；朱熹當「作」講；鄭玄、程頤都當「為」講。造的首步是「到達」；然後「聖人作而萬物覩」，大人們聲應氣求，有一番「作為」。考《漢書・劉向傳》記向上封事云：「故賢人在上位，則引其類而聚之於朝。《易》曰『飛龍在天，大人聚也。』」那麼「造」字，或作「聚」字。而《易》所謂「大人」也就不僅為一人了。此可作熊十力以「大人」為「能成革命大業之群眾」說之一助。《讀經示要》云：「詳此之言大人，實指能成革命大業之群眾而言。《易》與《春秋》相表裏。《春秋》離據亂，進升平，又由升平而進太平。非群眾皆成大人，何得革據亂之汙習，致太平之盛治乎？利見大人者，人皆大人，互相利見也。若群眾共戴一人為大人，則群品汙下可知。斯乃最不利見者，而九五之盛，固如此乎？」

語譯

飛龍翱翔在天空，象徵聖人到達了至尊的地位，成為最高領導者，興起一番作為啊！

附錄古義

班固《漢書・劉向傳》：「向上封事云：『故賢人在上位，則引其類而聚之於朝；《易》曰：「飛龍在天，大人聚也。」在下位則思與其類俱進；《易》曰：「拔茅茹以其彙，征吉。」在上則引其類，在下則推其類，故湯用伊尹，不仁者遠而眾賢至，類相致也。』」

文言傳

九五曰：「飛龍在天，利見大人。」何謂也？子曰：「同聲相應，同氣相求❶。水流濕，火就燥，雲從龍，風從虎❷。聖人作而萬物覩❸。本乎天者親上，本乎地者親下❹。則各從其類也❺。」

飛龍在天，上治也❻。

飛龍在天，乃位乎天德❼。

夫大人者：與天地合其德；與日月合其明；與四時合其序；與鬼神合其吉凶❽。先天而天弗違；後天而奉天時❾。天且弗違，而況于人乎？況于鬼神乎❿？

注釋

❶同聲相應，同氣相求

這是以自然界聲氣相同的感應，譬方說明九五與九二之大人，相互利見，並且得到民眾擁護的道理。李鼎祚《集解》引張璠曰：「天者，陽也；君者，陽也。雷風者，天之聲；號令者，君之聲。明君與天地相應，合德同化，動靜不違也。」程頤《易傳》：「人之與聖人，類也。五以龍德升尊位，人之類莫不歸仰，況同德乎？上應於下，下從於上，同聲相應，同氣相求也。……乾之二五，則聖人既出，上下相見，共成其事，所利者，見大人也。」都是相當正確的解釋。分析言之，包括三層意思：其一、指自然界的現象。例如：中孚九二爻辭說的「鳴鶴在陰，其子和之」，以及振動頻率相同之物體間的共鳴現象，都為同聲相應；〈彖傳〉說咸卦「二氣感應以相與」，〈說卦傳〉說的「山澤通氣」，以及天欲雨而礎柱潤等自然界對空氣中濕度的反應，都為同氣相求。其二、九五之大人與九二之大人的相應相求、聲氣互通，而結成一體。其三、大人們聲氣感應與自然界聲氣感應之間的統一。關於「同聲相應，同氣相求」，熊十力曾有深入的探討，《讀經示要》云：「子曰：『同聲相應，同氣相求。』云云。故知大人，互以聲氣之同，而相應求。非奉一尊以為大人也。若奉一尊以為大人，則是群品低下，而使權力操之一尊，猶帝制之餘習耳。不得為革命也。真能革命之群眾，必皆為大人也。或問，皆為大人，將人各自雄，而不相從屬。奈何？答曰：一群之內，人各自雄，而不相從屬者，則以人各懷其私故也。人之不能去私而奉公者，以其甘為小人，為鳥獸之歸故也。若群眾皆大人，即皆知去私奉公。易言之，即互以公義相從屬，焉有挾私以自雄之患乎？」錄以供參考。

❷水流濕，火就燥，雲從龍，風從虎

從自然界的現象中舉例以申說上文「同聲相應，同氣相求」的道理；同時作下文「各從其類」的前提。孔穎達《正義》略云：「水流於地，先就溼處；火焚其薪，先就燥處：此同氣水火皆无識而相感。龍吟則景雲出，虎嘯則谷風生：明有識之物感无識。」

❸聖人作而萬物覩

這是大人與民眾間的聲應氣求。孔穎達《正義》略云：「聖人作，則飛龍在天也；萬物覩，則利見大人也。聖人有生養之德，萬物有生養之情，故相感應也。」朱熹《本義》：「作，起也；物，猶人也。」

❹本乎天者親上，本乎地者親下

《周易正義》引莊氏云：「本受氣於天者，是動物含靈之屬。天體運動，含靈之物亦運動，是親附於上也。本受氣於地者，是植物无識之屬。地體凝滯，植物亦不移動，是親附於下也。」《朱子語類》記董銖所錄：「本乎天者親上，凡動物首向上，是親乎上，人類是也；本乎地者親下，凡植物本向下，是親乎下，草木是也。……此本康節說。」古人所說如此。我嘗以「本乎天者」，指天命之性而言，人性向上，遙契天道，是為「親上」；「本乎地者」，指形骸之質而言，體質多欲，終化塵土，是為「親下」。今再思之，此說得過頭，亦不盡然。本乎天者當指九五，其所重視者，天人總體之利益，是親上也；本乎地者當指九二，其所重者，地方基層之利益，是親下也。九五與九二雖互為利見而立場必不同，《論語》所謂「君子和而不同」也。

❺則各從其類也

上應「同聲相應，同氣相求」等句；並作「本乎天者親上，本乎地者親下」的結語。以上為〈文言傳〉第一次解釋乾九五爻辭。

❻飛龍在天，上治也

上治有兩種解釋。一是：在「上」卦居中得位，為治化行於天下的象徵。朱子《本義》：「居上以治下。」是也。二是：美好的上等的政治。此為〈文言傳〉第二次解釋乾九五爻辭。

❼飛龍在天，乃位乎天德

就天象說，《集解》引何妥以為：「此當七月萬物盛長，天功大成，故云天德。」夏曆七月值處暑、白露之時（約當陽曆八月二十三日至九月二十二日），正是秋收的季節。就人事說，五上為天位，但是只有五能接近人民，居中得位，是得民得位有德之大人。《尚書・召誥》：「其惟王位在德元。」只有有德的大人，才適合居領導的位置。此為〈文言傳〉第三次解釋乾九五爻辭。

❽夫大人者：與天地合其德；與日月合其明；與四時合其序；與鬼神合其吉凶

這是指大人參贊化育之德，與天地無不覆載之德相合；大人觀察之明，與日月無不照臨之明相合；大人施政之序，與四時生長收藏之序相合；大人之賞善懲惡，與鬼神吉凶無私相合。這又是中國人自客觀現象中吸取主體道德教訓的例證之一。《中庸》：「君子之道，本諸身，徵諸庶民，考諸三王而不謬，建諸天地而不悖，質諸鬼神而無疑，百世以俟聖人而不惑。」又說：「仲尼祖述堯舜，憲章文武，上律天時，下襲水土。辟如天地之無不持載，無不覆幬。辟如四時之錯行，日月之代明。」觀念是一致的。《論衡・感虛篇》曾引〈文言傳〉此四句，云：「此言聖人與天地鬼神同德行也。」

❾先天而天弗違；後天而奉天時

在天時尚未開始之前，大人們要稟承上天生生不息的仁德，參贊化育萬物。如：生活教育，預告農時，能源創造等。上天當然不會違背大人之行事。在天時已經發動之後，大人們要體會上天開物成務的用心，因時興功。如：使民以時，產品加工，能源利用等。人事也必須遵守自然的法則。總之：大人之德，與天道相契，所以如此。《孟子・梁惠王》倡「不違農時」、「數罟不入洿池」、「斧斤以時入山林」，並舉齊郊牛山為例，〈告子〉云：「牛山之木嘗美矣；以其郊於大國也，斧斤伐之，……牛羊又從而牧之，是以若彼濯濯也。」又〈離婁〉云：「故善戰者服上刑，連諸侯者次之，辟草萊、任土地者次之。」將開荒墾地之罪（當今南美亞馬遜流域熱帶森林被刻意焚燒，改植高經濟農作物；以及亞洲印尼每年火耕，使煙霾禍及鄰國，造成溫室效應、氣候暖化。皆「辟草萊、任土地」之害也。）與善戰者、連諸侯者相次。如此等等，亦有尊重自然生態法則之意。至於所言：「盡其心者，知其性也；知其性，則知天矣！」此所以能先天而天弗違；「存其心，養其性，所以事天也。」此所以能後天而奉天時。併述於此。又郭忠孝《中庸解》云：「嘗讀《易》至乾之九五曰：『飛龍在天。』孔子曰：『天地合其德；日月合其明；四時合其序；鬼神合其吉凶。先天而天弗違；後天而奉天時。』蓋言誠者事也。九二曰：『見龍在田。』子曰：『學以聚之；明以辯之；寬以居之；仁以行之。』蓋言誠之者之事也。」考《中庸》云：「誠者，天之道也；誠之者，人之道也。誠者，不勉而中，不思而得，從容中道，聖人也；誠之者，擇善而固執之者也，博學之，審問之，慎思之，明辨之，篤行之。……自誠明，謂之性；自明誠，謂之教。誠則明矣；明則誠矣。」與〈文言傳〉之釋九五、九二，確可比較。

❿天且弗違，而況于人乎？況于鬼神乎

天生萬物，人為萬物之一，所以人次於天；鬼神，為人類觀念之產物，所以又次於人。熊十力《讀經示要》：「鬼神者，人情之所敬畏，以為冥中有是物也，其實無有也。鬼神生於人之心，人莫違也，而況鬼神乎？」以上為〈文言傳〉第四次解釋乾九五爻辭。

語譯

九五爻辭所說的：「飛龍在天，利見大人。」是什麼意思呢？孔子說：「聲音類同，會互相應和；氣質近似，會彼此感通。水流向潮濕的地方；火先燒乾燥的物品。雲隨著龍；風跟著虎。聖人興起，於是萬民都瞻仰著。受命於天的全國性的領導者，重視自然與人類總體的利益；基層推舉的地方領袖，重視地方民眾的福祉。表明了各種人物都追隨本身性質和立場而行事啊！」

飛龍翱翔在天上，是聖人在上，政治美好的象徵啊！

飛龍翱翔在天上，表示天候已到了收穫的季節，也象徵偉大的人們，稟受上天大公無私的美德，居於領導的地位啊！

那夠資格稱為「大人」的人，跟天地共有化育萬物的品德；跟日月共有普照天下的光明；跟四時共有生長收藏的秩序；跟鬼神共有福善禍惡的賞罰。大人行事，有些在天時啟動之前，由於默契天道，所以上天也不會違背；有些在天時運作之後，由於尊重天道，所以奉行適合天時的措施。連上天都不能違背大人的行事；何況人呢？何況鬼神呢？

附錄古義

裴松之《三國志・蜀書・許靖傳・注引魏略》：「王朗與靖書曰：『自與子別，若沒而復浮，若絕而復連者數矣，而今而後，居升平之京師，攀附於飛龍之聖主；儕輩略盡，幸得與足下並為遺種之叟，而相去數千里。……自天子在東宮，及即位之後，……每敘足下，以為謀首，豈其注意乃復過於前世？《書》曰「人惟求舊」，《易》稱「同聲相應，同氣相求」，劉將軍之與大魏，兼而兩之。』」

班固《漢書・五行志》：「《易》曰：『雲從龍』；又曰：『龍蛇之蟄，以存身也。』陰氣動，故有龍蛇之孽。」

王充《論衡・龍虛篇》：「雲龍同類，感氣相致，故《易》曰：『雲從龍，風從虎。』」又《亂龍篇》：「董仲舒申《春秋》之雩，設土龍以招雨，其意以雲龍相致。《易》曰：『雲從龍，風從虎。』以類求之，故設土龍。陰陽從類，雲雨自至。儒者或問曰：『夫《易》言「雲從龍」者，謂真龍也，豈謂土哉？楚葉公好龍，牆壁槃盂皆畫龍。必以象類為若真，是則葉公之國常有雨也。《易》又曰「風從虎」，謂虎嘯而谷風至也。風之與虎，亦同氣類。設為土虎置之谷中，風能至乎？』」

《漢書・五行志》：「夫大人者，與天地合其德，與日月合其明，故聖王在上，總命群賢，以亮天功，則日之光明，五色備具，燭燿亡主，有主則為異，應行而變也。色不虛改，形不虛毀。觀日之五變，足以監矣。故曰：『縣象著明，莫大乎日月。』此之謂也。」

《續漢書・祭祀志上・注引東觀書》：「杜林上疏議郊祀云：『臣聞營河雒以為民，刻肌膚以為刑，封疆畫界以建諸侯，井田什一以供國用，三代之所同。及至漢興，因時宜，趨世務，省煩苛，取實事，不苟貪高亢之論。是以去土中之京師，就關內之遠都，除肉刑之重律，用髡鉗之輕法；郡縣不置世祿之家，農人三十而取一，政卑易行，禮簡易從。民無愚智，思仰漢德，樂承漢紀。基業特起，不因緣堯。堯遠於漢，民不曉信，言提其耳，終不悅諭。后稷近於周，民戶知之，世據以興，基由其祚，本與漢異。郊祀高帝，誠從民望，得萬國之歡心，天下福應，莫大於此。民奉種祀，且猶世主不失先俗，群臣僉薦鯀，考績不成，九載乃登。宗廟至重，眾心難違，不可卒改。《詩》云：「不愆不忘，率由舊章。」明當尊用祖宗之故文章也。宜如舊制以解天下之惑，合於《易》之所謂「先天而天弗違，後天而奉天時」義。』」

《論衡・初稟篇》：「『天乃大命文王』，眷顧之義，實天不命也。何以驗之？『夫大人與天地合其德，與日月合其明，與四時合其敘，與鬼神合其吉凶，先天而天不違，後天而奉天時。』如必須天有命，乃以從事，安得先天而後天乎？以其不待天命，直以心發，故有先天後天之勤；言合天時，故有不違奉天之文。《論語》曰：『大哉！堯之為君，唯天為大，唯堯則之。』王者則天，不違奉天之義也。推自然之性，與天合同，是則所謂『大命文王』也。」

又〈感虛篇〉：「《易》曰：『大人與天地合其德，與日月合其明，與四時合其敘，與鬼神合其吉凶。』此言聖人與天地鬼神同德行也。」

又〈寒溫篇〉：「『夫大人與天地合德，先天而天不違，後天而奉天時』。〈洪範〉曰：『急恆寒若，舒恆燠若。』如〈洪範〉之言，天氣隨人易徙，當『先天而天不違』耳，何故復言『後天而奉天時』乎？『後』者，天已寒溫於前，而人賞罰於後也。」

又〈自然篇〉：「堯則天而行，不作功邀名，無為之化自成；故曰：『蕩蕩乎！民無能名焉。』年五十者擊壤於塗，不能知堯之德；蓋自然之化也。《易》曰：『大人與天地合其德。』黃帝堯舜，大人也；其德與天地合，故知無為也。」

崔駰〈章帝諡議〉：「臣聞號者功之表，諡者行之跡；據德錄功，各當其實。《孝經》曰：『天地明察，神明章矣。』《唐書》數堯之德曰：『平章百姓』，言天之常德也。《詩》曰：『雕琢其章，金玉其相，亹亹文王，綱紀四方』；又曰：『倬彼雲漢，為章于天。』喻文王聖德有金玉之質，猶雲漢之天也。舉表析義，四方附矣。《易》曰：『先天而天不違，後天而奉天時。』臣愚以為宜上尊號曰『章』。」

陳壽《三國志・蜀書・先主傳》：「劉豹等上言：『臣聞先王「先天而天不違，後天而奉天時」，故應際而生，與神合契。』」

杜佑《通典・七十二・引桓階請崇始祖奏》：「臣聞尊祖敬宗，古之大義。故六代之君，未嘗不追崇始祖，顯彰所出。先王應期撥亂，啟魏大業。然禰廟未有異號，非崇孝敬示無窮之義也。太尉公侯宜有尊號，所以表功崇德，發事顯名者也。故《易》言乾坤皆曰大德，言大人與天地合。」

上九爻辭

上九❶：亢龍❷，有悔❸。

注釋

❶上九

爻名，數也。六爻之卦最上面的一個位置是陽爻「九」。上為卦位之終，所以先言「上」而後言陰陽之數「九」。占筮之結果，初、二、三、四、五皆為少陽七，獨上爻為老陽九，也就是乾之夬䷪；或初、二、三、四、五皆為老陰六，獨上爻為少陽七，也就是剝䷖之乾：這兩種情形，都以乾上九爻辭占。就整個六畫之乾卦而言，上居全卦最高處，已至窮途末路；就三畫的上卦而言，四不及，五居中，上爻又是過頭了；就天、地、人三才言，五及人而得位，上不及人而失位。所以在乾六爻中，此爻最多警惕之辭。

❷亢龍

此是乾上九的「象」。亢，本來是像人的頸喉。帛書作「抗」，是假借字。《詩經・邶風・燕燕于飛》：「頡之頏之。」段玉裁《說文解字》引此，並認為：「飛而下曰頡；飛而上曰頏。……頏即亢字，亢之引申為高也。」所以亢的引申義是飛到上面高空去。《史記・蔡澤列傳》：「《易》曰：『亢龍有悔。』此言上而不能下，信而不能詘，往而不能自返者也。」亢龍，正是一條飛到上面下不來，只能伸而不能曲，只去不回的龍。我們在前面不只一次地說過，乾代表生生不息的仁德，具有剛健、運動、變化的功能。何以至於「亢」？關於此一論題，熊十力《讀經示要》以為：「天道之行，無所謂亢，更無所謂悔。亢而有悔者，就物言之也。」又云：「夫物秉天道以生。物既生，而天道固在物也。然物生，即囿於成型，而天道隱。隱者，謂物日益成為滯礙之物，天道乃被錮也。物盛而至其極，則成型益固。天道將不得流行，而物失其性矣。物失其性，則未有能生者也，不歸於滅盡不得也。物盛而極，將違失天道。是物之窮也。故以亢龍象之。」人老了，血管硬化，腦細胞逐漸壞死，以至於糊塗了。正是熊氏所謂「物盛而極將違失天道」的例證。尤有甚者，過分追求完美，亦是一病，此即醫學上所謂「完美性人格障礙症」。《中庸》強調不偏不倚無過不及的平常道理，卻也感慨「中庸不可能也」。東方朔〈答客難〉：「水至清則無魚；人至察則無徒。」都是對這種生命困境的認知。

❸**有悔**

此是乾上九的「占」。悔是《周易》常用語。〈上繫〉第三章：「悔吝者，言乎其小疵也。」鄭玄因此以悔為小疵。人之有小疵，幾乎是不可避免的，悔而能改，也就不會有災禍了。所以〈上繫〉又說：「震无咎者存乎悔。」要是執迷不悟，居高而驕，那麼後悔也就來不及了。讀《周易》「亢龍有悔」，宜留意「悔」字，不可因「亢」而自暴自棄。

語　譯

六爻的乾卦最上面的一爻是陽爻九。它像一條上飛不下，能伸不曲，只去不回的龍。啟示我們居高不驕，時時反省悔改；否則後悔就來不及了。

附錄古義

《左傳・昭公二十九年》見乾初九爻辭附錄古義。

賈誼《新書・容經》見乾初九爻辭附錄古義。

《淮南子・繆稱》：「同言而民信，信在言前也；同令而民化，誠在令外也。聖人在上，民遷而化，情以先之也；動於上不應於下者，情與令殊也。故《易》曰：『亢龍有悔。』」高誘《注》：「仁君動極在上，故有悔也。」司馬遷《史記・蔡澤列傳》：「《易》曰：『亢龍有悔。』此言上而不能下，信而不能詘，往而不能自返者也。」范曄《後漢書・陰興傳》：「帝後召興，欲封之，置印綬於前。興固讓曰：『臣未有先登陷陣之功，而一家數人，並蒙爵土，令天下觖望，誠為盈溢。臣蒙陛下貴人恩澤至厚，富貴已極，不可復加，至誠不願。』帝嘉興之讓，不奪其志。貴人問其故。興曰：『貴人不讀書記邪？亢龍有悔。』」

象傳

亢龍有悔，盈不可久也❶。

注釋

❶**盈不可久也**

《周易》有兩個重要的基本觀點：一是「中」，不要「不及」，尤其反對「過」。所以謙〈彖傳〉云：「天道虧盈而益謙；地道變盈而流謙；鬼神害盈而福謙；人道惡盈而好謙。」另一是「循環」，所以〈序卦傳〉云：「泰者，通也；物不可以終通，故受之以否。」「剝窮上反下，故受之以復。」基於上述兩個基本觀點，所以有大道循環，物極必反，居上必下，過滿則溢的說法。乾上九已到達乾卦的頂點，自然盈不可久了。以天象來證明：日中而昃；月盈而虧；寒去暑來；暑往寒至；是宇宙間的盈不可久。以人事來證明：樂極生悲；苦盡甘來；禍兮福所倚；福兮禍所伏；是人世間的盈不可久。必須強調的是，盈不可久也有其正面價值。記得第一次世界大戰之後，華盛頓軍備會議中商定英、美、日三海軍大國戰艦數量為五、五、三之比。第二次世界大戰之後，美、蘇也曾展開限核談判。如果人類真發明了長生不老之術，我想，世上各國要協商的將是各國人口的限額。這代表生兒育女的禁絕，生生不息的終止。所以只有個人生命的盈不可久，才能換來人類生命的進化綿延。蘇軾〈赤壁賦〉：「蓋將自其變者而觀之，則天地曾不能以一瞬；自其不變者而觀之，則物與我皆無盡也。」真是通達者之言。

語譯

一條上飛不下，能伸不曲，只去不回的龍，所以必須悔改，否則必生悔恨，是因為大道循環，居中為吉，過盈不久的道理啊！

文言傳

上九曰：「亢龍有悔。」何謂也？子曰：「貴而无位❶，高而无民❷，賢人在下位而无輔❸，是以動而有悔也❹。」

亢龍有悔，窮之災也❺。

亢龍有悔，與時偕極❻。

亢之為言也，知進而不知退，知存而不知亡，知得而不知喪❼。其唯聖人乎！知進退存亡而不失其正者，其唯聖人乎❽！

注釋

❶貴而无位

在上故貴。但上是陰位，而九居之。居陰失正，所以說无位。无位就是居非其位，也就是失位。李鼎祚《集解》引荀爽曰：「在上故貴；失位故无位。」王弼《周易略例・辯位》：「案〈象〉无初上得位失位之文；又〈繫辭〉但論三、五、二、四同功異位，亦不及初、上，何乎？唯乾上九文言云：『貴而无位』；需上六云：『雖不當位』，若以上為陰位邪，則需上六不得云『不當位』也；若以上為陽位邪，則乾上九不得云『貴而无位』也。陰陽處之，皆云非位；而初亦不說當位失位也。然則初上者，是事之終始，无陰陽定位也。故乾初謂之潛，過五謂之无位；未有處其位而云潛，上有位而云无者也。歷觀眾卦。盡亦如之，初上无陰陽定位亦以明矣」。孔氏《正義》：「『子曰：貴而无位』者，以上非九位而九居之，是无位也。」王伊川《易傳》於噬嗑初九爻辭下云：「初居最下，无位者也；上處尊位之上，過於尊位，亦无位者也。王弼以為无陰陽之位。陰陽繫於奇耦，豈容无也？然諸卦初上不言當位不當位者，蓋初終之義為大。臨之初九則以位為正；若需上六云『不當位』，乾上九云『无位』：爵位之位，非陰陽之位。」眾說紛紜，讀者自思辨之。

❷高而无民

高就是過。上九非中爻，是過高了。因而與三、四爻所代表的人民脫節。王弼《注》：「下无陰也。」孔穎達《正義》更云：「六爻皆无陰，是无民也。」果如王、孔之說，為什麼乾九五不言「无民」呢？可見此言「无民」跟「无陰」沒有關係。關鍵在「高」。《集解》引何妥曰：「既不處九五帝王之位，故无民也。」李道平《篹疏》引《九家易》曰：「若太上皇者也。」都是可作參考的解釋。中國歷史上，皇帝多是終身職。必待「駕崩」，然後新皇帝登基。很少有太上皇出現。記憶深刻的有兩位太上皇，一是漢高祖劉邦的父親，一是唐太宗李世民的父親李淵。司馬遷《史記》：「未央宮成。高祖大朝諸侯羣臣，置酒未央前殿。高祖奉玉卮，起為太上皇壽，曰：『始大人常以臣無賴，不能治產業，不如仲力。今某之業所就孰與仲多？』殿上羣臣皆呼萬歲，大笑為樂。」太上皇當來有些尷尬。宋歐陽修、宋祁撰《新唐書‧高祖本紀》：「武德八年（六二五）。……初，高祖起太原，非其本意，而事出於太宗。及取天下，破宋金剛、王世充、竇建德等，太宗功益高，而高祖屢許以為太子。太子建成懼廢，與齊王元吉謀害太宗，未發。九年六月，太宗以兵入玄武門，殺太子建成及齊王元吉。高祖大驚，乃以太宗為皇太子。八月甲子，即皇帝位于東宮顯德宮。……貞觀元年（九二七）正月乙酉，改元貞觀。……九年五月庚子，太上皇崩。」就更恐怖了。

❸賢人在下位而无輔

賢人，指九三。下位，指位於下卦。无輔，兩陽无應的意思。《集解》引荀爽曰：「謂上應三，三陽德正，故曰賢人，別體在下，故曰在下位；兩陽无應，故无輔。」是以三陽德正為賢人。王弼《注》：「賢人雖在下而當位，不為之助。」也以九三當位而稱賢人。意思其實與荀爽相同。案：〈文言傳〉在解釋乾九五時說「同聲相應，同氣相求」，是九二、九五聲應氣求；於解釋乾上九卻說「賢人在下位而无輔」，是九三、上九兩陽无應。就爻象而言，不無矛盾。《易》無定象，亦無須深究。

❹是以動而有悔也

「是以」二字，承上文「无位」、「无民」、「无輔」而言。以是之故，每有行動，常致悔恨。以上為〈文言傳〉對乾上九爻辭作第一次的解釋。

❺亢龍有悔，窮之災也

《易》例凡上爻稱「窮」。熊十力《讀經示要》：「夫天道之行，健而又健，莫可為阻者。物至極盛，而益成滯礙，以違天道，則必為天行之所摧滅。滅故所以生新，以此見天道生生之仁也。物生而有成型，至於盛之極，而益為成型所限，將無以繼天，此其所以窮也。推而言之，凡人事之處滿居盈，而有違於天道生生之仁者，皆天之所不佑。而其窮以至究也，無可倖而免矣。亢龍之象，其寄意深遠哉！」此為〈文言傳〉第二次解釋乾上九爻辭。

❻亢龍有悔，與時偕極

《集解》引何妥曰：「此當九月，陽氣大衰，向將極盡，故云偕極也。」純由天時立論。夏曆九月，值霜降、立冬之時（約當陽曆十月二十三日至十一月二十一日）。此為〈文言傳〉第三次解釋乾上九爻辭。案：〈文言傳〉第三次解釋乾各爻，上下卦之間有密切關係。宋儒林栗著《周易經傳集解》，指出：「此節言上下卦應。初四為始，初潛藏，四乃革矣，革潛為躍也；二五為中，二文明，五乃天德矣，言德稱其位也；三上為終，三與時偕行，上偕極矣。」朱震《漢上易傳》則專就三、上作比較，亦言：「上，極也。消息盈虛，與時偕行則无悔；偕極則窮，故有悔也。」

❼知進而不知退，知存而不知亡，知得而不知喪

船山《易內傳》：「進退，以行言；存亡得喪，以遇言。保其固有曰存；本所無有曰亡；得所未有曰得；失其所有曰喪。」舉例來說：《論語・述而篇》所說的「暴虎馮河，死而無悔」，可說知進而不知退。《戰國策》記「馮諼市義」，則因孟嘗君知存而不知亡。《穀梁傳・僖公二年》所敘虞國「受幣借道」，可說是知得而不知喪。

❽其唯聖人乎！知進退存亡而不失其正者，其唯聖人乎

此處言「進退存亡」而「得喪」自在其中。而最重要的是提出一個「正」字，表明進退存亡得喪都必須有一個基本不可失的原則在，絕非見風轉舵，隨俗浮沉的意思。《孟子・萬章下》記載著：伯夷「治則進亂則退」，為「聖之清者」；伊尹「治亦進亂亦進」，為「聖之任者」；柳下惠「進不隱賢，遺佚而不怨」，為「聖之和者」；孔子「可以處而處，可以仕而仕」，為「聖之時者」。四人對於進退，或採清高態度，或採負責態度，或採合作態度，或集其大成：容或小異；但都不失原則，都可稱為聖人。正好可作此處聖人知進退存亡得喪的例子。朱子《本義》：「知其理勢如是，而處之以道，則不至於有悔矣！固非計私以避害者也。再言『其唯聖人乎』，始若設問，而卒自應之也。」以上為〈文言傳〉第四次解釋乾上九爻辭。

語譯

上九爻辭所說的：「亢龍有悔。」是什麼意思呢？孔子說：「尊貴卻沒有地位實權；崇高卻沒有民眾支持；正直能幹的人處在下層社會而不願出來輔佐。因為這三種原因，每有舉動，常生悔恨啊！」

上飛不下的龍，所以會悔恨，是因為遭到窮途末路的災難啊！

上飛不下的龍，所以會悔恨，是因為時勢已經發展到極限啊！

「亢」這個字的意思是說：知道前進，不知道後退；知道自己固有的，不知道自己沒有的；知道自己得到的，不知道自己失去的。一定只有聖人吧！知道進退、有無、得失的道理而能夠作最正確處理的人，一定只有聖人吧！

附錄古義

班固《漢書·五行志》：「傳曰：『皇之不極，是謂不建。……厥極弱。……』……皇，君也；極，中；建，立也。人君貌言視聽思心五事皆失，不得其中，則不能立萬事。……上失中，則下強盛而蔽君明也。《易》曰：『亢龍有悔。貴而亡位，高而亡民，賢人在下位而亡輔。』如此，則君有南面之尊，而亡一人之助，故其極弱也。」

陳壽《三國志·蜀書·譙周傳》：「景耀六年冬，魏大將鄧艾克江山，長驅而前。而蜀本謂敵不便至，不作城守調度。及聞艾已入陰平，百姓擾擾，皆迸山野，不可禁制。後主使群臣會議，計無所出。或以為蜀之與吳，本為和國，宜可奔吳；或以為南中七郡，阻險斗絕，易以自守，宜可奔南。惟周以為：自古以來，無寄他國為天子者。……願陛下早為之圖，可獲爵土。若遂適南，勢窮乃服，其禍必深。《易》曰：『亢之為言，知得而不知喪；知存而不知亡；知得失存亡而不失其正者，其惟聖人乎！』言聖人知命而不苟必也。故堯舜以子不善，知天有授，而求授人。子雖不肖，禍尚未萌，而迎授與人，況禍已至乎？」

繫辭傳

亢龍有悔。子曰：「貴而无位，高而无民，賢人在下位而无輔，是以動而有悔也❶。」

注釋

❶在朱熹《本義》，此數句屬〈繫辭傳〉上篇第八章。全章說明卦象中有六爻之變化，並舉中孚九二、同人九五、大過初六、謙九三、乾上九、節初九、解六三、大有上九，共八爻爻辭，說明大義。此條文字與〈文言傳〉雷同，故不贅注。

語譯

亢龍有悔。孔子說：「尊貴卻沒有地位實權；崇高卻沒有民眾支持；正直能幹的人處在下層社會而不願出來輔佐。因為這三種原因，每有舉動，常生悔恨啊！」

用九用辭

用九❶：見群龍，无首❷，吉❸。

注釋

❶用九

用辭名，數也。用，帛書作「迵」。《說文》：「迵，迵迭也。迭，更迭也。」是更迭輪換的意思。假借為「通」。今本〈繫辭傳〉「通變之謂事」、「變通配四時」、「往來不窮謂之通」、「變通莫大乎四時」、「變而通之以盡利」、「通則久」之通，帛書皆作「迵」。又假借為同，〈繫辭傳〉二「而觀其會通」，二通字帛書皆作「同」。通，有全部、整個之義。《孟子・離婁下》「匡章，通國皆稱不孝焉」之通即其例證。迵九，是乾卦六爻全部同為老陽「九」，行將輪流更替，變為六個少陰而成坤卦的意思。迵殆兼迵、通、同三字之義。今本作「用」，似不如作「迵」為妥。古注唯《集解》所引劉瓛曰：「總六爻純九之義，故曰用九也。」最符原意。在《周易》六十四卦中，只有乾卦於六爻爻辭後另有「用九」；坤卦於六爻爻辭後另有「用六」。這是因為乾六爻純陽皆九、坤六爻純陰皆六，六十四卦三百八十四爻，非陽即陰，皆淵源於乾九坤六的緣故。朱子《本義》：「用九，言凡筮得陽爻者，皆用九而不用七。蓋諸卦百九十二陽爻之通例也。以此卦純陽而居首，故於此發之。」就有這種意思。熊十力更在《讀經示要》中闡發其義旨云：「竊意乾坤二卦，所以有用九用六之文者，蓋乾坤實非可分析為二片。言乾，而坤在其中也；言坤，而乾在其中也。今乾卦六爻皆陽，則於乾坤大備之全作用中，而特舉乾以言，故曰用九；坤卦六爻皆陰，則亦於乾坤大備之全作用中，而特舉坤以言，故曰用六。故用九用六云者，明乾坤皆用也。其體則太極也。太極本寂然無形，而其顯為大用，則有乾坤二方面可言。余《新論》之言翕闢，實與《大易》互相發明，學者詳之可也。六十二卦，皆本乾坤，故更無用九用六之文。」頗有特識。在筮法上，如乾六爻皆為七，乾質不變，以乾卦辭占；如皆為九，由乾變坤，則以用九占。坤六爻若皆為八，坤質不變，以坤卦辭占；如皆為六，由坤變乾，則以用六占。試以《左傳》所載《周易》筮法為例以說明。〈昭公二十九年傳〉：「《周易》有之：在乾䷀之姤䷫，曰：『潛龍勿用。』其同人䷌曰：『見群龍无首吉。』坤之剝䷖曰：『見龍在田。』其大有䷍曰：『亢龍有悔。』其夬䷪曰：『飛龍在天。』其坤䷁曰：『龍戰于野。』若不朝夕見，誰能物之？」乾之姤，初爻變，便以乾初九占；乾之同人，二爻變，便以乾九二占；乾之大有，五爻變，便以乾九五占，乾之夬，上爻變，便以乾上九占；乾之坤，六爻皆變，便以「用九」占。朱熹《周易本義》卷首嘗載〈筮儀〉，又《易學啟蒙》嘗從《左傳》、《國語》所記歸納出《周易》筮法，作〈考變占第四〉，並列圖以明之，茲附錄於本書之末，以供好事者參考。

❷見群龍，无首

此是用九的「象」。乾六爻皆龍，或潛、或見、或惕、或慮、或飛、或悔，都出現了。无首，一方面是對「見群龍」現象的描繪；另一方面，也是所以「吉」的原因。因此在句讀與義理上，都十分值得琢磨。先說句讀。劉向《說苑》嘗引「《易》曰无首吉」，《集解》引宋衷亦有「故曰无首吉」，王《注》、孔《疏》、程《傳》也都以「无首吉」斷句。唯朱熹《本義》曰：「蓋六陽皆變，剛而能柔，吉之道也；故為『群龍无首』之象，而其占為如是則『吉』也。」為兼顧這二種不同句讀，今斷其句為：「見群龍，无首，吉。」在義理方面，劉向、宋衷所說，其實與王、孔、程、朱頗多相異。《說苑・至公》說：「《易》曰：『无首吉』，此蓋人君之公也。」是對人而言，指一本至公，無所偏私。宋衷曰：「用九，六爻皆九，故曰見群龍。純陽，則天德也；萬物之始，莫能先之，不可為首。先之者凶，隨之者吉。故曰无首吉。」天德，猶今所言自然法則。宋衷蓋以「无首」為不可逾越自然法則義。熊十力解釋此句，上承劉、宋，而更有創發，最能由古典中發現新義，《讀經示要》云：「見群龍无首者，於大用流行，而特舉乾之方面以言，則見眾陽俱為君長，更無有超越眾陽而為首出之上神者，故以群龍无首象之。」又云：「非獨不承認有超越萬有之上神，即亦不可離現象而覓本體，乃即於一切現象而識本體。故為群龍無首之象。」又云：「復次以治化言，則人道底於至治之休。其時人各自治，而亦互相為理也；人各自尊，而亦互不相慢也；人各自主，而亦互相聯繫也；人各獨立，而亦互相增上也；人皆平等，而實互敦倫序也。全人類和諧若一體，無有逞野志，挾強權，以劫制眾庶者。此亦群龍無首之象。《春秋》太平，〈禮運〉大同，皆自乾元之義，推演而出。」熊氏由「无首」導出「本體不離現象」、「平等」等義，灼見卓識，已青出於藍，非劉、宋所能局限。至於王弼《注》云：「夫以剛健而居人之首，則物之所不與也。故乾吉在无首。」孔《疏》依之。程《傳》云：「无為首則吉也；以剛為天下先，凶之道也。」《本義》亦云：「言陽剛不可為物先。」王夫之對此極表反感，《周易內傳》云：「王弼附老氏不敢為天下先之說，謂无首為藏頭縮項之術。則是孤龍而喪其元也。《本義》因之，所不敢從。」又於謙卦辭下亦云：「君子……念道之無窮，而知能之有限，……則匹夫匹婦勝予是懼，而不忍以驕亢傷之。……如老聃之教，……以其至柔馳騁天下之至剛，已愈退則物愈進。待其進之已盈，為物情之所不容，然後起而撲之，無能出其網羅者，以為妙道之術。」換句話說：儒家之說「无首」與「謙」，是對個人知能的局限有所認識，因而不敢驕亢；而道家之說「不敢為天下先」，則是一種手段，目的在「故能成器長」。船山於此最能辨其毫釐。我個人對劉向、宋衷、王船山、熊十力之說，較能認同。

❸吉

此是用九的「占」。吉，為《周易》常用語。根據〈上繫〉：「吉凶者，言乎其失得也。」我們可以認為有「得」為「吉」；有「失」為「凶」。當然，所謂失、得，不限於物質方面，也不限於個人；要注意人類福祉的增進，此為大得；自然法則的維護，以免大失。案：六爻全變，唯乾以用九占；坤以用六占；其他六十二卦皆以所變之卦（即「之卦」）卦辭占。換句話說，若無用九，乾六爻全變即以坤卦辭占。那麼「用九」與「坤卦辭」異同何在？朱熹《本義》：「《春秋傳》曰：『乾之坤，曰「見群龍无首，吉。」』蓋即純坤卦辭：牝馬之貞，先迷後得，東北喪朋之意。」所言重在兩者之同。《周易折中》引林希元（著有《易經存疑》）曰：「或疑无首之吉，剛而能柔則吉也；牝馬之利，順而能健則利也。剛而能柔，與順而能健者，性體自是不同。而《春秋傳》曰：『乾之坤曰「見群龍，无首，吉。」』何也？曰：乾變之坤，雖為坤之所為；然本自剛來，與本是坤者不同。坤變之乾，雖為乾之所為；然本自柔來，與本是乾者不同。故乾无首之吉，終不可同於坤牝馬之貞；坤永貞之利，終不可同於乾之元亨。聖人不教人即所變之卦以考其占，而別著自此至彼之象占者，正以其有不可同耳。」所言重在兩者之異。《周易折中》案語云：「乾坤者，天地之大義。乾雖變坤，未可純用坤辭也；坤雖變乾，未可純用乾辭也；故別立用九、用六，以為皆變之占辭。此其說亦善矣！以理揆之，則凡卦雖全變，亦無盡棄本卦而不觀之理，不獨乾坤也。故須合本卦、變卦而占之者近是。」更推廣林希元之意，以為其他六十二卦六爻皆變者，亦須合本卦、之卦兩卦辭比較合參云。

語譯

乾卦六爻全部同為老陽「九」，就像紛紛出現的龍群一樣，誰也不可強居首位，大家都是平等的，必須彼此尊重，和諧互助，才能有美好的收穫。

附錄古義

《左傳・昭公二十九年》見乾初九爻辭附錄古義。

劉向《說苑・至公》：「《書》曰：『不偏不黨，王道蕩蕩。』言至公也。古有行大公者，帝堯是也。貴為天子，富有天下，得舜而傳之，不私於其子孫也。去天下若遺躧；於天下猶然，況其細於天下乎！非帝堯孰能行之？孔子曰：『巍巍乎！惟天為大，惟堯則之。』《易》曰：『無首吉。』此蓋人君之至公也。」

象傳

用九，天德不可為首也❶。

注釋

❶天德不可為首也

德，得也。〈上繫〉：「一陰一陽之謂道。」在這一陰一陽之道中，天所得到的是陽，所以天德是純陽，也正是用九所用的純陽天德。天德流行，終而復始，因此無法確定終始。以空間來說：宇宙的中心或宇宙的起點，到底是地球？太陽？或銀河？以時間來說：一年的開始，是冬至？是立春？是舊曆正月初一？或新曆元旦？任何一個答案都對，也都不對。這就證明天德流行，終而復始，也就無終無始。所以〈象傳〉用「天德不可為首也」，為爻辭「群龍无首」進一新解。同時作為「用九」群陽周流六虛的說明。《折中》引明人谷家杰曰：「一歲首春，一月首朔，似有首矣；然春即臘之底，朔即晦之極，渾渾全全，要之莫知所終，引之烏有其始，更無可為首也。用九者，全體天德，循環不已，聖人之御天者，此也。」船山《易內傳》云：「天之德無大不屆、無小不察。周流六虛、肇造萬有，皆其神化。未嘗以一時一物為首，而餘為從，以朔旦冬至為首者，人所據以起算也，以春為首者，就草木之始見端而言也。生殺互用而無端；晦明相循而無間；普物無心運動而不息；何首之有？天无首，人不可據一端以為首。見此而知其不可，則自彊不息，終始一貫，故足以承天之吉。」都點出這番意思。

語譯

乾卦六爻全部同為「九」，代表乾元天德的流行，終而復始，循環不息，無不覆蓋，無不化育，不可執著一時一地一事一物，強以為開始。

文言傳

乾元用九，天下治也❶。

乾元用九，乃見天則❷。

注釋

❶乾元用九，天下治也

乾元，言乾為眾卦之首，具始生之德。已詳乾〈彖傳〉「大哉乾元」注釋。乾元用九，大公無私，人人平等，互敬互助，盡人盡物，化育齊同，所以天下安定，生機盎然。這是就「用」方面說明乾元用九。〈文言傳〉前已言：「飛龍在天，上治也。」此又言：「乾元用九，天下治也。」二者之異同，孔穎達有說。《正義》：「九五止是一爻，觀見事狹，但云『上治』；乾元總包六爻，觀見事闊，故云『天下治也』。」可從。

❷乾元用九，乃見天則

天則，即天象法則。如建子十一月，陽氣潛藏；建寅正月，天下文明；建辰三月，終日乾乾，與時偕行；建午五月，乾道乃革；建申七月，位於天德；建戌九月，與時偕極。陰陽消長，寒暑往來，周而復始，無所謂首。正是天象的法則。而人於《周易》乾元用九中，就能「見」此天則而效法它。《論語・泰伯》云：「巍巍乎，唯天為大，唯堯則之。」是以天為則的一個例子。這是就「體」方面說明乾元天德。項安世《周易玩辭》嘗較論上九、用九云：「乾辭言用九者四，其義皆難遽通；連亢龍章讀之，則義明矣。知居終之有悔，則知无首之當吉；知盈之不可久，則知首之不可為；知窮之足以致災，則知不窮之足以致治；知極為天時之極，則知變為天則之變矣。」所言甚是。

語譯

乾是六十四卦的一個源頭，當乾六爻同為九的時候，代表天下已是平等成熟的社會，治理得很安定。

乾是六十四卦的一個源頭，當乾六爻同為九的時候，代表宇宙已是穩定運作的時空，其中可以發現自然的法則。

附錄古義

裴松之《三國志・吳書・虞翻傳・注引翻別傳》：「翻奏曰：『孔子曰：「乾元用九而天下治，聖人南面，蓋取諸離。」斯誠天子所宜協陰陽致麟鳳之道矣。』」

坤卦經傳通釋第二

卦辭

䷁ 坤下坤上 坤❶：元亨，利牝馬之貞❷。君子有攸往：先，迷；後，得主，利❸。西南得朋，東北喪朋❹。安貞吉❺。

注釋

❶ ䷁ 坤下坤上 坤

卦名，數也。坤，六畫之卦名。下卦是三畫的坤，上卦也是三畫的坤。當占筮所得六爻皆少陰「八」，也就是本卦、之卦都是坤，以坤卦辭占。坤，《經典釋文》：「字本作巛。」帛書字正作巛，就是川字。川水順流而下，所以由川孳乳而有順字。川、順、坤，三字疊韻。段玉裁《六書音均表》都列在古音第十三部。〈說卦傳〉：「坤，順也。」為坤字的本義。地之承天，既接受陽光，也接受雨雪；地之載物，美惡不拒，是十分柔順的。所以〈說卦傳〉又說：「坤為地。」於是地便成為坤最主要的象徵之物。〈繫辭傳上〉：「《易》有太極，是生兩儀。」又說：「天尊地卑，乾坤定矣。」所以坤和乾一樣，淵源於「太極」。太極原只是一個渾淪未判的元氣。就自然方面說，它是模糊的星雲。然後輕而清的氣體上升而為天為乾；重而濁的水物凝聚為地為坤。就人生方面來說，太極本是原始單一的受精卵。隨著生命的成長，於是有男性女性之別。男稟陽剛之氣，為乾；女稟陰柔之質，為坤。而表現於外的，又有受之於天命的「道德我」，為乾；有形之於軀殼的「情欲我」，為坤。天地男女，都基於太極中的陰陽二原理，萬物亦然。《中庸》首章朱熹注：「天以陰陽五行化生萬物，氣以成形，而理亦賦焉。於是人物之生，因各得其所賦之理，以為健順五常之德，所謂性也。」可移此作注腳。〈序卦傳〉：「有天地然後萬物生焉。」所以《周易》以坤卦次於乾卦，成為六十四卦中最前面的兩卦。乾六爻皆陽，坤六爻皆陰，以相對為序。六十四卦中，除乾坤外，頤䷚與大過䷛，坎䷜與離䷝，中孚䷼與小過䷽，也都以陰陽相對為序。

❷元亨，利牝馬之貞

此為坤卦的「占」，且占中攝「牝馬」之象以證「占」。乾具「元亨利貞」四德。坤順乾之健，也具乾之四德。只是於貞，為「牝馬之貞」，有所限制罷了。茲分釋於下。先說「元亨」。元有始義，大義。有天無地，物無以成；有花無粉，果無以結；有父無母，人無以生；有德無情，德無以發揮：所以相對於乾元，坤元具始生、大成之義。亨為亨通。坤在自然方面代表地球。《正義》：「地之為體，亦能始生萬物，各得亨通。故云元亨。」在人事方面，坤代表女性、軀體、情感等等。《集解》引干寶曰：「陰氣之始，婦德之常，故稱元；與乾合德，故稱亨。」「德」要「行」，而「行」有賴於健康的身體和發而皆中節的情感表現。再說「利牝馬之貞」。馬行地上，最能負重致遠。《集解》引干寶曰：「行天者莫若龍，行地者莫若馬。故乾以龍繇，坤以馬象。」牝馬性情尤其柔順。宋俞琰《周易集說》曾記述：「北地馬群，每十牝隨一牡而行，不入他群；是為牝馬之貞。坤道以陰從陽，其貞如牝之從牡則利，故曰利牝馬之貞。」所以此處用牝馬作為柔順的象徵。貞為固重，含守常不變之意。意義因卦而有小異。如乾為健，則貞為貞健，即守其貞健而不變；坤為順，則貞為貞順，即守其貞順而不變。關於利牝馬之貞，熊十力有極為卓越的新看法。《讀經示要》云：「坤具乾之四德。而於貞，則曰牝馬之貞，頗與乾異。乾以剛固為貞，坤則以柔順而貞。牝馬柔順而健行，故取其象。蓋乾卦以四德顯體，此六十四卦，三百八十四爻之所同具也。而自坤卦以下，凡舉四德，或全或否，則皆就吾人之修為而言。明儒所謂由工夫說到本體，即此意。形不可以役心。心，乾也，陽也；形，坤也，陰也。心不能主乎形，而為形所役，則是坤不順從乾。陰侵陽，此佛氏所呵為顛倒也。故君子存心養心之功，必時時提醒，不使心為形役。如顏子之非禮勿視，非禮勿聽，非禮勿言，非禮勿動，即使形不得役心，坤守順以從乾也。欲不可以違理。違理之欲，邪欲也。邪欲，陰也，屬坤。理，陽德也，乾也。邪欲不守順而違理，人道絕矣。私不可以背公。如帝制與獨裁之治，以獨夫專政柄，而違天下之公道，此惡德也。惡德即陰也，屬坤。少數人剝削群眾利益，與強國兼併弱小，皆以私害公，並是惡德，屬坤可知。凡事之出於公道者，皆陽德，屬乾。以私背公，則陰犯陽。大逆大亂之道也。故知坤道守順，而不可侵乾。則無敢以私背公者。明坤道在順，以從陽而得貞，故以牝馬象之也。君子知此，當不迷於所得矣。」熊氏以心、理、公屬乾；形、欲、私屬坤。形不得役心；欲不得違理；私不得背公。所以坤以從陽而得貞。此義本於船山《易內傳》，而說明尤較船山詳盡（請參閱下條注釋）。

❸君子有攸往：先，迷；後，得主，利

「君子」以下，至卦辭結束，都是以「有攸往」為例，告占者的「斷占之辭」。攸，所也。迷，失道妄行。《韓非子・解老篇》：「凡失其欲往之路而妄行者，謂之迷。」主，主從之主。此指坤道應從乾道，以乾道為主。利，船山《易內傳》謂：「凡言利者，皆益物而合義之謂，非小人以利為利之謂。」關於坤卦辭此句的句義，根據《集解》引盧氏（景裕，北魏人，著有《周易注》。拙作《魏晉南北朝易學書考佚・北魏盧氏周易注》曾詳加述評。）云：「坤，臣道也，妻道也，後而不先，先則迷失道矣。故曰先迷。陰以陽為主，當後而順之則利，故曰後得主利。」在帝制時代，這種解釋自然是恰當的。程《傳》云：「陰從陽言也，待唱而和。陰而先陽，則為迷錯，居後乃得其常也。……臣道亦然。君令臣行，勞於事者，臣之職也。」仍不出盧氏的範圍。首先把坤卦從「臣妾之道」轉為「義利之辨」的是朱熹。《本義》云：「陽先陰後，陽主義，陰主利。」船山《易內傳》擴大朱子的意見，云：「坤者，攸行之道也。君子之有所往，以陰柔為先，則欲勝理，物喪志而迷。以陰柔為後，得陽剛為主而從之，則合義而利。」於「義利」之外，更括出欲與理，形與志，對乾坤陰陽的道德哲學有進一步的發揮，從而更符合了孔子以《周易》為寡過之書的觀念。熊十力以心、理、公屬乾；形、欲、私屬坤（參閱上條注釋），實本於船山。熊氏於《讀經示要》又云：「總之，萬惡之源，只是己私。人生只隨順軀殼起念，而不知趣求超越軀殼之靈性生活，便成己私。此須反己察識。若以陰私為先，而障蔽固有之健德，人生便長溺迷惑之深淵，故曰先迷。言以陰私為先，即成迷亂也。反之，而能以小己軀殼之私為後，即陰私被抑，則障蔽不生，而健德常為一身之主，流行無間。故云後得主。得主，即內部生活和諧，無不利。」說理尤為暢達。

❹**西南得朋，東北喪朋**

朱震《漢上易叢說》引王肅曰：「西南陰類，故得朋；東北陽類，故喪朋。」王弼《注》云：「西南致養之地，與坤同道者也，故曰得朋；東北反西南者也，故曰喪朋。」《集解》引崔憬曰：「西方坤、兌，南方巽、離，二方皆陰，與坤同類。」案〈說卦傳〉之論方位：震東，兌西，離南，坎北，巽東南，乾西北，坤西南，艮東北。〈說卦傳〉之論陰陽：乾為父、震長男、坎中男、艮少男，皆陽類；坤為母、巽長女、離中女、兌少女，皆陰類。綜合二者，西與南為坤巽離兌，皆陰；東與北為乾震坎艮，皆陽。所以坤陰往西南就得到陰柔的朋黨；坤陰往東北就失去陰柔的朋黨。得朋喪朋，利弊如何？這是一個值得思考的問題。留待〈彖傳〉來解答。蹇䷦卦辭：「利西南，不利東北。」蹇艮下為少男，坎上為中男，利西南以覓妻也。解䷧卦辭「利西南」，解坎下震上，皆男性，亦利西南訪陰。漢儒如馬融以卦氣來解釋；荀爽以消息來解釋；虞翻以納甲來解釋。都嫌穿鑿附會。拙作《魏晉南北朝易學書考佚》一書王肅章曾有詳細的敘述和評論，可供參考，此不贅述。

❺**安貞吉**

安於貞順則吉。詳細點說：利安於順義，欲安於順理，形安於順志，私安於順公，就能得貞獲吉。王弼《注》云：「陰之為物，必離其黨，之于反類，而後獲安貞吉。」

語譯

六爻的坤是由兩個三爻的坤上下重疊而成。象徵著大地，有柔順的美德。坤與乾合德，始生萬物，使各得亨通。利於具有像母馬追隨公馬負重致遠的貞潔柔順的品德。至柔至順的君子，受到這種現象的啟示。知道如果要到什麼地方去，或者要做什麼事，自己感情用事率先行走就容易迷路；跟隨聖人或公眾後面，得到領路的人，追隨真理，服從正義，這樣才好。如往西南，可以遇到同性的朋友；如往東北，就喪失這些朋友了。無論如何，只要安心地以正義、真理、道德、公眾為依歸，保持貞順正常的美德，總是有所收穫的。

附錄古義

班固《漢書・天文志》：「東北，地事天位也。故《易》曰：『東北喪朋。』」顏師古《注》引孟康曰：「東北陽，日月星辰起於牽牛，故為天位；坤在西南，紐於陽，為地統，故為地事也。」

杜佑《通典・四十四・引秦靜臘用日議》：「《尚書》、《易經》說五行水火金木土王相，行天地陰陽之義，故《易》曰：『坤為土。』土位西南，黃精之君盛在未，故大魏以未祖。戌者，歲終日窮之辰，不宜以為歲初祖祭之行始也。《易》曰：『坤利西南得朋，東北喪朋。』丑者，土之終，故以丑臘，終而復始，乃終有慶。宜如前以未祖丑臘。」

象傳

至哉坤元，萬物資生，乃順承天❶。坤厚載物，德合无疆；含弘光大，品物咸亨❷。牝馬地類，行地无疆，柔順利貞❸。君子攸行，先迷失道，後順得常❹。西南得朋，乃與類行；東北喪朋，乃終有慶❺。安貞之吉，應地无疆❻。

注釋

❶至哉坤元，萬物資生，乃順承天

此釋卦辭「元」字。稱坤元，是因為乾坤都是其他六十二卦的源頭，詳已見乾〈彖傳〉注釋。乾〈彖傳〉讚美「大哉乾元」。坤德法乾，至乾之大而後止，所以言「至哉坤元」。讚美坤元至柔至靜，能配合乾德。坤〈文言〉：「坤至柔而動也剛，至靜而德方。」正是此意。乾元，像天上的陽光和雨露，萬物靠著才發始，故云「萬物資始」；坤元，像地面的泥土和水，萬物靠它才產生，故云「萬物資生」。朱子《本義》：「始者氣之始；生者形之始。」船山《易內傳》：「陰非陽無以始，而陽藉陰之材以生。」是十分富啟發性的見解。讀者試與坤卦辭注釋所引熊十力語參看，可發現《易》學思想的演變發展。乾元言「統天」；坤元要「順天」。《讀經示要》云：「萬物資於乾以始者，理也；資於坤以生者，材也。理健而主施；材順而主受。順以承健，譬如地承天施。故曰乃順承天也。世俗共計天以光熱雨露之澤施於地，而地承之。故《易》乃順俗以取象。其意在明萬物之材質，莫不受成於乾，易言之，即莫不受成於理也。」

❷坤厚載物，德合无疆；含弘光大，品物咸亨

此釋卦辭「亨」。言地深厚廣大，能藏載萬物。這些萬物，資始於天，資生於地。換句話說，憑藉天道而「始」者，還需憑藉地道而「生」。因此，坤德配合无疆之乾德的重要性，是十分明顯的了。含弘光大四字，表明坤德的狀態。含為包容，言坤於萬物，無所不蓄；弘為寬裕，言坤於萬物，無所不有；光為昭明，言坤於萬物，無不使之顯著；大為博厚，言坤於萬物，無不使之成長。而其結果，使「品物咸亨」。即所有動物、植物、無生之物，都能順著天理地形，而得亨通。

❸牝馬地類，行地无疆，柔順利貞

此釋卦辭「利牝馬之貞」。牝馬具柔順負重之性，與地道之至柔至靜無不持載相類。二者均為坤之象徵，所以說「牝馬地類」。天行至健，牝馬以陰柔之質稟順行健的天性，所以能行地无疆。總之，卦辭所謂「利牝馬之貞」，是以牝馬來象徵柔順。唯其柔順，所以稟承天命造福萬物而能利，所以專心一意從陽守正而能貞。案：《正義》以「柔順利貞，君子攸行」屬下句；程朱以「柔順利貞，君子攸行」屬此句。今依文義，並參考船山《易內傳》，定為「柔順利貞」屬此句；「君子攸行」屬下句。

❹君子攸行，先迷失道，後順得常

此釋卦辭「君子有攸往：先，迷；後，得主，利」。《集解》引何妥曰：「陰道惡先，故先致迷失，後順於主，則保其常慶也。」宋儒邱富國《易全解》曰：「坤道主成，成在後。故先乾而動，則迷而失其道；從乾而動，則順而得其常。」熊氏《讀經示要》：「道者，謂事物當然之則也。陰私故迷，迷，故不解事物當然之則不可違，而有失道之咎。後其陰私，即固有剛健之心，不受障蔽，恆炯然為主於中，於是事物之感，雖萬變不常，而中恆有主，即應之以各當其則，而不可亂，故曰得常。」三家觀點雖然稍異，但都能抉發易旨。

❺西南得朋，乃與類行；東北喪朋，乃終有慶

此釋卦辭「西南得朋，東北喪朋」。坤往西南，所以得朋，是因為與巽離兌陰類同行。坤往東北，雖然喪失陰類的朋友，但能會合乾元。天地絪縕，萬物化生；以情從性，天下為公。所以終有可慶幸的事。船山《易內傳》云：「吉自外來曰慶。」

❻安貞之吉，應地无疆

此釋卦辭「安貞吉」。坤以柔順為貞，所以安於貞順，則吉。並且與地道相應而至無疆。《論語・衛靈公》：「子張問行。子曰：『言忠信，行篤敬，雖蠻貊之邦行矣；言不忠信，行不篤敬，雖州里行乎哉！』」《中庸》云：「君子無入而不自得焉。」意並相近。基督教《舊約・詩篇三七章十一節》：「謙卑的人必承受地土，以豐盛的平安為樂。」又《新約・馬太福音五章五節》：「溫柔的人有福了，因為他們必承受地土。」亦可資較論。

語譯

至柔至靜而與乾元同樣偉大的坤啊，是六十四卦另一源頭。萬物由於它才能產生。它順從地承受天道的指導。坤道像大地般的深厚廣大，藏載著萬物。坤德密切的，完全的配合著无疆的乾德。包含了弘揚了萬物，使萬物光輝成長。因而各類物品都能順著天理地形而得亨通。母馬與大地具有類似的德性，承受行健的天性，在無盡的地面上奔馳著。由於它的溫柔和順，所以能從陽守正，造福萬物。君子行路做事，任意領頭妄行，就會迷路失敗；追隨聖人或公眾之後，順從正義與真理，配合理智，才能踏上正常的道路，符合做事的常規。往西南會見了許多朋友，於是就跟同屬陰類的同行；往東北喪失了許多朋友，卻能以陰從陽，終有可以慶幸的事。安於貞順所得的好處，跟地道相應，浩瀚廣大，永無盡期。

附錄古義

班固《漢書・律曆志》：「東北，丑位。《易》曰：『東北喪朋，乃終有慶。』答應之道也。」

象傳

地勢坤❶，君子以厚德載物❷。

注釋

❶地勢坤

以地與天相比較，天的氣象崇高而偉大；地的形勢卑順而深厚。地藏金玉，也不拒糞土。是地勢卑順深厚的例證。《中庸》：「博厚，所以載物也；高明，所以覆物也；悠久，所以成物也。博厚配地，高明配天，悠久無疆。」又云：「今夫天，斯昭昭之多，及其無窮也，日月星辰繫焉，萬物覆焉；今夫地，一撮土之多，及其廣厚，載華嶽而不重，振河海而不洩，萬物藏焉。」言天地之德十分精彩，可以參看。

❷君子以厚德載物

言君子效法地勢卑順的現象，也要憑藉其厚如地的大德，不計大小、輕重、久暫、智愚、貴賤、毀譽，更不可存有性別、年齡、親疏、地域、階級、族群的成見，容載一切事物，並且各順其性，使之發揮功能。孔門所謂「有教無類」、「因材施教」也。厚德所以修己；載物所以待人接物。德不厚則無以載物；未能載物而自謂厚德，吾不知其可也。船山《易內傳》於此注云：「君子體坤之德，順以受物。合天下之智愚貴賤，皆順其性而成之。不以己之所能責人之不逮。仁禮存心而不憂橫逆之至。物無不載也。六十四卦之變動，皆人生所必有之事，抑人生所必有之幾。特用之不得其宜為惡。故雖乾坤之大德，而以剛健治物，則物之性違；柔順處己，則己之道廢。惟以乾自彊，以坤治人，則內聖外王之道備矣。餘卦之德，皆以此為統宗，所謂易簡而天下之理得矣。」由坤順治人、乾剛自強而論六十四卦之用，深得易簡之理。熊氏《讀經示要》更補充說：「船山所言，雖未及為政，而為政亦不外是。夫受眾庶之推，而持天下之柄者，不憂群志之不孚。而開誠以與天下相見，則順物之性而成之，何不孚之有。不恃己之能，以宰制萬類，而天下皆有其可盡之能。仁以貞天下之志，禮以通天下之情。天下自消其險阻，而游於大同之宇。故厚德載物，易所以立人道之極，定至治之則。由之則吉，失之則凶。近世列強，以殘刻相尚，內劫持其群，而外肆侵略。人相食之禍未已。厚德載物之義，不可以喻諸凶猘。易不可見，而乾坤熄，聖人之憂來世，曷有極哉。」由易理而言政治，可供參考。又：厚德載物的反面，是嫉妒。當別人擁有美德、智慧、榮譽、權勢、財富，而自己認為也應擁有而實未擁有，一般的人常易產生嫉妒，於是費盡心思挖掘甚至捏造別人的不是，來毀壞別人。克制嫉妒的方法，一方面是培養自己的厚德，並盡力克服自己的過錯。另一方面是像《論語》上說的：「君子尊賢而容眾，嘉善而矜不能。」從小培養尊重賢能，欣賞別人的美德，而接納世俗，寬容別人的錯誤。別人某些令你痛恨的行為，也許正是自己想做而不敢做的。《論語‧顏淵》記孔子的話說：「君子成人之美，不成人之惡；小人反是。」基督教也要人「原諒別人七十七個七次」，這些都應牢記。

語譯

地勢是卑順深厚的，君子因此也要憑藉其厚如地的大德，容載一切事物，使萬物各順其性而發揮功能。

文言傳

坤至柔而動也剛，至靜而德方❶。後得主而有常，含萬物而化光。坤道其順乎，承天而時行❷。積善之家，必有餘慶；積不善之家，必有餘殃❸。

注釋

❶坤至柔而動也剛，至靜而德方

此釋卦辭「元亨，利牝馬之貞」。坤本質是柔順的。但當其接受乾道而行動，亦有其剛強的一面，所以〈說卦傳〉云：「立地之道曰柔與剛。」以女性為例：「女性弱者」，似乎是至柔的；但「為母則強」，也有其剛強的一面。再以牝馬為例：本身是「至柔」的，當其承受天行健的乾道，亦能「行地无疆」，便「而動也剛」了。坤本質除柔順之外，而且是寂靜的。當其承乾施德，行為亦有一定的原則，那就是與乾合德，體現其廣生萬物的功能。〈繫辭傳上〉：「夫坤，其靜也翕，其動也闢，是以廣生焉。」正是此意。

❷**後得主而有常，含萬物而化光。坤道其順乎，承天而時行**

此釋卦辭「君子有攸往：先，迷；後，得主，利」。後得主而有常，即〈彖傳〉「後順得常」的意思；含萬物而化光，即〈彖傳〉「含弘光大」的意思。化為化育，光為光輝發越。坤道其順乎的「其」字，猶「必」也，即「一定是」的意思，「承天」即卦辭「得主」意；「時行」為依四時而行生長收藏之事。

❸**積善之家，必有餘慶；積不善之家，必有餘殃**

前人都以為這幾句是解釋初六爻辭的，茲依文義及叶韻定為釋卦辭「西南得朋，東北喪朋。安貞吉」。積善之家必有餘慶，釋「東北喪朋」，即〈彖傳〉「東北喪朋，乃終有慶」的意思。積不善之家必有餘殃，釋「西南得朋」，即〈彖傳〉「西南得朋，乃與類行」的意思。在坤卦辭、〈彖傳〉的注釋，我已屢引王船山、熊十力的意見，說明：就個人方面，意志為陽；軀體為陰。從而指出源於意志之理智亦為陽；源於軀體的欲望亦為陰。就社會方面，大眾為陽；小我為陰。從而指出源於大眾之公益亦為陽；源於小我之私利亦為陰。推而廣之：天為陽，地為陰；精神為陽，物質為陰；形上為陽，形下為陰。陰陽是相輔相成的，原不可定其善惡。無軀體，則意志無法實現；公益原為小我私利的普遍。但是當陰陽相合之際，仍有一個主從的分別：欲望要服從理智的指導；私利不可違反公眾的利益。就這個觀點看坤卦：坤陰往西南，會合群陰，雖一時得朋，卻有結黨營私，拋棄真理，為了私欲的滿足，相與為惡之嫌。所以積其邪行，終必遺後禍。若往東北，會合群陽，服從群陽的領導，雖一時喪朋，然去欲從理，去私從公，正義伸張。所以積其善行，終必有餘慶。〈文言傳〉此節，剛、方、常、光、行、慶、殃叶韻。段玉裁皆歸之於古音第十部。

語譯

坤的本質雖然十分柔順，可是行動卻很剛健；稟性雖然十分嫻靜，可是行為卻有一定原則。追隨聖人或公眾之後，順從正義與真理，於是踏上正常的道路，符合做事的常規。含藏培植著萬物，並且使它們成長而呈現光輝。坤道一定就是「順」吧！稟承天命而依時從事生長收藏的任務。陰柔的坤必須培養公正、光明、善良的德性。這樣的人家，最後一定有充裕的福慶；如果累積自私、卑汙、邪惡的行為，這樣的人家，最後一定會遺留下災殃。

附錄古義

荀悅《漢紀・平帝紀》：「莽詔曰：『地者有動有震。震者為害，動者不害。故《易》稱曰：「坤動而靜。」辟脅萬物，萬物生焉。』」

范曄《後漢書・楊震傳論》：「孔子稱：『危而不持，顛而不扶，則將焉用彼相矣！』誠以負荷之寄，不可以虛冒；崇高之位，憂重責深也。延光之間，震為上相，抗直方以臨權枉，先公道而後身名，可謂懷王臣之節，識所任之體矣。遂累葉載德，繼踵宰相。信哉！『積善之家，必有餘慶。』先世韋平，方之蔑矣！」

繫辭傳上

廣大變通章

夫《易》廣矣大矣❶：以言乎遠則不禦；以言乎邇則靜而正❷；以言乎天地之間則備矣❸。夫乾，其靜也專，其動也直，是以大生焉❹；夫坤，其靜也翕，其動也闢，是以廣生焉❺。廣大配天地；變通配四時；陰陽之義配日月；易簡之善配至德❻。

章旨

本段在孔穎達《正義》被列為〈繫辭傳〉上篇第五章的一部分。在朱熹《本義》則獨立成第六章。首言易道之廣大，包容遠近，備於天地，而能生生不息。然後將大生歸之於乾；將廣生歸之於坤。最後由天地引出四時與日月，並自博趨約，從廣大中見其易簡之善。

注釋

❶夫《易》廣矣大矣

易，指《周易》一書及其中所說的道理。〈繫辭傳上〉說：「生生之謂易。」〈繫辭傳下〉說：「易者，象也。」所以易指生生不息的功能和各種變易的現象。《周易》由用識體，由象明理，所說的道理正是由這些功能和現象中顯示並歸納出來的。廣矣大矣，是對這種功能和現象的贊歎之辭。孔穎達《正義》：「此贊明易理之大。易之變化，極於四遠，是廣矣；窮於上天，是大矣。故下云『廣大配天地』。」注意到《易》之變化現象的廣大。王夫之《內傳》：「廣者，包括富而暨被遠也；大者，規模弘而發生盛也。」注意到《易》資始資生功能的豐富、深遠、弘大、旺盛。

❷以言乎遠則不禦；以言乎邇則靜而正

遠，指天。禦，止也。不禦，無窮盡之意。邇，近也，指地。《集解》引虞翻曰：「禦，止也，遠謂乾，天高不禦也。邇謂坤，坤至靜而德方，故正也。」最為簡明。此言遠天近地，下條言天地之間，層次分明，條理井然。自韓康伯以「窮幽極深，无所止也」注「遠則不禦」，以「則近而當」注「則靜而正」，不復從虞翻遠天近地之說。孔穎達且以「互文」說遠近。《正義》：「遠尚不禦，近則不禦可知；近既靜正，則遠亦靜正，互文也。」朱熹《本義》：「不禦，言无盡。靜而正，言即物而理存。」皆無視於天、地、天地之間之層次。《周易折中》案云：「遠近是橫說；天地之間是直說。理極於無外，故曰遠；性具於一身，故曰近。」以橫、直說其條理，亦可備一說。

❸**以言乎天地之間則備矣**

備，完全具備。包括天道、地道、人道，一切生生化育之事及所生所化所育之物。虞翻曰：「謂《易》廣大悉備，有天地人道焉，故稱備也。」朱子《本義》：「備，言无所不有。」王夫之《內傳》：「備者，盡其變蓄之數也。」

❹**夫乾，其靜也專，其動也直，是以大生焉**

靜，靜態時的本質。專，專一；專注，猶〈彖傳〉所說的「純粹精也」。動，動態時的表現。直，剛正強健，直往無前，猶〈象傳〉所說的「剛健中正」。「大生」之大，承上文「夫《易》廣矣大矣」之大而言；大生，謂易道之大因此而生。〈彖傳〉曾說：「大哉乾元，萬物資始。」專注於萬物資始的使命，並剛正地付諸行動，正是乾元所以偉大的原因。《論語》記載孔子的話說：「天何言哉？四時行焉，百物生焉，天何言哉！」正是對乾陽天道專純剛直這種偉大性能最簡明的寫照。後世注疏家或以大生為大大地生產，使人生的意義越發豐富起來。《集解》引宋衷曰：「乾靜不用事，則清靜專一，含養萬物矣；動而用事，則直道而行，導出萬物矣。一專一直，動靜有時，而物無夭瘁，是以大生也。」指出靜則含養萬物，動則導出萬物。孔穎達《正義》：「乾是純陽，德能普備，无所偏主，唯專一而已。若氣不發動，則靜而專一，故云其靜也專；若其運轉，則四時不忒，寒暑无差，剛而得正，故云其動也直。以其動靜如此，故能大生焉。」所謂「氣不發動」，指陽氣潛藏。至其「運轉」，四時寒暑之外，尤在萬物化育。陽氣或潛或現，循軌運作，則永無停止。王夫之《周易內傳》：「靜者言其體，動其用也。」靜體動用，這就分得更明確了。《內傳》繼云：「生，以化理言之，則萬物之發生；以爻象言之，則六十二卦、三百八十四爻，皆一陰一陽之所生；以德言之，則健於知而大明終始，順於作而行地无疆也。乾坤之生，廣大如此。故《周易》並建以為首，而六十二卦之錯綜以備物化，而天道盡於此也。」重點落在「生」上，分以化理、爻象、德，三者言之，最為周延。「乾坤並建」，是王夫之《易》學的重要主張。

❺夫坤，其靜也翕，其動也闢，是以廣生焉

翕，閉合的意思，是坤清靜之常態。闢，開啟，是坤順乾而動的表現。廣，承上文「夫《易》廣矣大矣」之廣而來。廣生，言易道之廣，因此而生。並兼具廣博地生育意。〈彖傳〉：「至哉坤元，萬物資生。」請參閱。宋衷曰：「坤，靜不用事，閉藏微伏，應育萬物矣；動而用事，則開闢群蟄，敬導沉滯矣。一翕一闢，動靜不失時，而物無災害，是以廣生也。」以闢為坤開闢群蟄意。孔穎達《正義》：「坤是陰柔，閉藏翕斂，故其靜也翕；動則開生萬物，故其動也闢。以其如此故能廣生於物焉。」亦主坤闢能開生萬物說，與宋衷近。並進一步較論大生、廣生云：「天體高遠，故乾云大生；地體廣博，故坤云廣生。對則乾為物始，坤為物生；散則始亦為生，故總云生也。」於《周易》「周」之周普義，頗能掌握。王夫之《內傳》：「翕，收斂含藏而所包者富；闢，啟戶以受陽之施，順而不拒也。」以闢為坤受陽之施。如限於此，恐把坤道說小了。

❻廣大配天地；變通配四時；陰陽之義配日月；易簡之善配至德

廣大是廣生大生之省。上文先言「《易》廣矣大矣」，再言乾大生、坤廣生，而乾為天坤為地，故廣生、大生與乾天始生、坤地生生實相配合。變指季節變化，通有循環流通意，帛書每作「迵」。在殷商時代，一年兩歲，卜辭稱之為春、秋。後世春、夏、秋、冬四季的分法，起於春秋時代。王夫之《內傳》說：「春通夏而秋變之，秋通冬而春變之。」頗合古代曆法。陰陽之義配日月，吳怡《解義》引〈文言傳〉「利者義之和也」，以為「義乃是利物。而陰陽之所以利物，重在陰陽之和，像日月的交替得宜」。易簡之善配至德，孔穎達《正義》云：「初章論乾坤易簡，可久可大，配至極微妙之德也。然易初章，易為賢人之德，簡為賢人之業。今總云至德者，對則德業別；散則業由德而來，俱為德也。」釋義之餘並與〈繫辭傳上〉首章較論，甚好。案〈文言傳〉釋乾九五之「大人」云：「夫大人者：與天地合其德；與日月合其明；與四時合其序；與鬼神合其吉凶。」與此若合符節。然則大人者，深明易理而能行之者也。

全章脈絡，項安世《周易玩辭》析論精細，全錄於下：「夫《易》廣矣大矣，此一章之總目也。遠而不止，即直與闢也；靜而正，即專與翕也。天地之間備矣，即大生廣生也。《易》之為道，一與兩而已。乾即一也。靜而守一，則其事專而无不閉；動而用一，則其行直而无不開：此乾所以為萬物之父。坤即兩也。兩閉者為翕，言與乾俱閉也；兩開者為闢，言與乾俱開也：此坤所以為萬物之母。大者，无不統也；廣者，无不承也。自廣大而至易簡，其言之序，自博而趨約也。《易》之所以廣大者，以其能變通也；所以變通者，陰陽二物而已；所以為陰陽者，至易而不難知，至簡而不難能也。陽者，一之而已，豈非天下之至易乎？陰者，二之而已，豈非天下之至簡乎？天地之間：至大者天地，至變者四時，至精者日月，至善者至德。《易》之為書，具此四者，豈不謂之備乎？」

語譯

《周易》這本書說的化育不息的道理，內容廣博，功能偉大：以它來指涉高遠的天，那天道是永無窮盡的；以它來指涉近處的地，那地道是寧靜而方正的；以它來指涉天地之間，那人類、萬物，各種生育、變化的道理，都具備了。那剛健的乾，就其靜態的本質來看，它專注於萬物資始的準備；就其動態的作為來看，它剛健正直適當地賦予萬物無限發展的性能：所以易道的偉大就此誕生。那柔順的坤，就其靜態的本質來看，它蘊藏萬物的生機；就其動態的作為來看，它展開了萬物資生的任務：所以易道的廣博就此誕生。易道的廣博偉大，配合著天道的高遠無盡，地道的寧靜方正；易道的變化流通，配合著春夏秋冬的周流不息；陰陽的調和得宜，配合著日月的交替；平易簡約的美好，配合著至高的道德。

崇德廣業章

子曰❶：「《易》其至矣乎❷！夫《易》，聖人所以崇德而廣業也❸。知崇禮卑：崇效天，卑法地❹。天地設位，而《易》行乎其中矣❺！成性存存，道義之門❻。」

章旨

本段在《正義》屬〈繫辭傳〉上篇第五章，在《本義》則獨立為第七章。引孔子贊《易》之言，以為崇德、知、成性、道，皆效乾天；廣業、禮、存存、義，皆法坤地：《易》之乾坤，即道義之門。

注釋

❶子曰

〈繫辭傳〉是漢初儒門後學所作。此標「子曰」，正表示後儒引用先師孔子之言。但在唐前，經師多以包括〈繫辭傳〉在內的《十翼》全部是孔子所作。孔穎達在《周易正義・序・論夫子十翼》中就說：「其〈彖〉、〈象〉等《十翼》之辭，以為孔子所作，先儒更无異論。」〈繫辭傳〉既為孔子所作，那為什麼會自署「子曰」呢？《正義》說：「是語之別端，故言子曰。」崔憬《周易探玄》亦說：「夫言子曰，皆是語之別端。」直到宋代歐陽修，在《經旨・易或問》中，才明白指出：「子曰者，講師之言也。」只是仍有異議。如朱熹《本義》即說：「《十翼》皆夫子所作，不應自著子曰字，疑皆後人所加也。」另外要說明的是：在〈繫辭傳〉二十三條子曰中，本條最先出現。故各家多所討論。

❷《易》其至矣乎

《易》，指《易》書及易理。〈繫辭傳〉上文有「盛德大業至矣哉」，所以此處易理要落實在崇德廣業功能上來討論。其，表揣測語氣的副詞。至，到也，指達到崇高而偉大的終極目標。案：〈繫辭傳〉曾說乾為天下之「至健」；坤為天下之「至順」；又說象為天下之「至賾」，也就是最深奧博大的現象；爻為天下之「至動」，也就是最錯綜複雜的運動變化。更說易道為天下之「至精」、「至變」、「至神」，也就是最精粹、最能掌握變化規律、最神妙的意思：修飾語「至」下都有中心語。而此處「《易》其至矣乎」，「至」作謂語用，故下無中心語，而予人極遼闊的想像空間。可以理解為概括至健、至順、至賾、至動、至精、至變、至神等等意涵。

❸ 夫《易》，聖人所以崇德而廣業也

德，重點在自身，要樹立自己的人格，完成自己的理想；業，重點在對人，要使別人也能樹立人格，完成理想。《論語》：「子曰：『夫仁者，己欲立而立人；己欲達而達人。』」又云：「修己以安人；修己以安百姓。」更記載曾子明白指出：「夫子之道，忠恕而已矣！」己立己達是修己，是忠；立人達人是安人，是安百姓，是恕。崇德，使德行崇高。廣業，使事業廣大。〈文言傳〉釋乾九三嘗云：「君子進德脩業。」進德修業，所以為君子；崇德廣業，所以為聖人：層次境界不同。

❹ 知崇禮卑：崇效天，卑法地

知，心智。《釋文》：「知音智。」或讀本音，作知識解。禮，帛書作體。《釋文》引蜀才作體。禮、體、體，同源通用。《集解》亦作體，引虞翻注云：「知謂乾，效天崇；體為坤，法地卑也。」以心智為乾，形體為坤。熊十力言：「心，乾也，陽也；形，坤也，陰也。」（見《讀經示要》，參坤卦辭「元亨，利牝馬之貞」注釋。）虞翻此注，已開先河矣！韓康伯《繫辭注》：「知以崇為貴；禮以卑為用。極知之崇，象天高而統物；備禮之用，象地廣而載物也。」則字作禮，而與知相對。觀孔穎達《疏》：「知者通利萬物，象天陽无不覆，以崇為貴也；禮者卑敬於物，象地柔而在下，故以卑為用也。」知當仍音智。《朱子語類》：「知識貴乎高明；踐履貴乎著實。知既高明，須放低著實作去。」知作知識解，則讀如字。項安世《周易玩辭》：「知窮萬理之原，則乾之始萬物也；禮循萬理之則，踐而行之，則坤之成萬物也。」析理較論，頗為精當。案：上句言崇德廣業，此句把崇德廣業和乾天坤地合在一起說。

❺**天地設位，而《易》行乎其中矣**

這句話，可從不同層次來析論。就符號層次來看：乾為天，坤為地。相索而生震、坎、艮、巽、離、兌六子。再相疊而生六十四卦，每卦有六位。易道之變化、運作，都在此乾、坤所衍生的六位之中。所以《集解》引虞翻曰：「位為六畫之位。乾、坤各六爻，故天地設位。易出乾入坤，上下無常，周流六虛，故易行乎其中也。」即取此意。就上下文結構層次與實象層次來看：孔穎達《正義》說得很清楚：「天地陳設於位，謂知之與禮，而效法天地也。而易行乎其中矣者，變易之道行乎知禮之中，言知禮與易而並行也。」是先承上文「知崇禮卑；崇效天，卑法地」一貫而下的解釋。《正義》又云：「若以實象言之，天在上，地在下，是天地設位；天地之間，萬物變化，是易行乎天地之中也。」且兼顧實象層次。王夫之《周易內傳》：「崇卑之位設，而卦象爻辭所有之德業行乎其中，非但其位然也。天道崇而健德行焉；地位卑而順德行焉。一陰一陽之道主持之，精理存矣！……聖人效天法地，惟健順而已矣。故易者，聖人致知復禮之極功，夫子所謂卒學而无大過也。於此推極其實而要歸之於知禮，以使學者循循於博文約禮而上達於天德，意至切矣！」更就義理層次發揮儒家思想。最後說到「天地設位」與「易」之先後問題，這在乾〈繫辭傳上・乾坤易縕章〉「形而上者謂之道，形而下者謂之器」注釋已詳言之。個人傾向於天地實象與易理不即不離，易理存於天地實象之中，無分先後。

❻**成性存存，道義之門**

成性，成就自己、人人、萬物的善性。存存，有兩種意思。孔穎達《正義》：「存其萬物之存。」朱震《漢上易傳》：「夫萬物皆備於我，而存其所存者何也？去人欲而天理存也。」是存養天賦而內在於自己，並能發天賦而存在於人人、萬物的善性。也就是由盡己之心，進而盡人之心，盡物之心。朱熹《本義》：「存存，謂存而又存。」則是存養不已的意思。二說可並存。道義，何楷《古周易訂詁》：「理之當然曰道，事之合宜曰義。」至於全句，亦有不同詮釋。《集解》引虞翻曰：「『知終終之，可與存義也。』乾為道門，坤為義門。成性謂『成之者性也』，陽在道門，陰在義門，『其《易》之門邪』！」引〈文言傳〉、〈繫辭傳〉文相注，象數、義理，皆在其中。孔氏《正義》：「性謂稟其始也；存謂保其終也。道謂開通也；義謂得其宜也。既能成性存存，則物之開通，物之得宜，從此《易》而來，故云道義之門。」於句義之疏通甚明暢。《周易玩辭》：「有天地之位，則有陰陽之變行乎其中；人有此性，則有知禮之德存乎其中，但患人不能存之爾！苟能存其所存，則道義皆自是而出矣！道者義之體，智之所知也；義者道之用，禮之所行也。成性猶設位也：有此位則謂之設位；有此性則謂之成性。即上文言『成之者性也』。至存存上一存字，方言人為之功爾！」析論更精。綜合虞、孔、項三人之說，更以經傳補足，個人以為成性本於〈繫辭傳〉前文：「成之者性也。」《中庸》：「天命之謂性。」所以成性得之乎天，也就是乾。存存本於存義存敬。〈文言傳〉謂坤六二：「直其敬也，方其義也。君子敬以直內，義以方外，敬義立而德不孤。」存敬存義為坤道也。〈說卦傳〉：「立天之道曰陰與陽；立地之道曰柔與剛；立人之道曰仁與義。」《朱子語類》：「看來當曰義與仁。」以義與陰、柔相當，屬坤；仁與陽、剛相當，屬乾。所以存敬存義為坤道。既然成性得之天道，存存合於地宜，所以是道義之門。〈繫辭傳下〉：「乾坤其《易》之門邪！」前已有注釋，可參看。

語譯

先師孔子說：「《周易》所說的道理，崇高偉大，應該是到達極致了吧！那《周易》，聖人靠著它使德行崇高，事業廣大。心智重在崇高，禮儀重在謙卑：崇高效法上天，謙卑效法大地。天地設定了尊崇與謙卑的位置，並演化而產生六十四卦，三百八十四爻，而崇高又廣大的易道就運作在這天地和卦爻之間。成就自己、人人、萬物的善性，不斷涵養這些善性，這崇高的乾天，廣大的坤地，就是一陰一陽的道理和人類恰當的行為進進出出的門戶。」

開物成務章

子曰：「夫《易》何為者也？夫《易》開物成務，冒天下之道，如斯而已者也。」❶……❷是故闔戶謂之坤；闢戶謂之乾❸。一闔一闢謂之變；往來不窮謂之通❹。見乃謂之象；形乃謂之器❺。制而用之謂之法；利用出入，民咸用之謂之神❻。

章旨

本段節錄自《正義》本〈繫辭傳〉下篇第十章，《本義》則在第十一章。引孔子之言，說明《易》功能有三：開物、成務、概括變易的規律。並以門戶開闔為例，說明那正是乾坤往來、陰陽變化的現象，落實在日常器用上。並以此贊歎人道法天、民咸用之的神妙。

注釋

❶子曰：「夫《易》何為者也？夫《易》開物成務，冒天下之道，如斯而已者也。」

《集解》本首句作：「夫《易》何為而作也？」餘句文字與《正義》及《本義》本同。帛書則為：「子曰：『《易》又可為者也？夫《易》古物定命，樂天下之道，如此而已者也！』」整組句子採設問方式，指出《周易》的作用有三：開物、成務、冒天下之道。開物，開謂開發、開始；物指事物。開物是使萬事萬物發始的意思。〈彖傳〉釋乾言「萬物資始」，〈繫辭傳〉言「乾知大始」，所以開物正是乾道的作用。成務，完成化育萬物的任務。〈彖傳〉釋坤言「萬物資生」，〈繫辭傳〉言「坤作成物」，所以成務是坤道的作用。冒，韓康伯《注》云「覆冒」，是覆蓋、含藏、概括的意思。冒天下之道，含藏概括天地間生化變易的規律，亦即一陰一陽的易道。由於乾道開物，坤道成務，所以已然覆蓋一陰一陽之易道。《集解》引虞翻曰：「以陽闢坤謂之開物，以陰翕乾謂之成務。冒，觸也，觸類以長之如此也。」很富啟發性。朱子《本義》：「開物成務，謂使人卜筮，以知吉凶，而成事業。冒天下之道，謂卦爻既設，而天下之道皆在其中。」扣住卜筮、吉凶、卦爻說。王夫之《內傳》：「開物，謂一陰一陽之道為萬物萬事之所始；成務，謂事物之成自人為者亦此理成之也。冒者，始終覆括之謂。如斯而已者，夏商之世，易道中衰，或多為繁說，侈於吉凶，而不要歸諸道。文王乃作《周易》，一本諸天人之至理，止其誣冗。惟君子謀道，乃得占以稽疑。理定於一而義嚴矣，以此立教。」皆本條注釋之參考資料，而有所取捨。

❷……

此處原有二「是故」，一「是以」。全文是：「是故聖人以通天下之志；以定天下之業；以斷天下之疑。是故蓍之德圓而神；卦之德方以知；六爻之義易以貢。聖人以此洗心，退還於密，吉凶與民同患。神以知來；知以藏往。其孰能與於此哉？古之聰明睿知神武而不殺者夫！是以明於天之道而察於民之故，是興神物，以前民用，聖人以此齊戒，以神明其德夫！」以其與乾坤關係甚疏，故刪而未注，並以刪節號表示之。

❸**是故闔戶謂之坤；闢戶謂之乾**

闔戶，是關門。闢戶，是開門。從象數說：在三畫的八卦中，乾☰象全開著的門，從巽☴初關一線，經艮☶再關一線，到坤☷門就全關了，象徵黑夜來了。在六畫之卦中，由姤䷫，經遯䷠、否䷋、觀䷓、剝䷖，到坤䷁，也一樣。三畫卦，坤象全關著的門，從震☳初開一線，經兌☱再開一線，到乾☰門就全開了。象徵白晝來到。六畫卦由復䷗，經臨䷒、泰䷊、大壯䷡、夬䷪，到乾䷀，也一樣。就義理來說：闔戶，代表保存家中物品，代表安靜休息，代表柔順，所以說它是坤；闢戶，代表外出營生，代表活動，代表剛健，所以說它是乾。《集解》引虞翻曰：「闔，閉翕也。謂從巽之坤，坤柔象夜，故以閉戶者也。闢，開也。謂從震之乾，乾剛象畫，故以開戶也。」偏從象數說。韓康伯《注》：「坤道包物，乾道施生。」偏從義理說。王夫之《內傳》：「乾坤，謂陰陽也；凡卦之陰爻皆坤順之體；陽爻皆乾健之體。散見於六十二卦者，雖乾坤之象不全，而體固具也。闔戶闢戶以功用言。陰受陽施，斂以為實，闔之象也；陽行乎陰，盪陰而啟之，闢之象也。取戶之闔闢者，使人易喻，亦所謂『易以貢』（由變易來明告）也。已闔而靜，方闢則動；闢之也動，既闔而靜；靜以成體，動以發用。故六爻之有陰陽，皆具乾坤之德，而用不窮也。」依象申義，於陰陽、順健、體用、靜動，發揮得淋漓盡致。

❹一闔一闢謂之變；往來不窮謂之通

闔既為坤，也代表陰；闢既為乾，也代表陽。因此一闔一闢謂之變，意思跟一陰一陽之謂道就很類似了。《集解》引虞翻曰：「陽變闔陰；陰變闢陽。剛柔相推，而生變化也。」即依此推得。又姤、遯、否、觀、剝、坤，陰一爻一爻地消滅了陽，為陰消卦。代表夏曆五月到十月，從夏到冬。復、臨、泰、大壯、夬、乾，陽在陰中一爻一爻地生息，為陽息卦。代表夏曆十一月到四月，從冬到夏。一闔一闢，即陰消陽息，寒往暑來，往來不窮。所以《集解》引荀爽曰：「謂一冬一夏，陰陽相變易也。十二消息，陰陽往來無窮已，故通也。」即依此推得。孔穎達《正義》：「一闔一闢謂之變者，開閉相循，陰陽遞至。或陽變為陰，或開而更閉；或陰變為陽，或閉而還開：是謂之變也。往來不窮謂之通者，須往，則變來為往；須來，則變往為來。隨須改變，不有窮已，恆得通流：是謂之通也。」說得就更淺明了。必須強調的是：闔、闢，只是現象的描述，不是變；只有一闔一闢才是變。同樣的，單是往，單是來，不是通；只有往來不窮才是通。《朱子語類》：「問一陰一陽之謂道。曰：『此與一闔一闢謂之變相似。陰陽非道也；一陰又一陽，循環不已，乃道也。只說一陰一陽，便見得陰陽往來，循環不已之意。此理即道也。』又問：『若爾，則屈、伸、往、來，非道也；所以屈伸往來，循環不已，乃道也。』先生頷之。」朱熹此答，實本於程顥。《二程全書》：「明道先生曰：『一陰一陽之謂道。道非陰陽也；所以一陰一陽，道也。如一闔一闢謂之變。』」

❺見乃謂之象；形乃謂之器

見，呈現。形，成形而顯著。此一複句有二種不同的解釋。其一，認為它是平行複句，是相對並存的；其二，認為它是遞進複句，是縱向貫時的。《集解》引荀爽曰：「謂日月星辰，光見在天而成象也；萬物生長，在地成形，可以為器用者也。」這是扣住前文「在天成象，在地成形」，所作相對並存的解釋，而形採成形義。韓康伯《注》：「兆見曰象；成形曰器。」孔穎達《正義》：「氣漸積聚，露見萌兆，乃謂之象，言物體尚微也；體質成器，是謂器物，故曰形乃謂之器，言其著也。」則主先象後形，由微而著，所作縱向貫時的解釋，而形採形著義。溯其淵源，可推至《莊子》與《易緯》。《莊子・齊物論》：「有始也者，有未始有始也者，有未始有夫未始有始也者。」由「始」層層上推，惟未言其為氣為象為形。《易緯・乾鑿度》：「太易者，未見氣也；太初者，氣之始也；太始者，形之始也；太素者，質之始也。」則由未見氣，而氣，而形，而質，步步下貫。似為《正義》言氣、象、形、質之張本。宋儒朱熹雖主道器不離，無先無後，但《本義》云：「見、象、形、器者，生物之序也。」《語類・卷七十五》記林學蒙問：「發見而未成形謂之象？成形謂之器？」朱熹答曰：「是如此。」亦主象先形後說。前面說到「一陰一陽之謂道」，我曾指出：「將一陰一陽看作並時對立存在的關係，以二分法不斷區分天地萬事萬物，此《易》所以為『易簡』；將一陰一陽看作歷時交替變化的關係，來模擬此變動不居的世界，此《易》所以為『變易』。由『一陰一陽』上溯為永恆的真理『道』，此《易》所以為『不易』。」準此，「見乃謂之象；形乃謂之器。」亦可是既相對又貫時的一個整體。現在再將此一複句放在全節脈絡中看。就一闔一闢、往來不窮的變通而言，名之為現象；就門戶之形態乃一具體物品而言，名之為器物。並可擴充理解為：就所顯現的日月星辰運作而言，名之為現象；就大地化育所形成的具體物品而言，名之為器物。

❻制而用之謂之法；利用出入，民咸用之謂之神

承前文闔戶闢戶而言，模擬坤靜乾動來製作並使用門戶，叫作效法；利用門戶出出入入，每個人民都這樣用它，卻不知什麼道理，只能稱為神妙了。擴而充之，人世間許多事物，如：結繩為網，駕牛乘馬，日中為市，重門擊柝，耒耜、舟楫、臼杵、弓箭之利，以及衣裳、宮室、棺槨、書契之製作，也都直接或間接取法自然現象，也都具有日用而不知的神妙。《集解》引荀爽曰：「謂觀象於天，觀形於地，制而用之，可以為法。」又引陸績曰：「聖人制器以周民用，用之不遺，故曰『利用出入』也；民皆用之而不知所由來，故謂之『神』也。」已採廣義說法。

語譯

孔夫子說：「那《周易》說的道理是做什麼用的呢?那易道，開發萬物，完成化育的任務，概括天地間生化變易的規律，如此罷了的呀！」……由於這種緣故，當天地像關門安靜休息，就叫它坤；當天地像開門努力工作，就叫它乾。一關一開就叫它做陰陽變化；往來不停就叫它做陰陽感通。陰陽變化與感通所呈現出來的，就叫做現象；陰陽變化與感通落實到具體的形質中，就叫做器物。製造像門之類器物而使用它，稱之為效法；每個人民都利用像門之類器物進進出出，卻不知其中道理，所以說它神妙。

繫辭傳下

八卦成列章

八卦成列，象在其中矣❶；因而重之，爻在其中矣❷；剛柔相推，變在其中矣❸；繫辭焉而命之，動在其中矣❹。吉凶悔吝者，生乎動者也❺；剛柔者，立本者也❻；變通者，趣時者也❼。吉凶者，貞勝者也❽；天地之道，貞觀者也❾；日月之道，貞明者也❿；天下之動，貞夫一者也⓫。夫乾，確然示人易矣；夫坤，隤然示人簡矣⑫。爻也者，效此者也；象也者，像此者也⑬。爻象動乎內，吉凶見乎外⑭；功業見乎變；聖人之情見乎辭⑮。天地之大德曰生；聖人之大寶曰位⑯。何以守位？曰仁；何以聚人？曰財⑰。理財正辭，禁民為非，曰義⑱。

章旨

無論《正義》、《本義》，本章都在〈繫辭傳〉下篇第一章。首言卦之爻象、變動；次言吉凶、剛柔、變通，天地日月之道，及天下之動，強調立本趨時貞正的重要；然後拈出乾易坤簡，情見乎辭；終結於聖人守位治民之要旨。

注釋

❶八卦成列，象在其中矣

八卦是由太極、兩儀、四象，倍進而成。其行列方式甚多，《集解》引虞翻曰：「乾坤列東，艮兌列南，震巽列西，坎離在中，故八卦成列。」此其一；《本義》：「成列，謂乾一、兌二、離三、震四、巽五、坎六、艮七、坤八之類。」此其又一。象字，卦爻辭無，惟見於〈彖傳〉、〈繫辭傳〉，是現象、象徵的意思。下文「象也者，像此者也」，當綜合評釋之。其，指稱八卦及其行列結構。依據〈說卦傳〉，八卦及其行列結構中所含的現象與象徵意義，略如下表（以時令為序）：

	代表物	性質	家屬	近取身	遠取物	方位	時令
震☳	雷	動、起	長男	足	龍	東	正春
巽☴	風	入、散	長女	股	雞	東南	春夏之交
離☲	火	麗、烜	中女	目	雉	南	正夏
坤☷	地	順柔藏	母	腹	牛	西南	夏秋之交
兌☱	澤	說（悅）	少女	口	羊	西	正秋
乾☰	天	健、剛	父	首	馬	西北	秋冬之交
坎☵	水	陷、潤	中男	耳	豕	北	正冬
艮☶	山	止	少男	手	狗	東北	冬春之交

❷因而重之，爻在其中矣

因，依據，循著。重，重疊。依循八卦而重疊，應該是在三畫之卦上，再疊上一個三畫之卦，而成六十四卦。所以在卦號、卦名之間，才會有「某下某上」的文字。〈彖傳〉、〈象傳〉也常依據上卦下卦來說明整卦的現象和義理。但虞翻根據〈說卦傳〉：「兼三才而兩之，故《易》六畫而成卦。」「發揮於剛柔而生爻。」和〈繫辭傳下〉：「六者非它也，三材之道也。」等語，以三畫之卦，每爻發揮剛柔，分陰分陽，成為兩爻。《集解》引其言曰：「謂參重三才為六爻，發揮剛柔，則爻在其中。六畫稱爻。六爻之動，三極之道也。」王夫之從之，《內傳》云：「每畫演而為二，以具陰陽剛柔仁義之道也。」並作〈重卦圖〉，以為：「初、三、五，八卦之本位；二、四、上，其重也。」云云。錄此以存異說；重卦仍當以八卦相重說為最妥也。爻在其中，指三百八十四爻，即在六十四卦之中。三畫之卦重疊成六畫之卦後，才有得位、失位，有應、無應，乘下、承上，上往、下來……等等講究，而占筮也才能運作，所以《易傳》凡爻字連數而言，必曰六爻。如〈文言傳〉：「六爻發揮。」〈繫辭傳〉：「六爻之動。」「六爻之義易以貢。」「六爻相雜。」是其例證。至於爻之語源、義理，下文「爻也者，效此者也」，再綜合詳論之。

❸剛柔相推，變在其中矣

剛柔相推，指占筮時，少陽七推出老陽九，少陰八推出老陰六，皆量變而質不變；老陽九推出少陰八，老陰六推出少陽七，質量皆變。變在其中之變，指由本卦推出之卦，亦即所謂變卦。《周易》占筮就用這種儀式過程模擬自然界既相對又輪轉的現象，也暗示了人事的因果倚依。詳見書末所附錄〈筮儀〉注。孔穎達《正義》：「剛柔即陰陽也。論其氣即謂之陰陽；論其體即謂之剛柔也。」姚配中《周易姚氏學》：「剛柔，謂畫由陽推之九，由九推之陰，由陰推之六，由六推之陽，剛柔相推。」

❹**繫辭焉而命之，動在其中矣**

繫，拴掛。辭，卦辭和爻辭。焉，於是，在卦、爻下。命，帛書作齊，《釋文》引孟喜作明。王夫之《內傳》：「命，以告占者也。」動，《內傳》：「人之進退作止。」全句之義，孔穎達《正義》：「謂繫辭於爻卦之下，而呼命其卦爻得失吉凶，則適時變動好惡，故在其繫辭之中矣。」所言甚當。吾友吳怡，著《易經繫辭傳解義》，對此「命」字，有生動的詮釋，而辨析「變」、「動」，尤為精詳。其言曰：「這個『命』字也很傳神。因為『命之』的『之』，乃是指前面所謂的剛柔兩爻。本來剛柔兩爻在六十四卦中，只是代表性的一對符號。由這符號的相推，只能象徵宇宙變化的關係。至於聖人在卦爻下繫的辭，乃是繼天立極，承天立言的。所以繫辭，就像把天的命令交給了每一爻，使每一爻都像接受了使命，負有任務似的。所謂『動在其中』，就是指宇宙人生變化的一切動的因子，都含蓄在繫辭之中。在這裏值得我們注意的是『變』和『動』之間的差別。……就《易經》對『變』與『動』的不同用法來看，可以歸納為以下三點：（甲）『變』大都是就爻而言，『動』大都是指繫辭的鼓動而言。如『爻者，言乎變者也。』（〈繫上傳〉三章）、『十有八變而成卦。』（〈繫上傳〉九章）、『參伍以變。』（〈繫上傳〉十章）、『一闔一闢謂之變。』（〈繫上傳〉十一章）、『觀變於陰陽以立卦。』（〈說卦〉一章）、『鼓天下之動者存乎辭。』（〈繫上傳〉十二章）。（乙）『變』都是指天地自然的變化，而『動』乃是變化中的一段，順變則吉，逆變則凶。如『聖人以順動，則刑罰清而民服。』（豫卦〈彖〉）、『貴而无位、高而无民、賢人在下位而无輔，是以動而有悔也。』（乾〈文言〉）。（丙）變是永恆的，是包括了動和靜的，如（恆卦〈彖〉）：『四時變化而能久成。』這是指變之永恆性。（艮卦〈彖〉）：『時止則止，時行則行，動靜不失其時，其道光明。』時就是變，動靜不失其時，就是動靜不離其變，可見動靜都在變中。《莊子・秋水篇》所謂：『無動而不變，無時而不移。』即是說一切動都在變中。而《中庸》二十六章所謂：『不動而變。』即是說一切靜也都在變中，可見變是涵蓋了動和靜的。」錄之以享讀者。

❺吉凶悔吝者，生乎動者也

動字有兩義，一則指由本卦到之卦，卦爻辭中吉凶悔吝的變動；再則指人的行為動作是否合乎卦爻辭所指示的吉凶悔吝的準則。朱熹《本義》：「吉凶悔吝，皆辭之所命也；然必因卦爻之動而後見。」主前一義。李道平《周易集解纂疏》：「悔則吉，吝則凶，故吉凶生而悔吝著也。不動則吉凶悔吝无由見，故吉凶悔吝生乎動者也。」主後一義：皆失之片面。今人金景芳、呂紹綱合著《周易全解》云：『「生乎動者也」，是作《易》者觀察人們的行動的結果而得出的。作《易》者給爻繫辭以指明吉凶悔吝，乃是根據人們的實踐經驗做出的總結。並非憑空杜撰。而用《易》者占得這一爻，或吉或凶或悔或吝，只是得到一個行動的方向，究竟是吉是凶是悔是吝，還要看他的實際行動到底如何。一爻之吉凶悔吝，從作《易》的角度說，是源自人們的行動；從用《易》的角度說，是取決於人們的行動。《易》所云吉凶悔吝都是可變的。吉可變凶，凶可變吉，關鍵在於人的行動。後世算卦先生預言吉凶的宿命論觀點在《易》裏是找不到的。』已兼顧二義，甚是。茲更舉例來說明。革䷰卦辭：「悔亡。」〈彖傳〉：「革而當，其悔乃亡。」意思是變革得恰當，悔恨就能消除。六二爻辭：「征吉，无咎。」〈象傳〉：「行有嘉也。」意思是果敢前進必能成功，沒有過失，值得慶賀。九四爻辭：「悔亡，有孚改命，吉。」意思是悔恨消除，有信心改變命運，吉祥得很。上六爻辭：「征凶，居貞吉。」意思是急進會有凶險，安居守正才能獲益。又觀䷓初六爻辭：「童觀，小人无咎，君子吝。」顯示了像小孩一般見識，在小人來說，沒什麼好責備的；君子這樣，就令人遺憾了。賁䷕六五爻辭：「賁于丘園，束帛戔戔，吝，終吉。」說明了禮遇山林中隱士，僅以薄薄的一束帛，雖有些憾惜，最後還是獲益。以上例子說明了：同樣是革上六，因行止不同，或凶或吉；同樣是觀初六，因身分不同，或吝或无咎；同樣是一種行為，如「征」，於革六二吉，於革上六凶。有時「悔亡」而「吉」，有時「吝」而「終吉」。都要看行為恰當與否。

❻**剛柔者，立本者也**

「剛柔即陰陽也」，孔穎達已屢言之。一陰一陽之謂道，由陰陽合德上推而有太極；由陰陽絪緼化育而有巽、離、兌、震、坎、艮，所謂六子。進而有六十四卦，三百八十四爻，皆陽爻與陰爻所組成。因此，剛柔是構成《易》卦之根本。《集解》引虞翻曰：「乾剛坤柔，為六子父母。乾天稱父，坤地稱母。本天親上，本地親下。故立本者也。」即用此義。尤有進者，相對之事物，相需而存在，無彼即無此。所以朱震《漢上易傳》云：「爻有剛柔，不有兩則一不立，所以立本。」李光地《周易折中》案語云：「凡天地間之理，兩者對待，斯不偏，而可以立本；兩者迭用，斯不窮，而可以趣時。故《易》中剛柔相推，而變在其中。」皆已見及此義。

❼**變通者，趣時者也**

易道通過天地化育裁成萬物，稱之為變；推廣化育，使萬物運作，稱之為通。已見乾〈繫辭傳上‧乾坤易緼章〉「化而裁之謂之變，推而行之謂之通」注釋。〈繫辭傳上〉又說：「變通配四時。」「變通莫大乎四時。」《集解》引虞翻曰：「變通配四時，故曰趣時也。」趣，與趨通。《周易姚氏學》：「七八九六變通配四時。」七是少陽，配春；九是老陽，配夏；八是少陰，配秋；六是老陰，配冬。古代農業社會，春生，夏長，秋收，冬藏，人事也都跟四時相配合。《正義》以為：「其剛柔之氣，所以改變會通，趣向於時也。若乾之初九，趣向勿用之時；乾之上九，趣向亢極之時。是諸爻之變，皆臻趣於時也。」亦可備一說。

❽**吉凶者，貞勝者也**

貞，正也；常也。貞勝有二義：一謂守正則可取勝，能避凶獲吉；一謂正確面對吉凶，而不失常，足以勝之。帛書《周易‧繫辭》作「上朕」。朕，當為勝之簡省。上，尚也，為崇尚、注重之意。注重平常能守正，祈能免於凶險，保其常吉；並注重當下如何擔當，如何致勝。《正義》：「貞，正也。言吉之與凶，皆由所動不能守一，而生吉凶。唯守一貞正，而能克勝此吉凶。」偏重前一義。王夫之《內傳》：「貞，正也，常也。……勝者，道足以任之，謂吉而不靡，凶而不憂，足以勝吉凶，而德業不替者，此貞也。」偏重後一義。必合二義，方得全璧。

❾天地之道，貞觀者也

天地之道，指天覆地載，陰陽絪縕，化育萬物之道。韓《注》：「明夫天地萬物，莫不保其貞以全其用也。」以天地、萬物並言；所謂全其用，即全其化育之功能也。貞，正常、恆常。帛書作上。貞觀之觀兼二義：既為展示於天下，如〈彖傳〉謂觀䷓：「大觀在上，順而巽，中正以觀天下。」又為人之所觀瞻，如〈繫辭傳下〉所言：「仰則觀象於天，俯則觀法於地。」從觀察天地法象中領悟參贊化育的道理。貞觀，言天地運作之規律，正常恆久，展示於天下；人類正確、恆久觀察之餘，亦應效法天地運作之正常恆久，以參贊化育也。《集解》引陸績曰：「言天地正，可以觀瞻為道也。」已具觀之二義，並含法天地正道之意。

❿日月之道，貞明者也

言日月運轉之軌道，正常恆久，明照於人間。《集解》引荀爽曰：「言日月正當其位，乃大明也。」又引陸績曰：「言日月正，以明照為道矣！」是也。案：前句言「天地之道」，天為陽，地為陰，重點在空間；此句言「日月之道」，日照為晝，月明為夜，重點在時間。二句分別以天地空間的簡易劃分，日月時間的變易現象，具體舉例說明一陰一陽恆久正常之道。

⓫天下之動，貞夫一者也

貞夫一，帛書作「上觀天」。一亦兼守一、合一兩義，言正常恆久遵守一定的法則，且能與天地合其德，與日月合其明。〈彖傳〉言賁䷕：「觀乎天文，以察時變；觀乎人文，以化成天下。」又言恆䷟：「日月得天而能久照；四時變化而能久成；聖人久於其道，而天下化成。」皆道出此意。孔穎達《正義》：「謂天覆地載之道，以貞正得一，故其功可為物之觀也；言日月照臨之道，以貞正得一，而為明也；言天地日月之外，天下萬事之動，皆正乎純一也。」以貞正得一貫三句。案：《集解》引虞翻曰：「一謂乾元。萬物之動，各資天一陽氣以生，故天下之動貞夫一者也。」又「《易》有太極」下，引虞翻曰：「太極，太一也。」因此：太極、太一、一、乾元、天一，可繫聯等同。項安世《周易玩辭》：「〈下繫〉之貞夫一，即〈上繫〉之太極也。」熊十力《讀經示要》：「乾元即太極也。」虞翻已開先河矣！

⓬夫乾，確然示人易矣；夫坤，隤然示人簡矣

帛書作：「夫鍵，蒿然視人易；川，魋然視人閒。」確，馬融、韓康伯皆云剛貌；朱熹云健貌：並是。帛書作「蒿」，音近而訛。隤，本是下墜的意思。韓康伯云柔貌，朱熹云順貌。帛書作「魋」，音近字誤。孟喜作退，惠棟從之。《周易述》：「陰動而退，故曰退然簡明也。」陸績、董遇、姚信作妥。妥從手爪撫女會意，古書多訓安。韓康伯《注》：「確，剛貌也；隤，柔貌也。乾坤皆恆一其德，物由以成，故簡易也。」項安世《玩辭》：「一之始動為乾，《易》之奇畫是也；一之復靜為坤，《易》之耦畫是也。故曰：乾示人易；坤示人簡。」王夫之《內傳》：「確然，至健而不虛之謂；隤然，至順而不競之謂。乾坤二純，立體於至足而不雜，則易簡之至也。」乾天日月運行，晝夜代明，四時循環，而萬物資始，此何等平易；坤地順應天道，順時作息，生長收藏，而萬物資生，此何等簡明：這正是乾天坤地予人的啟示。參閱乾〈繫辭傳上．天尊地卑章〉「乾以易知；坤以簡能」注釋。

⓭爻也者，效此者也；象也者，像此者也

爻，指每卦的六爻。六十四卦，共三百八十四爻。就語源上來說，爻之言效也，所以本句說「爻也者，效此者也」，下文更有「爻也者效天下之動者也」。就語意來說，爻是仿效並象徵現象及現象之上道理之變動的。所以〈繫辭傳下〉說：「爻者，言乎變者也。」「道有變動，故曰爻。」可證。乾卦六爻和坤卦六爻，通過陰陽交會，剛柔推移，而成三百八十四爻，正是模擬效法自然界各種變動和變動的道理的。反過來說，三百八十四爻，無非初九、九二、九三、九四、九五、上九，初六、六二、六三、六四、六五、上六，皆歸本並仿效於乾、坤六爻，可謂易簡之至。《本義》：「此，謂上文乾坤所示之理。」指的正是乾坤易簡之理。以上釋「爻也者，效此者也」。下面再說「象也者，像此者也」。象，可指六畫之卦卦象，如乾之天行健，坤之地勢坤之類；可指三畫之卦卦象，如震為雷，巽為風之類；也可指爻象，如乾初九之為潛龍，坤初六之為履霜之類。〈繫辭傳〉每以爻、象並言，如：「聖人有以見天下之賾，而擬諸其形容，象其物宜，是故謂之象；聖人有以見天下之動，而觀其會通，以行其典禮，繫辭焉以斷其吉凶，是故謂之爻。」意思是：聖人有能力看出天下事物之幽深複雜，而模擬出它們的形態，像事物恰如其分的樣子，因此叫做象；聖人有辦法看出天下事物的運作變化，而觀察到陰陽的絪縕化育，來推行可以經常遵守的規範，在三百八十四爻下繫上爻辭，來判斷利弊得失，因此叫做爻。就是一例。本句在「爻也者，效此者也」下接以「象也者，像此者也」，又是一例。意思是：爻象之象，象徵、像似乾、坤六爻的陰陽交會，剛柔相推。本章首句言：「八卦成列，象在其中矣；因而重之，爻在其中矣。」至此為爻、象之義分別作結。

⑭爻象動乎內，吉凶見乎外

內，卦內爻象的變動。外，卦外人事之運作。韓康伯《注》：「兆數見於卦也；失得驗於事也。」王夫之《內傳》：「幾之初動者，曰內；事應之生起者，曰外。」爻之有少陰、少陽、老陰、老陽，是由八、七、六、九的數所決定的；而卦象、爻象，都是一種徵兆，顯示事物當時的現象和未來的發展。這些數的量變和質變，及其顯示的兆象，都在卦爻之內。由蓍策之營運、變化所象徵的天地化育、四時運轉、積月成閏，也都代表一種自然法則，人力甚難改變。至於凶有所失，吉有所得，則與人之作為有關，這正是《周易》諄諄告誡的。坤䷁卦辭：「安貞吉。」告誡吾人要安心守正。訟䷅卦辭：「中吉終凶。」警示訴訟要適可而止。同人䷌九四爻辭：「弗克攻，吉。」〈象傳〉：「其吉，則困而反則也。」表示困境中能回歸到規則還是有收穫的。咸䷞六二爻辭：「凶，居吉。」〈象傳〉：「雖凶居吉，順不害也。」震䷲上六爻辭：「征凶……无咎。」〈象傳〉：「雖凶无咎，畏鄰戒也。」〈繫辭傳上〉：「震无咎者存乎悔。」在在都啟示我們：吉凶禍福，人仍有部分掌握的力量。

⑮功業見乎變，聖人之情見乎辭

功業見乎變之「變」，承托前二句：爻象動乎內之「動」，吉凶見乎外之「見」，而概括爻象之動，吉凶之見二義。〈繫辭傳上〉曾說：「化而裁之存乎變。」意為易道通過天地化育，裁成萬物，存於「變」中。又說：「變而通之以盡利。」意為遇吉則謙卑自牧以求長泰；逢凶則敬慎自守以求化吉。窮則變，變則通，唯變所適，可以盡利。又說：「吉凶生大業。」知道如何化吉保泰，自然能創造大事業。功業見乎變，道理在此。再釋聖人之情見乎辭。〈繫辭傳上〉說：「繫辭焉而明吉凶。」這是站在作《易》立場說的。又說：「辯吉凶者存乎辭。」這是站在用《易》立場說的。而聖人深深了解如〈繫辭傳下〉說的：「吉凶以情遷，是故愛惡相攻而吉凶生。」的道理，因而要求喜怒哀樂要「發而皆中節」（《中庸》說的）。消極方面，如〈繫辭傳上〉說的：「吉凶與民同患。」積極方面，更如〈繫辭傳上〉所揭示的：「鼓天下之動者存乎辭。」鼓勵勸說大家，要盡己、盡人、盡物之心，以行動來參贊天地之化育。

⑯天地之大德曰生；聖人之大寶曰位

《周易》最重要的、最核心的道理在：化育萬物，生生不息。易之為易簡，為變易，為不易，都可從生生不息上推論而出。〈彖傳〉於乾䷀，曰：「大哉乾元，萬物資始。」於坤䷁，曰：「至哉坤元，萬物資生。」乾坤即天地也，有資始資生之德。於咸䷞，曰：「天地感而萬物化生。」於益䷩，曰：「天旋地生，其益无方。」〈序卦傳〉：「有天地然後萬物生焉。」義亦相近。〈繫辭傳上〉：「生生之謂易。」更指出天地生生不息之德就是易道的核心。聖人之大寶曰位，韓《注》：「夫无用則无所寶；有用則有所寶也。无用而常足者，莫妙乎道；有用而弘道者，莫大乎位。故曰：『聖人之大寶曰位。』」崇道而不輕位，貴无而未賤有。《集解》引崔憬曰：「言聖人行易之道，當須法天地之大德，寶萬乘之天位。謂以道濟天下為寶，而不有位，是其大寶也。」《周易折中》引此而刪去「而不有位」四字，於例未妥，於義則安。〈繫辭傳上〉：「崇高莫大乎富貴。」並不排斥富貴有位。吳怡《易經繫辭傳解義》：「這個『位』，在宇宙言，是指的空間，如『天地設位而易行乎其中矣』（〈繫辭上傳〉七章），在人生言，是指的職位、身分、立場等，如『履帝位而不疚』（履卦〈彖辭〉）、『列貴賤者存乎位』（〈繫上傳〉三章），在卦爻言，是指的六爻之位，如『六位時成』（乾卦〈彖〉）、『易六位而成章』（〈說卦〉）。聖人對宇宙來論，要成位乎其中，以參天地之化育；對人生來論，要善用名位，也即君君、臣臣、父父、子子的正名；對卦爻來論，要知位以明吉凶。可見這個『位』的重要性了。」所言甚是，錄之以與讀者分享。

⓱何以守位？曰仁；何以聚人？曰財

仁，帛書作「人」，與下文聚人之人相應，甚好，《釋文》亦作「人」。這兩句話在形式上，採問答式，較直述句更能引人注意。在義理上，表達了儒家的政治思想。《論語·衛靈公》：「知及之，仁不能守之，雖得之，必失之。」明白表示了仁以守位。就政治方面說，仁的內容有五。《論語·陽貨》：「子張問仁於孔子。孔子曰：『能行五者於天下，為仁矣。』請問之，曰：『恭、寬、信、敏、惠。恭則不侮；寬則得眾；信則人任焉；敏則有功；惠則足以使人。』」其中「惠」與博施濟眾有關。《論語·雍也》：「子貢曰：『如有博施於民，而能濟眾，何如？可謂仁乎？』子曰：『何事於仁，必也聖乎，堯舜其猶病諸！』」這就與聚人以財意思相近了。《大學》於是說：「財聚則民散；財散則民聚。」並明白指出：「仁者以財發身；不仁者以身發財。」六朝名士，多有生活奢靡，卻自視清高，恥言錢財者，如王衍。《世說新語·汰侈》曾記載他以賭術贏得一隻名牛，卻把牠殺了吃掉。〈規箴〉篇又記載他「口未嘗言錢」，而稱錢為「阿堵物」。恐非儒門道德標準。

⓲理財正辭，禁民為非，曰義

義者，宜也。此指聖人守位的適宜措施。又分三層次：一為理財，這是基本的；二為正辭，是積極的教育；三為禁民為非，是消極的刑法措施。《尚書·洪範》說到「八政」：「一曰食，二曰貨。」《論語·子路》記孔子坐著學生冉有駕的車子到了衛國。看見人們熙來攘往，於是說：「人真多呀！」冉有問：「人多了以後呢？」孔子說：「富之！」使人民生活富裕。冉有再問：「生活富裕以後呢？」孔子說：「教之！」要教育他們。可見教育建立在經濟富裕的基礎之上。正辭，端正言語，使言語正確、正當。這樣才能說服人民奉行政令。《論語·子路》所謂：「名不正則言不順，言不順則事不成」也。最後才是禁民為非，啟用刑法，這是正辭教育無效之後的救濟措施。《周易》於訟䷅、噬嗑䷔兩卦，專言刑法；又賁䷕、解䷧、豐䷶、旅䷷、中孚䷼等卦，也言及刑法。案：禁民為非，帛書作「愛民安行」。

語譯

八卦排成行列，事物的象徵意義就包含在八卦和它的行列結構中了；依據三畫的八卦重疊為六畫的六十四卦，三百八十四爻就包含在六十四卦中了。陰陽少老相互推演，自然界的周流變化和人事上的因果倚伏就包含在這陰陽演變中了。聖人在卦爻之下繫上了卦辭和爻辭，並且賦予生命意義，宇宙人生變動的規律就含在卦爻辭之中了。吉祥而有收穫，凶險而有喪失，懊悔而能改過，慳吝而有遺憾，卦爻辭中這些判斷詞，都是由過去的行動中歸納而產生，指示後人逢凶化吉，吝而知悔，也要由個人的行動來決定。陽爻與陰爻，是構成卦爻的根本。參與贊助易道化育萬物，使萬物生、長、收、藏，生生不息，要跟上春、夏、秋、冬的時間條件。關於吉凶，要以平常心面對，守正就能取勝。天地絪縕化育萬物的功能，正常而恆久地展示於天下，而為人所瞻仰效法。日月運轉的軌道，由於正常而恆久，因此日月能交替照耀在人間。天地間萬事萬物的一切活動，都必須遵守這正常恆久而一定的道理，而與自然界時空活動合而為一。那乾，剛健確實地展示給人易道平易的一面；那坤，柔順委婉地展示給人易道簡約的一面。爻呀呢，正是模擬效法乾坤六爻平易簡約的變動的道理的；象呀呢，正是像似、象徵乾坤六爻陰陽交會、剛柔相推的現象的。六爻由少而老，以至陰陽互換，卦象、爻象的推移轉變，這些活動都在卦內；吉祥而有收穫，凶險而有損失，這些結果卻出現在卦外人事的應對和運作中。功績事業體現在應對變通上；聖人那種消極地與民同憂共苦，和積極地鼓舞人心的情意，也全表現在卦爻辭中。天地最偉大的德性，是使萬物生生不息的「生」；聖人最珍貴的寶物，是參贊天地化育的地位。用什麼來鞏固地位呢？答案是仁！用什麼來團結人民呢？答案是財！處理好財務問題，使用正確正當的言辭，禁止人民為非作歹，這就是義！

附錄古義

范曄《後漢書・范升傳》：「升上奏云：『天下之事所以異者，以不一本也。《易》曰：「天下之動，貞夫一也。」』」

王充《論衡・佚文篇》：「孝武之時，詔百官對策，董仲舒策文最善。王莽時，使郎吏上奏，劉子駿章尤美。美善不空，才高知深之驗也。《易》曰：『聖人之情見乎辭。』文辭美惡，足以觀才。」

又〈書解篇〉：「或曰：『士之論高，何必以文？』答曰：『夫人有文質乃成。物有華而不實，有實而不華者。《易》曰：「聖人之情見乎辭。」出口為言，集札為文，文辭施設，實情敷烈。』」

袁宏《後漢紀・殤帝紀》：「詔曰：『《易》稱：「天垂象，聖人則之。」又云：「聖人之情見於辭。」然則文章之作，將以幽贊神明，變暢萬物。』」

班固《漢書・食貨志》：「禹平洪水，定九州，制土田，各因所生遠近賦入貢棐，楙遷有無，萬國作乂。殷周之盛，《詩》《書》所述，要在安民富而教之。故《易》稱：『天地之大德曰生，聖人之大寶曰位。何以守位曰仁，何以聚人曰財。』」

《後漢書・蔡邕傳》：「邕作〈釋誨〉云：『蓋聞聖人之大寶曰位，故以仁守位，以財聚人。然則有位斯貴，有財斯富，行義達道，士之司也。故伊摯有負鼎之衒，仲尼設執鞭之言，甯子有清商之歌，百里有豢牛之事。夫如是，則聖哲之通趣，古人之明志也。』」

陳壽《三國志・魏書・高堂隆傳》：「隆上疏切諫曰：『蓋天地之大德曰生，聖人之大寶曰位。何以守位曰仁，何以聚人曰財。然則士民者，乃國家之鎮也；穀帛者，乃士民之命也。穀帛非造化不育，非人力不成。是以帝耕以勸農，后桑以成服，所以昭事上帝，告虔報施也。』」

魏徵等輯《群書治要・引陸景典語》：「爵祿賞罰，人主之威柄，帝王之所以為尊者也。故爵祿不可不重。重之則居之者貴；輕之則處之者賤。居之者貴，則君子慕義；取之者賤，則小人覬覦。君子慕義，治道之兆；小人覬覦，亂政之漸也。《易》曰：『聖人之大寶曰位，何以守位曰人。』故先王重於爵位，慎於官人。」

《漢書・食貨志》：「國師公劉歆言：『周有泉府之官，收不讎，與欲得，即《易》所謂「理財正辭禁民為非」者也。』」

《後漢書・梁統傳》：「統上疏云：『臣聞立君之道，仁義為主。仁者愛人；義者政理。愛人以除殘為務；政理以去亂為心。刑罰在衷，無取於輕。是以五帝有流、殛、放、殺之誅，三王有大辟、刻肌之法。故孔子稱：「仁者必有勇。」又曰：「理財正辭，禁民為非曰義。」』」

黃帝衣裳章

古者包犧氏之王天下也❶，仰則觀象於天，俯則觀法於地，觀鳥獸之文與地之宜❷。近取諸身，遠取諸物，於是始作八卦❸。以通神明之德；以類萬物之情❹。……❺包犧氏沒，神農氏作❻。……❼神農氏沒，黃帝、堯、舜氏作❽。……❾黃帝、堯、舜垂衣裳而天下治，蓋取諸乾坤❿。

章旨

本段在《正義》、《本義》，皆屬〈繫辭傳〉下篇第二章。言包犧氏觀天法地，取人物諸象而作八卦。歷神農氏以至黃帝、堯、舜，由天尊地卑的道理，訂定衣裳制度，以穩定社會秩序。

注釋

❶古者包犧氏之王天下也

包犧，傳說中古代中國的聖王，教民捕魚畜牧，以充庖廚，以供犧牲。又名庖犧、伏義、宓義、伏戲。可以認為是畜牧時代的代表人物。王，動詞，是治理而能興旺的意思。

❷仰則觀象於天，俯則觀法於地，觀鳥獸之文與地之宜

象，現象。法，法則。法象二字為互文：言象而法在其中；言法而象在其中。《集解》引荀爽曰：「震巽為雷風，離坎為日月也。」又引《九家易》曰：「艮兌為山澤也，地有水火五行八卦之形也。」或以法為效法。姚配中《周易姚氏學》：「在天成象，天垂象，見吉凶，故觀象於天；在地成形，效法之謂坤，故觀法於地。」可作參考。鳥獸之文，鳥羽獸毛的紋彩。《集解》引荀爽曰：「乾為馬，坤為牛，震為龍，巽為雞之屬是也。」約舉〈說卦〉文，可觸類旁推。又引陸績曰：「謂朱鳥、白虎、蒼龍、玄武，四方二十八宿經緯之文。」謂南方朱鳥、西方白虎、東方蒼龍、北方玄武（龜蛇），每方七宿，共二十八宿。這些天上星宿，還可與地上州國分野相配。與地之宜，指各種不同的土地，適合於不同之生物生長活動。如《周禮・大司徒》說的：山林適合於貂、狐之類細毛動物，和柞栗之類植物；川澤適合於魚類等有鱗動物，和楊柳之類植物；丘陵適合於鳥類等有羽毛的動物，和梅李等有果實的植物；或隆或低的平地適合於龜、鱉等有甲殼的動物，和有芒刺的植物；原隰適合於虎、豹等短毛動物，和蘆葦等叢生植物。《集解》引《九家易》曰：「謂四方四維八卦之位，山澤高卑五土之宜也。」以上注釋，也許過於具體落實。韓康伯《注》：「聖人之作《易》，无大不極，无微不究。大則取象天地；細則觀鳥獸之文，與地之宜也。」概括言之，點出了主旨。

❸**近取諸身，遠取諸物，於是始作八卦**

近取諸身，如〈說卦傳〉：「乾（☰）為首，坤（☷）為腹，震（☳）為足，巽（☴）為股，坎（☵）為耳，離（☲）為目，艮（☶）為手，兌（☱）為口。」遠取諸物，如〈說卦傳〉：「乾為馬，坤為牛，震為龍，巽為雞，坎為豕，離為雉，艮為狗，兌為羊。」〈說卦傳〉更言：「乾為天、為圜、為君、為父、為玉、為金……」「坤為地，為母，為布，為釜……」參見乾、坤後〈說卦傳〉注釋，此不贅。其餘六卦所取物象尚多，均見〈說卦傳〉。八卦之作為事物之符號，頗類似乎文字。楊萬里《誠齋易傳》：「☰、☷，古之天地字也。曷由知之？由坎離知之。偃之為☵、☲，立之為水火。若雷、風、山、澤之字亦然。故《漢書》坤字作巛。八字立而聲畫不可勝窮矣！豈待鳥跡哉？後世草書天字作[illegible]，即天也。」以為八卦即古代文字。文字一字可有多義，所以乾為天，又可為首；一義可有多字，所以震為龍，陽爻亦可名龍。說《易》者不可泥於取象。

❹**以通神明之德，以類萬物之情**

神明，既神妙又顯明的易道，參見乾卦後〈說卦傳〉「幽贊於神明而生蓍」注釋。案：〈繫辭傳〉言「以神明其德夫」，神明一詞為動詞；又言「神而明之存乎其人」，神、明二詞亦為動詞。本句言「神明之德」，〈說卦傳〉「幽贊於神明」，神明為形容詞，略帶名詞品性。後世或以神明即神祇，似源於此，然其是非尚待商榷也。德，德性。類，類比；分類比擬。情，情態。德性與情態，猶本質之與表象，二而一也。〈說卦傳〉：「乾，健也；坤，順也；震，動也；巽，入也；坎，陷也；離，麗也；艮，止也；兌，說也。」是言八卦之德性。又：「乾為天……，坤為地……，震為雷……，巽為木，為風……，坎為水……，離為火……，艮為山……，兌為澤……。」是言八卦之情態。

❺……

此處本有「作結繩而為网罟，以佃以漁，蓋取諸離」。以其無關乎乾、坤，當於離☲卦述之。

❻包犧氏沒，神農氏作

沒，通「歿」，死去。作，興起。神農氏，傳說中古代中國的聖王，教民製作耕具，開闢農地；又曾嘗百草為醫藥以治百病。又名炎帝、烈山氏。可以認為是農耕時代的代表人物。包犧氏沒神農氏作，也就標誌著古代中國畜牧時代之後，為農耕時代。

❼……

此處本有「斲木為耜，揉木為耒，耒耨之利，以教天下，蓋取諸益。日中為市，以致天下之民，聚天下之貨，交易而退，各得其所，蓋取諸噬嗑」。當於益卦䷩、噬嗑卦䷔述之。

❽神農氏沒，黃帝、堯、舜氏作

依據司馬遷《史記・五帝本紀第一》所記，黃帝姓公孫，名軒轅。神農氏世衰，蚩尤作亂。黃帝乃徵師諸侯，擒殺蚩尤。諸侯咸尊軒轅為天子，代神農氏。黃帝崩，帝顓頊立。顓頊崩，帝嚳立。帝嚳崩，帝摯立。帝摯不善，弟放勳立，是為帝堯。《謚法》曰：「翼善傳聖曰堯」。帝堯老，命舜攝行天子之政。舜名重華，《謚法》曰：「仁聖盛明曰舜」。舜踐帝位三十九年而崩，豫薦禹於天，諸侯歸之。自黃帝至舜、禹，皆同姓而異其國號：黃帝為有熊；帝顓頊為高陽；帝嚳為高辛；帝堯為陶唐；帝舜為有虞；帝禹為夏后而別氏，姓姒氏。《史記》記事，自黃帝始。

❾……

此處原有「通其變，使民不倦；神而化之，使民宜之。《易》，窮則變，變則通，通則久。是以『自天祐之，吉无不利』」。案：「自天祐之，吉无不利」為大有上九爻辭，當於彼處述之。

❿黃帝、堯、舜垂衣裳而天下治，蓋取諸乾坤

垂，垂示；頒布。上身穿的叫衣，下身穿的叫裳。治，安定而有秩序。本句有許多不同的解釋，茲引較具代表性的四種說法。《集解》引《九家易》曰：「黃帝以上，羽皮革木，以禦寒暑。至乎黃帝，始制衣裳，垂示天下。衣取象乾，居上覆物；裳取象坤，在下含物也。」此說最淺明。鄭玄《周易注》：「乾為天，坤為地；天色玄，地色黃。故玄以為衣，黃以為裳。象天在上，地在下。」見《詩・七月・正義》所引，以為玄衣黃裳取法天玄地黃。韓康伯《注》：「垂衣裳以辨貴賤，乾尊坤卑之義也。」則重貴賤尊卑的辨別。王充《論衡・自然篇》：「垂衣裳者，垂拱無為也。」郭雍《傳家易說》：「垂衣裳而天下治，謂无為而治也。能无為而治者无他焉，法乾坤易簡而已。」由易簡導出无為而治。《易》義模稜，於此可見一斑。

語譯

上古時代伏羲氏興起並治理天下，抬頭就觀察天上日月雷風等等現象和規律，彎腰就探索地上水火山澤等等互動和感應，細看鳥類的羽毛和獸類的斑紋，跟不同土地各適合於那些生態，從近處拿自己的身子來分析，由遠處拿各種事物來類推，於是創作乾☰、坤☷、震☳、巽☴、坎☵、離☲、艮☶、兌☱，共八卦，來融通神妙顯明的性能，來類比各種事物的情態。……伏羲氏逝世，神農氏興起。……神農氏逝世，黃帝、唐堯、虞舜相繼興起。……黃帝、唐堯、虞舜垂示以衣裳樣式和色彩來分別貴賤尊卑的制度，而天下安定有秩序，大概就取法乾坤天尊地卑的意思吧！

附錄古義

班固《漢書・律曆志》：「太昊帝：《易》曰『炮犧氏之王天下也』，言炮犧繼天而王，為百王先，首德始於木，故為帝太昊。作罔罟以田漁取犧牲，故天下號曰炮犧氏。……炎帝：《易》曰『炮犧氏沒，神農氏作』，言共工伯而不王，雖有水德，非其序也。以火承木，故為炎帝。教民耕農，故天下號曰神農氏。黃帝：《易》曰『神農氏沒，黃帝氏作』，火生土，故為土德，與炎帝之後戰於阪泉，遂王天下。始垂衣裳，有軒冕之服，故天下號曰軒轅氏。」

又〈藝文志〉：「《易》曰：『宓戲氏仰觀象於天，俯觀法於地，觀鳥獸之文與地之宜，近取諸身，遠取諸物，於是始作八卦，以通神明之德，以類萬物之情。』至於殷周之際，紂在上位，逆天暴物，文王以諸侯順天而行道，天人之占，可得而效。於是重《易》六爻，作上下篇。孔氏為之〈彖〉、〈象〉、〈繫辭〉、〈文言〉、〈序卦〉之屬十篇。故曰《易》道深矣！人更三聖，世歷三古。」

班固《白虎通・爵》：「何以皇亦稱天子也？以其言天覆地載，俱王天下也。故《易》曰：『伏羲氏之王天下也。』」

又〈聖人〉：「何以知帝王聖人也？《易》曰：『古者伏羲氏之王天下也，於是始作八卦。』又曰：『伏羲氏沒，神農氏作。神農氏沒，黃帝堯舜氏作。』文俱言作，明皆聖人也。」

王符《潛夫論・相列》：「《詩》所謂『天生烝民，有物有則。』是故身體形貌，皆有象類，骨法角肉，各有分部，以著性命之期，顯貴賤之表。一人之身而五行八卦之氣具焉。故師曠曰：赤色不壽，火家性易滅也。《易》之〈說卦〉：『巽為人多白眼』，相揚四白者兵死，此猶金伐木也。《經》曰：『近取諸身，遠取諸物。』『聖人有見天下之至賾而擬諸形容，象其物宜。』此亦賢人之所察，紀往以知來，而著為憲則也。」

范曄《後漢書・荀爽傳》：「爽對策陳便宜云：『今漢承秦法，設尚主之儀，以妻制夫，以卑臨尊，違乾坤之道，失陽唱之義。孔子曰：「昔聖人之作《易》也，仰則觀象於天，俯則察法於地，睹鳥獸之文與天地之宜，近取諸身，遠取諸物，以通神明之德，以類萬物之情。」今觀法於天，則北極至尊，四星妃后；察法於地，則崑山象夫，卑澤象妻；睹鳥獸之文，鳥則雄者鳴雊，雌能順服；獸則牡為唱導，牝乃相從；近取諸身，則乾為人首，坤為人腹；遠取諸物，則木實屬天，根荄屬地。陽尊陰卑，蓋乃天性。』」

應劭《風俗通・三皇》：「謹按：《易》稱：『古者伏羲氏之王天下也，仰則觀象於天，俯則觀法於地，始作八卦，以通神明之德，以類萬物之情。結繩而為網罟，以佃以漁。伏羲氏沒，神農氏作，斲木為耜，揉木為耒，耒耜之利以教天下。日中為市，致天下之民。通其變，使民不倦；神而化之，使民宜之。』唯敘二皇，不及遂人。遂人功重於祝融女媧，文明大見，大傳之義，斯近之矣！」

司馬彪《續漢書・天文志上》：「《易》曰：『天垂象，聖人則之。庖犧氏之王天下也，仰則觀象於天，俯則觀法於地。』觀象於天，謂日月星辰；觀法於地，謂水土州分。形成於下，象見於上。」

又〈輿服志下〉：「上古穴居而野處，衣毛而冒皮，未有制度；後世聖人易之以絲麻。觀翬翟之文，榮華之色，乃染帛以效之，始作五采，成以為服；見鳥獸有冠角頓胡之制，遂作冠冕纓蕤以為首飾，凡十二章。故《易》曰：『庖犧氏之王天下也，仰觀象於天，俯觀法於地。觀鳥獸之文與地之宜，近取諸身，遠取諸物，於是始作八卦，以通神明之德，以類萬物之情。黃帝舜垂衣裳而天下治，蓋取諸乾巛。』乾巛有文，故上衣玄，下裳黃。日月星辰，山龍華蟲，作繢宗彝，藻火粉米，黼黻絺繡，以五采章施於五色作服。」

《白虎通・號》：「五帝者，何謂也？《禮》曰：『黃帝，顓頊，帝嚳，帝堯，帝舜，五帝也。』《易》曰：『黃帝堯舜氏作。』」

《白虎通・衣裳》：「所以名為衣裳何？衣者，隱也；裳者，鄣也；所以隱形自鄣閉也。《易》曰：『黃帝堯舜垂衣裳而天下治。』」

王充《論衡・自然篇》：「賢之純者，黃老是也。黃者，黃帝也；老者，老子也。黃老之操，身中恬澹，其治無為。正身共己而陰陽自和；無心於為而物自化；無意於生而物自成。《易》曰：『黃帝堯舜垂衣裳而天下治。』垂衣裳者，垂拱無為也。」

陳壽《三國志・魏書・高貴鄉公紀》：「帝又問曰：『〈繫辭〉云：「黃帝堯舜垂衣裳而天下治。」此包羲神農之世為無衣裳。但聖人化天下，何殊異爾邪？』俊對曰：『三皇之時，人寡而禽獸眾，故取其羽皮而天下足用。及至黃帝，人眾而禽獸寡，是以作為衣裳以濟時變也。』」

乾健坤順章

夫乾，天下之至健也，德行恆易以知險❶；夫坤，天下之至順也，德行恆簡以知阻❷。能說諸心，能研諸侯之慮❸，定天下之吉凶，成天下之亹亹者❹。是故變化云為，吉事有祥，象事知器，占事知來❺。天地設位，聖人成能，人謀鬼謀，百姓與能❻。

章旨

本段在《正義》為〈繫辭傳〉下篇第九章，在《本義》則為第十二章：皆節取上半章而已。由乾坤健順易簡之德性，推論其知、能；而聖人效天法地，以研變、象、占，成其知、能，並使百姓參與發揮功能。

注釋

❶夫乾，天下之至健也，德行恆易以知險

本句帛書作：「鍵，德行恆易以知險。」乾，健也。六爻皆陽，為六十四卦中最剛健者。落實於現象界，則乾為天，天行健，包含日星的運轉，時間的前進，化育的不息，所以說乾為天下之至健。參閱乾卦卦名及〈象傳〉「天行健」句注釋。德行恆易，德，德性本質。行，行為表現。恆易，常常是平易的。參閱乾卦下〈繫辭傳〉「乾以易知」諸句注釋。至健、恆易、知險，三者關係如何？或以為有因果關係。如張栻《南軒易說》：「健者疑若不知險也，今乾為天下之至健，其德行常易，故知險而不為陰所陷，豈非至健乎？」以為健者因恆易故知險。朱熹《本義》：「至健則所行无難，故易。……健者如自高臨下而知其險。……蓋雖易而能知險，則不陷於險矣。」以為雖易因至健故知險。張栻以知險主因是恆易，朱熹以主因是至健，所見不同。其他各家說三者因果者，亦多空辭未足服人。或三者為並列關係而因果甚疏甚淡。至於知險，是知道危險所在，暫時停止一下，待自身力量充足，客觀時機成熟，再克服險難而前進。需䷄〈彖傳〉：「需，須也，險在前也，剛健而不陷。」需卦乾下為健，坎上為險，必須站立等待，雖剛健不致陷於險：正是此意。參閱〈文言傳〉釋乾上九云：「知進退存亡而不失其正者，其唯聖人乎！」句之注釋。

❷夫坤，天下之至順也，德行恆簡以知阻

本句帛書作：「夫川，魋然天下之至順也，德行恆簡以知〔阻〕。」坤，順也。六爻皆陰，為六十四卦中最柔順者。落實於現象，則坤為地，大地順承天時孕育萬物，生生不息，所以說坤為天下之至順者。參閱坤卦卦名及〈象傳〉「地勢坤」句注釋。德行恆簡，參閱乾卦下〈繫辭傳〉「坤以簡能」諸句注釋。《南軒易說》：「順者疑若不知阻也，今坤為天下之至順，其德行常簡，故知阻而不為所拒，豈非至順乎？」以為順者因常簡故知阻，主因在簡。《本義》：「至順，則所行不煩，故簡。……順者如自下趨上，而知其阻。……既簡而又知阻，則不困於阻矣。」則以主因在至順。二家所釋，略有不同。王夫之在此句下，揭櫫乾坤並建之義。《周易內傳》：「乾坤，謂《易》所並建以統卦爻者。言天下之至健者，惟乾之德行也；天下之至順者，惟坤之德行也。舉凡天化物情，運行而不撓者，皆陽氣上舒；其運焉而即動，噓焉而即靈，無所不效以成能者，皆陰性之固然。乾純乎陽，坤純乎陰，健順之至矣。健順至而險阻無不可知矣！危而難行者曰險；滯而不通者曰阻。陽氣之舒，極天下之殊情異質，而皆有以動之，則出入於險而周知其故；陰壹於順，則雖凝為重濁，而有所窒礙，而或翕或闢，承天時行，以不滯於阻，而自知其通。是以六陰六陽並建以偕行，升降盈虛，為主為輔，於物化人情者，以其純而不雜，易簡之德備天下險阻之變而無不通。六十二卦三百八十四爻，無非乾坤之所自為，則抑無非乾坤之所自知也。」此於《易》學，為一重要論題，故全錄於此。

❸能說諸心，能研諸侯之慮

《注疏》本、《集解》本字皆如此。西漢帛書作：「能說之心能數諸侯之慮。」宋張載《橫渠易說》：「〈繫辭〉言『能研諸慮』，止是剩『侯之』二字。」郭雍《郭氏傳家易說》：「諸侯之慮，侯之為衍字。故王輔嗣曰：『能說諸心，能研諸慮。』」朱熹《本義》亦云：「侯之二字衍。」考王弼《周易略例・明爻通變》：「故苟識其情，不憂乖遠；苟明其趣，不煩強武。能悅諸心，能研諸慮。」多四字成句，故省去侯之二字。觀唐邢璹《註》：「諸物之心，憂其凶患，爻變示之，則物心皆說；諸侯之慮，在於育物，爻變告之，其慮益精。」仍以「諸侯之慮」與「諸物之心」並列。三國吳人虞翻《周易注》：「坎心為慮，乾初之坤為震，震為諸侯，故能慮諸侯之慮。」晉韓康伯《繫辭注》：「諸侯，物主有為者也，能悅萬物之心，能精為者之務。」是漢、晉、唐時各本皆有「侯之」二字。宋代疑經學風起，始以「侯之」為衍文。唯「侯」字疑當作「候」字，謂十二月二十四節氣七十二候也。案：《易》有卦氣之說。以坎離震兌分居四方；以二十四爻主二十四氣。以六十卦分值三百六十五日又四分之一，卦值六日又八十分之七。以十二消息卦之七十二爻分主七十二候。《唐書》、《新唐書》之〈曆志〉中，皆錄《大衍步發斂術》，則以六十卦配七十二候，或有作七十二侯者，是候、侯之混早矣。諸侯之慮，謂七十二候化育之考慮。坤以至順、恆簡、知阻，能悅萬物之心；乾以至健、恆易、知險，能精諸候之慮。坤主物，乾主候，後人有物候連言者。如：梁簡文帝〈晚春賦〉：「嗟時序之迴斡，歎物候之推移。」唐杜審言〈和晉陵陸丞早春遊望〉：「獨有宦遊人，偏驚物候新。」皆是其例。孔穎達《正義》：「能說諸心者，萬物之心，皆患險阻。今以險阻逆告於人，則萬物之心无不喜說，故曰能說諸心也。能研諸侯之慮者，研，精也。諸侯既有為於萬物，育養萬物，使令得所。《易》既能說諸物之心，則能精妙諸侯之慮，謂諸侯以此《易》之道，思慮諸物，轉益精粹，故云研諸侯之慮也。」讀者試將前引邢璹《周易略例註》和此處《正義》中「侯」字視為「候」，將諸侯作各種氣候解，是否平順通暢？

❹定天下之吉凶，成天下之亹亹者

亹亹，帛書作「勿勿」。《集解》本作「娓娓」，引荀爽曰：「娓娓者，陰陽之微，可成可敗也。順時者成，逆時者敗也。」《注疏》本作亹亹，《文選・廣絕交論》李善《注》引《周易》，並云：「王弼曰：亹亹，微妙之意也。」亹亹，謂微妙的陰陽之道。《禮記・月令》記載：「孟春之月……東風解凍，蟄蟲始振，……鴻雁來，……是月也，天氣下降，地氣上騰，天地和同，草木萌芽。」這是大地萬物順著天時而生長活動，如此則吉。〈月令〉又記：「孟春行夏令，則雨水不時，草木早落，國時有恐。」這是大地萬物違背了天時，如此則凶。其他各月，也有類似記載。天下吉凶得失成敗就是這樣決定的，所以說「定天下之吉凶」；同時也成就了天地間陰陽互動微妙的法則，所以說「成天下之亹亹者」。

❺是故變化云為，吉事有祥，象事知器，占事知來

帛書作：「變化具為，吉事又祥，馬事知器，筭事知來。」變化，指陰陽變易、天地化育，偏重在自然現象。云為，指言語和行為，偏重在人事現象。而自然與人事之間，又有密切關係，相互影響。吉事，指吉凶之事，言吉而凶在其中。祥，徵兆，吉凶之先見者。象，卦象。器，器物，有具體形象者。〈繫辭傳上〉：「形乃謂之器。」「形而下者謂之器。」象事知器，由《易》卦之取象，知道器物之生成與道理。〈繫辭傳上〉：「以制器者尚其象。」「立成器以為天下利。」占，占筮。來，未來。占事知來，通過占筮預測將來的情況。〈繫辭傳上〉：「以卜筮者尚其占。」「蓍之德圓而神。」「神以知來。」張栻《南軒易說》：「云者，言也；為者，行也。謂之云為，此言行未著者乎？聖人之心術，雖融貫天人之道於方寸之間，其見微知著，觀往知來，無非吉事有祥也。故推之以制器，則利養天下之民；推之以為占，則吉凶與民同患。」釋義析理，十分精當，錄供參考。

❻天地設位，聖人成能，人謀鬼謀，百姓與能

設位，帛書作「設馬」，馬為象之誤字。六畫之卦，五、上為天；初、二為地。人居三、四，位於天地之間。人中之聖者，效天法地，以至健至順之德，故得成就參贊天地化育之能事。〈繫辭傳上〉：「天地設位，而《易》行乎其中矣！」彼言「《易》行乎其中矣」，此言「聖人成能」，聖人即能行《易》書所言之道者。參閱彼處注釋。《尚書・洪範・七稽疑》：「謀及乃心，謀及卿士，謀及庶人，謀及卜筮。」聖人成能是謀及乃心；人謀是謀及卿士；鬼謀是謀及卜筮；百姓與能是謀及庶人。與能，是參與協助聖人參贊天地化育之能事。案：《集解》引朱仰之曰：「人謀謀及卿士；鬼謀謀及卜筮也。又謀及庶民，故曰百姓與能也。」又《折中》引蔡清曰：「凡卜筮問《易》者，先須謀諸人，然後乃可問《易》，雖聖人亦然。故〈洪範〉曰：『謀及卿士，謀及庶人。』然後曰『謀及卜筮』。」均已見及此。

語譯

那乾，代表天下最剛健的性能，德性本質和行為表現常常是平易的，並且知道艱險之所在；那坤，代表天下最柔順的性能，德性本質和行為表現常常是簡靜的，並且知道阻難之所在。能夠悅樂萬物的心靈；能夠精研承受不同氣候的各種顧慮。這就裁定了天下事物的吉凶得失；成就了天地間陰陽互動微妙的法則。因為這種緣故，天地間的演變化育和人間的言語行動，吉凶得失事前都會有徵兆。由《易》卦的取象，知道器物的生成與道理；通過占筮，能預測將來的情況。天地設定了上下的位置，聖人居中成就了參贊天地化育的功能。凡有疑難，先要跟人商量；其次才是求卜問筮，與鬼神溝通；最重要的是讓人民參與共同發揮功能。

附錄古義

《漢書・藝文志》：「雜占者，紀百事之象，候善惡之徵。《易》：『占事知來。』眾占非一，而夢為大。故周有其官，而《詩》載熊羆虺蛇眾魚旐旟之夢，著名大人之占以考吉凶，蓋參卜筮。」

說卦傳

坤德坤象各章

坤以藏之❶，……致役乎坤❷。……坤也者，地也，萬物皆致養焉，故曰「致役乎坤」❸。……坤，順也❹。……坤為牛❺。……坤為腹❻。……坤，地也，故稱乎母❼。……坤為地，為母，為布，為釜，為吝嗇，為均，為子母牛，為大輿，為文，為眾，為柄，其於地也為黑❽。

章旨

以上各條，節取自朱子《本義》本〈說卦傳〉四、五、七、八、九、十、十一章。分別言八卦之功能、與化育時空之關係、卦德、遠取象於動物、近取象於人身、乾坤六子之關係、以及廣明八卦之象。此所節取，皆關乎坤者。其詳及孔本節次，請參閱注釋。

注釋

❶坤以藏之

藏，包含儲存。坤為地，能含存萬物；為母，能孕育子女；為大輿，能乘載人物。所以坤以藏為最主要的功能。王夫之《周易內傳》：「其能受陽之施，含藏之以成六子之體者，順承之德藏之也。故六子之用行，兩間之化浹也。」本句孔本在第四節，朱本在第四章，說明八卦中坤卦之功能。

❷ 致役乎坤

致，獲致，得到。役，助也，見《廣雅・釋詁二》。《周禮・華氏》：「遂役之。」《注》：「役之，使助之。」《集解》引唐人崔憬《周易探玄》曰：「立秋則坤王，而萬物致養也。」致役乎坤，言萬物在坤得到幫助。詳下條注釋。本句及上條、下條孔本在第四節，朱本析孔本第四節為四、五兩章。上條在第四章，本句及下條都在第五章。

❸ 坤也者，地也，萬物皆致養焉，故曰「致役乎坤」

致養焉，言得到生長養育於大地也。本條解釋前面「致役乎坤」句的原因所在。《正義》引鄭（玄）云：「坤不言方者，所言地之養物不專一也。」但是依據前後文推斷，可知坤之方位為西南方。《易緯・乾鑿度》：「坤養之於西南方，位在六月。」已寫明坤之位、時。附帶說明：漢初曆法，沿用秦制，以夏曆十月建亥為歲首，直到漢武帝元封七年（西元前一〇四年）頒布太初曆，才以正月建寅為歲首。《易緯・乾鑿度》所說「位在六月」，已是立秋時節。與〈說卦傳〉本章之言季節相合。這一點，似可說明《易緯・乾鑿度》之成篇，當在漢武帝元封七年之前。

❹ 坤，順也

坤，帛書、《經典釋文》本皆作巛，即川字，為順字之所從出。參閱坤卦辭注釋。坤順天時以生長萬物。〈彖傳〉曰：「至哉坤元，萬物資生，乃順承天。」〈文言傳〉曰：「坤道其順乎，承天而時行。」參閱彼二處注釋。此孔本為第六節，朱本在第七章，說明八卦中坤卦之性能。

❺ 坤為牛

此說明八卦之坤，遠取鳥獸諸物為象，相當於牛。《正義》：「坤象地，任重而順，故為牛也。」此條孔本為第七節，朱本在第八章。

❻坤為腹

此說明八卦之坤，近取人身部位為象，相當於腹。《正義》：「坤能包藏含容，故為腹也。」此條孔本為第八節，朱本在第九章。

❼坤，地也，故稱乎母

吳澄《易纂言》：「萬物資始於天，猶子之氣始於父也；萬物資生於地，猶子之形生於母也。故乾稱父，坤稱母。」案：張載《西銘》：「乾稱父，坤稱母。」本於〈說卦傳〉。朱熹《西銘解義》：「天，陽也，以至健而位乎上，父道也；地，陰也，以至順而位乎下，母道也。」王夫之《張子正蒙注》：「謂之父母者，亦名也；其心之必不忍忘，必不敢背者，所以生名之實也。惟乾之健，故不敢背；惟坤之順，故不忍忘。而推致其極，察乎天地；切求之近，以念吾之所生成，則太和絪縕，中含健順之化，誠然而不可昧。故父母之名立，而稱天地為父母，迹異而理本同也。朱子曰：『天地者其形體，迹之與父母異者也；乾坤者其性情，理之同者也。』」蔡仁厚《宋明理學・西銘分句解義》：「人，稟受天地之形氣，以藐然之身，與天地陰陽混合無間而居位於中，是為子道。《西銘》以萬物為一體，視天下猶一家，所以起句兩語，即明示以天地乾坤為大父母。至於何以不直說『天地』為父母而必說『乾坤』為父母？朱子以為，天地是其形體，乾坤是其性情。乾，健而無息，萬物資之以為始；坤，順而有常，萬物資之以為生。天地之所以為天地、以成其為萬物之父母者，正是由於此乾之健、坤之順，故橫渠特取乾坤二字言之。」各家所釋既詳，故此僅引述而不復贅言。此條孔本為第九節，朱本在第十章。

❽坤為地，為母，為布，為釜，為吝嗇，為均，為子母牛，為大輿，為文，為眾，為柄，其於地也為黑

《正義》：「此一節廣明坤象。」《經典釋文》：「荀爽《九家集解》本巛後有八：『為牝、為迷、為方、為囊、為裳、為黃、為帛、為漿。』」《周易集解》嘗引前人說其取象之故，錄之於下：「『坤為地』，虞翻曰：『柔道靜。』『為母』，虞翻曰：『成三女，能致養，故為母。』『為布』，崔憬曰：『遍布萬物於致養，故坤為布。』『為釜』，孔穎達曰：『取其化生成熟，故為釜也。』『為吝嗇』，孔穎達曰：『取地生物而不轉移，故為吝嗇也。』『為均』，崔憬曰：『取地生萬物，不擇善惡，故為均也。』『為子母牛』，《九家易》曰：『土能生育，牛亦含養，故為子母牛也。』『為大輿』，孔穎達曰：『取其能載，故為大輿也。』『為文』，《九家易》曰：『萬物相雜，故為文也。』『為眾』，虞翻曰：『物三稱群，陰為民，三陰相隨，故為眾也。』『為柄』，崔憬曰：『萬物依之為本，故為柄。』『其於地也為黑』，崔憬曰：『坤十月卦，極陰之色，故其於色也為黑矣！』」案：注❸曾引《易緯・乾鑿度》說坤「位在六月」，那是依據八卦分值四季八方而推定的。此又引崔憬曰「坤十月卦」，卻是依據十二消息卦而推定。十二消息卦以復䷗配十一月，臨䷒配十二月，泰䷊配正月，大壯䷡配二月，夬䷪配三月，乾䷀配四月；姤䷫配五月，遯䷠配六月，否䷋配七月，觀䷓配八月，剝䷖配九月，坤䷁配十月。《詩》無達詁，《易》無定象，於此可見一斑。習《易》不可不知數象，又不可泥於數象。茲更補以郭雍《郭氏傳家易說》之言：「布、均，皆猶地之德；釜，猶地之化。吝嗇，陰性也；子母牛，蓄生也；大輿，厚載也。物雜則生文；數偶則眾。柄為化權。純陰之色黑，大赤之反也。八卦之義最難通，故聖人詳其所象，亦立象盡意之謂也。」試與《集解》比較，亦可知一義多象、一象多義之複雜關係。此條孔本單獨成為第十一節，朱本合其他七卦為第十一章。

語譯

坤以柔順寬容的創生功能蘊含萬物，……萬物都從坤得到資助。……坤呀呢，就是大地啊，萬物都從大地獲致生育滋養，所以說：從坤得到資助。……坤，柔順而化育不息。……坤，像動物中最能負重又最柔順的牛。……坤，像身體上的肚子。……坤代表地母，所以就用坤來稱呼母親。……坤，負載萬物像大地，生兒育女像母親，包藏物品像塊布，把生米煮成熟飯像鍋子，生了就不捨像吝嗇的樣子，好壞都養也可說很公平，像懷胎的母牛，像大車，像繁複的文采，像群眾，像器物的柄把，就地的顏色來說是黑土。

附錄古義

《漢書・五行志》：「於《易》，坤為土，為牛。牛大心而不能思慮；思心氣毀，故有牛禍。」

《通典・四十四・引秦靜臘用日議》：「《尚書》《易經》說五行水火金木土王相，衍天地陰陽之義，故《易》曰：坤為土。」

《漢書・杜鄴傳》：「鄴對問云：『坤以法地，為土，為母，以安靜為德。』」

序卦傳

有天地然後萬物生焉❶。

注釋

❶有天地然後萬物生焉

《周易》六十四卦始於乾坤。乾為天，坤為地，天地交感化育而生萬物；於是以乾坤生六子，重疊為六十四卦，象徵萬物之生。前賢之注，意見不一，玆錄三家，以備參考。一、干寶《周易注》：「物有先天地而生者，今止取始于天地；天地之先，聖人弗之論也。故其所法象，必自天地而還。《老子》曰：『有物混成，先天地生，吾不知其名，彊字之曰道。』〈上繫〉曰：『法象莫大乎天地。』《莊子》曰：『六合之外，聖人存而不論。』《春秋穀梁傳》曰：『不求知所不可知者，智也。』而今後世浮華之學，彊支離道義之門，求入虛誕之域，以傷政害民，豈非『讒說殄行』，大舜之所疾者乎！」案：干寶先引《老》、《莊》、《穀梁》以明「取始于天地」之義；繼引大舜之言以斥當時浮華之學。入室操戈，以攻虛誕，蓋有感而發也。所引《老子》語在二十五章；《莊子》語在〈齊物論〉；《穀梁傳》語在隱公三年；大舜語在《尚書・

舜典》。又案：《易緯・乾鑿度》：「夫有形生於无形，乾坤安從生！故曰：有太易，有太初，有太始，有太素也。太易者，未見氣也；太初者，氣之始也；太始者，形之始也；太素者，質之始也。」干寶所謂「虛誕」者，或指此類。二、王夫之《周易外傳・卷七》：「〈序卦〉非聖人之書也，乾坤並建而捷立，《周易》以始。蓋陰陽之往來无淹待，而嚮背无吝留矣，故道生於有，備於大。繁有皆實，而速行不息。太極之函乎五行二殊，固然如斯也，有所待非道也。……是故六陰六陽，十二皆備，統天行地，極盛而不缺，至純而奠位，以為之始，則萬物之生，萬物之化，質必達情，情必成理。相與參差，相與夾輔，相與補過，相與進善，其情其才，其器其道，於乾坤而皆備。抑无不生，无不有，而後可以為乾坤。天地不先，萬物不後。而〈序傳〉曰：『有天地而後萬物生焉。』則未有萬物之前，先有天地，以留而以待也。是以知〈序卦〉非聖人之書也。」船山以乾坤並建而無淹待，天地萬物並存而無先後，以此駁斥〈序卦傳〉。言雖雄辯，而理猶可商。三、李光地《周易折中・序卦明義》：「乾坤者，眾卦之宗，故居篇首。先儒謂《周易》首乾，則此是文王所定，不可易也。」熊十力於船山，頗為推崇，然於此則有異見。《讀經示要》曰：「〈序卦〉一篇，昔人多疑為非聖人之言，此陋見也。余以為〈序卦〉非聖人不能作，其義宏闊深遠，嘗欲取而釋之而未有暇也。茲略舉上篇數節，稍疏之，以見其概。『有天地然後萬物生焉。盈天地之間唯萬物，故受之以屯。屯者，盈也。』乾坤二卦之後，繼以屯卦。乾有天象，坤有地象。屯者，萬物始生之象。故云：『有天地然後萬物生』也。太空之中，諸天體凝成。而地球為太陽系中之一行星，其凝固之勢，與氣溫之度，至適宜於生物時，則萬物始生。此屯之所以繼乾坤也。」其肯定〈序卦傳〉先有天地，後生萬物之意，至為明顯。三說並陳，欲讀者自行思索採擇也。

語譯

有了天地，然後萬物產生在天地之間。

附錄古義

范曄《後漢書・荀爽傳》：「爽對策曰：『臣聞：有夫婦然後有父子，有父子然後有君臣，有君臣然後有上下，有上下然後有禮義，禮義備則人知所厝矣。夫婦，人倫之始，王化之端。故文王作《易》，上經首乾坤，下經首咸恆。』」

雜卦傳

乾(ㄑㄧㄢˊ)剛(ㄍㄤ)坤(ㄎㄨㄣ)柔(ㄖㄡˊ)❶。

注釋

❶**乾剛坤柔**

六十四卦中，惟乾六爻皆陽，為純剛之卦；坤六爻皆陰，為純柔之卦。故以剛柔況之。其他六十二卦，皆陰陽相雜，凡陰皆源自坤卦，凡陽皆源自乾卦。以陰陽相雜故，不得以為純剛或純柔。虞翻《周易注》：「乾陽金堅，故剛；坤陰和順，故柔。」郭雍《郭氏傳家易說》：「六子之剛柔，索於乾坤；六十四卦之剛柔，重於八卦。故卦中之剛柔皆乾之剛坤之柔也，是以獨乾坤為剛柔。」朱震《漢上易傳》：「乾坤《易》之門。凡剛皆乾也；凡柔皆坤也。剛柔相雜乃成諸卦，故曰乾剛坤柔。」王夫之《周易內傳》：「二卦並建，剛柔備矣。分之則純以成德，合之則雜以成章也。」

語譯

乾六爻皆陽，是純剛之卦；坤六爻皆陰，是純柔之卦。

初六爻辭

初六❶：履霜堅冰至❷。

注釋

❶初六

爻名，數也。初為初位，六為陰爻，初位為陰爻，就叫初六。占筮所得自下至上為六、八、八、八、八、八，即坤之復䷗時；或自下至上為八、九、九、九、九、九，即姤䷫之坤時，都以坤初六爻辭占。案：初為陽位，而陰爻居之，為坤始爻。所以爻辭、〈象傳〉、〈文言傳〉都語含警惕。

❷履霜堅冰至

履霜為坤初六的「象」，堅冰至是「於象識占」。履是踐踏的意思。坤為地，為人所踐踏。霜，陰氣之始所結；堅冰，陰盛之時所凝。踐踏於霜地而知堅冰將至，啟示我們知事先機，留意防範。明儒每教人於動心起念處下工夫，甚是。《偽古文尚書・大禹謨》：「人心惟危，道心惟微，惟精惟一，允執厥中。」《禮記・中庸》：「知遠之近，知風之自，知微之顯，可與入德矣。」表明儒家對事之機微的重視。《淮南子・齊俗》：「昔太公望周公旦受封而相見。太公問周公曰：『何以治魯？』周公曰：『尊尊；親親。』太公曰：『魯從此弱矣。』周公問太公曰：『何以治齊？』太公曰：『舉賢而上功。』周公曰：『後世必有劫殺之君。』其後齊日以大，至於霸，二十四世而田氏代之；魯日以削，至三十二世而亡。故《易》曰：『履霜堅冰至。』」可視為史證。

語譯

坤初位是陰爻六，好像踐踏到結霜的地面，要領悟到大地凝結堅冰的日子可能來臨，於是提高警覺，加以防範。

附錄古義

《淮南子·齊俗》已見注❷所引，不贅。

桓寬《鹽鐵論·論菑》：「大夫曰：『金生於巳，刑罰小加，故薺麥夏死。《易》曰：「履霜，堅冰至。」秋始降霜，草木隕零，合冬行誅，萬物畢藏。』」《後漢書·宦者傳論》：「詐利既滋，朋徒日廣。直臣抗議，必漏先言之間；至戚發憤，方啟專奪之隙。斯忠賢所以智屈，社稷故其為墟。《易》曰：『履霜堅冰至。』云所從來久矣。今迹其所以，亦豈一朝一夕哉！」

象傳

履霜堅冰，陰始凝也❶；馴致其道，至堅冰也❷。

注釋

❶履霜堅冰，陰始凝也

履霜下「堅冰」二字，依文義不當有。疑因為湊足四個字，故添「堅冰」以足句。洪邁《容齋隨筆·卷五》「易舉正」條略云：「唐蘇州司戶郭京有《周易舉正》三卷，云曾得王輔嗣韓康伯手寫注定傳授真本……『坤初六履霜堅冰至。〈象〉曰：履霜，陰始凝也；馴致其道，至堅冰也。』今本於〈象〉文霜字下誤增堅冰二字。」亦有可能。〈象傳〉蓋先舉爻辭「履霜」，然後以「陰始凝也」去解釋。邱富國《周易輯解》云：「乾初九，〈小象〉釋之以『陽在下』；坤初六，〈小象〉釋之以『陰始凝』。聖人欲明九六之為陰陽，故於乾坤之初畫言之。」又《易》例初爻稱「始」。孔穎達《正義》：「所以防漸於微，慎終於始。」

❷馴致其道，至堅冰也

馴為順習，「其道」二字，與上六〈小象〉「其道窮也」上下呼應。元代胡炳文《周易本義通釋》：「經曰『堅冰至』，要其終也；傳曰『至堅冰』，原其始也。」熊十力《讀經示要》：「人心私欲之萌，其幾甚微。若不即克伏，則滋蔓難圖，不容不戒。」

語譯

踐踏著地面的霜，這是陰氣開始凝結的現象啊！順著陰寒的路線發展下去，終會到達結成堅冰的程度。

附錄古義

范曄《後漢書・魯恭傳》見乾初九爻辭附錄古義。

文言傳

臣弒其君，子弒其父，非一朝一夕之故，其所由來者漸矣❶。由辯之不早辯也❷。《易》曰：「履霜堅冰至。」蓋言順也❸。

注　釋

❶ **其所由來者漸矣**

其，指弒君弒父的罪行。所，為詞頭（或稱前綴），無義。由，指罪行的源頭。來，指罪行的發展。者，指罪行由開始到發展的過程。漸，逐漸，與上文「非一朝一夕之故」前後呼應。〈文言傳〉僅舉「臣弒其君，子弒其父」；其實利欲之薰心，徇私而背公，其發展過程莫不如此。

❷ **由辯之不早辯也**

辯，从言在辡之間，辡義為罪人相與訟；辯義為治，即對犯罪行為的審察、預防與處置。孔穎達《正義》：「臣子所以久包禍心，由君父欲辯明之事，不早分辯故也。此戒君父防臣子之惡。」是就審察、預防、處理別人的犯罪行為而言。王船山《易內傳》：「亂臣賊子，始於一念之伏、欲動利興，不早自知其非。得朋而迷，惡以日滋，至於龍戰。雖其始念不正，抑以積而深也。辯之斯悔其非道之常，而安其貞矣。」是就審察、預防、處理自己的犯罪傾向而言。考「弒君弒父」指坤本卦積陰而至龍戰，就積陰而言，「辯」的對象是「己」；就龍戰而言，「辯」的對象是「人」。孔說、王義可以並存。

❸ **蓋言順也**

順指順從個人的非心邪念。在中國，民間有一個古老的傳說：「臨刑咬母乳」。兒子怪罪母親從小慣壞了他。在西方，莎士比亞筆下的《馬克白》，更是一齣膾炙人口的悲劇。馬克白是蘇格蘭貴族，奉國王鄧肯之命討伐入侵的威京，大勝凱旋。路經沼澤，遇見三位女巫。第一位稱他格拉密斯伯爵，格拉密斯正是馬克白原有的領地；第二位稱他考道伯爵，考道卻是當時蘇格蘭宰相的封地；第三位稱他為未來的國王。說完三位女巫就不見了。不久，鄧肯王信使來到，由於查出宰相私通威京，已被罷黜。國王改封馬克白為考道伯爵，兼有其領地。馬克白回到蘇格蘭，國王到馬克白城堡歡宴留宿。馬克白夫人慫恿馬克白刺殺了國王，篡奪了王位。紙包不住火，國人當然不服。從此馬克白作著恐怖的夢，會看見鬼魂。他瘋狂地鎮壓，終至全國紛紛起義抗暴。馬克白夫人首先精神崩潰而死。馬克白終被義軍所殺。「心生種種魔生」，三個女巫即是魔心邪念的象徵。弒君殺父，正是順著魔心邪念發展的結果。呂祖謙《易說》：「蓋言順也，此一句尤可警，非心邪念，不可順養將去。順養去時，直至弒父與君。如飲酒，初時一兩盃。順而不止，必至沉湎殺身。如鬥毆，初時只是忿疾，若順忿疾將去，必至操刀殺人。今世俗所謂縱性者，即順之謂也。在〈大有〉所謂「遏惡揚善」；在〈損〉所謂「君子以懲忿窒慾」，不順之之謂也。……懲治遏絕，正要人著力。」

語譯

部下殺死長官，兒子殺死父親，都不是一天一夜的緣故造成。罪行的開始和發展的過程是逐漸累積而成的，都因為事件發生時沒有及早辨明處理啊！《周易》坤卦初六爻辭說：「履霜堅冰至。」就是說明順著罪行發展的嚴重後果啊！

附錄古義

司馬遷《史記・太史公自序》：「春秋之中，弒君三十六，亡國五十二。諸侯奔走不得保其社稷者，不可勝數。察其所以，皆失其本已。故《易》曰：『失之豪釐，差以千里。』故曰：『臣弒君，子弒父，非一旦一夕之故也，其漸久矣。』」案：《禮記・經解》：「《易》曰：『君子慎始。差若豪釐，繆以千里。』此之謂也。」「失之豪釐，差以千里。」今《周易》無此文。

班固《白虎通・誅伐》：「弒者，何謂也？弒者，試也。欲言臣子殺其君父不敢卒，候間，司事可，稍稍弒之。《易》曰：『臣弒其君，子弒其父，非一朝一夕之故也。』」

王符《潛夫論・衰制》：「夫法令者，人君之銜轡箠策也；而民者，君之輿馬也。若使人臣廢君法禁而施己政令，則是奪君之轡策而己獨御之也。愚君闇主託坐於左，而姦臣逆道執轡於右，此齊騶馬繻所以沉胡公於具水，宋羊叔牂所以斃華元於鄭師，而莫之能御也。是故陳恆執簡公於徐州，李兌害主父於沙丘，皆以其蚤素奪君之轡策也。〈文言〉故曰：『臣弒其君，子弒其父，非一朝一夕之故也，其所由來者漸矣；由變之不早變也。』」董仲舒《春秋繁露・基義》：「天之氣徐，不乍寒乍暑，故寒不凍，暑不暍；以其有餘徐來，不暴卒也。《易》曰：『履霜堅冰，蓋言遜也。』然則上堅不踰等，果是天之所為，弗作亦成也；人之所為，亦當弗作而極也。」

六二爻辭

六二❶：直、方、大❷，不習，无不利❸。

注釋

❶六二

爻名，數也。老陰六居二位，叫做六二。占筮所得自下至上為八、六、八，八、八、八，即坤之師䷆時；或為九、八、九、九、九、九，即同人䷌之坤時，都以坤六二爻辭占。坤為地，六二為地，居下卦之中，陰位而陰爻居之。居中得位，為地正爻，所以爻辭、〈象傳〉、〈文言傳〉都繫以吉辭。《朱子語類》：「坤卦中唯這一爻最純粹。蓋五雖尊位，卻是陽爻，破了體了；四重陰而不中；三又不正。」

❷直、方、大

此為象。六二居中故直，直為正直，朱子《本義》謂「柔順正固」；居陰得位故方，方為合矩，朱子《本義》謂「賦形有定」；與乾五合德故大，大為偉大，朱子《本義》謂「德合无疆」。船山《易內傳》云：「九五，乾之盛也；六二，坤之盛也。位皆中。而乾五得天之正位而不過；坤二出於地上而陰不匱。故飛龍者，大人合天之極致；直方者，君子行地之至善也。」以坤二與乾五比較，非但能發《易》之深意，而且於研《易》方法也有所啟示。熊氏《示要》全採其說，不贅。

❸不習，无不利

此為占。習義為重，故坎〈彖傳〉言：「習坎，重險也。」引申為「修營」或「增加造設」。所以王弼《注》云：「居中得正，極於地質。任其自然，而物自生；不假修營，而功自成。故不習焉。」李光地《周易折中》案語云：「習者，重習也。乃增加造設之意。不習无不利，即所謂『坤以簡能』者是也。若以不習為無藉於學，則所謂『敬以直內，義以方外』者，豈無所用其心哉！」為人作事，正直、合矩，自然形成偉大的人格。無須刻意規劃，重加修飾，反顯矯作。《禮記・大學》：「心誠求之，雖不中，不遠矣。未有學養子而后嫁者也。」正是這番意思。熊十力《讀經示要》以「習」為「慣習」。云：「新新而不守其故，曰不習。不習，則盛德日新，无不利。」並自加注解說：「新新，常新也。方生方滅，方滅方生。故無故物可留而常新也。……凡物若守其故，即囿於慣習。常新，常創進不已。故云不習。」所說頗與前人不同，錄於此以供參考。

語譯

陰爻六居坤卦二位。居中顯示稟性正直，得位顯示行為合矩，遵循天道，人格自然偉大。不必矯揉做作，而沒有不利的。

象傳

六二之動，直以方也❶；不習无不利，地道光也❷。

注釋

❶六二之動，直以方也

以，而也。王安石《易解》：「六二之動者，六二之德，動而後可見也。因物之性而生之，是其直也；成物之形而不易，是其方也。」瑞士教育家裴斯塔洛齊（Pestalozz, Johan Heinrich，一七四六～一八二七）

認為：教育應基於兒童本性的發展。他說：「教育的目的無他，但在供應適當環境，使兒童發展，潛能能夠循序實現，並促使人生的幸福而已。」與王安石之言及《易》坤二之理暗合。請參閱下條注釋。

❷不習无不利，地道光也

光，義為廣大。見王引之《經義述聞》。項安世《周易玩辭》：「乾以九五為主爻，坤以六二為主爻。蓋二卦之中，惟此二爻既中且正。又五在天爻，二在地爻，正合乾坤之本位也。乾主九五，故於五言乾之大用，而九二止言乾德之美；坤主六二，故於二言坤之大用，而六五止言坤德之美。六二之直，即『至柔而動剛』也；六二之方，即『至靜而德方』也；其大，即『後得主而有常，含萬物而化光』也；其不習无不利，即『坤道其順乎，承天而時行』也。六二蓋全具坤德者。孔子懼人不曉六二何由兼有乾直，故解之曰：『六二之動，直以方也。』言坤動也剛，所以能直也。又懼人不曉六二何由无往不利，故又解之曰：『地道光也。』言地道主六二，猶乾之九五言『乃位乎天德』也。」把坤六二之地道和乾九五之天德，以及六二〈象傳〉和坤卦〈文言傳〉一一比較說明，使人對坤六二大義有進一層的了解。

語譯

六二的行動，正直而且合矩；不必矯揉做作，而沒有不利的，這正顯示大地遵循天道孕育萬物的偉大啊！

附錄古義

《禮記・深衣》：「袂圜以應規，曲袷如矩以應方，負繩及踝以應直，下齊如權衡以應平。故規者行舉手以為容，負繩抱方者以直其政，方其義也。故《易》曰：『六二之動，直以方也。』」

文言傳

直其正也，方其義也❶，君子敬以直內❷，義以方外❸，敬義立而德不孤❹。「直方大，不習无不利」。則不疑其所行也❺。

注釋

❶直其正也，方其義也

「正」當作「敬」，正敬兩字古韻都屬耕部，音近而誤。當據下文「敬以直內，義以方外」句訂「正」為「敬」字，直其敬也，言存心正直，故行事敬慎；方其義也，言行事合矩，由於心存公義。六二居中得正，存心不偏不倚，無過不及，故能行事敬慎；六二居陰得位，行事配合身分，適度合宜，實因心存義方。

❷君子敬以直內

敬為敬慎，是敬畏天命的表現。直作致使動詞用，是使之直的意思。內，指內心。案：敬在中國思想史上，是一個非常重要的觀念。根據牟宗三先生在《中國哲學的特質》一書中所述：敬，乃源於憂患意識。與基督教源於恐怖意識，以及佛教源於苦業意識者不同。基督教恐怖於人類的原罪，對自己存在的價值作徹底的否定；然後把自我否定後的自我，皈依附託於一個在信仰中的超越存在——上帝那裡。佛教所說的苦集滅道四諦：苦是無常而起的痛苦；集是無明而起的煩惱；於是有滅，同樣否定了自我生命的價值，要求解脫；最後有道，是超脫苦惱深淵皈依涅槃寂靜的境界。中國人的憂患意識，絕不是生於人生之原罪或苦惱；而是憂慮自己德之未修，學之未講，以及萬物生育之不得其所。憂患的初步表現是臨事而懼的負責認真的態度；然後產生戒慎的「敬」的觀念。而天命天道乃通過「敬」而步步下貫，注入人心而作為生命的主體——這便是乾九二〈文言傳〉所說的「誠」了。因此，在「敬」中，我們的主體並未投向上帝或投向涅槃。我們所作的不是自我的否定；而是自我肯定。覺得自己地位的重要、責任的重大。〈文言傳〉此言「敬以直內」，正是指明要敬重自己的責任，由此警覺而不斷端正自己的存心，充實天賦的品德。敬以直內，義可與《學》、《庸》之言「慎獨」較論。《大學》云：「所謂誠其意者，毋自欺也。如惡惡臭；如好好色。此之謂自謙，故君子必慎其獨也。小人閒居為不善，無所不至；見君子而后厭然，揜其不善，而著其善。人之視己，如見其肺肝然，則何益矣？此謂誠於中，形於外。故君子必慎其獨也。」《中庸》云：「道也者，不可須臾離也，可離非道也。是故君子戒慎乎其所不睹；恐懼乎其所不聞。莫見乎隱；莫顯乎微。故君子慎其獨也。」讀者細思其異同。

❸**義以方外**

義為合宜，謂行事合宜。方，亦為致使動詞，是使之方的意思。外，指顯現於外者。案：義以方外，是說「義」是一種使外在表現合矩的「內在」力量；決非以「義」為「外在」。《孟子・告子》記告子的話說：「食色，性也。仁，內也，非外也；義，外也，非內也。」而孟子駁之。〈盡心〉云：「仁義禮智根於心。其生色也，睟然見於面，盎於背，施於四體，不言而喻。」更是義根於心而形於外的最生動的說明。程頤《易傳》：「敬立而內直；義形而外方。義形於外，非在外也。」已見及此。義以方外，義亦可與《學》、《庸》之言「絜矩」較論。《大學》：「所惡於上，毋以使下；所惡於下，毋以事上。所惡於前，毋以先後；所惡於後，毋以從前。所惡於右，毋以交於左；所惡於左，毋以交於右。此之謂絜矩之道。」《中庸》：「子曰：『道不遠人。人之為道而遠人，不可以為道。《詩》云：「伐柯伐柯，其則不遠。」執柯以伐柯，睨而視之，猶以為遠。故君子以人治人，改而止。忠恕違道不遠，施諸己而不願，亦勿施於人。』」其異同留待讀者自思。

❹**敬義立而德不孤**

《朱子語類》云：「〈文言〉將敬字解直字；義字解方字；敬義立而德不孤，即解大字。」分析很是。

案：敬與義有密切關係。《孟子・告子篇》：「孟季子問公都子曰：『何以謂義內也？』曰：『行吾敬，故謂之內也。』」〈文言傳〉「敬以直內」，相當於《孟子》之「義內」；〈文言傳〉「義以方外」，相當於《孟子》之「行敬」。二者關係幾乎是一而二，二而一的。由於敬義立，內外心身的合一；於是進一步配合乾元天道，導致上下天人的合一。所謂「德不孤」，正指坤德合乾德而不孤立。坤之所以能「至」乾之「大」，理由在此。宋劉絢〈師訓〉記程頤的話：「敬以直內，義以方外，合內外之道也。」又李籲《師說》也記明道言：「敬義夾持，直上達天德自此。」已認清此種內外相合，上下相通的奧旨。

❺則不疑其所行也

此句釋「不習无不利」。一個人只要敬義相合，上達天德，自然對於所行，能隨心所欲而不踰矩。不須懷疑而反覆思索了。《二程遺書・卷二》載明道〈識仁篇〉云：「學者須先識仁。仁者，渾然與物同體。義禮智信，皆仁也。識得此理，以誠敬存之而已。不須防檢，不須窮索。」明道誠敬識仁之教，實根據《周易》。而「不須防檢，不須窮索」，可移作坤六二爻辭「不習」與〈文言傳〉「不疑」的注釋。孔廣森《經學卮言》以為古文偏旁多省，不疑其所行者，言所行不礙也。錄作參考。

語譯

六二爻辭所說的「直」，是指六二居中，存心正直，行事敬慎；六二爻辭所說的「方」，是指六二得位，行事合宜，心存公義。君子以敬畏天命的心情來端正自己的存心；以恰當合宜的原則來規範外在的行為。心存誠敬，行合義方，於是上達天德，德行廣被，而不孤立。《周易》坤卦六二爻辭說：「直方大，不習无不利。」正是因為不懷疑自己所做的事啊！

六三爻辭

六三❶：含章可貞❷。或從王事，无成，有終❸。

注釋

❶六三

爻名，數也。老陰六居三位。占筮所得自下至上為八、八、六、八、八、八，即坤之謙䷎；或為九、九、八、九、九、九，即履䷉之坤時，皆以此占。就坤卦而言，此時內卦坤下已成，當然是一件美好的事。可是，三為陽位，居上下卦之間，是多凶之位；而陰居之。地位十分尷尬。進退之際，就更要拿定主意了。爻辭、〈象傳〉、〈文言傳〉，都由此而發。

❷含章可貞

「含章」為象，「可貞」為占。先儒解釋這句，多以六為陰爻，三為陽位；以六居三，有以陰包陽之美，卻有失位多凶之憾。此說起於三國吳人虞翻。《集解》引其言曰：「以陰包陽，故含章；三失位，發得正，故可貞也。」朱子《本義》也說：「六陰三陽，內含章美，可貞以守。」但是，陰居陽位，明明是「失位」，怎能說「含章可貞」呢？因此，船山《易內傳》提出新解：「六二柔順中正，內德固；而所以發生品物者，備其美。六三居其上，成乎坤體。所含者六二之章光。故雖以陰居陽，而可不失其正。」以六三坤體成，坤德貞順，內含章光。就遠勝虞、朱之說。爻辭中「可」字，是「能」的意思。《中庸》：「《詩》曰：『衣錦尚絅。』惡其文之著也。故君子之道，闇然而日章；小人之道，的然而日亡。」意亦相近，可以參看。

❸**或從王事，无成，有終**

此為告誡之辭，占也。或，假設不定之詞。同乾九四「或躍在淵」之或。三四居上下卦之際，若又不得位，就有進退不定之象。元儒胡炳文《周易本義通釋》：「大抵陽主進，陰主退。乾九三陽居陽，故曰乾乾，其德主乎進也。坤六四陰居陰，故曰括囊，其位主乎退也。乾九四陽居陰，坤六三陰居陽，故皆曰或，進退未定之際也。特其退也，曰在淵，曰含章可貞，惟進則皆曰或。」從乾坤三四爻比較中得到「或」有「或進」之義。甚是。總之，六為陰爻，主退；而居三位，三為進爻，又屬陽位。有性本淡泊而所居地位不得不進之象。因此，從事國事的時候，不敢率先完成，也不以成功者自居，以成自己的虛名，而有至終之美。王弼《注》曰：「不為事始，須唱乃應，待命乃發。……有事則從，不敢為首，故曰或從王事也。不為事主，順命而終，故曰无成有終也。」可供參考。

語譯

坤老陰六居三位，含藏著美麗的光輝，能固守正道。倘或從事國事，不敢率先完成，不以成功者自居，不願成就一己之虛名，終能保全美德與堅貞。

附錄古義

《淮南子・繆稱》：「聖人在上，化育如神。太上曰：我其性與？其次曰：微彼，其如此乎？故《詩》曰：『執轡如組。』《易》曰：『含章可貞。』動於近，成文於遠。」

象傳

含章可貞，以時發也❶；或從王事，知光大也❷。

注釋

❶含章可貞，以時發也

坤六三之懷藏章美，並非永不顯發，而是承陽適時而顯發。〈文言傳〉所謂「坤道其順乎，承天而時行」也。《集解》引崔憬的話：「陽命則發，非時則含也。」是十分正確的。熊十力更以宇宙之演進來解說，《讀經示要》云：「坤雖凝聚而成物，然與乾同體。故內含直方之美，而不失其正。雖有物化之虞，而以含直方之美故，則乾元之力，默運於坤陰之中者，終當以時發見。如宇宙肇始無機物，幾純屬坤陰。其時乾元默運於坤陰之中，但隱而未發見耳。然歷經相當時期，乃有植物、動物，以至人類，則生命盛著。生命，乾元也。終以時發見而不容已。故曰以時發也。」錄於此以供參考。

❷或從王事，知光大也

「或從王事」下，省去「无成有終」。〈小象傳〉引文辭，有增省之例。知，智也。光大猶言廣大。程《傳》：「象只舉上句，解義則并及下文。它卦皆然。或從王事，而能无成有終者，是其知之光大也。唯其知之光大，故能含晦。淺暗之人，有善唯恐人之不知，豈能含章也。」

語譯

含藏美德，固守正道，因為要等適當的時機，才能發揮自己的才華啊！如果從事公務，不敢率先完成，不以成功者自居，終能保全自己；這是智慮廣大啊！

文言傳

陰雖有美，含之❶。以從王事，弗敢成也❷。地道也，妻道也，臣道也❸。地道无成，而代有終也❹。

注釋

❶陰雖有美，含之

陰陽各具其美。陽美在健，常表現於外。所以〈文言傳〉於乾卦說：「君子以成德為行，日可見之行也。」強調乾德是「日可見」的。陰美在順，常含養於內。所以此云「陰雖有美，含之」。同時由「陰雖有美」四字，又可知六三之美屬陰，與所居陽位無關。虞、朱以六三「以陰包陽」為「含章」，實有背〈文言傳〉之解釋。

❷以從王事，弗敢成也

弗敢成也，是不敢自己率先完成，以博取名聲的意思。《集解》引宋衷曰：「不敢有所成名也。」重點在「名」；又引荀爽曰：「要待乾命，不敢自成也。」重點在「自」；而孔穎達《正義》云：「不敢為主先成之也。」重點在「先」。皆得其一曲。古漢語語法：凡述語下有賓語，否定副詞用「不」字；無賓語，否定副詞用「弗」。《禮記・學記》：「雖有嘉肴，弗食，不知其旨也。」即為一例。

❸地道也，妻道也，臣道也

坤至六三，內卦已成。地、妻、臣，都是坤之象徵。不可用初二為地，三四為人，五上為天之爻位說來解釋。地道承天，妻道順夫，臣道尊君。引而申之，軀體之順從理智，小我之服從大我，都是坤道。

❹地道无成，而代有終也

如果沒有陽光雨露空氣，地面上不可能有生物。所以地道无成，必待天道而成。但是所有生物必須依靠土地，才能接受陽光雨露而完成生命，所以天道能創始萬物，地道能終生萬物。妻道臣道，也是一樣。此舉地道以賅妻道臣道。

語譯

柔順的陰，雖然具有美麗的光輝，但是含養不露。因此承陽行事，不敢自己作主率先完成。這是靜默的大地啟示我們的道理。也正是做妻子做臣子的道理啊！地道雖然不能單獨完成化育的工作，但代替天道完成化育的，最後還是地道。

附錄古義

范曄《後漢紀・章帝紀》：「元年春二月壬辰，帝崩於章德殿。是日，太子即位，年十歲，太后臨朝。袁宏曰：『非古也。《易》稱：「地道無成，而代有終。」禮有婦人三從之義。然則后妃之在於欽承天，敬恭中饋而已。故雖人母之尊，不得令於國，必有從於臣子者，則柔之性也。』」

六四爻辭

六四❶：括囊❷。无咎，无譽❸。

注釋

❶六四

爻名，數也。老陰六居四位。占筮所得自下至上為八、八、八、六、八、八，即坤之豫䷏；或為九、九、九、八、九、九，極小畜䷈之坤時，以此占。六四得位而多懼，非中而不及，處坤下坤上之間，為退爻，並且有重陰閉結之象。

❷括囊

這是象。括，是閉結的意思。坤為陰卦，六為陰爻，四為陰位，處坤下坤上重陰之地，所以有陰寒閉結之象。囊，盛物之袋。囊可藏物，正像地可藏物。所以坤又以囊為象。《九家易》：「坤為囊。」王弼《注》：「處陰之卦，以陰居陰，履非中位，无直方之質；不造陽事，无含章之美。括結否閉，賢人乃隱。施慎則可，非泰之道。」釋義甚好。案：〈繫辭傳上〉：「夫坤其靜也翕，其動也闢。」宋劉牧《周易解》曰：「坤其動也闢，應二之德；其靜也翕，應四之位。翕，閉也。」

❸无咎，无譽

這是占。由於為人處世像閉結的袋子，別人既不能看到他有何錯誤而指出其罪咎；也無法發現他有何優點而加以贊譽。元俞琰《周易集說》：「咎致罪；譽致疑。唯能謹密如囊口之結括，則无咎无譽。」正是此意。而且在重陰閉結的時代裏，无譽又是无咎的必要條件。孔廣森《周易史論》云：「所以得无咎者，正以其无譽。勿若漢之黨人，標榜於桓靈之朝，竟以譽殺身也。」其實只有在衰世，才會有以譽殺身的怪事。如桓靈之黨錮；晚明之東林。太平盛世，有譽不必致咎。讀《易》者不可輕言隱藏。荀子甚至以此乃斥鄙夫腐儒。〈非相〉云：「君子之於言無厭；鄙夫反是：好其實而不恤其文，是以終身不免埤汙傭俗。故《易》曰：『括囊，无咎，无譽。』腐儒之謂也。」詳見「附錄古義」。就爻象來說：六四當位，故无咎；非中而為退爻，故无譽。

語譯

坤老陰六居四位：在這陰寒閉結的時候，要像緊閉袋口的袋子一樣，不會有災禍，也不會有榮譽。

附錄古義

《荀子・非相篇》：「凡言不合先王，不順禮義，謂之姦言；雖辯，君子不聽。法先王，順禮義，黨學者；然而不好言，不樂言，則必非誠士也。故君子之於言也，志好之，行安之，樂言之；故君子必辯。凡人莫不好言其所善，而君子為甚，故贈人以言，重於金石珠玉；觀人以言，美於黼黻文章；聽人以言，樂於鐘鼓琴瑟。故君子之於言無厭；鄙夫反是：好其實而不恤其文，是以終身不免埤汙傭俗。故《易》曰：『括囊，无咎，无譽。』腐儒之謂也。」

《淮南子・詮言》：「能有天下者，必不失其國；能有其國者，必不喪其家；能治其家者，必不遺其身；能修其身者，必不忘其心；能原其心者，必不虧其性；能全其性者，必不惑於道。故廣成子曰：『慎守而內，周閉而外，多知為敗。毋視，毋聽，抱神以靜，形將自正。』不得之己而能知彼者，未之有也。故《易》曰：『括囊，无咎，无譽。』」

裴松之《三國志・魏書・李通傳・注引李秉家誡》：「夫清者不必慎，慎者必自清；亦由仁者必有勇，勇者不必有仁。是以《易》稱『括囊无咎』，『藉用白茅』，皆慎之至也。」

象傳

括囊无咎，慎不害也❶。

注釋

❶慎不害也

四多懼，懼故慎。《說苑・敬慎》：「日夜慎之，則無害災。」案：船山《易內傳》：「欲退藏以免於咎，則無如避譽而不居。危言則召禍；詭言則悖道。括囊不發，人莫得窺其際，慎之至也。」釋意甚精。熊十力《讀經示要》更補充云：「君子處變之道，有時不得不如此。然後世隱淪之士，守此為常。且以為藏身之妙術，則不達此爻之旨也。」「有時」二字要注意。

語譯

坤六四爻辭「括囊无咎」，這說明了必須謹慎小心，才能避免禍害。

文言傳

天地變化，草木蕃❶；天地閉，賢人隱❷。《易》曰：「括囊无咎无譽。」蓋言謹也。

注釋

❶天地變化，草木蕃

本句與下句互文對舉而有所省略，「草木蕃」下省去「賢人仕」。意思是：當「天地變化」，那麼「草木蕃」、「賢人仕」。非坤卦實有「天地變化草木蕃」的現象。試與泰卦（䷊）比較，泰卦乾下坤上，象徵著天氣下降，日光普照；地氣上升，萬物萌生。也象徵領導階層，深入民間，探知民隱，以謀解決；老百姓們也能把意見向上級反映，以供採用。所以泰〈彖傳〉說：「天地交而萬物通也；上下交而其志同也。」此言「天地變化」，猶「天地交」、「上下交」；此言「草木蕃」，猶「萬物通」。而「賢人仕」，正因為上下志同。由此引申，父慈子孝，兄友弟恭；身心平衡，情理協調，都是上下交也。

❷天地閉，賢人隱

「賢人隱」上省略「草木枯」句。意思是：當「天地閉」，那麼「草木枯」、「賢人隱」。六四陰爻陰位，居坤下坤上之際，重陰之地，不與天通，頗似否卦（䷋）〈彖傳〉所言：「天地不交而萬物不通也；上下不交而天下无邦也。」所以有天地閉塞之象。六四雖得位為賢人，也應退隱靜默，充實自己，得機復出。案：三、四，人位。六四以陰居陰，得位而稱賢人，猶乾上九〈文言〉之稱乾九三以陽居陽得位為「賢人」。又「隱」不僅為退隱，更有借此時機充實自己的意義在。宋張浚《紫巖易傳》：「括囊，蓋內充其德，待時而有為者也。……夫閉於前而舒於後，生化之功自是出也。括囊之慎，庸有害邪！」抉發「括囊」的積極義，極為重要。

語譯

假如天氣下降、地氣上升，那麼草木就能蕃生。可是坤六四處在重陰的位置，下面固然是地；上面依舊是地；不見天日。在這樣上下不通，天地閉塞的環境，賢人也要隱藏以充實自己。《周易》坤六四爻辭說：「括囊无咎无譽。」就是告訴人們要謹慎啊！

六五爻辭

六五❶：黃裳❷，元吉❸。

注釋

❶六五

老陰六居五位，有居中之美，履尊之貴。占筮所得自下至上為八、八、八、八、六、八，即坤之比䷇；或為九、九、九、九、八、九，即大有䷍之坤時，以此占。

❷黃裳

此為坤卦六五之象。黃是地色，中央之色，正色，也是君服之色。《周禮・冬官考工記・畫繢》：「東方謂之青；南方謂之赤；西方謂之白；北方謂之黑。天謂之玄；地謂之黃。」《論衡・驗符篇》：「黃為土色，位在中央。」《詩・綠衣》：「綠衣黃裳。」《傳》：「黃，正色。」《漢書・律曆志》：「黃者，中之色，君之服也。」坤為地，六五居中，故為黃。裳為下服，又有芾佩在外掩蓋著，而坤卑中與其相似，故為裳。黃裳為貴者之服。王弼《注》：「黃，中之色也；裳，下之飾也。坤為臣道，美盡於下。」《本義》云：「六五以陰居尊，中順之德，充諸內而見於外，故其象如此。」王船山《周易稗疏》：「黃裳者，玄端服之裳，自人君至命士皆服之。」

❸元吉

此為坤六五之占。元義為大，又有始意，是本來偉大，不待外求之意。吉義為得。得，不僅指物質上的獲得，凡品德之充實，理想之實現，都是得。〈繫辭傳上〉：「吉凶者，言乎其得失也。」吉得，凶失，其義相反。案：《左傳・昭公十二年》：「南蒯之將叛也，枚筮之，遇坤䷁之比䷇。曰：『黃裳元吉。』以為大吉也。示子服惠伯，曰：『即欲有事，何如？』惠伯曰：『吾嘗學此矣。忠信之事則可；不然，必敗。外彊內溫，忠也；和以率貞，信也。故曰：「黃裳元吉。」黃，中之色也；裳，下之飾也；元，善之長也。中不忠，不得其色；下不共，不得其飾；事不善，不得其極。外內倡和為忠；率事以信為共；供養三德為善。非此三者，弗當。且夫《易不》可以占險；將何事也？且可飾乎？中美能黃；上美能元；下美則裳。參成可筮，猶有闕也。筮雖吉，未也。』」非但對「黃裳元吉」有很特別的解釋，可以標點為「黃、裳、元：吉。」而「忠信之事則可；不然，必敗」以及「易不可以占險」，尤其值得三思。王弼《周易注》：「夫體无剛健，而能極物之情，通理者也。以柔順之德，處於盛位，任夫文理者也。垂黃裳以獲元吉，非用武者也。極陰之盛，不至疑陽，以文在中，美之至也。」船山《易內傳》：「凡言吉者，與凶相對之辭。自然而享其安之謂。黃裳非以求吉而固吉，故曰元。凡言元吉者，準此。」

語譯

坤五位是陰爻，貞順的美德充滿心頭而呈現於全身。就像服務人群的政治家已經到達最尊貴的地位，穿上黃色的禮服一樣，自自然然地實現了自己的理想。本來就是大吉大利的。

附錄古義

《左傳・昭公十二年》已見注❸所引，不贅。

象傳

黃裳元吉，文在中也❶。

注釋

❶**文在中也**　《說卦傳》：「坤為文。」所以王肅《周易注》云：「坤為文，五在中，故曰：文在中也。」文在中也，是文采藏在裏面的意思。王夫之《周易稗疏》：「衣裳之制，衣下揜裳際，復有韍佩帶紳加其上，是衣著於外，裳藏於內。」可知古代「裳」之文采是內藏的。《中庸》：「《詩》曰：『衣錦尚絅。』惡其文之著也。故君子之道，闇然而日章；小人之道，的然而日亡。」也是此意。

語譯

穿上了黃色的禮服，自然地實現了自己的理想，因為美德藏在裏面，日久漸漸顯著啊！

文言傳

君子黃中通理，正位居體，美在其中❶。而暢於四支，發於事業，美之至也❷。

注釋

❶君子黃中通理，正位居體，美在其中

此釋「黃裳」。黃中通理釋「黃」。坤地色黃，六五居中，故曰黃中。也就是〈象傳〉「文在中也」的意思，代表道德之內在。通理，五為天位，通達天理。《易緯・乾鑿度》云：「地靜而理。」地理由天理而來。上文說明乾坤，曾以天理、理性屬乾；以物欲、形骸屬坤。坤雖含物欲，但也稟受天理，而納天理於形骸之內。所以通理，是通受於天納於己之理。也就是內在美德之遙契天理。宋游酢《易說》：「黃中通理者，養德性之源而通至理也。通理云者，非謂其見彼也，自見而已；非謂其聞彼也，自聞而已。故宅於心者至虛而明。」「養德性之源而通至理」、「宅於心者至虛而明」二句要重看。正位居體釋「裳」，是居體正位的倒裝。體字與上文理字叶韻，故倒裝以成韻。六五居上體之中而得正，所以說居體正位。表示遙契天理之內在美德已居於形體之正位。游酢《易說》：「正位居體者，正為臣之位而居坤之體也。居體云者，處靜而无倡也，稟其令而已；處順而无作也，續其終而已。故守其身者至柔而恭。」稟令續終至柔而恭，正是裳之象徵義。美在其中，強調莊嚴珍貴美德之內在，理即在體中，即在氣中。朱熹每言：「理又非別為一物，即存乎是氣之中。無是氣，則是理亦無掛搭處。」理氣不二，正是此意。在句法上，美在其中是黃中通理正位居體之結語。

❷而暢於四支，發於事業，美之至也

此釋「元吉」。暢於四支，承黃中通理而來；發於事業，承正位居體而來；美之至也，承美在其中而來，並為暢於四支發於事業之結語。上條是明明德的工夫；此條是親民新民的工夫。游酢《易說》：「內外交相養，則美在其中，粹然无疵矣。故見於面，盎於背，施於四體，四體不言而喻，此暢於四支所以為美之至也；成天下之大順，功高而朝不忌，任重而上不疑，此發於事業所以為美之至也。」游氏所謂「內」，指「黃中通理」；游氏所謂「外」，指「正位居體」。朱熹曾就坤六五與坤六二比較。《朱子語類》云：「二在下，「方」是就功夫上說，如『不疑其所行』是也；五得尊位，則是就它的成就處說，所以云：『美在其中，而暢於四支，發於事業，美之至也。』」宋儒游酢、朱熹皆將「美在其中」連下文成句，說義亦甚好。李光地更將乾九二、九三與坤六二、六五作比較。《周易折中》案語云：「乾爻之言學者二：於九二則曰：言信行謹，閑邪存誠也；於九三則曰：忠信以進德，脩辭立誠以居業也。坤爻之言學者二：於六二則曰：敬以直內，義以方外也；於六五則曰：黃中通理，正位居體也。分而言之，則有四。合而言之，則乾二之存誠，即九三之忠信：皆以心之實者言也。乾二之信謹，即乾三之脩辭立誠：皆以言行之實者言也。在二為大人，則以成德言之，由其言行以窺其心，見其純亦不已如此也。在三為君子，則以進學言之，根於心而達於言行，見其交脩不懈亦如此也。坤二之直內，即坤五之黃中；皆以心之中直者言也。坤二之方外，即坤五之正位：皆以行之方正者言也。二言直，而五言中。直則未有不中者，中乃直之至也。二言方，而五言正。方則未有不正者，正乃方之極也。二居下位，不疑所行而已；五居尊，又有發於事業之美。此則兩爻所以異也。在乾之兩爻，誠之意多。實心以體物，是乾之德也。坤之兩爻，敬之意多。虛心以順理，是坤之德也。而要之未有誠而不敬，未有敬而不誠者。乾坤一德也，誠敬一心也。聖人所以分言之者，蓋乾陽主實，坤陰主虛。人心之德，必兼體焉。非實不能虛，天理為主，然後人欲退聽也；非虛不能實，人欲屏息，然後天理流行也。自其實者言之則曰誠；自其虛者言之則曰敬。是皆一心之德，而非兩人之事。但在聖人則純乎誠矣，其敬也，自然之敬。其次主敬以至於誠。故程子曰：『誠則無不敬。未能誠，則必敬而後誠。』而以乾坤分為聖賢之學者，此也。」這一段話，對乾坤「誠敬之教」有極嚴謹細密的分析。非精於理學者不能道。讀者試與《中庸》言「誠」言「誠之」各節參看，對《周易》在中國思想史上的重要地位，以及儒家經典間的圓融性，當有更深一層的認識。

語譯

君子莊嚴尊貴的品格，柔順文靜地通達並契合天理，居於坤體中正的位置，美德就蘊藏在當中了；自自然然地顯現在四肢，發揮於事業，這是美德的極致啊！

上六爻辭

上六❶：龍戰于野❷，其血玄黃❸。

注釋

❶**上六**

爻名，數也。上位是老陰六。居高道窮，為陽所疑，故象占如此。占筮所得自下至上為八、八、八、八、八、六，即坤之剝䷖；或為九、九、九、九、九、八，即夬䷪之坤時，以此占。

❷**龍戰于野**

這是坤上六之象。龍為陽的象徵，已詳乾卦。龍戰，坤與龍陽交戰。于野，卦外之象。〈說卦傳〉：「戰乎乾。乾，西北之卦也，言陰陽相薄也。」陰陽相薄，而戰於乾，可以作為不在坤卦內作戰的證明。當陰發展到極點的時候，也正是陽奮起抵抗陰的時候。王《注》：「陰之為道，卑順不盈，乃全其美。盛而不已，固陽之地，陽所不堪，故戰于野。」程《傳》：「陰從陽者也。然盛極則抗而爭。六既極矣，復進不已，則必戰。故云：戰于野。野，謂進至於外也。」可從。冬天來了，春天還會遠嗎？乾上九曰「亢龍有悔」，戒自滿也；坤上六曰「龍戰于野」，戒自毀也。

❸**其血玄黃**

也是坤上六之象，並攝占於象中。龍雖然作為乾陽的象徵，但仍有形體。戰而受傷，也會流血，故曰「其血」。玄是紅黑色。天色玄，地色黃。今血色玄黃，表示乾天坤地都受傷了。在語法上「其血」之其，指龍。所以其血特別指稱龍血，王船山認為這是「易為龍惜」。《易內傳》：「陽之戰陰，道之將治也。而欲奮起於涸陰之世，則首發大難，必罹於害。陳勝項梁與秦俱亡；徐壽輝張士誠與元俱殞。民物之大難，身任之則不得辭其傷！易為龍惜，不惜陰之將衰，聖人之情見矣。」所言甚是。不過聖人對乾，也有警惕的作用，希望防患於未成。否則「臣弒其君，子弒其父」，就會產生「其血玄黃」的慘劇。

語譯

坤上位是老陰六。陰發展到極點，代表陽的龍奮起與陰決戰於郊野。結果兩敗俱傷，流出有的紅黑、有的帶黃的血來。

附錄古義

《左傳・昭公二十九年》見乾初九爻辭附錄古義。

象傳

龍戰于野，其道窮也❶。

注釋

❶**其道窮也**

陰道發展至極，便陷於窮途末路的困境，這正是陽道復興的時機。熊十力《讀經示要》：「六陰皆見，於象窮極而無餘。陽必起而乘之。……夫人事之狂惑昏亂，皆陰象也。陰迷失道，而不知反，窮所必至。陰窮，而陽道必興。陽之初興，不得不與亢陰之餘勢相戰。戰則不避其傷，以此見陽德之健也。」

語譯

坤陰與陽龍交戰於郊野，這是陰發展到了極點，而陷於窮途末路的地步啊！

附錄古義

范曄《後漢書・朱穆傳》：「穆推災異，奏記勸誡梁冀云：『穆伏念明年丁亥之歲，刑德合於乾位。《易經》龍戰之會，其文曰：「龍戰於野，其道窮也。」謂陽道將勝而陰道負也。』」

文言傳

陰疑於陽必戰❶。為其嫌於无陽也，故稱龍焉❷。猶未離其類也，故稱血焉❸。夫玄黃者，天地之雜也，天玄而地黃❹。

注釋

❶**陰疑於陽必戰**

陰寒凝結，比擬於陽，為陽所懷疑，陽必奮起，而與陰戰。王弼《注》：「辯之不早，疑盛乃動。故必戰。」孔穎達《疏》：「陰盛為陽所疑。陽乃發動，欲除去此陰，陰既強盛，不肯退避，故必戰也。」案：「疑」字，《釋文》謂「荀虞姚信蜀才本作凝」，是陰寒凝結而成堅冰的意思。王引之《經義述聞》卻以為：「疑之言擬也，自下上至之辭也。陰盛上擬於陽。」是陰把自己比擬為陽的意思。茲兼取「疑」、「凝」、

「擬」三說，而作綜合的注釋。

❷為其嫌於无陽也，故稱龍焉

此句說明爻辭所以特別稱「龍」的原因在：怕讀者誤以為坤六爻都是陰，而陽不存在了。其實陰中有陽而本於陽（已見於乾〈彖傳〉「大哉乾元，萬物資始」注釋），陽始終存在的。熊十力《讀經示要》案語云：「如生命或心靈未發現時，全宇宙只是群陰，幾無所謂陽。稱龍者，明群陰之世，非無陽也。雖暫為陰所伏，終不能不戰也。」熊氏以陰為無生之物，以陽為生命或心靈，使陰陽之義益為豐富。請參閱坤六三〈象傳〉「含章可貞，以時發也」注釋所引熊氏的話。案：象數易有「飛伏」說。以為凡卦見者為飛，不見者為伏；飛陽則伏陰，飛陰則伏陽。就易道陰陽互含而言，飛伏說不無是處。《集解》引《九家易》曰：「陰陽合居，故曰兼陽。謂上六坤行至亥，下有伏乾。陽者變化，以喻龍焉。」又引荀爽曰：「消息之卦，坤位在亥，下有伏龍，陰陽相和。」可以參考。又正文「為其嫌於无陽也」，《集解》本作「為其兼于陽也」，並述於此。

❸猶未離其類也，故稱血焉

上文既用「龍」字表示陰盛而陽未滅。此句又用「未離其類」表示上六屬坤也未離陰類。心靈氣息屬陽，血肉軀體屬陰。所以稱「血」者，正為了點明上六未離陰類。《集解》引荀爽曰：「實本坤卦，故曰未離陰類也。」朱子《本義》曰：「血，屬陰，蓋氣陽而血陰也。」都解釋正確。這裏特別強調三點：一、陰陽不能截然二分。陰中有陽；陽中有陰。陽顯陰隱，即名為陽；陰顯陽隱，即名為陰。生物界雌雄相交，所生可能是雄，也可能是雌，正是這個道理。所以太極「☯」陰陽共圓，上下交錯，陰包陽，陽包陰，很能表達陰陽錯綜複雜的關係。二、「未離其類」除指上六屬陰外，還可指陽中之陰，故以龍血為象。王船山《周易內傳》：「未離其類者，陽雖傷，而所傷者，陽中之陰也。剛健之氣，不能折也。故秦漢隋唐之際，死者陳勝楊玄感而已，皆龍之血也。陽以氣為用，陰以血為體。傷在血陰，終不能傷陽，而陰衄（音ㄋㄩˋ，挫敗的意思）矣。三、陽起與陰戰，非為滅陰，使陰順陽而已。熊十力《讀經示要》：「陽不孤行，必資於陰。故陰者，陽之類也。陽之戰陰，但伏其侵逼之勢已耳，非滅之也。若滅之，則將離其類，而為孤陽矣。宇宙豈其如是。陽戰勝陰，要非離而獨在也，故曰未離其類。」

❹夫玄黃者，天地之雜也，天玄而地黃

元俞琰《周易集說》：「玄者，天之色；黃者，地之色。血言玄黃，則天地雜類，而陰陽無別矣。故曰：『夫玄黃者，天地之雜也。』陰陽相戰，雖至於天地之雜亂；然而天地定位於上下，其大分終不可易。故其終又分而言之曰：『天玄而地黃。』」釋義淺明。熊十力《讀經示要》云：「此言陽戰勝陰，即陰順陽，而成其沖和。《九家易》曰：『玄黃天地之雜，言乾坤合居也。』干寶曰：『陰陽合則同功。』可知陰陽本一體，畢竟不相矛盾也。」並且再加案語說：「按陰陽本非異體。但陰偏盛，而陽不顯。故說陽受侵逼，而若不合也。今陽戰勝，而陰順陽以成化。故曰『合則同功』。此借用干寶語，而義與干寶不必全符。」考德人佛洛伊德言「自我」調和「原我」與「超我」，而求其平衡。近代教育家也強調「身心平衡」之說。《易》言「龍戰于野，其血玄黃」，正指靈肉之交戰；〈文言〉言「天玄而地黃」，可認為交戰後身心恢復平衡。《西遊記》第五十八回：「二心攪亂大乾坤，一體難修真寂滅。」表面上寫真假孫悟空間之爭執，實際上是對人心之矛盾分裂與競鬥，作形象化、趣味化的生動描述，讀者請自細參。

語譯

陰發展到極點，引起陽的懷疑，必定會發生戰爭。因為在坤六爻皆陰的情形下，容易有陽不存在的嫌疑，所以特別在爻辭中提到象徵陽氣的「龍」字。不過坤上六依然不曾離開了陰類，所以在爻辭中又特別提到象徵陰物的「血」字。那「玄黃」二個字呢，表示天地的混雜，靈肉的交戰。然後天又恢復了玄色，地又恢復了黃色。天地定位，象徵身心恢復了平衡。

用六用辭

用六❶，利永貞❷。

注釋

❶用六

用辭名，數也。用，帛書作「迵」，假借為「通」。有流通、重複、全部、整個等意思。《周易》筮法，凡六爻都是老陰六，即坤之乾䷀，就以此為占。詳已見乾用九注釋。

❷利永貞

這是占，而證占可知象。永貞，是永遠貞正的意思。坤卦辭言「安貞」；用六言「永貞」。胡炳文《周易本義通釋》曾指出其間不同：「坤安貞，變而為乾，則為永貞。安者，順而不動；永者，健而不息。」胡氏所說「變而為乾」，是指用六六爻皆六，六為老陰，老陰為變。所以有「變而為乾」之象。請參閱乾初九及用九注釋。乾用九曰「无首」，坤用六曰「永貞」。王弼曾有所較論，《注》云：「夫以剛健而居人之首，則物之所不與也；以柔順而為不正，則佞邪之道也。故乾吉在无首，坤利在永貞。」明儒顧憲成在《小心齋劄記》中則以變卦說其故云：「用九无首，是以乾入坤，蓋坤者，乾之藏也；用六永貞，是以坤承乾，蓋乾者，坤之君也。」熊十力《讀經示要》：「坤凝聚而成物，乃乾元所憑以發見之資具也。故坤道以承乾為正。坤不順乾，即失其主。將至物化而不返。此其失道之迷，為可懼也。故坤道之利，唯在永貞。貞者，卦辭云：『牝馬之貞』，以順陽為正之謂也。貞而曰永，無可改易之辭也。坤必順陽而不可侵陽，是坤道之永恆也。」對「永貞」的意義有很好的發揮。

語譯

坤卦六爻全部都是「六」，代表大地順承之德，最有利的辦法是，永遠順從乾元天道，也就是順從公益和天理。

象傳

用六永貞，以大終也❶。

注釋

❶**以大終也**

大終，是盛大於終的意思。宋程迥《古易章句》云：「乾以元為本，所以資始；坤以貞為主，所以大終。」乾始坤終，於是成其造化之妙。船山《易內傳》曾申此說云：「陽始之，陰終之，乃成生物之利。永貞以順陽而資生萬物。質無不成，性無不麗。則與乾之元合其大矣。」熊十力後出轉精，《讀經示要》云：「萬物之生，秉乾之知以為性；資坤之質以成形。故乾，始萬物者也；而坤終之。乾惟知故，至神而含萬化，為萬物始；坤惟質故，而萬物資之以各成其個體之形。使惟有乾而無坤，則只是沖寞無形，萬物何所資以成乎？故知乾始萬物，而終乾之化，以成萬物者，坤效其質故也。或曰：乾坤為二元乎？曰：否！否！坤與乾同體，但作用異耳。此意詳在前文，覆玩之可也。坤唯順乾，永得其貞，故能承乾，而終其成物之功。是以贊之曰大終也。」

語譯

坤卦六爻同為「六」，永遠配合乾元的指導，因此豐富了擴大了天地化育的成果。

屯卦經傳通釋第三

卦辭

䷂震下坎上屯(ㄓㄨㄣ)❶：元(ㄩㄢˊ)亨(ㄏㄥ)，利(ㄌㄧˋ)貞(ㄓㄣ)❷。勿(ㄨˋ)用(ㄩㄥˋ)有(ㄧㄡˇ)攸(ㄧㄡ)往(ㄨㄤˇ)❸，利(ㄌㄧˋ)建(ㄐㄧㄢˋ)侯(ㄏㄡˊ)❹。

注釋

❶䷂震下坎上屯

屯，六畫卦的卦名。下卦是由乾入坤初而成的三畫的震；上卦是由乾入坤二而成的三畫的坎。從乾入坤初，接以乾入坤二，安排頗具秩序。就屯卦經傳作通盤觀察，「屯」字包含四種意思：一、始。〈序卦傳〉：「屯者，物之始生也。」二、難。〈彖傳〉：「屯，剛柔始交而難生。」難義是由始義引申而得。三、聚。屯九五爻辭：「屯其膏。」此屯即囤聚之義。四、盈。〈序卦傳〉：「盈天地之間者唯萬物，故受之以屯。屯者，盈也。」盈義是由聚義引申而得。茲再從卦序、卦象、卦德來說明。以卦序言，屯卦繼乾天坤地之後，為《周易》第三卦，代表天地創生萬物之艱難情形。以卦象言，屯卦震下為雷，坎上為雲。雲在雷上，尚未化雨，需要自我充實，等待機會。以卦德言，震下為動，坎上為險。在危險中行動，也要準備周全，以克險難。總之，物之始生，常會遭遇一些困難，只要聚集力量，克服困難，仍會有豐盈的收穫。啟示我們為人，一方面固然必須具有冒險犯難的精神；另一方面，也要博學培德，等待時機。當屯卦六爻皆少，也就是本卦、之卦都是屯；或鼎䷱六爻皆老，也就是鼎之屯：這兩種情形，都以屯卦辭占。

❷元亨；利貞

屯卦震下坎上。震是一陽入坤，於屯卦為初九，有初陽始生，萬物震動的現象。所以始能亨通而具「元亨」之德。坎是一陽陷於兩陰之間，於屯為九五，居中得正。所以宜於守正而具「利貞」之德。朱子《本義》：「震動在下，坎險在上，是能動乎險中。能動雖可以亨；而在險則宜守正，而未可遽進。故筮得之者，其占為大亨而利於正。」是從屯卦震下坎上的觀點而立言，以「元亨」為大亨，「利貞」為利於正，採二分法。船山《易內傳》：「元亨利貞，乾之四德，此卦震首得陽施，為物之始。陽氣震動，於物可通。九五剛健中正，雖陷陰中，而不自失足，以利物而自得其正。故乾之四德，皆能有之。此天地之始化，得天最夙者也。」是從屯卦初九震動而能通，九五陷險而得正的觀點而立言，以「元」為首得陽施，「亨」為陽動物通，「利」為利物，「貞」為自得其正，四德兼具。綜合朱王之說，可得元亨利貞較全面的意義。此外，《國語・晉語》還有第三種斷句法：「主震雷，長也，故曰元；眾而順，嘉也，故曰亨；內有震雷，故利貞。」主「元」、「亨」、「利貞」三分。「眾而順」，指屯卦二、三、四爻互體為坤，有眾象順德。請參附錄古義。

❸勿用有攸往

就屯卦六爻來看，初陽潛藏地下，與乾初「潛龍勿用」同義。五陽陷在險中，光芒被陰覆蔽，雖在天位，卻難施展，所以不必有所往。就屯之上下卦來看，震動坎險，也不宜盲目地立即作冒險的行動。這是通例，一般上大致如此。《國語・晉語》：「車上水下，必伯；小事不濟，壅也：故曰勿用有攸往。」這是晉司空季子對公子重耳親筮，得屯之豫所作的解釋。司空季子以為震下象徵雷霆萬鈞的車隊由下向上進發，坎上代表晉國民眾像水一樣下來跟隨重耳，所以必能成就霸業。不過震車也可能被坎水所阻，壅塞難通，並以此來解釋「勿用有攸往」。這是個案，每牽就占筮實際情況，作出牽強附會的解釋。「牽就」與「牽強」正是占筮必有的性質。

❹利建侯

九五剛健中正，居尊得位。可惜為陰所蔽，身陷險中，所以宜於建下卦震初陽為侯。古封諸侯，不過百里。震卦辭：「震驚百里。」所以震有百里侯之象。《集解》引虞翻曰：「震為侯，初剛難拔，故利以建侯。」可從。屈翼鵬先生〈周易卦爻辭成於周武王時考〉，謂屯卦辭及屯初九之「利建侯」，及師上六所謂「大君有命，開國成家」，皆滅殷之初，分封功臣之事。李漢三《周易卦爻辭釋義》云：「利建侯者，言冊封諸侯，志在聚民拱衛王室，正所謂『屯』，故利也。」萱案：培養好習慣，建立道德的據點；結交好朋友，建立事業的據點。都可視為「利建侯」。《國語・晉語》：「一夫之行也。眾順而有武威，故曰利建侯。」一夫之行，指晉公子重耳返國，二、三、四爻互體為坤，是眾順，震下為威武。這是牽就重耳返晉的個案所作牽強的解釋。

語譯

六畫的屯卦，下卦是三畫的震；上卦是三畫的坎。是事物始生，就有險難，必須聚集力量去克服，才能得到豐盈成果的意思。筮得屯卦，表示陽氣初動，萬物開始亨通；但是前途險惡，應該嚴守正道。不要隨便往什麼地方走，最好的辦法是像分封諸侯一樣，培植實力，建立事業的據點。

附錄古義

《左傳・昭公七年》：「衛襄公夫人姜氏無子，嬖人婤姶生孟縶。孔成子夢康叔謂己：『立元！余使羈之孫圉與史苟相之。』史朝亦夢康叔謂己：『余將命而子苟與孔烝鉏之曾孫圉相元。』史朝見成子，告之夢，夢協。晉韓宣子為政聘於諸侯之歲，婤姶生子，名之曰元。孟縶之足不良，弱行。孔成子以《周易》筮之，曰：『元尚享衛國，主其社稷！』遇屯䷂。又曰：『余尚立縶，尚克嘉之！』遇屯䷂之比䷇。以示史朝。史朝曰：『元亨，又何疑焉？』成子曰：『非長之謂乎？』對曰：『康叔名之，可謂長矣。孟非人也，將不列於宗，不可謂長。且其繇曰：「利建侯。」嗣吉，何建？建，非嗣也。二卦皆云，子其建之！康叔命之，二卦告之，筮襲於夢，武王所用也。弗從，何為？弱足者居，侯主社稷，臨祭祀，奉民人，事鬼神，從會朝，又焉得居？各以所用，不亦可乎！』故孔成子立衛靈公。」

《國語．晉語四》：「公子重耳親筮之，曰：『尚有晉國！』得貞屯，悔豫，皆八也。筮史占之，皆曰：『不吉。閉而不通，爻無為也。』司空季子曰：『吉。是在《周易》，皆「利建侯。」不有晉國以輔王室，安能建侯？我命筮曰：「尚有晉國！」筮告我曰：「利建侯。」得國之務也，吉孰大焉？震，車也；坎，水也；坤，土也；屯，厚也；豫，樂也。車班外內，順以訓之，泉原以資之，土厚而樂其實。不有晉國，何以當之？震，雷也，車也；坎，勞也，水也，眾也；主雷與車而尚水與眾。車有震，武也；眾而順，文也。文武具，厚之至也：故曰屯。其繇曰：「元亨利貞，勿用有攸往，利建侯。」主震雷，長也；故曰元。眾而順，嘉也；故曰亨。內有震雷，故利貞。車上水下，必伯。小事不濟，壅也；故曰勿用有攸往。一夫之行也，眾順而有武威，故曰利建侯。坤，母也；震，長男也。母老子彊，故曰豫。其繇曰：「利建侯行師，」居樂出威之謂也。是二者，得國之卦也。』」

《白虎通．封公侯》：「王者即位，先封賢者，憂民之急也。故列土為疆，非為諸侯；張官設府，非為卿大夫：皆為民也。《易》曰：『利建侯。』此言因所利故立之。」

彖傳

屯、剛柔始交而難生❶。動乎險中❷，大亨貞❸。雷雨之動滿盈❹。天造草昧❺，宜建侯而不寧❻。

注釋

❶剛柔始交而難生

「剛柔始交」，謂天地相交，陰陽絪縕，乾初爻入坤而得震。〈說卦傳〉：「乾，天也，故稱乎父；坤，地也，故稱乎母。震一索而得男。」正說明乾坤始交而生震的現象。「難生」，指乾二爻入坤而得坎，而有險難。〈說卦傳〉：「坎再索而得男。」又云：「坎，陷也。」前有險陷，所以難生。從「屯」字構造來觀察。《說文》：「屯，難也，象艸木之初生，屯然而難，从屮貫一。一，地也。尾曲。」像植物的芽，剛冒出地面。過程十分艱難，連根都被擠壓得彎曲了。象徵著生命力（陽）從凝固的無機物（陰）中，上透而出，而遭遇了種種困難。屯字所含：始、難、聚、盈，四義皆由此開出。引申而言，凡天理之突破物欲，正義之克服邪惡，舊惡習之排除，好習慣之培養，乃至撥亂返正，所遭種種挫折，亦必如此，船山《易內傳》：「戡亂以定治，而民未遽服；正性以治情，而心猶交戰。皆物始出土，餘寒相困之象也。」熊十力《讀經示要》：「陰陽始交而生物之時，即是生命陷於險難之時，故曰難生也。但生命之意義及價值，亦以戰勝險難而始見。使無險難，則何以顯生命之剛健、創新、與易簡之德，而見其神聖與崇高，為不屈可撓者乎？」正是此意。案：《集解》引虞翻曰：「乾剛坤柔，坎二交初，故始交；確乎不可拔，故難生也。」這是虞氏卦變四例之一。以爻位消息，推卦之所有，認為二陽四陰之卦，源自臨䷒，觀䷓，屯䷂自坎䷜來，坎二交初以成屯；坎䷜又自觀卦䷓來，觀上之二而成坎。其說牽強附會，不足採信。宋楊時《易說》：「乾一索而得震，陰陽始交也；坎在上，難生也。」依〈說卦〉而釋本卦，實得彖旨。

❷動乎險中

〈說卦傳〉：「震，動也。」〈彖傳・坎〉：「習坎，重險也。」屯卦震下坎上，所以有動乎險中的意思。動乎應上文剛柔始交；險中應上文難生。《讀經示要》：「動乎險中云云者，生命奮進乎險難之中，以開通物質，而使之順己以俱行。」

❸大亨貞

大亨而利於貞的意思。〈彖傳〉於上文，一則言「難」，再則言「險」。在險難重重的情境中，或許有人會生畏難懼險之心，所以〈彖傳〉又用「大亨貞」來增強人們冒險犯難的自信心。而「大亨貞」就是卦辭「元亨利貞」的意思。《讀經示要》：「斯大亨而全正，是故生命力充周法界，盛大無匹。」並自注云：「法界，猶云全宇宙。」

❹雷雨之動滿盈

屯道險難，何以能夠元亨？恐人不明，所以此句特別強調屯有致「亨」之道。屯卦震下坎上。〈說卦傳〉：「震為雷，坎為水。」又：「雷以動之，風以散之，雨以潤之，日以烜之，艮以止之，兌以說之，乾以君之，坤以藏之。」是屯卦震下為雷，坎上為雨。雷雨沛然下降，萬物勃然生長，於是而得「滿盈」。所謂「滿盈」，即是「大亨」；而〈序卦傳〉云「屯者盈之」，本此。喻周朝開國之初，抗暴吼聲，像春雷初動，革命事業，像時雨普降，必有豐盛收穫。善念之興，亦復如此。「盈」字，《集解》本作「形」。引荀爽云：「雷震雨潤，則萬物滿形而生也。」又引虞翻云：「震雷坎雨坤為形也。」疑漢人避惠帝諱盈而改，沿而不察，積而成是，盈形疊韻。以文義來看，「滿盈」、「滿形」均有「亨」義；以〈序卦傳〉相斠，則作「盈」者是。

❺天造草昧

天造，是上天始造萬物的意思。朱熹和王船山都說「天造猶言天運」亦即時運，義亦可通。草為草略，昧為茫昧。喻周朝建立之初，政令粗略，百廢待興。案：鄭玄、荀爽、虞翻、王弼等，都以「草昧」為「草創冥昧」，則「造」、「草」二字意複。魏董遇獨訓「微物」，義亦未洽。蘇軾《易傳》謂「草略茫昧」。程《傳》也以「草，草亂無倫序；昧，冥昧不明」。此從蘇程之說，由於「天造草昧」，所以卦辭言「勿用有攸往」。

❻宜建侯而不寧

此句解釋卦辭「利建侯」。不通丕，不寧即丕寧，為大寧的意思。不，甲文作[illegible]，見《鐵雲藏龜》。郭沫若《甲骨文字研究・釋祖妣》云：「象子房猶帶餘蕊，房熟則盛大，故不引申為丕。」《詩・大雅・文王》：「有周不顯，帝命不時。」言周朝大興，帝命大是。二「不」字亦通「丕」。前人注解「不寧」：如程《傳》云「不遑寧處」，朱子《本義》云「未可遽謂安寧之時」，都把「不」當作否定副詞；又如惠棟《周易述》云「不寧言寧也」，又把「不」當作語首助詞。皆誤。船山《易內傳》：「一陽起於陰中，王業草創之象。九五雖居尊位，而在羣陰之中，萬物未覩，昧於所從，於斯時也。所恃者初九。動而有為，宜建之為侯，以感人心。」請與卦辭及初九爻辭「利建侯」的注釋參看。

語譯

屯卦象徵著剛強的生機與陰柔的物質開始接觸而初獲成果，前面仍然困難叢生。雖在危險中行動著，只要堅守正義的原則，必能大展鴻圖。當開國大業像春雷震動，時雨普施，自然會有豐盛的收穫。但要了解立國之時，政令草略，百廢待興。應該封建諸侯，以屯聚人民，使天下太平。

象傳

雲雷屯❶，君子以經綸❷。

注釋

❶雲雷屯

此句言象。屯卦坎上震下。坎為水為雨，又為雲。需卦䷄乾下坎上，〈象傳〉言「雲上於天」，是坎為雲之證。震為雷，〈說卦傳〉文，已見上。屯〈象傳〉言「雷雨之動」，就屯之終亨而言；屯〈象傳〉言「雲雷屯」，就屯之始難而言。朱震《漢上易傳》：「坎在上為雲，雷動於下。雲蓄而雨未降，屯也。屯者結而未解之時，雨則屯解矣。〈象〉言『雷雨之動滿盈』者，要終而言也。」可從。雲雷屯，是水氣屯聚，有雷動雲下，開導晦蒙，化雲成雨之象。引申之，則熊十力《讀經示要》所言：「雲，喻真積力厚；雷，喻震迅發起之勇。處屯之時，將發揮其生命力，以出險難，非如雲如雷之威勢，何以克濟？故曰雲雷屯也。」

❷君子以經綸

此句言義。經，是「織從絲」，織布機上一根根直的絲；綸，是「糾青絲綬」，把青絲糾合而成綬，所以經綸有治理組織的意思。君子觀察水氣屯聚，雷動雲下，開導晦蒙，化雲成雨，以潤大地，以長萬物的現象，也要團結群眾，啟迪民智，普施德化，經營治理天下的事務。船山《易內傳》：「經者，理其緒而分之；綸者，比其緒而合之。雷以開導晦蒙，分陰陽之紀；雲以翕合陰陽，聯離異之情。經綸運於一心，不恤艱難，以濟險阻。」《讀經示要》：「此言吾人之生命，即是宇宙大生命。吾人當自努力，以顯發吾所固有之生命力，超有限而證無限，是不啻吾人從險難之中，自創新生命。喻如君子經綸之盛，悉由自造也。」

可供參考。

語譯

雲布在上，雷動在下，這是自然界水氣屯聚的現象。君子效法這種自然現象，也要團結群眾，啟迪民智，普施德化，經營治理天下的事務。

序卦傳

盈天地之間者唯萬物，故受之以屯❶。屯者，盈也❷。

注釋

❶盈天地之間者唯萬物，故受之以屯

此說屯所以繼乾坤之故。盈，充塞，充滿；唯，為也，是也；受，接受，接著；之，指天地。項安世《周易玩辭》：「當屯之時，剛柔始交，天地絪縕，雷雨動盪，見其氣之充塞也，是以謂之盈爾。」李光地《周易折中・序卦明義》：「乾坤之外，三男為尊，屯、蒙者，三男之卦也，而皆長少先後不失其序，得陽道之正，故次乾坤焉。」指出屯卦震下為長男，坎上為中男；蒙卦坎下為中男，艮上為少男的秩序。《讀經示要》：「太空之中，諸天體凝成，而地球為太陽系中之一行星。其凝固之勢，與氣溫之度，至適宜於生物時，則萬物始生，此屯之所以繼乾坤也。」說理更合乎自然。

❷屯者，盈也

此說屯之大義。前已言屯有「始」、「難」之義，今更補「盈」義。《周易玩辭》：「謂之盈者，其氣也；

謂之物之始生者，其時也；謂之難者，其事也。」

語譯

充滿在天地中間的就是萬物了，所以用屯卦接著乾坤兩卦。屯呢，萬物充滿的意思。

雜卦傳

屯，見而不失其居❶。

注釋

❶見而不失其居

見，出現的意思。屯卦震下一陽出現，將要經綸天下，所以說「見」。萬物盈天地間，各得其所，所以說「不失其居」。又卦辭言「勿用有攸往」，初九爻辭言「利居貞」，已隱含不失其居之意。《集解》引虞翻曰：「陽出初震，故見；盤桓利居貞，故不失其居。」朱子《本義》：「屯震遇坎，震動故見，坎險不行。」蘇軾《易傳》：「君子以經綸，故曰見；盤桓利居貞，故曰不失其居。」並可參考。

語譯

屯卦，萬物開始出現而都不會錯失生長的地方。

初九爻辭

初九❶：磐桓❷。利居貞❸。利建侯❹。

注釋

❶初九

當屯初爻為老，他爻皆少，即由屯之比䷇；或大有䷍初爻為少，他五爻皆老，即大有之屯：這兩種情形，都以屯初九爻辭占。

❷磐桓

難進之貌，義同盤旋、徘徊、徬徨，皆衍聲複詞。〈說卦〉：「震為足。」九居震初，上應六四，六四性本陰柔，且在險陷中，所以初九有徘徊難進的現象。《集解》引虞翻曰：「震起艮止，動乎險中，故磐桓。」以屯卦震下為起，三四五爻互體乃艮為止，上卦坎為險。說亦可通。屯卦初九，是全卦的主爻，所以爻辭和卦辭意相切合。項安世《周易玩辭》：「凡卦皆有主爻，皆有本卦之德，如乾九五具乾之德，故為天德之爻；坤六二具坤之德，故為地道之爻。屯以初九為主，故爻辭全類卦辭。其曰磐桓利居貞，則勿用有攸往也。又曰利建侯，無可疑也。」

❸利居貞

居，止意，與往義相反。初四相應，而四體坎為險，所以初利居不利往。又初九得位，所以為貞。程《傳》：「方屯之初，不磐桓而遽進，則犯難矣。故宜居正而固其志。凡人處屯難，則鮮能守正。苟无貞固之守，則將失義，安能濟時之屯乎？」所言甚是。

❹**利建侯**

初九以一陽而居二三兩陰之下。陽為君，陰為民。有以君下民，為民公僕之象，所以宜封為侯。

語譯

屯卦初位是陽爻，一時難能前進。宜於留下暫住，嚴守正道；可以像分封諸侯一樣，培養實力，建立事業的據點。

附錄古義

《左傳・閔公元年》：「初，畢萬筮仕於晉，遇屯䷂之比䷇。辛廖占之，曰：『吉。屯固，比入，吉孰大焉？其必蕃昌。震為土，車從馬；足居之，兄長之，母覆之，眾歸之：六體不易，合而能固，安而能殺，公侯之卦也。公侯之子孫，必復其始。』」

《左傳・昭公七年》已見屯卦辭附錄古義。

象傳

雖磐桓，志行正也❶；以貴下賤，大得民也❷。

注釋

❶**雖磐桓，志行正也**

此釋爻辭「磐桓利居貞」。初九的徘徊不進，不是坐視時艱，不思有所作為。只是思量著怎樣做才合乎正道；其存心與言行都是正當的。志行正，有志於行正，志行皆正雙重意思。宋楊萬里《誠齋易傳》：「磐桓不進，豈真不為哉？居正有待，而其志未嘗不欲行其正也。故周公言居貞，而孔子言行正。」

❷以貴下賤，大得民也

此釋爻辭「利建侯」。初九以陽下陰，是以貴下賤，所以大得民心。胡炳文《周易本義通釋》：「乾坤初爻，提出陰陽二字。此則以陽為貴，陰為賤；陽為君，陰為民。陰陽之義益嚴矣。」指出了象傳在乾初九說「陽在下也」，於坤初六言「陰始凝也」，拈出陰、陽來；在此屯初九更揭示陽為君為貴，陰為民為賤。陰陽的意涵就這樣越來越豐富起來。

語譯

雖然徘徊不前，但心裡卻想著怎樣才行得正。以尊貴的身分而為民公僕，所以大得民心。

附錄古義

劉向《說苑・尊賢》：「人君之欲平治天下而垂榮名者，必尊賢而下士。《易》曰：『自上下下，其道大光。』又曰：『以貴下賤，大得民也。』」案：「自上下下」，益卦〈彖傳〉文。

六二爻辭

六二❶：屯如邅如❷。乘馬班如❸，匪寇，婚媾❹。女子貞不字，十年乃字❺。

注釋

❶六二

當屯第二爻為老，他爻皆少，即由屯之節䷻；或旅䷷第二爻為少，他五爻皆老，即旅之屯：這兩種情形，都以屯六二爻辭占。

❷屯如邅如

屯如，難進之象；邅如，不行之貌。兩如字都是副詞語尾。屯卦三四五爻互體為艮，〈說卦〉：「艮為山。」又云：「艮，止也。」屯六二原與九五相應，但是受到艮山所阻止，所以屯如，很難前進。屯卦初爻為陽剛之九，六二居初九上面，易例叫作「乘剛」（詳本爻〈象傳〉注❶）。為剛所留，所以邅如，不能遽行。《集解》引荀爽曰：「陽動而止，故屯如也；陰乘於陽，故邅如也。」王弼《周易注》：「志在乎五，不從於初。屯難之時，正道未行，與初相近，而不相得，困於侵害，故屯邅也。」可從。

❸乘馬班如

屯卦凡三言「乘馬班如」。除六二外，還有六四和上六。四、上都屬上卦體坎。〈說卦傳〉：「坎……其於馬也，為美脊，為亟心，為下首，為薄蹄，為曳。」所以都有乘馬之象。六二卻在下卦，為什麼也說「乘馬班如」呢？原來此乘馬班如的是上卦的九五。六二與九五相應。九五是乘馬來向六二求婚的！所謂「班如」，有兩種不同的解釋：程頤說「班」為「分布之義」。六四、九五、上六，一個個全騎著馬，倒也真像排隊。《正義》引馬融云「班，班旋不進」；《集解》引虞翻云「班，躓也」。六二被初九拖住，要九五再等十年（詳下文）。也夠九五徬徨甚至傾跌的。二說並通。子夏《易傳》以為「相牽不進」，就更周延了。

❹匪寇，婚媾

六二與九五相應，他們之間的關係應該是婚媾。但是九五體坎。〈說卦傳〉：「坎為盜。」所以一度懷疑九五為寇盜，其實不是寇盜。匪與非通。余永梁〈易卦爻辭的時代及其作者〉文中指出此係「古代婚姻掠奪」的寫照。案：《易》言「匪寇婚媾」者凡三：屯二、賁四、睽上。賁卦䷕六四云：「賁如皤如，白馬翰如，匪寇婚媾。」賁六四與初九相應，而其間二三四爻互體為坎為盜。睽卦䷥上九云：「先張之弧，後說之壺，匪寇婚媾。」睽上九與六三相應，而三四五互體為坎為盜。取象都與屯二相同。李光地《周易折中》案語云：「屯如邅如，乘馬班如，與賁如皤如，白馬翰如，文體正相似，其下文皆接之曰：匪寇婚媾。然則屯如邅如，及賁如皤如，皆當讀斷。蓋兩爻之自處者如是也。乘馬班如，及白馬翰如，皆當連下匪寇婚媾讀。言彼乘馬者非寇，乃吾之婚媾也。此之乘馬班如謂五，賁之白馬翰如謂初。言匪寇婚媾，不過指明其為正應而可從耳。」

❺女子貞不字，十年乃字

女子貞不字是對「初九」而言；十年乃字是對「九五」而言。六二為陰爻，故其象為「女子」；居中得位，故其占為「貞」。字，據本名涵義另立的別名。《禮記・曲禮》：「女子許嫁，笄而字。」此處爻辭即以「字」代「許嫁」之事。於修辭為「借代」之例。六二下乘初九，而不願許嫁，故曰「不字」。六二上應九五，有婚媾之象，但為初九所絆，十年才許嫁九五，故曰「十年乃字」。啟示人應有理想抱負，雖一時為環境所限，但假以時日，終能完成自己的理想。王弼《注》：「志在於五，不從於初，故曰女子貞不字也。屯難之世，勢不過十年者也。十年則反常，反常則本志斯獲矣。故曰十年乃字。」張浚《紫巖易傳》：「女子貞不字，十年乃字，蓋以二抱節守志於艱難之世，而不失其貞也。若太公在海濱，伊尹在莘野，孔明在南陽，義不苟合，是為女貞。」

語譯

屯卦陰爻居二位。很難前進，所以徘徊著。忽然前面出現一隊騎馬盤旋的人。那不是強盜，而是來向我求婚的呀！身為女子，必須守貞，不可隨便答應嫁給自己不喜歡的人；寧願等上十年，嫁給自己喜歡的人。

象傳

六二之難，乘剛也❶；十年乃字，反常也❷。

注釋

❶六二之難，乘剛也

六二之難，指爻辭所言「屯如邅如」。乘剛也，是釋六二「屯如邅如」的原因。凡陰爻居陽爻之上，叫「乘剛」，多凶。如：豫䷏六五〈象傳〉：「六五，貞疾，乘剛也。」噬嗑䷔六二〈象傳〉：「噬膚滅鼻，乘剛也。」困䷮六三〈象傳〉：「困于蒺藜，乘剛也。」震䷲六二〈象傳〉：「震來厲，乘剛也。」乘剛亦可簡稱為乘。解䷧六三爻辭：「負且乘，致寇至，貞吝。」屯六二居初九之上，以柔乘剛所以多難。

❷十年乃字，反常也

六二以柔乘剛，為初所迫，不能早日應五，以至十年才許嫁於五，返歸正常的生活。反，通返；常，正常，女子以許嫁為正常。船山《易內傳》：「陰陽交，以成生物之功，常也。女子之貞，非以不字為貞。乘剛不相下，陰志之變也；上應九五，乃反乎常。故雖晚而猶不失其正。」

語譯

六二的困難，在於她碰上了蠻橫不講理的人；十年才能許嫁給另外一個人，回到正常的婚姻生活。

六三爻辭

六三❶：即鹿无虞❷；惟入于林中❸。君子幾，不如舍❹；往，吝❺。

注釋

❶六三

當屯第三爻為老，他爻皆少，即由屯之既濟䷾；或未濟䷿第三爻為少，他爻皆老，即未濟之屯：這兩種情形，都以屯六三爻辭占。

❷即鹿无虞

即，就也，到也。鹿，通麓。《集解》引虞翻曰：「山足稱鹿。」《釋文》引王肅「作麓，云山足」。唐代郭京著《周易舉正》，據王弼手寫本，字亦作「麓」。屯三四五爻互體為艮，艮為山。所以屯六三有山足之象。虞，掌山林之官。《周禮・地官・山虞》：「掌山林之政令，物為之厲，而為之守禁。」六三以陰居陽，不得其位，非中非正，居震之上，而為進爻。所以不安於位，要向上走。可是上六亦陰，不肯互應，而拒為向導，所以說「无虞」。程《傳》：「六三以柔居剛，柔既不能安屯，居剛而不中正則妄動。雖貪於所求，既不足以自濟；又无應援，將安之乎？如即鹿而无虞人也。」

❸惟入于林中

惟通唯，徒然之意。「林中」，承上文「麓」而推得，山麓每多樹林。《九家說卦》：「坎為叢棘」，屯上卦為坎，故有「入于林中」之象。其說似嫌牽強。程《傳》：「入山林者，必有虞人以導之。无導之者，則惟陷入於林莽中。」

❹**君子幾，不如舍**

幾通機。程《傳》：「君子見事之幾微，不若舍而勿逐。」船山《易內傳》：「三柔而无銳往之象，類知幾而能止者，故可勉以君子之道。」

❺**往，吝**

悔吝，為《易》占常用語。〈繫辭傳上〉：「悔吝者，憂虞之象也。」又：「悔吝者，言乎其小疵也。」〈繫辭傳下〉：「吉凶悔吝者，生乎動者也。」可知「悔吝」是由「動」有「小疵」而產生的「憂虞之象」。吉凶悔吝四者，關係密切。大抵逢凶而悔則無咎而吉，逢吉而吝則有咎而凶。悔吝是介於吉凶之間的。所以〈繫辭傳下〉又說：「吉凶生而悔吝著也。」單以吝來說，吝是行動困難而有恨惜之意。字亦作遴，《說文》「吝」為恨惜而引《易》「以往吝」；「遴」為行難亦引《易》「以往遴」：可見二字可通用。屯六三體震喜動，居凶失位，又無應與。所以貿然前往，必多難而有恨惜。

語譯

屯卦陰居三位。就像到了山腳下卻沒有看守山林的官員接應，徒然進入山林中。君子見機，不如放棄不去。如果前往，那就困難重重，令人擔憂了。

附錄古義

《淮南子・繆稱》：「君子非仁義無以生，失仁義則失其所以生；小人非嗜欲無以活，失嗜欲則失其所以活。故君子懼失仁義，小人懼失利：觀其所懼，知各殊矣。《易》曰：『即鹿無虞，惟入于林中；君子幾，不如舍；往，吝。』」

《後漢書・何進傳》：「陳琳諫進曰：『《易》稱即鹿無虞，諺有掩目捕雀。夫微物尚不可欺，以得志，況國之大事，其可以詐立乎？』」（〈魏書・王粲傳〉文同。）

象傳

即鹿无虞，以從禽也❶；君子舍之，往吝，窮也❷。

注釋

❶即鹿无虞，以從禽也

從，追從，禽，《白虎通》：「禽者何？鳥獸之總名。言為人禽制也。」宋楊簡《易傳》：「夫无虞而即鹿者，心在乎禽，為禽所蔽。雖无虞猶漫往，不省其不可也，動於利祿，不由道而漫往求者如之。」案：「即鹿无虞」下省去「惟入于林中」一句，〈象傳〉有省文之例。

❷君子舍之，往吝，窮也

程《傳》：「君子則見幾而舍之不從，若往則可吝而困難也。」居下卦之終，故有困窮之象。

語譯

到了山腳下，沒有山林管理員接待，卻自己跑進山林中，因為只顧追逐禽獸啊！君子放棄所追的禽獸，如果追進山林中，那有得擔憂的，因為會迷途困窮啊！

附錄古義

《風俗通．山澤》：「《尚書》：堯禪舜，『納於大麓。』麓，林屬於山者也。《春秋》：『沙麓崩。』《傳》曰：『麓者，山足也。』《詩》云：『瞻彼旱麓。』《易》稱：『即鹿無虞，以從禽也。』」

六四爻辭

六四❶：乘馬班如❷。求婚媾，往；吉，无不利❸。

注釋

❶六四

當屯第四爻為老，他爻皆少，即由屯之隨䷐；或蠱䷑第四爻為少，他爻皆老，即蠱之屯：這兩種情形，都以屯六四爻辭占。

❷乘馬班如

六四在屯卦坎上馬隊中，本與初九相應。但是：初九上承六二，既有追求之意；六四復與九五相比（「比」義已見乾九四注釋），亦有相戀之心。所以六四在馬隊中猶豫盤旋，也有乘馬班如之象。

❸求婚媾，往；吉，无不利

六二終許嫁九五。所以初九追不到六二，六四也失戀於九五。此時初九求與六四婚媾，六四應允前往，在自己來說，一定吉，對別人也無不利。這裡有三點必須說明：一、「求婚媾」只是譬喻或舉例的性質。天地之化育，人間之求賢，也是如此。船山《易內傳》云：「求婚媾，初來求也。柔而得正，初所宜求；求而必往，四之順德。陽動而有功，必得陰之順受，而後生化以成。」即借婚媾而說天地之化育。程《傳》：「居公卿之位，己之才雖不足以濟時之屯，若能求在下之賢，親而用之，何所不濟哉！」即借婚媾而說人間之求賢。唯程《傳》以「求」者，為己求人。於〈象傳〉「求而往，明也」，義有未合。二、「往」在《周易》中為常用之術語，《周易》六畫之卦，由下而上。凡從下卦到上卦曰「往」；從上卦回到下卦曰「來」。

此處六四自上卦到下卦而曰「往」，是一個特例。胡炳文《周易本義通釋》云：「上為往，下為來。六四下而從初，亦謂之往者，據我適人，於文當言往，不可言來。如需上六三人來，據人適我，可謂之來，不可謂往也。」三、「吉」與「利」的分別，「吉」是己有所得。所以〈繫辭傳上〉說：「吉凶者，失得之象也。」「利」是為人造福。所以乾〈文言傳〉言「利物」；〈繫辭傳上〉言「為天下利」；〈繫辭傳下〉言「利天下」。船山《易內傳》：「於己為吉，於物无不利矣。」已見及此。

語譯

屯卦陰居四位。心意猶豫，在隊伍中騎著馬盤旋著。初九求婚了，去嫁給他吧。自己一定能得到幸福的；對初九也必然有好處。

象傳

求而往，明也❶。

注釋

❶求而往，明也

求為初九來求婚；往為六四往嫁。六四與初九，都得位而有應。明，為明智之義，包括明時、明位，自知、知人。胡瑗《周易口義》：「必待人求於己，然後往而應之。非君子性脩智明，其能與於斯乎？」船山《易內傳》：「四有可求之美；初有待往之情。明於其當然，終解班如之惑。君臣朋友之際，審於所從，則无不利而吉。」重點落在「求而往」與「明」的關係。呂祖謙《東萊易說》：「明之一字，最宜詳玩。」

蓋得時得位，肯自伏弱，求賢自助，非明者能之乎？」何楷《古周易訂詁》：「明，兼自知知人二義。」重點落在六四對自己與九五、初九間，初九與六二及六四間，錯綜複雜的地緣關係及時間演變有全盤的理解。

語譯

初九來求婚了，於是六四才嫁他，這是明智的行為。

九五爻辭

九五❶：屯其膏❷。小貞，吉；大貞，凶❸。

當屯第五爻為老，他爻皆少，即由屯之復䷗；或姤䷫第五爻為少，他爻皆老，即姤之屯：這兩種情形，都以屯九五爻辭占。

注釋

❶九五

❷屯其膏

屯，謂屯聚。九五雖處尊位，但陷於坎險，蔽於眾陰，且三四五互體為艮山，〈說卦傳〉：「艮為止。」故有屯聚不施之象，膏謂膏潤。屯九五居上卦坎體之中，〈說卦傳〉云：「坎為水。」又云：「雨以潤之。」《詩．曹風．下泉》：「陰雨膏之。」所以坎雨為膏潤。今屯九五坎雨之膏潤，一阻於坎險，再止於艮山，三蔽於群陰。這就產生屯聚其膏而不施的弊病了。《集解》引虞翻曰：「坎雨稱膏。《詩》曰：『陰雨膏之。』是其義也。」朱子《本義》：「九五雖以陽剛中正居尊位，然當屯之時，陷於險中，雖有六二正應，而陰柔才弱，不足以濟。初九得民於下，眾皆歸之。九五坎體，有膏潤而不得施，為屯其膏之象。」

❸小貞，吉；大貞，凶

小大謂事，貞為守常。小事守常，屯聚不施，這是節儉，足以積財，故吉；大事守常，屯聚不施，這是吝嗇，足以敗事，故凶。《孟子．離婁篇》言「膏澤不下於民」、「此之謂寇讎」，正是此意。關於小貞為吉，大貞反凶的問題，前人頗多高見，擇錄四則於下。一、魏了翁《周易集義》：「《周禮》有大貞，謂大卜。

如遷國立君之事，五處險中，不利有所作為。但可小事，不可大事。曰小貞吉，大貞凶，猶《書》所謂作內吉，作外凶；用靜吉，用作凶者。」以大小為事，貞為卜意。二、趙汝楳《周易輯聞》：「我方在險，德澤未加於民，下焉羣陰，蒙昧未孚。唯當寬其政教，簡其號令，使徐就吾之經理，乃可得吉。若驟用整齊振刷之術，人將駭懼紛散，凶孰甚焉，故新國用輕典。」以小為寬簡，大為驟嚴，貞則由正引申而作政教解。三、俞樾《群經平議》：「鄭司農訓貞為問，甚得古義。以大事問，謂之大貞；以小事問，謂之小貞。小貞吉大貞凶者，言可小事不可大事也。」以大小為事，貞為問，略同魏了翁。四、李漢三《周易卦爻辭釋義》：「小貞吉者，言所卜問者為小事，守其素常則吉也，何以言之？蓋出納之吝，正乃有司之常態也。大貞凶者，言所卜問為大事，守常不變則凶也，何以言之？蓋大事屯膏而不施，則財聚人散也。」亦以大小為事，貞義則取屈翼鵬先生《說易散稿》之說，以為守常之意。四家釋字義雖略有出入，但大意相近。

語譯

屯卦陽居五位，有屯聚膏潤而不施的現象。小事如此是可以的；大事這樣就糟糕了。

附錄古義

《漢書・谷永傳》：「永對問云：『諸夏舉兵，萌在民饑饉而吏不卹，興於百姓困而賦斂重，發於下怨離而上不知。《易》曰「屯其膏。小貞吉，大貞凶。」王者遭衰難之世，有飢饉之災，不損用而大自潤，故凶。』」

象傳

屯其膏，施未光也❶。

注釋

❶**施未光也** 光通廣。程《傳》：「膏澤不下及，是以德施未能光大也。」船山《易內傳》：「為陰所蔽也。」

語譯

囤積膏潤，布施不廣啊！

上六爻辭

上六❶：乘馬班如❷，泣血漣如❸。

注釋

❶上六

當屯上爻為老，他爻皆少，即由屯之益䷩；或恆䷟上爻為少，他爻皆老，即恆之屯：這兩種情形，都以屯上六爻辭占。

❷乘馬班如

上爻體坎，故亦乘馬。以陰柔居屯之終爻，在坎險的頂點，下乘五剛，為艮所止，與三失應。所以坐立不安，進退無路，而其象如此。《集解》引虞翻曰：「坎為馬，震為行，艮為止，馬行而止，故班如也。」

朱子《本義》：「陰柔无應，處屯之終。進无所之，憂懼而已。故其象如此。」

❸泣血漣如

〈說卦〉：「坎為加憂，為心病，為耳痛，為血卦。」故曰泣血。泣，無聲出淚也。漣如，流垂之貌。

王弼《注》：「處險難之極，下无應援，進无所適。雖比於五，五屯其膏，不與相得，居不獲安，行无所適，窮困闉厄，无所委仰，故泣血漣如。」《淮南子・繆稱》引本爻爻辭云：「小人在上位，如寢關曝纊，不得須臾寧，故《易》曰：『乘馬班如，泣血漣如。』言小人處非其位，不可長也。」以為屯上六有小人在上位之象，而不得須臾寧。對《易》義頗有發揮。

語譯

屯卦上爻是陰。居於危險的頂點，走投無路，缺少支援。騎著馬盤旋著。眼中血淚，默默中不停地滴下來。

象傳

泣血漣如，何可長也❶。

注釋

❶泣血漣如，何可長也

何可長也有兩層意思。一是指出其不能長久。船山《易內傳》：「陰留於陽生之後，勢不能久，故消沮而悲泣。」就是這意思。另一是啟示人不可任其長久。楊簡《易傳》：「何可長者，言何可長如此也。非惟深憫之，亦覬其變也。變則庶乎通矣。」除含第一義外，更拈出「覬其變」的第二義來。

語譯

眼中血淚在默默中不停地滴下來。還能支持多長呢？又怎能長此下去而不求改變呢？

附錄古義

《淮南子・繆稱》：「聖人在上，則民樂其治；在下，則民慕其意。小人在上位，如寢關曝纊，不得須臾寧。故《易》曰：『乘馬班如，泣血漣如。』言小人處非其位，不可長也。」

蒙卦經傳通釋第四

卦辭

䷃坎下艮上蒙❶：亨❷。匪我求童蒙，童蒙求我❸。初筮告，再三瀆，瀆則不告❹。利貞❺。

注釋

❶䷃坎下艮上蒙

蒙，六畫卦的卦名。下卦是由乾入坤二而成的三畫之坎；上卦是由乾入坤三而成的三畫之艮。蒙之字義，揚雄《方言》：「蒙，萌也。」是草木發嫩芽，引申有幼稚、童蒙等義。許慎《說文》：「蒙，王女。」王女，是女蘿、菟絲一類攀附在其他草木上的植物，引申有遮蒙、蒙蔽等義。就乾、坤、屯、蒙四卦次序來看：乾六爻皆陽；坤六爻皆陰；屯卦震下坎上，震為乾入坤初，坎為乾入坤二；蒙卦坎下艮上，坎為乾入坤二，艮為乾入坤三。非但在次第上存有邏輯的秩序，而且乾坤屯蒙象徵著天、地、君、師。這種安排也有其嚴肅意義。胡炳文《周易本義通釋》：「有天地即有君師，乾坤之後繼有屯，主震之一陽而曰利建侯，君道也。又繼以蒙，主坎之一陽而曰童蒙求我，師道也。」便指出這種秩序的涵義。若就乾與坤、屯與蒙兩兩關係來看：乾六陽，坤六陰，陰陽相變；屯䷂，蒙䷃上下相覆。孔穎達《正義》，於〈序卦傳〉下疏云：「六十四卦，二二相耦，非覆即變。覆者，表裏視之，遂成兩卦：屯蒙需訟師比之類是也。變者，反覆唯成一卦，則變以對之：乾坤坎離大過頤中孚小過之類是也。」在《易》卦中，蒙義為幼稚，所以卦辭曰「童蒙」；〈序卦傳〉曰「蒙著物之穉也」。蒙卦坎下為水，艮上為山，山下出水，為江河之源。譬諸人生，即童蒙幼稚之時。此就卦象說。推演而有蒙蔽、愚昧義，所以初六要「發蒙」，六四曰「困蒙」。愚昧之甚，便致「不通」。所以〈彖傳〉言「險而止蒙」，險指坎上，止指艮下，此就卦德說。當蒙六爻皆少，也就是本卦、之卦都是蒙；或革䷰六爻皆老，也就是革之蒙：這兩種情形，都以蒙卦辭占。

❷**亨**

就上下兩卦來看，艮山坎水，有山下出水之象，終有奔流到海之日，故有亨通之可能。再就蒙卦六爻之象來看，六五以陰暗居上卦之中，為蒙昧之主；而下有九二相應，能予啟發輔助，亦有亨通之道。近代教育家多以為：生物幼稚期愈長，則可塑性愈大。人類幼稚期最長，所以可塑性最多。因此「童蒙」正是「可亨」的條件。

❸**匪我求童蒙；童蒙求我**

我，指坎之中爻。坎為中男，中爻為陽，明智之象，是老師。童蒙、童稚而蒙昧的人，指艮之中爻，艮為少男，中爻為陰，蒙昧之象，是學生。六五童蒙來求教於九二，所以說：「匪我求童蒙，童蒙求我。」《禮記．曲禮》：「禮聞來學，不聞往教。」即使像六五這樣地位尊貴的人也不例外。《禮記．學記》也說：「大學之禮，雖詔於天子，無北面，所以尊師也。」而且，只有當童蒙求我之時，才能證明童蒙具有學習的熱誠，才能保證教育可收一定的效果。《論語．述而》：「不憤不啟，不悱不發。」正有此意。明林希元《易經存疑》指出：「童蒙不我求，則無好問願學之心，安能得其來而使之信？求我而誠或未至，則無專心致志之勤，安能警其惰而使之聽？待其求我而發之，則相信之深，一投而即入矣；待其誠至而發之，則求道之切，一啟而即通矣。」甚是。

❹初筮告，再三瀆，瀆則不告

筮，是運算蓍草成卦以問事。告，有開示、告訴的意思。朱子《本義》：「告音谷。」今惟「忠告」之告音「ㄍㄨˋ」。此外之「告」皆音「ㄍㄠˋ」。此從今讀。瀆，怠慢。俞琰《大易集說》：「瀆與〈少儀〉『毋瀆神』之瀆同。不告，與《詩・小旻》『我龜既厭，不我告猶』之義同。初筮則其志專一，故告；再三則煩瀆，故不告。蓋童蒙之求師，與人之求神，其道一也。」孔子在教學上甚至立下更嚴格的標準。《論語・述而》：「舉一隅不以三隅反，則不復也。」舉一不能反三，孔子就不肯再告訴學生了。在爻象上，初筮之初，亦可指初爻。爻辭曰「發蒙」，是可「告」之證。再三瀆，亦可指三爻四爻。蒙六三乘剛應上，是瀆慢於九二；蒙六四隔於三，困蒙不化，告之無益，所以都不告。《集解》引荀爽曰：「再三謂三與四也。皆乘陽不敬，故曰瀆。瀆不能尊陽，蒙氣不除，故曰瀆蒙也。」就採此說。

❺利貞

是利於正的意思，就教者言，宜有正確的教育態度；就學者言，宜有正確的學習態度。王船山以為是「利且貞」的意思。《易內傳》：「當告而告，不可告則不告，中道而立，使自得之。養蒙之正術，能利益於蒙，利且貞。」亦通。案：蒙卦辭，始言「亨」，終言「利貞」，獨未言「元」德。其實「蒙」有「童蒙」之義，童為人之初期，元始之義，已在其中了。

語譯

六畫的蒙卦，下卦是三畫的坎，上卦是三畫的艮。象徵著兒童的蒙昧無知，所以要啟發他，使他通達事理。不過我作老師的，不必勉強蒙童來學習，乃是使蒙童主動向我求教。每一問題，初次發問，必須告訴他。再三地問，顯示學者疏忽或愚笨，這樣就不必告訴他了。教育之道，教者學者，都必須有正確的態度；採用適當的方法，使蒙童得益。

附錄古義

《白虎通・辟雍》：「天子之大子，諸侯之世子，皆就師於外者，尊師，重先王之道也。故《曲禮》曰：『聞有來學，無往教也。』《易》曰：『匪我求童蒙，童蒙求我。』」《禮記・表記》：「子曰：『無辭不相接也，無禮不相見也；欲民之毋相褻也。《易》曰：「初筮告，再三瀆，瀆則不告。」』」

象傳

蒙，山下有險，險而止，蒙❶。蒙亨以亨，行時中也❷。匪我求童蒙，童蒙求我，志應也❸。初筮告，以剛中也❹。再三瀆，瀆則不告，瀆蒙也❺。蒙以養正，聖功也❻。

注釋

❶蒙，山下有險，險而止，蒙

蒙卦坎下艮上。艮為山，坎為險，故曰「山下有險」。山本來就不好爬登的；加上山下有險，愈加使人茫然不知所適。這是以蒙卦之象來說明卦名「蒙」字。坎險艮止，故曰「險而止」。遇險而止，往好處說，是不涉險，不妄行；往壞處說，是愚昧無知，缺少冒險登高的精神。如何獲得渡險而登的途徑，正需先知先覺者的指導。這是以蒙卦之德來說明卦名「蒙」字。熊十力《讀經示要》：「物之始生，其生命或心靈，猶為物質的形軀所錮閉，而不得顯發，是為險陷之象。當初未得遂通，若山為之障。故云山下有險。遇險而不求通，乃止乎險，即終於蒙。故曰險而止，蒙。」

❷蒙亨以亨，行時中也

蒙亨以亨，是說童蒙可以亨通之時而使之亨通。「以」作「而」解。行時中也，是說啟蒙教育的措施要合時適中。卦辭所言「匪我求童蒙，童蒙求我」是適「時」；又言「初筮告，再三瀆，瀆則不告」是適「中」。朱子《本義》：「九二以可亨之道，發人之蒙，而又得其時之中。謂如下文所指之事，皆以亨行而當其可也。」就是這意思。「時中」是《周易》一個重要的觀念，意義與《中庸》「故時措之宜也」相合。教育尤其必須適時適中，一定要在童蒙之時施以恰當的教育。《禮記・學記》：「禁於未發之謂豫，當其可之謂時，不陵節而施之謂孫；相觀而善之謂摩：此四者，教之所以興也。」〈學記〉所言「豫」、「時」相當蒙〈彖傳〉之「時」；〈學記〉所言「孫」、「摩」，相當蒙〈彖傳〉之「中」。熊十力《讀經示要》：「濟險之道，在自強以求通，而不可止於險，此蒙之所以亨行，乃得時中也。」

❸匪我求童蒙，童蒙求我，志應也

志應，謂九二與六五相應。六五有問道之志、九二盡明道之責，如撞鐘盡聲，故曰志應，《集解》引荀爽曰：「二與五志相應也。」程《傳》：「二以剛明之賢處於下；五以童蒙居上。非是二求於五；蓋五之志應於二也。賢者在下，豈可自進以求於君，苟自求之，必無能信用之理。古之人所以必待人君致敬盡禮而後往者，非欲自為尊大，蓋其尊德樂道，不如是不足與有為也。」

❹初筮告，以剛中也

剛中，指九二。九謂之剛，師道尊嚴似之；二五謂之中，立教不偏似之。童蒙專心誠意來求教，必以尊嚴而適當的態度來教導。朱子《本義》：「以剛中者，以剛而中，故能告而有節也。」案：〈彖傳〉言「以剛中也」凡三：除蒙之外，一見於比卦䷇，指九五；一見於困卦䷮，指九二、九五。

❺再三瀆，瀆則不告，瀆蒙也

瀆蒙，謂有瀆於童蒙蒙昧而求通之道。一個問題，再三地問，就學者言，不是愚昧，便是疏忽；就教者言，不是失時，便是失中。雙方都不合教育之道，所以為瀆蒙。瀆蒙，孔穎達《正義》作「瀆亂蒙者」解；船山《易內傳》作「不告以瀆之」解：皆失之一曲。朱子《本義》從程《傳》之意，以為：「瀆筮者二三，則問者固瀆，而告者亦瀆矣。」才是較周延的說法。

❻蒙以養正，聖功也

童蒙時期，具最大的可塑性。所以必須在此時以培養其最正確的人生觀。俞琰《大易集說》：「童蒙之時，情竇未開，天真未散，粹然一出於正，所謂赤子之心是也，涵養正性，全在童蒙之時。」即是此意。聖功也句，有二方面的解釋。一指為人師表者能夠使蒙者正，使愚者智，為仁聖之功業。《集解》引虞翻云：「聖為二。」就把聖字落在為師的「二」身上。一指培養童蒙而使之成聖的功業。這是東方哲學的勝境。西方的基督教從不希望人人皆為上帝；但印度的佛教希望人人成佛，中國的儒者希望人人成聖，孔穎達《正義》「乃至成聖」，就把聖字落在童蒙身上。以上二說各對一半，合起來就全對了。

語譯

蒙卦由艮山坎險重疊而成，表示山下有險，遇到危險就停止前進，這是愚蠢幼稚的行為！在兒童可以受教育的時機來啟發他，開導他，教育措施必須合時和適當。不需教師勉強學童向學；使學童主動向教師請教，這樣師生才能志同道合打成一片。一個問題，初次疑問要告訴他，以尊嚴而適當的態度。重複地問，顯示學生愚笨或疏忽，這樣就不必告訴他了。因為那樣重複地問重複地教，已經違背啟發蒙童的道理了。在兒童觀念形態尚未固定的時候，來培養他正確的人生觀，使他能夠踐仁成聖。這工作的本身，就是一種神聖的事業啊！

象傳

山下出泉、蒙❶；君子以果行育德❷。

注釋

❶山下出泉、蒙

此句解釋蒙卦的卦象。蒙上卦艮為山，下卦坎為水為泉。山下出泉，為江河之源；譬之於人，為童蒙之象。艮止坎險，進退兩難，不知所適；譬之於人，又為蒙稚之象。弼《注》：「退則困險，進則閡山，不知所適。」又云：「山下出泉，未知所適，蒙之象也。」程《傳》：「山下出泉，出而遇險，未有所之，蒙之象也。若人蒙稺，未知所適也。」

❷君子以果行育德

此句解釋蒙卦的卦德。蒙卦坎下艮上，坎水艮山，山水在儒家哲學中常作為仁智的象徵物。《論語・雍也》：「知者樂水；仁者樂山。知者動；仁者靜。知者樂；仁者壽。」充分顯示水象徵智慧、行動、快樂；山象徵仁愛、靜止、壽考。蒙卦《象傳》「果行」之德，由「坎水」之象推出。「育德」之德，由「艮山」之象推出。元董真卿《周易會通》引徐幾曰：「蒙而未知所適也，必體坎之剛中，以決果其行而達之；蒙而未有所害也，必體艮之靜止，以養育其德而成之。」頗能把握此意。不過王船山另有高見。《易內傳》云：「泉方出山，而放乎四海，無所止息，果矣！曲折縈回、養其勢以合小為大，育也。」以「出山之泉」兼具「果行」、「育德」。於義亦通。這裡更強調一點，「果行」、「育德」不是二分的，而是合一的。朱震《漢上易傳》便指出：「泉積盈科，其進莫之能禦。故君子果其行必育其德。德者，行之源；育德者，養源也。」對德行的關係有正確的敘述。

語譯

山下流出泉水，象徵著事物的開始和前途的茫茫。君子要效法泉水奔海的精神，採取果敢的行動；效法高山靜默與偉大，並接受百川匯江入海的啟示，培養淵懿的德性。

序卦傳

屯者，物之始生也❶。物生必蒙，故受之以蒙❷。蒙者，蒙也，物之稺也❸。

注釋

❶屯者，物之始生也

或以此句上屬「屯者盈也」下，以為說明屯之次乾坤之故者。朱駿聲《六十四卦經解》即如此。但孔穎達《正義》云：「上言屯者盈也，釋屯次乾坤，其言已畢。更言屯者物之始生者，開說下物生必蒙，直取始生之意，非重釋屯之名也。」熊十力《讀經示要》從孔氏，是也。屯之為物之始生，前已有注釋，此不贅。

❷物生必蒙，故受之以蒙

謂物之初生必幼稚而蒙昧也。熊十力《讀經示要》：「物始生必蒙，蒙者蒙昧，童稺之象也。生物之始，若無機物，則完全蒙昧，無心理現象可徵也。（實非無心，只是全不顯發。）若植物，則似有心理現象，而未著也。若動物，則其心作用已著見，而不能發展以至高明。此皆不離乎蒙昧也。人類自動物進化而來，雖不能無蒙昧，而皆可求通，以抵於極高明之境，此人道所以終遠於禽獸也。」闡釋《易》義，有高明臻此者，我願學焉！

❸蒙者，蒙也，物之稺也

蒙者之蒙，指蒙卦，是名詞；蒙也之蒙，說明其童蒙、蒙昧，是形容詞。於訓詁是以同字相訓。同字相訓，二字必有聲調之異以及詞性之不同。在口耳傳授的古代，尚稱可行。但一落於文字，便很難體會其意。而且違背以已知解釋未知的訓詁原則。稺，今稚字。郭雍《郭氏傳家易說》：「上蒙，卦也；下蒙，物之蒙也，物以稺而蒙也。」

語譯

屯呢，代表萬物開始萌生。萬物萌生時必然稚嫩而童昧，所以用蒙卦接著。蒙，正是童蒙懵懂的意思，代表萬物幼稚的狀態。

雜卦傳

蒙雜而著❶。

注釋

❶蒙雜而著

雜，唐人郭京《易舉正》本作稚。言蒙由幼稚而漸至著明。洪邁《容齋隨筆》：「唐蘇州司戶郭京有《周易舉正》三卷，云曾得王輔嗣、韓康伯手寫注定傳授真本，比校今世流行本……〈雜卦〉『蒙稚而著』，今本「稚」誤作「雜」字。」不過，清人惠棟駁之。《九經古義》云：「以李氏所錄漢《易》考之，乃知其妄。……案虞翻曰：『蒙二陽在陰位，故雜；初雜而交，故著。』改雜為稚，其妄十一也。」二說並陳，惟讀者自作判斷。

語譯

蒙卦，萬物由懵懂幼稚趨向明白顯著。

初六爻辭

初六❶：發蒙❷，利用刑人，用說桎梏❸，以往，吝❹。

注釋

❶初六

當蒙初爻為老，他爻皆少，即由蒙之損䷨；或咸䷞初爻為少，他五爻皆老，即咸之蒙：這兩種情形，都以蒙初六爻辭占。

❷發蒙

蒙初六以陰居初，為蒙昧之始。上承九二之師，撥開其蒙蔽。故曰「發蒙」。發有撥開的意思。《釋名・釋言語》：「發，撥也，撥使開也。」帛書作「廢」，廢除亦撥開意。案：發義為啟發撥去。王弼、孔穎達、程頤、朱熹，所言略同。唯王船山以發為始，不採撥去之義。

❸利用刑人，用說桎梏

蒙初以陰居陽，不得其位，昏蒙陰暗，宜加之以刑罰，而後才能使他脫離桎梏，不致犯大罪。利用之用，作「於」解。《易》言「利用」，如利用恆、利用侵伐、利用行師、利用賓于王、利用獄、利用為大作、利用為依遷國、孚乃利用禴、利用享祀、利用祭祀：利用皆作利於解。「利用刑人」，即《尚書・堯典》「朴作教刑」，《禮記・學記》：「夏楚二物，收其威也。」的意思。儒家並不反對適當的刑罰。《論語・子路》曾明白記載孔子告訴子路的話：「禮樂不興，則刑罰不中；刑罰不中，則民無所錯手足。」禮樂與刑罰是儒家約束行為的兩大法寶。「用說桎梏」是用刑人之法來解除心靈桎梏蒙蔽。用，以也；說，假借為脫；桎梏，鄭玄《周禮注》云：「木在足曰桎，在手曰梏。」此處亦作蒙蔽物之象徵。

❹以往，吝

「以往」包含二義，一承「刑人」而言；一承「桎梏」而言。根據第一義，發蒙所以「利用刑人」，只為「用說桎梏」。換句話說：「刑人」只是一時的手段；脫去「桎梏」才是真正的目的。如果把「刑人」當作目的，長此以往，必使童蒙起反感，好事變成壞事。故曰「以往吝」。吝，《說文》以為「恨惜」之意。自王弼《注》云「刑不可長」，孔穎達《正義》從之。程《傳》更加發揮云：「苟專用刑以為治，則蒙雖畏而終不能發，苟免而无恥，治化不可得而成矣。故以往則可吝。」朱熹《本義》亦謂：「一於嚴以往，是不知有敬敷五教在寬之道也，故吝。」皆採取第一義。根據第二義，發蒙實為「用說桎梏」，如不脫其桎梏以往，則心智蒙蔽，故吝。王安石《易解》：「不辨之於早，不懲之於小，則蒙之難極矣！當蒙之初，不能正法以懲其小而用說桎梏，縱之以往，則吝道也。」近人李漢三亦主是說，所著《周易卦爻辭釋義》云：「言長此不脫桎梏而往則發蒙之道窮吝莫展矣！」以上一二兩義可以並存，並不矛盾。

語譯

蒙卦初位是陰爻，為蒙昧有待啟發的象徵。對於蒙昧的人，要嚴格訓練，以解除他心智上的蒙蔽。如果一味取刑罰手段，或者不能解除他心智的蒙蔽，長此以往，都會有遺憾。

象傳

利用刑人，以正法也❶。

注釋

❶利用刑人，以正法也

刑罰或體罰，並非治國齊家辦理教育之道，只是藉此以建立行為之正確標準而已。所謂正法，即指行為之正確標準，做人之正確法則。尤其蒙初六，一陰始生，代表邪念初起，愚昧未甚。此時當頭一棒，自能使其猛醒，以後不致觸犯大罪了。再一次強調：刑人只是手段，正法才是目的。我們做一件事，是因為這樣做是合乎情理法的，絕不是因為能獲獎勵；不做一件事，是因為它是不合情理法的，絕不是因為怕受罰。教育絕不是培養一個貪獎避罰的人，而是培養一個具有正確人生觀的人！

語譯

利用處罰的手段，來建立做人的正確法則。

九二爻辭

九二❶：包蒙吉❷，納婦吉❸，子克家❹。

注釋

❶九二

當蒙第二爻為老，他爻皆少，即由蒙之剝䷖；或夬䷪第二爻為少，他五爻皆老，即夬之蒙：這兩種情形，都以蒙九二爻辭占。

❷包蒙吉

包是包容。蒙指初六發蒙。九二以陽居中，下據初六（爻例凡陽居陰上曰據），所以有包容初六之象。初六敬承九二的啟發，所以其占為吉。案：包蒙的對象，虞翻以「包養四陰」，朱熹亦言「統治羣陰」。但私意九二所包僅為初爻。另上納六五為婦。六三乘剛不順，六四困蒙不化，不在所包之列。《集解》引崔憬曰：「三應于上，四隔於三，與二為瀆。」瀆蒙不告，亦為不能包容之理由。案：包，石經、《釋文》皆作「苞」，帛書作「枹」。

❸納婦吉

以陽受陰，謂之納婦，九二與六五相應，所納即六五童蒙以為婦。孔穎達《正義》：「九二以剛居中，童蒙悉來歸己。」以六五「童蒙」歸己為納婦，是。但《正義》「悉來」二字不妥，於是後人有「羣陰歸己」的誤解。程《傳》：「雖婦人之柔闇，尚當納其所善，則其明廣矣。又以諸爻皆陰，故云婦。堯舜之聖，天下所莫及也。尚曰清問下民，取人為善也。」其釋「納婦」為「納其所善」，說甚有新意；但說諸爻皆陰故云婦，其誤即源《正義》「悉來」之說。二五皆中，陰陽相應，有夫婦唱隨之美，故其占亦吉。案：納，帛書作「入」。

❹子克家

蒙卦初、三、四、五皆陰爻為婦女，上九體艮而為少男，在古代以為皆非能任勞者，獨有九二以陽剛居下卦之中爻，為中男肩負全家生計之大任，《說文》：「克，肩也。」段玉裁《注》：「肩為任事。」案：蒙卦當以九二為主。項安世《周易玩辭》：「子克家，應五也。以陽居中，為童蒙之主。」似已見及此。

語譯

蒙卦陽居二位，啟發蒙昧的初六，這是吉祥的；娶六五之女為妻，這也是吉祥的。九二是家中的中男，還肩負著全家的生計。

象傳

子克家，剛柔接也❶。

注釋

❶子克家，剛柔接也

爻辭於「包蒙」、「納婦」下，都繫以「吉」占，獨於「子克家」下無占。所以〈象傳〉特別加以解釋。剛柔接，指九二上與六三相接，下與初六相接，而二五亦相接應。《正義》以為「接待羣陰」，則所接者有初、三、四、五共四，取義嫌大；程《傳》以為「二與五剛柔之情相接」，則九二所接僅六五一爻，取義嫌小，而且意思與「納婦吉」雷同。茲由「比」、「應」關係定九二所接為初、三、五；而六四與九二，既非比應，無接之理，則不在所接之列。九二所接近的，既都屬陰柔，則剛健而能任事者，九二中男一人而已。所以有「子克家」之象。

語譯

中男肩負全家的生計，因為接近的，全是些柔弱的婦孺啊！

六三爻辭

六三❶：勿用取女❷，見金夫，不有躬❸；无攸利❹。

注釋

❶六三

當蒙第三爻為老，他爻皆少，即由蒙之蠱䷑；或隨䷐第三爻為少，他爻皆老，即隨之蒙：這兩種情形，都以蒙六三爻辭占。

❷勿用取女

蒙六三以陰居下卦之上，失位乘剛、不中不正，是不宜娶之為妻的女性。用訓宜，即利之意；取，娶也；女，指六三本爻。案：蒙初曰發蒙，二曰包蒙，四曰困蒙，五曰童蒙，上曰擊蒙，獨六三未著「蒙」字。其實「勿用取女」，可以名之為「昏蒙」。趙汝楳《周易輯聞》：「人致蒙者多端；故亨蒙非一術。有不被教育而蒙者，初是也；有不能問學而蒙者，四是也；有性質未開而蒙者，五是也；如三則自我致蒙，聖人戒之曰：『勿用娶女』。或發之、或擊之、教亦多術。勿娶，非絕之；不屑之教也。」分析甚是。《論語・陽貨》：「孺悲欲見孔子，孔子辭以疾。將命者出戶，取瑟而歌，使之聞之。」就是以「勿取」為「教」。據《禮記・雜記》，後來「孺悲之孔子學士喪禮，士喪禮於是乎書」。證明「勿取」教法的成功，而「勿取」非永棄不教，也很明顯了。《孟子・告子下》：「教亦多術矣！予不屑之教誨也者，是亦教誨之而已矣！」亦此意。

❸見金夫，不有躬

六三以蒙昧之身，本宜就教於九二之師。可是見上九多金，即往應之。而乘剛不順，瀆於師道，不知自身之蒙昧，有待師教。案：金夫，《集解》虞翻曰：「金夫謂二。」程《傳》、船山《易內傳》亦均以為九二，獨王弼以為上九。《周易注》曰：「六三在下卦之上，上九在上卦之上，男女之義也。上不求三，而三求上，女先求男者也。女之為體，正行以待命者也。見剛夫而求之，故曰不有躬也。」今考六三下乘九二，是騎在老師頭上的學生，九二不是六三拜金的對象；而上九爻辭曰：「不利為寇利禦寇。」有多金之象。故從王說以金夫為上九。

❹**无攸利**

於「女」本人固無所利；於「取女」者亦無所利。程《傳》：「女之從人，當由正禮；乃見人之多金，說而從之。不能保其身者也。无所往而利矣。」採第一義。朱子《本義》：「占者遇之，則其取必得如是之人，无所利矣。」採第二義。

語譯

蒙卦陰爻居三位，代表處境不好，稟性驕傲，做事偏激，不可以娶作妻子的女性。看見有錢的丈夫，就忘記了自己是誰。這樣愚蠢的女子，自然不會有美好的前途；娶了這種女子，也跟著倒楣。

象傳

勿用取女，行不順也❶。

注釋

❶ 勿用取女，行不順也

乘剛失位，遺棄師訓，所以為「行不順」。同時把「勿用取女」之義擴大，凡「行不順」之人，亦「勿用取」。船山《易內傳》：「夫人苟識之未充，辨之未審，而躁於求益，則見異而遷，驚為奇遇，忘身以徇之，曹伯悅公孫彊之霸說而亡國，包顯道信陸子靜之禪學而髡首。其志操之邪陋，與鬻色之女同其賤。養蒙者無可施其教也。」極是。近人陳映真有一篇膾炙人口的小說：〈唐倩的喜劇〉。唐倩原是詩人于舟的女朋友。當在一個沙龍式的聚會上，唐倩遇見了講「沙特的人道主義」的胖子老莫，便打發了于舟，和老莫同居。懷孕，墮胎，終於又仳離了。唐倩再度出現在讀書界，是哲學系助教羅大頭帶著的。唐倩這時已把存在主義，這個「嬰兒時代的鞋子」拋棄了，跟著羅大頭講新實證主義。羅大頭把一切不合邏輯的、經不起分析的，一一否定，最後也否定了自己，自殺了。唐倩形銷骨立。直至一年之後，她嫁給留美碩士喬治，離開國門，到達那個偉大的新世界。次年春天，消息傳來，唐倩毅然離開了喬治，現在她的丈夫是一家軍火公司主持研究的物理學博士。這個虛構的故事，生動呈現出知識界不乏見異思遷、「下賤的拜金主義者」，為王船山所說添加具體的案例。

語譯

不是可作妻子的女性，行為不順常理啊！

六四爻辭

六四❶：困蒙，吝❷。

注　釋

❶六四

當蒙第四爻為老，他爻皆少，即由蒙之未濟䷿；或既濟䷾第四爻為少，他爻皆老，即既濟之蒙：這兩種情形，都以蒙六四爻辭占。

❷困蒙，吝

六四以陰居陰，愚昧特甚；又處三五兩陰間，遠離九二與上九，是無師友之輔；初六居下卦，兩陰而無應。永困於暗，故曰困蒙。胡炳文《周易本義通釋》：「惟六四所比所應所居皆陰，困於蒙者也。」是也。《論語・季氏》：「困而不學，民斯為下矣！」故其占為吝。而不至於凶者，能安其位故也。船山《易內傳》：「雖困而未自失，故吝而不凶。」若愚而好自用，則災及身而凶矣。《中庸》云：「子曰：『愚而好自用；賤而好自專，生乎今之世，反古之道：如此者，烖及其身者也。』」可作參考。

語　譯

蒙卦陰爻居四位，性既愚昧，又無師友、更缺少人支援，永被蒙昧所困。真令人憾惜！

象傳

困蒙之吝，獨遠實也❶。

注釋

❶困蒙之吝，獨遠實也

陽實陰虛。孔穎達《正義》：「陽主生息，故稱實；陰主消損，故不得言實。」實，指德行充實之人。項安世《周易玩辭》：「初三近九二、五近上九，三五皆與陽應。惟六四所比應皆陰，故曰獨遠實也。」再案：〈象傳〉在乾初九提出「陽」，坤初六提出「陰」。屯初九揭示陽為「貴」為「君」，陰為「賤」為「民」。至蒙六四更以陽為「實」，陰為「虛」。

語譯

困於蒙昧的遺憾，是單獨地遠離德行充實的人啊！

六五爻辭

六五❶：童蒙，吉❷。

注釋

❶六五

當蒙第五爻為老，他爻皆少，即由蒙之渙䷺；或豐䷶第五爻為少，他爻皆老，即豐之蒙：這兩種情形，都以蒙六五爻辭占。

❷童蒙，吉

六五體艮，艮為少男，故為童；身屬陰爻，故為蒙。虛中待教，上順上九之陽，下應九二之陽，故吉。明蔡清《易經蒙引》：「宋敷文閣直學士李椿有曰：『《易》以九居五，六居二為當位。而辭多艱；以六居五，九居二為不當位，而辭多吉。』蓋君以剛健為體，而虛中為用；臣以柔順為體，而剛中為用。君誠以虛中行其剛健，臣誠以剛中守其柔順，則上下交而其志同。實《易》爻之通例。」對九二、六五爻居中而不當位，卻多為吉的道理，有所闡發。

語譯

蒙卦陰爻居五位，代表天真未鑿的兒童，具有開發的潛力，是很可慶賀的。

象傳

童蒙之吉，順以巽也❶。

注釋

❶童蒙之吉，順以巽也

順，指六五陰爻柔順，能上從上九之教；巽，通遜，指六五以尊位聽教於九二，有謙遜之美德。《集解》引荀爽曰：「順乎上，巽於二，有似成王任周召也。」

語譯

身為兒童，智慧未開，卻值得慶賀的理由，在於兒童性情柔順，很虛心地遵從師長的教導啊！

上九爻辭

上九❶：擊蒙❷，不利為寇，利禦寇❸。

當蒙上爻為老，他爻皆少，即由蒙之師䷆；或同人䷌上爻為少，他爻皆老，即同人之蒙：這兩種情形，都以蒙上九爻辭占。

注釋

❶上九

❷擊蒙

上九稟剛烈之性，居蒙卦最上一爻，不能以中道行事；體艮為手為止（見〈說卦傳〉），表示喜歡動手阻止別人愚昧的行為，所以有「擊」之象。蒙，指六三。六三體坎為盜。又居下卦之終，蒙昧至極之象。而竟有「見金夫不有躬」之惡行。上九因而擊之。《論語・憲問》：「原壤夷俟。子曰：『幼而不孫弟，長而無述焉。老而不死，是為賊。』以杖叩其脛。」六三正是老而不死者；以杖叩其脛就是擊蒙。引申凡去惡皆為擊蒙。楊簡《易傳》：「去其悖道之心而已。」足以弘揚《易》義。綜觀蒙卦六爻，陽爻凡二：九二、上九，都是訓蒙之師。九二居中，教法適當；上九過中，教法過嚴。吳澄《易纂言》：「二剛皆治蒙者。九二剛而得中，其於蒙也，能包之，治之以寬者也；上九剛極不中，其於蒙也，乃擊之，治之以猛者也。艮為手，有擊象。」

❸不利為寇，利禦寇

蒙下卦坎為盜，上卦艮為止。上九體艮，有止盜之象，故利禦寇，既利禦寇，自然不利為寇了。又上九至剛而失中，爻辭說：「不利為寇利禦寇」，也有凡事不可過當的意思。程《傳》：「然九居上，剛極而不中，故戒不利為寇。治人之蒙，乃禦寇也；肆為剛暴，乃為寇也，舜之征有苗，周人之誅三監，禦寇也；秦皇漢武，窮兵誅伐，為寇也。」朱子以不利為寇，為責人不可太過；利禦寇，為防己惡應嚴密。《本義》云：「以剛居上，治蒙過剛，則必反為之害；惟捍其外誘以全其真純，則雖過於嚴密，乃為得宜。」也很有道理。

語譯

蒙卦最上一爻是陽爻，各種教法都試過了。最後只好採取處罰的方法。但是不可以過於剛猛；只要能防止學生作出粗暴的行為就行了。也許，苛以責人是不利的，但嚴以律己卻是有利的。

象傳

利用禦寇，上下順也❶。

注釋

❶**利用禦寇，上下順也**

六三體坎為盜，見金夫不有躬，往而盜上。上九宜予防禦，示以陰陽相應之大義，以擊醒其迷蒙，於是上下和順，永結同心了。李道平《篹疏》：「自上禦下，中歷坤順，故曰上下順也。」是依象立說。程《傳》：「利用禦寇，上下皆得其順也。上不為過暴；下得擊去其蒙，禦寇之義也。」是就理立說。

語譯

作教師的人，應該設法防止粗暴的行為，使師生和和氣氣，打成一片。

附錄古義

《潛夫論・邊議》：「《易》利禦寇，《詩》美薄伐，自古有戰，非乃今也。《傳》曰：『天生五材，民並用之，廢一不可。誰能去兵？』兵，所以威不軌而昭文德也。聖人所以興，亂人所以廢。」

《蔡邕集・月令篇名》：「《易》曰：『不利為寇，利用禦寇。』《令》曰：『兵戎不起，不可從我始。』」

需卦經傳通釋第五

卦辭

䷄乾下坎上需❶：有孚，光亨❷；貞，吉❸；利涉大川❹。

注釋

❶䷄乾下坎上需

需，六畫之卦名。由三畫的乾卦在下，三畫的坎卦在上，重疊而成。乾代表天；坎代表雲。所以需卦有「雲上於天」的現象。乾義為健；坎義為險。所以需卦又有「健者遇險」的現象。雲上於天，需要等待其降落；健者遇險，需要等待機會渡險。所以需有需要、等待之意。〈象傳〉「雲上於天需」，為需要；〈彖傳〉「需須也」，為等待。由需要義引申，人最需要者為飲食。故〈象傳〉云「君子以飲食宴樂」；〈序卦傳〉云「需者飲食之道也」。由等待義引申，又為不進。〈雜卦傳〉「需不進也」。綜觀經傳，需義之內容及其演進如此。當需六爻皆少，也就是本卦、之卦都是需；或晉䷢六爻皆老，也就是晉之需：這兩種情形，都以需卦辭占。

❷有孚，光亨

孚為孵之本字，引申為信。《說文》：「孚，卵孚也，从爪从子。一曰信也。」母鳥孵蛋，要有信心和耐心。光亨，光明而能亨通，楊時《易說》：「光亨，大亨也。充實而有光輝之謂大，則光斯大矣。」義亦大好。從需卦上下二體而言：需卦乾下坎上，我們首先可以認為是雲在天上之象，必須充滿信心地等待下雨；而需要雨水的大地也終必得到滋潤而大大亨通。其次可以認為健者遇險的象徵，必須耐心等待良機以渡險，亦可得光明燦爛的前途。以需卦六爻而言：九五為需卦之主爻，有剛健中正之德，而誠信充實於中。故有孚而大通。程《傳》：「以二體言之，乾之剛健上進而遇險，未能進也，故為需待之義。以卦才言之，五居君位，為需之主，有剛健中正之德，而誠信充實於中。中實，有孚也。有孚則光明而能亨通。」已見及此。又林希元《易經存疑》：「凡人作事，皆責成於目前。其間多有阻礙而目前不可成者，其勢不容於不待。然不容不待者，其心多非所樂。其待也，未必出於中誠，不免於急迫覬望之意。如此則懷抱不開，胸中許多暗昧抑塞，而不光明豁達。故聖人特發有孚之義。蓋遇事勢之未可為，即安於義命，從容以待機會，而不切切焉以厚覬望。則其待也，出於真實而非虛假矣。如此則心逸日休，胸襟洒落而無滯礙，不亦光明豁達乎！」以「光亨」為「光明豁達」。熊十力《讀經示要》：「有孚者，人羣相生相養之大計，惟相矢以孚信，而後可行。孚信不存，則爾詐我虞，此攘彼奪，而生產事業無所措手，故貴於有孚也。」將需義擴大到生產事業，言義理亦甚精。項安世《周易玩辭》：「有孚光亨者，需之理也。」

❸貞，吉

此指需卦主爻九五而言。陽剛中正，而居尊位，故吉。啟示我們遵守正道，保持常態，待機而動，必有可慶可賀的收穫。程《傳》：「凡貞吉，有既正且吉者，有得正則吉者，當辨也。」《周易玩辭》：「貞吉者，需之道也。」案：熊十力以光亨貞吉連釋，《讀經示要》云：「光亨云云者，光者，明之象；亨者，通義。明（明無闇也。）通，（通則均也。）而後不以私害公，不圖小己之利，以剝大羣，毋使羣己俱蒙其禍。（小己者。個人之在一羣，固是小己；一國之在世界，一民族之在全人類中，皆謂之小己也。）是為得正而吉。故曰光亨貞吉。」卓見常使人肅然心嚮往之。

❹利涉大川

就象數上說，需下體乾為健行；需上體坎為大川。故利涉大川。就義理上說，具備上文所說「有孚，光亨，貞吉」等條件，才「利涉大川」。朱子《本義》：「有所待而能有信，則光亨矣；若又得正，則吉而利涉大川。正固无所不利，而涉川尤貴於能待，則不欲速而犯難也。」《周易玩辭》：「利涉大川者，需之效也。」

語譯

需卦的下卦是三畫的乾，上卦是三畫的坎，有雲上於天的現象，健者遇險的意思。如果具有耐心和信心，就有光明燦爛的前途而能大大亨通。遵守正道，保持常態，待機而動，必有收穫。利於渡過大河。

彖傳

需，須也❶；險在前也❷。剛健而不陷❸，其義不困窮矣❹。需，有孚，光亨，貞吉；位乎天位，以正中也❺。利涉大川，往有功也❻。

注釋

❶需，須也

須，假借為䇓，站立而等待之意。《說文》：「需，䇓也，遇雨不進，止䇓也。从雨而聲。《易》曰：『雲上於天，需。』」又：「䇓，立而待也。从立須聲。」時間的拿捏，在儒家看作一門大學問。《論語・子路》記子夏問政，孔子告以：「無欲速，欲速則不達。」無欲速，正是此言「需須」之意。《孟子・萬章下》記孟子說孔子「可以速而速；可以久而久；可以處而處；可以仕而仕」為「聖之時者也」。更可見孔子對時間拿捏之準確。此說卦名。

❷險在前也

需上卦為坎，坎為險，故曰「險在前」。船山《易內傳》：「乾之三陽欲進，而為六四之陰所阻。九五陽剛履乎中位，而陷於二陰之中，與三陽相隔。三陽待五之引己以升；九五待三陽之類至。交相待而未前，故為健行而遇險之象。不能無所需遲，而固可以需者也。」此說卦象。

❸剛健而不陷

需下卦為乾，乾，健也；上卦為坎，坎，陷也。〈繫辭傳下〉：「夫乾，天下之至健也。德行恆易以知險。」正因為乾剛健恆久平易而知險，所以不為坎險所陷。王申子《大易緝說》：「唯剛則內有所主，故能需；唯健則動不可禦，故能濟。」《讀經示要》言：「凡不便於民生之度制，欲改造之，恆有險難在前，而難於圖始。非剛健以持之，未能涉險而不陷也。」於卦德有更多發揮。

❹其義不困窮矣

其義，指上文所言：見險在前，待機行事，性剛行健，不陷於險。如此，就不至於困窮。船山《易內傳》：「險在前，不容不有所待而後濟。凡天下之陷於險者，皆由銳志前行，而不慮險之在後，致陷於困窮，訟之所以終凶也；險在前，知之已明，而健以行，躊躇滿志以有為，慮已熟而無可畏葸，見義必為，不憂其困矣。」此綜卦名、卦象、卦德以釋卦之大義。

❺位乎天位，以正中也

此釋卦辭「需：有孚，光亨；貞，吉。」需九五以陽剛而居於天位，為坎中爻。表率群陽，中實而為群陽之主，所以有孚而光亨。居正得位，所以能貞且吉。

❻往有功也

此釋卦辭「利涉大川」。涉河者有耐心，有信心，光明豁達，行為正當，如此而涉大川，當然能建立功業。此就義理上說。若從象數上看，《集解》引虞翻云：「謂二失位，變而涉坎，坎為大川，得位應五，故利涉大川；五多功，故往有功也。」虞翻以為失位之爻，皆當變而得正，成既濟䷾，爻位乃定。需卦九二失位，當變為六二，於是六二得正，與需上卦坎之中爻九五相應。坎為大川，五位多功，六二應五而往，所以利涉大川而往有功。「五多功」，〈繫辭傳下〉文。

語譯

需，是等待的意思。危險當前，剛毅強健而不致陷在危險之中。能夠這樣，照道理就不會困窮了。等待，充滿信心，定有光明前途而能大得亨通；遵守正道，保持常態，必有可喜的收穫，是因為處在與天道相通的地位，德行端正，合乎中道啊！時機一到，就應渡過大河，要你勇往直前，建立偉大的功業啊！

象傳

雲上於天，需❶；君子以飲食宴樂❷。

注釋

❶雲上於天，需

需上卦坎為雲，下卦乾為天，有雲在天上之象。其所以未能成雨者，原因有二：一、水氣未臻飽和，二、冷度未足成雨。故尚須等待。若一旦條件具備，時機成熟，則沛然下雨，為農作物之所需要。需之所以有「需待」、「需要」二義，即本此象。而對吾人之啟示亦有二：一、要有耐心。於時機未成熟前，應努力自明明德，充實自己。二、要有信心。於條件具備之時，必能親民新民兼善天下。程《傳》：「雲氣蒸而上升於天，必待陰陽和洽，然後成雨。雲方上於天，未成雨也，故為須待之義。陰陽之氣，交感而未成雨澤，猶君子畜其才德，而未施於用也。」釋義甚是。

❷君子以飲食宴樂

就卦象來看：需卦乾下坎上，三四五爻互體為離，有離火燒坎水之象；又二三四爻互體為兌，兌為口，為飲食所入處；兌且為悅之字根，有悅樂之意。故飲食宴樂之道存焉。就卦義來看，凡有二說：一、需待之時，宜飲食以培養體力，宜宴樂以調節精神。二、又需既為需待，君子於飲食宴樂宜待天下太平之後為之。即所謂「後天下之樂而樂」。〈序卦傳〉：「需者，飲食之道也。」《集解》引荀爽曰：「坎在乾上，中有離象，水火交和，故為飲食之道。」言象可作參考。程《傳》：「君子觀雲上於天，需而為雨之象，懷其道德，安以待時。飲食以養其氣體，宴樂以和其心志。所謂居易以俟命也。」採第一義。船山《易內傳》：「需者，事之賊也。君子敏則有功，無所用需。惟其於飲食也，可以飲食宴樂矣，而猶需之……後天下以樂。」採第二義。

語譯

雲布滿天空，這是農作物所需要的，等待著吧！在這時候，君子要大家努力加餐，蓄積體力；快快樂樂，調劑精神。自己卻要等待天下人的需要都獲得滿足之後，才肯開懷地飲食！

序卦傳

物稺不可不養也，故受之以需❶。需者，飲食之道也❷。

注釋

❶物穉不可不養也，故受之以需

此說明蒙卦代表幼稚，需卦代表養育，所以接在蒙卦之後的是需卦。穉，或作稺。參閱蒙卦〈序卦傳〉「蒙者，蒙也，物之穉也。」注釋。《周易折中・序卦明義》：「需訟上下皆陽卦，二、五皆陽爻，陽之盛也，故次屯蒙焉。」養，最基本的是養育孩童。《集解》引鄭玄曰：「言孩穉不養則不長也。」即採此義。由此義擴充，生態環境之養護，仁義良心的培養，也都是養。《孟子・告子下》由「牛山之木嘗美矣」說到「斧斤伐之」、「牛羊又從而牧之」，以至於「濯濯」；又說人放失良心，就像樹木被砍伐一樣，終至離禽獸不遠。於是得到這樣一個結論：「故苟得其養，無物不長；苟失其養，無物不消。」這就把養的對象擴展到生態和良心。

❷需者，飲食之道也

程《傳》：「養物之所需者，飲食也。故曰『需者飲食之道也』。雲上於天，有蒸潤之象。飲食所以潤益於物，故需為飲食之道。」《讀經示要》：「生類繁殖，則資生之事急矣！故屯蒙二卦之後，受之以需。需者，飲食之道也。《尚書》言民生，厥惟食貨，義亦通此。人羣未開化時，猶如童穉。生養之道，未知精究也。憤以求通，則智德力俱進，乃能講求生產開發物資，大闢利源，而後四海無困窮之憂。羣黎有生遂之樂。此需卦大義也。」於需義多所發揮。

語譯

生物幼小時不能不養育，所以接在代表幼稚的蒙卦之後的，是代表養育的需卦。

雜卦傳

需，不進也❶。

注釋

❶需，不進也

需，意為「遇雨不進」，所以就用不進來詮釋。參閱需卦〈彖傳〉注❶。

語譯

需，等待吧，不要冒險前進啊！

初九爻辭

初九❶：需于郊❷。利用恆，无咎❸。

注釋

❶**初九**

當需初爻為老，他爻皆少，即由需之井䷯；或噬嗑䷔初爻為少，他五爻皆老，即噬嗑之需：這兩種情形，都以需初九爻辭占。

❷**需于郊**

需，待也；郊，曠遠之地。初九離坎險最遠，有待於遠郊之象。王弼《注》：「居需之時，最遠於難，能抑其進以遠險。」元梁寅《周易參義》云：「需下三爻，以去險遠近為吉凶。初以陽處下，最遠於險，故為需于郊之象。」

❸**利用恆，无咎**

利用，利於，如作發揮其功用解，亦甚好。恆，常也。有安守其常，遇險而鎮定之意。守常遠險，不至於凶；未能克險，亦未能吉。所以无咎而已。王夫之以為恆者，指二三兩陽，皆由初出，有可恆之道。利用恆者，乃識之於心，籌度有素之意。胡宏《易外傳》：「夫人幼而學之，壯而行之。古之君子如伊尹之耕于有莘，傅說之築于傅岩，呂望之釣于渭濱，皆待時于郊野曠遠之地，不冒犯世患而求進者也。其耕也，其築也，其釣也，用常而已，非有驚時異眾之旨也，故无咎。」五峯好引史說《易》，其發人雄心每如此。倘若優遊喪志，如林洪〈西湖〉詩所言：「山外青山樓外樓，西湖歌舞幾時休。煖風薰得遊人醉，直把杭州當汴州！」則違本爻之旨。又船山《易內傳》：「郊，曠遠之地，與人事不相涉。需而於此，則緩不及事。一旦時至勢迫，則必有咎矣。但以陽剛立乾健之基，二三兩陽，皆由此而生。不改其度，有可恆之道焉。以斯為利用，則籌度有素，而可无咎。蓋人事之險，固非可輕犯；然必卓然自守，而識之於心。若悠悠忽忽，以為事不及己，而與相忘，是自絕於天下矣！外緩而心不忘，斯以異於庸人之偷惰也。」頗能振疲起惰，發人猛省。

語譯

需卦初位是陽，像待在距離危險最遠的郊區，宜於守常鎮定，計畫渡險的方法，可以免於過失。

象傳

需于郊，不犯難行也❶；利用恆，无咎，未失常也❷。

注釋

❶**不犯難行也**

難指坎險之難。《周易折中》引孫氏質卿曰：「不犯難而行，便是常；不失常，便是恆德。人惟中無常主，或為才能所使，或為意氣所動，或為事勢所激，雖犯難而不顧耳，所以不失常最難。飲食宴樂，不失常也；若能不失常，更有何事！」

❷**未失常也**

居於乾體，得位有應，故未失常，《說文》：「恆，常也。」未失常即利用恆。船山《易內傳》：「遠於坎險，不犯難矣。然畏難而不敢犯者，往往葸怯震掉，而自喪其神。守健以自持，積剛而不變，則不失其常度，而可以无咎。」

語譯

待在郊區，不曾犯難前進；宜有耐心，以免過失，不曾失去常態。

九二爻辭

九二❶：需于沙❷；小有言，終吉❸。

當需第二爻為老，他爻皆少，即由需之既濟䷾；或未濟䷿第二爻為少，他五爻皆老，即未濟之需：這兩種情形，都以需九二爻辭占。

注釋

❶九二

❷需于沙

《說文》：「沙，水散石也，从水少。水少沙見。」是沙漸近於水。需於沙，是待在河邊之沙灘，離坎險較郊為近。

❸小有言，終吉

言義為愆，與吉意相反。葉玉森以為卜辭「言」字作：[glyph]、[glyph]、[glyph]，从辛从口。取禍從口出之義。「吉」字或作[glyph]、[glyph]、[glyph]，从口，上从矢鋒或倒辛。所著《殷虛書契前編集釋》云：「卜辭貞月諸辭，例如『今月盜』『今月亡戾』『今月亡囚』『今月亡來囏』等，今月下必繫吉或凶之習語，殷虛卜辭內屢見『今月凶言』之辭，則凶言二字非吉語即凶繇。因疑卜辭吉字作[glyph]，乃从倒辛从口，言字則从辛从口。《說文》：『辛，辠也。』先哲造言字，即主慎言。出諸口即獲愆，乃言字本誼；納諸口即無愆，乃吉字本誼。《易·繫辭傳》云『吉人辭寡』，似吉之為象，亦主慎言。」考《說文》言字从口辛聲。形聲字多兼會意，也有過、愆之義。《周易》「有言」，王《注》李《解》均不釋；《正義》以為「責讓之言」，程《傳》、朱《義》

並以為「言語之傷」。至近人聞一多《周易義證類纂》始以「無言」為「無愆」。引「《詩・烈祖》：『鬷假無言。』無言即無愆」為證。劉百閔《周易事理通義》推聞氏之義，以為：「《易》凡言『有言』，讀為有愆。愆，過也。愆與吉為對文。」其言是也。九二失位無應，停駐在不應停駐的地方，是小有過失；但居中位，行事尚合中庸之道，所以終吉。

語譯

需卦陽居二位。像待在近水的沙灘，雖然稍有過失，最後仍然有收穫的。

象傳

需于沙，衍在中也❶；雖小有言，以吉終也❷。

注釋

❶衍在中也

此釋爻辭「需于沙」。衍，王《注》以為「寬衍」，《傳》、《義》皆從之。船山《易內傳》以為「餘」，云：「可進可退，自有餘地也。」九二距離坎險，雖不如初九之遠；亦不似九三之近。故以介遠近間之「衍」以示之。《集解》引荀爽曰「美德優衍」，俞樾《羣經平議》亦以衍為「美貌」，與下文「雖小有言」略有矛盾。惠棟《九經古義》、李富孫《易經異文釋》、武億《經讀考異》，皆引《穆天子傳》「南絕沙衍」，以為沙衍連文屬上句，指流沙，則〈象傳〉引爻辭而增實字「衍」，試與初九〈象傳〉「需于郊」、九三〈象傳〉「需于泥」比較，於傳例似不合。王引之《經義述聞》謂「衍當作行」，又乏版本之證明。遍考古注，以「寬衍」之說最妥。九二居下卦之中，故云「在中」。

❷**雖小有言，以吉終也**

以釋爻辭「小有言終吉」。楊簡《易傳》：「衍在中者，言胸中寬衍平夷，初不以進動其心，亦不以小言動其心。夫如是終吉。以九二得其道故也。」

語譯

待在沙灘，距離危險不遠不近，是最中間的位置。雖然有小小的過失，但仍能以吉慶終場。

九三爻辭

九三❶：需于泥❷，致寇至❸。

注釋

❶九三

當需第三爻為老，他爻皆少，即由需之節☵；或旅☶第三爻為少，他爻皆老，即旅之需：這兩種情形，都以需九三爻辭占。

❷需于泥

泥為泥濘。比沙灘更近於水。九三已與坎險相鄰，故有需于泥之象。《周易折中》引龔煥曰：「郊、沙、泥之象，視坎水遠近而為言者也，《易》之取象如此。」

❸致寇至

九三為進爻，過剛不中，而鄰於坎盜。故又有致寇至之象。元王申子《大易緝說》：「泥則切近水矣。險已近，而又以剛用剛而進逼之，是招致寇難之至也。」言象甚是。考需〈彖傳〉云：「利涉大川，往有功也。」而九三爻辭曰「致寇至」。〈象傳〉、爻辭所言不同。王船山於此有說，《易內傳》曰：「九三以近險而進，致寇至，然則往且犯難；而〈彖〉云有功者，全體乾而有恆則利。九三獨動而不需。犁起立功，抑必有獨攖其難者。則先動者當之。凡〈彖〉、爻異占者，大率類此。所謂變動以利言，吉凶以情遷也。」

語譯

需卦陽居三位，像好冒險的人屯駐在險要的河邊泥濘地上，容易招致盜寇來到。

象傳

需于泥，災在外也❶；自我致寇，敬慎不敗也❷。

注釋

❶災在外也

坎為險為盜，故稱災；在九三之上，為外卦，故稱在外。呂祖謙《東萊易說》：「九三近坎之險，故有災；謂之在外者，九三是內卦之終，逼近于坎之外卦也。」

❷自我致寇，敬慎不敗也

三之致寇，是因為三自己冒險進逼所致，故曰自我致寇。需三當乾三之位。乾三惕厲无咎，需三故敬慎不敗。敬慎字義有大小之異。《朱子語類》：「敬字大，慎字細小。如人行路一直恁地去，便是敬；前面險處，防有喫跌，便是慎。慎是惟恐有失之之意。」大抵敬是面對人物事業一貫的端重態度；慎是處理事情時戒慎審慎的言行表現。由於「敬慎」，即能「不敗」，可知作〈象傳〉者惟戒人敬慎從事，非戒人絕不可冒險也。胡宏《易外傳》：「范滂、李膺，名冠天下，激濁揚清，進必以其道，需于泥者也。然時方多僻，災在外也。其氣剛，其志銳，其行勁，无所顧慮。露其鋒刃，欲以力除姦邪。姦邪畏忌，則思所以中傷之矣。黨人禁錮，豈无自而然哉？皆自致之也！若敬慎如陳寔，雖中常侍張讓父葬，亦往弔焉，敬慎之至也。」

及黨人被誅，而名士因寔得免者甚眾。使范滂、李膺敬慎如此，豈有誅死之敗乎?」舉東漢黨錮之禍范滂、李膺以證「自我致寇」，並以陳寔以證「敬慎不敗」，兩相對照，《易》義益明。又船山《易內傳》：「志在需，而非以犯難。上六雖險，而與為正應。則敬慎持之，可以不敗。蓋需而在下，則怠緩已甚，三為前進之爻，無遲滯之過，但能敬慎不失，亦免於災。」是也。

語譯

待在泥濘裡，災害就在外邊。自己招來了盜寇，要敬重自己的責任，謹慎提防著錯誤，就不致失敗。

六四爻辭

六四❶：需于血❷，出自穴❸。

注釋

❶六四

當需第四爻為老，他爻皆少，即由需之夬䷪；或剝䷖第四爻為少，他爻皆老，即剝之需：這兩種情形，都以需六四爻辭占。

❷需于血

血，借作溝洫之洫。吳汝綸《易說》：「六四之血，乃洫之借字也。」古同聲符字多可假借。《易》小畜䷈六四「血去」，《釋文》：「血，如字，馬云當作恤，憂也。」需于血之血借為洫，與小畜血去之血借為恤，理同。需卦六四體坎，〈說卦〉「坎為溝瀆」，所以有需於溝洫之象。王弼《注》以為「凡稱血者，陰陽相傷者也」，《集解》則以「坎為血卦，故曰需于血」，似均未妥。需卦初二三陽剛而能需待；四陰柔亦能需待。《周易折中》引明楊啟新曰：「剛柔皆有善惡。剛之需，猶乾之健而知險也；柔之需，猶坤之簡而知阻也。」

❸出自穴

〈序卦傳〉：「坎者，陷也。」故六四在陷坎而又為穴。以柔居陰，靜待不躁。九五接之於上；初陽應之於下。所以，當三陽上來，便能承五之意出穴迎初。弼《注》：「處坎之始，居穴者也。九三剛進，四不能距；見侵則辟，順以聽命者也。故曰『需于血出自穴』也。」船山《易內傳》：「柔而當位。上承九五，而為退爻。志在出穴，下接乎陽，而非相亢拒。其事苦，其情貞。在險而能出谷遷喬者也。」

語譯

需卦陰居四位。像待在溝洫下面一樣，安詳不躁。當三陽上來，便自穴中出來迎接。

象傳

需于血，順以聽也❶。

注釋

❶**順以聽也**

陰爻居陰位，所以柔順。〈說卦傳〉：「坎為耳。」六四體坎為耳，上承九五，下應初九。所以聽從。胡炳文《周易本義通釋》：「三能敬，則雖迫坎之險而不敗；四能順，則雖陷坎之險而可出。敬與順，固處險之道也。」

語譯

待在溝洫下面，準備出穴迎接三陽，柔順而且能聽從上級的吩咐啊！

九五爻辭

九五❶：需于酒食❷，貞吉❸。

當需第五爻為老，他爻皆少，即由需之泰䷊；或否䷋第五爻為少，他爻皆老，即否之需：這兩種情形，都以需九五爻辭占。

注釋

❶九五

❷需于酒食

需卦下卦體乾而主進，三陽由郊而沙而泥，節節前進。六四在洫出穴，險阻已渡。至九五，居中得正，處乎天位，大功既成，於是備飲食以待三陽。故曰「需于酒食」。而需上體坎水，三四五互體為離火。舉火烹水，正有備酒食待賢之象。此爻為需卦之主爻。所以卦辭「有孚光亨貞吉」，〈彖傳〉「位乎天位以正中也」，〈大象傳〉「君子以飲食宴樂」，〈序卦傳〉「需者飲食之道也」，均據本爻而言。呂大臨《東見二先生語錄》：「九五陽居至尊中正之位，三陽上進，志同情悅，需于酒食，以交歡也。交歡之事，以道相待，非苟悅也。」依象說理甚淺明。李光地《周易折中》案語云：「蓋繼屯蒙之後，既治且教。而所謂休養生息，使之樂樂而利利；漸仁摩義，使之世變而風移者，其在於需乎！觀需之卦而不知此爻之義，但以諸爻處險之偏乎一義者概之，則需與蹇困何異哉！」據序說全卦大義，亦大佳。

❸貞吉

就數象言，九五居上卦之中而得天位，利有天下，利見三陽，既貞且吉。就義理言，犒勞賢者，與民同樂，為貞之一；飲食有節，無過不及，為貞之二。如此者吉。船山《易內傳》：「五與三陽道合，居中得位，以待其至。雖在險中，篤其情體，期相燕好。不迫不忘，君道之正也，故吉。」案：程《傳》：「需于酒食，而貞且吉者，以五得中正而盡其道也。」而其門人楊時《易說》曰：「需而至于位天位，則險難既平，无所事矣，故需于酒食而已。若既醉之詩是也。然需于酒食而不以正，則是自溺于荒腆耳，能无凶乎？故正乃吉。」伊川言「而貞且吉」，龜山言「故正乃吉」，師生所言不同，而兩說可以並存。郭雍《郭氏傳家易說》：「先人曰：『既醉以酒，既飽以德。人有士君子之行，《詩》之所謂太平，需之所謂貞吉也。』雍曰：『飲食非自養也，養賢而已。養賢以及萬民，所以應天下之需也。〈鹿鳴〉之君，蓋得需于酒食之道，天保之福，所謂貞吉也。』」兼山郭忠孝以「酒食貞吉」為自養，其子白雲郭雍以為「養賢」，父子所言不同，而兩說亦能互補。《易》可多方解讀，再揭其例於此。

語譯

需卦陽居五位，像歷險的英雄到達成功的高峰，準備酒食來犒勞，以示慶祝。仍須遵守常規，不可飲食無節。這樣才好。

象傳

酒食貞吉，以中正也❶。

注釋

❶以中正也

凡陽居五、陰居二，皆曰中正。傳言中正，釋經貞字。《集解》引盧氏（景裕）曰：「沈湎則凶，中正則吉。」船山《易內傳》：「爵祿燕好，人君馭賞之權也。位正道中，以待賢者之至，得其正而吉也。古者爵有德，祿有功。於大祭之日，疇以酒，因而命之，故言酒食，而祿位在其中矣。」

語譯

以酒食犒勞賢能有功的人，也要有常規，才可慶幸。因為適中正常，恰到好處啊！

上六爻辭

上六❶：入于穴，有不速之客三人來❷。敬之，終吉❸。

注釋

❶上六

當需上爻為老，他爻皆少，即由需之小畜䷈；或豫䷏上爻為少，他爻皆老，即豫之需：這兩種情形，都以需上六爻辭占。

❷入于穴，有不速之客三人來

此句具語法上的模稜，而有兩種解讀。一為「有不速之客三人來入于穴」之倒裝。倒裝的原因是求爻辭句法之整齊，使與「需于郊」等句法一致。速，邀約。《詩・伐木》：「以速諸父。」鄭玄《箋》：「速，召也。」不速之客，指未曾邀約而自動前來的客人。三人，指初九、九二、九三。入于穴，言逕入上坎主人所居之土室。《說文》：「穴，土室也。」其二，王夫之以「入于穴」者為上六。船山《易內傳》：「上居坎險之極，不能出就乎陽，入于穴矣。」那麼，「有不速之客三人來」乃解釋上六所以入穴之原因。於義亦通。

❸敬之，終吉

承前句語法之模稜，「敬之」也有兩種解讀。一指上六尊敬三陽。三陽不請自來，逕入穴室，這是不禮貌的。但是三陽有上升之義，上六得位而應九三，故能敬順以待客。二為三陽對「入于穴」的上六要有適度的尊重。船山以明之遺民，嘗作《戒子孫十四條》，中有「勿作吏胥」、「勿與吏胥人為婚姻」二條，絃外之音，深可玩味。《易內傳》言：「上六入于穴，與三陽不相酬酢。」或即其心情之流露。周武王伐紂，尚有伯夷、叔齊誓不食周粟。於此等人，實應有所敬重。終吉者，始或存疑忌，至終方吉之意。船山《易內傳》：「此卦兩言終吉，需之為道，無速效，故必久而後吉。」案：船山以「速」為遲速之速，不作「召」解。

語譯

需卦上位為陰。有不請自來的客人三位來到穴室，只要對他們恭敬，結果仍然是可慶幸的。

象傳

不速之客來，敬之終吉。雖不當位，未大失也❶。

注釋

❶雖不當位，未大失也

易例：凡陽居初、三、五，陰居二、四、上，曰當位；凡陽居二、四、上，陰居初、三、五，曰不當位，或位不當。需上六以陰居上，本為當位；而〈象〉曰「雖不當位」。這是一個疑問。王弼《周易略例》辯位節，以「〈繫辭〉但論三五二四同功異位，不及初上」。因云：「初上无陰陽定位。」從根本上否定了初上定位之說。故所著《周易注》云：「處无位之地，不當位者也。敬之則得終吉，故雖不當位，未大失也。」所以上六無所謂當位，也就是不當位。但此說後人多不採信。因此，伊川別作解釋，《易傳》：「明陰宜在下而居上，為不當位也。」朱子《本義》則云：「以陰居上，是為當位；言不當位，未詳。」明蔡清以此位為險極，與「上」無涉，《易經蒙引》云：「雖不當位，謂其陰居險極。正與困上六困於葛藟未當也一般。」王夫之以「不當需之主位」，《易內傳》：「竊謂不當需之主位也。」近人屈翼鵬先生則以「雖不當位」之位字為羨文。《易例述評》云：「蓋經言：『有不速之客三人來，敬之終吉。』不速之客，本不當敬。故〈象傳〉釋之曰：『不速之客來，敬之終吉。雖不當，未大失也。』不當，謂敬之不當。若著位字，則費解矣！」眾說紛紜，讀者擇一以從可也。

語譯

不請自來的客人來到了，恭敬地接待他們，結果仍然值得慶幸。這種作法雖然不太得當，也不算大錯哩！

訟卦經傳通釋第六

卦辭

䷅坎下乾上訟❶：有孚，窒惕❷。中吉，終凶❸。利見大人；不利涉大川❹。

注釋

❶䷅坎下乾上訟

訟，六畫之卦名。由三畫的坎在下；三畫的乾在上；重疊而成。〈雜卦傳〉：「訟，不親也。」《釋文》：「訟、爭也；言之於公也。」由不親而爭訟，為訟之字義。所以然者，訟卦坎下乾上，坎險乾健。朱子《本義》云：「上剛以制其下；下險以伺其上。又為內險而外健；又為己險而彼健。皆訟之道也。」這是訟的第一種解釋，為〈彖傳〉所採用。又乾天上行而西轉；坎水下行而東流，相違而不親。這是訟卦的第二種解釋。為〈象傳〉及〈雜卦傳〉所採用。在次第方面，訟次於需，由需卦顛倒而成。〈序卦傳〉云：「飲食必有訟，故受之以訟。」由飲食而有男女，擴展而有資源、霸權，這些都是爭訟的起因。當訟六爻皆少，也就是本卦、之卦都是訟；或明夷䷣六爻皆老，也就是明夷之訟：這兩種情形，都以訟卦辭占。

❷有孚，窒惕

訟卦坎下九二中實，故「有孚」。指所訟必須有事實的根據；捏辭誣告，君子不取。窒，虞翻、王弼、孔穎達、胡瑗、朱熹、王船山皆取「窒塞」之義。所以《正義》以「有孚窒惕」是「必有信實，被物止塞，而能惕懼」。惕，戒懼謹慎的意思。坎一陽陷於二陰之中，是真相被蒙蔽之象。不過程頤、王申子卻以窒的對象為爭訟之心。程《傳》：「雖有孚亦須窒塞……明无訟矣！」王申子《大易緝說》：「窒者，塞其爭忿之心也。」其說似不如真相被蒙蔽說。又民國李漢三作《周易卦爻辭釋義》，以為「窒」假借為「恎」。損〈象傳〉：「君子以懲忿窒欲。」《釋文》引孟喜作「恎欲」，是窒恎通假之證。《廣雅・釋詁》：「恎，懼也。」窒惕，就是恐懼警惕的意思。〈說卦〉：「坎為加憂，為心病。」故有恐懼警惕之象。李君所說，於義亦通。

❸中吉，終凶

中道而行則吉。所以九五以陽居中得正，爻辭繫以「元吉」之辭。〈彖傳〉以「剛來而得中」釋「中吉」，則指九二而言（另詳〈彖傳〉注），唯九二爻辭未有吉辭，或取義不同故也（另詳九二注）。終凶，上九處終失位，故凶。《朱子語類》：「訟有孚窒惕中吉，蓋取九二中實，坎為加憂之象。終凶，蓋取上九終極於訟之象。」此係《周易》之中道哲學。《讀經示要》：「中吉者，中謂中正，爭而勝，必以中正之道自處，乃吉也。終凶者，爭而不知其止曰終。夫爭而勝，猶不務息爭，將以暴易暴，是終於爭也，凶孰大於是。」

❹利見大人；不利涉大川

大人，指九五。以陽剛而居尊位，具中正之德，乃本卦唯一得位之爻，為爭訟者所應見及所樂見。熊十力則以「為天下所利見」釋「利見大人」。《讀經示要》：「利見大人者，凡羣之不得已而有爭，而總持大計者，必須有大人之德，公而守信，明而不詐，乃為天下所利見也。」卓識頗與眾家不同。涉川必須彼此和氣，同舟共濟；既有爭訟，就不宜涉大川。《朱子語類》：「利見大人，蓋取九五剛健中正，居尊之象。不利涉大川，又取以剛乘險，以實履陷之象。此取義不一也。」案：訟䷅與需䷄相倒。需卦利涉大川，訟卦自然不利涉大川。

語譯

六畫的訟卦，下卦是三畫的坎，上卦是三畫的乾。象徵著遇到陷害而逞強控訴，爭訟而不和。雖然訴訟的起因是真相被蒙蔽了，但是仍然要戒慎警惕。適當地說明事實是好的；官司打到底就不好了。利於去見公正的大人物；不適合涉水渡河。

彖傳

訟，上剛下險；險而健，訟❶。訟，有孚，窒惕，中吉，剛來而得中也❷。終凶，訟不可成也❸。利見大人，尚中正也❹。不利涉大川，入于淵也❺。

注釋

❶訟，上剛下險；險而健，訟

此以卦德釋卦名。訟卦坎下乾上，所以說「訟上剛下險」；遇險陷而逞其剛烈，這是爭訟的原因。程《傳》：「訟之為卦，上剛下險，險而又健也。又為險健相接，內險外健，皆所以為訟也。若健而不險，不生訟也；險而不健，不能訟也。險而又健，是以訟也。」

❷剛來而得中也

此以卦變釋卦辭「訟有孚窒惕中吉」。剛指九二，為訟卦之主，有剛強之象。〈彖傳〉、〈象傳〉言「來」，多指由相倒之卦的上卦來為本卦之下卦。此言「剛來」，即指需九五來為訟九二。《集解》引蜀才曰：「此本遯卦也。」虞翻曰：「遯三之二也。」以為二陰四陽之卦如：訟䷅、巽䷸、无妄䷘、家人䷤、離䷝、革

☰，皆自遯☰來。焦循《易圖略・卷七》曾列舉虞翻卦變有七種歧解，而斷言「予於此求之最深最久，知其非《易》義所有，決其必無此說」。本書注釋多以相倒兩卦上往下來為卦變。特發其例於此。得中，就象言，指九二居下卦之中；就義言，指所訟有事實根據而能適當地訴訟。程《傳》釋此數句頗精當，茲錄於下：「九二以剛自外來而成訟，則二乃訟之主也。以剛處中，中實之象，故為有孚。處訟之時，雖有孚信，亦必艱阻窒塞，而有惕懼，不窒則不成訟矣。又居險陷之中，亦為窒塞惕懼之義。二以陽剛自外來而得中，為以剛來訟而不過之義，是以吉也。」

❸**訟不可成也**

此釋卦辭「終凶」。訟非善事，不可形成。所以《論語・顏淵》說：「必也使無訟乎！」《易・象傳》說：「訟不可成也。」蔡清《易經蒙引》云：「訟不可成，以理言之：揚人之惡也；煩上之聽也；損己之德也；增俗之偷也。又人己之間，俱廢其業，雖得不償失也。此豈君子之所樂成者哉！」案：《讀經示要》嘗以「鬥爭」釋「訟」字。其言曰：「鬥爭，為愚弱者求自存自立之武器。愚而能爭，雖愚必明；弱而能爭，雖弱必強。故訟卦六爻無不吉。（初六曰終吉。九二曰无眚。六三曰終吉。九四曰安貞吉。九五曰元吉。上九亦不言凶。）從來《易》家，多以訟為惡名，則由誤以訟為訴訟之訟，而不知訟者爭義，乃指愚弱者對於凶暴之一種鬥爭。（須知言鬥爭，必指愚弱對於凶暴而言。若強陵弱，智欺愚，則名為侵害，豈可以鬥爭名之乎？）未可以訟為惡名也。」言甚雄辯，然以〈彖傳〉「訟不可成也」核之，熊氏之言似過當。

❹**尚中正也**

此釋卦辭「利見大人」。崇尚九五大人居中得正的地位，對訴訟會作出適當而正確的判斷。

❺**入于淵也**

此釋卦辭「不利涉大川」。坎在下，為深淵。需卦險在前，故可涉；訟卦險在下，涉則陷於深淵之旋渦中，而不得出。戒人不可陷於爭訟之旋渦，愈陷愈深。

語譯

訟卦上卦是剛烈的乾，下卦是危險的坎；遇到危險的陷坑而逞其剛烈的作風，就會產生爭端。訴訟之事，即使真有冤情，也要戒慎警惕；採取中道，方可慶幸。在卦象方面，需九五來作訟九二，得到中間的位置。這現象啟示我們要光明磊落來進行訴訟，能夠澄清真相就應適可而止了。官司若是糾纏到底，必有凶險。所以訴訟最好不要形成啊！如果見到有品德有能力有地位的法官，那還好；因為可以相信尊重他立場的適中，審判的正確。如果打官司像涉險渡河一樣，那就不好了；因為容易捲進訴訟的旋渦，愈陷愈深，不能自拔呀！

附錄古義

三國魏劉邵撰《人物志・釋爭》：「是故君子之求勝也，以推讓為利銳，以自修為棚櫓；靜則閉嘿泯之玄門，動則由恭順之通路。是以戰勝而爭不形，敵服而怨不構。若然者，悔恨不存於聲色，夫何顯爭之有哉？彼顯爭者，必自以為賢人，而人以為險詖者，實無險德，則無可毀之義；若信有險德，又何可與訟乎？險而與之訟，是柙兕而攖虎，其可乎？怒而害人亦必矣！《易》曰：『險而健者訟。』『訟必有眾起。』」

象傳

天與水違行，訟❶；君子以作事謀始❷。

注釋

❶天與水違行，訟

訟卦上乾為天，天體在上，日月西旋，下坎為水，水行趨下，江河東流。有相違而行的現象。《集解》引荀爽曰：「天自西轉，水自東流，上下違行，成訟之象也。」程《傳》：「天上水下，相違而行，二體違戾，訟之由也。」皆得其象之一體。人之有訟，或是人我之間，意見不合，王船山稱之為「訟人」；或是靈肉之間，善惡交戰，王船山稱之為「自訟」。《易內傳》：「人與己違則訟人；欲與道違則自訟。」總而言之，訟生於相違之行為。

❷君子以作事謀始

相違而行是訟的開始；訟是相違而行的結果。君子必須在行為開始之時，根絕爭端；而非在訴訟發生之後，從事補救。所以要作事謀始。林希元《易經存疑》：「訟不興於訟之日，而興於作事之始。作事不豫謀，此訟端之所由起也。故君子於其始而謀之。看事理有無違礙，人情有無違拂；終久有無禍患。凡其事之不善而可以致訟者，皆杜絕之而不為，則訟端無自起矣。」析理頗密。船山《易內傳》：「惟於作事之始，兩端交戰於心，必辨其貞勝之理，毫釐不以自恕。如訟者之相訐。而後得失審，以定於畫一。善惡分明，如天高水流，不相膠溷。君子之用訟，自訟於始，終不訟人也。」尤其擴大了訟卦的精言奧旨。而在實踐方面，個人最服膺張載《正蒙・中正篇》所言：「以責人之心責己則盡道；以愛己之心愛人則盡（或作近）仁；以眾人望人則易從。」能如此謀始，作事可無訟矣。

語譯

天上的日月星辰，高懸天際，向西旋轉；地下的江河百川，往下傾注，向東奔流。運行方向的不一樣，正是產生爭訟的原因。君子看到這個現象，因此凡事先要考慮周到，防止爭訟的產生。

序卦傳

飲食必有訟，故受之以訟❶。

注釋

❶飲食必有訟，故受之以訟

前文已說「需者飲食之道也」，此接言飲食方面的問題，必然是爭訟的原因，說明需下所以為訟的道理。韓康伯《注》：「夫有生則有資，有資則爭興也。」資，是依托、供養之意。生命所依托的，也正是飲食供養，爭端也正在此。《讀經示要》：「訟，爭也。爭端必起於飲食。凡權力、名位、乃至一切利害之爭，皆飲食之推也。養生之資有限，而待養者過繁，則爭不得不劇。爭之起也，首由強者凌弱，智者欺愚，而愚弱受智強之毒，遂不得不互相勉於智且強，以與欺陵我者抗。此自然之勢也。」於飲食與爭訟的義理，多所擴大。《周易折中．序卦明義》：「需訟上下皆陽卦，二五皆陽爻，陽之盛也，故次屯蒙焉。」以為需卦乾下坎上，訟卦坎下乾上，乾為父，坎為中男，皆陽卦；需九二、九五，訟九二、九五，二五皆陽爻：代表陽之盛。所以接在代表陽之正的屯蒙之後。

語譯

飲食供養必然存在著爭訟的因素，所以接著的是訟卦。

附錄古義

《人物志・釋爭》已見訟〈象傳〉附錄古義。

雜卦傳

訟（ㄙㄨㄥˋ），不（ㄅㄨˋ）親（ㄑㄧㄣ）也（ㄧㄝˇ）❶。

注釋

❶**訟，不親也**
就卦象言，天與水方向不一樣；就卦德言，倔強和陰險，也湊不到一塊；就道理說，既有爭訟，就很難親愛親近。

語譯

爭吵的雙方，是不能親愛合作的。

初六爻辭

初六❶：不永所事❷，小有言，終吉❸。

注　釋

❶初六

當訟初爻為老，他爻皆少，即由訟之履䷉；或謙䷎初爻為少，他五爻皆老，即謙之訟：這兩種情形，都以訟初六爻辭占。

❷不永所事

永義為長。不永所事，是不延長訟事的意思。初六以陰柔居下，卑弱自持，所以有不永所事之象。所謂「不」，主觀上為不能；陰非首唱者，故不能。客觀上為不宜，陰居初失位，故不宜。胡炳文《周易本義通釋》：「初不曰不永訟，而曰不永所事，事之初猶冀其不成訟也。」以事與訟有別，揆諸〈象傳〉，似未必如此。

❸小有言，終吉

言，讀為愆，過失的意思。程《傳》：「有言，災之小者也。」是。請參閱需卦九二爻辭注❸。以象來說：初六以柔弱之身，處卑下之階，又不得其位，故小有過失，而上承九二，九四應之，故終吉。以理來說：不能把訟事長久地進行下去，是無勇氣與恆心，故小有愆，但終免於紛爭，故吉。胡炳文《周易本義通釋》：「終吉之終與卦辭終凶之終不同。終凶者，上九在訟為終，在人為不終；終吉者，初六在訟為不終，在人為有終。」較論終凶、終吉，亦頗有趣味。

語譯

訟卦初位為陰，不要延長訴訟，雖然小有不當，但是結果卻是好的。

象傳

不永所事，訟不可長也❶；雖小有言，其辯明也❷。

注釋

❶不永所事，訟不可長也

以「訟」釋爻辭「所事」，以「不可長也」釋爻辭「不永」。在訟事之初，阻止訟事的發展，是尚稱妥當的方法。王申子《大易緝說》：「止訟於初者，上也。故於訟之初，即以訟不可長為戒。」案：〈彖傳〉言「訟不可成」，初〈象〉言「訟不可長」。「成」、「長」之別，俞琰《周易集說》云：「〈彖傳〉云訟不可成，蓋言訟之通義，而不欲其成；〈爻傳〉云訟不可長，蓋言初為訟端，而不欲其長。」

❷雖小有言，其辯明也

這是解釋爻辭「小有言終吉」的。〈象傳〉引爻辭，有增刪之例。此處引初六爻辭，增一「雖」字，省去「終吉」。「言」从口辛聲，其義為愆，差錯之意，與「吉」相反。「其辯明也」之「其」，正指吉凶功過而言；「辯明」，謂可分辯而明白。程《傳》：「既訟矣，必有小災；故小有言也。既不永其事，又上有剛陽之正應、辯理之明，故終得其吉也。不然，其能免乎？在訟之義，同位而相應、相與者也。故初於四為獲其辯明。同位而不相得、相訟者也。故二與五為對敵也。」言理甚精，言象亦是。

語譯

訴訟的事不要糾纏下去，官司是不可以拖長的！雖然有些委屈自己，稍有懦弱之嫌；但結果卻是好的。是非得失總是可以分辨而明白的啊！

附錄古義

《後漢書・梁節王暢傳》：「和帝詔報暢云：『今王深思悔禍，端自克責，朕惻然傷之。志匪由王，咎在彼小子。一日克己復禮，天下歸仁。王其安心靜意，茂率休德！《易》不云乎：「一謙而四益。」「小有言，終吉。」強食自愛。』暢固讓。」

九二爻辭

九二❶：不克訟❷，歸而逋❸，其邑人三百戶无眚❹。

注釋

❶九二

當訟第二爻為老，他爻皆少，即由訟之否䷋；或泰䷊第二爻為少，他五爻皆老，即泰之訟：這兩種情形，都以訟九二爻辭占。

❷不克訟

克義為能，不克訟即不能訟。九二與九五敵應，有爭訟之象；唯九五在上，而又得位，九二在下，而又失位。所以九二不能跟九五爭訟。程《傳》：「二五相應之地，而兩剛不相與、相訟者也。九二自外來，以剛處險，為訟之主，乃與五為敵。五以中正處君位，其可敵乎？是為訟而義不克也。」

❸歸而逋

歸義同來。此言「歸」，猶〈彖傳〉言「剛來」；逋，亡也，即逃亡。〈說卦〉「坎為隱伏」，九二體坎，自匿於兩陰之間，故有逃亡隱伏之象。案：〈彖傳〉以九二「剛來而得中」為「吉」；而九二爻辭言「歸而逋」則非吉。所以如此，原因有二。一、卦辭「中吉」，本指「九五訟元吉」；〈彖傳〉作者誤以為九二，故有此錯誤之敘述。二、或卦辭、〈彖傳〉，與爻辭取義不同所致。程《傳》：「據卦辭，二乃善也；而爻中不見其善。蓋卦辭取有孚得中而言，乃善也；爻則以自下訟上為義。所取不同也。」

❹**其邑人三百戶无眚**

《易緯・乾鑿度》：「初為元士，二為大夫，三為三公，四為諸侯，五為天子，上為宗廟。」《禮記・雜記》：「大夫之喪，其升正柩也，執引者三百人。」鄭玄《注》：「諸侯之大夫，邑有三百戶之制。」九二為大夫，故邑人有三百戶。眚，謂災也。无眚即无災。九二不訟而歸，所以其邑人三百戶也連帶而免於災。《集解》引荀爽曰：「二者，下體之君。君不爭，則百姓無害也。」即是此意。案：王弼以「其邑」屬上句：「人三百戶无眚」為一句。《注》云：「邑過三百，非為竄也；竄而據強，災未免也。」孔穎達《正義》加以闡釋云：「人三百戶无眚者，若其邑狹小，唯三百戶乃可也。」這是用老子柔弱哲學之意以解《周易》。程《傳》，朱子《本義》都採王孔之說，義亦大佳。又《集解》引虞翻云：「三爻，故三百戶。」船山《易內傳》：「邑人謂初與三，三百戶，盡其邑之人也。」亦可供參考。

語譯

訟卦陽居二位。自己立場不正，是不可以興訟的。於是回到家鄉來隱伏著。因為能夠不爭，所以使地方上三百戶人家連帶地躲過了災禍。

象傳

不克訟，歸逋竄也；自下訟上，患至掇也❶。

注釋

❶**自下訟上，患至掇也**

自下訟上，指九二與九五爭訟。掇，假借作綴；言患難之來，綴聯不絕。俞樾《古書疑義舉例》：「患至掇也，《集解》引荀爽曰：『如拾掇小物而不失也。』《釋文》曰：『鄭本作惙，憂也。』按此字，鄭荀各異，疑本字止作叕。《說文・叕部》：『叕，聯也。』患至掇也，言患害之來，綴聯不絕也。荀訓掇拾，因變其字為掇；鄭訓憂，因變其字為惙：皆文之隨義而變者也。」

語譯

不可以興訟，所以逃竄到家鄉來隱伏著，如果以立場錯誤的部下身分控告立場正確的長官，那麼災禍就會連接不斷地來到！

六三爻辭

六三❶：食舊德❷。貞❸；厲終吉❹。或從王事，无成❺。

注　釋

❶六三

當訟第三爻為老，他爻皆少，即由訟之姤䷫；或復䷗第三爻為少，他爻皆老，即復之訟：這兩種情形，都以訟六三爻辭占。

❷食舊德

三為三公，而上承乾。〈說卦〉：「乾為父。」〈繫辭傳上〉：「乾以易知，易知則有親，有親則可久，可久則賢人之德。」故乾為父而具賢人之德。六三承乾，於是有食父舊德之象。言享受祖先的餘蔭。朱子《本義》：「食猶食邑之食，言所享也。」船山《易內傳》：「古者仕者世祿。凡士之有田祿者，皆先世之德澤。食舊德，謂保其封邑也。」都是此意。《周易折中》引楊啟新曰：「食舊德，安其分之所當得，是不與人競利也。」不與人競利，是六三不訟原因之一。

❸貞

謂守分無爭。即《中庸》「君子素（依照）其位而行，不願乎其外（非分），素（現在）富貴行乎富貴（分內之事）」的意思。六三失位而非中，不得言貞，此勉其守分無爭。

❹厲終吉

言雖然危險而終得吉慶。句法與乾九三「厲无咎」同。程《傳》：「厲終吉，謂雖處危地，能知危懼，則終必獲吉也。」朱熹《本義》：「守舊居正，則雖危而終吉。」皆以「厲終吉」為句。但虞翻、王弼則以「貞厲」為句。虞云：「貞厲得位故終吉也。」王云：「居爭訟之時，處兩剛之間，而皆近不相得，故曰貞厲。」帛書「貞厲」下無「終吉」二字。六三體坎為險，居三多凶，下乘二剛，而又失位，故自危；上應上九，以陰從陽，故終吉。《周易折中》引宋徐幾曰：「聖人於初三兩柔爻，皆繫之以終吉之辭，所以勉人之無訟也。苟知柔而不喜訟者終吉，則知剛而好訟者終凶矣。」

❺或從王事，无成

以陰柔之質，居三公之位，承乾行事，不敢先唱，更不以成功自居。〈文言〉釋坤六三云：「陰雖有美，含之；以從王事，弗敢成也。」又云：「地道无成而代有終。」此與之同義，《集解》引虞翻亦以此與「坤三同義」。元李簡《學易記》：「或從王事无成者，謂從王事而不以成功自居也。夫訟生於其行之相違。而天下之訟，又起於矜功而伐善。以柔而從剛，以下而從上，有功而不自居，故得不失舊德，而終獲吉也。」《折中》引楊啟新語更指出：「或從王事者，分之所不得越，是不與人競功也。蓋不必告訐之風乃謂之訟，一有競爭之心，亦訟也。」深得訟旨。

語譯

訟卦陰居三位，好像一位靠著祖先的德業吃飯的三公一樣，必須安分守己。那麼處境雖然危險，仍能保持結局的完美。服從上級領導，參加國家事務，不要以成功者自居。

附錄古義

《藝文類聚・封爵部・遜讓封》：「魏武帝上書讓封曰：『又訟卦六三曰：「食舊德，或從王事。」謂先祖有大德，若從王事有功者，子孫乃得食其祿也。伏惟陛下，垂乾坤之仁，降雲雨之潤，遠錄先臣扶掖之節，採臣在戎犬馬之用，優策褒崇，光曜顯量，非臣尫頑，所能克堪。』」

象傳

食舊德，從上吉也❶。

注釋

❶從上吉也

上，程《傳》：「三不為訟，而從上九。」以上為上九。船山《易內傳》：「上謂乾也。」則指訟卦乾上。二說皆是。程《傳》又云：「訟者，剛健之事。故初則不永，三則從上，皆非能訟者也。二爻皆以陰柔不終而得吉。四亦以不克而渝得吉，訟以能止為善也。」

語譯

靠祖先餘蔭吃公糧的人，必須聽從上級的命令，方有吉慶。

九四爻辭

九四❶：不克訟❷。復即命❸，渝安貞❹，吉❺。

注釋

❶九四

當訟第四爻為老，他爻皆少，即由訟之渙䷺；或豐䷶第四爻為少，他爻皆老，即豐之訟：這兩種情形，都以訟九四爻辭占。

❷不克訟

九四以剛爻居陰位，不中不正，有好訟之象。而上承九五，六三附之（凡以陽爻居陰爻之上稱「據」，又稱「履」；以陰爻在陽爻之下稱「附」，或稱「承」。），初六應之，沒有興訟的對象，所以「不克訟」。程《傳》云：「承五履三而應初。五，君也，義不克訟；三居下而柔，不與之訟；初正應而順從，非與訟者也。四雖剛健，欲訟无與對敵，其訟无由而興，故不克訟也。又居柔以應柔，亦為能止之義。」由爻象、爻位說明九四不克訟的理由，十分周密。這裡進一步必須探討的是九四不克訟與九二不克訟的不同。宋龔原於此有說，《易續解義》云：「蓋二以下訟上，其不克者，勢也；四以上訟下，其不克者，理也。二見勢之不可，故歸而逋竄；四知理之不可，故復而即命。二四皆剛居柔，故能如此。」

❸復即命

六三、九四、九五互體成巽。巽〈象傳〉：「隨風巽，君子以申命行事。」九四承五據三應初，復能就五而聽五之天命正理，善與六三、初六相處。「復即命」者，指此。屈翼鵬先生《說易散稿》釋「即命」

云：「即命之語，皆謂就而聽命；東西周之文獻，皆如此也。」

❹渝安貞

九四以陽居陰，失位而多懼，所以本覺不「安」；非二非五，不中不正，所以本屬不「貞」。渝，變也；由不安不貞一變而為安為貞也。所以有此變化，是因為能聽九五之天命，而互體變巽，能夠申命行事。此宋儒所謂變化氣質。考司法觀念，由報復主義之肉刑，演進至隔離主義之徒刑，到今天已進步至教育主義之感化役與勞動役。而儒家早於戰國時代，對訟者即採取「渝變」的教育理論，此可見儒家思想之卓越與進步。今人權團體每對監獄強迫囚犯從事勞動生產，橫加反對。不知此正訓練受刑人改變好吃懶做的壞習慣，培養一技之長，出獄可以賴以維生也。

❺吉

能「復即命」，能「渝安貞」，才「吉」。

語譯

訟卦陽居四位，立場不正，雖好爭訟而沒有爭訟的對象，於是回頭聽上天和長官的命令，改變了好訟的氣質，安分守己，真是可慶可賀的收穫。

象傳

復即命，渝安貞，不失也❶。

注釋

❶**不失也**

以「不失」取代「吉」字。〈繫辭傳上〉：「吉凶者，言乎其失得也。」失即凶，得而不失即吉。

語譯

回頭聽上天和長官的命令，改變氣質，安分守己，就沒有過失了。

九五爻辭

九五❶：訟，元吉❷。

注釋

❶九五

當訟第五爻為老，他爻皆少，即由訟之未濟䷿；或既濟䷾第五爻為少，他爻皆老，即既濟之訟：這兩種情形，都以訟九五爻辭占。

❷訟，元吉

訟，是斷獄之意。王肅《注》：「以中正之德，齊乖爭之俗，元吉也。」程《傳》云「治訟」，朱子《本義》云「聽訟」，都循王肅《注》。游酢《易說》更詳乎言之：「訟元吉，謂聽訟之主也，非身有訟也。九五得尊位，大中以正，決天下之訟，己則何訟之有？當訟之時至，而以中正決之，是以元吉也。……卦言利見大人，大人則九五之謂也。」但王船山獨以九五為下所訟，《易內傳》云：「剛健中正，初无失德。雖為下所訟，無能為損，吉所固有也。」此等逆向思考，亦有助於《易》義之縝密。能決天下之疑，息天下之訟，所以大吉。

語譯

訟卦陽居五位，能平息天下人的爭訟，是最可慶幸的收穫。

象傳

訟元吉，以中正也❶。

注釋

❶**以中正也**

以九位五，居中得正，故能決疑息訟，而得元吉。王弼《周易注》：「處得尊位，為訟之主，用其中正，以斷枉直。中則不過，正則不邪，剛无所溺，公无所偏，故訟元吉。」

語譯

決疑息訟，最可慶幸。因為態度不偏不頗，判斷正確啊！

上九爻辭

上九❶：或錫之鞶帶❷，終朝三褫之❸。

注釋

❶上九

當訟上爻為老，他爻皆少，即由訟之困䷮；或賁䷕上爻為少，他爻皆老，即賁之訟：這兩種情形，都以訟上九爻辭占。

❷或錫之鞶帶

或，是表徼幸偶得之副詞。《墨子．小取》：「或也者，不盡然也。」錫，賞賜。商周時代國王賞給臣下銅器曰錫；賞給臣下大貝曰賜。其後，「錫」專為金屬物名，而贈與之義，字皆作賜。鞶帶，大帶，官服之飾帶。朱子《本義》云：「以剛居訟極，終訟而能勝之，故有錫命受服之象。」

❸終朝三褫之

褫，奪去。居上失位，驕亢好訟，雖然徼幸獲賞，終被褫奪。戒人不可興訟。楊時《易說》：「以剛健居訟之終，成訟者也。成訟，凶之道。雖或能取勝而受服，人所賤辱也。故終朝而三褫之。或錫，非誠與也。三褫者，言疾之者眾也。」船山《易內傳》云：「二既屈服，其惕中之孚，日見諒於五，必惡上之釀禍，而亟褫之。鼂錯忠而見誅，況傅游藝之一歲九遷乎。」都能道出終朝三褫之的理由。胡宏《易外傳》亦舉漢武帝時權臣主父偃，唐武后時酷吏來俊臣為史證說明之。

語譯

訟卦上位為陽，像一位好訟而獲勝的人。或許也會受賜官服，讓他做官；但是，一天之中，會三次下令追回賞賜的東西。

象傳

以訟受服，亦不足敬也❶。

注釋

❶以訟受服，亦不足敬也

服，服飾，代表職位。虞翻《注》：「服謂鞶帶。」非德非功而受服，故不足敬，何況會終朝三褫之呢！

關於訟卦六爻，邱富國有一段精闢的分析。《易全解》云：「九五居尊，為聽訟之主，故訟元吉。餘五爻則皆訟者也，然天下唯剛者訟；柔者不訟。初與三，柔也，故初不永所事而終吉；三食舊德而終吉。二、四、上，剛也。二與五對，揆勢不敵而不訟；四與初對，顧理不可而不訟。亦以其居柔，故二无眚，而四安貞也。獨上九處卦之窮，下與三對，柔不能抗，故有錫鞶帶之辭焉。然一日三褫，辱亦甚矣！訟之勝者，何足敬乎！」邱氏結穴於「何足敬乎」，故錄於此。

語譯

以控告他人作手段而為自己謀取官位，也就不值得尊敬了！

師卦經傳通釋第七

卦辭

䷆坎下坤上 師❶：貞，丈人❷；吉，无咎❸。

注釋

❶䷆坎下坤上 師

八卦的坎在下，坤在上，重疊就成六十四卦的師卦。坤代表地，坎代表水，所以有「地中有水」的現象。地中之眾者，莫過於水，所以師卦有眾的意思；聚集眾人，莫過於軍旅，所以師又有軍旅的意思。師〈象傳〉就採這種說法。坤又為順，坎又為險，所以師卦又有「行險而順」的現象。行險而順，也正是用兵的最高原則。師〈彖傳〉就採這種說法。就師卦六爻來看，主爻是九二，一陽在下卦之中，領導群陰，有將帥領兵之象。朱子《本義》便指出：「卦惟九二一陽居下卦之中，為將之象；上下五陰順而從之，為眾之象。九二以剛居下而用事；六五以柔居上而任之。為人君命將出師之象，故其卦之名曰師。」在六十四卦次第方面，師次於訟。〈序卦傳〉云：「訟必有眾起，故受之以師。師者，眾也。」訟是人際之間的爭訟；師是國際之間的戰爭。當師六爻皆少，也就是本卦、之卦都是師；或同人䷌六爻皆老，也就是同人之師：

這兩種情形，都以師卦辭占。

❷貞，丈人

貞者，正也。為正義而戰，是興師動眾的第一個條件。在卦象上，指六五以柔居中而言。程《傳》：「師之道，以正為本。興師動眾，以毒天下，而不以正，民弗從也，強驅之耳。」船山《易內傳》：「貞謂六五，柔靜得中而不競。惟九伐之，法道在正。人之不正，則命將專征，非過剛而黷武也。」都是正確的解釋。丈人，是威嚴老成之人。唯其威嚴，方能御下；唯其老成，方能持重。此是興師動眾的第二個條件。在卦象上，指九二以剛居中而言。程《傳》：「丈人者，尊嚴之稱。帥師總眾，非眾所尊信畏服，則安能得人心之從？」船山《易內傳》：「丈人謂二，剛中之德，為壯猷之元老。以之臨戎，戰則必勝。」是也。在戰爭史上，最有名的「丈人」例子，是拿破崙攻俄之戰中，俄軍統帥古徒左夫。一八一二年拿破崙統率五十萬大軍侵入俄羅斯，古徒左夫後退了八百英里，把法軍誘入俄國腹地。在天寒地凍之際，發動反攻。法軍一路逃跑，生還者不足二萬人。再案：「丈人」，《集解》引崔憬曰：「《子夏傳》作大人。」所以李鼎祚極言弼本作「丈人」之非。元吳澄《易纂言》、清李富孫《易經異文釋》都從鼎祚之說。考東漢應劭《風俗通義》，三國曹操〈孫子兵法序〉，所引《周易》卦辭都作「丈人」。《經典釋文》：「貞丈人，絕句。丈人，嚴莊之稱。鄭云：能以法度長於人。」未言《子夏傳》有異文，而所見鄭本亦作丈人。又《集解》引陸績曰：「丈人者，聖人也。」字亦作丈人。鼎祚既譏弼「學不師古」、「違於經旨」，不知於陸績又作何說！程《傳》、朱子《本義》均從鄭陸王孔之本作「丈人」，宋翔鳳《周易考異》亦以「丈人」為正。

❸吉，无咎

戰爭本是殘酷的行為，由於勝利而有所得，方免於咎。第二次世界大戰，希特勒、墨索里尼、東條英機的下場，可為殷鑑。王弼《周易略例》：「吉无咎者，本亦有咎，由吉故得免也。」所以注師卦辭云：「興役動眾，无功，罪也；故吉乃无咎也。」朱子《本義》：「用師之道，利於得正，而任老成之人，乃得吉而无咎。」《語類》更詳細說明：「吉无咎，謂如一件事，自家作出來好，方得无罪咎；若作得不好，雖是好事，也則有咎。」都認為吉為无咎的前提。

語譯

坎在下，坤在上，重疊就成師卦，是軍隊的象徵。興師動眾，第一要為了正義；第二要有威嚴老成的統帥。這樣才能獲得戰果而免於過錯。

附錄古義

《風俗通》：「《易》曰：『師貞丈人吉。』非徒尊老，須德行先人也。《傳》云：『杖德莫如信。』言其恩德可信杖也。」

曹操〈孫子兵法序〉：「操聞上古有弧矢之利。《論語》曰：『足食足兵。』《尚書》八政曰師。《易》曰：『師貞丈人吉。』《詩》曰：『王赫斯怒，爰整其旅。』黃帝湯武咸用干戚以濟世也。」

彖傳

師，眾也；貞，正也。能以眾正，可以王矣❶。剛中而應；行險而順❷。以此毒天下而民從之，吉又何咎矣❸。

注釋

❶師，眾也；貞，正也。能以眾正，可以王矣

這是闡釋卦辭「師貞」的意義的。正也，包括目的、戰略、戰術、以及治軍、保民種種之正當與正確。說明王者之師，能以師旅群眾之力以正天下之不正。宋游酢《易說》云：「用師之道，將以正天下之不正也。故師謂之征。己則不正，其能正人乎！」船山《易內傳》也以為：「人眾，則桀傲貪殘者雜處不一，且兵彊易驕以逞。惟柔靜居中，順理而無競者，能用眾而不詭於正。斯三王之所以王也。此明師必貞而後可无咎也。」

❷剛中而應；行險而順

這是闡釋卦辭「丈人」的。九二剛中，六五應之；下坎行險，上坤順之。說明丈人秉剛毅之性，有中道之行，受領袖的信任，能率眾出險，大順天時與民心。戰國時，樂毅率燕趙五國之兵伐齊，下齊七十餘城。會燕昭王死，惠王立，樂毅失惠王之信任，齊城得而復失。此剛中無應致敗之例。明末袁崇煥，二戰德將隆美爾，其事亦皆類此。至於戰國趙括雖獲趙王信任，然括輕易談兵，無實戰能力。雖得惠王信任，本身欠缺剛中，亦致大敗。蓋「剛中」與「應」，缺一不可。又西元前二一八年，迦太基將軍漢尼拔率軍越過阿爾卑斯攻擊羅馬。在海岸線防守的羅馬軍隊以為兵從天降。而一七九六年，拿破崙進攻義大利，行軍路線正是當年漢尼拔走的老路。這正是「行險而順」具體而著名的例子。游酢《易說》：「剛中而應，任將之道也；行險以順，興師之義也。仰順乎天，無違天以干時；俯順乎人，無咈人以從欲。」船山《易內傳》：「九二剛中，有致勝之材，而五與相應。寵任既專，二致身以行險，而承上大順之理，以伐罪弔民，則或不戰而敵服，或一戰而定矣。」

❸以此毒天下而民從之，吉又何咎矣

此釋卦辭「吉无咎」。毒，假借為督，治理的意思。《釋文》引馬融《周易注》云：「毒，治也。」是。《老子・五十一章》「亭之毒之」，《莊子・人間世》「無門無毒」，毒都作治解。王弼《注》：「毒猶役也。」尚是。程《傳》、朱子《本義》均云「毒害」，就全不知毒字的古義了。

語譯

師，是眾的意思；貞，是正的意思。能夠以大眾的力量糾正天下不合正道的事情，就可以統治天下使天下興旺起來了。任用剛毅能行中道的人，並且信任他，支持他；就能經得起危險的考驗，超越了危險，而順著天時與人心向和平邁進。以此治理天下而人民擁護，成果豐碩，又有什麼過錯呢！

象傳

地中有水，師❶；君子以容民畜眾❷。

注釋

❶地中有水，師

水自四方八面，匯流入海，聚於地中，使人聯想著各種職業的人，應徵入伍，聚於軍中。因此，地中有水，為師旅之象。本來師卦坎下坤上，〈象傳〉曰「地中有水」，中，正是下句「容畜」義之所本。《正義》：「或當云地在水上，或云上地下水，或云水上有地；今云地中有水，蓋取容畜之義也。」

❷君子以容民畜眾

容民畜眾，有團聚民眾，畜養民眾禦侮力量的意思。上句言「師」，此句言「民」、「眾」，則師即民眾，又有全民皆兵的意思在內。《周易折中》引明陳琛曰：「地中有水，猶民中有兵，非師之象乎？君子觀師之象，必容保其民，必畜其兵眾焉！蓋田以民分，兵以賦出。故當無事之時，必制田里，教樹畜，使比閭族黨州鄉之民，無不各得其養。民既有養，則所謂伍兩卒旅軍師之眾，以為他日折衝禦侮之用者，皆畜於此矣。苟平時誨之無其方，則緩急誰復為之用哉！」頗能發揮象旨。此實為我國保甲、保馬制度思想源頭之一。民國初年，蔡元培擔任教育總長，主張五育並重，即在德、智、體外，加上美育和軍國民教育。當時輿論對軍國民教育頗多異議，以為是日本軍國主義的翻版。蔡氏力辯：軍國主義以軍治國，國政操於軍閥手中；軍國民教育是訓練全國民眾皆諳軍事，皆為民兵，所以使軍權不會落入少數軍閥之手。並由此鍛鍊國民體魄，強民而強國。這種思想，也可追溯到《周易》的師卦。

語譯

地面中間聚集著水，好像民眾聚集形成軍隊，是師旅的象徵。君子因此要團結民眾，培養民眾禦侮的力量。

序卦傳

訟必有眾起，故受之以師❶。師者，眾也❷。

注釋

❶訟必有眾起，故受之以師

訟為個人間之爭訟。個人間之爭訟每擴大為團體之間、甚至國家之間的爭執，那就勞師動眾，演變成戰爭了。這正是師卦所以次於訟卦的原因。《史記・吳太伯世家》：「(王僚)九年，公子光伐楚，拔居巢、鍾離。初，楚邊邑卑梁氏之處女與吳邊邑之女爭桑，二女家怒相滅。兩國邊邑長聞之，怒而相攻，滅吳之邊邑。吳王怒，故遂伐楚，取兩都而去。」是個人之爭發展為國家征戰的典型例子。而第一次世界大戰，起因只是奧地利大公弗蘭西斯・裴迪南為塞爾維亞人所刺殺。因訟興師，此又其例。《集解》引崔憬曰：

「因爭必起相攻，故受之以師也。」信然。《周易折中・序卦明義》：「師比皆以一陽為眾陰主，而居二五中位，亦陽之盛也，故次需訟焉。」

❷師者，眾也

《集解》引《九家易》曰：「坤為眾物，坎為眾水。上下皆眾，故曰師也。」案：〈說卦〉言坤為眾，〈彖傳〉言坤元萬物資生，故坤為眾物；〈說卦〉言坎為水，《國語・晉語》言「坎，勞也，水也，眾也」，故坎為眾水。參師卦〈彖傳〉「師眾也」注及李道平《周易集解纂疏》。

語譯

個人爭訟一定會有眾人起來參加，所以接著的是師卦。師，正是大眾的意思。

附錄古義

《人物志・釋爭》已見訟卦〈彖傳〉附錄古義。

雜卦傳

師憂❶。

注釋

❶師憂

師卦之後為比卦。兩卦六爻次序是相倒的。〈雜卦傳〉：「比樂，師憂。」戰爭的確是使人恐怖而憂心的。

所以《老子・三十章》說：「師之所處，荊棘生焉；大軍之後，必有凶年。」這又是就師的後果而說了。

語譯

軍事行動，使人擔憂。

初六爻辭

初六❶：師出❷，以律❸。否臧，凶❹。

注釋

❶初六

當師初爻為老，他爻皆少，即由師之臨䷒；或遯䷠初爻為少，他五爻皆老，即遯之師：這兩種情形，都以師初六爻辭占。

❷師出

從下到上，從內至外，叫「出」。初六是師卦最下面的一爻，也是開始出發的一爻，所以有出師之象。

❸以律

律，簡言之，為法律、紀律。初六體坎為水。《說文》：「灋，刑也，平之如水。」故坎水有法律之象。《集解》引《九家易》：「坎為法律。」是也。此指出軍隊出發，必須用紀律來約束。詳言之，則有義律、號令節制、樂律三義。程頤嘗以律有二義。有出師不以義者，有行師而無號令節制者，皆失律也。程《傳》：「在邦國興師而言，合義理則是以律法也；在行師而言，律謂號令節制。」郭忠孝兼山《易解》更出第三義：「亦『大師執同律以聽軍聲』之律。」案：《周禮・大師》：「大師執同律以聽軍聲而詔吉凶。」鄭玄《注》：「大師，大起軍師。兵書曰：『王者行師出軍之日，授將弓矢，士卒振旅，將張弓大呼，大師吹律合音。商則戰勝，軍士強；角則軍擾多變，失士心；宮則軍和，士卒同心；徵則將急數怒，軍士勞；羽則兵弱，少威明。』」賈公彥《疏》：「兵書者，武王出兵之書。」似周武王時，已有出兵吹律合音，以商角宮徵羽五音驗吉凶之事。參閱附錄古義。

❹否臧，凶

這是占。否，呂祖謙《古周易音訓》引晁說之《古周易》云：「劉、荀、陸、一行作『不』。」帛書亦作「不」。臧，善也。朱子《本義》：「否臧，謂不善也。」胡炳文《通釋》：「初六才柔，故有否臧之戒。然以律不言吉，否臧則言凶者：律令嚴謹，出師之常，其勝負猶未可知也，故不言吉；出而失律，凶立見矣。」案：《左傳・宣公十二年》引本爻《易》辭而解釋說：「執事順成為臧，逆為否。」則服從為臧；抗命為否：與《易》義合。又王弼《注》云：「失律而臧，何異於否？失令有功，法所不赦。故師出不以律，否臧皆凶。」以否臧為無論好壞的意思。恐非爻旨。

語譯

師卦初位是陰爻。象徵著軍隊的出發。必須有嚴明的紀律，清晰的號令；如果紀律不好，號令不明，就會失敗。

附錄古義

《左傳・宣公十二年》略曰：「晉師救鄭，及河，聞鄭既及楚平，桓子欲還。彘子曰：『不可。』以中軍佐濟。知莊子曰：『此師殆哉！《周易》有之，在師䷆之臨䷒曰：「師出以律，否臧凶。」執事順成為臧，逆為否。眾散為弱，川壅為澤，有律以如己也；故曰：律否臧。且律竭也；盈而以竭，夭且不整，所以凶也。不行之謂臨。有帥而不從，臨孰甚焉！此之謂矣。果遇，必敗；彘子尸之。雖免而歸，必有大咎。』」

《漢荊州從事苑鎮碑》：「君肇建仁義之基，始創五福之衢；韜律大杜，綜皐陶甫侯之遺風。故《易》稱『師出以律。』五用是綱，平不枉理；政以憲循，須律定紀。」

《史記・律書》：「王者制事立法，物度軌則，壹稟於六律，六律為萬事根本焉。其於兵械尤所重，故云『望敵知吉凶，聞聲效勝負』，百王不易之道也。武王伐紂，吹律聽聲，推孟春以至于季冬，殺氣相并，而音尚宮。同聲相從，物之自然，何足怪哉？」唐司馬貞《索隱》：「律有十二。陽六為律，黃鍾、太蔟、姑洗、蕤賓、夷則、無射；陰六為呂，大呂、夾鍾、中呂、林鍾、南呂、應鍾是也。漢京房知五音六律之數，十二律之變至六十，猶八卦之變為六十四卦也。《易》稱『師出以律』，是於兵械尤重也。」

象傳

師出以律，失律凶也❶。

注釋

❶失律凶也

失律二字，解釋爻辭否臧。可見否臧就是失律。蔡清《易經蒙引》：「不曰否臧凶，而曰失律凶者，明否臧之為失律也。」師初六，以陰柔而居陽位，為失位，故可能有失律之凶象。

語譯

軍隊出發必須要有嚴明的紀律和號令，失去號令、紀律，就會遭遇失敗。

九二爻辭

九二❶：在師中❷，吉无咎❸，王三錫命❹。

注釋

❶九二

當師第二爻為老，他爻皆少，即由師之坤☷；或乾☰第二爻為少，他五爻皆老，即乾之師：這兩種情形，都以師九二爻辭占。

❷在師中

九二在師卦，是唯一的陽爻，統率群陰，有將在軍中之象，為師卦的主爻。所謂「中」，在卦象上，指九二居下卦之中；在義理上，謂宜有無過不及之德。楊萬里《誠齋易傳》：「九二以陽剛之才，專將帥之任，不患其不及也，患其過耳。惟中則吉而无咎。過勇則輕，李陵是也；過智則姦，侯君集是也；過威則離，張飛是也；過強則驕，李光弼是也；過專則僭，王敦、蘇峻是也；惟中則勇而怯、智而愚、威而惠、強而謙、專而順，皇甫嵩、郭子儀是也。」

❸吉无咎

九二既為師卦的主爻，所以與師卦同其占辭。朱子《本義》：「九二在下，為眾陰所歸，而有剛中之德。上應於五，而為所寵任。故其象占如此。」胡炳文《通釋》：「卦辭師貞丈人吉无咎，爻在師中吉无咎，即卦辭意也。中則无過无不及，所以為貞。在師而中，所以為丈人。故師六爻，唯九二吉无咎。」是。至於九二所以吉无咎，孔穎達《正義》云：「承上之寵，為師之主，任大役重，無功則凶，故吉乃无咎。」

❹王三錫命

這是由九二與六五相應關係而說的。所以爻辭有而卦辭無。王為六五；三錫命，言六五對九二寵信之深。《周禮・春官・大宗伯》：「以九儀之命，正邦國之位：壹命受職；再命受服；三命受位。」三錫命即三命，所受之位，據鄭玄《周禮注》謂：「此列國之卿，始有列位於王，為王之臣也。」

語譯

師卦陽居第二位，處在師卦坎下中堅的位置，治軍合乎中道，會有收穫而不致有過錯。因此國君三次賞賜他！

象傳

在師中吉，承天寵也❶；王三錫命，懷萬邦也❷。

注釋

❶在師中吉，承天寵也

為了與下句「王三錫命」字數相等，「在師中吉」下省去「无咎」二字。《論語・季氏》：「孔子曰：天下有道，則禮樂征伐自天子出。」九二居中應五，所以能承天子之寵命，賦以征討之權。船山《易內傳》：「六五居天位，而司天命天討之權。九二惟承錫命之寵，故吉而无咎。」

❷王三錫命，懷萬邦也

九二居中能應，因此六五錫以三命，為列國之卿，使列位於王庭。天下群陰萬邦，望風懷德，見賢思齊，皆歸於六五之王。「懷萬邦」之懷，尤可見王者之師，以德服人，而非以力服人。船山《易內傳》：「且王之寵錫之者，豈以私九二而假之權哉，懷寧萬邦，故代天而命德討罪，二不得邀寵而侵權也。」

語譯

在軍隊中所以有豐碩的收穫而沒過錯，這是稟承天子的寵信啊！國君三次賞賜，任命他為諸侯之卿，在王庭中也占一席之地，藉此來懷柔諸侯，安撫萬邦啊！

六三爻辭

六三❶：師或輿尸，凶❷。

注釋

❶六三

當師第三爻為老，他爻皆少，即由師之升䷭；或无妄䷘第三爻為少，他爻皆老，即无妄之師：這兩種情形，都以師六三爻辭占。

❷師或輿尸，凶

六三不中不正，顯示其行為偏激；以柔爻居剛位，表明他才弱尸位；下乘九二，足證傲慢不聽指揮；上六不應，可見上無信任之君；體坎互震，爻進而凶，所以有冒險而動，前進而遇凶的現象。〈說卦傳〉：「坎，其為輿也，為多眚。」因此有以車運屍的可能。程《傳》以輿尸為眾主，即集體領導之意，其後楊時《易說》、郭雍《傳家易說》、朱震《漢上易傳》、楊簡《易傳》，都從程說，恐非易旨。王弼《周易注》：「以陰處陽，以柔乘剛，進則无應，退无所守。以此用師，宜獲輿尸之凶。」朱子《本義》：「輿尸，謂師徒撓敗，輿尸而歸也。以陰居陽，才弱志剛，不中不正，而犯非其分。故其象占如此。」船山《易內傳》：「或者，未定之辭。儌幸而勝者有矣！師敗將殪，輿尸以歸，亦其恆也，視敵何如耳。命將者其可輕任之乎！」都對。

語譯

師卦陰爻居三陽的位置，像一位偏激無能，傲慢無援，卻要冒險妄動的將領，使軍隊可能用車載運屍體而回，遭遇悲慘的失敗！

象傳

師或輿尸，大无功也❶。

注釋

❶**大无功也**

此即爻辭「凶」字之意。九二大有功為吉，僅得「无咎」而已；六三「大无功」，即報以「凶」。兵之不祥，於此可知。

語譯

可能用車載運屍體而回，大無功績可言啊！

六四爻辭

六四❶：師左次❷；无咎❸。

注釋

❶六四

當師第四爻為老，他爻皆少，即由師之解䷧；或家人䷤第四爻為少，他爻皆老，即家人之師：這兩種情形，都以師六四爻辭占。

❷師左次

左次，是在後方屯駐的意思。左是偏將軍所駐的位置，在後方。《老子・三十一章》：「偏將軍居左，上將軍居右。」吳澄《易纂言》：「兵事尚右，右為前，左為後。故八陣圖天前衝地前衝在右；天後衝地後衝在左。」次是屯駐。《左傳・莊公三年》：「凡師，一宿為舍，再宿為信，過信為次。」六四以柔居柔，又為退爻，下無初應，故有屯駐後方之象。程《傳》：「四以柔居陰，非能進而克捷者也。知不能進而退，故左次。左次，退舍也。」

❸无咎

居柔得位，能夠全師以退，所以无咎。程《傳》：「度不能勝而完師以退，愈於覆敗遠矣！可進而退，乃為咎也。《易》之發此義，以示後世，其仁深矣！」

語譯

師卦陰居四陰的位置。像軍隊暫時退駐後方，不致有過錯。

象傳

左次无咎，未失常也❶。

注釋

❶未失常也

就象來說，六四得位，故未失常；依理來看，暫駐後方，既無錯誤，觀變以為進退，也是兵家之常。程《傳》：「行師之道，因時施宜，乃其常也。故左次未必為失也。如四退次，乃得其宜，是以无咎。」

語譯

屯駐後方，沒有過錯，不曾失常啊！

六五爻辭

六五❶：田有禽❷，利執言❸，无咎❹；長子帥師❺，弟子輿尸❻，貞凶❼。

注釋

❶六五

當師第五爻為老，他爻皆少，即由師之坎☵；或離☲第五爻為少，他爻皆老，即離之師：這兩種情形，都以師六五爻辭占。

❷田有禽

田為田野；禽是擒的本字。古名詞禽鳥，動詞擒獲，都作「禽」。《集解》引荀爽曰，以及李鼎祚的案語，禽都作動詞擒獲解。《釋文》引徐邈本，字作「擒」。田有禽，是說在田野作戰有所擒獲。六五與九二相應，九二在田，勝敵獲俘，獻給六五。

❸利執言

執言，李道平《周易集解篹疏》：「即《詩》云執訊也。」《詩・小雅・出車》：「執訊獲醜。」鄭《箋》：「訊，言；醜，眾也。……執其可言問所獲之眾以歸者，當獻之也。」又〈采芑〉亦有「執訊獲醜」之句，鄭《箋》：「執將可言問所獲敵人之眾以還歸也。」直指執訊之對象是「所獲敵人」。〈大雅・皇矣〉：「執訊連連。」《箋》：「訊，言也；執所生得者而言問之。」所以執言就是訊問戰俘的意思。民國聞一多《周易義證類纂》嘗舉金文〈虢季子白盤〉「執訊五十」，〈不嬰𣪘〉、〈兮甲盤〉「折首執訊」以證「俘訊」說。又李漢三《周易卦辭釋義》引屈翼鵬先生《讀易簡端便識》，亦採此說。

❹**无咎**

就〈象〉言，六五失位，所以非吉；但是居中有應，故得无咎。就理言，野戰俘敵，審問敵情，可以知彼，作進退的參考。也可无咎。

❺**長子帥師**

長子，指九二。二三四互體為震。〈說卦〉震為長男。也就是卦辭所說的「丈人」。《集解》引虞翻曰：「長子謂二，震為長子，在師中，故帥師也。」胡炳文《通釋》：「長子，即〈象〉所謂丈人也。自眾尊之，則曰丈人；自君稱之，則曰長子。皆長老之稱。」

❻**弟子輿尸**

弟子，指六三。六三體坎，〈說卦〉坎為中男。所以對六五而言，是六五之子；對九二而言，是九二之弟。此言「弟子輿尸」，即六三爻辭所說「師或輿尸」。

❼**貞凶**

爻辭中「貞凶」凡七見：師六五：「長子帥師，弟子輿尸，貞凶。」隨九四：「隨有獲，貞凶。」頤六三：「拂頤，貞凶。」恆初六：「浚恆，貞凶。」巽上九：「喪其資斧，貞凶。」節上六：「苦節，貞凶。」中孚上九：「翰音登乎天，貞凶。」而屯九五：「屯其膏，小貞吉，大貞凶。」未列在內。吾人由巽上九小象以「正乎凶也」釋「貞凶」，可知「貞」仍取「正」的意思。守「正」何致於「凶」？這是一個問題。民國勞思光《中國哲學史》第二卷談到「《易傳》之思想」，曾以「生命之有限性」，說明「生命實現理分之能力有限」；而《周易》所謂「貞凶」，正顯示了「理分實現之衝突」。我們由節上六〈小象〉：「苦節貞凶，其道窮也。」的說明，樂於證明勞君意見的正確性。再由這種意見來看師六五的「貞凶」，於是便發現了其中「理分實現之衝突」。一方面是要求「長子」、「弟子」的一視同仁，共同負起執干戈以禦侮的責任；一方面卻造成「長子」、「弟子」間意見的分歧，以致「輿尸」之「凶」。程《傳》：「自古任將不專而致覆敗者，如晉荀林父邲之戰，唐郭子儀相州之敗是也。」朱子《本義》：「若使君子任事，而又使小人參之，則是使之輿尸而歸，故雖貞而不免於凶也。」都能道出「貞凶」一部分的理由。

語譯

師卦陰居第五位。在田野作戰時俘獲了敵人，應該執送給上級審問，對敵情有正確的了解，才能避免作戰時的錯誤。如果使長子統率軍隊，又令弟子們參與作戰，必定弄得運屍回來。雖說一視同仁是公正的；但任將不專卻有悲慘的後果啊！

象傳

長子帥師，以中行也❶；弟子輿尸，使不當也❷。

注釋

❶長子帥師，以中行也

六五任命九二率師，能夠以最適中的方式來辦事。劉百閔《周易事理通義》：「師五以柔中與二之剛中為應，有長子帥師，所使得當之象，故曰以中行也。」

❷弟子輿尸，使不當也

六五又任命六三參與戰事，這個差使卻不得當。劉百閔《周易事理通義》：「而師之三失位乘陽，處非所據，眾不聽從，有弟子輿尸，所使不當之象，故曰使不當也。」

語譯

由長子統率軍隊，能夠用中道來行事啊！又讓弟子們參戰，結果運屍回來，這是差使不得當啊！

上六爻辭

上六❶：大君有命❷，開國承家❸，小人勿用❹。

注釋

❶上六

當師上爻為老，他爻皆少，即由師之蒙䷃；或革䷰上爻為少，他爻皆老，即革之師：這兩種情形，都以師上六爻辭占。

❷大君有命

大君，指已故的國君。上六為宗廟，故有大君之象。命，指封爵的命令。處師之終，論功行賞，所以告於宗廟，借大君的名義頒封爵的命令。干寶《周易注》：「上六為宗廟。武王以文王行，故正開國之辭於宗廟之爻，明己之受命文王之德也。故《書・泰誓》曰：『予克紂，非予武，惟朕文考无罪；紂克予，非朕文考有罪，惟予小子无良。』」

❸開國承家

開國，封功大者與宗室中的近親為諸侯；承家，封功小者與宗室中的遠親為卿大夫。上六體坤，《本義》云：「坤為土，故有開國承家之象。」案：開，帛書作啟。這是因為帛書《易》在漢文帝十二年（西元前一六八年）前寫定，所以不避漢景帝（西元前一五六年即位）劉啟諱。今注疏本後出，避啟諱，字改作開。

❹小人勿用

對於品德欠佳的人，無論是輿尸的弟子或田有禽的功臣，都慎勿任用。胡炳文《通釋》：「初，師之始，故紀其出師而有律；上，師之終，故紀其還師而賞功。六爻中，將兵將將，伐罪賞功，靡所不載。末曰小人勿用，則又戒辭也。雖然，亦在於謹其始焉耳。曰丈人，曰長子，用以行師者得其人。及其開國承家，自不至於用小人矣。」是也。六三弟子輿尸，為小人；上六與六三無應，為勿用。

語譯

師卦最上面的一畫是陰爻。偉大的先王有命令，分封立大功的人，和宗室中的近親，為他們建立諸侯之國；賞賜建小功的人，和宗室中的遠親，讓他們承受卿大夫的采邑。但是要記住：小人絕不可任用。

象傳

大君有命，以正功也❶；小人勿用，必亂邦也❷。

注釋

❶大君有命，以正功也

楊簡《易傳》：「正功，言賞必當功，不可差失也。」

❷小人勿用，必亂邦也

宗室中小人之亂邦，如周之三監，漢之七國，晉之八王。三國魏明帝最明白這個道理，〈魏書・趙王幹傳〉載明帝賜幹璽書，就引此對其叔曹幹諄諄告誡。功臣中之亂邦者，如漢之韓信、彭越，明之胡惟庸、藍玉。民國孔廣海《周易史論》云：「光武論功行賞，用之左右者，僅鄧禹、賈復數人。宋太祖杯酒釋兵權。能奔走患難，不能經理太平，實不可干預事權。優以金帛，亦所以保全之。師之始，在於懷邦；師之終，慮其亂邦。」

語譯

偉大的先王所以有遺命頒布，因為要公正地封賞立功的人啊！小人絕不可任用，因為他們一定會作亂而害國啊！

附錄古義

《高士傳》引摯峻〈報司馬子長書〉：「峻聞：古之君子，料能而行，度德而處，故悔吝去于身。利不可以虛受；名不可以苟得。漢興以來，帝王之道，于斯始顯。能者見利，不肖者自屏，亦其時也。《周易》：『大君有命，小人勿用。』徒欲偃仰從容以送餘齒耳！」

《後漢書・謝弼傳》弼上封事云：「臣又聞爵賞之設，必酬庸勳；開國承家，小人勿用。今功臣久外，未蒙爵秩；阿母寵私，乃享大封：大風雨雹，亦由于茲。」

《魏書・趙王幹傳》：「明帝賜幹璽書誨誡之，曰：『《易》稱「開國承家，小人勿用；」《詩》著「大車惟塵」之誡。自太祖受命創業，深覩治亂之源，鑒存亡之機；初封諸侯，訓以恭慎之至言，輔以天下之端士；常稱馬援之遺誡，重諸侯賓客交通之禁，乃使與犯妖惡同。夫豈以此薄骨肉哉？徒欲使子弟無過失之愆，士民無傷害之悔耳。』」

《吳書・陸抗傳》：「抗上疏曰：『臣聞「開國承家，小人勿用」；「靖譖庸回」，《唐書》攸戒；是以雅人所以怨刺，仲尼所以歎息也。春秋已來，爰及秦漢，傾覆之釁，未有不由斯者也。小人不明道理，所見既淺；雖使竭情盡節，猶不足任，況其姦心素篤而憎愛移易哉！苟患失之，無所不至。今委以聰明之任，假以專制之威，而冀雍熙之聲作，肅清之化立，不可得也。』」（「靖譖庸回」，《左傳・文公十八年》文，所記唐堯時少皞氏事。）

比卦經傳通釋第八

卦辭

䷇坤下坎上比❶：吉❷。原筮❸，元永貞，无咎❹。不寧方來❺，後夫凶❻。

注釋

❶䷇坤下坎上比

八卦的坤在下，坎在上，重疊就成六十四卦的比卦。坤地坎水，所以有「地上有水」的現象。地與水是密合無間的。人類因此領悟上下一心，親愛精誠的道理。所謂「比」，就是密合無間，就是親愛精誠。比〈象傳〉即採這種說法。就比卦六爻來看，主爻是九五。居上卦之中，而六二輔之。所以比卦五以誠待下，二以敬事上，又有二陰輔助五陽的現象。比〈彖傳〉即採這種說法。在六十四卦次第方面，比次於師。〈序卦傳〉：「師者，眾也；眾必有所比，故受之以比。」其實，比卦只是師卦顛倒而成。創天下要用軍隊；治天下卻必須團結。師先比後，道理在此。而〈雜卦傳〉所說「比樂師憂」，又顯示二者效果之不同。當比六爻皆少，也就是本卦、之卦都是比；或大有䷍六爻皆老，也就是大有之比：這兩種情形，都以比卦辭占。

❷吉

以卦爻來說：比卦九五居中得位，六二在下輔之，六四也能順從。象徵著執政者光明正大，奮發有為；民眾響應服從。〈彖傳〉：「比輔也，下順從也。」以釋「比吉」之義，即基於這個觀點。以卦體來說：人際關係如水之於地，密合無間，此為吉道。《集解》引子夏《易傳》：「夫凶者生乎乖爭，今既親比，故云比吉也。」即基於親比得吉而發。

❸原筮

原筮之「原」，《集解》引干寶作「卜」解；朱子《本義》作「再」解；俞樾《群經平議》作「始」解；似均不如孔氏《正義》作「原窮其情」的恰當。比卦卦辭，本只有一個「吉」字，太簡單也太籠統了。因此，推求比卦的道理，而有以下之補充。這一點又啟示我們：卦辭非一時一人所作，乃經周初筮官將保存下來的占筮之辭整理而編定，並偶有補充。

❹元永貞，无咎

此指主爻九五而言。元，指九五具乾元為君之德，明德親民，以化天下。永，指九為陽，行健不息；貞，指五得中，貞正固重。如此，故群陰成化，臣下歸附，而無過咎。程《傳》：「元，謂有君長之道；永，謂可以常久；貞，謂得正道。上之比下，必有此三者；下之從上，必求此三者：則无咎也。」熊十力《讀經示要》：「元，仁也。(元為仁，見乾卦。) 物之本性也。(萬物皆稟此生生不息之仁德而生，故說仁為萬物之本性。) 永者，永恆。物之爭競而不仁，非其性之常也；而其仁之本性，自永恆不失。故吾人擇於仁不仁之間，能依仁而行，則物我無間，息其爭競，互相比輔若一體。如是，則萬物各得其所性之正。故曰『元永貞无咎』。」

❺不寧方來

方，指四方之國；不寧方，指原不屬於王的方國。猶《周禮・考工記・梓人》：「惟若寧侯；毋或若女不寧侯，不屬於王所。」所言之「不寧侯」。毛公鼎有「配我有周，膺受大命，率懷不廷方」。王國維云「不廷方」即「不朝之國」。《詩・韓奕》「榦不庭方」，屈翼鵬先生《詩經釋義》以「榦，治也；不庭方，不朝之國也」。「率懷不廷方」、「榦不庭方」與「不寧方來」，意義互相貫通。爻辭：「六二，比之自內，貞吉。」「六四，外比之，貞吉。」則六二、六四，皆本已親比九五。不寧方，當為初六、六三兩爻，原非應非承，惟以陰居下，故尚能依托而歸附。

❻**後夫凶**

後夫凶，言後歸者遭凶。夫，猶孟子所言「獨夫」之夫。後夫，在爻象方面指上六。船山《易內傳》：「惟上六獨處於外，志欲相亢，而受後至之誅，是以凶。蓋擇主者，審之於初，而不可懷疑貳於既審之後。臣之事君，弟子之從師，皆此道也。不寧方，猶《詩》言不庭方；後至稱夫者，不能信友獲上，為獨夫而已。」案：夏禹會諸侯於塗山，防風氏以後至被誅。事見《國語‧魯語》：「仲尼曰：『丘聞之，昔禹致群神於會稽之山，防風氏後至，禹殺而戮之。』」是其史證。

語譯

坤在下，坎在上，重疊就成比卦。有上下密合無間，親愛互助的意思。後果值得慶賀。試推求占筮的意思而詳細地說：比卦主爻九五體剛行健，居中得正，具乾元為君之德，能永保貞正，絕不會有過錯。所以許多原不平靜聽命，不來朝貢的四方之國，也都來朝貢，以示歸附；那來得晚的，會遭受處罰的凶險。

象傳

比，吉也；比，輔也；下順從也❶。原筮，元永貞，无咎；以剛中也❷。不寧方來，上下應也❸。後夫凶，其道窮也❹。

注釋

❶**比，吉也；比，輔也；下順從也**

〈彖傳〉文字疑有衍奪。當作「比吉：比，輔也；吉，下順從也」。〈彖傳〉先引卦辭「比吉」而再加傳釋。「比吉」下「也」字，傳寫誤增，當刪。再下面的「比輔也」解釋卦辭「比」之取義，「下順從也」解釋卦辭所以言「吉」之故。從爻象上觀察，六二「比之自內」，指二五相應；六四「外比之」，指四在外卦而順從五。皆能在下輔佐九五，順從九五的命令。朱子《本義》在「比吉也」下注云：「此三字疑衍文。」以為「比吉」亦為誤添之文字，非也。《朱子語類》：「比吉也，也字羨。」是。於此可窺朱子治學之不斷改進。

❷**以剛中也**

這是解釋卦辭「原筮元永貞无咎」的。剛中，指九五。其乾元資始之德，使群陰成化；居九五為君之位，為臣下所親。而體剛行健，所以能永恆不變；居中得位，所以能保持貞正。這樣自然无咎。

❸**上下應也**

這是解釋卦辭「不寧方來」的。比卦六二居下卦之中，九五居上卦之中，得位相應。顯示出君愛民，民愛君，上下同心。而六四亦承陽得位，九五、六四，有君君臣臣相比之美。在這種形勢下，失位的初、三兩爻，也只有來歸附朝貢了。程《傳》：「人之生，不能保其安寧，方且來求附比。民不能自保，故戴君以求寧；君不能獨立，故保民以為安。不寧而來比者，上下相應也。以聖人之公言之，固至誠以求天下之比，以安民也；以後王之私言之，不求下民之附，則危亡至矣。故上下之志，必相應也。」言理十分精彩。

❹**其道窮也**

這是解釋卦辭「後夫凶」的。比卦上六，下乘五剛，顯示他抗命無禮；三不相應，顯示他不得民心；居上卦之終，更顯示他窮途末路。所以最後投靠九五，卻遭後至之誅的噩運。《集解》引荀爽曰：「後夫謂上六，逆禮乘陽，不比聖王，其義當誅，故其道窮凶也。」李道平《篹疏》云：「後夫謂上六者，謂六在五後也；逆禮乘陽者，在上逆乘五剛也；不比聖王者，不與下四陰順從于五也；其義當誅者，〈魯語〉：『仲尼曰：「昔禹致羣神于會稽之山，防風氏後至，禹殺而戮之。」』〈夏官・大司馬〉：『建大常，比軍眾，誅後至者。』是也；故其道窮凶也者，三為匪人，无正應也。」言象十分精審，也可知《易》象之不可全廢。

語譯

卦辭「比吉」的比，是精誠輔助的意思；吉，指九五下面的六二和六四都服從九五的領導啊！卦辭所說的，推求筮意，指出比卦具乾元為君之德，能永保貞正，絕不會有過錯：這是因為比卦九五以剛居上卦之中啊！卦辭所說的，原非隸屬，不來朝貢的四方之國，也都來朝貢了：這是九五、六二，上下同心，互相呼應的效果啊！卦辭所說的，那來得晚的諸侯會遭受後至之誅的噩運；這是上六抗命無禮，不得民心，到了窮途末路啊！

象傳

地上有水，比❶；先王以建萬國，親諸侯❷。

注釋

❶地上有水，比

比卦坤下坎上，為地上有水之象。天下事物之密合無間，莫如地之與水。水性潤下，地得水而柔；地性載物，水得地而流。二者除密合無間之外，更有相輔相成，互助互益的效果。陸德明《經典釋文》引《子夏傳》云：「地得水而柔，水得地而流，故曰比。」呂祖謙《東萊易說》：「地上有水，比。見得比親切處，浸潤滋灌流行，未嘗相離。」

❷先王以建萬國，親諸侯

先王受地與水密合無間，互助互益的啟示，一方面分封宗室功臣，使君德透過新封的諸侯，加惠於萬民；另一方面親近原有的諸侯，使他們也能接受領導，造福萬民。先王，當指周武王。《史記・周本紀》：「武王追思先聖王，乃褒封神農之後於焦；黃帝之後於祝；帝堯之後於薊；帝舜之後於陳；大禹之後於杞。於是封功臣謀士，而師尚父為首封。封尚父於營丘，曰齊；封弟周公旦於曲阜，曰魯；封召公奭於燕；封弟叔鮮於管；弟叔度於蔡。餘各以次受封。」即敘述周武王之建萬國親諸侯事。《東萊易說》：「先王建萬國親諸侯，是人君比天下之綱目。建萬國所以比民；親撫諸侯所以比天下。蓋君之於民，豈能家至戶到而比之？惟撫諸侯，使孚吾德意於天下，即是比天下也。若只是以一人比天下，則天下不可得而比矣！」說理甚詳。《本義》：「〈象〉意人來比我；此取我往比人。」人來比我，我往比人，經義由〈彖〉、〈象〉雙向詮釋而更周詳。熊十力則以《易》比和《禮記》大同、《春秋》太平相提並論。《讀經示要》：「比道大明，而後世界大同可期。建萬國，親諸侯，即聯合世界上一切國家，而為統一之結構。此大同初步也。春秋太平之治，於斯肇端。」識見之高，氣魄之大，至堪敬佩。案：《周易》中「先王」凡七見，皆在〈大象傳〉中。除比卦外，豫卦言「先王以作樂崇德，殷薦之上帝，以配祖考」，蓋祭祀也；觀卦言「先王以省方觀民設教」，蓋教育也；噬嗑言「先王以明罰勑法」，蓋司法也；无妄言「先王以茂對時育萬物」，蓋農業生產也；渙言「先王以享于帝立廟」，亦祭祀也。《左傳・成公十三年》：「國之大事，在祀與戎。」〈大象傳〉所言，其周延遠在《左傳》之上。

語譯

水流布在地面上，密合無間，互助互益。先王因此也分封宗室功臣，親近天下諸侯，使君民親愛精誠，合作無間。

附錄古義

《漢書・地理志上》：「昔在黃帝，作舟車以濟不通，旁行天下，方制萬里，畫野分州，得百里之國萬區。是故《易》稱『先王以建萬國，親諸侯』；《書》云『協和萬國』：此之謂也。」

《漢紀・惠帝紀論》：「荀悅曰：『諸侯之制，所由來尚矣。《易》曰：「先王建萬國，親諸侯。」孔子作《春秋》，為後世法，譏世卿不改世侯。』」

《續漢書・五行志・注引東觀書・杜林請徙張步降兵疏》：「比年大雨，水潦暴長，涌泉盈溢，災壞城郭官寺吏民廬舍，潰徙離處，遺成坑坎。臣聞：水，陰類也。《易》卦地上有水，比。言性不相害，故曰樂也。而猥相毀墊淪失，常敗百姓安居，殆陰下相為蠹賊，有大小負勝不齊均，不得其成，侵陵之象也。」

序卦傳

眾必有所比，故受之以比❶。比者，比也❷。

注釋

❶眾必有所比，故受之以比

由於個人間之爭訟，引發群體間的戰爭。但是群體之間，卻必須親愛團結，所以師卦之下，又引出了比卦。這正是《周易・序卦傳》所彰顯的相反相因的哲學。韓康伯《注》：「眾起而不比，則爭無由息；必相親比，而後得寧也。」實符傳意。熊十力則依程《傳》以為此為「互助論」，以斥達爾文之「物競論」。《讀經示要》：「伊川曰：『凡生天地之間者，未有不相親比而能自存者也。』此互助論之始。比卦之義，確然有徵，非物競論所可撼也。」陳義雖高，恐違相反相因之旨；物競與互助，相反與相因，都是事物發展上可能的現象。

❷比者，比也

比者，指比卦；比也，言其義為親比、比輔。《經典釋文》：「比，毗志反；徐（邈）又甫履反。」毗志反，去聲，今音ㄅㄧˋ；甫履反者，上聲，今音ㄅㄧˇ。疑比為卦名，為名詞，當如《詩》「賦比興」之比、《周禮》「五家為比」之比，讀上聲；比為親比，則是動詞，當如《詩》「其比如櫛」之比、《論語》「君子周而不比」之比，讀去聲。項安世《周易玩辭》：「師取伍兩卒旅師軍之名；比取比閭族黨州鄉之名。」可證比卦之比取比閭之義，當讀上聲。惟語音變遷，每約定俗成，積非成是，今比卦之比，俗皆讀去聲，亦無須強改讀上聲也。

語譯

大眾團聚在一起，必然要有親愛團結，互助合作的精神，所以師卦後面接著的是象徵團結互助的比卦。比，正是團結互助啊！

雜卦傳

比(ㄅㄧˋ)樂(ㄌㄜˋ)❶。

注釋

❶比樂 〈序卦傳〉先師後比，〈雜卦傳〉卻先比後師，這是因為「乾剛坤柔；比樂師憂。臨觀之義，或與或求」中，柔、憂、求叶韻。但師、比間相反相承的關係仍然存在。

語譯

團結互助，帶來歡樂。

初六爻辭

初六❶：有孚，比之，无咎❷；有孚盈缶❸，終來有他吉❹。

注釋

❶初六

當比初爻為老，他爻皆少，即由比之屯䷂；或鼎䷱初爻為少，他五爻皆老，即鼎之比：這兩種情形，都以比初六爻辭占。

❷有孚，比之，无咎

失位無應，而遠於五，原不得五之信任，本當有咎；但是初六在下順從，與六二為朋類（坤卦辭有「西南得朋」之說；〈彖傳〉：「西南得朋，乃與類行。」），能相親比；而二五相應，所以初六跟著六二也能獲九五的信任，方免於過咎。必須強調的是：朋類之相親近，要以誠信為基礎。否則，像《論語・公冶長》所說：「匿怨而友其人，左丘明恥之，丘亦恥之。」那就為聖人所不齒了。《中庸》云：「獲乎上有道，不信乎朋友，不獲乎上矣。」而歸結於「誠」字。《中庸》所謂「誠」，即此「有孚」義；所謂「信乎朋友」，即此「比之」義；所謂「獲乎上」，即此獲乎九五而「无咎」義。

❸有孚盈缶

比卦上坎下坤。坎為水；坤為地為土，於器為缶。所以有有水盈缶之象。喻誠信之充實，一國皆信之。《集解》引虞翻曰：「坤器為缶。」又引荀爽曰：「以喻中國。」李道平《篹疏》云：「〈繫上〉曰：『形乃謂之器。』又曰：『形而下者謂之器。』皆謂坤在地成形。故知坤為器。《考工記》：『範土以為器。』

坤為土；缶，土器也。且坤腹有容，其象為缶。故云坤器為缶。」又云：「坤土為國。」

❹**終來有他吉**

初六本有咎而無吉。由於「有孚比之」，就可「无咎」；如進一步「有孚盈缶」，就「終來有他吉」。這是《周易》作者啟示我們在逆境中自強奮鬥，非但能夠戰勝橫逆，而且更可創造新運。「終來」之「來」，為句中助詞，猶《莊子・大宗師》「嗟來桑戶乎」、陶淵明〈歸去來辭〉之來。「有他吉」，表示初六失位無應，本無吉道，但有其他方法而獲吉。王弼以為「有他吉」為非唯一人而已，更有他人並來而得吉的意思。《周易注》：「著信立誠，盈溢乎質素之器，則物終來，无衰竭也。親乎天下，著信盈缶，應者豈一道而來，故必有他吉也。」孔穎達《疏》：「此假外象喻人事也。」再案：大過九四爻辭：「棟隆吉，有它吝。」中孚初九爻辭：「虞吉，有他不燕。」胡炳文《本義通釋》云：「大過九四、中孚初九皆曰『有它』，彼則戒其有它向之心；此則許其有它來之吉。」

語　譯

比卦初六是陰爻，內心充滿誠信，而與朋友親愛互助，就能免於過失。當信譽卓著於國中，最後還會有其他意外收穫呢！

附錄古義

《後漢書・魯恭傳》：「恭上疏曰：『夫人道乂于下，則陰陽和于上。祥風時雨，覆被遠方，夷狄重譯而至矣。《易》曰：「有孚盈缶，終來有它吉。」言甘雨滿我之缶，誠來有我而吉已。』」

象傳

比之初六❶，有他吉也❷。

注釋

❶比之初六

〈象傳〉直說「比之初六」，主要原因在初六爻辭較長，有「有孚比之」、「有孚盈缶」兩個要點，很難節縮，索性就說「比之初六」。更能顯示初六是比卦的開始，並且有勉人慎始的意思。程《傳》：「比之道在乎始也。始能有孚，則終致有它之吉。」蔣悌生《五經蠡測》云：「爻辭有孚，凡兩更端，及盈缶等語，〈象傳〉皆略之。直舉初六為言，可見比之要道，在乎始先。此義與卦辭『後夫凶』之意相發明。」

❷有他吉也

為「終來有他吉」的省文。

語譯

比卦所講親愛精誠的道理，在初六就開始講求了。所以終於有其他意外的收穫。

六二爻辭

六二❶：比之自內❷，貞吉❸。

注釋

❶**六二**

當比第二爻為老，他爻皆少，即由比之坎䷜；或離䷝第二爻為少，他五爻皆老，即離之比：這兩種情形，都以比六二爻辭占。

❷**比之自內**

六二居內卦之中，而與初六相親，與九五相應，所以有「比之自內」之象。《集解》引干寶曰：「二在坤中……得位應五。」重點在二五相應；吳澄《易纂言》云：「比之者，初比二也，故曰自內。」重點在初二相比。必合二義方周全。喻親比必發自內心，由內部團結作起，並能服從上級之領導。

❸**貞吉**

六二、九五，都得位居中，具中正之德，故曰「貞」。二、五相應，故得「吉」。程《傳》：「二與五為正應，皆得中正，以中正之道相比者也。二處於內，自內，謂由己也。擇才而用，雖在乎上，而以身許國，必由於己。己以得君道合而進，乃得正而吉也。」梁寅《周易參義》：「凡貞吉，有爻之本善者；有爻非貞而為之戒者。此曰貞吉，爻之本善也，言自內比外而得其正，是以吉也。」

語譯

比卦陰居第二位。自內心精誠，內部團結作起，以至與領袖相親相愛，立場正確，必有收穫。

象傳

比之自內，不自失也❶。

注釋

❶不自失也

六二雖然得位有應，但是以陰居陰，恐其居安持寵，柔昧喪志，所以戒以「不自失」。伊川以為是「戒之自守，以待上求」之意。程《傳》：「守己中正之道，以待上之求，乃不自失也。易之為戒嚴密。二雖中正，質柔體順，故有貞吉自失之戒。戒之自守，以待上之求，无乃涉後凶乎？曰：士之脩己，乃求上之道。降志辱身，非自重之道也。故伊尹武侯救天下之心非不切，必待禮至然後出也。」「待上之求」云云，既於爻象無據；又與卦辭「後夫凶」、〈象傳〉「下順從」義相矛盾。「士之脩己乃求上之道」，更忽略了道德的本身價值，有背儒家「義內」之說，恐非〈象傳〉本旨。伊川於此或過度強調士人風骨，故其言如此。茲再引其於爻辭所注：「以中正之道應上之求，乃自內也，不自失也；汲汲以求比者，非君子自重之道，乃自失也。」以中正之道應上，而不汲汲以求比，則誠是矣！

語譯

自內心精誠內部團結作起，以至與領袖相親，不可苟安喪志，自失服務良機啊！

六三爻辭

六三❶：比之匪人❷。

注釋

❶六三

當比第三爻為老，他爻皆少，即由比之蹇䷦；或睽䷥第三爻為少，他爻皆老，即睽之比：這兩種情形，都以比六三爻辭占。

❷比之匪人

六三失位。居二之上，而不能順從二；近欲與四相親，而四在外卦，上承九五；遠欲與上為應，而上有無首之凶，不與相應。所以六三有所親非人之「象」。《集解》引虞翻曰：「匪，非也。失位无應，三又多凶……故曰匪人。」又王弼《注》曰：「四自外比，二為五應，近不相得；遠則无應。所與比者，皆非己親，故曰比之匪人。」釋象甚明。案：比初六亦失位無應，唯居卦之初，上順於二，如脩其誠信，仍可免咎而得吉；六三則居內卦之終，為多凶之位，既比之匪人，就走投無路了。其「占」為凶，不言可知。又案：孟母三遷，荀子蓬麻，墨子染絲，都以擇友為重，而戒所比匪人。

語譯

比卦陰居第三位。親近的全不是可親的人！

象傳

比之匪人，不亦傷乎❶。

注釋

❶不亦傷乎

傷有多層意思：一是傷自己未站穩立場；二是傷人之無良；三是傷自己所比匪人。朱震《漢上易傳》：「三四處中，人位也。人道相比以正，六三柔而不正，處非其位。遠比於上六，以非道而不應；近比乎六四、六二，以不正而不受。天地之間，未有不相親比而能自存者也。比之而人莫與，不亦可傷乎？」船山《易內傳》：「既已傷世，還以自傷。歎其害之烈也。」

語譯

所親近的全不是可親近的人，不也是件悲傷的事嗎！

六四爻辭

六四❶：外比之❷，貞吉❸。

注釋

❶六四

當比第四爻為老，他爻皆少，即由比之萃䷬；或大畜䷙第四爻為少，他爻皆老，即大畜之比：這兩種情形，都以比六四爻辭占。

❷外比之

外指外卦、外爻。在外卦坎，九五居中在內；六四、上六分居下、上，皆為外。所以六四在外卦，又為外爻。之指九五。六四居外卦外爻，上承九五，所以有「外比之」之象。宋李過《西谿易說》：「二與四皆比於五。二應五，在卦之內，故言比之自內；四承五，在卦之外，故言外比之。外內雖異，而得其所比，其義一也。」

❸貞吉

《集解》引虞翻曰：「得位比賢，故貞吉也。」程《傳》更詳之云：「親賢從上，比之正也，故為貞吉；以六居四，亦為得正之義；又陰柔不中之人，能比於剛明中正之賢，乃得正而吉也；又比賢從上，必以正道則吉也。數說相須，其義始備。」

語譯

比卦陰居第四位，在外卦而與九五相親，立場正確，必有收穫。

象傳

外比於賢❶，以從上也❷。

注釋

❶外比於賢

賢指九五。稟陽剛之性，得中正之位，故稱賢。

❷以從上也

此「上」仍指「五」。九五在六四的上面，故稱上。《漢上易傳》：「五以德言之，剛健中正，賢也。以位言之，君上也。以正比賢，以臣比君，外比之所以吉歟！」

語譯

在外卦而和賢人親近，能順從上級領導啊！

九五爻辭

九五❶：顯比❷，王用三驅❸，失前禽❹，邑人不誡❺，吉❻。

注釋

❶九五

當比第五爻為老，他爻皆少，即由比之坤☷；或乾☰第五爻為少，他爻皆老，即乾之比：這兩種情形，都以比九五爻辭占。

❷顯比

九五以陽剛光明之體，顯現於天，為萬物所覩，故有「顯」象；又照耀萬物，化育萬物，就是「比」象。以人事來說明，仁者居領袖之位，顯行仁道，以富民教民，也就是「顯比」。比卦六爻中，唯九五得乾元仁道，居飛龍之位。所以其象如此。《集解》引虞翻曰：「顯比謂顯諸仁也。」虞氏雖溺於象數之學，但言義理偶也有精彩如此者。

❸王用三驅

九五君位，故有王者之象；三驅，指六二受九五之命所驅使之三陰：初六、六三、六四。初六是跟著六二投奔的，六三是走投無路才來歸順的，六四是心甘情願靠攏的。至於六二，與九五相應，所以是驅者而不是被驅者。就義理上說，三驅為仁政的表現。孔穎達《正義》引「褚氏諸儒」（褚氏為褚仲都，拙著《魏晉南北朝易學書考佚》嘗立專章論之。）云：「三面著人驅禽。」屈翼鵬先生《讀易散稿》：「按：《殷契粹編》第九五七及九八〇兩片，原為一版。其辭云：『自東西北逐𢓊麋，亡𢦏？』又云：『□其逐𢓊麋，自西東北，亡戋？」𡿧字不可識，然為地名則無疑。戋即災字。此將逐𡿧地之麋，而卜問自東西北三面逐之其無災否也。自東西北三面逐之，與褚氏諸儒說三驅義合。」《史記・殷本紀》也記載：「湯出，見野張網四面，祝曰：『自天下四方，皆入吾網。』湯曰：『嘻，盡之矣！』乃去其三面，祝曰：『欲左，左；欲右，右；不用命乃入吾網。』諸侯聞之曰：『湯德至矣，及禽獸。』」大致上說，捕獸網呈弧形，張於前面，所以可從左方、右方及後方驅入。三驅另外有個詮釋，是「驅禽而射之三則已」，見《左傳正義・桓公四年》與《周禮疏・秋官・士師》所引鄭玄《周易注》。與自三面逐之有所不同。

❹失前禽

失，假借為佚，逃逸的意思。惠棟《九經古義》：「比九五『失前禽』，失讀如馬牛風佚之佚。古佚字，皆作失。」前禽，指「後夫凶」的上六。船山《易內傳》：「九五居尊得位，以統羣陰，光明洞達，无有私暱，比道之至顯者也。乃人情之順逆，未可卒化。雖大舜之世，不乏三苗，將有如上六之背公死黨而懷異志者。聖王於此舍而不治，如田獵三驅，縱前禽而聽其失，要何損於大順之治哉！」言理甚是。再案：《正義》：「王用三驅失前禽者，此假田獵之道，以喻顯比之事。」可惜這個譬喻有類比不當之嫌。王道不應該驅人入網；而作為一隻動物，寧可為逃佚的孤豚，不會甘願去當郊祭之犧牛。

❺邑人不誡

邑人指六二，上應於五，而為大夫；體坤為地，而有采邑：是受命負責三驅的官員。不誡，指不因走失前禽而受責誡。

❻吉

發揮愛心，推行仁政，不責屬下，故吉。《左傳・僖公三十三年》記載秦晉崤之戰：秦主帥孟明大敗而回，秦伯素服郊次，向師而哭曰：「孤違蹇叔，以辱二三子，孤之罪也。」不替（換掉）孟明，說：「孤之過也，大夫何罪？」三年之後，秦伯再伐晉，濟河焚舟，晉人不出。秦遂霸西戎，用孟明也。這段史實，充分說明了「邑人不誡」之「吉」。

語譯

比卦陽居第五位。象徵著英明的領袖實行仁民愛物的政治。就像畋獵，國王命令可以從左、右、後三個方向趕進獵物，讓那些不願接受撫養的動物逃走。參加畋獵的屬邑人民不會因此而受到責怪。施行仁政的結果自然是大有收穫的。

象傳

顯比之吉，位正中也❶；舍逆取順，失前禽也❷；邑人不誡，上使中也❸。

注釋

❶**顯比之吉，位正中也**

九五得位，又居上卦之中，顯示其立場正確，行事合乎中道，而無偏私。所以有「顯比之吉」。

❷**舍逆取順，失前禽也**

逆指背我去者，舍為放棄；順指向我來者，取為照顧。此為失前禽而不追的理由。聖王不以己之統治強加於人。

❸**邑人不誡，上使中也**

上指九五，中指六二。既然是九五讓六二網開一面，那麼走失前禽，又有什麼可責怪的呢！

語譯

英明領袖實行仁政之所以有美好的政績，是因為立場正確，施政適中啊！放棄不聽命的，照顧受統治的，所以失去了部分的人民。不責怪屬邑的人民，因為最高領袖指示地方長官這樣做的啊！

上六爻辭

上六❶：比之无首❷，凶❸。

注釋

❶上六

當比上爻為老，他爻皆少，即由比之觀䷓；或大壯䷡上爻為少，他爻皆老，即大壯之比：這兩種情形，都以比上六爻辭占。

❷比之无首

就位來說：比卦初二三四爻都在九五之下，服從九五，以九五為首；獨上六孤立乘剛，此為无首，即孤僻傲慢的意思。就時來說：初二三四爻相繼比附，九五顯比已成；獨上六最後居終，也是无首，即比附不先的意思。就理來說：初六有孚比之，是有孚為比之首；上六比之无首，是无誠信為比之首，即誠信未孚的意思。

❸凶

比之无首之凶，即卦辭所言「後夫凶」。

語譯

想親近別人，卻孤僻傲慢，不早親近，又無誠信。一定失敗！

象傳

比之无首，无所終也❶。

注釋

❶比之无首，无所終也

以陰陽之象來說：陽宜无首，所以乾用九見群龍无首吉；陰宜有終，所以坤用六永貞以大終。今陰无陽為首，以致先迷失道，就不能而代有終了。《集解》引荀爽曰：「陽欲无首；陰以大終。陰而无首，不以大終，故凶也。」正是這番意思。以親比之理來說：有有始有終者，有有始無終者，但絕不可能始不以道而終能美滿。程《傳》：「凡比之道，其始善則其終善矣。有其始而无其終者或有矣；未有无其始而有終者。故比之无首，至終則凶也。」就是這番意思。

語譯

與人親善，沒有良好的開始，就不會有美滿的結果。

小畜卦經傳通釋第九

卦　辭

䷈乾下巽上小畜❶：亨❷。密雲不雨，自我西郊❸。

注　釋

❶䷈乾下巽上小畜

八卦的乾在下，巽在上，重疊就是六十四卦的小畜。《釋文》：「畜，本又作蓄，同敕六反，積也，聚也；鄭許六反，養也。」帛書作少蓺，蓋為假借字。積聚畜養者小，名為小畜。畜除積聚畜養義外，也可以解釋為止。程《傳》：「畜，止也。止則聚矣！」二義可相通。熊十力《讀經示要》：「小畜卦，乾下巽上。六四以一陰係五陽，斂羣動而養其有餘，故謂之畜。畜而未宏，謂之小畜。」並自註云：「六爻之中，唯四為陰爻，餘五爻皆陽。下卦三陽，健行方銳，而六四在上以止之；五上二陽，復為陰用。故云一陰係五陽也。陰為凝斂，羣動謂五陽，陽健於行，是有餘也。陰間其中，以斂陽之勢，所以養其有餘。」一則曰「止之」，再則曰「養其有餘」，亦可見止、養二義相通。就卦體上看，小畜乾下巽上，有風行天上，健而且順之象。風行天上，不及於地；德健而順，未有所止。畜養不厚，積德不廣，僅能「明明德」而不能「止於至善」。此所以為「小畜」者一。就卦爻上看，小畜唯六四為陰，其他五爻皆陽。六四是小畜主爻，為畜主。下卦三陽，為四所畜；五上二陽，復為陰用。然而陰小，畜而未宏。此所以為「小畜」者二。就卦序上看：小畜次於比卦之後。〈序卦傳〉：「比必有所畜，故受之以小畜。」物相比附、心相親比，未能盡泯彼此之界線，由「大亨以正」（无妄〈彖傳〉語。「大畜」次於「无妄」。）以至「大畜」的境界。此所以為「小畜」者三。當小畜六爻皆少，也就是本卦、之卦都是小畜；或豫䷏六爻皆老，也就是豫之小畜：這兩種情形，都以小畜卦辭占。

❷亨

小畜內卦為乾，其德剛健；外卦為巽，其德順從；九五以剛居中，象徵意志的堅定；陰陽和順，而行其志：所以能亨。

❸密雲不雨，自我西郊

就象方面說：小畜一陰而五陽，陽盛而陰不凝；且三陽在下，有上往之義，陰氣更無法下降。故「密雲不雨」。李鼎祚《集解》案語云：「小畜五陽而一陰，陰既微小，纔作密雲，故未能為雨。」並引崔憬曰：「雲如不雨，積我西邑之郊，施澤未通，以明小畜之義。」是也。又〈說卦〉：「乾，西北之卦也。」「巽，東南也。」小畜自乾而巽，是由西北而往東南。所以有「自我西郊」之象。而中國地理位置，西北連歐亞大陸之中心，東南濱太平洋。凡雲自東南來，則多雨；自西北來，則少雨。就義方面說，「密雲不雨，自我西郊。」是雲氣積聚不廣，未能春風化雨。象徵君子畜德尚小，未能移風易俗。而卦辭斷以「亨」占。這是啟示我們：畜德不嫌其小。今日畜一德，明日畜一德。一旦沛然，物遇皆化，莫之能禦也。朱子《本義》以為：「我者，文王自我也；文王演《易》於羑里，視岐周為西方。」蓋當時文王尚為西伯，德澤尚未普施於天下。

語譯

六畫的小畜卦，下卦是三畫的乾，上卦是三畫的巽。顯示出風行天上，不及於地：象徵著德健而順，尚無所止。積德尚小，只是稍有修養罷了。風行天上，德健而順，當然會有亨通的一天。但是由於積聚未廣，修養不夠，眼前卻像從西北郊吹來的密雲一樣，還不能春風化雨，移風易俗呢！

彖傳

小畜，柔得位而上下應之❶，曰小畜。健而巽，剛中而志行❷，乃亨。密雲不雨，尚往也❸；自我西郊，施未行也❹。

注釋

❶柔得位而上下應之

此句釋卦名小畜之故。小畜主爻為六四，以陰居四，又在上卦，是柔得位。且六四以一陰而畜五陽，無二陰以分其應，是上下五陽皆應之。陰雖小，有所畜，所以卦名叫小畜。王弼《注》：「謂六四也，成卦之義，在此爻也。體无二陰，以分其應，故上下應之也。」

❷健而巽，剛中而志行

這是說明卦辭「亨」字的。小畜乾健巽順，所以說「健而巽」；九五以陽居中，所以說「剛中」；六四上承九五，受到九五支持，其他四陽也就望風響應。所以說「志行」。由於本身強健，環境順利；剛居其中，意志堅定；陰陽和合，願望實現：這正是小畜能夠亨通的原因。

❸尚往也

這是說明卦辭「密雲不雨」的。尚通上，尚往就是上往。乾陽上往，風在高空，陰氣微弱，不能下降，所以「密雲不雨」。

❹**施未行也**

這是說明卦辭「自我西郊」的。施是布的意思，施未行也，是說濃雲密布，卻未能行雨。王夫之《周易稗疏》：「自西郊者，自西而向東也。凡雲向東行，乃不雨之徵。諺所謂：『雲向東，一場空。』也。」

語譯

卦名「小畜」，是指六四以柔得位，而上下五陽都支持六四。六四為陰，雖然弱小，卻能畜積陽氣，所以名為「小畜」。下卦乾具健德，上卦巽具順德；九五以陽剛居上卦之中，六四上承九五，而其他四陽也望風響應，能實現其意志：於是終能亨通。卦辭說「密雲不雨」，這是由於乾陽尚進，風往上吹啊！卦辭說「自我西郊」，這是由於「雲向東，一場空」，密雲布滿天空卻未能行雨啊！

象傳

風行天上，小畜❶；君子以懿文德❷。

注釋

❶**風行天上，小畜**

小畜乾下巽上，有風行天上之象。風行天上何以有「小畜」之義？《集解》引《九家易》曰：「風者，天之命令也。今行天上，則是令未下行，畜而未下，小畜之義也。」考〈說卦傳〉：「巽為風。」〈象傳〉：「重巽以申命。」《九家易》「風者天之命令也」是可以採信的解釋。於是風行天上，顯示了個人的高風亮節；而畜德不厚，未能及下而移風易俗。風行天上所以為小畜者，九家解釋如此。以後《正義》言：「若風行天下，則施附於物，不得云施未行也；今風在天上，去物既遠，無所施及，故曰風行天上。」不出九家範圍。《本義》言：「風有氣而無質，能畜而不能久，故為小畜之象。」則略有補充。

❷君子以懿文德

懿，美也，此作動詞。文德猶言明德。懿文德正是《禮記・大學》「明明德」之義。是加強修養自己人文素質、道德品格的意思。風行天上，不及於物；君子未能兼善天下，僅自懿文德而已。唯能「明明德」者，終必能「親民」而「止於至善」。所以《論語・季氏》記孔子之語，有：「遠人不服，則修文德以來之。」《偽古文尚書・大禹謨》記載著：「帝乃誕敷文德，舞干羽於兩階。七旬，有苗格。」更是修文德而服遠人的事證。同時進一步說明了文德還可能是高度的文化藝術修養所呈現出的個人風采和民族風格。小畜之具「亨」道，以此。熊十力《讀經示要》云：「此言世運愈進，人類當畜養其力以增進文明與道德之懿美，畜道唯在乎是；固非凶猘之日修戰備者所可偽托也。(今列強唯務侵略，平時努力戰備。當其未發，亦未嘗不日且畜養吾力也。其實，此等本為人類自毀之癡狂工作，與畜義正相反也。)」以「懿文德」為「增進文明與道德之懿美」，並斥列強「努力戰備」之非。說亦大佳。

語譯

風在天上吹著，不能吹到地上的萬物；顯示了個人雖有高風亮節，卻未能移風易俗。畜德不厚，這是「小畜」的境界。君子因此更要加強修養自己美好的品德。

序卦傳

比必有所畜，故受之以小畜❶。

注釋

❶比必有所畜，故受之以小畜

人相親比，每易朋比成黨，而在心理層面，既有意親近別人，自然會接納他，容受他，於是彼此團聚在一起。程《傳》：「物相比附，則為聚。聚，畜也。又相親比，則志相畜，小畜所以次比也。」就是這種意思。《論語・為政》：「君子周而不比；小人比而不周。」周、比，都是與人親厚的意思；但是，周是普遍而大公無私的愛；比卻有偏私。偏私的愛，所聚集的範圍當然會小些。比卦之後，接著的是小畜卦，道理在此。熊十力《讀經示要》具體指出：「初行比道，國界種界，未盡泯也。」「尚非大通之道」甚是。進一步要說明的是，在比卦通釋中，多言比之善，而此又言其不善處。這是因為《周易》凡事都有多種看法，此正《周易》之所以為「周」的原因之一。《周易折中・序卦明義》：「小畜履五陽一陰，陽既極多，而二陰又退居三四之偏位，皆陽盛之卦也，故次師比焉。」

語譯

團結互助必然會聚集成一個小集團，所以接下來的是代表小集團的小畜卦。

雜卦傳

小畜，寡也❶。

注釋

❶小畜，寡也　小畜以一陰欲畜五陽，能力所限，所畜有限，所以為寡。卦辭言「密雲不雨」，尤為所畜者寡之證。

語譯

小畜卦所能儲積的，實在很少。

初九爻辭

初九❶：復自道❷。何其咎？吉❸。

注釋

❶初九

當小畜初爻為老，他爻皆少，即由小畜之巽䷸；或震䷲初爻為少，他五爻皆老，即震之小畜：這兩種情形，都以小畜初九爻辭占。

❷復自道

復義同復卦之復，返也，陽氣復生於下也。自，作「於」解。道，指乾道。小畜䷈與履䷉相覆，履卦乾上來為小畜之乾下。履卦上九成為小畜卦的初九，一陽復生，初九體乾，終成乾道。所以小畜初九有自上反下，復生乾道之象。朱震《漢上易傳》：「聖人欲明陽不受畜於陰之義，故以履小畜二卦反復明之。小畜，履之反。初本在上，二本在五，三本在四，故初二皆以復言之。三受畜而不得復者也。」即以小畜與履反覆言之。《集解》引虞翻則曰：「謂從豫四之初，成復卦，故復自道。『出入无疾，朋來无咎。』何其咎？吉！乾稱道也。」虞氏以小畜䷈與豫䷏，六爻陰陽互異，名為旁通，再經卦變，豫卦九四來為復卦初九，而成復卦䷗，雖輾轉牽強，但復自道之復與復卦之復同義，以及道為乾道，說不可易。復自道還包含兩層意思：一、在合道的情況中回來；二、四歸到正道。《荀子・大略篇》就曾引《左傳》所記：秦穆公不聽蹇叔勸告，貿然出兵襲晉，導致崤之戰的大敗。後來翻悟反省，為復自道。

❸何其咎？吉

潛伏於下，何咎之有？得位有應，陽道浸長，所以吉。「何其咎」與「吉」，義有反正、淺深之異。

語譯

小畜卦初位是陽。合理地回到下體乾道中，一陽復生了。那會有什麼過錯呢？當然是有收穫的！

附錄古義

《荀子・大略篇》：「《易》曰：『復自道，何其咎？』《春秋》賢穆公，以為能變也。」

《呂氏春秋・有始覽・務本》：「安危榮辱之本在于主；主之本在于宗廟；宗廟之本在于民；民之治亂在于有司。《易》曰：『復自道，何其咎？吉。』以言本無異則動卒有喜。」

《春秋繁露・玉英》：「故齊桓非直弗受之先君也，乃率弗宜為君者而立，罪亦重矣；然而知恐懼，敬舉賢人而以自覆蓋，知不背要盟以自湔浣也；遂為賢君而霸諸侯。使齊桓被惡而無此美，得免殺戮，乃幸已；何霸之有？魯桓忘其憂而禍逮其身；齊桓憂其憂而立功名：推而散之，凡人有憂而不知憂者，凶；有憂而深憂之者，吉。《易》曰：『復自道，何其咎？』此之謂也。」

象傳

復自道，其義吉也❶。

注釋

❶其義吉也

初九陽爻，立乾道之基，剛健日進，合乎小畜聚積畜養之義，此「其義吉也」之一。又初九與九四為正應，初健而四巽，合乎小畜健而巽之義。此「其義吉也」之二。

語　譯

回到下體乾道中，一陽復生了。從聚養陽氣，剛健能順的立場來觀察，可以發現在義理上，它具有獲吉的必然性。

九二爻辭

九二❶：牽復，吉❷。

注釋

❶九二

當小畜第二爻為老，他爻皆少，即由小畜之家人☲；或解☳第二爻為少，他五爻皆老，即解之小畜：這兩種情形，都以小畜九二爻辭占。

❷牽復，吉

《說文》：「牽，引前也。」小畜初九，由履上卦返回成小畜下卦，復於乾道；九二也由初九牽引而復，故云牽復。朱子《本義》云：「與初九相牽。」是也。能與初九同心合力，互助合作；又居下卦之中，以中道自守，所以「吉」。宋・李杞《用易詳解》：「周公相成王為左右，而召公不悅，欲遠引而去。周公作書以挽留之，丁寧委曲，無所不用其至。而召公亦釋然自悔，有『篤棐時二人』之言。」以此喻召公受周公牽復。「篤棐時二人」，言真誠輔佐成王的只有你我兩人。篤，誠也；棐，輔佐；時，是也。是為牽復史證。

語譯

小畜卦陽居第二位，被初九相牽而回到乾下的中爻，會有收穫的。

象傳

牽復在中❶，亦不自失也❷。

注釋

❶牽復在中

九二在下卦之中，有中和之美。

❷亦不自失也

亦字，承初九而言。初九為吉；九二亦不自失。而所以不自失，一因為「牽復」，猶如比卦六二與初六「比之自內」，〈象傳〉言「不自失」；小畜九二與初九提攜「牽復」，故〈象傳〉也指出其「不自失」。二因為「在中」，九二雖失位無應，但能居中，行為合乎中道，仍能不自失。楊萬里《誠齋易傳》：「牽者，勉強之謂。曷為其能勉於復也？二雖剛而猶居中，故能勉於復，雖不及初之自復，豈不愈於過剛而不受止者乎？故亦許其不自失，然視何其咎之吉，則不侔矣！」

語譯

九二被初九牽引而居乾下的中爻，互相提攜，共同進退，合乎中道，也不曾喪失自己的立場啊。

九三爻辭

九三❶：輿說輻❷，夫妻反目❸。

當小畜第三爻為老，他爻皆少，即由小畜之中孚䷼；或小過䷽第三爻為少，他爻皆老，即小過之小畜：這兩種情形，都以小畜九三爻辭占。

注　釋

❶九三

❷輿說輻

說，假借作脫。輻，當作輹。《集解》引虞翻字正作輹；帛書作緮；大畜九二「輿說輹」及大壯九四「壯於大輿之輹」，《左傳・僖公十五年》有「車說其輹」，字亦皆作輹。輹，是束縛在車軸和車轅的連接處，使之鞏固的皮革或繩子。因為所縛不止一道，是重複捆緊的，故名為輹。《說文》：「輹，車軸縛也。从車，复聲。《易》曰車說輹。」車輿的輹如果脫落，那麼，轅跟軸就會分開，車便不能前進了。九三以陽居陽，又為進爻。而上九與之無應；六四以陰居陰而為退爻，又多方阻止；再加上小畜二、三、四爻互體為兌，〈說卦〉「兌為毀折」：基於這三種因素，所以九三有「輿說輹」之象。王弼《注》：「上為畜盛，不可牽征。以斯而進，故必脫輻也。」是就九三與上九無應立說。程《傳》：「三以陽爻居不得中，而密比於四，陰陽之情相求也。又暱比而不中，為陰畜制者也，故不能前進。猶車輿說去輪輻，言不能行也。」朱子《本義》略同。是就九三與六四暱比立說。李道平《篹疏》：「互兌為毀折，故車說輹也。」是就互體立說。考小畜之畜為畜養積聚。九三過剛而躁進，有違畜積之義，所以設「輿脫輹」之象以戒之。

❸夫妻反目

這也是因為九三與上九失應，又受制於六四的緣故。而三、四、五互離；四、五、上體巽。〈說卦〉「離為目」、「巽多白眼」，亦「反目」之象。孔穎達《正義》：「上九體巽為長女之陰，今九三之陽被長女閉固，不能自復，夫妻乖戾，故反目相視。」是就無應立說。程《傳》：「陰，制於陽者也，今反制陽，如夫妻之反目也。」是就六四下乘九三之剛，九三受阻於六四立說。《集解》引虞翻云：「離火動上，目象不正；巽多白眼，夫妻反目。」是就互體立說。以上是從爻象說明夫妻反目的原因。以下再從義理方面說：九三居乾下的頂點。乾代表理智，太過理智，會導致無情；九三得位，得理不讓人，過於剛強；六四也得位，並且地位還高於九三：所以弄得夫妻反目。《孟子・盡心下》：「身不行道，不行於妻子；使人不以道，不能行於妻子。」我們雖不能說九三「身不行道」；但可說九三「使人不以道」。所以「不能行於妻子」。

語譯

小畜卦陽居第三位。剛烈急躁，像車軸上綁著的繩子脫落一樣，在社會上是走不通的；又會導致夫妻瞪眼爭吵，在家庭也行不通啊！

象傳

夫妻反目，不能正室也❶。

注釋

❶不能正室也

此釋爻辭「夫妻反目」之義。正室包含「正於室」、「正其室」雙重意義。《誠齋易傳》：「九三，夫道也；六四，妻道也。喪其夫之剛，而昵於妻之愛，其始相昵，其終必受制。蓋身之不正，則不能正其家也，非家罪也。漢成帝嬖趙后而制於趙后，始於腐柱之僭；唐高宗嬖武后而制於武后，始於聚麀之汙。豈惟夫婦，君臣亦然。二世之於趙高，明皇之於祿山是已。」

語譯

夫妻瞪眼爭吵，是在家的言行不夠恰當的緣故啊，所以也無法端正家人的行為了。

六四爻辭

六四❶：有孚❷，血去惕出❸，无咎❹。

注釋

❶六四

當小畜第四爻為老，他爻皆少，即由小畜之乾☰；或坤☷第四爻為少，他爻皆老，即坤之小畜：這兩種情形，都以小畜六四爻辭占。

❷有孚

孚是信的意思。有孚就是有信心。六四得位，為小畜之主，上承九五而下乘九三，但對團結群陽與控制九三卻很有信心。一、是得位：相信自己立場正確。二、是有應：信任初九會支持自己。三、是承陽：信仰九五賜福與六四，上九不支持九三。《集解》引虞翻曰：「孚謂五。」王弼《周易注》云：「上亦惡三而能制焉。」言象都欠周延。程《傳》：「四於畜時，處近君之位，畜君者也。若內有孚誠，則五志信之，從其畜也。卦獨一陰，畜眾陽也；諸陽之志係於四。四苟欲以力畜之，則一柔敵眾剛，必見傷害；惟盡其孚誠以應之，則可以感之矣。」依象說理卻很透澈。

❸血去惕出

血，假借為恤。《釋文》引馬融云：「血，當作恤，憂也。」六四正因為有信心，所以不畏九三上侵，而憂懼得以解除。

❹无咎

充滿信心，憂懼解除，自然无咎。惠棟《周易述》：「恤去惕出，得位承五，故无咎。」

語譯

小畜卦陰居第四位。對團聚群陽的事業充滿信心，一切憂懼掃除一空，不會有過錯。

象傳

有孚惕出，上合志也❶。

注釋

❶上合志也

上，指居六四上面的九五、上九兩爻。《集解》引荀爽曰：「從五，故曰上合志也。」程《傳》亦言「五既合志」。《誠齋易傳》更申之云：「以至誠愛君之志，合乎九五至誠納諫之志，上下同志故也。」而孔穎達《正義》則從弼《注》，以為：「由己與上九同合其志，共惡於三也。」似皆失之一偏。六四所以能畜聚其下三陽，實有賴九五之直接支持，與上九間接之支持。《孟子・梁惠王下》嘗述晏子對齊景公之言：宜遵巡狩、述職之度，無流連之樂，荒亡之行。景公悅，大戒於國。而結云：「畜君何尤？畜君者，好君也。」可作上合志也史證。又《中庸》：「在下位不獲乎上，民不可得而治矣。」意旨略同。

語譯

充滿信心，憂懼解除。因為上級和他意志相同啊！

九五爻辭

九五❶：有孚攣如❷，富以其鄰❸。

注釋

❶九五

當小畜第五爻為老，他爻皆少，即由小畜之大畜䷙；或萃䷬第五爻為少，他爻皆老，即萃之小畜：這兩種情形，都以小畜九五爻辭占。

❷有孚攣如

九五居尊得位，信實顯著，故有孚。李光地《周易折中》案語云：「此爻之義，從來未明，今以卦意推之。則六四者，近君之位也，所謂小畜者也；九五者，君位也，能畜其德以受臣下之畜者也。四曰有孚，是積誠以格其君；五亦曰有孚，是推誠以待其下。上下相孚而後畜道成矣。」言「有孚」之義頗精。攣如之攣，音戀。《說文》：「係也。」《釋文》引馬融云：「連也。」《集解》引虞翻云：「引也。」九五體巽，〈說卦〉：「巽為繩直。」故有連係牽引之象。《釋文》又引《子夏傳》：攣字作「戀」，「思也。」考《說文》無戀字。《漢書・外戚傳》「上所以攣攣顧念」，宋・洪适《隸釋》所錄漢〈唐公房碑〉「妻子攣家」，及〈景君碑〉「路遐攣親」，皆以攣為戀。惠棟《九經古義》云「古文戀字作攣」，可信。劉百閔《周易事理通義》：「五據於四，四比於五，以陽戀陰，故曰攣如；與九三之夫妻反目，大異其趣矣。」說亦頗饒趣味。帛書作「有復絲如」。

❸富以其鄰

富，《周易折中》以為「積誠之滿」；以，《集解》引虞翻云「及也」；鄰，指四而言。九五畜積孚信，以至富滿。又能實心以待鄰近的六四；而六四也能虛心以受。由於九五、六四都「有孚」，於是其他各爻也望風響應，小畜之道才能完成。這便是九五富及其鄰了。凡作丈夫的，善待妻子；作領袖的，為團體謀福利。都是富以其鄰的表現。

語譯

小畜卦陽居第五位。孚信卓著，眷戀提攜著六四，那豐富的誠信影響著他的親鄰。

象傳

有孚攣如，不獨富也❶。

注釋

❶不獨富也

富及其鄰六四，使六四完成小畜，故曰不獨富也。啟示領導人物，不可只圖個人的福利，還要推誠及其下。案：六四以柔而能畜五陽，除了本身的溫柔寬厚之外，還依仗著九五的剛正。王夫之把九五當作「剛正之主」和「剛正之理」，是十分精彩的。船山《易內傳》：「惟其信任之篤，故四能分其富而成畜陽之美。凡以柔止天下之躁動，必上遇剛正之主，而後獲於上者乃可治下。抑其用雖柔，亦必有剛正之理在中。而後婉入，而不為躁人所輕忽。三雖反目，而四終血去，豈徒然哉！」所以我們處世雖然講求溫柔敦厚，但臨於其上者，必有一個堅定正確的原則在。若一味媚世，那就成為鄉愿了。

語譯

孚信卓著，提攜影響著六四，不僅是九五獨自富於誠信而已。

上九爻辭

上九❶：既雨既處❷，尚德載❸，婦貞厲❹，月幾望❺，君子征凶❻。

注　釋

❶上九

當小畜上爻為老，他爻皆少，即由小畜之需䷄；或晉䷢上爻為少，他爻皆老，即晉之小畜：這兩種情形，都以小畜上九爻辭占。

❷既雨既處

上九居小畜之終，卦體全部完成。正像〈彖傳〉所說：「健而巽，剛中而志行。」已到達「亨」境。因此從前「密雲不雨，尚往也」，現在卻「既雨既處」。既雨與不雨，既處與尚往，是相對的。表明了畜積進行的過程中，不可隨便施捨，必須向上累積。但當畜積完成之時，卻要施之於用，養生休息。船山《易內傳》：「〈彖〉言不雨者，自全卦之象而言也；上九言既雨者，自一爻之動而言也。」

❸尚德載

項安世《周易玩辭》：「載者，積也。畜至於上，其德積而成載。」上九「尚德載」，與九三「輿脫輹」是相對的。

❹婦貞厲

小畜以陰畜陽，而且是以一陰畜五陽。長此以往，當然很危險。貞，是「常」的意思。程《傳》：「婦謂陰。以陰而畜陽，以柔而制剛。婦若貞固守此，危厲之道也。安有婦制其夫，臣制其君，而能安者乎？」

引申而言，凡以情制性，或遷就現實，捨棄理想，長久如此，亦必危厲。又船山《易內傳》：「婦正而嚴厲者也。」則以厲為嚴厲之意。

❺月幾望

這是譬喻之辭。小畜以陰畜陽，正像月亮接受陽光。小畜至上九，畜陽已滿，也正像月亮快到陰曆十五而全面承受陽光一樣。幾，《集解》引虞翻曰「近也」。

❻君子征凶

小畜而至上九，已達畜積的飽和點，如果繼續聚斂，必有凶險。征，程《傳》云「動也」；朱子《本義》訓「行」。指繼續進行畜積之事。案：小畜上九，言人人殊，多不能盡解。唯項安世《周易玩辭》所說最善，玆錄於下：「上九居畜之極，畜道已成。昔之不雨者，今既雨矣；昔之尚往者，今既處矣；昔之脫輹者，今為載矣；昔之反目者，今為婦矣。〈象〉之所謂亨，於是見之。尚者，上也。載者，積也。畜至於上，其德積而成載，則所畜大矣。然以小畜大，非可常之事也。婦道貞此而不變，則為危；君子過此而復行，則為凶。蓋月望則昃，陰極則消，自然之理也。臣之畜君，固出於正，然進而不止，則君有所疑，能无凶乎？」以供參考。

語譯

小畜最上面的一爻是陽爻。雨量已經聚集夠了；已經可以停止聚集了。上九積德滿載！一女處於五男中間，常感危險，必須守正而有威嚴。就像月亮快到陰曆十五日一樣，將由圓而缺；君子如果再事聚斂，就會有損失。

附錄古義

《漢書・五行志下》：「成帝建始元年八月戊午，晨漏未盡三刻，有兩月重見。京房《易傳》

曰：『「婦貞厲，月幾望，君子征，凶。」言君弱而婦彊，為陰所乘，則月並出。晦而月見西方謂之朓，朔而月見東方謂之仄慝，仄慝則侯王其肅，朓則侯王其舒。』劉向以為朓者疾也，君舒緩則臣驕慢，故日行遲而月行疾也。仄慝者不進之意，君肅急則臣恐懼，故日行疾而月行遲，不敢迫近君也。不舒不急，以正失之者，食朔日。」

象傳

既雨既處，德積載也❶；君子征凶，有所疑也❷。

注釋

❶**德積載也**

這是解釋爻辭「既雨既處，尚德載」的。《周易玩辭》：「『既雨既處，尚德載。』此二句言畜道之成。故曰：『德積載也。』」德，指畜養之德。

❷**有所疑也**

這是解釋爻辭「婦貞厲，月幾望，君子征凶」的。《周易玩辭》：「『婦貞厲，月幾望，君子征凶。』此三句戒畜道之過，故曰：『有所疑也。』〈象〉於首尾各取一句包之。」凡事物之不及，易生「嫌」；事物之過，易致「疑」。所以坤上六而「陰疑於陽」，小畜上九而「有所疑」。無嫌無疑，其唯中道乎！

語譯

雨量已經聚集夠了，已經可以停止聚集了。因為畜養之德累積滿載啊！君子再事聚斂，必遭損失，因為會引起別人猜疑啊！

履卦經傳通釋第十

卦辭

䷉兌下乾上履❶：履虎尾❷，不咥人❸，亨❹。利貞❺。

注釋

❶䷉兌下乾上履

履字原脫，或因卦辭首句「履虎尾」重履字而省，茲依例卦下先書卦名，故補。案：《周易》古本僅畫六爻符號，其下不書上下三畫卦體名與六畫卦名；帛書始書六畫卦名；鄭玄、王弼已有上下二體名與卦名。履，《說文》「足所依也」，本義為鞋，名詞。轉品又成動詞，踐行也。卦辭「履虎尾」、九二「履道」、六三「跛能履」，都是動詞。引申為禮，帛書就作「禮」字。〈序卦傳〉：「履者，禮也。」履卦兌下乾上，象徵著天高澤低，上下尊卑之不可逾越。同時也象徵生命的抉擇：是上應天命，發揚仁義禮知之性呢？還是下陷泥澤，終於不能自拔呢？又像柔弱的少女跟隨著剛強的君父後面，和悅地稟行著天命。這正是禮的履行。在卦德方面，兌下為悅，乾上為健。禮的實踐，要發自喜悅的心，努力健行。在卦序方面，履卦接在小畜之後。小畜是畜養自己美好的品德；當品德修養好了，行為自然合禮。行為合禮正是處憂患之世的道德基礎。所以〈繫辭傳下〉：「作《易》者其有憂患乎！是故履，德之基也。……履和而至。……履以和行。」指出履禮的道德涵義。當履六爻皆少，也就是本卦、之卦都是履；或謙䷎六爻皆老，也就是謙之履：這兩種情形，都以履卦辭占。

❷**履虎尾**

這是設象戒人謹慎小心的。和《詩經．小雅．節南山之什．小旻篇》所說：「戰戰兢兢，如臨深淵，如履薄冰。」立意相同。《朱子語類》：「履上乾下兌，以陰躡陽，是隨後躡它。如踏它腳迹相似，所以云履虎尾。卦之三四爻，發虎尾義，便是陰去躡它陽後處。」熊十力《讀經示要》：「禮以自抑為質，故有柔順義，然其持守甚嚴。有以非禮相干者，雖威勢甚盛，必執禮以抗之；雖鈇鉞在前，必秉禮以當之；雖外誘極厲，必守禮以絕之。此履之所以體柔順而行剛健，有履虎尾之象也。」則別有一番意趣。

❸**不咥人**

咥，義為齧，咥人即咬人。跟著老虎的尾巴走，老虎居然不咬人，這是履兌下乾上，兌和悅地追隨著上乾的天命的緣故。《集解》引《九家易》曰：「三以說道……上順於天……故雖踐虎，不見咥噬也。太平之代，虎不食人。」《莊子．人間世》：「虎之與人異類，而媚養己者，順也。」人如能心悅誠服地順應自然法則，盡己之心，順物之性，則物未必害己。近代生物學研究成果告訴我們，許多動物的嗅覺，都遠勝於人類。蜜蜂是一個例子，犬類也是一個例子。人遇見狗，如果心生畏懼，身上便會發出一種警戒的氣味，而這種氣味常激怒犬類，而使狗咬人。刑法之法，《說文》作灋。《說文》：「灋，刑也。平之如水，从水；廌所以觸不直者去之，从廌去。法，今文省。」用猛獸來衝撞訴訟中不直的一方。是因為廌嗅覺能辨別錯方身上的氣味，不得完全否定其合理性。

❹**亨**

和悅而順剛，故亨。元梁寅《周易參義》：「虎，咥人者也。然以和說履之，則不見咥，而反致亨。以是觀之，人之踐履卑遜，何往而不亨乎？然和非阿容也，說非佞媚也，亦恭順而不失其正耳。兌之傳曰：

『剛中而柔外。』此其道也。」

❺利貞

王弼《注》、程《傳》、朱子《本義》本皆無，惟《集解》本有「利貞」二字。《集解》引荀爽《注》，亦有「故云利貞也」，足證荀爽所見卦辭確有「利貞」字。履卦兌順乎乾，而合禮節。加上九五以陽剛居中正之位，地位最尊，光明磊落，無愧於心。故利於遵守常道。案：帛書亦無「利貞」二字。

語譯

六畫的履卦，下卦是三畫的兌，上卦是三畫的乾。柔弱的兌跟隨著剛強的乾後面，就像行走在老虎尾巴後面一樣。但是只要和悅恭順，合乎禮節，老虎不會咬養牠的人的。這樣看來，一個人如果能夠態度和順，作人有禮，是到處能夠亨通的。但是切記要遵守行為的常規。

附錄古義

《新序・雜事四》：「孔子謂魯哀公曰：『丘聞之：君者，舟也；庶人者，水也。水則載舟，水則覆舟。君以此思危，則危將安不至矣！夫執國之柄，履民之上，懍乎如以腐索御奔馬。《易》曰：「履虎尾」；《詩》曰：「如履薄冰」，不亦危乎！』」

彖傳

履，柔履剛也❶。說而應乎乾❷，是以履虎尾，不咥人，亨。剛中正，履帝位而不疚，光明也❸。

注釋

❶**柔履剛也**

此釋卦名。是六三柔爻行於群剛之中的意思。關於柔履剛之取象，《集解》引荀爽曰：「謂三履二也。」王《注》孔《疏》都從荀爽。程《傳》云：「天在上而澤處下，以柔履藉於剛。」則取下兌行於上乾後面之義，朱子《本義》、船山《內傳》都從程《傳》。元王申子《大易緝說》：「履以六三成卦。三之象，下迫於二陽之進；上躡乎三陽之剛。」則綜合荀程之說，最為周延。

❷**說而應乎乾**

這是解釋卦辭「履虎尾不咥人，亨。」的。故下文云：「是以履虎尾，不咥人，亨。」兌下為說，應乎乾上，六三與上九又為正應。啟示人之應天命，要心悅誠服，然後天命才得存於心，成諸性。如此，則能盡己成物，而無所畏。《論語・述而》：「天生德於予，桓魋其如予何！」這是於人無所畏；《周易・象傳》：「說而應乎乾，是以履虎尾，不咥人。」這是於物無所畏。〈繫辭傳下〉：「履，德之基也。履和而至。履以和行。」即此「說而應乎乾」的意思。

❸**剛中正，履帝位而不疚，光明也**

這是解釋卦辭「利貞」的，乃由卦爻立說。九五以陽剛居中正，踐至尊之位。其下為二、三、四爻，互體為離，故光明而無愧疚。啟示作領袖的，必須光明磊落，本身絕不可有任何弊病，如此以臨下，方是有「利」的「貞」道。宋張浚《紫巖易傳》：「九五履乾正位，曰剛中正，剛健不息。體大中至正之道，以君臨天下，履帝位而不疚也。君臨天下者，其可危為大，蓋人君以一身撫馭海內，使所履一不正，而蹈於非禮，則政令紀綱弛於上，讒賊寇攘起於下。穆王命君牙曰：『心之憂危，若蹈虎尾，涉於春水。』是也。」周穆王語見《尚書・君牙》。

語譯

履卦的得名，由於柔弱的六三履行於群剛之中。下卦兌順應著上卦乾，就像人類心悅誠服順應自然法則一樣。如此盡己成物，即使跟著老虎尾巴走，老虎也不會咬人，所以到處能夠亨通。九五以陽剛居中得正，處於最高領導人的位置，行無弊病，沒有慚愧的地方，能以光明的態度領導人民啊！

象傳

上天下澤，履❶；君子以辯上下，定民志❷。

注釋

❶上天下澤，履

履卦乾上，所以上為天；兌下，所以下為澤。履，是禮的意思。《說文》：「禮，履也。」禮是行為的規範。規範本身是抽象的，必須起而履行之，才顯現其功能。古人重視規範的實踐，所以把「禮」和「履」合而為一。《禮記・曲禮》：「夫禮者，所以定親疏，決嫌疑，別同異，明是非也。道德仁義，非禮不成；教訓正俗，非禮不備；分爭辯訟，非禮不決；君臣上下，父子兄弟，非禮不定。」別同異，定上下，正是禮的功能之一。古人見在上者莫若天；在下者莫若澤。因而從上天下澤的現象，悟出定上下的道理來。

❷君子以辯上下，定民志

辯義為治，辨義為判，古每通用。此辯上下之辯借為辨，判也。辨上下，是說判別上法天道而應天命，與或趨下流而陷於泥澤的不同。志，从心从㞢，代表心之所之。熊十力說「即趨向義」，是也。定民志，是說穩定人民心志的趨向：努力向上發展；避免向下沉淪。熊十力《讀經示要》：「辯上下者，上謂上達；下者下達。《論語》：『君子上達；小人下達。』上達則隆禮；下達反是。上下之辨明，然後民知正趨向。故曰定民志。（此中志字，以心之所之言，即趨向義。）《詩》曰：『相鼠有體，人而無禮；人而無禮，胡不遄死。』唯其不甘下達，故志定如此。漢以來《易》家，皆以辯上下為正尊卑之分，如君尊而臣民卑，男尊而女卑之類，皆有定分而不可易，此非聖人意也。……其釋經皆囿於帝制時代之心習，而不究於大道，深可慨也！」儻論發人深思。

語譯

上面是青天，下面是沼澤，分別上下，決定去從，就靠你如何履行了，這是「履」的意義所在。君子因此要判定上法天道，下陷泥澤的分別；穩定人民在向上發展或向下沉淪方面，作出正確選擇。

繫辭傳下

《易》之興也，其於中古乎❶？作《易》者，其有憂患乎❷？是故：履，德之基也❸。……❹履，和之至❺。……❻履以和行❼。……❽

注釋

❶《易》之興也，其於中古乎

據下文：「《易》之興也，其當殷之末世，周之盛德邪？當文王與紂之事邪？」可見此所謂「中古」，就是「文王與紂」之時。孔穎達以為爻卦之辭，起於中古文王及周公；爻卦之象，則在上古伏羲之時。《正義》曰：「其於中古乎者，謂《易》之爻卦之辭，起於中古；若《易》之爻卦之象，則在上古伏羲之時。但其時理尚質素，聖道凝寂，直觀其象，足以垂教矣。但中古之時，事漸澆浮，非象可以為教，又須繫以文辭，示其變動吉凶，故爻卦之辭，起於中古。則《連山》起於神農，《歸藏》起於黃帝，《周易》起於文王及周公也。」又〈繫辭傳〉這幾句話，在漢文帝十二年之前寫定的帛書〈衷〉中已出現，文作：「《易》之）興也，於中故乎？作《易》者，亓又患憂與？上卦九者，贊以德而占以義者也。履也者，德之基也。……是故占曰：履，和而至。……是故履以果行也。」漢初以伏羲至夏朝為上古，商周之際為中古，春秋戰國為近古。

❷作《易》者，其有憂患乎

作《易》者，古人或以為〈卦爻辭〉都是周文王所作；或以為卦辭文王作，爻辭周公作。孔穎達《周易正義・序・論卦辭爻辭誰作》：「其《周易》繫辭，凡有二說。一說所以卦辭、爻辭並是文王所作。知者，案〈繫辭〉云：『《易》之興也，其於中古乎？作《易》者，其有憂患乎？』又曰：『《易》之興也，其當殷之末世，周之盛德邪？當文王與紂之事邪？』……故史遷云：『文王囚而演《易》』，即是『作《易》者，其有憂患乎？』鄭學之徒，並依此說也。二以為驗爻辭多是文王後事。案：升卦六四：『王用亨于岐山。』武王克殷之後，始追號文王為王。若爻辭是文王所制，不應云『王用亨于岐山』。又明夷六五：『箕子之明夷。』武王觀兵之後，箕子始被囚奴。文王不宜豫言箕子之明夷。又既濟九五：『東鄰殺牛不如西鄰之禴祭。』說者皆云西鄰謂文王，東鄰謂紂。文王之時，紂尚南面，豈容自言己德，受福勝殷？又欲抗君之國，遂言東西相鄰而已。又《左傳》：『韓宣子適魯，見〈易象〉云：「吾乃知周公之德。」』周公被流言之謗，亦得為憂患也。驗此諸說，以為卦辭文王，爻辭周公。馬融、陸績等，並同此說。今依而用之。」參閱本局出版《周易縱橫談・周易的名義內容大義與要籍》。《正義》又云：「作《易》者其有憂患乎者，若无憂患，何思何慮，不須營作。今既作《易》，故知有憂患也。身既患憂，須垂法以示於后，以防憂患之事。故繫之以文辭，明其失得與吉凶也。」案：儒家的道德哲學源於憂患意識。牟宗三先生在《中國哲學的特質》一書中曾說明：中國人的憂患意識特別強烈，由此種憂患意識可以產生道德意識。所憂的不是財貨權勢之不足，而是德之未修與學之未講；不是萬物的不能生育，而是萬物生育之不得其所。這樣的憂患意識，逐漸伸張擴大，最後凝成儒家悲天憫人的觀念。儒家這種觀念，就相當於佛教的大悲心和耶教的博愛，三者同為一種宇宙的悲情。《周易》之所以見重於儒家，原因之二就是儒家在《周易》中發現了「憂患意識」。〈繫辭傳〉：「《易》之興也，其於中古乎？作《易》者，其有憂患乎？」正是儒家自《周易》發現憂患意識的證據。

❸**是故：履，德之基也**

基，是初基、立足點之意。《正義》：「履卦為德之初基，故為德之時，先須履踐其禮，敬事於上。故履為德之初基也。」陸九淵《象山先生全集．語錄》更詳言云：「上天下澤，尊卑之義，禮之本也。經禮三百，曲禮三千，皆本諸此。履德之基，謂以行為德之基也。基，始也。德自行而進也，不行則德何由而積？」案：〈繫辭傳下〉此章三陳九卦。九卦，為履、謙、復、恆、損、益、困、井、巽。此為初陳。項安世《周易玩辭》：「初陳：此一節釋卦名之義。」

❹**……**

原有「謙，德之柄也；復，德之本也；恆，德之固也；損，德之修也；益，德之裕也；困，德之辨也；井，德之地也；巽，德之制也」。此省去。

❺**履，和之至**

陸九淵曰：「履和而至，兌以柔悅承乾之剛健，故和。天在上，澤處下，理之至極不可易，故至。君子所行，體履之義，故和而至。」以內外卦之卦德和卦象，說明履和而至的義理，十分精當。此為再陳。《周易玩辭》：「再陳：此一節釋卦之兩體。」案：禮樂相對而並存，履則兼具禮樂二面。《禮記．樂記》：「樂也者，動於內者也；禮也者，動於外者也。樂極和；禮極順。內和而外順，則民瞻其顏色，而弗與爭也。」又說：「樂由中出；禮自外作。樂由中出，故靜；禮自外作，故文。大樂必易；大禮必簡。樂至則無怨，禮至則不爭。揖讓而治天下者，禮樂之謂也。」還說：「樂者，天地之和也；禮者，天地之序也。和，故百物皆化；序，故群物皆別。」〈樂記〉言禮順而序，而樂極和，與《易》言履和相較，可見履兼禮樂，故能「和」。及其「至」也，民弗與爭，揖讓而治天下，物皆化而有別。再案：〈樂記〉嘗言「易簡」，已見上引，又言「天尊地卑，君臣定矣；卑高已陳，貴賤位矣；動靜有常，小大殊矣；方以類聚，物以群分。……」與〈繫辭傳〉「天尊地卑」章文字相近，必為同一時代同一學派所作，故得引而較論之。

❻……

原有「謙，尊而光；復，小而辨於物；恆，雜而不厭；損，先難而後易；益，長裕而不設；困，窮而通；井，居其所而遷；巽，稱而隱」。此省去。

❼**履以和行**

陸九淵曰：「履以和行，行有不和，以不由禮故也。能由禮，則和矣。」此為三陳。《周易玩辭》：「三陳：此一節推卦之用。」

❽……

原有「謙以制禮，復以自知，恆以一德，損以遠害，益以興利，困以寡怨，井以辨義，巽以行權」。此省去。

語譯

《易經》的興起，大概是在商末周初的中古時代吧？制作卦爻辭的人，大概心中懷有憂患吧？因為這種緣故，履卦，是道德建構的基礎。……履卦，和順於道德而達到社會和諧、生態平衡的目的。……履卦，運用和平的手段來推行大同的理想。

序卦傳

物畜然後有禮，故受之以履❶。履者，禮也❷。

注釋

❶物畜然後有禮，故受之以履

畜，可就兩方面說。從個人方面，修養自己美好的品德之後，可以親民，可以愛物，於是有人我、物我之間的溝通，這就產生「禮」。從人物方面說，眾人聚集，物以類別。上下、尊卑的禮數就產生了。熊十力《讀經示要》：「小畜，畜以文德，故禮興焉。此履卦所以次小畜也。」所重在個人修養方面。朱震《漢上易傳》：「物畜然後有上下尊卑之等，上下尊卑，所謂禮也。故次之以履。」所重在人物方面。張栻《南軒易說》：「以內言之，嘉會足以合禮；以外言之，萬物盛多可以備禮，故受之以履也。」所見較為周備。

❷履者，禮也

履與禮的關係，已見履卦卦辭注❶及上條注釋。以禮釋履，在訓詁學上是音近為訓，有明語源的作用。

語譯

個人品德修養好了，才有人我、物我間美好的溝通；人物聚集起來了，才有大小、高低等等的區別。這些都是履行禮數的源頭。所以接在小畜之後的是履卦。履，正是行禮的意思。

雜卦傳

履（ㄌㄩˇ），不（ㄅㄨˋ）處（ㄔㄨˇ）也（ㄧㄝˇ）❶。

注釋

❶履，不處也

以數象來說，履卦只有六三這一爻為陰，卻不得位，自然不能安處。《周易折中》案語已指出：「一陰不得位而行乎眾陽之中，不敢寧處也。」其他五陽也以不處為佳。王弼云：「履卦陽爻皆以不處其位為吉也。」見韓康伯《注》引。以義理來說，禮數必須履行才能發揮功用，才算完成；所以不停留。不處，是行進而不停留，也就是無論什麼時候，行為都要合乎禮。

語譯

禮數的履行，沒有停止的時候。

初九爻辭

初九❶：素履往❷，无咎❸。

當履初爻為老，他爻皆少，即由履之訟䷅；或明夷䷣初爻為少，他五爻皆老，即明夷之履：這兩種情形，都以履初九爻辭占。

注釋

❶初九

❷素履往

素是安於自己的本分；履者，禮也；履禮以踐行為重，所以要往，要去做。履初九之言「往」，就同師卦初爻所說「師出」一樣。素履往，與《中庸》言「君子素其位而行」，意為君子必須依照自己現在的身分地位而行事，二義近同。楊時《易說》：「君子素其位而行，素履也。不願乎其外，則无入而不自得矣，故往无咎。初九在一卦之下，君子敬修其可願，在此時而已。」郭雍《郭氏傳家易說》記其父兼山郭忠孝之言曰：「初九素富貴行乎富貴；素貧賤行乎貧賤；素夷狄行乎夷狄；素患難行乎患難。初，復之始也，是以言素。」宋儒已見及此。明末王船山《易內傳》：「素如《中庸》『素其位』之素，如其所當然之謂。」是也。案：或以「素」為樸素無華。王弼《注》：「履道惡華，故素乃无咎。」朱子《本義》從其說。胡炳文《周易本義通釋》：「蓋履，禮也。履初言素，禮以質為本也。賁，文也。賁上言白，文之極，反而質也。白賁无咎，其即素履往无咎與？」更取素履與賁上九爻辭白賁較論。說亦大佳。伊川門人游酢作《易說》，云：「《中庸》言君子素其位而行，不願乎其外，蓋位有貴賤得喪，而君子不因其位而改其素也。履之初言素履，亦猶是也。素之為言无飾也，大行不加，窮居不損，豈借美於外哉？」則合素位、無飾二義為一。

❸无咎

初九以陽居兌體之下，謙卑自牧，和悅而行，所以无咎。程《傳》：「若安其卑下之素而往，則无咎矣。夫人不能自安於貧賤之素，則其進也，乃貪躁而動，求去乎貧賤耳，非欲有為也。既得其進，驕溢必矣。故往則有咎。賢者則安履其素，其處也樂，其進也將有為也，故得其進，則有為而无不善，乃守其素履者也。」

語譯

履卦的初位是陽。依照自己的身分，遵守行為的規範，向前邁進，不致於犯錯。

象傳

素履之往，獨行願也❶。

注釋

❶素履之往，獨行願也

素履之往，即爻辭「素履往」；獨行願也，言只為了實踐本身所應承擔的行道之志願；而其他威脅利誘，皆不在意。程《傳》：「安履其素而往者，非苟利也，獨行其志願耳。獨，專也。若欲貴之心與行道之心，交戰於中，豈能安履其素也。」是。李心傳《丙子學易篇》：「素履往，即《中庸》所謂素位而行者也；

獨行願，即《中庸》所謂不願乎其外者也。」《郭氏傳家易說》：「故孔子曰：『不以其道得之，不處也；不以其道得之，不去也。』此素富貴貧賤之道也。『可以仕則仕，可以止則止，可以久則久，可以速則速。』此孔子之素履也。素履行己之義，非澤民之道，故曰獨行願也。」素履之義，仍有檢討空間。

語譯

守分守禮而前往，只為了實踐自己應該實踐的志願啊！

九二爻辭

九二❶：履道坦坦❷，幽人貞吉❸。

注釋

❶九二

當履第二爻為老，他爻皆少，即由履之无妄䷘；或升䷭第二爻為少，他爻皆老，即升之履：這兩種情形，都以履九二爻辭占。

❷履道坦坦

二為地面，所以於乾為見龍在田，在履為行於道路。坦坦，平坦舒泰之貌。亦即《論語》「君子坦蕩蕩」的意思。九二雖失位無應，然以剛居中，得其中道，所以行道之際，仍能平坦舒泰。

❸幽人貞吉

幽人，有二種解釋。《集解》引虞翻曰：「獄中故稱幽人。」指幽繫在獄之人。惠棟《周易述》、孔廣森《經學卮言》皆從虞說。俞樾《群經平議》更進一步指出：「太史公曰：『文王囚而演《周易》。』然則所稱『幽人』者，殆指文王而言乎！」此一說也。王弼《注》則不以囚幽為然，《正義》因此以幽人為幽隱之人。程《傳》、朱子《本義》，皆從孔說。姚配中《周易姚氏學》：「幽人謂隱士。〈魏志・管寧傳〉：『明帝詔青州刺史曰：「寧抱道懷貞，潛翳海隅。比下徵書，違命不至，盤桓利居，高尚其事；雖有履素幽人之貞，而失考父兹恭之義。」』《後漢書・荀爽傳》論云：『出處，君子之大致也。平運則弘道以求志；陵夷則濡跡以匡時。荀公之急急自勵，其濡跡乎？不然，何為違貞吉而履虎尾焉？』據此，則幽人為隱士，亦經師舊說。」此又一說也。總之，幽人是指隱居或被囚而無法有作為的人。九二以陽居陰，上蔽於六三；像君子不得其位，為小人所壓抑離間。然居於中位，終亦獲吉。《論語・公冶長》：「雖在縲絏之中，非其罪也。」《禮記・儒行》：「幽居而不淫。」義都相通。

語譯

履卦陽居第二位。以合乎禮節的態度履行在人生的道路上，感覺到平坦舒泰。即使隱居或被囚，不能有所作為，仍應遵守常規，必有收穫。

象傳

幽人貞吉，中不自亂也❶。

注釋

❶中不自亂也

以象言，九二以剛居中，內心堅定，奉行中道，故不自亂。以義言，君子處順易，處逆難。幽隱被拘之人，應時以「求仁得仁又何怨」提醒自己，不要自亂了方寸。程《傳》：「履道在於安靜。其中恬正，則所履安裕；中若躁動，豈能安其所履？故必幽人，則能堅固而吉。蓋其中心安靜，不以利欲自亂也。」

語譯

隱居或被囚的人，不能有所作為，仍應遵守常規，必有收穫的理由，是因為行道之心堅定，不被利欲擾亂啊！

六三爻辭

六三❶：眇而視，跛而履❷。履虎尾，咥人凶❸。武人為于大君❹。

注釋

❶六三

當履第三爻為老，他爻皆少，即由履之乾䷀；或坤䷁第三爻為少，他爻皆老，即坤之履：這兩種情形，都以履六三爻辭占。

❷眇而視，跛而履

兩「而」字，《注》、《疏》、《傳》、《義》本皆作「能」。帛書亦作「能」。惟《集解》本依虞翻《注》作「而」，此從《集解》本。而能聲近，古多通用。六三以陰居陽，以柔乘剛，不中不正，而位進爻，有才弱志剛，盲目行動之象。故以「眇而視，跛而履」來象徵。宋耿南仲《周易新講義》：「視欲正，視而不正，則眇者也；行欲中，行而不中，則跛者也。故歸妹初九不中則為跛；九二不正則為眇。履六三不中又不正，故跛眇兼焉。歸妹履皆兌下也。」是也。《集解》引虞翻曰：「離目不正，兌為小，故眇而視；視，上應也。」又引侯果曰：「六三，兌也，互有離、巽。離為目，巽為股，體俱非正。雖能視，眇目者也。雖能履，跛足者也。」是以履三體兌為「毀折」，二三四爻互體成離為目，非正體，離目兌毀，故有眇象；三四五爻互體成巽為股，亦非正體，巽股兌折，故有跛象。其說甚巧，唯釋歸妹則不可通。

❸履虎尾，咥人凶

此亦因才弱志剛，盲目行動，故有被咥之凶。考卦辭言：「履虎尾，不咥人，亨。」六三爻辭言：「履虎尾，咥人凶。」互相牴觸。這是由於卦辭據兌下乾上，順應天命而立論；爻辭據爻位不當，盲目行動而立論。王申子《大易緝說》：「彖總言一卦之體；爻則據其時與位而言，所以不同也。」胡炳文《周易本義通釋》：「凡卦辭以爻為主，則爻辭與卦同。如屯卦利建侯，而初爻亦利建侯。以卦上下體論，則爻辭與卦不同。如此卦云履虎尾不咥人，而六三則曰咥人是也。」

❹**武人為于大君**

武人，指剛武之人；于，猶「其」也。劉淇《助字辨略》舉《書・金縢》「于後」即「其後」，裴學海《古書虛字集釋》舉《左傳・襄四》「愚弄其民」，《潛夫論・五德志》改作「愚弄于民」以證。大君，指上爻。已詳師上六「大君有命」注釋。此句意思是：剛武之人，為了他的領袖，可能急躁而進，肆其剛烈。效忠領袖是對的，躁進逞暴是錯的，所以不書吉凶之占辭。然子路「暴虎馮河」，子所不與；及死衛君之難，子為覆醢，似不能无咎。案：「大君」，《注》、《疏》、《傳》、《義》均以為指六三，然三實非大君之位，說不可通。唯王申子《大易緝說》云：「若不顧強弱，勇猛直前，惟武人用之，以有為于大君之事則可。」得爻之義。又案：坤六三與履六三皆以陰居陽，而坤三內含六二之章光，而與上無應，志存謙退，故「或從王事，无成有終」。履三下乘初二之陽爻，而與上有應，志剛意滿，故有「武人為于大君」之象。

語譯

履卦陰居第三位，缺乏才能，偏又好強。就像眼睛小視力弱的人偏逞能要看；跛腳的人偏逞能要走。沒有養老虎的本領，偏要跟著老虎尾巴走，老虎咬人，就倒楣了。又像好勇的人為了領袖急躁而進。

象傳

眇能視，不足以有明也❶；跛而履，不足以與行也❷；咥人之凶，位不當也❸；武人為於大君，志剛也❹。

注釋

❶不足以有明也

缺少自知與知人之明。「明」，是行「禮」的第一條件。

❷不足以與行也

與行，參與實際行動。「行」，是行「禮」的第二條件。

❸位不當也

六三以陰居陽，表示才弱而行剛。

❹志剛也

三為陽位，又是進凶之爻，故志剛。此戒其太「過」。

語譯

眼小視弱的人雖也能看，卻無法看得清楚，不能算是具有明智的人；跛腳的人雖也能走，卻不能行走長遠，不能作為同道前進的伴侶。老虎咬人的災禍，是由於立身的不對。粗猛的人為了領袖而輕率行動，是因為意志太過剛強了。

九四爻辭

九四❶：履虎尾❷，虩虩❸，終吉❹。

注　釋

❶九四

當履第四爻為老，他爻皆少，即由履之中孚䷼；或小過䷽第四爻為少，他爻皆老，即小過之履：這兩種情形，都以履九四爻辭占。

❷履虎尾

九四以陽承陽，逼近九五至尊之位，而履五又決絕剛烈，所以也有跟在虎尾後面的感覺。據《漢書・百官公卿表》的記載：自元狩二年（西元前一二一年）丞相公孫弘薨後，繼任的六位丞相，除石慶外，無一善終。元狩五年李蔡有罪自殺；元鼎二年（前一一五）嚴青翟有罪自殺；元鼎五年趙周下獄死；征和二年（前九一）公孫賀下獄死；三年劉屈氂腰斬。三十年間，處死了五位丞相。伴君如伴虎，九四跟在九五之後，就是這種局面。胡炳文《周易本義通釋》：「《本義》於三之履虎尾，曰：『不中不正以履乾。』是以乾為虎，而三在其後也。於四之履虎尾，則曰：『亦以不中不正履九五之剛。』是以九五為虎，而四在其後也。」於此可知卦爻無定象，不可過分執著。

❸虩虩

《集解》、《注》、《疏》、《傳》、《義》本均作「愬愬」，帛書作「朔朔」。《說文》：「虩，《易》履虎尾虩虩、恐懼也。」《釋文》亦云：「馬本作虩虩，音許逆反，云恐懼也。」而愬，《說文》以為訴字的重文，是告訴的意思。故字當以虩虩為正，義為恐懼。〈繫辭傳〉：「四多懼。」九四以剛居柔，故能戒慎畏懼。

❹終吉

在險而懼，故終吉。胡炳文《周易本義通釋》：「三四皆不中正，而占有不同者：三多凶，以柔居剛，其凶也宜。四多懼，以剛居柔，所以終吉。」王申子《大易緝說》：「三柔而志剛，勇於行而不知懼；四剛而志柔，謹於行而知所懼也。懼而能防，是以終吉。」言理都很精彩。《群書治要》引《尸子・發蒙》：「《易》曰：『履虎尾，終之吉。』若羣臣之眾，皆戒慎恐懼，若履虎尾，則何不濟之有乎？」亦有當於經義。

語譯

履卦陽居第四爻，跟在老虎尾巴後面走，謹慎小心地，最後必有收穫。

附錄古義

《群書治要・引尸子發蒙》：「《易》曰：『若履虎尾，終之吉。若羣臣之眾，皆戒慎恐懼，若履虎尾，則何不濟之有乎？』」

《呂氏春秋・慎大覽》：「武王勝殷，得二虜而問焉，曰：『若國有妖乎？』一虜對曰：『吾國有妖。晝見星而天雨血，此吾國之妖也。』一虜對曰：『此則妖也；雖然，非其大者也。吾國之妖甚大者，子不聽父，弟不聽兄，君令不行：此妖之大者也。』武王避席再拜之。此非貴虜也，貴其言也。故《易》曰：『愬愬，履虎尾，終吉。』」

象傳

虩虩，終吉；志行也❶。

注釋

❶志行也

《正義》云：「以謙志得行。」是志行為行其謙志。程《傳》云：「志在於行而不處也。去危則獲吉矣。」是志行為志在離去。案：九四居上卦之下，又為退爻，所以孔云「謙志得行」，程云「行而不處」，於象皆通。但以理言之，處危險之境，應戒慎肆應，不應逃避現實，孔義似長。前註曾說到漢武帝逼死了五位宰相。但公孫弘自武帝元光五年（西元前一三〇年）拜為博士，次年升為左內史，元朔三年（前一二六年）升為御史大夫，元朔五年升為丞相。任內或「每朝會議，開陳其端，令人主自擇」。倘「罷敝中國」者，則「數諫」。武帝「通西南夷，東置滄海，北築朔方之郡」，在公孫弘的堅持下，「罷西南夷、滄海；而專奉朔方。」使武帝三方興師的政策，只能實現其一。因此使國家免於因軍費的浩大而陷於經濟枯竭。「志行」之「吉」，此為佳例。倘見國衰民苦而不救，絕非士子之行。

語譯

謹慎小心，終有收穫，因為行為合禮的願望能夠實現啊！

九五爻辭

九五❶：夬履❷；貞厲❸。

注釋

❶九五

當履第五爻為老，他爻皆少，即由履之睽䷥；或蹇䷦第五爻為少，他爻皆老，即蹇之履：這兩種情形，都以履九五爻辭占。

❷夬履

夬，決也，有判決、堅決的意思。夬履，是判斷事理，堅決實施。九五得位處尊，體乾能行，下兌悅之，故有此象。《集解》引虞翻曰：「謂三上已變，體夬象，故夬履。」認為履卦兌下乾上，六三變九三，上九變上六，上下二體互易，於是兌在上，乾在下，便成夬卦，故曰夬履。此「兩象易」之說，案：虞注履卦辭云：「變訟初為兌。」與此有異，虞《注》隨意說象，由此可知。近人劉百閔作《周易事理通義》，李漢三作《周易卦爻辭釋義》，皆以夬履即《莊子・讓王》「納履而踵決」之義，但與〈象傳〉「位正當也」意難切合。

❸貞厲

厲為威嚴之意；貞厲，是行事正確而為人有威嚴。九五居至尊之位，有中正之德，故能如此。船山《易內傳》：「厲之為訓，有以危而言者，厲无咎之類是也；有以嚴威為言者，婦貞厲之類是也。此言貞厲，謂其秉正而有威者。」最符爻義。案：「貞厲」之義，頗多異解。王《注》孔《疏》，都以履道惡盈，而五處尊，是以危厲。伊川申其說，程《傳》云：「五以陽剛乾體居至尊之位，任其剛決而行者也。如此則雖得正，猶危厲也。古之聖人居天下之尊，明足以照，剛足以決，勢足以專，然而未嘗不盡天下之議。雖芻蕘之微必取，乃其所以為聖也，履帝位而光明者也。若自任剛明，決行不顧，雖使得正，亦危道也，可固守乎？有剛明之才，苟專自任，猶為危道，況剛明不足者乎！」釋亦甚善。但「得正亦危」說，與〈象傳〉「位正當也」卻不切。劉百閔以貞厲為「聖貞自厲」，李漢三以貞厲為「守常不變則危」，亦不甚妥。反覆思考，唯船山「秉正而有威」之說最洽。

語譯

履卦陽居第五位。當廣採眾議，決定善舉之後，要斷然行事，堅決實施。並且要作得正確而有威嚴！

象傳

夬履，貞厲；位正當也❶。

注釋

❶位正當也

九五得位處尊，光明中正，體乾能行，下兌悅服故也。《本義》：「九五以剛中正履帝位，而下以兌說應之。」《集解》引干寶曰：「居中履正，為履貴主。萬方所履，一決于前。恐夬失正，恆懼危厲。故曰：夬履貞厲，位正當也。」可供參考。

語譯

判斷事理，堅決施行，並且要作得正確而有威嚴！因為居領導的位置，正應當如此啊！

上九爻辭

上九❶：視履考祥❷，其旋元吉❸。

注釋

❶上九

當履上爻為老，他爻皆少，即由履之兌☱；或艮☶上爻為少，他爻皆老，即艮之履：這兩種情形，都以履上九爻辭占。

❷視履考祥

視履，檢討過去所履行的事；考祥，考察吉凶之先兆。祥，謂吉凶之先見者，與過去行事有因果的關係。上九居履之終，所以應檢討過去，策勵未來。王弼《注》：「禍福之祥，生乎所履，處履之極，履道成矣，故可視履而考祥也。」是也。劉百閔《周易事理通義》：「《大戴禮記・四代》：『天道以視，地道以履，人道以稽。』履為憂患之卦，履上處履之極，履道成矣。能用天道之視，地道之履，而建立其人道之稽祥。」據古籍而發新義，但是不一定與《易》義全合。

❸其旋元吉

旋，有圓滿、反省二義。程《傳》以為「周旋无虧」，船山《易內傳》以為「反求諸己」。兩義可以互補。履上所以其旋元吉者，王弼《注》云：「居極應說，高而不危，是其旋也。履道大成，故元吉。」是也。關於履六爻，項安世《周易玩辭》曾作綜合分析，云：「履之六爻，皆以履柔為吉。故九二為坦坦；九四為愬愬終吉；上九為其旋元吉：皆履柔也。六三卦辭本善，終以履剛為凶；初九、九五所履皆正，然初僅能无咎，五不免於厲，皆履剛也。是故初則懼其失初心之正，而教之以保其素；五則懼其恃勢位之正，而教之以謹其決。蓋剛者，喜動而好決；任剛而行者，後多可悔之事也。」又分析一陰一陽之卦云：「一陰一陽之卦，在下者為復姤；在上者為夬剝：其義主於消長也。在二五者，陽在二為師之將；在五為比之主；陰在二為同人之君子；在五為大有之君子：其義主於得位也。在三四者，陽在三，則以剛行柔為勞謙；在四，則以剛制柔為由豫；陰在三，則以柔行剛為履；在四，則以柔制剛為小畜：其義主於用事也。大抵用事之爻，在下者為行己之事，在上者為制人之事。」反覆比較，十分精彩。

語譯

履卦最上面的位置是陽爻，回顧過去所履行的事，考察善惡吉凶的先兆。或者是圓滿無缺，或者雖有缺點而能反省改進，那就有最大的收穫。

象傳

元吉在上，大有慶也❶。

注釋

❶**元吉在上，大有慶也**

林希元《易經存疑》：「在上，履之終也。言於履之終，而得元吉，則大有福慶也。在上是解所以元吉；大有慶，是正解元吉。」

語譯

有最大的收穫，在履卦最上面的位置，大可慶賀啊！

泰卦經傳通釋第十一

卦辭

䷊乾下坤上泰❶：小往；大來❷。吉，亨❸。

注釋

❶䷊乾下坤上泰

泰，六畫之卦名，由三畫的乾在下，三畫的坤在上，重疊而成。〈序卦傳〉：「泰者，通也。」乾下象徵天氣下降，坤上象徵地氣上升。天地之氣互相感通，此即是泰。〈彖傳〉言：「天地交而萬物通；上下交而其志同。」〈象傳〉言「天地交泰」，皆取交通之義。在次第方面，〈序卦傳〉：「履而泰然後安，故受之以泰。」以為由履行而致通泰，特別是由禮的履行而致社會上下的感通，所以泰次於履。乾〈文言傳〉：「嘉會足以合禮。」〈繫辭傳上〉：「聖人有以見天下之動，而觀其會通，以行其典禮。」都說明了「會通」和「典禮」的相關。就占筮言，當泰六爻皆少，也就是本卦、之卦都是泰；或否䷋六爻皆老，也就是否之泰：這兩種情形，都以泰卦辭占。

❷小往；大來

小，指陰、地、小人；大，指陽、天、君子。卦爻辭無陰、陽字。（中孚九二爻辭「鶴鳴在陰」，陰假借為蔭。）陰但稱小；陽但稱大。往來，約有二解。其一，由內卦到外卦叫往；由外卦到內卦叫來。泰卦與否卦䷋倒反。泰卦坤三陰往外，是為小往；乾三陽來內，是為大來。《周易折中》引劉牧曰：「往來者，以內外卦言之。由內而之外為往；由外而復內為來。」是也。其二，由陰消陽息而言。坤䷁代表周曆十月，經十一月復䷗，十二月臨䷒，到正月泰䷊，三陽開泰，乾下已成；消陰三爻，坤退居外。《集解》引虞翻曰：「坤陰詘外為小往；乾陽信內稱大來。」又引蜀才曰：「此本坤卦，小謂陰也，大謂陽也。」孔穎達《正義》：「陰去故小往，陽長故大來。」皆採消息說。請參閱坤〈繫辭傳上．開物成務章〉注❹。小往大來象徵著陽長陰消，君子來了，小人走了。其義詳見泰〈象傳〉注釋。

❸**吉，亨**

是吉利又亨暢的意思。而這種吉利亨暢正源於陰陽的交通往來。在自然界是天上的雨露陽光的下降，地上萬物的生長繁茂；在人事界是領導者和基層人民意志溝通和協同。而且自然界和人事界在陰陽既對立又相吸引的觀念下統一了。程《傳》：「小謂陰，大謂陽。……陽氣下降，陰氣上交也。陰陽和暢則萬物生遂，天地之泰也。以人事言之，大則君上，小則臣下。君推誠以任下，臣盡誠以事君。上下之志通，朝廷之泰也。陽為君子，陰為小人。君子來處於內，小人往處於外，是君子得位，小人在下，天下之泰也。泰之道吉而且亨也。」已隱約暗示了這些觀念。特別要提出的是，這些觀念並非中國人所特有，它是世界性的。法國象徵主義詩人波特萊爾的〈呼應〉：「大自然是座宇宙，有生命的柱子，不時發出隱約的歌聲。」把大自然和生命綰合在一起，是一個例子。德國哲學家歌德說：「臨我頭上者，星空；律我內心者，道德。」又是一個例子。

語譯

六畫的泰卦，下卦是三畫的乾，上卦是三畫的坤。象徵著天氣下降，地氣上升；小人走了，大人來了。

有收穫，能亨通。

附錄古義

《漢書・劉向傳》：「向上封事云：『讒邪進則眾賢退；羣枉盛則正士消。故《易》有否泰：「小人道長；君子道消。」君子道消，則政日亂，故為否。否者，閉而亂也。「君子道長；小人道消。」小人道消，則政日治，故為泰。泰者，通而治也。《詩》又云：「雨雪麃麃，見晛聿消。」與《易》同義。』」

《國語・晉語四》：「十月，惠公卒。十二月，秦伯納公子。董因迎公于河，公問焉，曰：『吾其濟乎？』對曰：『臣筮之，得泰之八，曰：「是謂天地配，亨，小往大來。」今及之矣，何不濟之有？』」韋《注》云：「小喻子圉，大喻文公。」

象傳

泰，小往大來，吉，亨❶。則是天地交而萬物通也❷；上下交而其志同也❸；內陽而外陰❹；內健而外順❺；內君子而外小人❻；君子道長，小人道消也❼。

注釋

❶泰，小往大來，吉，亨

先引泰卦辭全文，以為作傳的依據。

❷則是天地交而萬物通也

「則是」為「是則」的倒文，猶「是以」為「以是」的倒文。作「這就是」解。劉淇《助字辨略》：「則是，是則，其義並同，承上文為斷辭也。」天地交而萬物通，泰卦乾在下，象徵天氣下降；坤在上，象徵地氣上騰。萬物因而得天地之氣的生養而亨通。代表著自然界天地陰陽之氣由原來天上地下對立的局面，位置互換，達到相交和合的局面。在天時地利的配合下，生命的勢能——乾，融入了生命的形質——坤之中，萬物成長了。邱富國《易全解》：「天地之形不可交，而以氣交；氣交而物通者，天地之泰也。」以為天地交是天地之氣相交。船山《易內傳》：「天以清剛之氣，為生物之神。而妙其變化，下入地中。以鼓動地之形質上蒸。而品物流形，無不暢遂。若否，則神氣不流行於形質，而質且槁。」則以天地交是天氣與地形交。

❸上下交而其志同也

上下交，指乾本在上者，今在下而與下交；坤本在下者，今在上而與上交。由自然現象類推人事，象徵著領導階層，深入民間，探訪民隱，以謀解決；老百姓們，也要把意見向上級反映，以供採用。領導階層和民間同心合力興利除弊，以求民富國強。《易全解》：「上下之分不可交，而以心交；心交而志同者，人事之泰也。」《易內傳》：「君以其心下體愚賤之情，而奠其日用飲食之質；民且上體君心，而與同憂樂。若否，則各據其是以相非，貌雖應而情相離。」《周易》言天道而落實於人事，明相對而追求其和合，於此可見一斑。以上二句以泰卦上下二體解釋卦名與卦旨。

❹內陽而外陰

下卦稱內，為乾，故曰內陽；上卦稱外，為坤，故曰外陰。《易全解》：「陰陽以氣言。」《易內傳》：「內陽外陰，如春風動於內，雖有寒氣在上，而生物之功必成；若否，外陽內陰，則如秋日雖柔，而肅殺暗行於物內。」

❺內健而外順

乾健而坤順。〈說卦〉：「乾，健也。」「坤，順也。」詳見乾坤之注釋。《易全解》：「健順以德言。」

《易內傳》：「內健外順，志秉剛正，有為而和順於物；若否，則色厲內荏，而戕物以從欲。」如移用到人事，我要再抄一段陳之藩〈把酒論詩——悼雷寶華先生〉中的話：「理直氣壯，應該是理事氣和；義正詞嚴可以改為義正詞婉。你想想，理既直矣，就不必氣壯了！義既正了，又何必詞嚴呢？」理直義正，即是內健；氣和詞婉，即是外順。

❻內君子而外小人

內卦乾象徵君子；外卦坤象徵小人。內君子而外小人，即親君子而遠小人之意。諸葛亮〈出師表〉：「親賢臣，遠小人，此先漢所以興隆也。」可移於此作注腳。以上三句以泰卦內外二體的卦德卦象，進一步發揮卦義。

❼君子道長，小人道消也

「消」有消退、散失、遠藏之義。或以為改變，非也。邵雍《觀物內篇》：「唐堯之世，非無小人也；是難其為小人也。故雖有四凶，不敢肆其惡。殷紂之世，非無君子也；是難其為君子也。故雖有三仁，不能遂其善。」蓋為消散、遠藏之義。王應麟《困學紀聞》引玉泉喻氏（名樗，字子才，龜山弟子）云：「泰，小人道消，非消小人也，化小人為君子也。」蓋取改變之義。然全祖望《經史問答》駁喻氏云：「此言似新，而實戾經旨。小人道消，是化小人而為君子；然則君子道消，是化君子為小人也。可以知其說之詖矣。」王應麟又云：「舜湯舉皋伊而不仁者遠。」舉皋伊，君子道長也；不仁者遠，小人道消也。消正是遠意。〈象傳〉此二句以六爻陰陽消長為義。

語譯

泰卦辭所說的「小往大來，吉，亨」，這就是天地之氣互相交接，於是萬物能夠亨通啊！上下之心互相交接，於是意志能夠相同啊！泰的內卦是三陽，外卦是三陰，顯示了內心堅強而態度柔和，接納君子而排拒小人。君子的力量一天一天的發展；小人的力量一天一天的消退啊！

附錄古義

《風俗通・愆禮》：「太原郝子廉饑不得食，寒不得衣，一介不取諸人。曾過姊飯，留十五錢，默置席下去。每行飲水，常投一錢井中。謹按：《易》稱：『天地交，萬物生；人道交，功勳成。』《語》：『願車馬，衣輕裘，與朋友共，敝之而無憾。』士相見之禮，贄用腒雉，受而不拒，而交答焉，唯祭飯然後拜之。孔子食於施氏，未嘗不飽。何有同生之家而顧錢者哉！傷恩薄禮，弊之至也！」

《初學記・十八・引魏文帝集》：「夫陰陽交，萬物成；君臣交，邦國治；士庶交，德行光。同憂樂共富貴而友道備矣。《易》曰：『上下交而其志同。』由是觀之，交乃人倫之本務，王道之大義，非特士友之志也。」

象傳

天地交，泰❶；后以財成天地之道❷，輔相天地之宜❸，以左右民❹。

注釋

❶天地交，泰

天地相交，萬物化生，暢茂繁殖。〈繫辭傳下〉：「天地絪縕，萬物化醇；男女構精，萬物化生。」亦有此義。此為泰卦得名之由。

❷后以財成天地之道

后，君也。《爾雅・釋詁》：「林、烝、天、帝、皇、王、后、辟、公、侯，君也。」《周易・大象傳》稱后者凡二：泰、姤。泰〈大象傳〉所言，皆君王之事，故稱后。財成，就是裁成。古人多作「劃分」講。如蔡淵《易象意言》云：「氣化流行，儱侗相續，聖人則為之裁制，以分春夏秋冬之節；地形廣邈，經緯交錯，聖人則為之裁制，以分東西南北之限：此裁成天地之道也。」個人曾經以為裁成當是裁奪而完成的意思。天地生物，如林莽野獸，或不為人所需；於是先民闢林莽，植五穀；逐野獸，飼家畜。裁奪而且完成了天地化育萬物之道。但年紀越大，越知自然界有一定的法則，人力過分干預，恐生反效果。

❸ 輔相天地之宜

輔，佐也；相，助也。輔相，幫助的意思。蔡淵《易象意言》：「春生秋殺，此時運之自然；高黍下稻，亦地勢之所宜。聖人則輔相之，使當春而耕，當秋而歛；高者種黍，下者種稻。此輔相天地之宜也。」所言頗為平實。熊十力《讀經示要》：「財，裁通。天地之化不齊，如自然界之繁賾奇詭，其勢力每足抑伏吾人，而若不可抗者；吾人終必盡其智能以深窮之，自官能所接，以至視聽不行之地，無不據實測以推求。探賾索隱，乃使自然寶藏，洩盡天機，而吾人得伸於自然之上。凡所以備物致用，設成器以為天下利，因天造地產之宜，而益之以人力，肇創偉大之功化者，無所不用其極。裁成輔相之盛如此。人類之知能，與乾坤之知能，通一無二，豈不偉哉！」卓識尤啟人深思。

❹ 以左右民

左右，即佐佑、輔助、保育的意思。熊十力《讀經示要》：「以左右民者，左者佐也，右者助也，此言人互相佐助也。……夫裁輔天地者，徒任知能而已，其於通志達情，猶未逮也。必人人相勉於互助，然後羣情不隔於形骸，眾志無分於彼此，斯乃大通之運，泰安之極也。故言裁輔，而必極其效於左右民。」以為左右民是人人互助意。《漢書・貨殖傳》：「于是辨其土地川澤丘陵衍沃原隰之宜，教民種樹畜養；五穀六畜及其魚鼈鳥獸雚蒲材幹器械之資，所以養生送終之具，靡不皆育。育之以時，而用之有節：屮木未落，斧斤不入于山林；豺獺未祭，罝網不布於野澤；鷹隼未擊，矰弋不施于徯隧。既順時而取物，然猶山不茬蘖，澤不伐夭，鯀魚麛卵咸有常禁。所以順時宣氣，蕃阜庶物，稸足功用，如此之備也。然後四民因其土宜，各任智力，夙興夜寐，以治其業；相與通功易事，交利而俱贍。非有徵發期會，而遠近咸足。故《易》曰：『后以財成輔相天地之宜，以左右民。』『備物致用，立成器以為天下利，莫大乎聖人。』此之謂也。」引泰〈象傳〉而加以闡發，所言：育之以時，用之有節；順時取物，順時宣氣：頗含環境生態保護之觀念。錄以供參考。

語譯

天地之氣相交接，萬物蓬勃地生長，這就叫作「泰」。國君因此劃分天時為春夏秋冬，劃分地理為南北東西，考察每一季節每一地區適合生長的生物，而輔助它生長，來幫助養育全國的人民。

附錄古義

《漢書・律曆志》：「三統者，天施地化人事之紀也。……《易》曰：『立天之道曰陰與陽。』……『立地之道曰柔與剛。』……『立人之道曰仁與義。』『在天成象，在地成形。』『后以裁成天地之道，輔相天地之宜，以左右民。』此三律之謂矣！」全文已見乾〈說卦傳・六位成章章〉附錄古義。

《漢書・貨殖傳》：已見注❹，此不贅。

序卦傳

履而泰，然後安，故受之以泰❶。泰者，通也❷。

注釋

❶履而泰，然後安，故受之以泰

《集解》無「而泰」二字，但云「履然後安故受之以泰」；《本義》：「晁氏云：鄭本无而泰二字。」此據《注疏》本。行履盡禮，則人情通達，物我無隔，然後內心充實，而能安泰。《集解》引荀爽曰：「謂乾來下降，以陽通陰也。」是以天地交泰解說通泰。又引姚信曰：「安上治民，莫善于禮，有禮然後泰，泰然後安也。」據《禮記・經解》「安上治民莫善於禮」及〈曲禮〉「人有禮則安，無禮則危」，以《禮》釋《易》。熊十力《讀經示要》：「泰卦與履相次。履，禮也。人道成至治之休，必非徒恃法治，而禮治其本也。通天下之志，暢萬物之情，莫盛於禮。禮者，自抑而不忘乎人，（自抑其私、故公。公即通，而能不忘乎人也。）故能互相佐助也。」溯源於《禮》，或受姚信影響。

❷泰者，通也

程《傳》云：「為卦坤陰在上，乾陽居下。天地陰陽之氣，相交而和，則萬物生成，故為通泰。」詳已見泰卦〈彖傳〉注釋。

語譯

依禮行事而身心舒暢，這樣才能心安理得，所以接著履卦的是泰卦。泰，正是舒暢通泰的意思。

雜卦傳

否、泰，反其類也❶。

注釋

❶否、泰，反其類也

泰、否二卦，在符號上，意義上，都顯示出相反的性質。泰☷乾下坤上，否☰坤下乾上，有著既陰陽相反，又上下相覆的錯綜關係。在意義上，泰為通，否為不通。卦辭：泰「小往大來」，否「大往小來」。〈彖傳〉：泰「天地交而萬物通，上下交而其志同」，否「天地不交而萬物不通，上下不交而天下无邦」；泰「內陽而外陰，內健而外順」，否「內陰而外陽，內柔而外剛」；泰「內君子而外小人。君子道長，小人道消」，否「內小人而外君子，小人道長，君子道消」。在在都表明其類相反。張栻《南軒易說》：「否，君子退而小人之類進也；泰，君子進而小人之類退也：此其類所以相反也。」已言及之。

語譯

否、泰兩卦，顯示出各種事物間相對相反的現象。

初九爻辭

初九❶：拔茅茹❷，以其彙❸；征，吉❹。

注釋

❶初九

當泰初爻為老，他爻皆少，即由泰之升䷭；或无妄䷘初爻為少，他五爻皆老，即无妄之泰：這兩種情形，都以泰初九爻辭占。

❷拔茅茹

茹，根相牽連。此指泰初九體乾，與九二、九三相牽連。王弼《注》：「茅之為物，拔其根而相牽引者也。茹，相牽引之貌也。三陽同志，俱志在外，初為類首，己舉則從，若茅茹也。」程《傳》：「初以陽爻居下，是有剛明之才而在下者也。時之否，則君子退而窮處；時既泰，則志在上進也。君子之進，必與其朋類相牽援，如茅之根然。拔其一，則牽連而起矣！茹，根之相牽連者，故以為象。」

❸以其彙

以，作「及」解；彙，類也。言及其同類的九二、九三。《漢書・劉向傳》記劉向上封事云：「故賢人在上位，則引其類而聚之於朝。《易》曰：『飛龍在天，大人聚也。』在下位則思與其類俱進。《易》曰：『拔茅茹以其彙，征吉。』在上則引其類，在下則推其類。故湯用伊尹，不仁者遠而眾賢至，類相致也。」得《易》古義。程《傳》：「彙，類也。賢者以其類進，同志以行其道，是以吉也。君子之進，必以其類。不惟志在相先，樂於與善；實乃相賴以濟。故君子小人，未有能獨立不賴朋類之助者也。自古君子得位，則天下之賢萃於朝廷，同心協力，以成天下之泰；小人在位，則不肖者並進，然後其黨勝而天下否矣！蓋各從其類也。」北宋黨爭，伊川為洛黨領袖。從此處可窺其心跡。

❹征，吉

征，足利本作「往」，自內往外，六四應之；而其相連的九二、九三，也能與六五、上六相應和；故吉。王弼《注》：「上順而應，不為違距，進皆得志，故以其類征吉。」

語譯

泰卦的初位是陽爻。就像拔茅草，草根相牽，連帶著別的茅草也一同拔上來一樣，正人君子，一個接一個地出現了。前進吧！必有豐盛的收穫。

附錄古義

《漢書・劉向傳》已見乾九五〈象傳〉附錄古義；又注❸亦引之。

《續漢書・五行志一》：「案《易》曰：『拔茅茹，以其彙；征，吉。』茅喻羣賢也。」

《三國志・魏書・崔林傳・注引魏名臣奏》：「孟達薦王雄曰：『臣聞明君以求賢為業；忠臣以進善為效。故《易》稱「拔茅連茹」；《傳》曰：「舉爾所知」。』」案：《傳》，指《論語》，所引見〈子路〉。

象傳

拔茅征吉❶，志在外也❷。

注釋

❶**拔茅征吉**

徐志銳《周易大傳新注》：「泰卦卦義為天地陰陽相交相和而致通，所以六爻皆以上下交與不交取義，而凡相應的爻位則皆相交。初九以剛爻與六四的柔爻相應，剛柔相應而相和，具有同一性，故言『拔茅征吉』。……泰卦的六爻，上下三柔三剛皆相應而具有同一性，因此，初九想動而上往應六四，九二、九三也想隨之而上往去應六五與上六。這有如拔一株茅草，其鬚根連帶而起都動了，想不動也不可能。」

❷**志在外也**

初九得位應四，自內往外。楊萬里《誠齋易傳》：「君子之志，在天下，不在一身；故曰：志在外也。」徐志銳《周易大傳新注》：「外指外卦的坤體三個柔爻，即內卦乾體三個剛爻均有志於同外卦坤體三個柔爻相交相和而致通。」

語譯

像茅草根連根一起拔上來似的，君子一同努力向上，必有收穫；因為立志四方，要往外發展啊！

九二爻辭

九二❶：包荒❷，用馮河❸，不遐遺❹，朋亡❺，得尚于中行❻。

注釋

❶九二

當泰第二爻為老，他爻皆少，即由泰之明夷䷣；或訟䷅第二爻為少，他爻皆老，即訟之泰：這兩種情形，都以泰九二爻辭占。

❷包荒

包，包容。荒，大也。《詩・蟋蟀》「好樂無荒」，〈公劉〉「豳居允荒」，〈天作〉「太王荒之」，毛《傳》均云「荒，大也」。亦指荒服。包荒，言包容至大至廣，直到邊遠荒服之地。劉百閔《周易事理通義》：「包，容也。荒，荒服也。古代京畿之外，分地為五等，謂之五服——服者，言服事天子也。服，五百里；四方相距為五千里。五服，侯、甸、綏、要、荒服也；荒服去京師最遠。荒，〈曲禮〉：『地廣大荒而不治』者也。泰二以陽剛居下卦乾體之中，上應上卦坤體之五。坤為地為廣。故泰二有包荒之象。」是也。案：包荒之字，頗多異文。《說文》作「包巟」，云：「巟，水廣也；从巛，亡聲。《易》曰：『包巟，用馮河。』」《釋文》作「苞荒」，云：「苞，本又作包；荒，本亦作巟。」帛書則作「枹妄」。妄，當為巟字之誤。包荒之義，亦多異說。王弼《注》謂「包含荒穢」，程《傳》、朱子《本義》皆從之，說不可通。近人聞一多作《周易義證類纂》，高亨作《周易古經今註》，均釋包荒之包為匏，則為渡河浮身之具。說雖極巧，然以釋否六二包承，六三包羞，終覺未安。偏研古今注，乃從鄉前輩劉百閔先生之說。

❸**用馮河**

用，因也。馮河，同《論語・述而》「暴虎馮河」的馮河。《論語集解》引孔安國《訓解》，又朱熹《論語集注》，均謂：「馮河，徒涉。」此云「用馮河」，程《傳》云：「泰寧之世，人情習於久安，安於守常，惰於因循，憚於更變，非有馮河之勇，不能有為於斯時也。馮河，謂其剛果足以濟深越險也。」是就義理說。來知德《周易註》：「二變則中爻成坎水矣，河之象也。河水在前，乾健利涉大川。」以九二為老，變成六二，與九三、六四成坎，有河之象，是就象數說。

❹**不遐遺**

不遺棄的意思。遐為語助詞，無義。《詩・汝墳》：「不我遐棄。」屈翼鵬先生《釋義》云：「詩中凡『不遐』（遐，或作瑕）兩字冠於句首，或云『不……遐……』者，遐字皆語助無義。」此云「不遐遺」，即不遺。所不遺棄者，包荒馮河的勇氣與責任。案：遐，《集解》引荀爽曰「遼遠」，《正義》：「遐，遠也。」不遐遺，程《傳》：「雖遐遠不可遺。」朱《義》：「不遺遐遠。」意為：雖荒服之地，不以遐遠而棄之。義亦可通。錄作參考。

❺**朋亡**

朋，指初九、九三；朋亡，指與初九、九三離散。泰初九「以其彙」，九二則欲其「朋亡」。元儒龔煥於此有說，《周易折中》引其言云：「初九在下之賢，則欲其引類而進；九二大臣，所以進退天下之人才者，故欲亡其朋類。惟亡其朋類，則能用天下之賢；若獨私其朋，則天下之賢，有不得進用者矣，此其所以不同也。」劉百閔更以泰初「以其彙」、泰二「朋亡」與坤之「得朋」、「喪朋」較論。《周易事理通義》：「朋亡，與坤『東北喪朋』之喪朋同義。泰初之『以其彙』，亦與坤『西南得朋』之得朋同義。〈坤彖傳〉：『西南得朋，乃與類行。』故『以其彙』，亦謂『乃與類行』也。『東北喪朋，乃終有慶。』故『朋亡』，亦當『乃終有慶』矣。坤以陰從陽為喪朋，泰則以陽事陰為朋亡。泰卦以天地交而萬物通上下交而其志同為卦義，則自不以類與為相得朋亡為有喪也。」案：帛書作「弗忘」，弗、朋，形近；亡、忘，音同。或字當作

「弗亡」，意為不死。

❻得尚于中行 得，德也。古德字皆作得。尚，庶幾也。《說文》：「尚，曾也，庶幾也。从八，向聲。」中行，行能合乎中庸之道者，猶《論語・子路》：「不得中行而與之，必也狂狷乎。」之「中行」。《禮記・中庸》：「天下國家可均也，爵祿可辭也，白刃可蹈也，中庸不可能也。」由於中庸之難能，故以「尚于」表庶幾之意。就象言，六五居上卦之中，為中行；故六五〈象〉曰：「中以行願也。」九二與六五相應，為得尚于中行。船山《易內傳》：「二陽三陽方相與為類，以居內用事。二不堅於立黨，遠收六五之用，乃不偏倚，而尚於中道矣。言尚者，道大則合於君德，二雖在下，而實君也。蓋內君子外小人者，用舍之大經也；而君子得朋相尚，過於遠小人，不能隨材器使，則有怙黨交爭之害。故雖外之，而未嘗不授之以位，達之以情，坦然大公，人皆自得，乃為交泰之盛。李膺杜密不亡其朋，使邪黨得乘之以相傾。習尚相沿，延及唐宋。近逮啟禎之際，黨禍烈而國隨以亡，大易之垂訓烈矣哉！」屈翼鵬先生《周易集釋初稿》：「古尚上通用，中行，路中也。」則此句意為：能夠從河中爬上到路中。錄作參考。

語譯

泰卦陽居第二位。作為社會的中堅分子，必須志在四方，有包容、經營八荒的決心。因此逢水渡河，不拋棄自己的責任。雖然離別了自己的至朋好友，在德行上說，也許正合乎中庸之道。

象傳

包荒，得尚于中行❶；以光大也❷。

注釋

❶ **包荒，得尚于中行**

舉爻辭首尾二句，實包含爻辭全文，以為作傳之依據。

❷ **以光大也**

光大，猶言廣大。以剛居中，其志廣大，故能經營邊荒，德合中行；有馮河之剛，有不遺之大，有朋亡之公。《周易折中》案語：「包荒而得合乎中道者，以其正大光明，明斷無私。是以有馮河之決，有不遐遺之照，有朋亡之公，以與包荒相濟，而中道無不合也。」

語譯

經營八荒，德行合乎中道；正是他志向廣大的表現！

九三爻辭

九三❶：无平不陂，无往不復❷：艱貞，无咎❸，勿恤其孚，于食有福❹。

注 釋

❶九三

當泰第三爻為老，他爻皆少，即由泰之臨䷒；或遯䷠第三爻為少，他爻皆老，即遯之泰：這兩種情形，都以泰九三爻辭占。

❷无平不陂，无往不復

平，指陽道平易；陂，指陰道傾斜。九三居三陽的頂點，與上卦三陰相接，為由平而傾的轉捩點。往，指泰卦三陽由內卦往外，成否之上卦；復，指否卦三陰，亦往泰之上卦復生。兩言「无……不……」，正是易理循環的基本觀點。程《傳》：「三居泰之中，在諸陽之上，泰之盛也。物理如循環，在下者必升，居上者必降，泰久而必否，故於泰之盛、與陽之將進，而為之戒曰：无常安平而不險陂者，謂无常泰也。无常往而不返者，謂陰當復也。平者陂，往者復，則為否矣。」

❸艱貞，无咎

泰三過中處盛，當多凶之位，本有咎道；因值乾三之爻，能終日乾乾，得位並以剛勝，艱苦以處事，貞固以幹事，故得无咎。於此可見易道不僅示人以吉凶；在人力可能的範圍內，更示人如何无咎。程《傳》：「方泰之時，不敢安逸，常艱危其思慮，正固其施為，如是則可以无咎。」徐直方《易解》更指出：「小人所以勝君子者，非乘其怠，則攻其隙；艱則無怠之可乘，貞則無隙之可攻。如此則可以无咎。」所言更為具體。直方字立大，《易解》在南宋咸淳三年（一二六七）成書，曾進呈給朝廷。茲自《周易折中》轉引。

❹勿恤其孚，于食有福

恤，憂慮。孚有二義：一為己之信譽卓著；二為天地運作，恆健信實。食，伊川謂「祿食」，朱駿聲《六十四卦經解》云「即宗廟……饋食之食」。九二包荒而朋亡，應五而棄三；故九三本有夕惕之憂。惟九三以陽居陽，孚信卓著，立場正確；並且明白自然界平陂往復的現象，領悟陰陽交通和合的道理，上應上六，能得其所求，因而不必憂慮自己誠信的落空，和自然循環之現實。而且三為三公，上為宗廟。九三設饋食以祭宗廟，靠著上六，亦能食祿有福。船山《易內傳》：「三非樹三為黨者。三若懷念不舍，固相結以擯陰，則內外離析，而泰交不成。惟忘私以懷遠而應乎上，則與九二朋亡之義合矣。陽主治，陰主養。……不擯陰而善成之，則宣力報效，受其福矣。」案：泰九三爻辭環環相扣，項安世《周易玩辭》有整體之論述。曰：「兩言无不者，明此皆天道之必至而有孚者也。人能知此，則當泰之極，不可不盡人事以防之。艱則不敢易也；貞則不敢弛也。撫極泰之運，而操心之危如此，則舉動之際，必无過咎。夫然後彼之必至之孚，可以勿恤；我之固有之福，可以長享矣。乾之九三，固能乾乾夕惕，雖危无咎者也。用以居泰，不亦宜乎！」錄之以供參考。

語譯

泰卦陽居第三爻。處在乾下坤上的交接點。就好像沒有任何一條平坦的道路絕對不傾斜；又好像沒有任何一種過往的事物不反覆重現；它已到了由平而斜，由往而復的關頭了。只要艱苦地而正常地做事，不會有過錯。不需要擔憂自然循環之現實和自己誠信的落空，會有福氣備食品以供祖先，並吃到老百姓繳納的俸祿。

象傳

无平不陂❶，天地際也❷。

注釋

❶**无平不陂**

舉首句以賅爻辭全文。《注》、《疏》、《傳》、《義》本皆作「无往不復」，則取其最重要一句，以彰顯易道之往復循環。茲據《集解》本。

❷**天地際也**

凡三四爻亦稱「際」。故泰九三〈小象〉言「天地際也」，坎六四〈小象〉言「剛柔際也」。泰三當乾下為天，坤上為地的交接處，故云天地際也。程《傳》：「无往不復，言天地之交際也。陽降於下，必復於上；陰升於上，必復於下。屈伸往來之常理也。因天地交際之道，明否泰不常之理，以為戒也。」

語譯

泰九三所說的「无平不陂」等等，都因為九三處於乾下坤上交接處的緣故啊！

附錄古義

《後漢紀・章帝紀》：「是時，烏孫王遣子入侍；上問鄭弘：『當答其使不？』弘對曰：『烏孫前為大單于所攻，陛下使小單于往救之，尚未賞。今如答之，小單于不當怨乎？』上以弘議問侍中竇憲，對曰：『《禮》曰：「禮有往來。」《易》曰：「無往不復，天地際也。」弘，章句諸生，不達國體。』上遂答烏孫使。小單于忿，悉攻金城郡，殺太守任昌。」

六四爻辭

六四❶：翩翩不富，以其鄰❷；不戒以孚❸。

注釋

❶六四

當泰第四爻為老，他爻皆少，即由泰之大壯䷡；或觀䷓第四爻為少，他爻皆老，即觀之泰：這兩種情形，都以泰六四爻辭占。

❷翩翩不富，以其鄰

翩翩，群飛而下貌。泰上下各爻皆互應，六四居坤之首，故率群下飛。就像初九居乾之首，拔茅連根帶起二、三株一樣。不富，有謙虛而不自滿之義。六四陰爻，陰小而虛，故有謙而不滿之象。以，及也；鄰，指六五、上六兩爻。劉百閔《周易事理通義》：「四以坤陰不富，乃與其五六之鄰翩翩疾飛而下從乾陽。泰卦以上下交為義，四居坤首，翩翩之以其鄰，猶初居乾首，拔茅之以其彙；從陽求陰，其志同也。」

❸不戒以孚

戒，教戒；以，而也；孚，信也。何楷《古周易訂詁》：「四能挾其並居之鄰，相從而下者，以三陰皆欲求陽，故不待教戒，而能以之下孚乎陽也。」李簡《學易記》：「陰氣上升，陽氣下降，乃天地之交泰也；上以謙虛接乎下，下以剛直事乎上，上下相孚，乃君臣之交泰也。君臣交泰，則天下泰矣！故下三爻皆以剛直事其上，上三爻皆以謙虛接乎下。四當二卦之爻，故發此義。」泰九三言「勿恤其孚」，六四言「不戒以孚」，項安世嘗較論之。《周易玩辭》：「六四之徒樂於世變，故以不戒以孚為遂其心；九三之位正當其變，故以勿恤其孚為自強其志。」讀者試參二處注釋細思。

語譯

泰卦陰居第四位。謙虛而不自滿地跟鄰居們翩翩下飛。陰陽相悅，彼此同心，所以不須教訓，而真情自在其中。

象傳

翩翩不富，皆失實也❶；不戒以孚，中心願也❷。

注釋

❶皆失實也

陽實陰虛，六四體坤，純陰無陽，故曰失實，言「皆」者，不獨六四失實而已，六五、上六皆失實也。〈象傳〉以「皆失實也」釋爻辭「翩翩不富」，堪注意者二：一、由「皆」字，知「翩翩」者非一。所以前注爻辭採何楷之說，以「翩翩」為「群飛而下貌」。二、由「失實」，知「不富」之「富」為「實」義。實為虛之反，故「不富」有虛而不滿之義。《周易玩辭》：「彼方與其鄰背富而違實，我當主持其類，保富而食實。故六四曰翩翩不富，皆失實也；九三曰勿恤其孚，于食有福。……凡陰為貧為虛為禍；凡陽為富為實為福。」較論九三、六四，錄作參考。

❷中心願也

與〈象傳〉「上下交而其志同也」同義。六四與初九互應而相悅，從陽求陰，中心所願，固不待教而信。

案：陽象徵男性、心靈、理智、公益……；陰象徵女性、形體、情感、私利……。坤卦注釋已詳言之。下面語譯以男女為喻，而義實不限於男女也。

語譯

謙虛而不自滿地成群下飛，因為六四跟六五、上六一樣，都缺少男朋友啊；不須別人告訴而真情相悅，因為這正是自己內心的願望啊！

六五爻辭

六五❶：帝乙歸妹❷，以祉元吉❸。

注釋

❶六五

當泰第五爻為老，他爻皆少，即由泰之需䷄；或晉䷢第五爻為少，他爻皆老，即晉之泰：這兩種情形，都以泰六五爻辭占。

❷帝乙歸妹

帝乙，《集解》引虞翻云：「紂父。」《史記・殷本紀》：「帝乙崩，子辛立，是為帝辛；天下謂之紂。」為虞說所本。歸妹，商代嫁女之稱。姬佛陀《戩壽堂所藏殷虛文字》記載甲骨卜辭中有「乙未帚妹」之辭。顧頡剛作《周易卦爻辭中的故事》，據《詩・大明》：「文王嘉止，大邦有子。大邦有子，俔天之妹。文定厥祥，親迎于渭。」以為帝乙歸妹者，帝乙嫁女為文王之妻。泰六五以柔居尊，下應九二；而二三四爻互體為兌☱，三四五爻互體為震☳，兌下震上，為歸妹䷵。故以帝乙歸妹象之。

❸以祉元吉

以，有也；祉，謂福祿。《左傳・哀公九年》載陽虎筮得本爻，曰：「帝乙之元子，歸妹而有吉祿。」以祉元吉，即有吉祿之意。程《傳》：「六五以陰柔居君位，下應於九二剛明之賢。五能倚任其賢臣而順從之，如帝乙之歸妹然。降其尊而順從於陽，則以之受祉且元吉也。」

語　譯

泰卦陰居第五位。像商朝的帝乙把女兒嫁給周文王一樣，筮得此爻，真有福祿，大吉大利。

附錄古義

姬佛陀《戩壽堂所藏殷虛文字》：「……[甲骨文]」。顧頡剛以「[甲骨文]」為「歸妹」。見《古史辨》第三冊氏作《周易卦爻辭中的故事》。

商承祚《殷契佚存》：「[甲骨文]」。

董作賓《小屯殷虛文字甲編》：「[甲骨文]……[甲骨文]……[甲骨文]」。

《左傳・哀公九年》：「晉趙鞅卜救鄭，遇水適火，占諸史趙，史墨，史龜。史龜曰：『是謂沈陽，可以興兵。利以伐姜，不利子商。伐齊則可，敵宋不吉。』史墨曰：『盈，水名也；子，水位也。名位敵，不可干也。炎帝為火師，姜姓其後也；水勝火，伐姜則可。』史趙曰：『是謂如川之滿，不可游也。鄭方有罪，不可救也。救鄭則不吉，不知其他。』陽虎以《周易》筮之，遇泰䷊之需䷄，曰：「宋方吉，不可與也。微子啟，帝乙之元子也；宋鄭，甥舅也；祉，祿也。若帝乙之元子歸妹而有吉祿，我安得吉焉？」』乃止。」

《白虎通・姓名》：「何以知諸侯不象王者以生日名子也；以太王名亶父，王季名歷，此殷之諸侯也。《易》曰：『帝乙』，謂『成湯』；《書》曰『帝乙』，謂六代孫也。」

《後漢書・荀爽傳》：「爽對策曰：『《易》曰：「帝乙歸妹，以祉元吉。」婦人謂嫁曰歸。言湯以娶禮歸其妹於諸侯也。』」

《漢紀・十七・宣帝紀論》：「荀悅曰：『尚公主之制，人道之大倫也。昔堯釐降二女於媯汭，嬪於虞。《易》曰：「帝乙歸妹，以祉元吉。」《春秋》稱「王姬歸於齊。」古之達禮也。男替女陵，則淫暴之變生矣；禮自上降，則昏亂於下者眾矣。三綱之首，可不慎乎？』」《初學記・十・引風俗通》：「《易》稱：『帝乙歸妹，以祉元吉。』婦人謂嫁娶之禮曰歸。歸其妹於諸侯，享終吉也。」

象傳

以祉元吉，中以行願也❶。

注釋

❶中以行願也

中，六五居中，能行中道。以，而也。行願，行己所願。王宗傳《童溪易傳》：「中以行願，謂以柔中之德，而行此志願，以合乎下。故能受其祉福且元吉也。所謂上下交而其志同如此。」指出二、五互應，即上下交。項安世《周易玩辭》曰：「泰之所以成泰者，以九二六五上下相交，其志同歸於中行，所以泰也。九二之陽上交於五，如舜之尚見於帝，故曰得尚於中行。九二之中行，即指六五之中以行願也。六五之陰下交於二，如帝女之下嫁於諸侯，故曰帝乙歸妹。治泰之事皆九二主之，六五同心以享其效而已。故九二之爻辭言事甚多，而不言其福；六五之爻辭言福，而不及事。人君之道，莫善於此，故曰元吉。」較論二、五兩爻，頗富卓見。

語譯

真有福祿，大吉大利，因為能以中道來實現自己的心願啊！

上六爻辭

上六❶：城復于隍❷，勿用師❸，自邑告命❹，貞吝❺。

當泰上爻為老，他爻皆少，即由泰之大畜䷙；或萃䷬上爻為少，他爻皆老，即萃之泰：這兩種情形，都以泰上六爻辭占。

注釋

❶上六

❷城復于隍

隍，城下無水的溝池。《說文》：「隍，城池也。有水曰池；無水曰隍。」城復于隍，是城土崩塌，落回城溝。譬喻通泰時代的結束，否塞現象之將臨。泰卦至終，行將成否，故有此象。弼《注》：「居泰上極，各反所應，泰道將滅，上下不交，卑不上承，尊不下施，是故城復于隍，卑道崩也。」用物極必反的道理來說明。程《傳》：「掘隍土積累以成城，如治道積累以成泰。及泰之終，將反於否，如城土頹地，復反于隍也。」指出了譬喻的意思。案：泰卦取義於「天地交而萬物通也；上下交而其志同也」，所以六爻上下交應。《周易折中》引劉定之曰：「初與四相交，泰之始也。故初言以其彙，如茅之連茹；四言以其鄰，如鳥之連翩。二與五相交，泰之中也。故五言人君降其尊貴以任夫臣；二言大臣盡其職任以答夫君。三與上相交，泰之終也。故三言平變而為陂；上言城復而為隍。」再案：《朱子語類》嘗記朱熹和學生董銖談起「泰卦無平不陂無往不復與城復于隍」，董銖因此問：「否泰相乘如此，聖人因以垂戒？」朱子說：「此亦事勢之必然。治久必亂，亂久必治。天下無久而不變之理。」於是董銖接著說：「天下治亂皆生於人心。

治久則人心放肆，故亂因此生；亂極則人心恐懼，故治由此起。」朱子再加補充說：「固是生於人心，然履其運者，必有變化持守之道可也。如明皇開元之治，自是好了；若但能把捉，不至如天寶之放肆，則後來亦不應如此狼狽。」董銖因言：「觀聖人立象係辭，當好時，便須有戒懼收斂底意；當不好時，便須有艱難守正底意。徹首徹尾，不過敬而已。卦中無全好者，亦無全不好者。大率敬即好，不敬即不好。」朱熹頷首，表示同意。從以上師生交談中，可以看出易道循環與人事努力間的平衡點，為命運決定論與意志決定論添一段佳話。

❸**勿用師**

城塌於溝，泰終成否；上下不通，君民兩乖，所以不必用兵了。程《傳》：「君之所以能用其眾者，上下之情通而心從也。今泰將終，失泰之道，上下之情不通矣。民心離散，不從其上，豈可用也！」

❹**自邑告命**

從所居的城邑發布自我檢討的文告。惠棟《周易述》：「邑，天子之居也。《逸書》言『西邑夏』、『大邑周』；〈多士〉言『天邑商』，皆謂天子之居。」來知德《周易註》：「惟可自一邑親近之民播告之，漸及于遠，以論其利害可也。」

❺**貞吝**

貞，指自邑告命雖然正確；吝，言仍屬遺憾的事情。來知德《周易註》：「此收拾人心之舉，雖亦正固；然不能保邦于未危之先，而罪已下詔于既危之後，亦可羞矣。」

語譯

泰卦最上面的一爻是陰。泰卦到終了，快要變成否卦，就像城牆塌在城溝裡面，是不能用兵的了。要從所居的城邑發布自我檢討的文告，這樣作雖然很對，但也十分遺憾。

象傳

城復于隍，其命亂也❶。

注釋

❶其命亂也　此指出城復于隍的原因為教令政令的紊亂；而當城復于隍之時，雖自邑告命，但命亦亂，也無法挽回亂局。孔穎達《正義》：「若教命不亂，臣當輔君，猶土當扶城；由其命錯亂，下不奉上，猶土不陪城，使復于隍。」來知德《周易註》：「命字謂政令也。蓋泰極而否，雖天運之自然，亦人事之致然。惟其命亂，所以復否。聖人于泰終而歸咎于人事，其戒深矣。」

語譯

像城牆塌回到城溝裡，社會秩序土崩瓦解，這是政令不當的結果！到這時候，再有命令也成亂命，挽回不了亂局！

否卦經傳通釋第十二

卦辭

䷋坤下乾上否❶：否之匪人❷，不利君子貞❸，大往小來❹。

注釋

❶䷋坤下乾上否

「否」字原脫，依例補之。否，六畫之卦名，由三畫的坤在下，三畫的乾在上，重疊而成。《說文》：「否，不也，从口从不，不亦聲。」古音讀如「鄙」，義亦相假借。《釋名》：「鄙，否也。小邑不能遠通。」所以否借為鄙而有不通之義。否卦坤下乾上，地氣下潛，天氣上升，相違而不交。〈彖傳〉：「天地不交而萬物不通。」〈象傳〉：「天地不交，否。」都以不能交通釋否。〈序卦傳〉：「泰者，通也；物不可以終通，故受之以否。」熊十力《讀經示要》云：「泰之後，次以否者，世界非絕對也；萬有本無常也。物不可終通，將變而成否。否，塞也。泰安日久，人將習於偷。偷也者，萬惡之源也。萬善本乎剛健，萬惡成於偷懈，非嚴於自反者不知也。故泰久而否。」這是否卦所以次於泰卦的原因。在卦體上，否卦是泰卦的陰陽相變；也是泰卦的陰陽顛倒。這裡必須注意的是：世運一泰一否，似萬化之情，無往不復，循境不止。因而使人陷於「輪迴說」、「宿命論」的消極人生觀中。此絕非大易之本意。《讀經示要》於此有精審的分辨：「試深察古今之變，則後世之否或泰，與前代之否或泰，其在精神與物質各方面之表現，要自有各時代特具之點。不可謂後之所為，一切皆返於前之故轍也。大易本明剛健日新，與變動不居之盛德，豈可以循環論之曲見，妄測《易》義哉！」熊十力更以登山為喻，說：「余嘗遊履危峯，徑途險阻，無可直行而前。時須退而旁繞，再圖上登。雖在前進長途之各階段中，嘗不免忽前忽卻，然通而計之，則只有進前，而未曾後卻也。人羣進化之程，略近於是。否泰迭乘，為進化中所不能免。亦猶山行之前卻不定，終必達於高峯耳。若誤計否泰迭乘，為反進化之循環論，則其不究理道，而闇於《易》義已甚矣。且進化無終極也。造化固時時毀其成功，而創新不已。人羣進化亦無終點，即無圓滿之止境。然此非人道之憂，唯常在不圓滿中，而後人生有自奮於行健與日新之樂。否則一登止境，更無所事，而人生意義，亦黯淡無足言矣。」就占筮言，當否六爻皆少，也就是本卦、之卦都是否；或泰䷊六爻皆老，也就是泰之否：這兩種情形，都以否卦辭占。

❷否之匪人

否卦有陰長陽消，以坤滅乾之象；在人事，為以臣逼君，以子逼父。不是作人的正常現象。《集解》引虞翻曰：「坤滅乾，以臣弒其君，子弒其父。」言象可從。孔穎達《正義》：「言否閉之世，非是人道交通之時，故云匪人。」兼山郭忠孝更指出否閉之世小人不但敢背道追求個人發展；還敢抹黑正直的人，編造罪名構陷正人君子。《郭氏傳家易說》：「(小人)非惟敢詘道而信身，又將惡直醜正，協比讒言以陷人。」釋義都很對。朱子《本義》以「匪人」為「非人道」；而又疑「之匪人三字衍文」。考〈彖傳〉引卦辭亦有「否之匪人」句，所以「之匪人」不可能是衍文。帛書作「婦之非人」，亦有此句。

❸不利君子貞

陰來滅陽，小人道長，君子道消，所以不利於君子之守正道。船山《易內傳》：「不利君子貞，非利於小人之不貞，亦非君子可不貞而利。陰據要津，君子無所往而得利，貞且不利，況可不貞乎？然君子雖不利，而固守其貞也。此言利者，與害相對之辭。」分析極為精細。另外要注意的是：當否之時，只是不利於君子，但是絕非君子之不存在。熊十力《讀經示要》：「然人道衰絕時，亦非無孤陽之存。但孤陽為羣陰之淫勢所掩，而無以行其志，故曰不利君子貞。」就是此意。

❹**大往小來**

否卦與泰卦☷既相反又相倒。否卦乾三陽往外，是為大往；坤三陰來內，是為小來。象徵著陰長陽退；君子走了，小人來了。

語　譯

六畫的否卦，下卦是三畫的坤，上卦是三畫的乾。象徵著地氣下藏，天氣上升，相違而不通。在這閉塞的時代，已失去為人處世正常的標準。所以不利於正人君子的遵守正道。君子隱退了；小人上來了。

附錄古義

《國語・周語下》：「單襄公曰：『成公之歸也，吾聞晉之筮之也，遇乾之否，曰：「配而不終，君三出焉。」一既往矣；後之不知，其次必此。』」

《中論・虛道》：「夫惡猶疾也：攻之則益悛；不攻則日甚。故君子之相求也，非特興善也，將以攻惡也。惡不廢則善不興，自然之道也。《易》曰：『否之匪人，不利君子貞，大往小來。』陰長陽消之謂也。」

彖傳

否之匪人，不利君子貞，大往小來❶。則是天地不交而萬物不通也❷；上下不交而天下无邦也❸；內陰而外陽❹；內柔而外剛❺；內小人而外君子❻；小人道長，君子道消也❼。

注釋

❶否之匪人，不利君子貞，大往小來

先引否卦辭的全文，以為作傳的依據。

❷則是天地不交而萬物不通也

否卦坤在下，象徵地氣下降，萬物潛藏；乾在上，象徵天氣上升，雨露不施。如此，所以萬物的生機不得亨通。《禮記・月令》：「天氣上騰，地氣下降，天地不通。」就是此義。《集解》引何妥曰：「此明天道否也。」

❸上下不交而天下无邦也

乾在上而不與下交，坤在下而不與上交，是上下不交。在人事上，象徵領導階層，不能明察民生利病；而老百姓們，也未能把意見貢獻給政府。這樣的話，君不愛民，民不愛君，非聚民建邦之道，所以說天下無邦。《集解》引何妥曰：「此明人事否也。泰中言志同，否中云无邦者，言人志不同，必致離散而亂邦國。」

❹**內陰而外陽**

坤下，故曰內陰；乾上，故曰外陽。《周易折中》引吳綺曰：「六十四卦，獨乾坤泰否四卦言陰陽。乾坤，陰陽也；惟泰否二卦，內外皆得乾坤之全體，故亦以陰陽言也。」

❺**內柔而外剛**

坤下為內柔，乾上為外剛。胡瑗《周易口義》：「內柔而外剛者，小人之體也。《語》曰：『色厲而內荏。』外有嚴厲之色，內有柔荏之心，此所以反君子之道也。」《語》，指《論語》，所引見〈陽貨〉。

❻**內小人而外君子**

《集解》引崔憬曰：「君子在野，小人在位之義也。」諸葛亮〈前出師表〉：「親小人，遠賢臣，此後漢所以傾頹也。」可移於此作注腳。

❼**小人道長，君子道消也**

陰在下而滋長，陽在上而退藏，故有此象。案，泰否〈彖傳〉，皆其三個層次。項安世《周易玩辭》云：「第一段，以重卦上下為義，於陰陽二氣，無所抑揚，但貴其交而已。第二段，以卦體內外為義，雖在內在外，各得其所，要是重內輕外，則已於陰陽有所抑揚矣。第三段，以六爻消長為義，至此則全是好陽而惡陰，以陽長陰消為福，則不止於抑揚而已。否〈彖〉依此推之。」

語　譯

否卦辭所說的「否之匪人，不利君子貞，大往小來」，這就是天地之氣不相交接，於是萬物不能夠生長亨通啊！上下之心不相交接，於是人心渙散不能有安定的國家啊！否卦的內卦是三陰，外卦是三陽，顯示了內心虛弱而外表倔強；接納小人而排拒君子。小人的力量一天一天的發展；君子的力量一天一天的消退啊！

象傳

天地不交，否❶；君子以儉德辟難❷，不可榮以祿❸。

注釋

❶天地不交，否

天地不交，萬物不通，生機閉塞，這是否卦得名之由。泰否兩卦，爻相顛倒，所以泰以天地交為義，否以天地不交為義。

❷君子以儉德辟難

儉德，有二種解釋。孔穎達《正義》說是「以節儉為德」；朱子《本義》依程《傳》說是「收斂其德不形於外」。朱駿聲綜合二義，《六十四卦經解》：「否時以節儉為德，不可榮華其身。儉，約也。譚子《化書》云：『儉于聽可化養虛；儉于視可以養神。』……《書》：『慎乃儉德。』坤為吝嗇，儉之象也。」譚子名峭，南唐時人，《化書》有《道藏》本，又有《說郛》本。《書》指《尚書》，所引在〈太甲上〉。辟難之辟，通避。熊十力《讀經示要》：「世運方否，君子雖欲救天下之溺，而志不獲通。則且儉其德以避難。儉德者，謂隱晦其身，不以德見於世也。……雖然，君子終不以儉德避難為處否之常道也。君子固有時不得不出於此，但若以此為處否之大常，則君子唯獨自私而已！復何補於世運？」又說：「象辭儉德辟難，自是權時之宜。而上九之爻，特示『傾否』大義。」請參閱否上九爻辭注釋。

❸不可榮以祿

程《傳》：「不可榮居祿位也。否者，小人得志之時，君子居顯榮之地，禍患必及其身，故宜晦處窮約也。」案：〈象傳〉「榮」字，《集解》據虞翻《注》作「營」。王引之《經義述聞》：「虞翻本，榮作營。高誘注《呂氏春秋・尊師》、《淮南子・原道》並曰：『營，惑也。』不可營以祿者，世莫能惑以祿也。」說亦可通。

語譯

天地之氣不能交接，萬物生機受到阻礙，這就叫作「否」。君子因此隱藏自己的美德，過著勤儉的生活，以避免小人誣害的禍難。不可以貪圖虛榮，出任官職。

序卦傳

物不可以終通，故受之以否❶。

注釋

❶物不可以終通，故受之以否

「不可以終」，十行本《注疏》但作「不可終」。阮元《校勘記》據〈序卦傳〉文例，「不可以終」凡九見，以為當有「以」字。《郭氏傳家易說》記白雲曰：「物不可者，猶云物不能。」不可以，當是不可能的意思。又「終」，為「從始到終」，也就是長遠、永久的意思。至於句義，《集解》引崔憬曰：「物極則反，故不終通而否矣！所謂『城復于隍』。」程《傳》：「夫物理往來，通泰之極，則必否。」廣漢張栻《南軒易說》：「治亂之相仍，如環之无端，故物安有久通者乎？故受之以否。」熊十力於此最具卓識，其言已詳引於否卦卦辭注❶，此不贅述。

案：泰否在上經實居承先啟後的關鍵位置。李光地主纂的《周易折中・序卦明義》已指出：「泰否者，乾坤之合體，義同乾坤者也，然以其乾坤之交，故亞於乾坤；同人大有義反師比，然以其陽多極盛，故同小畜履而亞於師比；謙豫義反小畜履，然陽為卦主，故同師比而亞於小畜履。此六者，並為陽盛之次也。」美國學人戴思客 (Scott Davis) 曾與我言及其次第與錯綜的關係，今更以圖明之：

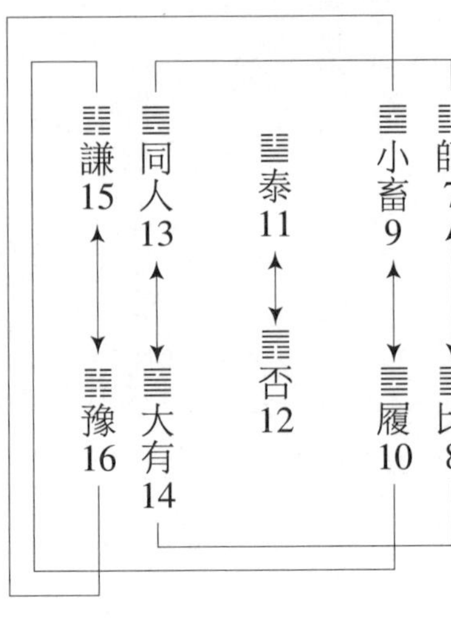

圖中顯示師7與比8，小畜9與履10，泰11與否12，同人13與大有14，謙15與豫16，是上下相覆（綜）的關係，圖以↕示之；師7與同人13，比8與大有14，小畜9與豫16，履10與謙15，都是陰陽相反（錯）的關係，圖以——連之。而居中的泰11否12正是關鍵的位置。

語譯

事物不可能永遠通泰，所以泰卦之後接著的就是否卦。

雜卦傳

否、泰，反其類也❶。

注釋

❶否、泰，反其類也

泰、否二卦，在符號上，意義上，都顯示出相反的性質。泰䷊乾下坤上，否䷋坤下乾上，有著既陰陽相反，又上下相覆的錯綜關係。在意義上，泰為通，否為不通。卦辭：泰「小往大來」，否「大往小來」。〈彖傳〉：泰「天地交而萬物通，上下交而其志同」，否「天地不交而萬物不通，上下不交而天下无邦」；泰「內陽而外陰，內健而外順」，否「內陰而外陽，內柔而外剛」；泰「內君子而外小人。君子道長，小人道消」，否「內小人而外君子，小人道長，君子道消」。在在都表明其類相反。張栻《南軒易說》：「否，君子退而小人之類進也；泰，君子進而小人之類退也：此其類所以相反也。」已言及之。

語譯

否、泰兩卦，顯示出各種事物間相對相反的現象。

案：英文有這麼一句極具機鋒的話語「杯子半空？還是杯子半滿？」(Glass half-empty or glass half-full?)。半空是消極的，可能繼續空下去，流失下去，為「消」，否卦就是這樣；而半滿則是積極的，還有上漲、加滿的可能，為「息」，這就是泰卦了。半空半滿都是半杯，而消息不同；否泰都由三陽三陰構成，但其類相反。

初六爻辭

初六❶：拔茅茹，以其彙❷；貞，吉，亨❸。

注釋

❶初六

當否初爻為老，他爻皆少，即由否之无妄䷘；或升䷭初爻為少，他五爻皆老，即升之否：這兩種情形，都以否初六爻辭占。

❷拔茅茹，以其彙

這是否初六之象，與泰初九爻辭文字相同。不過泰指的是初九、九二、九三相連而來，而否指的是初六、六二、六三，相連而來。〈繫辭傳下〉：「《易》之為書也，原始要終。……其初難知，其上易知。」事物始初，難知其本質和發展，日久方知人心，蓋棺才能論定。所謂「周公恐懼流言日，王莽謙恭下士時，若是當年身先死，千古真偽有誰知？」是也。劉百閔《周易事理通義》：「否泰以反其類為義，則大之有類，猶小之有類也；方以類聚，物以羣分，君子有類；小人亦有類也。故否初與泰初同象。楊《傳》：『驩兜入而四凶集，賈充不留而羣小憂。』此否初六之拔茅茹以其彙也。」案：楊《傳》指楊萬里《誠齋易傳》。

❸貞，吉，亨

應守常規正道，不可驚慌，方能獲吉而亨通。泰初言「征吉」，否初言「貞吉」，並多一「亨」字。王弼注泰初云：「上順而應，不為違距；進皆得志，故以類征吉。」注否初云：「居否之初，處順之始。……順非健也，何可以征？……貞而不諂，則吉亨。」辨析甚確。程《傳》：「泰之時，則以同征為吉；否之時，則以同貞為亨。」王應麟《困學紀聞》：「泰之征吉，引其類以有為；否之貞吉，絜其身以有待。」李道平《周易集解纂疏》：「泰否初爻，皆取象于茅，其初難知，聖人不肯遽疑其異。但九為陽剛，君子之象也，故稱其共進則吉；六為陰柔，小人之象也，故戒以守正則吉。」皆未離弼《注》義旨。

語譯

否卦的初位是陰爻。也像拔茅草，草根相牽，連帶著別的茅草也一同拔上來一樣，同類的人物相連而出現了。在那黑暗閉塞的時代，切忌驚慌失措，必須遵守常規正道，就能得吉而亨通。

象傳

拔茅貞吉，志在君也❶。

注釋

❶志在君也

言所以在鄙陋的環境，仍能遵守常規，是心中想到：一、個人的貞或不貞，會影響到君上；二、君上也會保護他避邪歸正。在卦象上，否卦乾上，為君之象。初六與乾上之九四互應，九四「疇離祉」，使初六因九四連帶也蒙受福祉。參九四注釋。胡瑗《周易口義》：「雖當此否塞之時，引退守正，不苟務其進，俟時而後動者，亦志在致君澤民而已。」泰初〈象〉曰「志在外也」；否初〈象〉曰「志在君也」。一言外，一言君，白雲郭雍嘗辨之。《郭氏傳家易說》：「先人曰：『先大夫有言曰：「居廟堂之高，則憂其民；處江湖之遠，則憂其君。」蓋泰言志在外，否言志在君之意也。』雍曰：君子當否之時，有止无進，固守且吉，而道不廢於自亨也。亨如顏氏之樂是也。」先人，指其父忠孝，兼山先生，其言亦在《郭氏傳家易說》。先大夫，指范仲淹。言見〈岳陽樓記〉。顏氏，指顏回，《論語》記孔子稱讚顏回：「一簞食，一瓢飲，在陋巷，人不堪其憂，回也不改其樂。」項安世《周易玩辭》亦云：「泰之初九，君子始以類進。君子難進，故聖人勉之以征，欲其以及人為念，不以獨善為樂，故曰志在外也。否之初六，小人始以類進。小人進則為邪，故聖人戒之以貞。貞則君受其福，邪則君受其禍。故曰：志在君也。」

語譯

像拔茅草一樣地，同類人物紛紛出現；只要遵守本分，仍可得吉，因為心中存著君保民、民愛君的信念啊！

六二爻辭

六二❶：包承❷，小人吉❸，大人否，亨❹。

注釋

❶六二

當否第二爻為老，他爻皆少，即由否之訟䷅；或明夷䷣第二爻為少，他爻皆老，即明夷之否：這兩種情形，都以否六二爻辭占。

❷包承

包是包容，承是承順。包承，程頤以為是蓄志奉承的意思；朱震、王夫之則以為否九五包容六二，六二承順九五。二五相應，故有包承之象。程《傳》：「六二其質則陰柔，其居則中正，以陰柔小人而言，則方否於下，志所包畜者，在承順乎上。」《漢上易傳》：「五包二，二承之，包承也。」船山《易內傳》：「包承，與九五相應而承之也。」

❸小人吉

依程頤說：當否塞的時代，只有小人才能蓄志奉承。所以在小人說來，其占為吉。程《傳》：「六二……承順乎上，以求濟其否，為身之利，小人之吉也。」朱震、王夫之則皆但以得位有應言之。《漢上易傳》：「順以承上，小人之正也。六二在否之時，得位在內，小人也。故曰小人吉。」小人指平民，無道德褒貶意。船山亦然，《易內傳》：「小人得位行志，而能承順乎陽而應之，吉矣！」

❹大人否，亨

依程頤說：大人不屑奉承，故其占為否。《論語・泰伯》：「邦無道，富且貴焉，恥也。」正指出君子處否之世，必須固窮。但是身雖不見用於當時，而道愈亨。孔子生不得志，而死為萬世師表，便是例證。顧炎武言「著書不為一時」，亦是此意。程《傳》：「大人當否，則以道自處，豈肯枉己屈道，承順於上。惟自守其否而已。身之否；乃其道之亨也。」依朱震說：九五能包六二而不亂，所以亨。說詳下條〈象傳〉注釋。依王夫之說：否亨只是「不以為亨」、「無取乎亨」意。《易內傳》：「大人已遠出乎外，不以小人之順己而變其塞，固不以為亨也。」又云：「否陽居外則以不亂群而無取乎亨。」讀者試自慎思明辨之。案：〈象傳〉謂否「上下不交」，而六二言「包承」，似有矛盾。此實因《易》「隨時取義，變動无常」如程《傳》所言。《易內傳》更言：「否下三陰，與上不交，而皆以應言之，蓋聖人贊《易》扶陽抑陰之義，而不欲陰之怙惡以自絕，其旨深矣！」

語譯

否卦陰居二位。是存心巴結的象徵。小人如此，自有收穫；大人不屑奉承，卻能流芳萬世。或譯：六二老百姓受到九五大人的包容，順從九五的領導，這樣做自有收穫；而九五之大人也因此在否塞的年代中得以政通人和。

象傳

大人否亨，不亂羣也❶。

注釋

❶不亂羣也

當否塞之時，大人不自亂於小人群中。王宗傳《童溪易傳》：「六二當上下不交之時，五雖正應，無由而通。包承，小人之常態也。乃若大人，則不以非道求合。身雖否而道亨，又豈務為包承之事，以雜亂於羣流之中而不自知耶？」此一說也。朱震則有不同之解讀。《漢上易傳》：「九五中正在外，包小人而容之。雖包小人而不亂於小人之群。坤為亂，三陰小人群也。包則和，不亂群則不流，此大人處否而亨歟？不曰君子者，處否而亨，非大人不能。若同流合污，則否而已，焉得亨？」

語譯

大人不屑奉承，卻能流芳百世，因為出汙泥而不染，不因為處在小人群中而迷亂啊！（或譯：大人在否塞的時代，仍能政通人和，因為和而不流，不與小人之群同流合汙啊！）

六三爻辭

六三❶：包羞❷。

注釋

❶六三

當否第三爻為老，他爻皆少，即由否之遯䷠；或臨䷒第三爻為少，他爻皆老，即臨之否：這兩種情形，都以否六三爻辭占。

❷包羞

否卦陰消至三，否象已經完成。六三居否之極，非中非正；又以陰居陽，失位不當，所以有包羞含恥的現象。凡無道而富貴，背理而縱欲，都必有包羞之辱。程《傳》：「三以陰柔不中不正而居否，又切近於上，非能守道安命，窮斯濫矣，極小人之情狀者也。在所包畜謀慮，邪濫无所不至，可羞恥也。」朱《義》：「以陰居陽而不中正，小人志於傷善而未能也，故為包羞之象。然以其未發，故无凶咎之戒。」

語譯

否卦陰居三位，當黑暗的時代，作小人的首領，真夠包羞含恥的！

象傳

包羞，位不當也❶。

注釋

❶位不當也

程《傳》：「陰柔居否，而不中不正，所為可羞者，處不當故也。處不當位，所為不以道也。」《誠齋易傳》：「包羞忍恥苟富貴而不忍去，不知其位之不當而身之將危也。思上蔡之犬，悔華亭之鶴而後已。」思上蔡之犬，是李斯故事。秦二世時，李斯被判腰斬。回頭對他的兒子說：「吾欲與若（你）復牽黃犬，俱出上蔡東門逐狡兔，豈可得乎？」事見《史記・李斯列傳》。悔華亭之鶴，是陸機故事。晉成都王穎起兵討長沙王乂。陸機為大都督。機為宦人孟玖所譖，穎怒收機。機與穎牋，嘆曰：「華亭鶴唳，豈可復聞乎？」事見《晉書・陸機列傳》。項安世《周易玩辭》：「否之六三，小人之極盛也。無所復戒，羞之而已。小人在內，德不當位，反使君子在外而包之，名位愈高，羞辱愈大，故曰：『包羞，位不當也。』當否之盛時，小人以為榮，聖人獨指其本心之辱者以示之，使知榮辱之實，在此而不在彼也。」

語譯

真夠羞恥的，因為處在不正當的位置啊！

九四爻辭

九四❶：有命，无咎❷；疇離祉❸。

注　釋

❶九四

當否第四爻為老，他爻皆少，即由否之觀䷓；或大壯䷡第四爻為少，他爻皆老，即大壯之否：這兩種情形，都以否九四爻辭占。

❷有命，无咎

九四當坤下乾上之交，為由否轉泰之始。以剛居柔，能上承九五之命，所以說「有命」；又為退爻，能下應初六「志在君」之陰，所以說「无咎」。啟示君子於小人囂張之世，當上體天命，對小人群中之初進而心存君邦者，要加以感化，使其自拔。《集解》引《九家易》曰：「巽為命，謂受五之命，以據三陰，故无咎。无命而據，則有咎也。」更依〈象傳〉：「隨風巽；君子以申命行事。」以否三、四、五爻有巽☴象，故為命云。船山《易內傳》：「初雖與陰為彙，而自安卑下，其志能貞，非若二三之驕佞。則四固不以峻拒為道，而五且任之以下濟。當小人乘權之世，初進之士，不能自拔，而迹與同昏。拒之則終陷於惡；引之則可使為善。處承宣之位者，不得嚴立清濁之辨，而錮其嚮化之情。所以收攬人才，使陽得與，而陰自孤，此君子體國用人，道之當然也。」

❸疇離祉

疇與儔通，指與九四相應的初六。離通麗，附也。祉，福祉。言九四承九五天命而下應初六，不但自己无咎，使初六也連帶蒙受福祉。《九家易》：「疇者，類也。謂四應初據三與二同功，故陰類皆離祉也。離，附；祉，福也。」以疇為下三陰，似失之過寬。王弼《注》：「疇謂初也。」是。船山《易內傳》：「疇與儔通，所相應而為伍者，謂初也。離，麗也。九四與陰相際，而以剛居柔，處退爻，而道下行，以應初六。……拔初六於彙中，而消其否。初六亦資其誘掖，進而麗吉亨之祉矣。」案：泰否相倒，泰九三與否九四爻辭有互通者。項安世《周易玩辭》：「泰九三於无咎之下言有福，否九四於无咎之下言疇離祉者，二爻當天命之變，正君子補過之時也。泰之三知其將變，能修人事以勝之。使在我者无可咎之事。然後可以勿恤小人之孚，而自食君子之福也。否之四，因其當變，能修人事以乘之。有可行之時，而无可咎之事。則不獨為一己之利，又足為眾賢之祉。是二者苟有咎焉，其禍可勝言哉！」

語譯

否卦陽居四位。有九五的命令，與初六連絡，稟承天命，拯救初入歧途的人，不會有錯；而且使初六連帶也蒙受福祉呢！

象傳

有命无咎，志行也❶。

注釋

❶志行也

九四本與初六相應，初六也「志在君也」，守「貞」而有「吉亨」之道；今九四承九五之命，與初六相接應，於是彼此志願都得以實現，故曰「志行也」。程《傳》：「有君命則得无咎，乃可以濟否，其志得行也。」以為九四濟否之志得行。《易內傳》：「承上以接下，初六在君之志得以上通，四乃上下交綏而無所疑沮也。」以為初六在君之志得行。合程、王二說，其義更全。

語譯

有了九五命令，就不至於有結交小人的嫌疑，於是九四拯救初入歧途者的願望，與初六效忠君邦的志願，也就都能實現了。

九五爻辭

九五❶：休否❷，大人吉❸。其亡！其亡！繫于苞桑❹。

當否第五爻為老，他爻皆少，即由否之晉䷢；或需䷄第五爻為少，他爻皆老，即需之否：這兩種情形，都以否九五爻辭占。

注釋

❶九五

❷休否

止息否道的前進。否初六，否道初起；所以九四奉命感化，使其自拔。否六二，否道已盛；所以九五要阻止其前進。否六三，否道至極；所以上九就傾覆它。案：休否一詞，異義紛歧。一、《集解》引《九家易》作「以否絕之」解。惠棟《周易述》：「休者，止息；否者，閉隔。故『以否絕之』謂之『休否』。」程《傳》：「五以陽剛中正之德居尊位，故能休息天下之否。」朱子《本義》：「陽剛中正，以居尊位，能休時之否。」皆從九家之說。二、鄭玄則以「休，美也」。見《文選・謝靈運還舊園詩》注所引。王《注》從鄭。孔《疏》云：「謂能行休美之事於否塞之時；能施此否閉之道遏絕小人；則是否之休美者也。」三、王夫之以休為安處之義。船山《易內傳》：「休，安處也。……九五陽剛中正，道隆位定，安處不撓，而又得四上二陽以夾輔之，故時雖否而安處自如。」四、劉百閔以休為懼。《周易事理通義》：「休，猶怵也；休怵雙聲，蓋一語之轉。怵、懼也。《國語・楚語》：『以休懼其動。』」是休亦懼也。」茲依九四、九五、上九層遞之義，採九家程朱休止之說。

❸**大人吉**

居尊得位，以止天下之否，故吉。程《傳》：「大人當位，能以其道休息天下之否，以循致於泰。」《船山易內傳》：「大人靜鎮以消世運之險阻，吉道也。」

❹**其亡！其亡！繫于苞桑**

其，將要；亡，亡失；苞，猶茂也。《爾雅・釋木》：「如竹箭曰苞；如松柏曰茂。」《詩》言：苞栩、苞棘、苞桑、苞櫟、苞棣、苞稂、苞蕭、苞蓍、苞杞，都取豐茂的意思。「其亡其亡，繫于苞桑」，是說：當否塞之世，若能以將亡而戒懼，則必有繫於苞桑之安。《朱子語類》：「問：『九五「其亡其亡，繫於苞桑」，如何？』曰：『有戒懼危亡之心，則便有苞桑繫固之象。蓋能戒懼危亡，則如繫于苞桑，堅固不拔矣。』」案：〈繫辭傳下〉對本句有詮釋，請參閱該處之注釋。

語　譯

否卦陽居五位。阻止了否塞現象的發展。偉大的領導者獲得了勝利。只要心中常存「要亡了！要亡了！」的警惕；就會有像繫在茂盛的桑樹上般的牢固。

附錄古義

《潛夫論・思賢》：「尊賢任能，信忠納諫，所以為安也；而闇君惡之，以為不若姦佞闒茸讒諛之言者，此其將亡之徵也。《老子》曰：『夫唯病病，是以不病。』《易》稱：『其亡！其亡！繫于苞桑。』是故養壽之士，先病服藥；養世之君，先亂任賢。是以身常安而國永永也。」

《風俗通・怪神》：「凡變怪皆婦女下賤。何者？小人愚而善畏，欲信其說，類復裨增。文人亦不證察，與俱悼懾。邪氣乘虛，故速咎證。《易》曰：『其亡』、『斯自取災』。」

《三國志・魏書・武文世王公傳・注引曹冏上書》：「先王知獨治之不能久也，故與人共治之；知獨守之不能固也，故與人共守之。兼親疏而兩用，參同異而並建。是以輕重足以相鎮，親疏足以相衛，并兼路塞，逆節不生。及其衰也，桓文帥禮；苞茅不貢，齊師伐楚；宋不城周，晉戮其宰。王綱弛而復張，諸侯傲而復肅。二霸之後，浸以陵遲。吳楚憑江，負固方城，雖心希九鼎，而畏迫宗姬，姦情散於胸懷，逆謀消於脣吻；斯豈非信重親戚，任用賢能，枝葉碩茂，本根賴之與？自此之後，轉相攻伐，吳并於越，晉分為三，魯滅於楚，鄭兼於韓。暨於戰國，諸姬微矣；惟燕衛獨存。然皆弱小，西迫彊秦，南畏齊楚，憂懼滅亡，匪遑相恤。至於王赧，降為庶人，猶枝幹相持，得居虛位，海內無主，四十餘年。秦據勢勝之地，騁譎詐之術，征伐關東，蠶食九國，至於始皇，乃定天位。曠日若彼，用力若此，豈非深固根蔕不拔之道乎？《易》曰：『其亡！其亡！繫于苞桑。』周德其可謂當之矣！」

象傳

大人之吉，位正當也❶。

注釋

❶**位正當也**

九為陽爻，五為陽位，陽爻居陽位，故曰位正當也。九五居中得正，常象徵君王。有剛明中正之德，居九五至尊之位。《漢上易傳》：「大人居尊位正也，中正而健德當乎位也。位者，聖人之大寶。无其位不可也；有其位无其時不可也；息天下之否者，其唯有其位有其德又有其時乎！故曰：『大人之吉，位正當也。』」船山《易內傳》：「有其德，居其位，孰能亡之哉！」

語譯

偉大的領導人獲得勝利，德行和地位正好相當啊！

繫辭傳下

子曰❶：「危者，安其位者也；亡者，保其存者也；亂者，有其治者也❷。是以君子安而不忘危，存而不忘亡，治而不忘亂❸。是以身安而國家可保也。《易》曰：『其亡！其亡！繫於苞桑。』❹」

注釋

❶子曰

儒家孔門後學之經師，輾轉引用孔子之言。

❷危者六句

此六句皆因果句，但何者為因，何者為果，卻有異解。孔穎達以為危、亡、亂是果。《正義》：「所以今有傾危者，由前安樂於其位，自以為安，故致今日危也；所以今日滅亡者，由前保有其存，恆以為存，故今致滅亡也；所以今有禍亂者，由前自恃有其治理，恆以為治，故今致禍亂也。」唐・崔憬《周易探玄》則以為危、亡、亂是因。《集解》引崔說曰：「言有危之慮，則能安其位不失也；有亡之慮，則能保其存者也；有防亂之慮，則能有其治者也。」朱熹早年從孔說，後來覺得孔說「今日滅亡由前保有其存」很難說通，所以改從崔說。《朱子語類》記：「問：『危者以其位為可安，而不知戒懼，故危；亡者以其存為可常保，是以亡；亂者是自有其治，如有其善之有，是以亂？』曰：『某舊也如此說，看來保字說得較牽強，只是常有危亡與亂之意，則可以安其位，保其存，有其治。』」個人覺得危與安，亡與存，亂與治，皆互為因果，老子所謂禍福相倚伏也。孔、崔之說，可以並存。郭雍《郭氏傳家易說》：「安危存亡治亂，蓋相代相生之道。是以聖人居安慮危，故終无危亡之患。」似已見及此。

❸是以君子安而不忘危三句

《集解》引翟玄曰：「在安而慮危；在存而慮亡；在治而慮亂。」言簡意賅。張栻《南軒易說》：「否之九五，休天下之否，而天下已向於泰通之時也。然古之人君，在解，則必思夙吉；在既濟，則必思豫防。故人皆樂於安也，乃安而不忘危；人皆知其存也，乃存而不忘亡；人皆習於治也，乃治而不忘亂。」更以否卦與解卦、既濟卦相提並論。〈文言傳〉言乾之上九云：「亢之為言也，知進而不知退，知存而不知亡，知得而不知喪。其唯聖人乎！知進退存亡而不失其正者，其唯聖人乎！」亦可一併賞玩。

❹是以身安而國家可保也五句

此為本段結論，並結穴於否九五爻辭。《正義》：「政雖治，心恆不忘禍亂之事。心恆畏懼其將滅亡，其將滅亡，乃繫于包桑之固也。」《漢上易傳》：「夫身者，國家之本，存亡治亂之所繫。身雖安矣，猶不可恃也。故安其位者危，保其存者亡，有其治者亂，君子兢兢業業，不恃其有，故身安而國家可保；國家保而德崇矣。」

語譯

孔老夫子說：「危險，是安於現狀的結果；要時時注意危險，才能安穩住自己的地位。喪失，是保守既有的結果；要處處留心喪失，才能保護住自己已有的。禍亂，是自以為治理得好的結果；要常常提防禍亂，才能擁有清明的政治。所以領導階層在安定中不要忘記危險；在圖存中不要忘記亡失；在盛世中不要忘記禍亂。如此就可使個人安全，而國家也得以保存。《易經》上說：『要亡了！要亡了！像繫在茂盛的桑樹般牢固呢！』」

附錄古義

《漢書・谷永傳》：「永對上問曰：『臣聞王天下有國家者，患在上有危亡之事，而危亡之言不得上聞。如使危亡之言輒上聞，則商周不易姓而迭興，三正不變改而更用。夏商之將亡也，行道之人皆知之，晏然自以若天有日莫能危，是故惡日廣而不自知，大命傾而不寤。《易》曰：「危者有其安者也，亡者保其存者也。」』」

《漢書・劉向傳》：「向上疏云：『臣聞《易》曰：「安不忘危，存不忘亡，是以身安而國家可保也。」故聖賢之君博觀終始，窮極事情，而是非分明。王者必通三統：明天命所授者博，非獨一姓也。』」

《說苑・指武》：「《司馬法》曰：『國雖大，好戰必亡；天下雖安，忘戰必危。』《易》曰：『君子以除戎器，戒不虞。』夫兵不可玩，玩則無威；兵不可廢，廢則召寇。昔吳王夫差好戰而亡；徐偃王無武亦滅。故明王之制國也，上不玩兵，下不廢武。《易》曰：『存不忘亡。是以身安而國家可保也。』」

《晉書・郭璞傳》：「璞上疏云：『有道之君，未嘗不以危自持；亂世之主，未嘗不以安自居。故存而不忘亡者，三代之所以興也；亡而自以為存者，三季之所以廢也。』」

上九爻辭

上九❶：傾否❷，先否後喜❸。

注釋

❶上九

當否上爻為老，他爻皆少，即由否之萃䷬；或大畜䷙上爻為少，他爻皆老，即大畜之否：這兩種情形，都以否上九爻辭占。

❷傾否

傾覆否塞之道，重開通泰之運，雖云物極必反，然亦人力之功。王宗傳《童溪易傳》：「言傾否而不言否傾，人力居多焉。」胡炳文《周易本義通釋》：「以陰柔處泰之終，故不能保泰，而泰復為否；以陽剛處否之終，故卒能傾否，而否復為泰。否泰反復，天乎？人也！」案：否卦大義，在此一爻。熊十力《讀經示要》：「否之上九曰：『上九傾否，先否後喜。』案上九反復，陽剛之極，故能傾覆否運，而使之轉泰。其先否極，今乃否傾而泰，則有喜矣。象辭儉德辟難，自是權時之宜。而上九之爻，特示傾否大義。一傾字，直顯迴轉天地本領，非剛健至極，何能收此奇功。聖學廣大，於斯可見。而漢以來諸君子，遇否，只知儉德辟難，罕聞有體剛健以任傾否之大業者，何怪世運日下乎！」

❸先否後喜

先雖否塞，後終有喜。王弼《注》：「始以傾為否，後得通乃喜。」何楷《古周易訂詁》：「先否後喜，即先天下而憂，後天下而樂之意。」王夫之《易內傳》：「六三之羞，人知賤惡。乘高而下，傾之易矣。

否者消而人心悅矣。」關於泰否上三爻，項安世曾作較論。《周易玩辭》：「泰至於四，將變為否，故小人與其鄰翩翩而下入，此小人之所同願。故曰：『中心願也。』否至於四，將變為泰，故君子與其疇相麗而求福，亦君子之所同願也。故曰：『志行也。』泰之五，在羣陰之中，獨能降心下賢，以受元吉之福，其實眾皆願下，而五以在中，所下者二，遂得所歸。故曰：『中以行願也。』否之五，在羣陽之中，獨能撥亂休否，以建大人之功，雖其才足以有為，然亦因在君位，遂得為之。故曰：『位正當也。』泰之上六，泰復為否；否之上九，否復為泰。聖人於泰之終，則追恨其所從來，曰：『其命亂也。』於否之終，則幸其速去。曰：『何可長也。』爻辭以傾否為喜，亦幸辭云。《易》以陰陽相得為喜，先不相交，而今交矣。故曰：『先否後喜。』」於泰、否，於四、五、六，多方比較，頗可參考。

語譯

否卦最上一爻是陽，揚棄了羞恥的生活；扭轉了閉塞的風氣。起初雖然滯礙難通；最後卻有歡樂喜悅。

象傳

否終則傾❶，何可長也❷。

注釋

❶否終則傾

程《傳》取物極必反之理。曰：「否終則必傾，豈有長否之理。極而必反，理之常也。然反危為安，易亂為治，必有剛陽之才而後能也。」何楷《古周易訂詁》則強調人力。曰：「則字要歸到人事。謂否極則當思所以傾之。」

❷何可長也

《集解》引虞翻注：「否終必傾，盈不可久。」何楷《訂詁》：「何可使長否也，正責成於人之意。」

案：《周易》言「何可長也」凡四，皆指上爻。除屯上六〈象傳〉「泣血漣如，何可長也」，否上九〈象傳〉「否終則傾，何可長也」外，另兩次是：豫上六〈象傳〉「冥豫在上，何可長也」，中孚上九〈象傳〉「翰音登于天，何可長也」。都含有物極必反的意思。

語譯

閉塞到了極點，就會被人傾覆，怎能長久呢！又怎能讓它長久呢！

同人卦經傳通釋第十三

卦辭

䷌ 離下乾上 同人❶：同人于野，亨❷；利涉大川❸；利君子貞❹。

注釋

❶䷌離下乾上同人

同人二字原脫，或因卦辭首句「同人于野」重同人字而省，茲依文例補。案：《周易》古本僅畫六爻符號，其下不書上下三畫卦體名與六畫卦名；帛書始書六畫卦名；鄭玄、王弼已有上下二體名與卦名。同人是六畫之卦。由三畫的離在下，三畫的乾在上，重疊而成。《說文・冂部》：「同，合會也。」同人，正是會合眾人的意思。在卦體上，同人天下有火，古代會聚眾人，燎柴祭天，所以天下舉火有會同眾人之義，甲文有「[illegible]」，楷書為㷥，就是燎柴祭天之禮。又有「[illegible]」，是「郊天」之郊的本字，也指郊外燒火祭天。《說文・火部》：「㷥，柴祭天也。」《說文・示部》：「祡，燒柴㷥祭天也。」都是古禮的遺留。而且火性上燃，所謂本乎天者親乎上，同於人之遙契天道，向上發展。其最高境界，是天下文明，世界大同。同人〈象傳〉採用這個說法。在卦爻上，同人六二以柔德居下卦之中而得正；九五以剛德居上卦之中而得正。上下剛柔，雖有不同；但都能居中得正，上下相應，剛柔相濟。這種中正的德性，相應的道理，是相同的。就像天下之人，雖有男女老幼的不同；只要是人人守自己的本分，以最適當的態度服務人群，上下精誠合作；人人為我，我為人人，這就是大同世界的基礎了。而且卦只有六二為陰，為一卦之主爻。啟示我們，要以柔和的態度爭取人人合作，不可以用強迫的手段。同人〈彖傳〉採用這說法。在卦序上，同人在否卦之後。在閉塞的社會傾倒之後，能以大公無私，光明磊落的態度，上承天命，來與世人相會。由人人相親，進而萬物皆備於我。〈雜卦傳〉：「同人，親也。」〈序卦傳〉：「與人同者，物必歸焉。」這便是同人的效果了。在占筮上，當同人六爻皆少，也就是本卦、之卦都是同人；或師䷆六爻皆老，也就是師之同人：這兩種情形，都以同人卦辭占。

❷同人于野，亨

野，郊外曠遠的地方；亦指心胸之虛靈廣遠，無私欲之累。同人于野，言會同眾人，及於曠遠，能大公無私，一視同仁。這樣就能萬眾同心，而可以亨通，所以說亨。孔穎達《正義》：「同人謂和同於人。于野亨者，野是廣遠之處，借其野名，喻其廣遠。言和同於人，必須寬廣，无所不同。用心无私，處非近狹，廣至于野，乃得亨通。」是也。《集解》引鄭玄曰：「乾為天，離為火，卦體有巽，巽為風。天在人，火炎上而從之，是其性同于天也。火得風然後炎上益熾，是猶人君在上施政教，使天下之人和同而事之。以是為人和同者，君之所為也，故謂之同人。風行无所不徧，徧則會通之德大行，故曰同人于野亨。」以乾上為天，離下為火，二、三、四互體得巽為風，以釋同人于野亨，亦可備一說。案《左傳・昭公二十九年》：「其同人䷌曰：『見龍在田。』」乾卦第二爻為老陽，變而成同人卦。以乾卦九二爻辭來占。所以李道平《集解纂疏》：「同人自乾九二變也。乾二曰：『見龍在田。』田即野也。象曰：『德施普也。』文言曰：『天下文明。』」天即乾，明即離。同人于野之象也。」以卦變釋之，可作較論之資。

❸利涉大川

這亦因與人同心合作故。程《傳》：「能與天下大同，是天下皆同之也。天下皆同，何險阻之不可濟？

何艱危之不可亨？故利涉大川。」熊十力《讀經示要》：「同人承否之後，將通天下之志，以除天下之患。非無險阻，故有大川之象。然六二以順德處中，五陽和同，以眾君子剛健之德，而當移風易俗之任。險無不濟，故曰利涉大川。」案：《集解》引虞翻曰：「四上失位，變而體坎，故曰利涉大川。」此虞氏卦變說中「成既濟定」說。虞氏以六爻之失位不正，都要變正，成既濟卦䷾，爻位才定。同人離下乾上，乾變成坎，便為既濟，乾行坎川，所以說利涉大川。錄以供參考。

④利君子貞

《論語・子路》：「君子和而不同；小人同而不和。」作《易》者怕人結黨營私卻不能和諧合作，又怕人我太親近了易涉邪僻，所以勉勵君子要守正道。在卦象上，九五居尊為君子，與六二相應，故有利，得中得正，為貞之象。《集解》引崔憬曰：「以離文明而合乾健，九五中正，同人於二，為能通天下之志，故能利涉大川，利君子之貞。」《折中》引林希元曰：「〈序卦傳〉曰：『與人同者，物必歸之。』同人于野，則物无不應，人無不助，而事无不濟，故亨。雖大川之險，亦利於涉矣！然必所同者合於君子之正道，乃為于野而亨且利涉；使不以正，雖所同滿天下，竟是私情之合，不足謂之于野，又何以致亨而利涉哉！」並是。

語譯

六畫的同人，下卦是☲畫的離，上卦是☰畫的乾。要和眾人同心同德，從城市一直到郊野，必能亨通。能順利地渡過大河，應該遵守君子的正道。

附錄古義

干寶《晉紀》：「陸抗之克步闡，皓意張大，乃使尚廣筮并天下，遇同人之頤。對曰：『吉。庚子歲，青蓋當入洛陽。』故皓不修其政而恆有窺上國之志。是歲也，實在庚子。」案：見裴松之《三國志・吳書・三嗣主傳・注》所引。庚子，皓卒年。

《淮南子・繆稱》：「黃帝曰：『芒芒昧昧，從天之道，與元同氣。』故至德者言同略，事同指，上下一心，無歧道旁見者。遏障之於邪，開道之於善，而民鄉方矣。故《易》曰：『同人于野，利涉大川。』」

彖傳

同人，柔得位得中而應乎乾，曰同人❶。同人曰❷：同人于野，亨。利涉大川，乾行也❸。文明以健，中正而應，君子正也❹。唯君子為能通天下之志❺。

注釋

❶柔得位得中而應乎乾，曰同人

此據卦之主爻六二以釋卦名同人之義。王弼《注》：「二為同人之主。」是也。六二得位，居下卦中，故曰柔得位得中；上應乾之三陽，故曰應乎乾。項安世《周易玩辭》曰：「同人以一柔為主，徒柔不能以同乎人也，必以天德行之。故雖得位得中，而必應乎乾，乃可謂同人。凡卦之以柔為主者皆然。履之六三，不能以自亨也；必曰應乎乾，是以履虎尾不咥人亨。小畜之六四，不能以自亨也；必曰剛中而志行乃亨。大有之六五，不能以自亨也；必曰應乎天而時行，是以元亨。凡此皆柔為卦主，而其濟也，必稱乾焉。此乾之所以為大與！」啟示我們，待人接物固然要有溫和的態度，但一定要合乎剛健中正的天命天則。如果只是巧言、令色、足恭，那便為聖人所恥了。

❷同人曰

上文既由同人的主爻六二以釋卦名，下文再解釋卦辭，故特別標出「同人曰」。程頤、朱熹都以為是「羨文」。

❸同人于野，亨。利涉大川，乾行也

稟受乾天命之性，行健之德，來實踐同人的理想。這表示了同人雖以六二柔爻為主爻，但在踐行方面，亦有堅強的原則在。同人于野之所以亨，涉大川之所以利，都由於此。弼《注》：「所以乃能同人于野亨利涉大川，非二之所能也；是乾之所行。」船山《易內傳》：「應乎乾，而乾同之，剛健以濟柔，故無險不可涉。」

❹文明以健，中正而應，君子正也

此釋卦辭「利君子貞」。同人離下為文明，乾上為健，六二九五為中正而應。所謂文明，指有人文素養，因而明白事理。知道世界大同為人類的理想；也知道實現此理想，其間必有許多險阻：重點在知解。所謂健，是證行。要努力朝此目標前進。文明正是行健的先決條件。所謂中正，是恰當、正確；所謂應，是上下同心合力。上下過於親狎，就容易紊亂無序；上下過於威嚴，就容易離心離德。所以相應要以中正為基本原則。弼《注》：「行健不以武，而以文明用之；相應不以邪，而以中正應之：君子正也。故曰利君子貞。」李光地《周易折中》案語云：「上專以乾行釋于野涉川者，但取剛健無私之義也。下釋利貞，則兼取明健中正之義。蓋健德但主於無私而已。必也有文明在於先，而所知無不明；有中正在於後，而所與無不當；然後可以盡無私之義，而為君子之貞也。」

❺唯君子為能通天下之志

君子能以剛濟柔，明白目標，努力實現，以最恰當正確的態度，使上下同心合力。這樣才能和天下人的心志相溝通，而完成世界大同的理想。注意：通只是溝通的意思，絕非統一的意思。大同世界，人人可以發表自己的意見，使每一件事都因整合各種意見，更加周密，而獲得完全的成功。程《傳》：「天下之志萬殊，理則一也，君子明理，故能通天下之志。聖人視億兆之心猶一心者，通於理而已。文明則能燭理，故能明大同之義；剛健則能克己，故能盡大同之道。然後能中正合乎乾行也。」

語譯

同人一卦，六二得位，居下卦的中央，而跟上卦乾相呼應。就像溫柔敦厚的人，立場正確，做事適當，而且合乎理性。所以認為他能跟人群共同合作。同人卦辭說：「同人于野，亨，利涉大川。」這是因為接受代表理性的「乾」的領導，而以溫柔的態度去實踐啊！知道世界大同是人類的理想境界，堅強地朝此理想努力前進。用最恰當的態度，使上下同心合力。這是君子正確的行為。也只有這樣的君子，才能和天下人的意志相溝通。

象傳

天與火，同人❶；君子以類族辨物❷。

注釋

❶天與火，同人

同人除會同眾人的意思外，還有一層意思。那就是火性本乎天而親上，同於人性本乎天命而遙契天道。天下有火，所以會同眾人；天與火，所以啟示人心之向上提升。程《傳》：「不言火在天下，天下有火，而云天與火者，天在上，火性炎上，火與天同，故為同人之義。」象徵著天下文明，世界大同。《讀經示要》：「同人下離上乾，為火炎於天之象。此喻善道大昌，文明之運，世界大同之幾也。」貝多芬非常欣賞康德名句：「頭上的星空，內心的律則。」亦含此意。

❷君子以類族辨物

類族是就人上說，是區分才智庸愚之別，善惡是非之理。辨物是就物上說，是辨別物性的異同，物情的離合。非會同眾人不能類族，非至公至明不能辨物，所以在天火同人下發此義。《集解》引虞翻云：「方以類聚，物以羣分。孔子曰：『君子和而不同。』故于同人象見以類族辨物也。」頗能探〈象傳〉之源。《讀經示要》：「君子以類族辨物者，天下將進大同，必非以一部分優勝之力，宰制他部分而納之同軌。必各民族，各展所長、各汰所短，於平等之中，有互助之美，是謂類族。員輿之大，洲別壤分。天異氣，地異產，辨其物宜，以通有無，財無不均，生無不遂。故言辨物。」更能發揮〈象傳〉之精義。

語譯

天在上而火向上，猶同人心之向上。象徵著文明的大同世界。君子要區分人才的高下，人性的善惡，人事的是非，各盡其能，勵善去惡，行是革非。又要辨別物性的異同，物情的離合，使物生長，有無相通。

序卦傳

物不可以終否，故受之以同人❶。

注釋

❶物不可以終否，故受之以同人

越是閉塞的環境，越感到溝通的重要。韓康伯《周易注》：「否則思通，人人同志，故可以出門同人，不謀而合。」熊氏《讀經示要》：「是蓋否極之世，群眾悔禍，漸去昏濁，而向於文明。……是故否之世，人道絕而不通；同人之時，人興於義而否傾，會通之德大行。」都闡發了這個道理。而物極必反的概念，亦在其中。程《傳》：「夫天地不交則為否，上下相同則為同人，與否義相反，故相次。又世之方否，必與人同力乃能濟，同人所以次否也。」已兼顧此義。

語　譯

人際和事物的發展不可能永遠滯礙阻塞，所以接著否卦的是會同眾人的同人卦。

雜卦傳

同(ㄊㄨㄥˊ)人(ㄖㄣˊ)，親(ㄑㄧㄣ)也(ㄧㄝˇ)❶。

注　釋

❶同人，親也　就會同眾人的意義說：會同眾人要有親人愛人之心；而同人聚會後更增親愛之情，所謂「見面三分情」是也。就與人同心同德的意思說：人同此心，心同此理，更能親愛合作。郭雍《傳家易說》：「能同乎人，則天下親之。『易知則有親』，同人之親，其得乾之易乎？」朱震《漢上易傳》：「同人六二得中得位而同乎人，則人亦親之。」劉百閔《周易事理通義》：「天與水違行為訟，為不親；故天與火同行為同人，為親。」同心與親愛，亦互為因果。

語　譯

會同眾人，與人同心向上，這種愛心會使人親近。

初九爻辭

初九❶：同人于門❷，无咎❸。

注釋

❶初九

當同人初爻為老，他爻皆少，即由同人之遯䷠；或臨䷒初爻為少，他五爻皆老，即臨之同人：這兩種情形，都以同人初九爻辭占。

❷同人于門

于門，為在門口之意。同人之初，具陽剛之德，而與九四無應，無私心成見，所以一出門外，就與六二異性相吸，同心合作。王弼《注》：「居同人之始，為同人之首者也。无應於上，心无係吝，通夫大同，出門皆同，故曰同人于門也。」已以位初無應釋義。《集解》引崔憬曰：「剛而无應，比二以柔，近同于人，出門之象。」更以初剛二柔相比說之。依象說義，都可接受。

❸无咎

初入社會，於社會上一些險惡，全無了解，因而也無戒心，能以真性情待人，反而容易交到知心的朋友，所以无咎。呂祖謙《東萊易說》：「大抵天下之理本无間，惟人自以私意小智限隔。如居小屋之中，未出藩籬牆壁。若纔出得門外，便是大同。」已略明此意。

語譯

同人卦初位是陽爻，離開家門，初入社會，大公無私，和人同心合力。不會有過錯。

象傳

出門同人❶，又誰咎也❷。

注釋

❶出門同人

卦自下生，所以向上為「出」。《傳》言「出門」，可見爻辭「于門」必為在門外。《折中》引林希元曰：「出門同人，是解同人于門是出門也。言出門外去同人，無私繫而能同人者也。」是也。李杞《用易詳解》：「孔子之郯，遇程子於塗，傾蓋而語，終而相親。孔子於程子初未始有一日之素也，而相得於不期然之中，其出門同人之謂乎！」孔子遇程子，事見《孔子家語・致思》。

❷又誰咎也

《周易》主入世，而不主出世。船山《易內傳》：「離羣索居，則雖有高賢，覿面而失之。君子友天下之善士；而鄙夫日囁嚅於戶庭婦子之間，謂可以避咎。復以出門之交，譏其不謹，愚矣哉！」

語譯

出門進入社會，能和人同心同德，又有誰能說他錯呢？

六二爻辭

六二❶：同人于宗❷，吝❸。

注釋

❶六二

當同人第二爻為老，他爻皆少，即由同人之乾䷀；或坤䷁第二爻為少，他爻皆老，即坤之同人：這兩種情形，都以同人六二爻辭占。

❷同人于宗

宗，《說文》：「尊祖廟也。」引申作宗主（王弼說）、宗族（孔穎達說）、宗黨（程、朱說）解。同心之人，限於一宗，自失之狹窄。大致初入社會，還能大公無私；日子久了，容易結黨營私。所以用同人于宗來象徵。王、孔、程、朱及《集解》引侯果之說，皆以「宗」為有應於五。茲舉程說為隅反。程《傳》：「二與五為正應，故曰同人于宗。宗，謂宗黨也。同於所係應，是有所偏與，在同人之道為私狹矣，故可吝。」唯王夫之以為初、三。船山《易內傳》：「以全卦言之，眾陽相協以求同於二，故曰于野。以六二之動言之，則二往同於人，而麗於二陽之間，交不能遠，故為于宗。同人云者，遇物而即相合之謂。二近初、三，即同之；雖有正應，不能待也。其志褊矣，是以九五號咷而興師。」兩說相較，船山為長。蓋六二乘初承三，結為宗黨在前，故其道吝，而九五為之號咷；及後九五克制九三，始與六二結為同心。若六二先已與九五相應，則〈彖傳〉所云「文明以健中正而應」，是亨非吝矣。

❸吝

以卦義來說，六二以柔得位得中而應于乾，是「同人于野」，有大同之德，故其占為「亨」。以爻義來說，六二麗於二陽之間，是「同人于宗」，有阿黨之私，故其占為吝。郭雍《傳家易說》：「在卦論之，六二文明之性，固知同人之義；自爻觀之，其才至柔，不足與立，安能大同於物？是雖知之，力有所不能也。故〈象〉之所論者，卦之德也；六二之所言者，爻之才也。」是也。劉百閔更詳言六二所以吝之故，《周易事理通義》：「同人以大同於人為義。同人二同人于尊祖廟門以內，于同人義為不廣，故其占為小疵之吝。《春秋左氏・昭二十年傳》：『君所謂可，據亦曰可；君所謂否，據亦曰否。若以水濟水，誰能食之？若琴瑟之專壹，誰能聽之？同之不可也如是！』如梁丘據之所為，君子奚取哉！」案：荀爽以宗假借為眾，於六二吝道有不同的解讀。《集解》引其言曰：「宗者，眾也。三據二陰，二與四同功，五相應，初相近，上下眾陽皆欲與二為同，故曰同人于宗也。陰道貞靜，從一而終。今宗同之，故吝也。」如荀爽言，六二於初、三、四、五，無不友同，則合於大同之義，何吝之有？其說雖多疵瑕，然《易》象多歧義，世事本難料，存此異說，亦便好占者姑妄言之也。

語譯

同人卦陰居二位。只和宗族同心，未免有器量太小的毛病。

象傳

同人于宗，吝道也❶。

注釋

❶同人于宗，吝道也

王弼《周易略例・明卦適變通爻》曾言：「夫卦者，時也；爻者，適時之變者也。」卦代表一個完整的時段；爻代表這完整時段中一小段一小段的時空變化。以同人六二來說，憧憬著「文明以健中正而應」，這是好的；但陷於「同人于宗」，卻是吝道。船山《易內傳》：「君子之交，近不必比，遠不必乖。是以堯親九族，而必明俊德，施及於百姓黎民；周道親親，而賓三恪，懷萬邦。君子友天下善士，以為未足。考三王，俟後聖，而求一揆。若規規然就所親近者而與同，雖得其善者，亦一鄉之善士而已。自困而何能行遠乎？」進一步言：惠及百姓黎民，要由親九族始；懷萬邦，要由親親始，如此則吝道可化為亨。

語譯

只和宗族同心，這是使人遺憾的鄙吝作風啊！

九三爻辭

九三❶：伏戎于莽，升其高陵，三歲不興❷。

注釋

❶九三

當同人第三爻為老，他爻皆少，即由同人之无妄䷘；或升䷌第三爻為少，他爻皆老，即升之同人：這兩種情形，都以同人九三爻辭占。

❷伏戎于莽，升其高陵，三歲不興

同人至三，時日又較六二為久，因此不僅結黨營私，而且演變而至爭權奪利。在爻象方面，三比於二，而二應五，故五為三所忌。又三上皆陽，無應為敵。故其辭如此。其詳則如程《傳》所云：「三以陽居剛而不得中，是剛暴之人也。在同人之時，志在於同。卦唯一陰，諸陽之志，皆欲同之。三又與之比。然二以中正之道，與五相應，三以剛強居二五之間，欲奪而同之。然理不直，義不勝，故不敢顯發，伏藏兵戎于林莽之中。懷惡而內負不直，故又畏懼，時升高陵以顧望。如此至於三歲之久，終不敢興。此爻深見小人之情狀。」其事，王夫之舉東漢光武帝與竇融相應，而隗囂從中作梗為例。船山《易內傳》所言：「竇融之在河西，既歸心漢室。而隗囂中梗，欲連合以拒漢。光武洞照其姦，明以詔融。河西之人，謂天子明見萬里，卒歸漢，而囂計遂窮，蓋類於此。」楊萬里以東晉桓溫欲篡位，王、謝緩其事為例。《誠齋易傳》：「桓溫忌王、謝之忠，壁人以圖之而不能，此伏戎者也；欲得九錫以升高，而王、謝緩其事，未幾死焉，此升于高陵，三歲不興者也。」茲更舉一例。日本明治維新，德川末代幕府德川慶喜擬「大政奉還」，而諸藩有不服者，長岡藩主河井繼之助為其一也。於是戊申伐藩戰役中，長岡城三度易手，河井負傷逃亡，死於赴奧羽途中。日本歷史小說家司馬遼太郎在〈生為台灣人的悲哀〉中記載他和李登輝的對談，說他自己寫《台灣紀行》時，曾想到河井繼之助。結語是「但願台灣的命運不要成為第二個長岡藩」。其言啟人深思。

語譯

同人卦陽居三位。稟性剛強，爭權奪利。反抗領袖，與上為敵。因此伏兵於叢林野草之間，時時登高丘瞭望。這樣經過三年，仍舊毫無發展。

附錄古義

《漢書・王莽傳》：「又聞漢兵言莽鴆殺孝平帝，莽乃會公卿以下於王路堂，開所為平帝請命於金縢之策，泣以示羣臣。命明學男張邯稱說其德及符命事。因曰：《易》言：『伏戎于莽，升其高陵，三歲不興。』莽，皇帝之名；升，謂劉伯升；高陵，謂高陵侯子翟義也。言劉升翟義為伏戎之兵於新皇帝世，猶殄滅不興也。」案：楊樹達錄此，並加按語云：「此竟以《易》為讖文矣。錄之，以見王莽之好附會爾。於其義无取也。」

《風俗通・山澤》：「《易》曰：『伏戎于莽，升其高陵。』又：『天險不可升，地險山川丘陵。』陵有天性自然者。今王公墳壟各稱陵也。」

象傳

伏戎于莽，敵剛也❶；三歲不興，安行也❷。

注釋

❶**伏戎于莽，敵剛也**

〈象傳〉以「敵剛也」解釋「伏戎于莽」，有兩點值得注意。一、關於「敵剛」，《集解》引崔憬曰「忌于五」，孔氏《正義》云「當敵九五之剛」，伊川船山，都以所敵為九五。但爻例：初四、二五、三上，陰陽互異叫「應」；否則為「无應」，又叫「敵應」。此爻「敵剛」，不僅指九三與九五為敵，亦指與上九敵應，進而與乾上三爻為敵。〈象傳〉言六二「柔得位得中而應乎乾」，具同人之德。九三卻「剛得位失中而敵乎乾」，其不具同人之德可知。二、《集解》引虞翻曰：「巽為伏，震為草莽，離為戎，謂四變時，三在坎中，隱伏自藏，故伏戎于莽也。」以九三體離為戎；二三四爻互巽為草莽；四變為陰，三在坎中為隱伏。此種「互體」、「卦變」之說，皆〈象傳〉所未言，〈傳〉僅以「敵應」立說。

❷**三歲不興，安行也**

崔憬以「一爻為一年」，故九三代表三歲。安行之「安」，王弼《注》云「辭也」，是個「疑問詞」，作「如何」解。朱震《漢上易傳》：「九三剛而不中，不能同人，與五爭應。二者，五之所同。九三貪其所比，據而有之，故伏戎于莽，將以攻五。慮其不勝，又升高陵而望焉。然五陽剛居尊位，二本同五，非三之所當有，於義屈矣！……然則非道而同乎人者，動而爭之，不可得也；不動而比之，不可得也。奚益矣！終豈能行哉？故曰：『伏戎于莽，敵剛也；三歲不興，安行也。』乾為歲；三歲，三爻也。」據象釋義甚詳明。

語譯

伏兵在叢林野草之間，剛強的人互相敵對啊！三年沒有進展，怎行呢？

九四爻辭

九四❶：乘其墉，弗克攻❷，吉❸。

注釋

❶九四

當同人第四爻為老，他爻皆少，即由同人之家人䷤；或解䷧第四爻為少，他爻皆老，即解之同人：這兩種情形，都以同人九四爻辭占。

❷乘其墉，弗克攻

九四之入社會，又較九三為久，已知「伏戎于莽，升其高陵，三年不興」之誤，所以雖「乘其墉」，而義「弗克攻」。蓋由爭強好鬥之迷途，知返於「同人」之至道。生命歷程至此，又邁入新的境界。乘者，升也；墉，《說文》云：「城垣也。」帛書作「庸」，《集解》從鄭玄《注》亦作庸。庸是小城。如《禮記・王制》所謂「附庸」之庸。案：關於九四擬攻的對象，很多異說。王弼《注》云：「處上攻下，力能乘墉者也。履非其位，以與人爭。二自五應，三非犯己，攻三求二，尤而效之，違義傷理，眾所不與，故雖乘墉而不克也。」朱子《本義》從之，曰：「亦欲同於六二，為三所隔，故為乘墉以攻之象。然以居柔，故有自反而不克攻之象。」認為所攻為三，這是一說。程《傳》：「四剛而不中正，其志欲同二，亦與五為仇者也。」是以所攻者五，此第二說。惠棟《周易述》則依虞翻之說，以：「乘其庸，欲攻初也。四與初皆陽，故敵應。初得位，四無攻初之義。變而承五應初，故弗克攻，吉也。」那麼所攻為初。此第三說。《易》無定象，於此可知。

❸吉

迷途知返，去爭強好鬥之野心，體與人和同之初志，故吉。船山《易內傳》：「四居三五之間，而與內卦相近。退而就下，故亦有爭同於二之情焉，乘其墉者，將踰三而取二也。乃以剛居柔，三方伏戎以待，則見不克攻而退以承乎五，故吉。」

語譯

同人陽居四位。當登上別人的城牆之後，卻能懸崖勒馬，迷途知返，不去攻擊別人。這樣是好的。

象傳

乘其墉，義弗克也❶；其吉，則困而反則也❷。

注釋

❶**乘其墉，義弗克也**

〈象傳〉於此特拈出「義」字。表明九四不攻九三，非力不足，而是在道義上不能這樣做。克，能也。弗克之義是什麼？歸納爻象，可得三事。一、已失位：如訟九二九四，同人之九四，皆以剛居柔，失位而事有不克。二、雖未失位而德不足：如大有九三「公用亨于天子，小人弗克」；復上六「迷復」、「至于十年不克征」。三、居中得益，則不克辭。如損六五、益六二，皆曰：「或益之十朋之龜，弗克違。」項安世《周易玩辭》：「凡爻言不克者，皆陽居陰位。惟其陽，故有訟有攻；惟其陰，故不克訟弗克攻。訟之九二、九四，同人之九四，皆是物也。」已見其一隅。

❷其吉，則困而反則也

〈象傳〉於此特拈出「則」事。「反則」的則字，義同《詩經・烝民》：「天生烝民，有物有則，民之秉彝，好是懿德。」之「則」，作法則解。「反則」，是返守法則的意思。凡困窮而知返者，多吉而無咎。如：訟九四「不克訟，復即命，渝安貞，吉」，同人九四「困而反則」之吉。訟九二「不克訟，歸而逋，其邑人三百戶无眚」，无眚即無咎也。若困而不知復，則凶矣。復上六「迷復凶」是也。

語譯

登上對方的城牆，反省自己，發覺在道義上是不可以如此的；所以仍有收穫，就在於當困惑的時候卻能返守正義的法則啊！

九五爻辭

九五❶：同人先號咷而後笑❷，大師克相遇❸。

注釋

❶**九五**

當同人第五爻為老，他爻皆少，即由同人之離☲；或坎☵第五爻為少，他爻皆老，即坎之同人：這兩種情形，都以同人九五爻辭占。

❷**同人先號咷而後笑**

同人〈彖傳〉：「中正而應，君子正也，唯君子為能通天下之志。」所謂君子，蓋指中正而應二之九五。然通天下之志，談何容易。初九涉世未深，能同人于門；六二則朋比于宗矣；九三、九四，更要訴諸武力。此九五同人之所以為之先號咷也。然二五正應，終結同心，其臭如蘭。故而後笑也。〈繫辭傳上〉：「同人先號咷而後笑。子曰：『君子之道，或出或處，或默或語。二人同心，其利斷金，同心之言，其臭如蘭。』」即指二五同心相應，不可能永被阻隔，當之者無堅不摧而言。胡炳文《周易本義通釋》：「同人九五剛中正而有應，故先號咷而後笑；旅上九剛不中正而無應，故先笑後號咷。」李光地《周易折中》案語云：「居尊位而欲下交，居下位而欲獲上，其中必多忌害間隔之者。故此爻之號咷，鼎九二之我仇有疾，亦論其理如此爾。說《易》者必欲求其爻以實之，則鑿矣。」

❸**大師克相遇**

指大師克服三之伏戎，始能與二相遇。實現世界大同，有時非用師不可。朱子《本義》：「五剛中正，二以柔中正相應於下，同心者也。而為三四所隔，不得其同。然義理所同，物不得而間之。故有此象。然六二柔弱，而三四剛強，故必用大師以勝之，然後得相遇也。」案：朱子所言，實本韓康伯，惟韓《注》文字不如朱《義》之簡明。項安世《周易玩辭》：「獨二與五可以言同，而又皆係於應，无大同之量，非所謂同人于野者也。二專於柔，眷戀宗戚之私情，固為吝道；五專於剛，以離合為悲喜，竭其力以與三決，僅幸一勝。此於交友之分，可謂斷金；若曰同人之道，豈其然哉！故爻辭不復有言，自其道之吝，自可見矣！」較論六爻二五，指出九五亦吝。

語譯

同人陽居五位。要實現世界大同，溝通天下人的心志。而許多自私爭利的現象，卻令人先要為它號咷痛哭。最後有了知音者的響應才喜極而笑。指揮大軍克服了結黨營私的人，才能與知音者相遇共締大同世界。

附錄古義

《漢書・王莽傳》：「崔發言：『《周禮》及《春秋左氏》：「國有大災，則哭以厭之。」故《易》稱「先號咷而後笑。」』」

象傳

同人之先，以中直也❶；大師相遇，言相克也❷。

注釋

❶同人之先，以中直也

同人之先，為同人先號咷而後笑的省文；中直，猶言中正，言九五、六二分居上下兩卦之中又得正。不曰中正亦曰中直的理由，是要和下文「克」字叶韻。同人〈象傳〉：「義弗克」之克、「困而反則」之則、「以中直」之直、「言先克」之克、「志未得」之得，段玉裁《群經韵分十七部表》皆列在第一部。正由於行事恰當而正確，所以能改變號咷大哭的局面，而成歡笑的世界。

❷大師相遇，言相克也

相遇指六二，相克指九三。欲遇知音之六二，先克橫強之九三。船山《易內傳》：「相克者，非懲伏莽之戎，則不得遇。故曹衛折而晉宋始合，隗囂破而竇融始歸，士苟欲親君子，必峻拒小人。皆此義也。」

語譯

要和世人心志相溝通，促進世界大同的君子，所以會先號咷而後笑，是由於自己行為的恰當正確。正義之師終於會合在一起，說明了沒有任何阻力是不能克服的。

繫辭傳

同人先號咷而後笑。子曰❶：「君子之道，或出或處，或語或默❷。二人同心，其利斷金❸。同心之言，其臭如蘭❹。」

注釋

❶子曰

昔賢多謂子即孔子；今人則多以為孔門後學紹承先師口耳相傳之言，以為孔子，實未必也。以言論之，《論語》記「子罕言利」，而此云「其利斷金」：其證一。以義論之，項安世已譏同人二五「皆係於應，无大同之量」，孔子大聖，豈不知此，竟以斷金、如蘭頌之？其證二。

❷或出或處，或語或默

就行言之，出與處相對；就言言之，語與默相對；就爻言之，九五與六二相對。落實而說，九五在外卦，為出；剛爻，為語。六二在內卦，為處；柔爻，為默：其跡異也。韓康伯《注》：「君子出處語默，不違其中，則其跡雖異，道同則應。」俞琰《大易集說》：「九五之陽在上，有或出或語之象；六二之陰在下，有或處或默之象。出處語默，即先號咷後笑之義。」

❸二人同心，其利斷金

此特就或出或處之行說。二人，指九五、六二。張載《橫渠易說》：「君子自知自信，了然不惑；又於出處語默之際，獲與人同：則其志決然，利可斷金。」合出處、語默為一談，似可討論。《周易玩辭》：「其利斷金，雖金之堅，不能閒也。此言君子之行。」是也。

❹同心之言，其臭如蘭

此特就或語或默之言說。臭，指氣味。語意演變，有縮小之例。如：朕本凡人自稱之詞，後但為天子自稱之名；寡本男女無妻無夫者，後但為婦人亡夫者；禽本鳥獸總名，後但為鳥類。《說文》：「臭，禽走臭而知其迹者，犬也，从犬自。」自是鼻之初文。狗鼻子最靈，能嗅出各種氣味，所以各種氣味都可叫臭。《詩・大雅・文王》：「上天之載，無聲無臭。」臭亦作氣味解。《周易玩辭》：「其臭如蘭，雖林之深，不能隱也。此言君子之言。」《大易集說》：「二人同心，斷金臭蘭，即相遇之義。」《折中》又引錢志立曰：「斷金，言其心志之堅，物不得閒也；如蘭，言其氣味之一，物不得雜也。」

語譯

同人九五爻辭所說「先號咷而後笑」，先師解釋說：「君子立身處世的道理，有時出來服務，有時靜處隱居；有時抒發議論，有時保持緘默。領導者和人民同心協力，就能像利刃一樣切斷堅硬的金屬。志同道合的言語，聞起來氣味像蘭花一樣芬芳。」

附錄古義

《漢書・王吉等傳贊》：「《易》稱：『君子之道，或出或處，或默或語。』言其各得道之一節，譬諸草木，區以別矣。故曰：『山林之士，往而不能反；朝廷之士，入而不能出：二者各有所短。』」

《後漢書・郎顗傳》：「顗對問云：『今去奢即儉以先天下，改易名號，隨事稱謂。《易》曰：「君子之道，或出或處。同歸殊塗，一致百慮。」是知變常而善，可以除災；變常而惡，必致於異。』」

《後漢書・周燮等傳序》：「《易》曰：『君子之道，或出或處，或默或語。』孔子稱『蘧伯玉邦有道則仕，邦無道則可卷而懷也。』然用舍之端，君子之所以存其誠也。故其行也，則濡足蒙垢，出身以效時；及其止也，則窮棲茹菽，臧寶以迷國。」

《風俗通・十反》：「《易》稱：『君子之道，或出或處，或默或語。』《傳》曰：『朝廷之人，入而不能出；山林之士，往而不能返。』言各有長也。」

《新語・辨惑》：「至於秦二世之時，趙高駕鹿而從行。王曰：『丞相何為駕鹿？』高曰：『馬也。』王曰：『丞相誤也，以鹿為馬。』高曰：『陛下以臣言不然，願問羣臣。』臣半言鹿，半言馬。當此之時，秦王不能自信其目，而從邪臣之說。夫馬鹿之異形，眾人所知也，然不能分別是非也，況於闇昧之事乎？《易》曰：『二人同心，其義斷金。』羣黨合意以傾一君，孰不移哉？」

《說苑・敬慎》：「桓公曰：『金剛則折，革剛則裂；人君剛則國家滅，人臣剛則交友絕。夫剛則不和，不和則不可用。是故四馬不和，取道不長；父子不和，其世破亡；兄弟不和，不能久同；夫妻不和，室家大凶。』《易》曰：『二人同心，其利斷金。』由不剛也。」《後漢書・列女・曹世叔妻傳》：「班昭作《女誡》云：『是故室人和則謗掩，外內離則惡揚，此必然之勢也。』《易》曰：『二人同心，其利斷金；同心之言，其臭如蘭。』此之謂也。」

上九爻辭

上九❶：同人于郊，无悔❷。

注釋

❶上九

當同人上爻為老，他爻皆少，即由同人之革䷰；或蒙䷃上爻為少，他爻皆老，即蒙之同人：這兩種情形，都以同人上九爻辭占。

❷同人于郊，无悔

同人一卦，至上九而臻極限。同人于郊，雖然比較初九于門之无咎、六二于宗之吝，所同稍廣，因此無悔。然《說文》云：「邑外謂之郊，郊外謂之野。」距卦辭「同人于野亨」之理想，仍有距離。同人止於于郊，《周易》終於未濟，益悟天下大同實屬理想；圓滿世界難能實現。又同人一卦，始於同人于門，此因人之初，本廓然大公。及後同人于宗，始染營私之習氣。於是至九三之伏戎、九四之乘墉，紛爭益發令人號咷。到九五不得不以大師相克了。而上九之終於同人于郊，仍未達同人于野之理想。君子於此，可覘歷史之演進，亦可覘心路之歷程。《折中》引梁寅曰：「以一卦觀之，由內而至外：初為同人于門，至近也；二為同人于宗，亦近也；至上而同人于郊，則遠矣！然未如野之尤遠也。……初上雖无咎无悔，然終不若于野之亨也。聖人以四海為一家，中國為一人；而情無不孚，恩無不洽者，豈非同人于野之意哉！」已先我見及此。梁寅，元人，著《周易參義》，有《通志堂經解》本。又《集解》引虞翻曰：「與乾上九同義，當有悔；同心之家，故无悔。」較論乾上九有悔，同人上九无悔，亦可參考。

語譯

同人卦最上面的是陽爻。除了荒野的人外，總算使郊區以內的人同心同德，也就可以不必懊悔了！

象傳

同人于郊，志未得也❶。

注釋

❶**同人于郊，志未得也**

《折中》引宋蔡淵曰：「未及乎野，非盡乎大同之道者也。故曰志未得。」〈象傳〉言「志未得也」凡三：其一見此；其二為謙上九，〈象〉曰「鳴謙，志未得也」；其三為困九五，〈象〉曰「劓刖，志未得也」。

語譯

僅能溝通郊區以內人民的意志，世界大同的願望尚未實現啊！

大有卦經傳通釋第十四

卦辭

䷍乾下離上大有(ㄉㄚˋ ㄧㄡˇ)❶：元亨(ㄩㄢˊ ㄏㄥ)❷。

注釋

❶䷍乾下離上大有

大有，六畫的卦名。由三畫的乾在下，三畫的離在上，重疊而成。大，是盛大，兼指陽言；有，謂擁有。大有，有三義：一、大大地擁有；二、所有者眾陽，皆大；三、萬物皆備於我。在卦體上，大有火在天上，有無所不容無所不照之象，所以為大有。此第一義，大有〈象傳〉即採此說。在卦爻上，六五柔得尊位，虛中體明，能得其他五陽的支持，所以為大有。此第二義，大有〈彖傳〉即採此說。在卦序上，大有次於同人之後，能與人和諧同心，終使萬物皆備於我。此第三義，〈序卦傳〉即採此說。程《傳》：「夫與人同者，物之所歸也，大有所以次同人也。為卦火在天上，火之處高，其明及遠，萬物之眾，无不照見，為大有之象。又一柔居尊，眾陽並應；居尊執柔，物之所歸也。上下應之，為大有之義。」已將三義概括而言之。參閱〈象傳〉、〈彖傳〉、〈序卦傳〉注釋。當大有六爻皆少，也就是本卦、之卦都是大有；或比䷇六爻皆老，也就是比之大有：這兩種情形，都以大有卦辭占。

❷元亨

元是創始，又有「大」義；亨是發展、溝通。元亨，是大通的意思。大有乾下而剛健，離上而文明，有離日行於乾天之象，加以六五虛中體離，有謙虛光明之象；而居乾之上，有群陽畢集，代天行道之象。所以卦辭曰「元亨」。《集解》引鄭玄曰：「六五體離，處乾之上，猶大臣有聖明之德，代君為政，處其位有其事而理之也。元亨者，又能長羣臣以善，使嘉會禮通，若周公攝政，朝諸侯于明堂是也。」更以〈文言傳〉：「元者，善之長也；亨者，嘉之會也。」以為六五能善待眾人，禮遇群賢。並舉周公攝政為例。考大有一卦，六五以柔居尊失位，懷柔群雄而未能以剛斷之；虛衷遜志而未能盡性復禮。所以能元亨而未能利貞。船山《易內傳》云：「元亨者，始而亨也。羣陽環聚，非易屈為己有。而虛中柔順以懷集之，則疑沮皆消，而無不通矣。此象創業之始，以柔道通天下之志，而羣賢來歸，速於影響，始事之亨也。眾剛效美於一人，乾道大行，故有乾元亨之德。而不言利貞者，無剛斷以居中，未能盡合於義，能有眾善而不能為眾善之所有，則不足以利物；柔可以順物情而不能持天下之變，汎應羣有，未一所從，則其正不固也。」是也。大有與比䷇，陰陽相錯。《周易折中》案語云：「比以九居五，視大有之六五為優矣。然比之應之者，五陰也，則民庶之象也；大有之應之者，五陽也，則賢人之象也。賢人應之，所有孰大於是哉！故大有之柔中，雖不如比之剛中，而比之吉无咎，則不如大有之直言元亨也。」大有與同人䷌上下相覆。項安世《周易玩辭》云：「同人，乾之九二也。見龍在田，德施普也。故曰『同人于野亨』，有善世不伐之義焉。大有，乾之九五也。飛龍在天，大人造也。故曰『大有元亨』，有首出庶物之義焉。」歸納、比較，為治學最重要的二種方法，錄此為例，用作參考。

語譯

六畫的大有，下卦是三畫的乾，上卦是三畫的離。具有創始、發展的美德，能夠大大地亨通。

彖傳

大有，柔得尊位大中而上下應之，曰大有❶。其德剛健而文明，應乎天而時行，是以元亨❷。

注釋

❶**柔得尊位大中而上下應之，曰大有**

此釋卦名大有之義。柔，指六五。尊位大中，謂五位最尊，又處上卦之中。船山以「居陽之中曰大中」。上下應之，言上下五陽皆應此得尊位大中之柔爻。王弼《注》：「處尊以柔，居中以大；體无二陰，以分其應；上下應之，靡所不納：大有之義也。」是也。案：同人、大有兩卦，爻序相覆。同人〈彖傳〉云「柔得位得中而應乎乾」，可與大有〈彖傳〉相較。楊萬里《誠齋易傳》：「同人大有，一柔五剛均也。柔在下者，曰得位，曰得中，曰應乎乾，而為同人，我同乎彼之辭也；柔在上者，曰尊位，曰大中，曰上下應，而為大有，我有其大之辭也。」項安世《周易玩辭》：「一陰在下，勢不足以有眾，能推所有以同乎人者也，故名曰同人；一陰在上，人同乎我，為我所有者也，故曰大有。〈彖〉於同人曰應乎乾，明我應之也；於大有曰上下應之，明人應我也。履卦柔在下，亦曰應乎乾；小畜柔在上，亦曰上下應之：此可以推卦例矣。」

❷**其德剛健而文明，應乎天而時行，是以元亨**

此釋卦辭元亨之義。剛健指乾下而言；文明指離上而言。大有乾下離上，故其德剛健而文明，此是大有之體；應乎天，指離之六五應乾之九二，離為日，乾為天，故能應乎天而時行，此是大有之用。王弼

《注》：「德應於天，則行不失時矣；剛健不滯，文明不犯，應天則大，時行無違，是以元亨。」

語譯

大有一卦，六五得到尊貴的地位，處於偉大的上卦的中央，而上下五陽都擁護它。所擁有的十分廣大，所以叫大有。胸襟開闊，能容眾物的人，品德剛健，光明磊落，配合天命而適時行動，所以大大地亨通！

象傳

火在天上，大有❶。君子以遏惡揚善，順天休命❷。

注釋

❶火在天上，大有

離為火，乾為天。大有乾下離上，故有火在天上之象。天無所不容，火無所不照，所以為大有。

❷君子以遏惡揚善，順天休命

發自天命仁義禮智之性，純然善者，以及發自血肉喜怒哀樂之情，若合乎天命善性者，皆必發揚之；發自血肉之情，若有不合天命之性，未能善者，則必遏止之。於人之善惡，於物之善惡，亦莫不如此。則我之遏惡揚善，皆順乎天之美命。司馬光《溫公易說》：「火在天上，明之至也，至明則善惡無所逃；善則舉之，惡則抑之，慶賞刑威得其當：然後能保有四方，所以順天休命也。」楊萬里《誠齋易傳》：「天討有罪，吾遏之以天；天命有德，吾揚之以天。吾何與焉！此舜禹有天下而不與也，故曰順天休命。同人離在下，而權不敢專，故止於類而辨；大有離在上，而權由己出，故極於遏而揚。」

語譯

火光輝耀在天上，廣大地照有一切萬物。象徵著英明的執法者，慧眼看透人世的是非。君子因此更要遏止惡行，褒揚善舉，順應上天美好的使命。

序卦傳

與人同者，物必歸焉❶，故受之以大有❷。

注釋

❶與人同者，物必歸焉

在卦名「大有」的注釋中，我已指出「萬物皆備於我」是大有的第三義。《孟子・盡心》：「萬物皆備於我矣，反身而誠，樂莫大焉！」以為萬物與我，融洽相處，合成一片，回頭看到自己生命的充實，所有之豐富，人生還有比這更快樂的嗎？此境界，是由仁義禮智四端之心充分發揮而到達的。《孟子・公孫丑》：「惻隱之心，仁之端也；羞惡之心，義之端也；辭讓之心，禮之端也；是非之心，智之端也。……凡有四端於我者，知皆擴而充之矣！……苟能充之，足以保四海；苟不充之，不足以事父母。」《中庸》於此有進一步的闡發，說：「唯天下至誠，為能盡其性；能盡其性，則能盡人之性；能盡人之性，則能盡物之性；能盡物之性，則可以贊天地之化育；可以贊天地之化育，則可以與天地參矣！」又說：「不誠無物。」所以，「誠」就是充實，就是豐富，就是萬物皆備於我，也就是大有。大有此義，不是我個人的牽強附會。白雲郭雍已先我發之。《中庸解》：「《易》曰：『與人同者，物必歸焉，故受之以大有。』夫與人同者，盡己盡人之性者也。盡己盡人，誠之至也。誠至則可以有物，是以物必歸焉。苟或不然，此亦不能大有之矣！故曰不誠無物。」附帶說明《莊子・齊物論》所言：「天地與我並生，而萬物與我為一。」義似與《孟子》所說「上下與天地同流」（〈盡心〉）、「萬物皆備於我」相近，其實不然。孟說本於性善，已見上文；莊學本於齊物，是取消一切差別相的結果。不可混為一談。

❷**故受之以大有**

物必歸焉，皆備於我，是所有大矣，此之謂大有。張栻《南軒易說》：「人能樂以天下，與天下同其樂；憂以天下，與天下同其憂：此與人同也。而物歸焉，故受之以大有。」來知德《周易集註》：「能一視同人，則近悅遠來，而所有者大矣！故大者皆為吾所有。」所言可作參考。

語譯

與人同甘共苦，把所有的人看成自己的同胞，把所有的物看成自己的朋友，那麼萬物必定歸屬於你，與你同心同德，所以同人卦之後，接著的是大有。

雜卦傳

大(ㄉㄚˋ)有(ㄧㄡˇ)，眾(ㄓㄨㄥˋ)也(ㄧㄝˇ)❶。

注釋

❶**大有，眾也**

眾是眾多的意思，無論大大地擁有，所有五陽皆為大，或萬物皆備於我，都包含眾多的意思。《集解》：

「五陽並應，故眾。」《南軒易說》：「大有之時，時和歲豐，萬物盛多，故為眾也。」郭雍《郭氏傳家易說》：「其有非一，故眾。」並是。朱震《漢上易傳》：「大有六五柔得尊位而有其眾；有其眾則眾亦歸之，故曰大有眾也。同人六二得中得位而同乎人；同乎人則人亦親之，故曰同人親也。」案：〈序卦〉先同人而後大有；〈雜卦〉先大有而後同人。大有與同人上下相覆，互為因果。

語譯

大有，大大地擁有一切，正是豐盛眾多的意思。

初九爻辭

初九❶：无交❷，害❸，匪咎，艱則无咎❹。

注釋

❶初九

當大有初爻為老，他爻皆少，即由大有之鼎䷱；或屯䷂初爻為少，他五爻皆老，即屯之大有：這兩種情形，都以大有初九爻辭占。

❷无交

含三義：一指與九四無應。《集解》引虞翻曰：「害謂四。」李道平《纂疏》：「初與四為敵應。」即採此義。二指初九與六五无交。王宗傳《童溪易傳》：「二應於五，三亨於天子，四與上居近密之地，而初九則獨處於下而无交焉，豈不害於上下應之之義乎？」以上兩點屬外緣。三指初九隱潛而勿用於世。大有乾下離上、初九體乾，具乾初九之象。故乾初九言「潛龍勿用」，大有初九「无交」。此第三點屬內因。

❸害

虞翻曰：「害謂四。」大有九四體離，離九四爻辭云：「焚如死如。」大有初九與九四敵應而不交，故受其害。楊時《易說》：「以剛健之才，而上无應，困於一卦之下，无交故也，是以有害。」楊萬里《誠齋易傳》：「初九稟剛陽之資，不曰无德；逢大有之世，不曰无時；上有六五之主，不曰无君；下有眾陽之賢，不曰无類。然以无交而害者，孤遠在下故也。賈生明王道而黜於文帝好賢之代；仲舒首羣儒而廢於武帝用儒之朝：絳、灌、公孫非其交也。」案：程《傳》以「无交害」為「未涉於害」意。曰：「九居大有之初，未至於盛，處卑无應與，未有驕盈之失，故无交害，未涉於害也。」來知德《周易集註》亦言：「凡民而大有，家肥屋潤，人豈无害之理。離火剋乾金，其受害也必矣。未交害者，去離尚遠也。」說亦可通。

❹**匪咎，艱則无咎**

匪，通非。疑本作非字，帛書正作非。今本作匪者，疑涉九四「匪其彭」之匪而誤。大有初九在下得位，雖有无交之害，然非其咎也。艱貞自持，保其大有，則可遠害而无咎。乾初九〈文言〉引子曰：「不易乎世，不成乎名；遯世无悶，不見是而无悶；樂則行之，憂則違之，確乎其不可拔。」可視為此「艱」字注腳。《童溪易傳》：「交道之難，其來尚矣！使初不知艱以自守，而務以苟合苟進焉，則雖知无交之為害，而不知苟合苟進之為有咎也。故又曰：『匪咎，艱則无咎。』」

語譯

大有卦初位是陽爻，隱伏在基層，不跟上級來往。雖有害處，但是不是自己的過錯。只要保持自己的艱貞，就不會犯錯了。

象傳

大有初九❶，无交，害也❷。

注釋

❶**大有初九**

《周易玩辭》：「大有初九，大有上九，兩爻〈象辭〉皆稱大有者，明他卦在初而无交，未為有害，當大有之時，乃為有害爾；他卦上九乘六五，未必如此之吉，當大有之時尚賢，如此乃為吉无不利爾。二爻皆即全爻取義，故以卦名冠之。」《周易折中》引陸振奇曰：「保終之道，慎於厥始；必有克艱於初，而後有天祐於終。故初曰『大有初九』，上曰『大有上吉』，獨本末見『大有』焉。」對〈象傳〉所以在初、上二爻標出「大有」有所說明。

❷无交，害也

《周易玩辭》：「大有與同人反對，大有之初九，即同人之上九，皆遠於柔者也。故同人六爻獨上九為不得志；大有六爻獨初九為无交也。然而六二當同於人，而上九獨不見同，此二之吝，非上之傲也，故為无悔；六五受人之交，而初九獨不往交，則害於大倫矣，故為有害。雖然，豈其咎哉！居勢適然，豈容強合。若能危行言遜，艱以自守，則雖无上下之交，亦足免於咎也。馮衍、梁鴻之在東漢，皆居大有而无交者也。衍退而自脩，可以无咎；鴻作五噫之辭，為章帝所惡，則失於輕易，違初九克艱之義矣。」以大有初九與同人上九較論，並以史為證，於研《易》頗有啟迪之功。

語譯

大有卦初九爻，因為不跟上級來往，受到一些傷害。

九二爻辭

九二❶：大車以載❷，有攸往，无咎❸。

注釋

❶**九二**

當大有第二爻為老，他爻皆少，即由大有之離䷝；或坎䷜第二爻為少，他爻皆老，即坎之大有：這兩種情形，都以大有九二爻辭占。

❷**大車以載**

九二以陽剛居中，離潛而現，與六五相應，能夠任事。以物象喻之，有大車載物之象。程《傳》：「九二以陽剛居二，為六五之君所倚任。剛健則才勝，居柔則謙順，得中則无過。其才如此，所以能勝大有之任；如大車之材強壯，能勝載重物也。」尤有進者，九二應知大有惟六五一陰，眾陽皆應之，故大車載物之外，更應與諸陽共乘，同創繁榮富足之世界。《童溪易傳》：「南豐曾子固曰：『夫所謂宰相者，以己之才為天下用，則為天下用而不足；以天下之才為天下用，則為天下用而有餘。』大有九二，有大車以載之象，則以天下才為天下用之謂也。……大車，積集眾材而成也；大有，眾材輻湊之時也。九二之材，剛而中者也，又處眾剛之材之中，則集眾剛之材，以會於中，而成此荷載之功者也。」援曾鞏之言以說大有九二大車以載之義，極富見地。

❸**有攸往，无咎**

九二失位，本疑有咎；而剛中居柔，上有六五相應，所以有攸往而无咎。王弼《注》：「健不違中，為五所任；任重不危，致遠不泥：故可以往而无咎也。」朱震《漢上易傳》：「九二剛中而居柔：剛則才勝；中則不過；居柔則謙順。具此三者往之五，以任天下之重，猶車載也。大有物歸者眾，富有之時，六五中而未極，故有攸往无咎，往之得正也。」並是。

語譯

大有卦陽爻居第二位，就像大車廣載人物一樣，能夠勝任工作。往前走，不會錯！

象傳

大車以載，積中不敗也❶。

注釋

❶**積中不敗也**

此為雙關語。表面指重物積於車中而不毀敗；而實為閑邪存誠，積其忠信，容納諸陽，廣接群賢之義。〈文言傳〉引「子曰」釋乾九二：「庸言之信，庸行之謹。閑邪存其誠，善世而不伐，德博而化。」大有九二亦得之。《集解》引盧氏（景裕）曰：「體剛履中，可以任重；有應于五，故所積皆中而不敗也。」程《傳》：「壯大之車，重積載於其中，而不損敗；猶九二材力之強，能勝大有之任也。」從正面肯定九二之強壯勝任。《童溪易傳》：「大有之世，事崇而業鉅者也。六五之君，方且體謙虛之德，而以仰成眾賢為心。當是時也，非有任重之材以荷載為職不可也。九二以剛中之材，處於相應之地，固其任也。然當眾材輻湊之時，使二也无賴乎眾材之助，而獨以己之材為天下用焉，寧无咎乎？又寧无敗乎？然則其象有取於大車之載，其旨遠矣。」從反面指出九二若剛愎自用，不納他陽，即取敗有咎。船山《易內傳》：「誠信之輸於五者，積於中則持盈而物莫能傷。後世唯諸葛武侯望重道隆，而集思廣益，以事沖主，能有此德。」則闡發誠信積中之奧旨。

語譯

像大車廣載人物一樣勝任工作，因為誠信聚積於中，人才與我同車共前，所以不會敗事啊！

九三爻辭

九三❶：公用亨于天子❷，小人弗克❸。

注釋

❶九三

當大有第三爻為老，他爻皆少，即由大有之睽䷥；或蹇䷦第三爻為少，他爻皆老，即蹇之大有：這兩種情形，都以大有九三爻辭占。

❷公用亨于天子

《易緯・乾鑿度》：「三為三公，四為諸侯，五為天子。」公除三公之義外，又有公而無私義。亨，《左傳》引《易》作「享」，酒食也。〈繫辭傳下〉：「三與五同功而異位。」故九三之公可用亨於六五之天子。朱子《本義》：「亨，《春秋傳》作享，謂朝獻也。古者亨通之亨，享獻之享，烹飪之烹，皆作亨字。九三居下之上，公侯之象，剛而得正；上有六五之君，虛中下賢，故為亨于天子之象。占者有其德，則其占如是。」或以「公」兼具公侯、公而無私兩義。楊時《易說》：「九三居下卦之上，人臣之尊位，公侯之任也。公者，背私之名，當盛大之時，以其所有，奉職貢而无私焉，亨於天子之道也。」王宗傳則惟取奉公一義。《童溪易傳》：「存諸中者无非奉上之公，故在上者无所疑，而在下者亦无所嫌，此九三之心所以獲上通於天子也，故稱公焉。」並存其說，以供讀者擇焉。案：《左傳・僖公二十五年》：「秦伯師于河上，將納王。狐偃言於晉侯曰：『求諸侯莫如勤王。諸侯信之，且大義也。繼文之業，而信宣於諸侯，今為可矣。』使卜偃卜之，曰：『吉，遇黃帝戰于阪泉之兆。』公曰：『吾不堪也。』對曰：『周禮未改，今之王，古之帝也。』公曰：『筮之。』筮之，遇大有之睽。曰：『吉。遇公用享于天子之卦。戰克而王饗，吉孰大焉？且是卦也，天為澤以當日，天子降心以逆公，不亦可乎？大有去睽而復，亦其所也。』晉侯辭秦師而下。」這條記載可以幫助我們了解：一、大有之睽，三爻變，於是就以大有九三爻辭占。二、「戰克而王饗」，戰克為「克」之一種。與爻辭下文所言「小人弗克」相對。大有九三非但以財通於天子，同時以力效於天子。至於今日，凡我國民，都是天子。所以能為國民出錢出力，必能受國民之擁護。三、《左傳》言「王饗」，王是主詞；《易》言「公用亨于天子」，公是受詞。四、《左傳》以「天為澤以當日」釋爻辭，知可以大有所變之卦「睽」來說明大有九三爻辭。大有乾下離上，睽兌下離上。大有乾下之「天」變為睽兌下之「澤」，而以當離上之「日」。

❸小人弗克

弗克謂不能，指不能為國輸財效力，所以也不能受酒食於天子。張載《橫渠易說》：「非柔中文明之主不能察；非剛健不私之臣不能通：故曰小人弗克。」程《傳》：「若小人處之，則專其富有以為私，不知公以奉上之道，故曰小人弗克也。」

語譯

大有卦陽爻居第三位，三公具大公無私之心，與國人分享財力，能夠享受天子酒食的款待，小人卻不能夠。

附錄古義

《左傳．僖公二十五年》：「秦伯師于河上，將納王。狐偃言於晉侯曰：『求諸侯莫如勤王。諸侯信之，且大義也。繼文之業而信宣於諸侯，今為可矣。』使卜偃卜之，曰：『吉。遇黃帝戰于阪泉之兆。』公曰：『吾不堪也』。對曰：『周禮未改，今之王，古之帝也』。公曰：『筮之！』筮之，遇大有䷍之睽䷥。曰：『吉。遇公用享于天子之卦。戰克而王饗，吉孰大焉？且是卦也，天為澤以當日。天子降心以逆公，不亦可乎？大有去睽而復，亦其所也。』晉侯辭秦師而下。」

象傳

公用亨于天子，小人害也❶。

注釋

❶小人害也

小人而大有，為富不仁，反以害其身。程《傳》：「擅其富強，益為不順，是小人大有則為害。」《童溪易傳》：「夫大有之九三，以公處之，則能上通於君；以非公處之，則為小人之害。《易》於此一爻亦兼設其義者，所以示戒深矣！」

語譯

三公大公無私地與國人分享財力，所以能夠享受天子酒食的款待；小人富有了，卻不能夠與國人分享，反而害了自己。

九四爻辭

九四❶：匪其彭❷，无咎❸。

當大有第四爻為老，他爻皆少，即由大有之大畜䷙；或萃䷬第四爻為少，他爻皆老，即萃之大有：這兩種情形，都以大有九四爻辭占。

注釋

❶九四

❷匪其彭

此三字多異文歧說。匪，或云非也，或謂器也。彭，子夏《傳》作旁，《集解》作尪。其義眾說紛紜，茲擇三說。《集解》引虞翻曰：「匪，非也。其位尪，足尪體行不正。」以為九四以陽居陰失位，像羸弱跛足的人；大有之大畜，九四變六四得位，方能成不是跛足的人。此一說也，重在象數。王弼《注》：「既失其位，而上近至尊之威，下比分權之臣，其為懼也，可謂危矣。唯大有聖知者，乃能免斯咎也。三雖至盛，五不可舍，能辯斯數，專心承五，常匪其旁，則无咎矣。旁謂三也。」以為九四上近六五，下比九三。必須聰明地棄三歸五。匪其彭，不要親近其旁的九三。此二說也，重在義理。屈萬里《周易批注》：「匪，篚。……旁，盛滿皃。」李漢三承屈先生之說，所撰《周易卦爻辭釋義》：「匪，《說文》云：『器；似竹篋，从匚，非聲。《逸周書》曰：「實玄黃于匪。」』《孟子・滕文公下》：『匪厥玄黃。』《孟子音義》引丁音云：『匪義當作篚，篚以盛贄幣。此作匪，古字借用。』是匪即篚。」匪其彭，言篚篋中獻物貢品之豐盛，亦象徵胸中積誠之充實。此三說也，重在考據訓詁。綜覽三說，屈、李後出轉精，最可取信。

❸**无咎**

六五為柔中之君，九四以剛近之，失位而多懼。賴所獻貢物之盛，故得无咎。程《傳》：「九四居大有之時，已過中矣，是大有之盛者也。過盛則凶咎所由生也。故處之之道，匪其彭則得无咎。」

語譯

大有卦陽爻居第四位，箱裡的貢物很豐盛，不會有過錯的。

象傳

匪其彭，无咎。明辯晢也❶。

注釋

❶**明辯晢也**

辯，《注疏》本、《集解》本皆如此。今多作辨。晢字从日折聲，《集解》本作折。監本作皙，非也。《說文》：「晢，昭晢，明也。从日，折聲。」顧炎武《九經誤字》：「石經晢字从折从日，與《詩》『明星晢晢』之晢同音。折，又音制。監本誤从析，作曾皙之皙，非。」晢是明意。九四體離，故有明象。程《傳》：「賢智之人，明辨物理，當其方盛，則知咎之將至，故能損抑，不敢至於滿極也。」船山《易內傳》：「晢，明也。居疑貳之地，必別嫌明微，以昭君臣之定分，而後可无咎。九四與離為體，故無冒昧之過。」

語譯

箱裡的貢物很豐盛，不會有過錯的。因為能夠明辨過盛則損的道理，對人情物理十分明白啊！

六五爻辭

六五❶：厥孚交如❷，威如，吉❸。

注釋

❶六五

當大有第五爻為老，他爻皆少，即由大有之乾䷀；或坤䷁第五爻為少，他爻皆老，即坤之大有：這兩種情形，都以大有六五爻辭占。

❷厥孚交如

厥，其，代詞，指六五；孚，信也；交，交接，引申為感通之意；如，語末助詞。六五以柔居尊，君臨天下；體離為日，物無不照。虛己居中，誠信卓著。而九二相應，眾陽歸之，故曰其孚信交接感通各爻。程《傳》：「人君執柔守中，而以孚信接於下，則下亦盡其信誠以事於上，上下孚信相交也。」

❸威如，吉

威如，謂威嚴凜然。六五以柔居尊，必賴端重而有威嚴，人始敬重之。如此則吉。程《傳》：「以柔居尊位，當大有之時，人心易安，若專尚柔順，則陵慢生矣，故必威如則吉。威如，有威嚴之謂也。」又威如是自我要求，不是威以待下。家人上九〈象傳〉「有孚威如終吉」，亦然。《周易玩辭》：「或謂當以威肅下，非也。以柔順之資，撫大有之運，自有易忽无備之象。觀家人上九〈象辭〉，可見威如之義在己，而不在人也。」已指出此義，惟「易忽」一詞可商。參〈象傳〉「易而无備也」注釋。

附錄古義

《左傳・閔公二年》：「成季之將生也，桓公使卜楚丘之父卜之，曰：『男也，其名曰友，在公之右，閒于兩社，為公室輔。』季氏亡則魯不昌。又筮之，遇大有䷍之乾䷀。曰：『同復于父，敬如君所。』及生，有文在其手曰：『友。』遂以命之。」

語譯

大有卦陰爻居第五位，他的誠信感通了所有的人，很有威嚴，當然是有收穫的！

象傳

厥孚交如，信以發志也❶；威如之吉，易而无備也❷。

注釋

❶信以發志也

信，謂誠信；志，心之所之，包括自己的心向和別人的意願。王弼《注》：「君尊以柔，處大以中，无私於物，上下應之，信以發志，故其孚交如也。」孔穎達《疏》：「信以發志者，釋厥孚交如之義，由己誠信，發起其志，故上下應之，與之交接也。」所重在自己的心向。《童溪易傳》：「人君能使人不敢違，不若使人不忍違。夫使之不敢違，非有號令隄防之不可也；至於使人不忍違，則非有所謂號令之煩也，亦非有所謂隄防之素也，一出於誠信云爾。六五以一柔有眾剛，上下眾剛，惟我是應，而无或違之者，无他道也。虛中无我，擴然大公，一以誠信之道感發眾志，則天下之志亦還以此而應夫我矣。此上下交相親之道也，故曰：『厥孚交如，信以發志也』。」所重在己能誠信，故能發人之志向。

❷**易而无備也**

易，為簡易、平易、和易。《論語‧述而》謂孔子「溫而厲，威而不猛，恭而安」，威如而易，即威而不猛之意。无備，言無須有防備之心。義猶坤六二爻辭「不習无不利」之「不習」。王弼《注》：「夫不私於物，物亦公焉，不疑於物，物亦誠焉。既公且信，何難何備？不言而教行，何為而不威如？為大有之主，而不以此道，吉可得乎？」孔穎達《疏》：「易而无備者，釋威如之吉之義。所以威如得吉者，以己不私於物，唯行簡易，无所防備，物自畏之，故云易而无備也。」張載《橫渠易說》：「君子以至誠交人，然後有威重。……君子至平易，有何關防擬備？」《童溪易傳》：「夫上下交相親則強，強則无山溪而固，无甲兵而威。夷然和易，初无備禦，而不怒之威自孚於上下之閒矣。何吉如之！此誠信待物之效也，故曰：『威如之吉，易而无備也。』然則六五能使人不忍違者，曰孚而已，大哉孚乎。」即從王、孔、張載之說。案：程朱均以「易」乃為人所易慢之義。程《傳》云「若無威嚴則下易慢而无戒備也」；朱《義》云「太柔則人將易之而無畏備之心」。與《注》、《疏》以「易」為自己簡易義異。

語譯

他的誠信使得上下交成一片，因為只要自己誠信，就可以堅定自己的信心，啟發他人的心志啊！很有威嚴的好處，在實踐上平易自然，而不須刻意防備他人，也不會被人藐視。

上九爻辭

上九❶：自天祐之❷，吉无不利❸。

注釋

❶上九

當大有上爻為老，他爻皆少，即由大有之大壯䷡；或觀䷓上爻為少，他爻皆老，即觀之大有：這兩種情形，都以大有上九爻辭占。

❷自天祐之

天，指六五，祐，助也。上九以剛居柔，志剛而行順；下履六五之孚信；二、三、四陽爭附於五，己獨於五上，高尚其志，為五所尊重。所以能得天之祐。王弼《注》：「大有，豐富之世也。處大有之上，而不累於位，志尚乎賢者也。餘爻皆乘剛，而己獨乘柔順也。五為信德，而己履焉，履信之謂也。雖不能體柔，而以剛乘柔，思順之義也。居豐有之世，而不以物累其心，高尚其志，尚賢者也。爻有三德，盡夫助道，故〈繫辭〉具焉！」

❸吉无不利

大有始於无交，雖害而无咎；繼而車載以往，不敗而已；至三則公用享而小人弗克。及入上卦，九四豐其貢物方得无咎；六五始言吉；至上九，履信、思順、尚賢，三德咸備，於是吉无不利。此為大有之極致。游酢《定夫易說》：「六五有至信之德，而上履之，故有履信之義；五為大君，而上九與眾陽同體而應之，故有思乎順之義；上九為明之極，而自處无位之地，推眾陽而進之，故有尚賢之義。能如是，則无天災物累，无人非鬼責，天人交助之，宜其吉无不利也。自天云者，理之必至，非有求而得也。」案：弼《注》、游《說》，皆本〈繫辭傳〉，請參閱。

語譯

大有卦最上面一爻是陽。上天保祐著謙順、有信用、值得尊敬的他，自然好的，沒有任何不利。

附錄古義

《鹽鐵論・論菑》：「天菑之證，禎祥之應，猶施與之望報，各以其類及。故好行善者，天助以福，符瑞是也。《易》曰：『自天祐之，吉無不利』。」

象傳

大有上吉❶，自天祐也❷。

注釋

❶**大有上吉**

只有大有卦的上爻如此，他卦未必也。參〈象傳〉「大有初九」注釋。

❷**自天祐也**

自助而後人助天助。不能自助而求人助天祐，不可得也。《尚書・皐陶謨》：「天聰明自我民聰明；天明畏自我民明威。」可作參考。程《傳》：「大有之上，有極當變。由其所為順天合道，故天祐助之，所以吉也。君子滿而不溢，乃天祐也。」

語譯

大有卦最後仍能吉利，是因為自助人助而得天助啊！

繫辭傳上

《易》曰：「自天祐之，吉无不利。」子曰：「祐者，助也。天之所助者順也❶；人之所助者信也❷。履信思乎順❸，又以尚賢也❹。是以『自天祐之，吉无不利』也。」

注釋

❶天之所助者順也

順，指順從天道的自然法則。人可以參與贊助自然界的化育；但不可違抗或改變自然界的法則。張栻《南軒易說》：「在天有理，惟順以循其理，則天必眷顧而不違也。……天不妄祐人，而人當反求諸己。」朱震《漢上易傳》：「乾為天，為人祐助也。……人之所助者，順理也。」並是。

❷人之所助者信也

信是道德哲學中一種基本項目。《論語》上說：「與朋友交，言而有信。」「信則人任焉。」交友必須信。又說：「民無信不立。」「信則民任焉。」使民更須信。《南軒易說》：「在人有心，惟信以結其心，則人必歸往而來輔。」《漢上易傳》：「五與二孚信也。……人之所助者，信相與也。」

❸**履信思乎順**

「履信」承上文「人之所助者信也」；「思乎順」承上文「天之所助順也」。程《傳》：「履信謂履五，五虛中，信也；思順謂謙退不居。」蓋以為上九如此，《本義》從之。而郭雍則以為：「履信思乎順又以尚賢也，六五之君實盡此；而言於上九者，蓋言大有之吉，以此終也。」見《傳家易說》。鄭汝諧更暢言之。所著《東谷易翼傳》：「履信思順，又以尚賢，蓋言五也。五厥孚交如，履信也；居尊用柔，思順也；上九在上，尚賢也。五獲天之祐，吉无不利，由其有是也。言五而繫之上，何也？五成卦之主，上其終也；五之德宜獲是福，於終可驗也。《易》之取義，若是者眾。」翁方綱《通志堂經傳目錄》謂東谷其書「全以程《傳》為主」，未必。二說之外，更有折中之第三說，詳下注。

❹**又以尚賢也**

關於「尚賢」，有四種不同說法。王弼曰「高尚其志」，說的是注重自己希聖為賢的高尚心志；游酢曰「推眾陽而進之」，說的是上九能推崇初、二、三、四各陽爻的剛健賢能而提拔他們；《童溪易傳》：「以九居五之上，而五尚之。」說的是上九崇尚六五之賢。而《周易玩辭》採取折中綜合之說，曰：「六五在本爻，但見其履信思順而已，至上九而後，見其尚賢。故孔子曰：『又以尚賢也。』蓋當大有之世，受羣下之應，未足為大；羣下已至，而又能尊賢，乃足以為大也。有羣下易，有大賢難。武王必得箕子而後為大有，不至於此，不足以言大有之成也。故〈大傳〉以此為六五之全德，而〈象辭〉亦曰『大有上吉』，明事關全卦，非止上爻也。」《易》本占筮之書，多種解釋恰能滿足各種不同情況下之各擇所需也。

語譯

《易經》說：「自天祐之，吉无不利。」孔子說：「祐呢，是助的意思呀。上天幫助的是順從天理的人；人們幫助的是有信用的人。履行誠信，思慮順應天理，又能敬重自己，敬重別人，也受人們尊敬；所以上天會庇祐，當然有收穫，沒有任何不利。」

附錄古義

《漢書・武五子傳贊》：「是以倉頡作書，止戈為武。聖人以武禁暴整亂，止息干戈，非以為殘而興縱之也。《易》曰：『天之所助者，順也；人之所助者，信也；君子履信思順，自天祐之，吉無不利也。』故車千秋指明蠱情，章太子之冤，千秋材知未必能過人也，以其銷惡運，遏亂原，因衰激極，道迎善氣，傳得天人之祐助云。」

《潛夫論・慎微》：「德輶如毛，為仁由己。莫與併蠡，自求辛螫。禍福無門，惟人所召。『天之所助者，順也；人之所尚者，信也。履信思乎順，又以尚賢，是以吉無不利也。』亮哉斯言，可無思乎！」

《潛夫論・巫列》：「嘗觀上記，人君身修正賞罰明者，國治而民安；民安樂者，天悅喜而增曆數。故《書》曰：『王以小民，受天永命。』孔子曰：『天之所助者，順也；人之所助者，信也。履信思乎順，又以尚賢，是以自天祐之，吉無不利。』此最卻凶災而致福善之本也。」

《後漢書・杜林傳論》：「夫威彊以自禦，力損則身危；飾詐以圖己，詐窮則道屈。而忠信篤敬，蠻貊行事者，誠以德之感物厚矣。故趙孟懷忠，匹夫成其仁；杜林行義，烈士假其命。

《易》曰：『人之所助者順。』有不誣矣。」

《後漢紀・二十一・桓帝紀論》：「袁宏曰：『寇榮之心，良可哀矣。然終至滅亡者，豈非命也哉！性命之致，古人豈肯明之，其可略言乎？』《易》稱：『天之所助者順，人之所助者信。』然則順之與信，其天人之道乎？得失存亡，斯亦性命之極也。夫向之則吉，背之則凶，順之至也；推誠則通，易慮則塞，信之極也。故順之與信，存乎一己者也；而吉凶通塞，自外而入。豈非性命之理致之由己者乎？」

謙卦經傳通釋第十五

卦　辭

䷎艮下坤上謙❶：亨❷，君子有終❸。

注　釋

❶䷎艮下坤上謙

謙，六畫之卦名。由三畫的艮在下，三畫的坤在上，重疊而成。謙有謙虛、謙卑之義，〈彖傳〉一則言「地道卑而下行」，即取謙卑之義；再則以「盈」、「謙」對舉，謙為不盈，即謙虛之義。〈雜卦傳〉言「謙輕」。輕與重對：自重者盈，自輕者謙，輕亦虛卑意，惟含貶義。以卦象言：謙卦艮下坤上，山下地上，山至高而屈居地下，為謙之象。以卦德言：謙卦艮下為止，坤上為順，當個人內心的願望與外界團體的利益衝突時，要止乎內而順乎外，以謙退為禮。〈繫辭傳下〉：「謙，德之柄也。」「謙尊而光。」「謙以制禮。」皆以謙順而能止故。以卦序言：謙卦繼大有而起。〈序卦〉：「有大者不可以盈，故受之以謙。」大富者藏富於民，大貴者為民公僕。〈象傳〉言：「君子以裒多益寡，稱物平施。」亦藏富於民之意。當謙六爻皆少，也就是本卦、之卦都是謙；或履䷉六爻皆老，也就是履之謙：這兩種情形，都以謙卦辭占。

❷亨

鄭玄《周易注》：「亨者，嘉會之禮，以謙而為主。」程《傳》：「謙有亨之道也，有其德而不居，謂之謙。人以謙巽自處，何往而不亨乎？」謙卦辭唯言「亨」，而不及「元」、「利」、「貞」、「吉」。《正義》云：「謙為諸行之善，是善之最極。而不言元者，元是物首也，於人既為謙退，何可為之首也？故不云元也。謙必獲吉，其吉可知，故不言也。」案：謙六二言貞而不言利；六四、六五、上六言利而不言貞。是謙於利貞亦有不能兩全時，故卦辭不言。又謙初六、六二、九三並言吉，則《正義》所云：「謙卦是總諸六爻，其善既大，故不須云吉也；六爻各明其義，其義有優劣，其德既不嫌其不吉，故須吉以明之也。」

❸君子有終

鄭玄以艮、坤之德說之，《注》曰：「謙者自貶損以下人。唯艮之堅固，坤之厚順，乃能終之。故君子之人有終也。」程頤則以達理、內充、自謙、自晦說之，程《傳》：「君子志存乎謙巽。達理，故樂天而不競，內充，故退讓而不矜。安履乎謙，終身不易。自卑而人益尊之；自晦而德益光顯，此所謂君子有終也。在小人則有欲必競，有德必伐，雖使勉慕於謙，亦不能安行而固守，不能有終也。」案：儒道皆言謙，而義有異，船山於此最能辨其毫釐。《易內傳》曰：「言君子有終者，必君子而後能終其謙也。道之在天下也，豈有窮哉？以一人之身，藐然孤處於天地萬物之中，雖聖人而不能知不能行者多矣！其在心也，嗜欲攻取雜進於耳目，以惟微之道心與之相感，勢不能必其貞勝，皆孤陽介立之象也。君子知此，念道之無窮，而知能之有限，故學而知不足，教而知困，歉然望道而未之見。其於天下也，則匹夫匹婦勝予是懼，而不忍以驕亢傷之。故雖至於聖且不自聖，以求進德於無已。而虛受萬物，以廣其仁愛，斯則謙而有終矣！若無忌憚之小人，如老聃之教，以私智窺天地鬼神之機，持人情之好惡，欲張固翕。以其至柔馳騁天下之至剛，己愈退則物愈進。待其進之已盈，為物情之所不容，然後起而撲之，無能出其網羅者，以為妙道之歸。則始於謙者；終於悍。故其流為兵家之陰謀，申韓之慘刻。小人之謙，其終如是，與謙道相反，其亨也不如其無亨矣！五上二爻行師侵伐，亦謙必有之變也。故內卦言君子言貞，而外卦但言吉利。」再案：船山此語，前賢亦有先言之者。南宋劉子翬嘗云：「无利心而為惡，其惡可移；有利心而為善，其善日隳。大躁靜其容，大辨訥其口；貪倚廉為地，佞假真為媒：非无善迹也，利心存焉。泯泯棼棼，多見資吾術借聖言以濟其私者矣。周公吐哺握髮，謙之至也，豈以此來天下之士，而沽一時之名乎？非也！」語見所撰《屏山集》。屏山讀《易》最重復卦，以復初九爻辭「不遠復」為「三字符」。朱熹請益，即以此三字告之，以為入道之門云。

語　譯

六畫的謙卦，下卦是三畫的艮，上卦是三畫的坤。謙卑而不自滿的人，必定能亨通的。但是只有君子，一直到最後仍能保持謙卑而能亨通啊！

附錄古義

《韓詩外傳．卷八》：「孔子曰：『《易》先同人，後大有，承之以謙，不亦可乎！』故天道虧盈而益謙，地道變盈而流謙，鬼神害盈而福謙，人道惡盈而好謙。謙者，抑事而損者也。持盈之道，抑而損之。此謙德之於行也，順之者吉，逆之者凶。五帝既沒，三王既衰，能行謙德者，其惟周公乎！文王之子，武王之弟，成王之叔父，假天子之尊位七年；所執贄而師見者十人，所還質而友見者十三人，窮巷白屋之士所見者四十九人，時進善者百人，宮朝者千人，諫臣五人，輔臣五人，拂臣六人，載干戈以至於封侯而同姓之士百人。孔子曰：『猶以周公為天下賞，則以同族為眾而異族為寡也。』故德行寬容而守之以恭者榮，土地廣大而守之以儉者安，位尊祿重而守之以卑者貴，人眾兵強而守之以畏者勝，聰明睿智而守之以愚者哲，博聞強記而守之以淺者不溢。此六者，皆謙德也。《易》曰：『謙亨，君子有終吉。』能以此終吉者，君子之道也。貴為天子，富有四海，而德不謙以亡其身者，桀紂是也；而況眾庶乎？夫《易》有一道焉，大足以治天下，中足以安家國，近足以守其身者，其惟謙德乎！』」

《韓詩外傳・卷三》：「周公戒伯禽曰：『故《易》有一道，大足以守天下，中足以守其國家，近足以守其身，謙之謂也。夫天道虧盈而益謙，地道變盈而流謙，鬼神害盈而福謙，人道惡盈而好謙。是以衣成則必缺袵，宮成則必缺隅，屋成則必加拙，示不成者，天道然也。《易》曰：「謙：亨，君子有終，吉。」』」

彖傳

謙亨，天道下濟而光明❶；地道卑而上行❷。天道虧盈而益謙❸；地道變盈而流謙❹；鬼神害盈而福謙❺；人道惡盈而好謙❻。謙尊而光，卑而不可踰❼；君子之終也❽。

注釋

❶天道下濟而光明

上天化育的作用，藉陽爻九，下降到三的位置，陽光普照大地，萬物因而滋生成長。如果光受雲遮蔽，不能下達，光明豈可得乎？所以必須上天陽光下照，才能化育，才能光明。天道，指九三。乾為天；三索而得男，為艮。故艮亦有天道焉。降在下卦，故曰下濟。孔穎達《正義》：「下濟者，謂降下濟生萬物也。」艮〈彖傳〉云「其道光明」，故曰而光明。程《傳》：「濟當為際，此明謙而能亨之義。天之道以其氣下際，故能化育萬物，其道光明，下際謂下交也。」案：濟有貫通、救助之意。《淮南子・原道》：「利貫金石，道濟天下。」《周易・繫辭傳》：「知周乎萬物，而道濟天下。」二濟字皆貫通救助之意。伊川言天道以其氣下交，化育萬物，誠是矣；但言下濟當為下際，謂下交也，則嫌迂曲辭費。

❷**地道卑而上行**

指坤為地，以謙卑故，故其氣上升交於天，其卦上行而在上。案：天道下濟而光明，地道卑而上行。二句釋「謙亨」。下濟與卑，正是謙；光明上行，正是亨。

❸**天道虧盈而益謙**

孔穎達《正義》：「天道虧盈而益謙者，從此已下，廣說謙德之美，以結君子能終之義也。虧謂減損，減損盈滿，而增益謙退，若日中則昃，月盈則食，是虧減其盈。盈者虧減，則謙者受益也。」《集解》引崔憬曰：「若日中則昃，月滿則虧，損有餘以補不足，天之道也。」

❹**地道變盈而流謙**

《正義》：「丘陵川谷之屬，高者漸下，下者益高，是改變盈者，流布謙者也。」《集解》引崔憬曰：「高岸為谷，深谷為陵，是為變盈而流謙，地之道也。」朱子《本義》云：「變謂傾壞，流謂聚而歸之。」

❺**鬼神害盈而福謙**

《正義》：「驕盈者被害，謙退者受福，是害盈而福謙也。」《集解》引崔憬曰：「朱門之家，鬼闞其室。黍稷非馨，明德惟馨。是其義也。」關於鬼神，本書於乾卦〈繫辭傳上・易準天地章〉「是故知鬼神之情狀」下已有注釋，此不贅述。邵雍對鬼神與禍福之關係，以及命與分的不同，有所辨析，所言甚是。所著《邵子外書・漁樵對問》：「『人有禱鬼神而求福者，福可禱而求邪？求之而可得邪？敢問其所以！』曰：『語善惡者，人也；禍福者，天也。天道福善而禍淫，鬼神其能違天乎？自作之咎，固難逃矣；天降之災，禳之奚益！修德積善，君子常分，安有餘事於其間哉！』樵者曰：『有為善而遇禍，有為惡而獲福者，何也？』漁者曰：『有幸與不幸也。幸不幸，命也；當不當，分也。一命一分，人其逃乎？』曰：『何謂分？何謂命？』曰：『小人之遇福，非分也，有命也；當禍，分也，非命也。君子之遇禍，非分也，有命也；當福，分也，非命也。』」讀者似可依此而更詳析之。

❻人道惡盈而好謙

《正義》：「盈溢驕慢，皆以惡之；謙退恭巽，悉皆好之。」《集解》引崔憬曰：「滿招損，謙受益，人之道也。」

❼謙尊而光，卑而不可踰

朱子《本義》：「人能謙，則其居尊者，其德愈光，其居卑者，人亦莫能過。」英哲摩爾嘗言：「向上級謙恭是本份；向平輩謙虛是和善；向下級謙遜是高貴；向所有的人謙讓是安全。」亦可移此作注腳。

❽君子之終也

自「天道虧盈而益謙」至此，皆所以釋卦辭「君子有終」者。項安世《周易玩辭》：「天道下濟而光明，地道卑而上行，此以卦體釋卦辭也。九三乾也，降在下卦，而萬民服之，是下濟而光明也；坤地道，處勢至卑，而升在上卦，是卑而上行也。下濟與卑，皆釋謙字；光明與上行，皆釋亨字。自人事言之，尊者行之則有光，即天道下濟而光明也；卑者行之則不可踰，即地道卑而上行也。始雖謙下，終必高明，是有終也。必稱君子者，以君子之心行之則有後福；苟非其人，如共工、王莽之象恭，得罪於天，雖欲有終，得乎？自天道虧盈以下，皆極言謙之必有後福，質之於天地神人之心，以明有終之義也。」案：卦辭注釋嘗引劉屏山以周公至謙，項安世此復以王莽未能終謙。白居易〈放言〉詩云：「周公恐懼流言日；王莽謙恭未篡時。向使當初身便死，一生真偽復誰知？」引以為行謙之鑑。

語譯

謙卑而不自滿的人，必定能亨通的。當他們高貴如日月，便能下照萬物而大放光明；當他們低微如塵泥，也能散發出地氣，蒸蒸而日上。天道減損盈滿的，卻增益殘缺的；地道傾壞高峻的，卻填積低窪的；鬼神禍害奢侈的，卻保祐謙恭的；人情厭惡驕傲的，卻喜歡客氣的。謙虛這種美德，尊貴的人實行了，就更有光彩；卑微的人實行了，就沒人會爬到他的頭上欺侮他。這就是君子至終保持謙卑而能亨通的道理啊！

附錄古義

《說苑・敬慎》：「叔向曰：『天之道，微者勝。是以兩軍相加，而柔者克之；兩仇爭利，而弱者得焉。《易》曰：「天道虧滿而益謙，地道變滿而流謙，鬼神害滿而福謙，人道惡滿而好謙。」夫懷謙謙不足之柔弱，而四道者助之，則安往而不得其志乎？』」

《潛夫論・遏利》：「《易》曰：『天道虧盈以沖謙』故以仁義□於彼者，天賞之於此；以邪取於前者，衰之於後。是以持盈之道，挹而損之，則亦可以免於亢龍之悔，乾坤之愆矣。」

象傳

地中有山，謙❶；君子以裒多益寡❷，稱物平施❸。

注釋

❶**地中有山，謙**

謙卦艮下為山，坤上為地。不說地下有山，而說地中有山，是因為山如果在地下，就不能名為山了。由地中有山的現象，何以體悟出謙的道理？約有三說。一為變盈流謙。此義出於謙〈彖傳〉，已見前注。二為降己升人。此為東漢末年荊州刺史劉表所言。《集解》引劉表云：「地中有山，以高下下，故曰謙。謙之為道，降己升人。山本地上，今居地中，亦降體之義，故為謙象也。」李道平《纂疏》：「即〈曲禮〉所謂

『禮者自卑而尊人』之意也。愚案：禮有定分，分不可干，故上天下澤則為履；禮有內心，心不可亢，故地中有山則為謙。」三為以卑蘊高。此義為程頤所發。程《傳》：「地體卑下，山之高大而在地中，外卑下而內蘊高大之象，故為謙也。」朱熹從之，《本義》：「以卑蘊高，謙之象也。」此三義可並存互補。

❷君子以裒多益寡

裒，取拿的意思，字或作捊。《釋文》云：「鄭、荀、董、蜀才作捊，云取也。」《集解》本亦作捊，引虞翻曰：「君子謂三：捊，取也；艮為多，坤為寡。」程《傳》：「裒取多者，增益寡者。」字作裒而義訓取。朱子《本義》云：「損高增卑。」雖從《玉篇》「裒減」之訓解，句義仍與虞、程同，皆合〈象傳〉虧盈益謙、變盈流謙之義。唯王弼從《爾雅・釋詁》「裒聚」之訓，《周易注》云：「多者用謙以為裒；少者用謙以為盈。」《正義》更詳言之：「裒多者，君子若能用此謙道，則裒益其多。言多者得謙，物更裒聚，彌益多也。故云裒多即謙尊而光也。是尊者得謙而光大也。益寡者，言寡者得謙而更進益，即卑而不可逾也。是卑者得謙而更增益，不可踰越也。」王夫之從之，《易內傳》曰：「多者裒聚之而益多；寡者益之使不乏。固不厚高而薄下；抑不損高以補下。各稱其本然，而無容私焉。」說亦甚好。

❸稱物平施

稱，估量、符合之意。王弼《注》：「隨物而與，施不失平。」孔穎達《疏》：「稱此物之多少，均平而施。」程《傳》：「稱物之多寡，以均其施與，使得其平也。」案：謙，不僅是個人修養，也是教人為學之大端。孔子認為「過猶不及」。又認為退縮的學生，如冉求，要鼓勵他；有兼人膽量的學生，如子路仲由，要抑制他。《論語・先進》：「求也退，故進之；由也兼人，故退之。」這也是裒多益寡、稱物平施的方式之一。《折中》引馮椅曰：「裒多益寡，稱物平施，俾小大長短，各得其平，非君子謙德之象，乃君子治一世使謙之象也。」已見及此。

語譯

地面上有山，在平坦中蘊藏著崇高；再看到山上土石沖刷下來，填高了地面：於是領悟謙卑的道理。君子因此放低身段，尊重別人；戒過分而勉不及，取多餘以補不足。估量事物作恰如其分的處理，作公平的分配。

附錄古義

《漢書・食貨志贊》：「《易》稱『裒多益寡，稱物平施。』《書》云：『楙遷有無。』周有泉府之官，而孟子亦非狗彘食人之食不知斂，野有餓莩而弗知發。故管氏之輕重，李悝之平糴，弘羊均輸，壽昌常平，亦有從徠。」

《三國志・魏書・管輅傳》：「輅曰：『位峻者顛，輕豪者亡；不可不思虛盈之數，盛衰之期。是故山在地中曰謙，雷在天上曰壯。謙則裒多益寡，壯則非禮不履。未有損己而不光大，行非而不傷敗。』」

繫辭傳下

謙，德之柄也❶。……謙尊而光❷。……謙以制禮❸。

注釋

❶謙，德之柄也

〈繫下〉三陳履、謙、復、恆、損、益、困、井、巽九卦。此初陳，釋卦名之義。柄，器物之可執處。《正義》：「言為德之時，以謙為用。……猶斧斤以柯柄為用也。」陸九淵《象山先生全集・語錄》：「有而不居為謙，謙者不盈也，盈則其德喪矣。常執不盈之心，則德乃日積，故曰德之柄。」釋義說理甚好。案：干寶《周易注》：「柄所以持物，謙所以持禮者也。」以謙所持為禮，蓋因下文有「謙以制禮」也。朱子《本義》從之。若是，則當言「禮之柄」，似宜再思。

❷謙尊而光

此再陳，由下、上二體釋卦德。謙卦由艮下坤上構成，艮山本當在坤地之上，今謙居坤地之中。九三陽道下濟，而更放光明。尊光之象由此。其義則陸九淵〈語錄〉所言：「謙尊而光，不謙則必自尊自耀，自尊則人必賤之，自耀則德喪，能謙則自卑自晦，自卑則人尊之，自晦則德益光顯。」

❸謙以制禮

此三陳，推卦之用。制，含制定、節制二義。〈彖傳・節〉「節以制度」，制為制定；〈象傳・恆六五〉「夫子制義」，受義之節制也。制禮，謂制定禮儀復受禮儀之節制。就節制言，又有二說。陸九淵以為自節制以禮。〈語錄〉：「謙以制禮，自尊大則不能由禮；卑以自牧，乃能自節制以禮。」而王夫之以制禮為「使人不能踰」。《易內傳》：「謙非徒自卑屈，且以制禮，而使人不能踰。」《禮記・大學》於「明明德」後接言「新民」；佛學於「自覺」後言「覺他」：自我節制之後，方能使人不能踰，陸、王之說可互補。

語譯

謙，是執行道德的柄把兒。……因為謙虛禮讓，更受人尊敬而光彩。……謙，用來制定禮儀，也用來自我節制和節制人人。

序卦傳

有大者不可以盈，故受之以謙❶。

注釋

❶**有大者不可以盈，故受之以謙**

就以器容物來說，過量就會滿溢。《郭氏傳家易說》記白雲言：「如器之容物，盈則不能有。故有大者同天，无物可以盈。不盈為謙。」懂得謙虛的人，胸襟寬大得像上天一樣，日月星辰都容得下，豈只宰相肚裡能撐船而已。不要以為自己有小小的成就，有小小的財富就驕傲起來。張栻《南軒易說》：「有天下之大者，不可自任其聰明，要在持之以謙。」容得下平民百姓，也容得下英雄豪傑。

語譯

擁有巨大成就或財富的人不可以驕盈自滿；所以接著大有的是謙卦。

雜卦傳

謙輕❶。

注釋

❶謙輕

謙䷎與豫䷏相覆相綜。〈雜卦傳〉言：「謙輕而豫怠也。」怠非褒詞；則輕亦貶意，言輕浮不實，過謙則假也。《南軒易說》：「謙而不持重者，失於輕。」〈雜卦傳〉於此提出警戒，要人避免。人多以謙卦爻皆吉，不盡然。

語譯

謙虛的人，要避免輕浮不實。

初六爻辭

初六❶：謙謙❷；君子用涉大川，吉❸。

注　釋

❶**初六**

當謙初爻為老，他爻皆少，即由謙之明夷䷣；或訟䷅初爻為少，他五爻皆老，即訟之謙：這兩種情形，都以謙初六爻辭占。

❷**謙謙**

初位最下，故能謙卑；六為陰爻，故能謙虛。《集解》引荀爽曰：「初最在下，為謙；二陰（指初六、六二）承陽（指九三）亦為謙，故曰謙謙也。」蓋以象說謙謙。程《傳》：「初六以柔順處謙，又居一卦之下，為自處卑下之至，謙而又謙也，故曰謙謙。」是以理說謙謙。案：此句句讀，頗費思量。各家每以「謙謙君子」斷句，惟俞琰《大易集說》、吳澄《易纂言》以「謙謙」為句。近世高亨《周易筮辭分類表》，以「謙謙」為說事之辭；而下句「君子用涉大川吉」為斷占之辭。但所撰《周易古經今注》卻仍以「謙謙君子」為句。此從俞、吳及高君〈分類表〉斷句。

❸**君子用涉大川，吉**

卑虛自持，是為君子。謙卦主爻是九三，故九三爻辭與謙卦辭皆言「君子有終」。初亦言君子者，胡炳文《通釋》：「三在下卦之上，勞而能謙，在上之君子也；初在下卦之下，謙而又謙，在下之君子也。在上者尊而光；在下者卑而不可逾。」用猶宜也。《集解》引荀爽曰：「九三體坎，故用涉大川吉也。」以為初六上面，是由六二、九三、六四組成的坎☵，有大川之象。引申之，凡大事、大險，亦大川之類也。程《傳》：「自處至謙，眾所共與也。雖用涉險難，亦无患害，況居平易乎，何所不吉也。」俞琰《大易集說》：「占者用此謙謙之道而行，則臨大事，涉大險，何所往而不濟？故曰君子用涉大川吉。」闡發義理，後出轉精。案：《周易》言「利涉大川」有十次，言「不利涉大川」一次，「不可涉大川」一次；言「用涉大川」，僅此一見。項安世《周易玩辭》云：「利涉大川者，未必有險也，但其道自利於濟險耳；用涉大川者，非利之也，有險在前，用此可以免凶也。」

語譯

謙卦初位是陰爻，既謙卑又謙虛；君子宜於像涉渡大河一樣冒險犯難，處理大事，必有收穫。

附錄古義

《漢書・藝文志》：「道家者流，蓋出於史官。歷記成敗存亡禍福古今之道，然後知秉要執本，清虛以自守，卑弱以自持：此君人南面之術也。合於堯之克攘。《易》之嗛嗛，一謙而四益：此其所長也。」

象傳

謙謙君子❶，卑以自牧也❷。

注釋

❶謙謙君子

俞琰《大易集說》：「爻辭謙謙句點。〈爻傳〉乃以君子綴于謙謙之下，謂謙謙乃君子之德，非君子則不能謙謙也。」指出爻辭、〈象傳〉有不同的標點法，今從之。

❷卑以自牧也

牧，篆作[篆文]，從手（又）拿牧鞭（卜）看管牛（牛）以會意。引申為養。弼《注》：「牧，養也。」孔《疏》：「恒以謙卑自養其德也。」《周易玩辭》：「初六、九三皆稱君子者，此二爻皆非小人之所宜處也。初在謙之下，過謙者也。小人用之則為柔佞矣；君子當不得已之時用之，以柔身濟難，則求吉之道也。故曰卑以自牧。」《韓詩外傳．卷八》：「故德行寬容而守之以恭者榮；土地廣大而守之以儉者安；位尊祿重而守之以卑者貴；人眾兵強而守之以畏者勝；聰明睿智而守之以愚者哲；博聞強記而守之以淺者不溢：此六者，皆謙德也。」所謂卑以自牧，守之以恭、儉、卑、畏、愚、淺之義也。魏徵〈諫太宗十思疏〉：「念高危，則思謙沖而自牧。」語本《易．象》。

語譯

十分謙虛的君子，總是用謙卑的心來管理自己，培養自己的品德啊！

六二爻辭

六二❶：鳴謙❷，貞吉❸。

注釋

❶六二

當謙第二爻為老，他爻皆少，即由謙之升䷭；或无妄䷘第二爻為少，他爻皆老，即无妄之謙：這兩種情形，都以謙六二爻辭占。

❷鳴謙

六二所以有鳴謙之象，有二說。一、《集解》引姚信曰：「三體震，為善鳴，二親承之，故曰鳴謙。」惠棟《周易述》從之。二、蘇軾《易傳》：「雄鳴則雌應，故《易》以陰陽唱和寄之於鳴。謙之所以為謙者三，六二其鄰也，上六其配也，故皆和之而鳴於謙。」此說本於《九家易》，而王船山《易內傳》從之。至於鳴謙之義，程《傳》所言最善，曰：「二以柔順居中，是為謙德積於中，故發於外，見於聲音顏色，故曰鳴謙。」鳴謙，不是自鳴謙虛；而是謙和之德自然而然地顯發。《大學》言：「誠於中，形於外。」《孟子・盡心》：「仁義禮智根於心，其生色也，睟然見於面，盎於背，施於四體，不言而喻。」都是這種意思。

❸貞吉

六二以柔居柔，在下卦之中，得正處中，顯示立場正確，行事恰到好處，故貞吉。呂祖謙《東萊易說》：「謙之鳴，當觀其所發處。其發也出於真心則吉；使其不出於真心，而發於聲音笑貌，則有凶。」

語譯

謙卦陰爻居二位，衷心謙和柔順，自然得到美好名聲，遵守中庸正道，必有良好收穫。

象傳

鳴謙貞吉，中心得也❶。

注釋

❶中心得也

誠於中，形於外；隨心所欲，而不踰矩。胡瑗《周易口義》：「中心得者，言君子所作所為，皆得諸心，然後發之於外，故此謙謙，皆由中心得之，以至於聲聞流傳於人，而獲至正之吉也。」〈象傳〉於謙六二、上六皆言「鳴謙」，於豫初六言「鳴豫」。項安世嘗較論之。《周易玩辭》：「六二鳴謙，〈象〉以『中心』解之；上六鳴謙，〈象〉以『志』解之；豫之初六鳴豫，〈象〉又以『志』解之：然則凡言鳴者，皆志也。志有憂有樂，皆寓於鳴。當豫之時，人志以從上為樂；當謙之時，人志在下，不以上為樂也。二在下卦之中，如其所欲，故其鳴為得志；上在上卦之上，欲下而不可得，故其鳴為未得志。此非〈小象〉辨之，則後世必不敢分為二說也。」錄以供參考。

語譯

由於謙和而聞名，行為正當，而有收穫。這都是中心意願的實現啊！

九三爻辭

九三❶：勞謙❷；君子有終吉❸。

注　釋

❶**九三**

當謙第三爻為老，他爻皆少，即由謙之坤☷；或乾☰第三爻為少，他爻皆老，即乾之謙：這兩種情形，都以謙九三爻辭占。

❷**勞謙**

勞謙，指有功勞而能謙、謙而不避其勞者。具乾九三「終日乾乾夕惕若」之勞，能「進德修業」、「居上位而不驕，在下位而不憂」。爻變則成坤卦，故又得坤六三「含章可貞，或從王事，无成有終」之謙。或以六二、九三、六四，互體為坎，〈說卦〉「勞乎坎」，故有勞謙之象，《集解》引荀爽曰：「體坎為勞。」即主此說。案：儒家服勞而謙，與老子避勞而謙不同。船山《易內傳》：「有勞不伐，君子之所以終其德業也。老氏處錞而不敢為天下先，以避艱難，而自居於泰。君子小人義利公私之別，於斯辨矣！」再案：勞謙斷句，從俞琰、吳澄。《大易集說》：「爻辭本以勞謙句點。」《易纂言》：「勞謙，象也；君子有終吉，占也。」

❸**君子有終吉**

王弼《注》：「處下體之極，履得其位。上下无陽，以分其民，眾陰所宗，尊莫先焉。居謙之世，何可安尊？上承下接，勞謙匪解，是以吉也。」依象說義甚明。謙卦辭云「謙亨君子有終」，九三爻辭云「勞謙君子有終吉」，文字多同，此因九三為謙主爻故也。王宗傳《童溪易傳》：「謙之成卦，在此一爻。故卦之德曰君子有終，而九三實當之。」吳澄《易纂言》：「九三，一卦之主。〈彖辭〉之占，以九三言之也。」胡炳文《通釋》：「以吉字代亨字，謙之上加一勞字。蓋謙非難，勞而能謙為難。九三之勞，當在上位，而位止於下，所謂勞而能謙者也。乾之三以君子稱；坤之三以有終言。謙之三兼乾坤之占辭。蓋所謂勞者，即乾之終日乾乾，而謙則又坤之含章也。」

語譯

謙卦陽爻居三位，忙上忙下，整天勞動，卻謙居下卦；君子受到啟發而效法，一直到最後都會有良好的收穫。

象傳

勞謙君子❶，萬民服也❷。

注釋

❶勞謙君子

爻辭於勞謙斷句，〈象傳〉以勞謙君子斷句。以示必須兼具勞、謙二德，方得名為君子；勞而未能謙，或謙而不能勞者，皆不得名為君子也。《大易集說》：「〈爻傳〉又以君子二字屬之，言勞而能謙，乃君子之德，非君子則不能如是也。」《周易玩辭》：「初六、九三皆稱君子。……三有大功，為萬民所服。小人處之，則有不賞之禍；君子處之，致恭下人，以保其終，則庶乎其獲吉矣。故二爻皆言吉；而象皆再言君子：

其意深矣。」

❷**萬民服也**

陽三為君，眾陰皆民。陽本當居五位，今自卑抑，止於三位。任勞而能謙，下濟而光明，故為萬民所服。爻辭言「勞謙君子有終吉」；〈象傳〉言「勞謙君子萬民服也」，蓋因「萬民服」，所以「有終吉」也。《集解》引荀爽曰：「陽當居五，自卑下眾，降居下體，居有下國之意也。眾陰皆欲撝陽上居五位，羣陰順陽，故萬民服也。」《大易集說》：「九三以一陽居眾陰之中，眾陰皆順而從之，有萬民服之象。萬者，數之盈，一陽五陰之卦多言之，如懷萬邦、建萬國之類皆是也。萬民所以服君子者，非服其勞也，服其勞而能謙也。……〈表記〉云：『君子雖自卑而民敬尊之。』況九三勞而能謙，宜其萬民服也。」

語譯

勤勞而能謙讓的君子，是萬民所景仰佩服的啊！

繫辭傳上

「勞謙，君子有終，吉❶。」子曰❷：「勞而不伐，有功而不德，厚之至也❸，語以其功下人者也❹。德言盛，禮言恭❺。謙也者，致恭以存其位者也❻。」

注釋

❶**勞謙，君子有終，吉**

先引謙九三爻辭作闡發的根據。

❷**子曰**

孔門後學輾轉相傳，以為孔子所言。

❸**勞而不伐，有功而不德，厚之至也**

伐，自誇。不德，不宣揚自己的功德。功勞一詞，本於此。程《傳》：「有勞而不矜伐，有功而不自以為德，是其德弘厚之至也。」楊萬里《誠齋易傳》：「人之謙與傲，係其德之厚與薄。德厚者無盈色；德薄者無卑辭。如鐘磬焉：愈厚者聲愈緩；薄者反是。故有勞有功而不伐不德，唯至厚者能之。」來知德《周易集註》：「勞者，功之未成；功者，勞之已著。」析言功、勞二字之義，甚好。

❹**語以其功下人者也**

程《傳》：「言以其功勞而自謙以下於人也。」張栻《南軒易說》：「風不厚不能負大翼；水不厚不能負大舟；君子處心不厚則恃勞而傲物，耀功而忽人。安能以其功而下人乎？」

❺**德言盛，禮言恭**

即德盛禮恭之意，言為語中助詞，無義。如《詩・泉水》：「駕言出遊，以寫我憂。」又〈瓠葉〉：「君子有酒，酌言嘗之。」又〈文王〉：「永言配命，自求多福。」諸言字皆助詞，亦無義。程《傳》：「以其德言之，則至盛；以其自處之禮言之，則至恭。」船山《易內傳》：「德言盛者，謂若居功為德，則氣盛而辭多張大；禮言恭，以禮為則，其言自恭也。」程以言字上屬，作道說解；王以言字下屬，作言語解：皆非。王引之《經傳釋詞》：「《易・繫辭傳》之『德言盛，禮言恭』，謂君子勞謙，德盛禮恭也。言、語詞。」已指明句中之「言」為「語詞」，無義。德盛而禮恭，正所以為謙也。

❻**謙也者，致恭以存其位者也**

致，極盡；存，保存；位，立場地位，引申亦可有祿位之意。本句值得思考的是謙與存其位間的關係問題：伊川有見及此，《易傳》云：「夫君子履謙，乃其常行，非為保其位而為之也；而言存其位者，蓋能致恭，所以能存其位，言謙之道如此。如言為善者有令名，君子豈為令名而為善哉！亦言有令名者為善之故也。」提供讀者再思。

語譯

謙卦九三爻辭說：「勞苦功高又能謙虛自牧，只有君子才能始終如此，一定會有良好收穫的。」孔子解釋說：「勤勞卻不自誇，有績效卻不宣揚自己的功德，這是謙德敦厚的極致啊！也就是說已做到了有功勞而肯謙居人下的地步了。功德豐盛而執禮謙恭。謙這種品德呢，極盡恭敬來保存本身應有的地位立場。」

附錄古義

《說苑・復恩》：「夫施德者貴不德，受恩者尚必報。是故臣勞勤以為君而不求其賞，君持施以牧下而無所德。故《易》曰：『勞而不怨，有功而不德，厚之至也。』」

《三國志・魏書・鍾會傳・注引會母傳》：「每讀《易》孔子說『鳴鶴在陰』、『勞謙君子』、『藉用白茅』、『不出戶庭』之義，每使會反覆讀之，曰：『《易》三百餘爻，仲尼特說此者，以謙恭慎密，樞機之發，行己至要，榮身所由故也。順斯術以往，足為君子矣。』」

《三國志・吳書・呂岱傳》：「張承與岱書曰：『昔旦奭翼周，二〈南〉作歌，今則足下與陸子也，忠勤相先，勞謙相讓，功以權成，化與道合。君子歎其德，小人悅其美。加以文書鞅掌，賓客終日，罷不舍事，勞不言倦。又知上馬輒自超乘，不由跨躡；如此足下過廉頗也。何其事事快也！《周易》有之：「禮言恭，德言盛。」足下何有盡此美耶！』」

《說苑・敬慎》：「孔子讀《易》至於損、益則喟然而歎。子夏避席而問曰：『夫子何為歎？』孔子曰：『夫自損者益，自益者缺；吾是以歎也。』子夏曰：『然則學者不可以益乎？』孔子曰：『否。天之道，成者未嘗得久也。夫學者以虛受之，故曰得。苟不知持滿，則天下之善言不得入其耳矣。昔堯履天子之位，猶允恭以持之，虛靜以待下，故百載以逾盛，迄今而益章；昆吾自臧而滿意，窮高而不衰，故當時而虧敗，迄今而逾惡：是非損益之徵與？吾故曰：「謙也者，致恭以存其位者也。」夫豐明而動，故能大；苟大則虧矣。吾戒之。故曰：天下之善言不得入其耳矣。「日中則昃，月盈則食，天地盈虛，與時消息」：是以聖人不敢當盛。升輿而遇三人則下，二人則軾；調其盈虛，故能長久也。』子夏曰：『善！請終身誦之。』」

六四爻辭

六四❶：无不利❷，撝謙❸。

注釋

❶六四

當謙第四爻為老，他爻皆少，即由謙之小過䷽；或中孚䷼第四爻為少，他爻皆老，即中孚之謙：這兩種情形，都以謙六四爻辭占。

❷无不利

此可就卦體、爻位、上、下四方面言之。六四在坤體最下，最能厚德載物；本身處柔得位；上承六五之君；此三者皆无不利，所差者唯下乘勞謙之臣，必己能謙而歸之，則亦无不利。王弼《注》：「處三之上，而用謙焉，則是自上下下之義也；承五而用謙順，則是上行之道也。盡乎奉上下下之道，故无不利。」是以上、下比鄰關係言。朱震《漢上易傳》：「六四坤體，柔順而正；上以奉六五之君，下以下九三勞謙之臣，上下皆得其宜：故曰无不利。」已注意到四方面。案：「无不利」、「撝謙」，荀爽以為二句。程《傳》云「无所不利於撝謙也」，以為一句。元儒吳澄《易纂言》：「无不利，占也。……撝謙，象也。」清儒武億著《經讀考異》，以為「二句似倒亂之訛」。近人劉百閔、李漢三亦以此二句倒序為文。

❸撝謙

撝，音揮。晁說之《京氏易式》云「京房作揮」，《釋文》云「鄭讀為宣」，蓋為發揮之義。《易纂言》：「撝謙，象也。……下有艮手為撝。」是以象言。朱子《本義》：「居九三之上，故戒以更當發撝其謙，以示不敢自安之意也。」是由義言。六四居九三之上，承六五之下；九三有功，六五為君。故六四於上下皆宜發揮其謙德也。元梁寅《周易參義》：「六四柔而得正，上而能下，可謂謙矣，无不利矣。然處近君之地，在功臣之上，故戒以更當發揮其謙也。世之人臣，固有執柔守正，不與物競者矣。然或闇於事理，辭受失宜，無功而受其祿，無實而處其名，若是者失謙之道矣，不可以不戒也。」

語譯

謙卦陰居第四位，像柔順的人處在順利的環境，沒有不利的。仍須發揮自己的謙德。

象傳

无不利撝謙，不違則也❶。

注釋

❶不違則也

則，謂法則。凡曰則多言爻之得位者。故謙六四得位曰「不違則」；同人九四失位則望其能「反則」；明夷六二之吉「順以則也」；震初九「後有則也」。唯一例外，是明夷上六「後入于地失則也」：當分別論之。不違則，不違反謙虛之法則也。項安世嘗以六二、六四、上六，三爻較論，《周易玩辭》曰：「鳴者，情發於聲；撝者，用在於手。謙卦以柔居柔者三爻，皆誠於謙者也。二與上情蘊於中，而不見於用，故徒有其聲鳴焉而已；惟六四一爻，適當其用，故以撝言之。何以見四之當其用？曰：以其在二與五之中而見之也。三為大功之臣，五為柔順之主，四居其中，當貴臣之位。使接三不用其謙，則必有抑功臣而激其變，如盧杞之於唐者；承五不用其謙，則必有挾柔主而弄其權，如中常侍之於漢者。謙於此時，无往不利，施之於用，正得事宜，故雖以柔而不為失則也。」言甚雄辯。船山則強調「理則」，《易內傳》：「斟酌其可謙而順施之，則无不利矣，而尤必撝謙。君子之謙，非但以求利也，求得其理而平施之也。」

語譯

沒有不利的，要發揮謙德，不可違反謙讓的法則啊！

六五爻辭

六五❶：不富以其鄰❷，利用侵伐❸，无不利❹。

注釋

❶六五

當謙第五爻為老，他爻皆少，即由謙之蹇䷦；或睽䷥第五爻為少，他爻皆老，即睽之謙：這兩種情形，都以謙六五爻辭占。

❷不富以其鄰

不富，六五虛中而不自滿；以其鄰，及其鄰六四、上六，也能謙虛不自滿也。泰六四爻辭已言「翩翩不富以其鄰」，〈象〉以「皆失實也」釋之，可參閱。《集解》引荀爽曰：「鄰謂四與上也。自四以上乘陽，乘陽失實，故皆不富。五居中有體，故總言之。」案：程頤以富為財富。程《傳》：「富者，眾之所歸，唯財為能聚人。五以君位之尊，而執謙順以接於下，眾所歸也。故不以富而能有其鄰也。」異說可以並存。

❸利用侵伐

利用，猶言利於。用，於也。侵是侵略，伐是討伐。《易纂言》：「不名其罪而加兵曰侵；聲其罪而致討曰伐。」侵伐合言，是攻打的意思。就象言：睽之謙，以謙六五占，睽卦由兌下離上組成。〈說卦〉：「離為戈兵」，故言侵伐。或以「謙自二至上皆師卦也」，《周易玩辭》已如此說。《易纂言》亦謂：「謙之二三四五上，師之初二三四五也。」即依項安世。就義言：程《傳》：「君道不可專尚謙柔，必須威武相濟，然後能懷服天下，故利用行侵伐也。」《周易玩辭》：「六五處謙之時，非樂於侵伐也。三以獨陽，為萬民所服，己既下人，人亦下己，故可以止於謙，无所復為也；五以陰柔居尊位，己雖降謙，人未免有不謙者，故必用侵伐以一之。」是也。至於攻打的對象，當為上六。抑有進者，自古驕兵必敗，自謙者勝，故謙六五利用侵伐。《孟子・滕文公下》：「湯居亳，與葛為鄰。葛伯放而不祀。湯使人問之曰：『何為不祀？』曰：『無以供犧牲也。』湯使遺之牛羊。葛伯食之，又不以祀。湯又使人問之曰：『何為不祀？』曰：『無以供粢盛也。』湯使亳眾往為之耕，老弱饋食。葛伯率其民要其有酒食黍稻者奪之。不授者殺之。有童子以黍肉餉，殺而奪之。《書》曰：『葛伯仇餉。』此之謂也。為其殺是童子而征之，四海之內皆曰：『非富天下也；為匹夫匹婦復讎也。』」是其例也。

❹**无不利**

六五居中而能虛，位尊而能謙；既能以謙服人，亦能以力服人：故无不利。《孟子・滕文公下》：「湯始征自葛載。十一征而無敵於天下。東面而征西夷怨；南面而征北狄怨。曰：『奚為後我？』民之望之若大旱之望雨也。」是无不利之例也。《周易玩辭》：「師眾謙以攻少不謙，固不患於不利；又不謙者去，則天下皆謙，故又為无不利也。」又曰：「六四先言无不利，明所向皆利於如此，言所施之宜也；六五既言利用侵伐，又言无不利，明自此之後，无有不利之事，言所收之效也。」

語譯

謙卦陰居第五位。自己謙虛而不自滿，使得上下鄰居也能謙虛而不自滿。可以去征伐，沒有不勝利的！

象傳

利用侵伐，征不服也❶。

注　釋

❶征不服也

征不服德化者。雖堯舜之世，仍有「四凶」；故以謙待人，人未必盡服。《周易玩辭》：「不富以其鄰，不待賞而服者，同謙者也；利用侵伐，待刑而後服者，不謙者也。二者皆服，則无不謙矣。」船山《易內傳》：「人情雖惡盈而好謙，而頑民每乘虛以欺其不競。則欲更與謙退而不得，而侵伐之事起矣。漢文賜吳王以几杖，而吳卒反，蓋類此。……謙而猶不服，則征之必利。吳王所以卒死於漢文之柔。」又曰：「以其自居卑約，本無損於物，則用以侵伐，而師直為壯，无不利矣！然而非君子之道也。君子為不可犯，而乃以全（成全、保全）天下之頑愚。不善用謙以致稱兵制勝，是鷙鳥之將擊而戢翼，猛獸之將攫而卑伏，雖利而亦險矣哉！」船山蓋以善用謙者使人不敢犯，因而能使頑愚免於侵伐之禍。所言甚是。《朱子語類》記朱子之答問曰：「《老子》言：『大國以下小國，則取小國；小國以下大國，則取大國。』又言：『抗兵相加，哀者勝矣。』孫子曰：『始如處女，敵人開戶；終如脫兔，敵不及禦。』大抵謙自是用兵之道，只退處一步耳！」則孔門謙道淪為兵家陰謀，非聖人之意也。

語　譯

可以去征討，攻打那些以謙德不能感化的！

上六爻辭

上六❶：鳴謙❷，利用行師❸，征邑國❹。

注釋

❶**上六**

當謙上爻為老，他爻皆少，即由謙之艮☶；或兌☱上爻為少，他爻皆老，即兌之謙：這兩種情形，都以謙上六爻辭占。

❷**鳴謙**

上六以柔居柔，處謙之極，又能與九三陰陽相應，且九三體震為善鳴，故上六有鳴謙之象。《集解》引虞翻曰：「應在震，故曰鳴謙。」又引《九家易》曰：「陰陽相應，故鳴謙也。」程《傳》云：「六以柔處柔順之極，有處謙之極，極乎謙者也。以極謙而反居高，未得遂其謙之志，故至發於聲者。又柔處謙之極，亦必見於聲色，故曰鳴謙。」六二、上六皆言「鳴謙」，朱熹、項安世皆嘗較論之。《朱子語類》：「鳴謙在六二，又言『貞』者，言謙而有聞，須得其正則吉。蓋六二以陰處陰，所以戒它要貞。謙而不貞，則近於邪佞。上六之鳴卻不同，處謙之極而有間，則失謙本意。蓋謙本不要人知，況在人之上而有聞乎？此所以志未得也。」至於項氏較論，已見謙六二〈象傳〉「中心得也」注釋，此不贅。

❸**利用行師**

以象言之，《易纂言》曰：「謙之二三四五上，師之初二三四五也。行師，謂師行在道。震為大塗，行之象。」以義言之，《朱子語類》：「蓋自初六積到六五、上六，謙亦極矣，自宜人人服之。尚更不服，則非人矣，故利用侵伐也。」以史事證之，李杞《用易詳解》：「禹受舜之命，會羣后而誓之，此鳴謙也。三旬苗民逆命，禹受伯益『滿招損，謙受益』之戒，班師而歸，舞干羽而苗民格。此謙之利用行師征邑國也。」其事詳《偽古文尚書・大禹謨篇》。

❹征邑國

自象言之，上六在坤體，有邑國之象。《集解》引《九家易》曰：「坤為邑國也。」《朱子語類》：「坤為土，土為國，故為征邑國也。」自義言，一說從出師征伐之本意，《集解》引虞翻曰：「利五之正，已得從征。」朱子亦言「大抵謙自是用兵之道，只退處一步耳」。《易纂言》更詳之曰：「上六應九三，乘六五，能謙於剛強之臣，而不能謙於柔順之主。當謙之時，虧謙之道，故宜用師以正其罪。邑國者，上六之國也；征者，王命帥師之臣征之也。如春秋時，王師伐虢之類。舊說以為上六自征其邑國，非矣。所征之邑國，即六五之所侵伐者，據六五出命而言，則曰侵伐；據上六在國而言，則以行師至其國，而正其罪為義。故曰行師征邑國也。」又一說以為「克己」。程《傳》：「謂自治其私。」朱震《漢上易傳》：「征邑國，非侵伐也，克己之謂也。君子自克，人欲盡而天理得則誠；誠則化，物无不應。有不應焉，誠未至也。」案：謙六爻非吉即利。胡一桂《易本義附錄纂疏》云：「謙一卦、下三爻皆吉而無凶；上三爻皆利而無害。《易》中吉利，罕有若是純全者，謙之效固如此。」俗說如此，其實未必。六五之伐上六，即其反證。

語　譯

謙卦最上面一爻是陰。有最謙虛的名聲。像可以出兵征討自己的屬國一樣，要堅強地克服自己的私心。

象傳

鳴謙，志未得也❶；可用行師，征邑國也。

注釋

❶志未得也

程《傳》：「謙極而居上，欲謙之志未得，故不勝其切，至於鳴也。」《周易折中》案語云：「〈象傳〉意言上六之鳴謙，由其中心之志欿（音ㄎㄢˇ，謙貌）然不自滿足故也。是以雖可用行師，而但征其邑國，蓋始終自治之意。亦猶同人之上其志未得者，乃未遂其大同之心，故亦欿然而未足也。無同人之上之心，則未極乎大同之量矣；無謙之上之心，則未極乎謙德之虛矣。」又案：〈象傳〉於六二曰「中心得也」，於六四曰「未違則也」，於上六曰「志未得也」：是謙卦爻愈低愈好，愈上愈差。亦可見謙以卑為基。

語譯

有最謙虛的名聲在外，這正是自己謙虛的心願未能完成。像可以出兵征討自己的屬國一樣，要毅然決然克服自己好名的私心！

豫卦經傳通釋第十六

卦辭

䷏坤下震上豫❶：利建侯行師❷。

注釋

❶䷏坤下震上豫

豫，六畫之卦名。由三畫的坤在下，三畫的震在上，重疊而成。豫字本義為「象之大者」。大則完備、寬裕；寬裕則喜樂；故豫字引申有喜樂之義。《河南程氏遺書》劉絢所錄〈師訓〉記明道先生曰：「豫者，備豫也，逸豫也。」《郭氏傳家易說》記白雲語：「大率《易》之名卦，兼備眾義，固非一字可訓。故豫得兼和說、逸樂、備豫為名，而和說、逸樂不可以一字盡豫之道也。」良是。〈序卦〉：「有大而能謙必豫，故受之以豫。」其下曰「以喜隨人」，喜，即豫義之一。所有者大，而能謙退，必為人所喜，此正豫卦所以次於大有與謙也。以卦象言：豫卦坤下震上，是震雷出於地上，萬物欣欣向榮，通暢喜樂之象。以卦德言：坤為順，震為動，順性而動，故有豫樂。鄭玄《易注》：「坤，順也；震，動也。順其性而動者，莫不得其所，故謂之豫。豫，喜佚說樂之貌也。」以卦爻言：九四為動之主，上下群陰應之，是剛而得志，是以亦有喜樂。宋馮椅《厚齋易學》：「一陽五陰之卦，其立象也：一陽在上下者為剝復，象陽氣之消長也；在中者為師比，象眾之所歸也；至於三四在二體之際，當六畫之中，故以其自上而退處於下者為謙；自下而奮出乎上者為豫。此觀畫立象之本指也。」是也。至於〈雜卦傳〉：「豫，怠。」蓋人喜樂，易於怠惰故也。然「怠」字虞翻作「怡」，則仍取怡悅之義。當豫六爻皆少，也就是本卦、之卦都是豫；或小畜䷈六爻皆老，也就是小畜之豫：這兩種情形，都以豫卦辭占。

❷利建侯行師

以象言：震雷為建侯之象；坤眾為行師之象。震動而坤順之，故利。鄭玄《易注》：「震又為雷，諸侯之象；坤又為眾，師役之象。故利建侯行師矣！」程《傳》：「上動而下順，諸侯從王，師眾順令之象。」邱富國《易全解》：「屯有震無坤，則言建侯而不言行師；謙有坤無震，則言行師而不言建侯。此合震坤成卦，故兼之。」以理言：和悅而順動，故於建侯行師，皆有利。孔穎達《正義》：「動而眾說，故可利建侯也；以順而動，不加无罪，故可以行師也。」程《傳》：「夫建侯樹屏，所以共安天下。諸侯和順，則萬民說服。兵師之興，眾心和說，則順從而有功，故說豫之道，利於建侯行師也。」呂祖謙《東萊易說》：「夫當天下无事時，則建侯；有事之時，則行師。」朱駿聲《六十四卦經解》：「坤為土，震主器，諸侯之象；坤為眾，震為車馬，師役之象。建侯所以興利；行師所以除害：民所豫樂也。」駿聲清人，合象、理而言之，後出最完備。

語譯

六畫的豫卦，下卦是三畫的坤，上卦是三畫的震。像大地奔雷，順時行動，人心一片喜悅。利於分封諸侯，調動軍隊。

附錄古義

《漢書・五行志中之上》：「劉向說：『於《易》，雷以二月出，其卦曰豫。言萬物隨雷出地，皆逸豫也。』」

《國語・晉語四》見屯卦辭下。

《藝文類聚・五十一・引魏武帝讓封書》：「臣誅除暴逆克定二州，四方來貢，以為臣之功。蕭相國以關中之勞，一門受封；鄧禹以河北之勤，連城食邑。考功效實，非臣之勳。臣祖父中常侍侯時，但從輦扶翼左右；既非首謀，又不奮戟；並受爵封，暨臣三葉。臣聞《易》豫卦曰：『利建侯行師。』有功乃當進立以為諸侯也。又訟卦六三曰：『食舊德，或從王事。』謂先祖有大德，若從王事有功者，子孫乃得食其祿也。」

象傳

豫，剛應而志行❶；順以動，豫❷。豫順以動，故天地如之，而況建侯行師乎❸。天地以順動，故日月不過而四時不忒❹；聖人以順動，則刑罰清而民服❺。豫之時義大矣哉❻！

注釋

❶豫，剛應而志行

此以卦爻、卦體釋卦之名義。《集解》引侯果曰：「四為卦主，五陰應之，剛志大行，故曰剛應而志行。」程《傳》：「剛應，謂四為羣陰所應，剛得眾應也；志行，謂陽志上行，動而上下順從，其志得行也。」皆以九四主爻說之。船山《易內傳》：「志行者，出於地上而震動，無能撓之者也。」以卦體立說，亦大佳。案：一陰、一陽之卦，無論其位之應或不應，而皆言應。故同人大有之陰，豫之陽，皆言應。

❷順以動，豫

此以卦德「順以動」釋卦名「豫」。《集解》引崔憬曰：「坤下震上，順以動也。」程《傳》：「震動而坤順，為動而順理，順理而動；又為動而眾順，所以豫也。」朱震《漢上易傳》：「豫，謙之反。謙九三反而之四，四動群陰應之，其志上行，以順理而動也。我動彼應，豈不豫乎？豫，和豫也，休逸閑暇之謂也。故曰：豫，剛應而志行；順以動，豫。」

❸豫順以動，故天地如之，而況建侯行師乎

此以卦德釋卦辭「利建侯行師」。如，依照。順著道理而行動是一項原則，所以連天地也要依照它這種道理運作，何況建侯行師。程《傳》：「天地之道，萬物之理，惟至順而已。大人所以先天後天而不違者，亦順乎理而已。」船山《易內傳》：「坤之為德，純乎虛靜。虛者，私意不生；靜者，私欲不亂。故虛而含實，靜而善動之理存焉。虛靜以聽陽之時起而建功，故一旦奮興、震驚羣昧，人視為不測之恩威，而不知其理已裕於虛靜之中，隨所行而無不順也。志若此，而後時不足以限之；位不足以拘之。於心無逆，於人無拂，坦然快適，而無所不可。豈靜昧其幾，動乘於變，遽思快志者所勝任哉。」於豫順以動之義，闡發入微。

❹天地以順動，故日月不過而四時不忒

此言天地順動之效。《集解》引虞翻曰：「過謂失度；忒，差迭也。」《正義》：「若天地以順而動，則日月不有過差，依其晷度；四時不有忒變，寒暑以時。」

❺聖人以順動，則刑罰清而民服

此言聖人順動之效。《集解》引虞翻曰：「清猶明也。」《正義》：「聖人能以理順而動，則不赦有罪、不監无辜，故刑罰清也；刑罰當理，故人服也。」案：由天地以順動到聖人以順動，透露了「天人合一」

的《周易》哲學。這種哲學，與荀子〈天論篇〉、西方「唯人主義」(Anthropocentrism) 大異其趣。〈天論篇〉曰：「大天而思之，孰與物畜而制之；從天而頌之，孰與制天命而用之。」德國哲學家費希特 (Fichte, J. G.) 在《人的天職》(*The Vocation of Man*) 一書中說：「我將是自然的主宰，自然將是我的僕從。我將依照我能力的尺度去影響大自然，而大自然卻對我毫無影響。」制天的觀念，一方面使人與自然對立起來；另一方面，運用對自然的了解，發展出科技文明，對自然予取予求，更破壞了自然與人之間的和諧平衡的狀態。韓國《易》學家金學權博士在其學位論文《易經之天人關係研究》的結論中曾指出：「中國《易經》哲學，則認為『自然』是普遍生命流行的境界。在天地間，到處洋溢著歡愉豐潤的生命樂章，上蒙玄天，下包靈地，無所不在，真是酣暢飽滿。而人和『自然』之間沒有任何隔閡，人類生命與宇宙生命融貫互通，兩者同情交感為一，渾然同體，浩然同流。」所謂「歡愉豐潤」、「酣暢飽滿」正是對「天人合一」的豫，一種生動的描述。

❻豫之時義大矣哉

此讚美豫卦在時間配合上含義之大。《集解》引虞翻曰：「順動天地，使日月四時皆不過差，刑罰清而民服，故義大也。」釋「義大」而未及「時」。《朱子語類》：「豫之時義，言豫之時底道理。」則扣住「時」而言其「義」。《東萊易說》指出：「此是大矣哉之最先者。」《周易玩辭》綜合〈彖傳〉十二個「大矣哉」，以為：「豫、隨、遯、姤、旅，皆若淺事而有深意，故曰時義大矣哉，欲人之思之也；坎、睽、蹇，皆非美事，而聖人有時而用之，故曰時用大矣哉，欲人之別之也；頤、大過、解、革，皆大事大變也，故曰時大矣哉，欲人之謹之也。」船山《易內傳》：「豫與復同道，而豫動於上，天道也；復動於下，人道也。以天道治人事，必審其幾，故嘆其時義之大；以人道合天德，必察其微，故嘆其見天地之心也。」則以豫與復䷗較論。

語譯

豫卦主爻九四得到陰爻的響應而升到上卦來，象徵著正義的號召得到民眾的擁護，而理想能夠實行。順著道理而行動，內心喜悅，所以卦名叫「豫」。豫既是順著道理而行動，所以天地也得依照它這樣運作，而何況分封諸侯，調動軍隊呢？天地因為順理而動，所以日月之運行不會超越度數，而春夏秋冬也不會差錯；聖人因為順理而動，那麼刑罰清明而民眾信服。豫卦所顯示的順時的意義，真是偉大啊！

附錄古義

《漢書・魏相傳》：「相奏曰：『臣聞《易》曰：「天地以順動，故日月不過，四時不忒；聖王以順動，故刑罰清而民服。」天地變化，必繇陰陽。陰陽之分，以日為紀。日冬夏至，則八風之序立，萬物之性成；各有常職，不得相干。東方之神太昊，乘震，執規，司春；南方之神炎帝，乘離，執衡，司夏；西方之神少昊，乘兌，執矩，司秋；北方之神顓頊，乘坎，執權，司冬；中央之神黃帝，乘坤，執繩，司下土：茲五帝所司，各有時也。東方之卦，不可以治西方；南方之卦，不可以治北方。春興兌治則飢，秋興震治則華，冬興離治則泄，夏興坎治則雹。明王謹於尊天，慎於養人，故立羲和之官以乘四時，節授民事。君動靜以道，奉順陰陽，則日月光明，風雨時節，寒暑調和。三者得敘，則災害不生，五穀熟，絲麻遂，草木茂，鳥獸蕃，民不夭疾，衣食有餘。若是則君尊民悅，上下亡怨，政教不違，禮讓可興。』」

象傳

雷出地奮，豫❶；先王以作樂崇德，殷薦之上帝，以配祖考❷。

注釋

❶雷出地奮，豫

鄭玄《易注》：「奮，動也。雷動于地上而萬物乃豫也。」《正義》：「雷既出地，震動萬物被陽氣而生，各皆逸豫；故曰『雷出地奮豫也』。」程《傳》：「雷者，陽氣奮發，陰陽相薄而成聲也。陽始潛閉地中，及其動，則出地奮震也。使閉鬱，及奮發則通暢和豫，故為豫也。」雷，是空氣因閃電高熱產生猛烈膨脹所發出的聲音；閃電是雲層接近地面，兩個正負不同的電荷間產生流動所造成。中國黃河流域，每年春雷大致上在「驚蟄」（陽曆三月五、六、七日）前後首次出現。此時動物冬眠結束，植物萌芽成長，大地一片欣欣向榮的景象。鄭、孔、程三家之言，頗符自然界之事理。再案：崔憬以「雷出地，奮豫」斷句，見《集解》所引。

❷先王以作樂崇德，殷薦之上帝，以配祖考

崇，尊崇。殷，豐盛。薦，進獻祭品，未食未飲曰薦；既食既飲曰羞。父死稱考。鄭玄《易注》曰：「取其喜佚動搖，猶人至樂則手欲鼓之，足欲舞之也。崇，充也；殷，盛也；薦，進也；上帝，天帝也。王者功成作樂，以文得之者作籥舞；以武得之者作萬舞。各充其德而為制。祀天帝以配祖考者，使與天同饗其功也。故《孝經》云：『郊祀后稷以配天，宗祀文王于明堂以配上帝。』是也。」程《傳》：「坤順震發，和順積中而發於聲，樂之象也。先王觀雷出地而奮，和暢發於聲之象，作聲樂以褒崇功德，其殷盛至於薦之上帝，推配之以祖考。」案：這兩句話還牽涉到兩個值得思考的問題。一、音樂的起源與效用問題。〈大象傳〉以為「作樂」是受到「雷出地奮」的啟示。這就近於「藝術模仿自然」說。希臘哲人亞里士多德有是說；我國《呂氏春秋．古樂》也有「效山林谿谷之音以歌」、「聽鳳皇之鳴，以別十二律」的記載。而音樂的效用，則有「崇德」、祭祀「上帝」、「祖考」等。二、「上帝」、「祖考」合祭的問題。上帝即天帝，也就是自然運作的主宰者。日月之運轉、四時之循環、生物之生滅，皆依此自然之法則。而祖考乃我生命之創造者，即我生命之創造主。祭祀祖考就是對我創造主的崇拜；配以上帝，更透露人之生命與自然法則和諧而合一的理念。

語　譯

奔雷一出，大地振奮，這就是「豫」的取象。前代的聖王因此制作音樂來推崇功業，用豐盛的祭品，呈獻給天帝，同時配合祖先的祭禮。

附錄古義

《漢書・禮樂志》：「王者未作樂之時，因先王之樂以教化百姓，說樂其俗，然後改作，以章功德。《易》曰：『先王以作樂崇德，殷薦之上帝，以配祖考。』」

《漢書・藝文志》：「《易》曰：『先王作樂崇德，殷薦之上帝，以享祖考。』故自黃帝下至三代，樂各有名。」

《白虎通・禮樂》：「所以作四夷之樂何？德廣及之也。《易》曰：『先王以作樂崇德，殷薦之上帝，以配祖考。』」

《後漢書・郎顗傳》：「顗條便宜云：『《易》曰：「雷出地奮，豫。先王以作樂崇德，殷薦之上帝。」雷者，所以開發萌芽，辟陰除害。萬物須雷而解，資雨而潤，故經曰：「雷以動之，雨以潤之。」王者崇寬大，順春令，則雷應節；不則發動於冬，當震反潛。故《易傳》曰：「當雷不雷，太陽弱也。」』」

《風俗通・聲音》：「《易》稱：『先王作樂崇德，殷薦之上帝，以配祖考。』夫樂者，聖人所以動天地，感鬼神，按萬民，成性類者也。故黃帝作《咸池》，顓頊作《六莖》，嚳作《五英》，堯作《大章》，舜作《韶》，禹作《夏》，湯作《濩》，武王作《武》，周公作《勺》。」

《續漢書・禮樂志・注引蔡邕禮樂志》：「漢樂四品：一曰大予樂，典郊廟上陵殿諸食舉之，樂郊樂，《易》所謂『先王以作樂崇德殷薦上帝。』」

繫辭傳

重門擊柝❶，以待暴客❷，蓋取諸豫❸。

注釋

❶**重門擊柝**

柝，舊時巡夜人所敲的挖空的木器，亦可以兩片木板為之。《釋文》引馬融云：「兩木相擊以行夜。」或以竹筒或金屬製作。《集解》本據《九家易》字作欜。《說文》：「欜，行夜所擊木。」擊柝，帛書作「毄蚇」。船山《易內傳》：「陰爻象門之兩扉。豫內三陰，外二陰，為重門；九四陽亘其中，象抱關擊柝者。又震為雷，柝以象雷而驚眾。」船山罕言象，此處言象甚恰當。

❷**以待暴客**

暴，《釋文》：「鄭（玄）作虣。」《集解》據干寶《注》亦作虣。《說文新附》：「虣，虐也，急也。从虎，从武。」字從虎武會意，蓋言其武如虎，故字亦可左右易位而作虣。暴客帛書作「旅客」。豫有逸豫之義，主爻九四又「大有得」，生活逸豫，所得又大，所以戒以預防盜賊暴客。或以〈繫辭傳〉此章十二「蓋取」，本條接在「舟楫之利……蓋取諸渙」、「服牛乘馬，……蓋取諸隨」之後，水陸交通方便，可能引來暴客或旅客。張栻《南軒易說》：「夫川有舟楫，陸有牛馬，塗既通：則居民資之水者，坐而至；越陸者，坐而至；燕然暴客，亦可至也。故重門以禦之，所以為寇者不能攻；擊柝以警之，所以為盜者不能竊。」即由十二「蓋取」直貫而論之。南軒此說，啟示學《易》者看問題，一方面固須由問題本身作分析判斷；另一方面也須由問題的貫時發展中研判其因果並予以定位。

❸**蓋取諸豫**

韓康伯《注》：「取其豫備。」豫備，今多書預備。張載《橫渠易說》：「有備則无患，故豫。」《朱子語類》：「如十三卦中，重門擊柝，以待暴客，只是豫備之意。卻須待用互體，推艮為門闕，雷震于外之意。……必待穿鑿附會，就卦中推出制器之義，殊不知卦中但有此理而已。故孔子各以『蓋取諸』某卦言之，亦曰其大意云耳！……皆疑辭也。」案：十二「蓋取」，首取「乾坤」，故十三卦。朱熹斥「互體」之不當，蓋對《九家易》說「下有艮象」、「坎為盜」而言。豫二、三、四爻互體為艮☶；三、四、五爻互體為坎☵也。此處以互體說象，似不如船山言象之直接了當；但《左傳》解《易》，已用互體，亦不可全部抹煞。以「蓋」為疑辭，朱子於語法已頗具概念。

語譯

設立多重的門戶，敲打木柝巡夜，來對付盜賊，大致上是受到豫卦預防概念的啟示。

附錄古義

《鹽鐵論・險固》：「君子為國，必有不可犯之難。《易》曰：『重門擊柝，以待暴客。』言備之素修也。」

序卦傳

有大而能謙必豫，故受之以豫❶。

注釋

❶**有大而能謙必豫，故受之以豫**

《集解》引鄭玄《注》：「言國既大，而有謙德，則于政事恬豫。」以大為國大，豫為政事安和樂利。程《傳》：「承二卦之義而為次也。有既大而能謙，則有豫樂也。豫者，安和說樂之義。」不以政事為限，則《易》教人人可以受用。《郭氏傳家易說》記白雲郭雍曰：「以謙有大則絕盈滿之累，故優游不迫而暇豫也。」推因釋義頗簡明。

語譯

擁有巨大成就或財富而能謙和，必然恬適喜樂，所以接在大有和謙卦後面的，就是豫卦。

雜卦傳

而豫怠也❶。

注釋

❶而豫怠也

《集解》「怠」字作「怡」。《說文》：「怡，和也；从心，台聲。」又：「怠，慢也；从心，台聲。」皆形聲字。惟怡左形右聲，怠下形上聲，為不同耳。怡、怠，古本一字一音而二義。後分別之，專以怡為悅，怠為懈。說見《通雅》。怡悅而致懈怠，亦相倚伏也。《南軒易說》：「豫而不警戒者失於怠也。」《朱子語類》：「豫是悅之極便放倒了，如『上六冥豫』是也。」

語　譯

而豫呢，怡悅到頭便懈怠下來了。

初六爻辭

初六❶：鳴豫❷；凶❸。

注釋

❶**初六**

當豫初爻為老，他爻皆少，即由豫之震☳；或巽☴初爻為少，他五爻皆老，即巽之豫：這兩種情形，都以豫初六爻辭占。

❷**鳴豫**

《集解》引虞翻曰：「應震善鳴。」楊萬里《誠齋易傳》：「初六，地之初；九四，雷之初。二者交應，雷聲初出地也，故為鳴豫。」是以象言。程《傳》：「初六以陰柔居下；四，豫之主也，而應之。是不中正之小人，處豫而為上所寵，其志意滿極，不勝其豫，至發於聲音。」是以義言。《誠齋易傳》又曰：「九四，豫之主；初六，四之應。當逸樂說豫之時，以陰柔居下之資，而有上下交應之嬖。挾口才以濟狡志，利其身亦凶其身，凶其身亦凶其國。……儀、秦以說鳴；髡、衍以辨鳴；鼂錯、主父偃以謀鳴；江充、息夫躬以訐鳴；王叔文以治道鳴；李訓以大言鳴。鳴乎！下應乎上，凶在其中矣，而況極其志者乎！」所舉人物史事，或不甚恰當，仍可供三思。

❸**凶**

虞翻曰：「失位故。」蓋以象言。《橫渠易說》：「知幾者，上交不諂。今得應於上，豫獨著聞，終凶之道也。故凡豫之理，莫若安其分，動以義也。」則以義言。《本義》：「卦辭為眾樂之義，爻辭除九四與卦同外，皆為自樂。所以有吉凶之異。」則較論卦爻辭所以占辭不同，在眾樂、自樂之不同也。

語譯

豫卦初位是陰爻，像小人得志，高興得叫起來；必然有凶險。

象傳

初六鳴豫，志窮凶也❶。

注釋

❶志窮凶也

王弼《注》：「處豫之初，而特得志於上（指上卦九四）。樂過則淫，志窮則凶，豫何可鳴？」程《傳》：「以陰柔處下，而志意窮極，不勝其豫，至於鳴也，必驕肆而致凶矣。」《郭氏傳家易說》記白雲曰：「初六之鳴，如謙上六之鳴，感其應而有求也。上六之鳴，蓋鳴而求謙；初六之鳴，蓋鳴而求豫。豫而知戒，尚或有失，況知其說逸而鳴以求之乎！且鳴而求謙者，志猶未可得，況鳴豫乎！其志窮凶也，宜矣！」劉百閔《周易事理通義》：「傳凡言窮，例皆指上；而豫初以窮言者，非位窮，乃志窮也。」

語譯

地位最低的陰爻，居然自鳴得意，這正是志氣窮短的證明，所以必然會失敗。

六二爻辭

六二❶：介于石❷，不終日❸，貞吉❹。

注釋

❶六二

當豫第二爻為老，他爻皆少，即由豫之解䷧；或家人䷤第二爻為少，他爻皆老，即家人之豫：這兩種情形，都以豫六二爻辭占。

❷介于石

言耿介之操，其堅如石，不以逸豫而鬆懈。介，猶《荀子・脩身篇》「介然必以自好也」之介然，楊倞《注》云「堅固貌」。《釋文》引鄭玄本作「砎」，《字林》云：「砎，堅也。」于，猶如也。故〈繫辭傳〉引此而言「介如石焉」。豫二三四爻互體得艮，〈說卦〉「艮為小石」，故六二有介如石之象。王《注》：「處豫之時，得位履中，安夫貞正，不求苟豫者也。順不苟從，豫不違中，是以上交不諂，下交不瀆。明禍福之所生，故不苟說。辯必然之理，故不改其操，介如石焉！」程《傳》：「逸豫之道，放則失正，故豫之諸爻，多不得正，不與時合也。惟六二一爻處中正，又无應，為自守之象。當豫之時，獨能以中正自守，可謂特立之操，是其節介如石之堅也。」

❸不終日

言凡事早有定見，豫先準備，故不溺於逸豫，而能見機之速也。《河南程氏遺書・師訓》記劉絢所錄明道先生曰：「介于石，理素定也。理素定，故見幾而作，何俟終日哉！」郭忠孝更引《中庸》之言：「凡事豫則立，不豫則廢。言前定則不跲；事前定則不困；行前定則不疚；道前定則不窮。」《傳家易說》闡之云：「此言豫之有素也。況六二柔順中正，无上下之交，介如石焉，其為豫也至矣。」注重豫先義。朱熹《本義》：「豫雖主樂，然易以溺人，溺則反而憂矣。卦獨此爻中而得正，是上下皆溺於豫，而獨能以中正自守，其介如石也。其德安靜而堅確，故其思慮明審，不俟終日，而見凡事之幾微也。《大學》曰：『安而后能慮，慮而后能得。』意正如此。」注重不溺於逸豫義。

❹貞吉

貞，正也。包括堅定如石，與見機之速，能如是則吉。程《傳》：「人之於豫樂，心悅之，故遲遲遂至於耽戀，不能已也。二以中正自守，其介如石，其去之速，不俟終日，故貞正而吉也。處豫不可安且久也，久則溺矣！如二可謂見機而作者也。」是也。《集解》引邱富國曰：「豫諸爻以無所係應者為吉。豫初應四，而三、五比四，皆有係者也，是以為凶、為悔、為疾。獨六二陰靜而中正，與四無係，特立於眾陰之中，而無遲遲耽戀之意。方其靜也，則確然自守而介於石；及其動也，則見機而作，不俟終日。蓋其所居得正，故動靜之間，不失其正，吉可知矣！」以六二與初六、六三、六五相較，獨能不與九四相應相比，是不耽於樂者。又明六二其靜則介如石，其動則不俟終日，是其貞正。依程《傳》而多所闡發。案：《尚書》有〈無逸〉篇，周公所作。記載「文王不敢盤于遊田，以庶邦惟正（政）之供（恭）」，是說文王不敢享樂在遊樂畋獵，接待各國諸侯只是恭謹地執行政務。又告誡成王說：「其無淫于觀、于逸、于遊、于田，以萬民惟正之供。」意思是以後繼承王位的人，也不要過分沉醉在歌臺舞榭、以及逸樂、遊戲、打獵，而要為民眾恭謹地處理政務。《郭氏傳家易說》記郭雍引〈無逸〉此二句，以為「古之人行此道者，其惟文王乎！」「古之人明此道者，其惟周公乎！」

語譯

豫卦陰爻居第二位，居中得位。堅定得像石頭一樣，不需整天考慮，就能發覺不隨俗享樂的美好成果，所以能夠守本分而有收穫。

附錄古義

《白虎通・諫諍》：「《援神契》曰：『三諫待放，復三年，盡惓惓也。』所以言放者，臣為君諱，若言有罪放之也。所諫事已行者，遂去不留。凡待放者，冀君用其言耳；事已行，災咎將至，無為留之。《易》曰：『介于石，不終日，貞吉。』」

象傳

不終日貞吉❶，以中正也❷。

注釋

❶不終日貞吉

簡約爻辭以為作傳之依據。不言「介于石貞吉」，而言「不終日貞吉」，是因為見機之速的重要性超過堅定如石的重要性。《周易》講究變化的哲學，亦於此可見。

❷以中正也

六二居中，表示無過不及，符合中庸之道；以陰爻居陰而得位，表示立場正確，人地適宜。所以能堅如石而速見機。《集解》引侯果曰：「得位居中，柔順正一。明豫動之可否；辯趣舍之權宜。假如堅石，不可移變，應時則改，不待終日。故曰豫之正吉。」

語譯

不需要考慮整天，就會見機行事，守本分而有收穫，因為做事恰到好處，正正當當啊！

繫辭傳下

子曰：「知幾其神乎❶！君子上交不諂，下交不瀆，其知幾乎❷！幾者，動之微，吉之先見者也❸。君子見幾而作，不俟終日❹。《易》曰：『介于石，不終日，貞吉。』介如石焉，寧用終日？斷可識矣！君子知微知彰，知柔知剛，萬夫之望❺。」

注釋

❶知幾其神乎

幾，指隱微的徵兆。神，在本書乾卦〈繫辭傳上・易準天地章〉「故神无方而易无體」句注釋，已指出其為宇宙創化的最高原理，具有超知性、可知性、能知性。正因神具能知性，故知事理隱微之跡兆。韓康伯《注》：「幾者，去无入有，理而未形；不可以名尋，不可以形覩者也。唯神也，不疾而速，感而遂通，故能朗然玄照，鑒於未形也。」說來有點玄。《郭氏傳家易說》記白雲郭雍曰：「君子極深研幾，則能盡神，故曰知幾其神乎。」是由〈繫辭傳上〉：「易，无思也，无為也，寂然不動，感而遂通天下之故，非天下之至神，其孰能與於此！夫易，聖人之所以極深而研幾也。唯深也，故能通天下之志；唯幾也，故能成天下之務；唯神也，故不疾而速，不行而至。」這段話簡約為注。郭雍又有《中庸說》，亦曰：「至誠者，大則通於道，小則窮於理，天下事物未有能逃於此者，是以禍福善不善必先知之。自君子觀之謂之知幾；自眾人言之謂之前知。《易》曰：『知幾其神乎』故此論前知，則曰至誠如神。」引《周易・繫辭傳》「知幾其神」以說《中庸》「至誠之道，可以前知」、「至誠如神」，以儒門經傳釋儒門經傳，說較平實。唯論「知幾」與「前知」之別，仍有可商處，讀者宜再思。

❷君子上交不諂，下交不瀆，其知幾乎

上交、下交，就象方面說，豫䷏六二與上卦六五敵應而無交，因此六二上交當是坤下的六三，而下交當是坤下的初六。交，指交接。朱震《漢上易傳》：「初、三不正，二介于不正之間，上交于三而不諂；下交于初而不瀆。確然如石不可轉也。」這幾句話正是釋爻辭「介如石」的。就義方面說，上泛指長官、長輩，下泛指部屬、晚輩。《集解》引侯果曰：「上謂王侯，下謂凡庶。上交不至諂媚，下交不至瀆慢，悔吝无從而生，豈非知微者乎？」所論頗簡明。《周易玩辭》論〈諂瀆〉云：「諂者本以求福，而禍常基於諂，梁、竇之客是也；瀆者本以交驩，而怨常起於瀆，竇、灌之交是也。《易》言知幾而孔子以不諂不瀆明之，此真所謂知幾者矣。欲進此道，惟存察之密，疆界素明者能之，此所以必歸之於介如石者歟！」言諂瀆與知幾關係稍詳，並舉東漢梁冀、竇憲，西漢竇嬰、灌夫史事為例以證之。諂媚與恭遜，瀆慢與謙和，都只一線之隔。如何無過不及，發而中節，要靠不斷地修養。《朱子語類》：「上交要恭遜，纔恭遜便不知不覺有箇諂底意思在裏；下交不瀆，亦是如此。所謂幾者，只才覺得近諂近瀆，便勿令如此，此便是知幾。」又說：「若知幾，則自中節。」是也。

❸幾者，動之微，吉之先見者也

此正說明幾是隱微的徵兆。《正義》：「動，謂心動事動。初動之時，其理未著，唯纖微而已。……若事著之後，乃成為吉，此幾在吉之先，豫前已見，故云吉之先見者也。不言凶者，凡豫前知幾，皆向吉而背凶，違凶而就吉。无復有凶，故特云吉也。」案：《漢書・楚元王傳》引《易》「吉」下有「凶」字。《正義》亦言：「諸本或有『凶』字者，其定本則无也。」宋儒說此，多以无凶字。《河南程氏遺書・問學拾遺》記明道先生曰：「先見則吉可知，不見故致凶。」程《傳》：「獨言吉者，見之於先，豈復至有凶也。」《橫渠易說》：「特言吉者，不作則已，作則所求乎向吉。」又云：「觀其幾者，善之幾也，惡不可謂之幾。如曰『幾者動之微，吉之先見』，亦止言吉耳。」《郭氏傳家易說》記白雲先生曰：「君子由幾而趣者，吉也。故此獨言吉。」〈楚元王傳〉記楚王戊忘設醴酒，王師穆生求去。穆生蓋豫知凶幾，故引《易》於吉下增一凶字。參見附錄古義。

❹君子見幾而作，不俟終日

俟，本義為大。經傳每假借為竢，待也。全句言見機行動之速。《正義》：「君子既見事之幾微，則須動作以應之，不得待終其日，言赴幾之速也。」六二所以能如此，因其處坤下中正之位，其德柔順安靜，其行適中正確也。《橫渠易說》：「雖體柔順，以其在中而靜，何俟終日？必知幾而正矣！常易故知險，常簡故知阻。君子見常不動，故能得動之微。……苟見其幾，則時處置不欲過。何俟終日。」

❺君子知微知彰，知柔知剛，萬夫之望

其象，姚信言之最明。《集解》引其言曰：「此謂豫二也。二下交初，故曰知微；上交于三，故曰知章。體坤處和，故曰知柔；與四同功，故曰知剛。」姚信，三國吳人。《隋書・經籍志》有：「《周易》十卷，吳太常姚信注。」其義，孔穎達所疏最詳。《正義》：「君子知微知彰者，初見是幾，是知其微；既見其幾，逆知事之禍福，是知其彰著也。知柔知剛者，剛柔是變化之道，既知初時之柔，則逆知在後之剛。言凡物之體，從柔以至剛；凡事之理，從微以至彰。知幾之人，既知其始，又知其末，是合於神道，故為萬夫所瞻望也。」其史事，干寶嘗言之。《集解》引之曰：「言君子苟達于此，則萬夫之望矣。周公聞齊魯之政，知後世彊弱之勢；辛有見被髮而祭，則知為戎狄之居。凡若此類，可謂知幾也。皆稱君子，則以得幾不必聖者也。」我昔撰《魏晉南北朝易學書考佚》於〈干寶周易注〉章嘗引此而加案語曰：此舉史事以證〈繫辭〉之言也。周公事見《呂氏春秋・長見》。其言云：「太公望封於齊，周公旦封於魯。二君者甚相善也。相謂曰：『何以治國？』太公望曰：『尊賢上功。』周公曰：『親親上恩。』太公曰：『魯自此削矣。』周公曰：『魯雖削，有齊者亦必非呂氏也。』」又見《淮南子・齊俗》（其言已見坤初六爻辭注釋，今刪去。）而《史記‧魯周公世家》所言微異焉。其言曰：「魯公伯禽之初受封之魯，三年而後報政周公。周公曰：『何遲也？』伯禽曰：『變其俗，革其禮，喪三年然後除之，故遲。』太公亦封於齊，五月而報政周公。周公曰：『何疾也？』曰：『吾簡其君臣禮，從其俗為也。』及後聞伯禽報政遲，乃曰：『嗚呼，魯後世其北面事齊矣。夫政不簡不易，民不有近；平易近民，民必歸之。』」辛有事見《左傳‧僖公二十二年》。其文曰：「初，平王之東遷也，辛有適伊川，見被髮而祭於野者，曰：『不及百年，此其戎乎？其禮先亡矣。』秋，秦晉遷陸渾之戎于伊川。」

語譯

孔子說：「能預先知道事物演變隱微徵兆的大概是神靈吧！君子對上級能夠不諂媚，對部屬能夠不輕慢，那可說是預知徵兆的了！幾呢，是起心動念和事物演變隱微的徵兆，成果的預先透露出的端倪啊。君子看出隱微的端倪就起來行動，不必等待一整天。《周易》說：『堅定得像石頭一樣，不需整天考慮，就能發覺不隨俗享樂的美好成果，所以能夠守分而有收穫。』耿介得像石頭，哪裡用得著整天躊躇？斷然可以識別的！君子能察知隱微的徵兆，也能推知顯著的情況；懂得事物柔弱的一面，也懂得事物剛強的一面：自然成為萬眾敬仰的先知。」

附錄古義

《漢書‧楚元王傳》：「初，元王敬禮申公等，穆生不耆酒，元王每置酒，常為穆生設醴。及王戊即位，常設，後忘設焉。穆生退曰：『可以逝矣！醴酒不設，王之意怠。不去，楚人將鉗我於市。』稱疾臥。申公白生強起之，曰：『獨不念先王之德與？今王一旦失小禮，何足至此！』穆生曰：『《易》稱：「知幾其神乎！幾者，動之微，吉凶之先見者也。君子見幾而作，不俟終日。」先王之所以禮吾三人者，為道之存故也。今而忽之，是忘道也。忘道之人，胡可與久處！豈為區區之禮哉！』」

《後漢書・朱穆傳論》：「朱穆見比周傷義，偏黨毀俗，志抑朋游之私，遂著絕交之論。蔡邕以為穆貞而孤，又作〈正交〉而廣其志焉。蓋孔子稱：『上交不諂，下交不瀆。』又曰：『晏平仲善與人交』；子夏之門人亦問交與子張。故《易》明斷金之義，《詩》載讌朋之謠。若夫文會輔仁直諒多聞之友，時濟其益；紵衣傾蓋彈冠結綬之夫，遂隆其好：斯固交者之方焉。」

《後漢書・韓稜傳》：「會帝西祠園陵，詔憲與車駕會長安。及憲至，尚書以下議欲拜之，伏稱萬歲。稜正色曰：『夫上交不諂，下交不黷，《禮》無人臣稱萬歲之制。』議者皆慚而止。」

《後漢書・陳寵傳》：「平帝時，王莽輔政，多改漢制，咸心非之。及莽因呂寬事誅不附己者何武、鮑宣等，咸乃歎曰：『《易》稱：「君子見幾而作，不俟終日。」吾可以逝矣。』即乞骸骨去。」

《後漢紀・二十九・獻帝紀》：「袁渙少與弟徽俱以德行稱。是時漢室衰微，天下將亂，渙與徽閒居，從容謀安身避亂之地。徽曰：『古人有言：「知幾其神乎！」見幾而作，君子所以元吉也。天理盛衰，漢其已矣！夫有大功必有大事，此又君子之所深識，退藏於密者也。且兵革之興，多患眾矣，微將遠蹈山海以求免乎。』乃避地至交州。」

六三爻辭

六三❶：盱豫，悔❷；遲，有悔❸。

注釋

❶六三

當豫第三爻為老，他爻皆少，即由豫之小過䷽；或中孚䷼第三爻為少，他爻皆老，即中孚之豫：這兩種情形，都以豫六三爻辭占。

❷盱豫，悔

盱，睢盱也，張目仰視。睢，仰視；盱，張目。《集解》引向秀曰：「睢盱，小人喜說佞媚之貌也。」疑向秀《周易義》「睢盱」二字本當作「盱豫」，盱為佞媚，豫為喜悅也。程《傳》：「六三陰而居陽，不中不正之人也。以不中正而處豫，動皆有悔。盱，上視也。上瞻望於四，則以不中不正不為四所取，故有悔也。」劉百閔《周易事理通義》：「當悅豫之時，處下卦之極，而猶張目仰視，沾沾自喜，不知憂之將至。憂悔吝者存乎介，三則無二之介也；故有悔。」

❸遲，有悔

程《傳》：「四，豫之主，與之切近。苟遲遲而不前，則見棄絕，亦有悔也。蓋處身不正，進退皆有悔吝。當如之何？在正身而已，君子處己有道，以禮制心，雖處豫時，不失中正，故无悔也。」劉百閔《通義》：「二三四中爻為艮，艮為止，為遲。見善如不及，見不善如探湯，故不終日貞吉；三則遲回有待，無二之不終日也，故又有悔。」

語譯

豫卦陰居第三位，抬頭張眼，巴結上級，沾沾自喜，卻落得後悔；遲遲不能覺悟，更有得後悔的。

象傳

盱豫有悔，位不當也❶。

注釋

❶位不當也

六二中正，故貞吉；三多凶，六三過中失位，故有悔。《郭氏傳家易說》記白雲曰：「處豫之道，戒在於不能自立，而優柔无斷，是以馴致必至於凶。故六二以介如石為得，而六三以盱遲有失也。夫睢盱視上而說之，非介如石者也；遲遲疑而有待，非不終日者也。視而悅之者，失於不立；遲疑有待者，失於无斷。與夫鳴而求之者，過猶不及耳，宜其皆為有悔之道。欲无悔者，无它道焉，介然不動以守之，斷然不疑以行之，惟此見六二之貞，可謂能知能行者也。孔子之不惑，顏子之弗失，孟子之不動心，亦皆六二介于石之道歟？」取六三與初六、六二較論，說其義既精當又詳明。王申子《大易緝說》亦云：「此爻與六二相反。盱則不能介於石；遲則不能不終日，中正與不中正故也。」

語譯

眼開喜笑，卻落得後悔。因為以陰柔的小人，占據陽剛的位置，處在多凶的環境，做事卻不能中庸公正啊！

九四爻辭

九四❶：由豫❷。大有得❸；勿疑朋盍簪❹。

注釋

❶九四

當豫第四爻為老，他爻皆少，即由豫之坤☷；或乾☰第四爻為少，他爻皆老，即乾之豫：這兩種情形，都以豫九四爻辭占。案：九四為豫卦之主爻。

❷由豫

比照初六「鳴豫」、六三「盱豫」、上六「冥豫」之例，當讀斷。吳澄《易纂言》於此四處下皆言「象也」。由，帛書作「允」，《馬王堆帛書六十四卦釋文》以為「冘」字之誤。今人張立文《周易帛書今注今譯》：「按《（經典）釋文》：『馬（融）作猶，云：猶豫，疑也。』冘豫，即猶豫。《後漢書・來歙傳》：『冘豫不決。』李賢注：『冘豫，狐疑也。』《後漢書・竇武傳》：『太后冘豫未忍。』李注曰：『冘豫不定也。』《後漢書・馬援傳》：『冘豫未決。』李注：『遲疑未定也。』《說文解字》段《注》曰：『古籍內冘豫義同猶豫。』是冘豫為猶豫。」是也。九四非中非正，居四多懼之位，上承六五失位之柔主，故行事不免猶豫也。今本作「由豫」者，由、冘、猶三字，《廣韻》同為「以周切」，是古音同，因而可相假借而通用也。案：舊多以由豫為由九四而豫悅。如王弼《注》：「眾陰所從，莫不由之以得其豫。」《集解》引侯果曰：「為豫之主，眾陰所宗，莫不由之以得其豫。」程《傳》：「豫之所以為豫者，由九四也。……故云由豫。」我前撰《周易讀本》亦云：「由豫，由九四而豫悅。」皆誤。若非《馬王堆帛書》出，恐此二字難得確詁。

❸大有得

占辭之一，對豫九四好的一面作積極之鼓勵。豫卦唯九四為陽爻，為五陰所樂從，九四在震上之始爻，〈說卦〉「震為動」，一動而五陰從之，所以大有得。程《傳》：「(九四)為動之主，動而眾陰悅順，為豫之義。四，大臣之位，六五之君順從之。……大有得，言得大行其志，以致天下之豫也。」船山《易內傳》云：「陰陽之數各六，具足於兩間。陰盛而陽微，陽隱而未見耳。一陽震起，出地而暢，遂羣陰皆為所得，則隱而未見之陽，何所沮而不與相應求?王者順邱民之情，崛起有為，賢者自不期而至。君子遜志於學，一旦豁然，識大識小，皆可為師。太和日流行於天壤，在人之自致，勿憂德之孤也。」王夫之以所得非群陰而已，隱而未現之陽，亦與相應求。勉君子遜志為學，以待豁然之一旦。極富啟發性。

❹勿疑朋盍簪

占辭之二，對豫九四之缺點作出告誡。豫九四當乾九四，彼〈文言傳〉云：「或之者，疑之也。」〈繫辭傳〉亦云：「四多懼。」蓋本為疑懼之爻。故程《傳》云：「四居大臣之位，承柔弱之君，而當天下之任，險疑之地也。獨當上之倚任，而下无同德之助，所以疑也。唯當盡其至誠，勿有疑慮。」虞翻以三四五爻互體成坎，〈說卦〉「坎為心病」，因云：「坎為疑，故勿疑。」說亦可通。盍，為何之義。《廣雅》：「盍，何也。」簪字多異文。《釋文》：「古文作貸，京作撍，馬作臧，荀作宗，虞作戠。」帛書作「讒」。疑字當作「譖」，今本作簪，京房作撍，與譖皆從朁得聲，古每相假借。《說文》：「譖，愬也。」「讒，譖也。」「愬，告也。」三字互訓，其義則近，皆指誹謗。勿疑朋盍簪，意為：不要懷疑朋友為什麼背地誹謗你，因為朋友根本沒有背地說你壞話。九四一陽孑立，而處多懼之位，猶豫性格使然，故宜改正。

語譯

豫卦陽爻居第四位，性格有些猶豫。大大地有所收穫呢！不必老是懷疑朋友背後說小話。

象傳

由豫大有得，志大行也❶。

注釋

❶志大行也

致天下於安和樂利之志，得以大行也。〈象傳〉「剛應而志行」，即指本爻而言。九四為豫卦主爻，故〈象傳〉、〈小象〉相似如此。《周易折中》引喬中和曰：「剛應而志行，蓋由四以陽剛為羣陰所應，故其志得以大行也。」

語譯

躊躇猶豫卻大有所得，使天下安和樂利的志願還是實現了！

六五爻辭

六五❶：貞疾❷；恆不死❸。

注釋

❶六五

當豫第五爻為老，他爻皆少，即由豫之萃䷬；或大畜䷙第五爻為少，他爻皆老，即大畜之豫：這兩種情形，都以豫六五爻辭占。

❷貞疾

貞，常也；貞疾，言常如疾病在身。何楷《古周易訂詁》：「六五以柔居尊，當豫之時，易於沈溺。必戰兢畏惕，常如疾病在身。所謂生於憂患者也。」程《傳》以「居得君位」為「貞」，「受制於下」為「疾苦」。曰：「六五以陰柔居君位，當豫之時，沈溺於豫，不能自立者也。權之所主，眾之所歸，皆在於四。四之陽剛得眾，非耽惑柔弱之君，所能制也。乃柔弱不能自立之君，受制於專權之臣也。居得君位，貞也；受制於下，有疾苦也。」案：程《傳》所言「受制於專權之臣」，下文以為「如漢魏末世之君」。殆謂漢獻帝受制於曹操，魏三少帝曹芳、曹髦、曹奐受制於司馬父子。但也有許多《易》學家以為「九四」所代表的是「法家拂士」。楊萬里《誠齋易傳》：「元帝有望之，望之不能使之為孝宣；安帝有楊震，楊震不能使之為光武。」以西漢太子太傅蕭望之，東漢太尉楊震二名臣譬之。九四或是「權臣」，或是「名臣」，視當時情況而定，不必強限定也。再案：豫卦二、五兩爻皆言「貞」而不言「豫」。項安世《周易玩辭》：「二貞吉，五貞疾者，二正而五不正也。貞於正，故雖違眾而吉；貞於不正，是貞於疾也。」《折中》引鄭汝諧曰：「二與五皆不言豫。二靜晦，不為豫也；五乘剛，不敢豫也。」汝諧，宋時浙江處州人，有《東谷易翼傳》，《通志堂經解》本。參閱「恆不死」注釋。

❸恆不死

王宗傳《童溪易傳》：「當逸豫之時，恣驕侈之欲，宜其死於安樂有餘也。然乘九四之剛，恃以拂弼於己。故得恆不死。《孟子》曰：『入則無法家拂士，出則無敵國外患者，國恆亡。然後知生於憂患，而死於安樂也。』則六五之得九四，得法家拂士也。故雖當豫之時，不得以縱其所樂；唯不得以縱其所樂，則恆不死，宜也。夫當豫之時，而不為豫者，以正自守也，六二是也；當豫之時，而不得豫者，見正於人也，六五是也。此豫之六爻惟六二、六五所以不言豫焉！」《孟子》所言法家，指守法之世家；拂士，輔弼之賢士。程《傳》云：「六五尊位，權雖失而位未亡也。故云貞疾恆不死。言貞而有疾，常疾而不死，如漢魏末世之君也。」

語譯

豫卦陰居第五位。要常常自我警惕，像有疾病在身一樣。這樣，常不會因為放縱享樂而死亡了。

象傳

六五貞疾，乘剛也❶；恆不死，中未亡也❷。

注釋

❶乘剛也

六五乘九四之剛，虞翻以三四五爻互體為坎，乃云「坎為疾」，〈象傳〉唯以乘剛說之。王弼《注》：「四以剛動，為豫之主，專權執制，非己所乘，故不敢與四爭權。」楊時《易說》：「六五之乘剛，有法家拂士敵國外患之謂也。」皆符〈傳〉旨。

❷中未亡也

六五居上卦之中，允執厥中，故未亡也。虞翻以上卦體震，〈說卦〉「震為反生」，故恆不死。〈象傳〉唯以中未亡說之。弼《注》：「而又居中處尊，未可得亡；是以必常至于貞疾恆不死而已！」胡炳文《通釋》：「豫最易以溺人，六二柔中且正，能不終日而去之；六五陰柔不正，未免溺於豫矣，猶得不死者，中未亡也。人莫不生於憂患，而死於逸樂。以六五之中，僅得不死；然則初之鳴，三之盱，上之冥，其不中者，皆非生道矣。」皆符〈傳〉旨。

語譯

六五爻辭所說的：要常常警惕，像有病在身，是因為六五正好在九四剛爻上面。爻辭又說：這樣常不會因享樂而死亡，是因為做事合乎中庸之道，還不致於失掉分寸啊！

上六爻辭

上六❶：冥豫❷，成有渝，无咎❸。

當豫上爻為老，他爻皆少，即由豫之晉䷢；或需䷄上爻為少，他爻皆老，即需之豫：這兩種情形，都以豫上六爻辭占。

注釋

❶上六

❷冥豫

冥，幽深冥昧之意，《釋文》引馬融云「冥昧」，又引王廙云「深也」，皆是。《周易》凡言「冥」，皆指陰居上爻。以其為上爻，故有幽深之象；以其為陰柔，故有冥昧之象。是以豫上六曰「冥豫」，升上六曰「冥升」也。《本義》：「以陰柔居豫極，為昏冥於豫之象。」吳澄《易纂言》：「上居天之上，杳冥之間，冥迷而豫，悅樂過極者也。」來知德《周易註》：「冥者，幽也暗也。上六以陰柔居豫極，為昏冥于豫之象。」並是。《集解》引虞翻亦以「冥豫」為句。自王弼《周易注》云：「處動豫之極，極豫盡樂，故至于冥豫成也。」程頤、楊時、郭雍、朱震、呂祖謙、楊萬里、項安世等皆以「冥豫成」為句，似不如「冥豫」為句之當。

❸成有渝，无咎

有，帛書作「或」。或，古每與「有」通用。此處如作「不盡然」（見《墨子・小取》）解，亦甚好。當逸豫全部形成之際，也正是逸豫當變之時；這道理和既濟之後接以未濟是一樣的。上六得位，能改變逸豫的作風，所以无咎。渝，變也。《易纂言》：「成有渝者，既成矣，而又有改變也。五柔同豫，如諸國之結成。上六變為剛，則同者異矣，渝其成也。《楚辭》曰：『初既與子成言兮，後悔遯而有他。』成有渝之謂也。」吳澄言結成，即結盟。言上六變為剛，指豫之晉，上六變為上九而成剛爻。所引《楚辭》，為屈原《離騷》文。來知德《周易註》：「成者，五陰同豫，至上六已成矣。然以動體變剛成離，則前之冥冥者，今反昭昭矣。故又為其事雖成，然樂極哀生，不免有悔心之萌，而能改變之象。占者如是，則能補過矣，故无咎。」依象言理益為詳明。

語譯

豫卦最上面的一爻是陰柔的，被極端的享樂沖昏了腦袋。樂極而能悔悟，改變作風，仍可以避免過錯。

象傳

冥豫在上，何可長也❶。

注釋

❶**何可長也**

胡瑗《周易口義》：「何可長者，言其悅豫過甚，至於情蕩性冥，而不知所止，是何可長如此乎？言能渝變，則可以无咎也。」

語譯

在上面胡裡胡塗地盡情享樂，這種日子怎樣能夠長久呢？又怎樣能夠任其長久而不改變呢？

隨卦經傳通釋第十七

卦辭

䷐震下兌上隨(ㄙㄨㄟˊ)❶：元(ㄩㄢˊ)亨(ㄏㄥ)利(ㄌㄧˋ)貞(ㄓㄣ)、无(ㄨˊ)咎(ㄐㄧㄡˋ)❷。

注釋

❶䷐震下兌上隨

三畫的震在下，三畫的兌在上，重疊而成六畫的隨卦。隨是隨從，有尊重對方，與對方合作的意思。就卦體言：下卦震一陽在二陰之下；上卦兌二陽在一陰之下，都有以陽下陰之象。而〈說卦傳〉以震為長男，兌為少女。震上兌下，亦有男來下女之義。作丈夫的，能尊重妻子；自然有夫唱婦隨之樂，推之於政府與民眾，理智之於情感，莫不皆然。就卦德言：〈說卦傳〉言震為動，兌為悅。《集解》引鄭玄曰：「內動之以德；外悅之以言。天下之人，咸慕其行而隨之，故謂之隨也。」以卦象言，〈說卦傳〉以震為雷，兌為澤。雷藏澤中，一年將暮，人也隨著時節而休息。以卦序言：〈序卦傳〉云：「豫必有隨也，故受之以隨。」豫卦坤下為順，震上為動。順時而動，人皆喜悅，所以接下來便是「隨」卦，表示必然有人追隨。至於「隨」之效果：〈雜卦傳〉云：「隨，无故也。」故義為事，行動隨人，故無事故，不傷腦筋。當隨六爻皆少，也就是本卦、之卦都是隨；或蠱䷑六爻皆老，也就是蠱之隨：這兩種情形，都以隨卦辭占。

❷元亨利貞、无咎

此句有兩種解釋。一、《集解》引鄭玄云：「既見隨從，能長之以善，通其嘉禮，和之以義，幹之以正，則功成而有福；若無此四德，則有凶咎焉。」認為「元亨利貞」四德是「无咎」的條件。二、朱子《本義》：「己能隨物，物能隨己，彼此相從，其通易矣，故其占為元亨；然必利於貞，乃得无咎；若所隨不貞，則雖大亨，而不免於有咎矣。」卻以為只有「利貞」才是「无咎」的條件。我們參考〈彖傳〉「大亨貞无咎」，以及《左傳・襄公九年》穆姜筮而得隨，「有四德者，隨而無咎」之語，鄭說較合古義。請參閱乾卦辭注釋。就卦象言：震初陽資始，具元始之德；兌二陽漸長，具亨通之德；震兌皆以陽下陰，有謙卑悅動之利；而六二九五兩爻，又得居中當位之貞。船山《易內傳》：「初陽得資始之氣，以司帝之出，得乾元亨之德；四五漸長，陽盛而居中，以大正而利物，得乾利貞之德。」依〈說卦傳〉「帝出乎震」，並將「元亨」與「利貞」二分以作說解，可供參考。

語譯

三畫的震在下，三畫的兌在上，重疊而成六畫的隨卦。隨是隨從，尊重對方，與對方合作。如果能夠在開始時就尊重對方，取得對方合作；然後意志溝通，共同發展；創造有利的環境，為世人謀福利；以身作則，使天下歸向於正：就不會有過錯了。

附錄古義

《左傳・襄公九年》：「穆姜薨於東宮。始往而筮之，遇艮之八䷳。史曰：『是謂艮之隨䷐；隨其出也。君必速出』。姜曰：『亡！是於《周易》曰：「隨：元亨利貞，无咎。」元，體之長也；亨，嘉之會也；利，義之和也；貞，事之幹也。體仁足以長人，嘉德足以合禮，利物足以和義，貞固足以幹事。然，故不可誣也；是以雖隨無咎。今我婦人而與於亂；固在下位，而有不仁，不可謂元；不靖國家，不可謂亨；作而害身，不可謂利；棄位而姣，不可謂貞。有四德者，隨而無咎：我皆無之，豈隨也哉！我則取惡，能無咎乎？必死於此，弗得出也！』」

彖傳

隨，剛來而下柔；動而說，隨❶。大亨貞，无咎❷，而天下隨時❸。隨時之義大矣哉❹！

注釋

❶隨，剛來而下柔；動而說，隨

此以卦體卦德解釋卦名。剛是指震下；柔是指兌上。隨卦震下兌上，是剛來下柔。震動而兌悅，此有所動，彼無不悅，正是物來相隨的理由。王弼《注》：「震動而兌柔也。以剛下柔，動而之悅，乃得隨也。」胡瑗《周易口義》：「震以動，其性剛；兌以說，其性柔。今震在兌下，是剛來而下於柔也。猶聖賢君子，以至剛之德，至尊之位，至貴之勢，接於臣而下於民。故賞罰號令一出於上，則民皆說而隨於下也。」案：象數《易》學家喜以卦變釋來往，又分二說。虞翻、朱熹都主張三陰三陽之卦，皆來自泰䷊、否䷋。故虞翻在此注云：「否乾上來之坤初，故剛來而下柔，動震說兌也。」或以上下相覆說來往。俞琰《讀易舉要》：「蠱倒轉為隨，而上九來為初九，則曰剛來而下柔。」來知德《周易註》所言略同。錄以供參考。

❷大亨貞，无咎

大亨貞，釋卦辭「元亨利貞」。元有大意，已詳乾卦注釋。今本〈彖傳〉只言「大亨貞」，而阮元《校勘記》謂「古本貞上有利字」。《釋文》亦云「本又作大亨利貞」。弼《注》：「為隨而不大通，逆於時也；相隨而不為利貞，災之道也。故大通利貞，乃得无咎也。」似王弼所注本亦有「利」字。船山《易內傳》：「〈彖〉備四德，〈傳〉不言利者，體仁合禮，而恆於正，則合義而利物。凡〈彖傳〉釋利貞不更言利，皆準此。」案：船山所言「彖」，指卦辭；所言「傳」，指〈彖傳〉。並據〈文言傳〉，以體仁釋「元」，以合禮釋「亨」，以恆於正釋「貞」。以為如此則必然「合義而利物」，故無須再言「利」字。亦可供參考。

❸而天下隨時

隨時，當作隨之，〈彖傳〉以「大亨貞无咎」，是「天下隨之」的條件。《釋文》：「而天下隨時，王肅本作隨之。」是也。王弼《注》：「為隨而令大通利貞，得於時也，得時則天下隨之矣。」似亦作「天下隨之」。朱子《本義》云：「王肅本時作之，今當從之。」晁說之《古周易》亦言：「王肅陸績作『天下隨之』，意自可見也。」都肯定王肅本作「隨之」之正確。至於之字所以誤為時字，朱震《漢上易傳》引胡旦曰：「王肅本作『隨之』。篆字之為㞢，時為旹，轉隸者增日為時。」或涉下文「隨時之義」而誤。明喬中和《說易》：「剛下柔而陽隨陰，以我隨物，則物自隨我，而動罔不說，此大亨之正道也。人同此心，天下有不隨之者哉？」

❹隨時之義大矣哉

隨時之義，王肅本作隨之時義，朱熹、晁說之皆從肅本。不過王弼《注》已言「隨時之義」，今從弼本。隨時，是隨著時間做最正確適當的事。如孟子之說孔子，〈萬章下〉云：「孔子……可以速而速，可以久而久，可以處而處，可以仕而仕。」出處行止，皆視時空環境而作出最合理的安排。所以孟子接著說：「孔子，聖之時者也。」《郭氏傳家易說》：「兼山郭氏曰：『蓋震，東方之卦也，萬物隨之以生；兌，西方之卦也，萬物隨之以成。其出也，其入也，孰不隨之？故春生之，夏長之，秋成之，冬藏之，隨也。聖人東作西成，亦隨也；五載一巡守，亦隨也；隨之大豈一端而已耶！』……白雲郭氏曰：『隨之道大，而天地小，而人民細，而蟲魚草木无不有隨，不能以言盡。要其歸，則隨時而已。至如堯舜隨於揖遜，湯武隨於征伐，伊周隨於致君，孔孟隨於設教，以聖人之隨，其不同已如此，況天地萬物之隨乎？蓋道與時會，則聖人隨之，易地皆然也。是以聖人所任者道，而不能違者時，故曰隨時之義大矣哉！』」郭忠孝、郭雍父子依〈說卦傳〉意釋隨道，所舉聖人隨時為正面之例。船山《易內傳》：「聖人順天道以行大用，然後可以隨時；故歎其時義之大，非可輕用以枉道從人。近世無忌憚之小人，以譙周、馮道，隨時取容當之，則廉恥喪，而為世患深矣！」亦以天人關係說隨時，所舉譙、馮為反面之例。均陳義皆甚高；近人傅隸樸《周易理解》：「君循民之需要，及時施其善政，以爭取民之悅隨；民在君施其可悅之政時而隨其君。上下皆須不違時宜。不隨人民之需要而施政是暴君；不隨君上之善政而向化，是謂亂民。故曰隨時之義大矣哉！」就君民關係說隨時之義，尤平實而可循行。

語譯

隨卦是由陽剛的震卦來居陰柔的兌卦下面而構成的，象徵著君主能夠居於民下，為民公僕。君主的行動，能夠博得人民喜悅，人民自然追隨他。君民意志溝通，大展鴻圖，行動正確，而無錯誤，必能使天下民眾追隨，配合時機甚至形成時代的潮流。選擇甚佳時機，隨著時代潮流前進，這個意義是多麼豐富偉大啊！

象傳

澤中有雷，隨❶；君子以嚮晦入宴息❷。

注釋

❶澤中有雷，隨

隨卦兌上為澤，震下為雷，所以有澤中有雷的現象。《禮記・月令》：「仲秋之月，雷始收聲。」因此《九家易》以「兌澤震雷，八月之時，雷藏于澤」。〈月令〉又云：「凡舉大事，毋逆大數，必順其時，慎因其類。」所謂隨，正是順時毋逆之意。

❷君子以嚮晦入宴息

仲秋為盛年之將盡，所以〈月令〉言：「是月也，養衰老，授几杖，行糜粥飲食。」嚮晦就是傍晚，為白日之將盡，所以〈象傳〉要人「入宴息」。《集解》引翟玄曰：「晦者，冥也。雷者，陽氣，春夏用事；今在澤中，秋冬時也。故君子象之，日出視事，其將晦冥，退入宴寢而休息也。」依象說義甚是。弼《注》：「澤中有雷，動說之象也。物皆說隨，可以無為，不勞明鑒。故君子嚮晦入宴息也。」則以老子無為哲學說《易》。伊川依《禮記・檀弓上》君子晝不居內，夜不居外之意，所撰《易傳》云：「君子晝則自強不息；及嚮昏晦，則入居於內，宴息以安身。起居隨時，適其宜也。」純然儒者之言。船山《易內傳》：「一張一弛，文武之道也。隨，弛道也，君子因其時而後弛，不然，則朽木糞土之牆而已矣。」休息是為了要走更遠的路。船山言已有此意。

語譯

在湖澤的柔波裡隱藏了一年最後的雷聲，順著時節輕鬆輕鬆吧！自強不息的君子因而也要在傍晚時回家飲食休息。

繫辭傳下

服牛乘馬❶，引重致遠❷，以利天下❸，蓋取諸隨❹。

注釋

❶**服牛乘馬**

服牛，駕御牛車。服，駕御。《世本·作篇》：「胲作服牛，奚仲作車，相土作乘馬，韓哀作御。」宋衷《世本注》：「胲，黃帝臣也，又云少昊時人。始駕牛。相土，契孫也。四馬駕車，起於相土。韓哀，韓文侯也。時已有御，此復言作者，加其精巧也。」《淮南子·氾論》：「為靻蹻而超千里，肩負擔之勤也；而作為之揉輪建輿，駕馬服牛，以致遠而不勞。」靻，皮鞋；蹻，草鞋。《淮南子》以穿鞋負擔之「勤」，與駕馬服牛之「不勞」作對比。胡適致顧頡剛〈論觀象制器的學說書〉：「〈繫辭〉所重在觀象制器，而《淮南》主旨在制器應用。」

❷**引重致遠**

駕牛車可以引重；乘馬可以致遠。張栻《南軒易說》：「物之重者，人力不能勝，故聖人穿牛鼻者，所以引其重；地之遠者，人力不能致，故聖人絡馬首者，所以致其遠。」吳澄則以為服牛乘馬皆可以引重，皆可以致遠。《易纂言》：「服者以軛加其項而使之引重載；乘者以衡加其背而使之致遠地。隨下震自坤而變，坤為牛，一奇畫在後者，象所引之重物也；上兌自乾而變，乾為馬，一耦畫在前者，象前路開通无礙而可以致遠也。」並依虞翻卦變說，以隨卦自否卦變來。震下本為坤，兌上本為乾。以說服牛乘馬，引重致遠之象。然較虞翻稍簡，姑引述如上。

❸以利天下

《易》之言「利」，多「利貞」之類，其意頗以《論語》之「利仁」；又或言「利物」，或言「利天下」，則似《論語》「因民之所利而利之」。參閱乾卦〈文言傳〉「利者義之和也」、「利物足以和義」之注釋。

❹蓋取諸隨

人、事、物，都有正、負兩面。如何發展正面價值，而避免負面傷害，便是研《易》課程之一。隨卦強調的，是如何順著物性，求得人、物之間互助互利，和諧發展。韓康伯《注》：「隨，隨宜也。服牛乘馬，隨物所之，各得其宜也。」《河南程氏遺書》記劉絢所錄明道先生〈師訓〉曰：「服牛乘馬，皆因其性而為之。」《南軒易說》：「夫牛之角能觸人也，聖人因其順而俾之引重；夫馬之蹄能踢人也，聖人因其健而俾之致遠：皆因其性而不逆，故動以說而隨其人也，故於卦取隨。」皆隨物所之，順性勿逆之意。

語譯

駕用牛車，騎坐馬匹，用來負載重物，到達遠方，以為天下人謀交通之便利，大致上是取之於隨卦所啟示的順著物性發展的意思吧！

序卦傳

豫以喜必有隨❶，故受之以隨❷。

注釋

❶豫以喜必有隨

「以喜」二字由下文移置於此。俞樾《古義疑義舉例・六・字句錯亂例》：「〈序卦傳〉：『豫必有隨，故受之以隨；以喜隨人者必有事，故受之以蠱。』按：『以喜』二字，當在『必有隨』之上，其文曰：『豫以喜必有隨，故受之以隨；隨人者必有事，故受之以蠱。』《正義》引鄭《注》曰：『喜樂而出，人則隨從。』正解『豫以喜必有隨』之義也。可據以訂正。」考《正義》除引鄭玄「喜樂而出人則隨之」外，又引王肅《注》「歡豫人必有隨」。豫正因為具有喜樂歡愉的特質，所以人樂於追隨。

❷**故受之以隨**

此確定豫與隨有承接的關係。但孔穎達認為鄭玄、韓康伯二人有不同的認識。《正義》引鄭《注》下更有：「《孟子》曰：『吾君不游，吾何以休？吾君不豫，吾何以助？』此之謂也。」孔據此斷定鄭玄之意是：「人君喜樂，人則隨之。」並以：「紂作靡靡之樂，長夜之飲，何為天下離叛乎？」以駁鄭說。乃引韓康伯云：「順以動者，眾之所隨。」以此斷定韓意是：「人君取致豫之義，然後為物所隨。」簡單來說，孔以為鄭主「人君喜樂」，韓主「人君致豫」。孔說有三事可商。其一、「人君」乃孔氏所加，鄭、韓原文皆無，僅鄭引《孟子》有「吾君」字樣（《孟子》原文作「吾王」，語本夏諺）。其二、喜怒哀樂本身無善惡可言，視其發中不中節而定。《孟子》固已言「古之人與民偕樂，故能樂也」。否則「雖有臺池鳥獸，豈能獨樂哉？」其三、無論「人則隨從」、「眾之所隨」，亦未必即善事。〈序卦傳〉下文云：「隨人者必有事，故受之以蠱。」可證。孔氏尊韓斥鄭，或通人一時之蔽也。

語譯

遊樂因為有喜悅的性質，所以必定有追隨者，因此接著豫卦的是隨卦。

雜卦傳

隨，无故也❶。

注釋

❶**隨，无故也**

故，舊也，此指傳統的包袱。隨卦講求應時制宜，不受舊習拘束。韓《注》：「隨時之宜，不繫於故也。」俞琰《大易集說》：「故者，事之所因也。動而說，則隨時而已，无所因也。故曰『隨无故也』。……或曰：故謂故舊，與『革去故』之『故』同。隨人則忘舊。」李光地《周易折中》「案」云：「无故，猶《莊子》言『去故』。人心有舊見，則不能隨人。故堯舜舍己從人者，无故也。」皆得其義。

語譯

隨卦講求隨機應變，是因為沒有成見啊！

初九爻辭

初九❶：官有渝，貞吉❷；出門交，有功❸。

當隨初爻為老，他爻皆少，即由隨之萃䷬；或大畜䷙初爻為少，他五爻皆老，即大畜之隨：這兩種情形，都以隨初六爻辭占。

注釋

❶**初九**

❷**官有渝，貞吉**

官，有職官、心官、主治等義；渝，變也；貞吉，謂守正則獲吉。此句多異解，焦點在「官」字。《說文》：「官，吏事君者也。从宀自，自猶眾也。」原指管理眾人之事的官吏。鄭玄《周易注》言「臣出君門」，即採官吏義。其後朱震《漢上易傳》：「受命於君，以帥其屬，官之象也。」楊萬里《誠齋易傳》：「主是事之謂官。」並舉晁錯、裴度為史證，皆從鄭解。《孟子・告子上》：「耳目之官不思，……心之官則思。」《荀子・天論篇》：「心居中虛以治五官，夫是之謂天君。」孔穎達《正義》：「官謂執掌之職。人心執掌，與官同稱。故人心所主，謂之官。」即採心官義。程《傳》：「九居隨時而震體，且動之主，有所隨者也。官，主守也。既有所隨，是其所主守有變易也。故曰『官有渝』。」《橫渠易說》：「言凡所治務，能變而任正，不膠柱也。」即採主治義。總之，官有渝，從職官義，指職位有所變動；從心官義，指執志要隨時向善；從主治義，處世要通權達變。而皆以遵守正道為獲吉的必要條件。

❸**出門交，有功**

初九體震為動，故有出象；上交六二，二三四爻互體成艮☶，為門闕，故有門象；初陽上承二陰，得位不失，故有功。其義類似同人初九，出門同人，又誰咎也。以職官言，不應枯坐辦公室內，從事紙上作業；更要出門親近社會大眾，體驗實際情形，方有功業可言。《集解》引鄭玄曰：「臣出君門，與四方賢人交，有成功之象也。昔舜慎徽五瑞，五典克從；納于百揆，百揆時序；賓于四門，四門穆穆，是其義也。」是也。以心官言，待人以善，而無機心欲念，所以能交到好友而有功效。《正義》：「所隨不以私欲，故見善則往隨之，以此出門，交獲其功。」是也。以主治言，處世不可徇私，治學更忌不出窠臼。程《傳》：「出門謂非私暱。交不以私，故其隨當而有功。」呂祖謙《東萊易說》更云：「非特處世如此；學者為學亦如此。今之為學，自幼至長，多隨所習熟者為之，皆不出窠臼外；惟出窠臼外，然後有功。」是也。

語譯

隨卦初位是陽爻，官位有所變動，只要真能為民公僕，守正盡職，仍可獲吉。要走出辦公室，突破小圈子，親自交接民眾，了解實情，才能完成功業。（或譯：意識心態要隨時向善，處世要通權達變，治學要常有創見，都必須合乎正道，才有收穫。摒棄兒女私情，排除門戶之見，誠心和人交往，方有功績成效。）

象傳

官有渝，從正吉也❶；出門交，有功，不失也❷。

注釋

❶從正吉也

釋爻辭「官有渝」的結果，與爻辭「貞吉」同義。初九得位，故能從正。

❷不失也

釋爻辭「出門交有功」的原因。初四無應，本有所失；但能承二陰，故不失。俞琰《周易集說》：「隨之六爻，專取相比相隨，不取其應。」來知德《周易集註》：「隨卦初隨二，二隨三，三隨四，四隨五，五隨六，不論應與。」王筠《說文句讀》亦云：「《易》隨卦取隨從之義，不論應與。」是也。

語譯

官位、心意、世事等等，如有所變動，遵守正道就好了。走出門戶，交接人民大眾，完成功業，就沒錯失了。

六二爻辭

六二❶：係小子，失丈夫❷。

注釋

❶六二

當隨第二爻為老，他爻皆少，即由隨之兌☱；或艮☶第二爻為少，他爻皆老，即艮之隨：這兩種情形，都以隨六二爻辭占。

❷係小子，失丈夫

係，隨從的意思。陽大陰小，故陰爻稱小子，此指六三。丈夫，指初九，陽爻，故為六二之丈夫。楊時《易說》：「六三陰柔，小子也。」來知德《周易集註》：「陰爻稱小子，陽爻稱丈夫，陽大陰小之意。小子者，三也；丈夫者，初也。」船山《易內傳》：「卦以陽隨陰為義。然倡者在前，則和者踵之；隨者相逐，則在後者又進而隨之。故爻之相次者，皆為相隨。二之陰隨陰，四之陽隨陽，皆隨也。陰小陽大。係，戀而相屬也。二隨三而失初九之交，不言咎吝而自見。」王筠《說文句讀》：「二隨六三之陰，故係小子而失初陽之丈夫；三隨九四之陽，故係丈夫而失二陰之小子。」均得爻旨。案：王弼以小子為初；丈夫為五。孔穎達申其說，《正義》云：「六二既是陰柔，不能獨立，所處必近，係屬初九，故云係小子；既屬初九，則不得往應於五，故云失丈夫也。」程朱皆從此說。解六二固可通，解六三「係丈夫，失小子」則必另取別解，不能一例，故不採用。

語譯

隨卦陰爻居第二位，追隨著年輕小伙子，失去了丈夫。

象傳

係小子，弗兼與也❶。

注釋

❶弗兼與也

程《傳》：「人之所隨，得正則遠邪，從非則失是，无兩從之理。」《東萊易說》：「凡人既要隨君子，又要隨小人，終必為小人之歸，故象曰『弗兼與也』。」船山《易內傳》：「損益之友，勢無兩交；忠佞之黨，道不並立也。」故權衡取舍，不可不慎。舍大取小，《易》所不取。

語譯

假如追隨著年輕小伙子，就不能同時得到丈夫了。

六三爻辭

六三❶：係丈夫，失小子❷。隨有求得，利居貞❸。

注釋

❶六三

當隨第三爻為老，他爻皆少，即由隨之革䷰；或蒙䷃第三爻為少，他爻皆老，即蒙之隨：這兩種情形，都以隨六三爻辭占。

❷係丈夫，失小子

六三上承九四，是係丈夫；下舍六二，是失小子。楊時《易說》：「陽剛，丈夫；陰柔，小子也。不係二而係四，係丈夫也。」來氏《集註》：「丈夫者九四也；小子者，六二也。」船山《易內傳》：「舍二從四。」是也。虞翻云：「上係於四，失初小子。」王弼、孔穎達、程頤、朱熹皆從虞說，此不採。

❸隨有求得，利居貞

九四無應，故六三隨之有所求而必得；六三失位，故戒之曰利居貞。程《傳》：「四亦无應，无隨之者也。近得三之隨，必與之親善。故三之隨四，有求必得也。人之隨於上，而上與之，是得所求也；又凡所求者可得也。雖然，固不可非理枉道以隨於上，苟取愛說，以遂所求。如此乃小人邪諂趨利之為也，故云利居貞。自處於正，則所謂有求而必得者，乃正事，君子之隨也。」來氏《集註》：「三不中正，故又戒占者以此。」

語譯

隨卦陰爻居第三位，追隨丈夫，而擺脫了年輕小伙子的糾纏。追隨丈夫，有求必得。站穩正確的立場是多麼好啊！

象傳

係丈夫，志舍下也❶。

注釋

❶**志舍下也**

程《傳》：「舍下而從上，舍卑而從高，於隨為善矣！」然取舍之際，仍宜不失正道。《折中》引黃淳耀曰：「人之取舍係乎志。三志既係於四，則所舍必在於初矣。在二則因係以明其弗兼；在三則因舍以堅其所係。」較論二、三兩爻甚是。

語譯

追隨丈夫，決心擺脫下面小人的糾纏。

九四爻辭

九四❶：隨有獲，貞凶❷。有孚在道，以明，何咎❸！

注釋

❶九四

當隨第四爻為老，他爻皆少，即由隨之屯䷂；或鼎䷱第四爻為少，他爻皆老，即鼎之隨：這兩種情形，都以隨九四爻辭占。

❷隨有獲，貞凶

九四以陽剛尊近之臣，追隨九五雄猜之君，而下獲六三之係隨，多懼而失位。長此以往，必致凶咎。虞翻《注》：「謂獲三也。」王弼《注》：「處說之初，下據二陰，三求係己，不距則獲，故曰隨有獲也：居於臣地，履非其位，以擅其民，失於臣道，違正者也，故曰貞凶。」此《注》可見弼未完全掃象。惟以違正釋「貞凶」，仍有可商，下文再辨。程《傳》曰：「九四以陽剛之才，處臣位之極，若於隨有獲，則雖正亦凶。有獲，謂得天下之心隨於己。為臣之道，當使恩威一出於上，眾心皆從於君。若人心從己，危疑之道也，故凶。」伊川之說似嫌封建，惟在宋朝帝制時代，亦不得不如此說。當今民主時代，人民當家，一切榮耀歸於人民，說亦尚可也。案：「貞凶」二字，王弼以為「違正」之故，說不可通。伊川謂「雖正亦凶」，朱震、呂祖謙、楊萬里皆亦云「雖正亦凶」，朱熹曰「雖正而凶」，義仍相同。「正」何以「凶」？今人勞思光著《中國哲學史》，於〈漢代哲學・易傳之思想〉中曾立「貞凶」一目，以一人生命實現理分之有限性釋之。其言曰：「『生命之有限性』涵有『理分實現之衝突』，乃道德哲學上根本問題之一，可以通過種種線索表述。《易傳》因釋「貞凶」而提出「正乎凶也」一語，亦可看作一種表述方式。蓋所謂「正」即指「理分」一面而言。若一人誠心求理分之實現，此即可謂「正」，但在「理分實現之衝突」顯出時，此一求實現理分之人終必將放棄一部份理分而不能求其實現，此即所謂雖「正」亦仍「凶」矣。」對「雖正而凶」有較圓滿的解釋。另有以「常此則凶」釋「貞凶」。貞者，常也。宋代呂大臨已言：「守此不變，取凶之道。」《郭氏傳家易說》記郭雍之言曰：「守此為貞則凶矣。」《折中》引龔煥曰：「隨卦諸爻皆以陰相隨為義。三、四皆無正應，相比而相隨者也。然六三上而從陽，理之正也；九四下為陰從，固守則凶。」所謂「守此不變」、「守此為貞」、「固守」皆以貞為常也。

❸**有孚在道，以明，何咎**

有孚，指九四陽剛之爻，誠信內充；在道，指九四居兌，符於悅隨之道。以明，謂因此能明哲保身也。程《傳》：「其至誠存乎中，是有孚也；其所施為无不中道，在道也；惟其明哲，故能如是，以明也。復何過咎之有？」來知德《周易註》：「孚以心言，內有孚信之心也；道以事言，凡事合乎道理也。明者，識保身之幾也。……四當隨之時，義當隨乎其五，然四為大臣，雖隨有獲，而勢陵于五，故有有獲貞凶之象。……然當……何以處此哉？惟誠以結之，而道以事之，明哲以保其身，則上安而下隨，即无咎而不凶矣！」孚，帛書作「復」字。或以孚為俘虜，似宜再思。

語譯

隨卦陽爻居第四位，處於接近領袖的位置，又得到民心的喜悅。功高震主，易遭猜忌，長此以往，常有凶險。但是內心充滿著誠信，做事符合於道理，因此能明哲保身，又有什麼過錯呢？

象傳

隨有獲，其義凶也❶；有孚在道，明功也❷。

注釋

❶隨有獲，其義凶也

義，有道義、適宜等意，此指常理、常情。孔穎達《正義》：「九四既有六三、六二，獲得九五之民，為臣而擅君之民，失於臣義，是以宜其凶也。」注意：其義凶只是在常情上可能逢凶，而非必然致凶。《郭氏傳家易說》郭雍就說過：「其義凶者，非九四誠有是凶也，若貞固守之，其義有得凶之理也。」如果肆應得宜，是可能免於此咎凶的。下條注釋當繼續說明。

❷有孚在道，明功也

明功，伊川以為「明哲之功」；白雲郭雍以為明「有孚在道」以「隨之」之功。並各舉史例以證之。《易傳》：「居此地奈何？唯孚誠積於中，動為合於道，以明哲處之，則又何咎？古之人有行之者，伊尹、周公、孔明是也。」《傳家易說》：「文王之時，三分天下有其二，可謂有獲矣！方且以服事殷，不識不知，順帝之則而已！」此處所言不識不知，意或是說有見識，有智慧也不要表現。不必多所謀慮，只要順應上帝法則就可以了。郭雍可能以「帝」雙關殷之紂王。若然，真是帝王專制時代人民的悲哀。來知德並舉蕭何、韓信為例。以為「信既求封齊，復求王楚，可謂『有獲』矣；然无明哲，不知『有獲貞凶』之義，卒及大禍。何則不然，……卒為漢第一功臣，身榮名顯。若何者，可謂知『明功』臣者矣！」

語譯

追隨領袖，而獲得民心，在常情上容易招致凶險。內充誠信，行事合理，來化解凶險，那是明哲保身的功勞啊。

九五爻辭

九五❶：孚于嘉，吉❷。

注釋

❶九五

當隨第五爻為老，他爻皆少，即由隨之震☳；或巽☴第五爻為少，他爻皆老，即巽之隨：這兩種情形，都以隨九五爻辭占。

❷孚于嘉，吉

孚，指九五以陽居陽，誠信卓著。嘉，指九五體兌，上隨上六，合於《周禮・大宗伯》「以嘉禮親萬民；以昏冠之禮親成男女」之善。居中正之尊位，和悅而能下陰，故吉。王弼《注》：「履正居中，而處隨世，盡隨時之宜，得物之誠，故嘉吉也。」楊萬里《誠齋易傳》：「九五以陽剛居兌之中正，為一卦說隨之主。此聖君至誠樂從天下之善者也，吉孰大焉！孚，誠也；嘉，善也。」船山《易內傳》：「九以陽剛居尊位，其往隨於上，非歆於利動於欲也。陰陽翕合，以成嘉禮也。」皆是也。或以九五與六二，皆居中得正，陰陽互應，實為嘉耦。程《傳》：「九二居尊得正而中實，是其中誠在於隨善，其吉可知。……下應二之正中，為隨善之義。」項安世《周易玩辭》曰：「五之嘉在二，婚曰嘉禮，亦曰嘉耦，非正應不足以當之。〈象〉恐後人誤以九四為嘉，故釋之曰：『位正中也。』其為九五、六二明矣。」案：隨卦六爻，專取相比相隨，不取其應。俞琰、來知德、王筠等均如此說。已詳隨初九〈象傳〉注釋。且六二爻辭明曰：「係小子，失丈夫。」則六二非九五嘉耦已明。伊川、安世此處所言，似不可從。

語譯

隨卦陽爻居第五位。誠信內充，合於嘉禮，必有收穫。

象傳

孚于嘉吉，位正中也❶。

注釋

❶**位正中也**

正中，《釋文》：「一本作中正。」指九五居中得位。程《傳》：「處正中之位，由正中之道，孚誠所隨者，正中也。所謂嘉也，其吉可知。」李光地《周易折中》案語：「當隨之時，居尊位而有正中之德，則所孚者皆善矣。初五皆言吉，而五尤吉，以其正中故爾。」

語譯

誠信內充，合於嘉禮，必有收穫。因為立場正確而中庸啊！

上六爻辭

上六❶：拘係之，乃從❷；維之，王用亨于西山❸。

注釋

❶上六

當隨上爻為老，他爻皆少，即由隨之无妄䷘；或升䷭上爻為少，他爻皆老，即升之隨：這兩種情形，都以隨上六爻辭占。

❷拘係之，乃從

上六乘剛，高居於化外。九五以禮拘之，以義係之，方能使之隨從。如殷微子、箕子之終順從於周。王弼《注》：「隨之為體，陰順陽者也。最處上極，不從者也。隨道已成，而特不從，故拘係之乃從也。」《易緯・乾鑿度》：「萬物隨陽而出，故上六欲待九五拘繫之、維持之，明被陽化而陰欲隨之也。譬猶文王之崇至德，顯中和之美；拘民以禮，係民以義。當此之時，仁恩所加，靡不隨從。」呂祖謙《易說》：「上六拘係之，此正民隨君，學者隨賢，拘係而不可解，隨之極者也。……如〈有客〉詩：『言授之縶，以縶其馬。』」〈詩序〉云「〈有客〉，微子來見祖廟也」。《尚書・洪範》：「惟十有三祀，王訪於箕子。」〈書序〉：「武王勝殷殺受（紂），立武庚，以箕子歸，作〈洪範〉。」朱駿聲《六十四卦經解》：「上在卦外，乃賓師之位，如微、箕子之于周。白馬來朝則賓之，九疇陳範則師之，所謂係之維之也。」〈有客〉、〈洪範〉，正可用作此爻之注腳。

❸維之，王用亨于西山

維之，《集解》及程朱本都合上文「乃從」而成句；此據王弼本句讀。言維持上六隨從之局面。用亨，因而獻酒食祭享之意。西山，即升六四「王用亨于岐山」之岐山。上六體兌為西，在上曰山，故曰西山。呂祖謙《易說》：「〈白駒〉詩：『縶之維之，以永今朝。』〈白駒〉亦王者好賢而惜賢者不仕之詩。案：此爻多異解。孔穎達申王弼說，《正義》：「若欲維係此上六，王者必須用兵通于西山險難之處，乃得拘係也。」以用亨為用兵通于，以拘係為拘捕捆綁，此其一。程《傳》：「太王避狄之難，去豳來岐。豳人老稚扶攜以隨之如歸市。蓋其人心之隨，固結如此，用此故能亨盛其王業于西山。」以拘係為君民一心，堅固不能解開，此其二。船山《易內傳》：「謂上六為五所聯係，不使離也。五位至尊，更處其上者天神。人陽而神陰，故為王者享帝之象。」以拘係是人神交通，此其三。錄之以備考。案：隨上六非但句讀有不同斷句法，其義亦多有異解。《朱子語類》於「讀《易》之法」節云：「《易》難看不比他書。《易》說一箇物，非真是一箇物。如說龍，非真龍。若他書，則真是事實。孝弟便是孝弟；仁便是仁。《易》中多有不可曉處。如『王用亨于西山』，此卻是享字。只看『王用亨于帝吉』，則知此是祭祀山川底意思。如『公用亨于天子』，亦是享字。蓋朝覲燕饗之意。《易》中如此類甚多，後來諸公解，只是以己意牽強附合，終不是聖人本意。《易》難看蓋緣如此。」錄此以為自惕。隨九五、上六兩爻，或竟如李鏡池《周易通義》所說，九五「孚于嘉吉」，只是說：「有嘉曾侵周，周人反擊，俘虜了不少嘉人。可能嘉國從此滅亡。」上六爻辭也只是說：「抓住俘虜之後，馬上用說服或優待來使他們甘心當奴隸。也有個別俘虜被作為人牲，文王戰後用來祭于岐山。」果若如此，卦爻辭作為古代史料，由歷史學家去考證；一般想從《周易》理出一些微言大義、人生啟示的讀者群，大可不必去研究了。

語譯

隨卦最上面一爻是陰爻，像居高不化的遺民。必須用禮義來挽留籠絡，才能使他順從。維持著上六的順從，周天子因此才能在西山用酒食祭祀山川，保持政治的安定。

象傳

拘係之，上窮也❶。

注釋

❶上窮也

窮，原指路已窮盡，此處有絕世離群意。朱震《漢上易傳》：「上六，隨之窮也。窮則變，變則不隨。然而隨者，非禮義拘係之，又從而維持之不能也。」李光地《周易折中》案語云：「上窮，則有高亢之意。在人如絕世離群，往而不返者是也。卦之陰爻皆云係，至上六獨曰拘係之，故夫子發明其義，以為因上六之不易係也。」案：隨卦三陰三陽，王宗傳曾辨析之。《童溪易傳》曰：「隨之六爻，其半陰也，其半陽也。陽剛之才，則有所隨而无所係，初九、九四、九五是也。故初之有渝，四之有獲，五之孚于嘉，此有所隨而无所係者然也；以柔從之才，而當隨之時，則均不免於有所係矣，六二、六三、上六是也。故二則係小子失丈夫，三則係丈夫失小子，至於上六則不勝其時勢之窮而反窮以為通，故曰：『拘係之，上窮也。』『王用亨於西山』。此均不免於有所係者然也。」錄以作參考。

語譯

挽留籠絡他，因為他要遺世離群啊！

蠱卦經傳通釋第十八

卦辭

䷑巽下艮上蠱❶：元亨❷，利涉大川❸，先甲三日，後甲三日❹。

注釋

❶䷑巽下艮上蠱　三畫的巽在下，三畫的艮在上，重疊而成六畫的蠱卦。蠱字本義是皿蟲。指器皿長久不用，生蟲而蠱壞。《左傳・昭公元年》：「於文皿蟲為蠱。」即取皿生蟲而蠱壞之義。艮上為止，在上者止息而不作；巽下為順，在下者順從而不違忤，委靡因循，所以有蠱壞之象。引申為蠱惑蠱亂，故〈昭元年傳〉又說：「淫溺惑亂之所生也。」在《周易》，女惑男，風落山謂之蠱。」巽為長女，艮為少男，所以有熟女誘惑幼男之象，此為蠱惑；巽又為風，艮又為山，所以有風落山之象，此為蠱亂。無論蠱壞、蠱惑、蠱亂，都使人們面臨多「事」之秋。〈序卦傳〉：「以喜隨人者必有事，故受之以蠱。蠱者，事也。」即據《左傳》把蠱義引申為「事」。而蠱壞惑亂之事終須整治。故〈雜卦傳〉：「蠱則飭也。」指出有蠱必須整治的意思。案：王弼以艮上為斷制，巽下為順令，蠱為有事而無競。說詳〈象傳〉注。當蠱六爻皆少，也就是本卦、之卦

都是蠱；或隨☳六爻皆老，也就是隨之蠱：這兩種情形，都以蠱卦辭占。

❷元亨

蠱卦辭首標「元亨」，王弼《注》以為「有為而大亨」，孔穎達《疏》云：「蠱者，事也。有事營為，則大得亨通。」程、朱則取「亂則復治」意。當蠱亂之時，給人以撥亂反正的信心。因為世事敗壞，正是仁人志士起而整頓，大展鴻圖的機會。程《傳》：「既蠱則有復治之理。自古治必因亂，亂則開治，理自然也。如卦之才以治蠱，則能致元亨也。」《本義》：「蠱壞之極，亂當復治，故其占為元亨。」是。另一方面也暗示唯有到達大善亨通之境，才能整治蠱壞之事。此義見《朱子語類》，詳〈彖傳〉注。

❸利涉大川

蠱卦巽下為木，二三四互體成兌為澤，故有乘木渡澤，利涉大川之象。而當世事敗壞，正是仁人志士冒險犯難以濟世艱的時機。孔穎達《正義》：「有為之時，利在拯難，故利涉大川也。」程《傳》：「蠱之大者，濟時之艱難險阻也，故利涉大川。」

❹先甲三日，後甲三日

古代以干支記時。先甲三日為辛，取更新之義。所以《尚書・皐陶謨》：「予創若時，娶于塗山，辛壬癸甲。」記載著禹在先甲三日的辛日結婚。後甲三日為丁，取丁寧之義，所以《尚書・武成》：「丁未祀于周朝。」〈召誥〉：「越三日丁巳，用牲于郊。」〈顧命〉：「丁卯命作冊度。」是祀祖郊祭定喪禮多在後甲三日的丁日。蠱卦辭言先甲三日亦取世事蠱壞，必須革新之義；又言後甲三日，取涉川冒險，丁寧戒慎之義。《正義》引鄭玄義：「甲者，造作新令之日。甲前三日，取改過自新，故用辛也；甲後三日，取丁寧之義，故用丁也。」鄭說可從。又《漢書・武帝紀》：「辛卯夜，若景光十有二明。《易》曰：『先甲三日，後甲三日。』朕甚念年歲未咸登，飭躬齋戒，丁酉，拜況于郊。」顏師古《注》引應劭曰：「先甲三日，辛也；後甲三日，丁也。言王者齋戒必自新；臨事必自丁寧。」王先謙《補注》引蘇輿曰：「終漢世，郊用辛丁，仿古郊用上辛丁巳用牲遺意。」漢世去古未遠，引《易》解《易》，尚存古義。《正義》又云：

「其褚氏、何氏、周氏等，並同鄭義。」是梁褚仲都、陳周弘正、隋何妥，皆同鄭玄。唯孔穎達《周易正義》，為王弼《注》作疏通，依據「疏不破注」的原則，卻堅持王弼之見。說：「輔嗣《注》：甲者，創制之令，不云創制之日。……而諸儒不顧輔嗣《注》旨，妄作異端，非也。」並申弼說云：「甲者，創制之令。既在有為之時，不可因仍舊令。今用創制之令，以治於人。人若犯者，未可即加刑罰，以民未習，故先此宣令之前三日，殷勤而語之。又如此宣令之後三日，更丁寧而語之，其人不從，乃加刑罰也。」程《傳》：「先甲，謂先於此，究其所以然也；後甲，謂後於此，慮其將然也。一日、二日，至於三日，言慮之深，推之遠也。」亦不用鄭玄義。二說可以並存互補。

語譯

三畫的巽在下，象徵著在下者因循順從；三畫的艮在上，象徵著在上者停止辦事。重疊而成六畫的蠱卦，象徵著世事敗壞，百廢待興。這正是仁人志士大展鴻圖的時機。應該具有渡河前進，冒險犯難的勇氣和信心。事先就要追究世事敗壞的原因，籌劃革新的計畫；然後還要考慮事情可能的發展，相互叮嚀，努力實現適當的措施。

附錄古義

《左傳·僖公十五年》：「秦伯伐晉，卜徒父筮之，吉。涉河，侯車敗。詰之，對曰：『乃大吉也！三敗必獲晉君。其卦遇蠱☶，曰：「千乘三去，三去之餘，獲其雄狐。」夫狐蠱，必其君也。蠱之貞，風；其悔，山也。歲云秋矣；我落其實，而取其材，所以克也。實落材亡，不敗何待？三敗及韓。』」壬戌，戰於韓原，晉戎馬還濘而止。秦獲晉侯以歸。」

《左傳·昭公元年》：「趙孟曰：『何謂蠱？』醫和對曰：『淫溺惑亂之所生也。於文：「皿蟲為蠱。」穀之飛亦為蠱。在《周易》女惑男，風落山謂之蠱☶。』」

《漢書・武帝紀》：「詔曰：『望見泰一，修天文襢。辛卯夜，若景光十有二明。《易》曰：「先甲三日，後甲三日。」朕甚念年歲未咸登，飭躬齋戒。丁酉，拜況於郊。』」師曰：「況，賜也。辛夜有光，是先甲三日也；丁日拜況，是後甲三日也。故詔引《易》文。」

彖傳

蠱剛上而柔下，巽而止，蠱❶。蠱元亨而天下治也❷。利涉大川，往有事也❸。先甲三日，後甲三日，終則有始，天行也❹。

注釋

❶蠱剛上而柔下，巽而止，蠱

剛上而柔下，可由卦體、卦變兩方面說。王弼《注》：「上剛可以斷制；下柔可以施令。」以為蠱卦艮上陽卦為剛，〈說卦〉「艮以止之」，可以斷制；巽下陰卦為柔，〈象傳〉巽「以申命行事」，可以施令：是就卦體說。《集解》引虞翻曰：「泰初之上，故剛上；坤上之初，故柔下。」以為蠱卦三陰三陽，由泰卦變來。程《傳》：「謂乾之初九，上而為上九；坤之上六，下而為初六也。」意與虞翻同：是就卦變說。俞琰則以「倒轉」說卦變。《周易集說》：「蠱乃隨之倒體。隨以初九、上六為成卦之主，倒轉為蠱，則初九之剛上而為上九，上六之柔下而為初六。故曰蠱剛上而柔下。」來知德以綜卦（即倒轉）說卦變，實祖俞琰。此則卦變另一說法也。以上以卦變卦體釋卦名。巽為順，艮為止。在下只知順從，在上卻停止不前，因循苟且，天下於是多事，所以成蠱。俞琰《大易集說》：「巽則無奮迅之志；止則無健行之才。上下皆委靡退縮，不能以有謀有為。於是事事因循苟且，積弊而至於蠱。……蓋以卦德言致蠱之由，非飭蠱之道也。」此以卦德釋卦名。綜前所述，則如《本義》所云：「以卦體、卦變、卦德釋卦名義。蓋如此則積弊而至於蠱矣。」是也。

❷**蠱元亨而天下治也**

此句有正反兩面不同的詮釋。王弼《注》：「有為而大亨，非天下治而何也。」持正面肯定蠱之「有為」，所以「大亨」而「天下治」。呂祖謙《東萊易說》半採之，曰：「此卦上止下巽。天下之事所以不治者，在上常患主宰不定；在下常患人各有心。若上之止如山岳之定，下之順如水之從，何蠱之不可治？又其卦上剛而下柔，上剛則果決而有行；下柔則易使。如此而治蠱，則元善大亨而天下治矣！」朱熹則以「蠱」為「蠱壞」。世事蠱壞，是重加整頓的開始；必須到達大善亨通之境，才能轉禍為福，使天下安定。《本義》：「治蠱至於元亨，則亂而復治。」《語類》：「言蠱之時如此，必須是大善亨通而後天下治。」又云：「蠱艮上而巽下。艮剛居上，巽柔居下。上高亢而不下交，下卑巽而不能救，此所以蠱壞也。巽而止，則是巽順便止了，更无所施為，如何治蠱？蠱元亨而天下治，須是大善以亨，方能治蠱也。」

❸**利涉大川，往有事也**

王弼《注》：「蠱者，有事而待能之時也。可以有為，其在此時矣。物已說隨，則待夫作制以定其事也。進德修業，往則亨矣。故元亨利涉大川也。」王弼以老莊解《易》，而此注言進德修業，倡有為之說，這是因為老莊也有其入世的一面。俞琰《大易集說》：「往有事者，當蠱壞之時，宜涉艱險而往有攸濟，不可處之於无事之域也。《文子》云：『流水之不腐，以其逝故也；戶樞之不蠹，以其運故也。』大抵器欲常用，久不用則蠹生；體欲常動，久不動則病生。蠱之時，止而不動，則天下之事，終於蠱而已矣。故勉之使往，不宜坐視其弊而弗救也。」言理尤其詳盡。

❹**先甲三日，後甲三日，終則有始，天行也**

天行，指自然界時空之運行。程《傳》：「夫有始則必有終；既終則必有始。天之道也。聖人知終始之道，故能原始而究其所以然；要終而備其將然。先甲後甲而為之慮，所以能治蠱而至元亨也。」張載《橫渠易說》：「後甲三日，成前事之終；先甲三日，善後事之始也。……明終而復始，通變不窮也。」案：《周易》一書從不說「始終」，而必曰「終始」，即因自然界時空運轉，「終則有始」也。

語譯

蠱卦由剛暴的艮卦上往踞在上面，柔弱的巽卦下來躲在下面。一個因循順從；一個停止做事。造成世事敗壞，百廢待興的局面。蠱壞正是仁人志士大展鴻圖而使天下復興的機會。應該渡過大河，前往辦事。事先要有革新的計畫，然後相互叮嚀鼓勵。蠱壞到最後一定會開始復興，這是自然的規則啊！

象傳

山下有風，蠱❶；君子以振民育德❷。

注釋

❶山下有風，蠱

宋李舜臣《隆山周易本傳》：「山下有風，則風落山之謂。山木摧落，蠱敗之象，飭蠱者必須有以振起之。」明王船山《易內傳》：「風在山下，入於卑下而振動之。山峙於上，以止其飄揚，而勿使踰越。君子治民之道，興起頑懦，而養其善，以止其非，天下之所以治也。」案：《易》象只是象徵，象徵的形成多出於理性的關聯。但這種關聯因人因時因地而異。所以象徵往往多義而且可能彼此歧異。如：水可為潔淨之象徵，也可為沉溺之象徵；火可為鍛鍊之象徵，也可為毀滅之象徵。關於山下有風蠱，李舜臣就風摧木葉言；王船山就起懦止非言。義雖兩異，但都足以發〈象〉旨。

❷君子以振民育德

程《傳》：「山下有風，風遇山而回，則物皆散亂，故為有事之象。君子觀有事之象，以振濟於民，養育其德也。在己則養德，於天下則濟民。君子之所事，无大於此二事。」就「山下有風」合起來說振民育德。《隆山周易本傳》：「振民者，由巽風之鼓為號令也；育德者，猶艮山之養成材力也。《易》中育德多取於山，故蒙亦曰果行育德。」船山《易內傳》：「風以振之，山以育之，始而興起，繼以養成，教民之序也。」皆分就巽風、艮山對振民育德的啟示立說。

語譯

山下刮著風，草木撓亂了，這是啟示我們鍛鍊自己面對橫逆啊！君子因此要振作頹靡的風俗，培養國民的道德。

序卦傳

以喜隨人者必有事，故受之以蠱❶。蠱者，事也❷。

注釋

❶以喜隨人者必有事，故受之以蠱

此句有正負兩面不同的詮釋。張栻《南軒易說》：「天下之人，推之不去，卻之不得，中心說而從之，然後建立功業，必有成績：此『以喜隨人者必有事，故受之以蠱。』」肯定悅而隨人，能建立功業。朱震更以崇敬上級長輩為人之常情，並把「事」作「侍奉」解。《漢上易傳》：「好上人者，人之情也。以事隨人必有所事。臣事君，子事父，婦事夫，弟子事師，非樂於所事者，其肯隨乎？故次之以蠱。」這種詮釋，似與「蠱壞」之意不合。但與〈序卦傳〉下文「有事而後可大」通觀之，仍有一些理由。《郭氏傳家易說》記白雲曰：「隨，善道也；喜隨人則失於无所擇，故必有弊。」則斥蠱為「有弊」。項安世《周易玩辭》更詳乎言之：「以喜隨人者，必淪胥以壞。故〈雜卦〉曰：『豫，怠。』又曰：『隨，无故也。』怠則不憂，无故則无所修飭。萬事之壞，皆起於怠與隨。所謂『荒於嬉』、『毀於隨』者，此之謂也。方其隨也，自以為无故也，孰知多事之端，實肇於此乎！聖人斷之曰『必有事』，其辭切矣！」案：〈序卦傳〉每以相因或相反說明前一卦與後一卦的關係。而蠱卦則承豫、隨兩卦而論。蓋隨未必蠱，而以豫樂隨人必生蠱也。程《傳》：「承二卦之義以為次也。」已見及此。

❷**蠱者，事也**

這是由因及果，屬「作用定義」。孔穎達《正義》：「蠱者，事也。謂物蠱必有事，非謂訓蠱為事。」程《傳》：「蠱，事也。蠱非訓事，蠱乃有事也。」《周易玩辭》：「蠱不訓事。蠱者，壞也。物壞則萬事生矣。事因壞而起，故以蠱為事之元。如人之亡謂之『事故』也。」

語譯

為了尋歡作樂瞎跟著人必然會有事故發生，所以以蠱卦接在豫、隨兩卦的後面。蠱，正是會發生事故的意思。

雜卦傳

蠱則飭也❶。

注釋

❶**蠱則飭也**
飭，整治。有救弊去壞，革故復新的意思。《南軒易說》：「事之蠱壞，要在致力以治之。故蠱為飭，而飭有勁急之義。」俞琰《大易集說》：「蠱者，隨之反。隨无故，蠱則有故也。不飭則大壞極弊而不可救，故曰『蠱則飭也』。飭者，脩飭也。或曰故謂故舊，與革『去故』之故同。隨人則忘舊，蠱則飭而新也。」

語譯

蠱壞而發生事故，那麼就要立即整頓啊！

初六爻辭

初六❶：幹父之蠱，有子，考无咎❷，厲終吉❸。

注釋

❶初六

當蠱初爻為老，他爻皆少，即由蠱之大畜䷙；或萃䷬初爻為少，他五爻皆老，即萃之蠱：這兩種情形，都以蠱初六爻辭占。

❷幹父之蠱，有子，考无咎

幹，如〈文言傳〉「貞固足以幹事」之幹，為動詞。王弼《注》言「見任」、「堪其任」，蓋以「任」釋「幹」。《集解》引虞翻曰：「幹，正。」取糾正之意。蠱，敗壞的事業。由來已久，非短時間所能形成，所以稱「父之蠱」。考，指父親。古「父」、「考」可通用。如《尚書・康誥》：「子弗祇敬厥父事，大傷厥考心。」父、考互文可證。至於父在稱父，父亡稱考，後世方有此區別。《朱子語類》記朱熹答董銖之問，已言及此。初六蠱亂未深，所以只要有兒子來糾正，父親就免於過失。蘇軾《東坡易傳》：「器久不用而蠱生之謂之蠱，人久宴溺而疾生之謂之蠱；天下久安無為而弊生之謂之蠱。蠱之災，非一日之故也，必世而後見。故爻皆以父子言之。」朱子《本義》：「蠱者，前人已壞之緒，故諸爻皆有父母之象。子能幹之，則飭治而振起矣。初六蠱未深而事易濟，故其占為有子，則能治蠱，而考得无咎。」

❸厲終吉

初六失位無應，所以有危險。但處蠱始，敗壞尚淺。初六雖才弱無援，以其柔巽、低調，故仍能治蠱而獲吉，此聖人所以鼓舞人心。如因蠱未深而忽略，己才弱無援而退縮，則背聖人立象之旨。張載《橫渠易說》：「處下不係應於上，……雖意在承考，然亦危厲。以其柔巽，故終吉。」胡炳文《通釋》：「謂之蠱，則已危厲，不可以蠱未深而忽之也。故又戒占者知危而能戒，則終吉。」

語譯

蠱卦初位是陰爻。整頓父親敗壞的遺業。有這樣的兒子，作父親的就不會有災殃了。事情雖有危險，但最後會有收穫。

附錄古義

《漢書・五行志》：「京房《易傳》曰：『幹父之蠱，有子，考亡咎。』子三年不改父道，思慕不皇，亦重見先人之非；不則為私。」

象傳

幹父之蠱，意承考也❶。

注釋

❶意承考也

對父親正確的理想要繼承下來，以完成父親未完成的事業。但父親不適當的方法措施，可以加加減減，不必一一照辦。《論語・泰伯》於文王「三分下天有其二以服事殷」，固然以為「至德」。而《中庸》於武王奉文王以伐紂，不但無責備之言；且以武王周公「善繼人之志善述人之事」，許以「達孝」。就因為二人能夠「意承考也」。《左傳・宣公十五年》：「魏武子有嬖妾，無子。武子疾（猶今言生病），命顆曰：『必嫁是。』疾病（猶今言病重）則曰：『必以為殉。』及卒。顆嫁之。曰：『疾病則亂，吾從其治也。』」亦為「意承」好例。王弼《注》：「幹事之首，時有損益，不可盡承，故意承而已。」程《傳》：「子幹父蠱之道，意在承當於父之事也。故祗敬其事，以致父於无咎之地。常懷惕厲，終得其吉也。」

語譯

整頓父親敗壞的事業，只要大致上能繼承父親的心意就可以了。

九二爻辭

九二❶：幹母之蠱，不可貞❷。

當蠱第二爻為老，他爻皆少，即由蠱之艮䷳；或兌䷹第二爻為少，他爻皆老，即兌之蠱：這兩種情形，都以蠱九二爻辭占。

注釋

❶九二

❷幹母之蠱，不可貞

九二處巽，與六五有應。應思如何順應母意而又能正母之失，不可以剛正的態度直斥母非。王弼《注》：「婦人之性，難可全正。宜屈己剛，既幹且順，故曰不可貞也。」程《傳》：「九二陽剛，為六五所應。是以陽剛之才，在下幹夫在上陰柔之事也。故取子幹母蠱為義。……子之於母，當以柔巽輔導之。……若伸己陽剛之道，遽然矯拂，則傷恩。所害大矣，亦安能入乎？……故曰不可貞。謂不可貞固盡其剛直之道，如是乃中道也。」唐睿宗居武韋之世，從容自處，非但能免於難，而且恢復李唐的天下，可作例證。案：「不可貞」，是不要以正常的手段來處理非正常的情況。〈繫辭傳〉言：「為道也屢遷，……不可為典要，唯變所適。」貞為典要；不可貞即不可為典要。我個人最重實踐，崇尚人權與民主，但對「實踐是檢驗真理的唯一標準」、「人權、民主是普世價值」之類的話頗有意見。因為「標準」不可能「唯一」，「價值」因人因時因地而異，古往今來從沒有「普世價值」。世事如此，文學亦然。蘇東坡不是說過：「詩以奇趣為宗，反常合道為趣。」（見魏慶之《詩人玉屑》、惠洪《冷齋夜話》所引。）「反常」猶如「不可貞」，但是

「合道」的喲！再案：項安世《周易玩辭》：「言自幹母之外，他事不可守此以為常法也。」說可互補。

語譯

蠱卦陽剛居第二位。幫助母親整頓敗壞的事業，不可以用太剛強嚴正的態度。

象傳

幹母之蠱，得中道也❶。

注釋

❶得中道也

爻辭言「不可貞」，是由九二失位而言；〈象傳〉言「得中道也」，是由九二居中而言。正因九二不用剛正態度直斥母親的不是，而用柔順的態度糾正母親的過失，所以就「得中道」了。程《傳》：「二巽體而得中，是能巽順而得中道，合不可貞之意，得幹母蠱之道也。」又云：「得中道而不過剛，幹母蠱之善者也。」

語譯

以柔順的態度匡正母親做錯的事，就合乎中道了。

九三爻辭

九三❶：幹父之蠱。小有悔：无大咎❷。

注　釋

❶九三

當蠱第三爻為老，他爻皆少，即由蠱之蒙䷃；或革䷰第三爻為少，他爻皆老，即革之蠱：這兩種情形，都以蠱九三爻辭占。

❷小有悔：无大咎

弼《注》：「以剛幹事，而无其應，故有悔也。履得其位，以正幹父，雖小有悔，終无大咎。」朱子《本義》：「過剛不中，故小有悔；巽體得正，故无大咎。」胡炳文《通釋》：「幹蠱之道，以剛柔相濟為尚。初六、六五，柔而居剛；九二剛而居柔：皆可幹蠱。不然，與其為六四之過於柔而吝，不若九三之過於剛而悔。悔自凶而吉，吝自吉而凶：故曰小有悔，若不足其過於剛。繼之曰无大咎，猶幸其能剛也，幸其能體巽之權而不失其正也。」

語　譯

蠱卦陽剛居第三位，以過分剛強的態度糾正父親的過失。雖然稍有後悔的，但是也沒大錯。

象傳

幹父之蠱，終无咎也❶。

注釋

❶**終无咎也**

當糾正父過正在進行之時，態度剛強，似有過咎；至於父過已然改正彌補，終於也不算錯誤了。爻言「无大咎」，《象》曰「无咎」，有勉人子必須糾正父親之過失意。蔡清《易經蒙引》：「不曰无大咎，而只曰无咎，蓋不但无大咎也，有進而勉之之意。」匡正父母敗壞事業的實際責任，在內卦三爻。《周易玩辭》：「初六有幹蠱之志，九二有內幹之才，九三有外幹之才。大抵蠱下三爻，皆能幹者，以其巽體，主於行事也。」

語譯

只要能糾正彌補父親的過失，即使態度上稍嫌剛強，也終於不算什麼錯誤了。

六四爻辭

六四❶：裕父之蠱，往見吝❷。

注釋

❶六四

當蠱第四爻為老，他爻皆少，即由蠱之鼎䷱；或屯䷂第四爻為少，他爻皆老，即屯之蠱：這兩種情形，都以蠱六四爻辭占。

❷裕父之蠱，往見吝

裕，寬容不爭。《集解》引虞翻曰：「裕，不能爭也。孔子曰：『父有爭子則身不陷于不義。』」以裕為不能爭，是。所引「孔子曰」是《孝經・諫諍章》文。六四以陰居陰，體艮為止，有才弱而退止之象，所以容父之誤而不爭。又與初無應，所以往見吝。弼《注》：「體柔當位，幹不以剛，而以柔和，能裕先事者也。然无其應，往必不合。故曰『往見吝』。」《周易折中》引劉彌邵曰：「強以立事為幹；怠而委事為裕。事弊而裕之，弊益甚矣。蓋六四體艮之止，而爻位俱柔。夫貞固足以幹事；今止者怠，柔者懦。怠且懦，皆增益其蠱者也。持是以往，吝道也，安能治蠱耶！」如漢元帝優柔不斷，而成帝愈甚。唐代宗專務姑息，而德宗又過之，都是裕父之蠱的史例。

語譯

蠱卦陰柔居第四位。寬容父親的過失而不去改正，這樣發展下去，會出現遺憾。

象傳

裕父之蠱，往未得也❶。

注釋

❶往未得也

「往」，亦有往後義。「未得」，解釋爻辭之「見吝」。《朱子語類》：「先生曰：『此兩爻說得「悔」、「吝」二字最分明。九三有悔而无咎，由凶而趨吉也；六四雖目下无事，然卻終吝，由吉而趨凶也。元祐間劉莘老、劉器之之徒，必欲盡去小人，卻是未免有悔；至其它諸公，欲且寬裕无事，莫大段整頓。不知目前雖遮掩拖延得過，後面憂吝，卻多可見，聖人之深戒。』」

語譯

寬容父親的過失而不去改正，這樣發展下去不會有收穫的。

六五爻辭

六五❶：幹父之蠱，用譽❷。

注釋

❶六五

當蠱第五爻為老，他爻皆少，即由蠱之巽☴；或震☳第五爻為少，他爻皆老，即震之蠱：這兩種情形，都以蠱六五爻辭占。

❷幹父之蠱，用譽

六五以陰柔和順之體居上卦之中，五之尊位，下應九二，能任陽剛之臣。五多功，二多譽，所以有治蠱用譽之象。《集解》引荀爽曰：「體和應中，承陽有實，用斯幹事，榮譽之道也。」王弼《注》：「以柔處尊，用中而應，承先以斯，用譽之道也。」以義理來說，整頓父親敗壞的事業，自己採柔和的態度，由幹部用剛正合乎正道的方法去做。既能糾正從前的錯誤，又不致傷及父親的名譽。那是最好的了。《周易折中》引鄭維嶽曰：「子有幹蠱之名，則過歸於親，幹蠱而親不失於令名，是用譽以幹之也。幹蠱之最善也。」武丁得傅說而中興殷；宣王任周召而變厲王之政，都是史例。

語譯

蠱卦和順的陰爻居尊貴的五位，默默地任用光明精練的臣子改正父親從前作錯的事。因此保持了父親的榮譽。

象傳

幹父用譽，承以德也❶。

注釋

❶幹父用譽，承以德也

幹父用譽，是爻辭「幹父之蠱用譽」的省文。承以德也，或以為指六五上承上九之德。上九為陽，能「不事王侯高尚其事」，故有德。《集解》引荀爽曰：「承陽有實。」李道平《纂疏》云：「荀謂承陽有實，謂五承上也。初承二，五承上，皆以柔濟剛，故初吉五譽。初難知，故承以意；五得中，故承以德。」或以為指六五下應九二剛中之德。程《傳》：「承以德也者，幹父之蠱，而用有令譽者。以其在下之賢，承輔之以剛中之德也。」朱子《本義》則以為六五：「柔中居尊，而九二承之以德。」案：六四「裕父之蠱」，六五「幹父之蠱」，呂大臨嘗辨其果不同。所撰《易章句》曰：「六四以姑息事其親；六五以德事其親。以姑息事者，苟安於一時，而親卒受其弊，用毀者也；以德事者，柔不失中，全其良貴，起敬起孝，使親不離於令名，用譽者也。」

語譯

改正了父親的錯誤，又保持著父親的榮譽。承蒙道德之士的教導啊！

上九爻辭

上九❶：不事王侯，高尚其事❷。

注釋

❶上九

當蠱上爻為老，他爻皆少，即由蠱之升䷭；或无妄䷘上爻為少，他爻皆老，即无妄之蠱：這兩種情形，都以蠱上九爻辭占。

❷不事王侯，高尚其事

前五爻都提到「蠱」，上九獨不提「蠱」字。這是因為六五幹蠱用譽，已達〈彖傳〉所說「蠱元亨而天下治也」。上九以陽剛之德，處陰失位而無應，乾上九〈文言傳〉所謂「貴而无位，高而无民，賢人在下位而无輔」者也。又體艮為止，所以有功成身退，不事王侯之象。《禮記・表記》：「終事而退，臣之厚也。《易》曰：『不事王侯，高尚其事。』」《禮記・正義》引鄭玄云：「不事王侯，是不得事君，君猶高尚其所為之事。」尚存《周易》古義。《周易集解》引荀爽曰：「年老事終，不當其位，體艮為止，故不事王侯。」程《傳》：「上九居蠱之終，无〈繫〉應於下，處事之外，无所事之地也。以剛明之才，无應援而處无事之地，是賢人君子不偶於時，而高潔自守，不累於世務者也。故云：不事王侯，高尚其事。」依象言義，均甚精彩。句踐滅吳，范蠡浮海；漢高建國，張良避穀：都是功成身退，不事王侯的史例。《周易玩辭》嘗析蠱六爻，曰：「蠱六爻，皆以剛為貴。初與五以柔位剛，亦得吉譽。九三剛而不中，在他卦多凶，而於蠱獨無大咎。惟六四一爻，位與德俱柔，遂以見吝。以此見幹蠱涉川，非剛不濟也。上九无預於事，亦以剛介為高。」指出「幹蠱涉川，非剛不濟」。又析卦爻總義，曰：「蠱卦之體，巽伏而不動，外剛而內柔，有致蠱之象；而其諸爻，乃有治蠱之才。九二以柔行剛，能幹母之蠱者也；九三以剛行剛，能幹父之蠱者也。初六、六五皆資柔而志剛，亦有幹蠱之志。初在下而承乾，故為意在承考臣之事也；五在上得中而應乎乾，故為德足以承考君之事也。初當治蠱之始，故為厲；五享治蠱之成，故為譽。方承繼之初，驟有所改，以迹言之，但見其危，安得有譽？惟識者察之，知其意非悖父爾；及事定之後，人被其德，乃始信其為孝而稱譽之。治蠱之難，蓋如此夫。」指出蠱卦巽伏而艮止，致蠱者也；而諸爻，乃治蠱者也。辨析頗精當，錄以為參考。

語譯

蠱卦最上面的位置是陽爻。功成身退，不再侍奉王侯。王侯也尊重他所作的事。

附錄古義

《禮記・表記》：「子曰：『事君軍旅不辟難，朝廷不辭賤。處其位而不履其事，則亂也。故君使其臣，得志則慎慮而從之，否則孰慮而從之，終事而退，臣之厚也。《易》曰：「不事王侯，高尚其事。」』」

《孟子外書・文說篇》：「萬章問曰：『子庚何人也？』孟子曰：『古之高人也：上不臣天子，下不事諸侯。《易》曰：「不事王侯，高尚其志。」』」

《白虎通・考黜》：「王者臣得復為諸侯臣者，為衰世主上不明，賢者非其罪而去，道不施行，百姓不得其所，復令得為諸侯臣，施行其道。《易》曰：『不事王侯。』此據言王之致仕臣也。言不事王可知，復言侯者，明年少復得仕於諸侯也。」

《後漢書・逸民傳序》見卷三遯〈彖傳〉遯之時義大矣哉下。

象傳

不事王侯，志可則也❶。

注釋

❶不事王侯，志可則也

程《傳》：「如上九之處事外，不累於世務，不臣事於王侯。蓋進退以道，用舍隨時，非賢者能之乎。其所存之志，可為法則也。」《周易玩辭》：「居蠱之終，則无事之時也；在蠱之外，則不當事之人也。然當事者以幹蠱為事，不當事者以高尚為事，亦各其事也。故不曰无事而曰高尚其事。事得其宜，非宜幹而不幹者，故曰志可則也。六四在事中而不事，則可吝矣。」

語譯

功成身退，不去侍候王侯，這種心志是值得效法的。

臨卦經傳通釋第十九

卦辭

䷒兌下坤上臨❶：元亨利貞❷，至于八月，有凶❸。

注釋

❶䷒兌下坤上臨

三畫的兌在下，三畫的坤在上，重疊成六畫的臨卦。《說文・臥部》：「監，臨下也。」又：「臨，監也。」二字互訓，是監臨的意思。以卦體來說，兌下為澤，坤上為地。澤上有地，即地臨澤土。〈象傳〉採此立說。以卦德來說，兌悅坤順，啟示臨人處世，要和顏悅色，別人才會順從。以卦爻來說：復卦䷗一陽復生，臨卦陽氣漸長，有以陽臨陰，以君臨民之象。所以朱子《本義》：「臨，進而凌逼於物也。二陽浸長，以逼於陰，故為臨。」在卦序方面，臨卦接在蠱卦之後。蠱是事業之敗壞，臨是面對著這敗壞的事業而思解救彌補。《論語・述而》記孔子告子路的話：「必也臨事而懼，好謀而成者也。」能匡正敗壞的風氣，挽狂瀾於既倒，這是十分偉大的，所以〈序卦傳〉以臨有大義。當臨六爻皆少，也就是本卦、之卦都是臨；或遯䷠六爻皆老，也就是遯之臨：這兩種情形，都以臨卦辭占。案：聞一多以臨讀為瀶。霖、淋、灉、檃、臨一字。所撰《周易義證類纂》云：「臨為灉省，而灉即霖字。……《西谿易說》引《歸藏》『臨』作『林禍』，即霖禍。《周易》省灉作臨，猶《歸藏》省霖為林耳。」再案：帛書「臨」正作「林」。

❷元亨利貞

是「大亨以正」的意思，〈彖傳〉：「剛浸而長，說而順，剛中而應。大亨以正，天之道也。」孔穎達《正義》：「剛既浸長，說而且順，又以剛居中，有應於外，大得亨通而利正也。」朱子《本義》：「其為卦，下兌說，上坤順。九二以剛居中，上應六五。以占者大亨而利於正。」皆未出〈彖傳〉範圍。楊萬里《誠齋易傳》更據此以為：「臨之元亨利貞，非乾之四德也，亨貞而已！故〈彖〉曰『大亨以正』。」至於臨卦卦辭何以說「元亨利貞」？項安世《周易玩辭》云：「二陽方長，雖未成乾，而已有乾之德。……二陽之長，必至於乾者，天之道也。」王船山《易內傳》：「元亨利貞，備乾之四德者，陽長而得中，乾道方興，雖未訖其用，具其體矣！」《周易》見微知顯，鑑往知來。故復䷗初陽方生，知陽必將復；臨䷒二陽漸長，知乾體略具。

❸至于八月，有凶

這是依照十二消息卦推算而得。復卦䷗一陽復生，為子月，即周正月；臨卦䷒二陽漸長，為丑月，即周二月；泰卦䷊三陽開泰，為寅月，即周三月；大壯卦䷡有四陽，為卯月，即周四月；夬卦䷪有五陽，為辰月，即周五月；乾卦䷀六爻皆陽，為巳月，即周六月：以上為息卦。息，陰爻去而陽爻來，是陽爻生息的意思。姤卦䷫一陰代起，為午月，即周七月；遯卦䷠有二陰，為未月，即周八月；否卦䷋有三陰，為申月，即周九月；觀卦䷓有四陰，為酉月，即周十月；剝卦䷖有五陰，為戌月，即周十一月；坤卦䷁有六陰，為亥月，即周十二月：以上為消卦。消，陽爻去而陰爻來，是陰爻消退的意思。由上所述，臨卦二陰漸長，為二月之卦。到了八月，陰長陽遯，成遯卦，為二陰之月。與臨相較，六爻皆變，故有凶。至於卦辭含義，《集解》引鄭玄曰：「陽浸長矣，而有四德，齊功于乾，盛之極也。人之情，盛則奢淫，奢淫則將亡，故戒以凶也。臨卦斗建丑而用事，殷之正月也。當文王之時，紂為无道，故于是卦為殷家著興衰之戒，以見周改殷正之數云。臨自周二月用事，訖其七月，至八月而遯卦受之，此終而復始，王命然矣。」程《傳》：「二陽方長於下，陽道嚮盛之時，聖人豫為之戒曰：陽雖方長，至於八月，則其道消矣，是有凶也。……方盛而慮衰，則可以防其滿極，而圖永久。」案：聞一多《周易義證類纂》：「我國雨量，率以夏秋間為最厚。《孟子・離婁下》曰：『七八月之間雨集，溝澮皆盈。』《莊子・秋水》曰：『秋水時至，百川灌河。』而《管子》言秋三月隆雨下，〈齊策〉言八月隆雨下，尤與《易》言『臨……至於八月』若合符節。……雨及八月而百泉騰湊，川瀆皆盈，數為民害，故曰『有凶』。」以「臨」為「瀶」省，即「霖」字，八月霖雨為害，故有凶云云。其言依據自然現象，參稽古籍互證，可作再思之資。

語譯

三畫的兌在下，代表湖澤與和悅；三畫的坤在上，代表大地與順從。重疊而成六畫的臨卦。代表地在澤上；也象徵面臨人事。待人和悅，人才順從，這是待人接物的基本態度。能夠大大亨通，要遵從正道。提防到了八月，情形整個改觀，會有損失。

附錄古義

《左傳・宣公十二年》已見師初六爻辭附錄古義。

象傳

臨，剛浸而長，說而順，剛中而應，大亨以正，天之道也❶。至于八月，有凶，消不久也❷。

注釋

❶**臨，剛浸而長，說而順，剛中而應，大亨以正，天之道也**

剛，陽剛。代表聰明睿知，堅強剛毅。浸，逐漸。自復卦一陽生，臨卦陽剛逐漸發展。朱子《本義》：「以卦體釋卦名。」是也。臨卦兌下為悅，坤上為順。是心悅行順，己悅人順之象。剛中指九二，代表意志堅定而合乎中道，即齊莊中正之意；應指六五，能支持正義，響應真理。朱子《本義》：「以卦德卦體言卦之善。」是也。這樣當然大大亨通，合於正道。天道，猶言天行，指天地日月星辰的運行，晝夜寒暑的循環，以及作息、生長、收藏的化育運作。《朱子語類》：「大亨以正，便是天之道也。」綜合言之，程《傳》曰：「浸，漸也，二陽長於下而漸進也。下兌上坤，和說而順也。剛得中道，而有應助，是以能大亨而得正，合天之道。……化育之功所以不息者，剛正和順而已；以此臨人、臨事、臨天下，莫不大亨而得正也。」案《中庸》：「唯天下至聖，為能聰明睿知，足以有臨也；寬裕溫柔，足以有容也；發強剛毅，足以有執也；齊莊中正，足以有敬也；文理密察，足以有別也。」所謂：聰明睿知、寬裕溫柔、發強剛毅、齊莊中正、文理密察，義與〈彖傳〉所說「剛浸而長，說而順，剛中而應」可以互相補充。而有臨、有容、有執、有敬、有別，也是臨天下者基本的原則。以上就臨卦陽氣漸長，說明天道的正面價值。

❷**至于八月，有凶，消不久也**

就陰陽消息言，至于八月，成遯，陰長消乾，是陽不久又被陰消而有凶。剝〈彖傳〉言「消息盈虛」而歸之於「天行也」；豐〈彖傳〉亦言：「日中則昃，日盈則食，天地盈虛，與時消息。」可相較論。程《傳》：「在陰陽之氣言之，則消長如循環，不可易也。以人事言之，則陽為君子，陰為小人。方君子道長之時，聖人為之誡，使知極則有凶之理，而虞備之，常不至於滿極，則无凶也。」以上釋卦辭「至于八月有凶」，就天道之消息盈虛，提醒吾人雖大亨之時，仍宜預知凶險而戒備。案：朱駿聲《六十四卦經解》云：「剛浸而長，剛者，晝也；長者，晝之永也。〈繫辭傳〉：『剛柔者，晝夜之象。』此其義也。大寒以後，太陽自南而北，漸近于人，故曰『說而順』；春分晝夜平，故曰『剛中而應』；秋分以前，天道棣通萬物，故曰『大亨以正，天之道也』；秋分後，太陽自中而南，行愈疾愈遠于人，故曰『有凶』；（凶者，象穿地交陷于中，閉塞之義也。）然秋分至冬至，不過三閱月，而晝又漸長，故曰『消不久』。」就夏日晝長夜短，冬日反之，逐句說明臨之〈彖傳〉。說可參考。

語譯

臨卦陽剛之氣逐漸發展，內心喜悅，行為和順；待人和悅，人也順從。自己立場堅定正確，別人也樂於支持響應。於是大大亨通，而合乎正規常理。這正是自然界變化發展的規律啊！到了八月，情形改變，會有損失。因為陽氣盛旺至極，就會被陰逐漸消滅；人事和順到極點，也易惰化僵化腐化，都不易長久啊！

象傳

澤上有地，臨❶；君子以教思无窮，容保民无疆❷。

注釋

❶澤上有地，臨

兌下為澤，坤上為地。地在澤上，以高臨下，其象為臨。《集解》引荀爽曰：「澤卑地高，高下相臨之象也。」即據此說。以卦德言，兌悅坤順。王弼《注》：「相臨之道，莫若說順也。不恃威制，得物之誠，故物無違也。」案：〈象傳〉、〈彖傳〉取象不同。項安世《周易玩辭》：「〈彖〉言以剛臨柔，自下而長，以臨上之四陰也；〈象〉言以高臨深，自上之坤，以臨下之兌也。象取物象，與爻象不同，皆此類也。」

❷君子以教思无窮，容保民无疆

兌〈大象傳〉：「麗澤兌，君子以朋友講習。」所以臨卦兌下有「教思无窮」之義。坤〈象傳〉：「坤厚載物，德合无疆。」所以臨卦坤上有「容保民无疆」之義。朱子《本義》：「教之无窮者，兌也；容之无疆者，坤也。」胡炳文《本義通釋》：「不徒曰教，而曰教思，其意思如兌澤之深；不徒曰保民，而曰容保民，其度量如坤土之大。」依象說義甚是。《周易玩辭》曰：「澤上於地，人所防之澤，陂堰是也。澤有時而決，其所容亦有限。地中有澤，自然之澤，鉅野洞庭是也。澤無時而窮，其所容亦無限。臨下之道莫善於此矣！以政臨民，猶堤中之水；以教臨民，猶地中之澤。教民之念既無時而窮，則所容保之民豈復有限哉？放勳曰：『勞之，來之，匡之，直之，輔之，翼之，使自得之，又從而振德之。』禹曰：『戒之用休，董之用威，勸之以九歌，俾勿壞。』所謂教思無窮者，此之謂也。以字義言之：教思无窮屬兌；容保民无疆屬坤。」觀象取譬以說卦，所引「放勳曰」見《孟子・滕文公》，「禹曰」見《尚書・大禹謨》，其言尤詳。

語譯

大澤的四周有陸地，這是大地臨水的現象。由於大澤的深邃，啟示君子教育人民的心思也要是無窮盡的；由於陸地的廣大，啟示君子包容保育人民的胸懷也要是無極限的。

序卦傳

有事而後可大，故受之以臨❶；臨者，大也❷。

注釋

❶有事而後可大，故受之以臨

多難興邦，危機就是轉機。《左傳・昭公四年》：「或多難以固其國，啟其疆土。」《孟子・告子》：「入則無法家拂士，出則無敵國外患者，國恆亡。」都說出這個道理。〈序卦傳〉言有事可大，也是這種意思。韓康伯《注》：「可大之業，由事而生。」程《傳》引而申之。《郭氏傳家易說》記白雲言曰：「弊而知改為則可大，故有事復為大之幾。」吳澄《易纂言》：「因蠱之有事，而後有臨之盛大也。」皆能掌握此義。也許，在「无事」時能自我惕厲，防患於未然，是保其長泰的方法之一。

❷臨者，大也

《易》以道陰陽，而陰為小，陽為大。故泰䷊內陽而外陰，曰「小往大來」；否䷋內陰而外陽，曰「大往小來」。臨卦二陽自下生，勢將更長更大，故曰大。張栻《南軒易說》：「臨者，二陽進而四陰退，駸駸已向於大矣！」是也。〈象傳〉言「教思无窮」、「容保民无疆」，无窮、无疆亦是大，蓋以下澤、上地二體言之，亦有大意。又：大是臨卦所顯示的現象，並非臨字有大的意義。《周易玩辭》：「《易》之卦義，不專取字訓，但因事立義耳。人之所需者以飲食為急，故需為飲食，需不訓食也；人之所行以禮為重，故履為禮，履不訓禮也；治蠱者必有事，故曰蠱者事也，蠱自訓壞，不訓事也；能臨物者必大，故曰臨者大也，臨自訓涖，不訓大也。」

語譯

有整頓敗壞事業的事實，才能顯示出功業之偉大，所以接在蠱卦後面的，用臨卦；臨，正表示盛大、偉大。

雜卦傳

臨觀之義，或與或求❶。

注釋

❶或與或求

有三說。其一以與謂臨，以求謂觀。《集解》引荀爽曰：「臨者教思无窮故為與；觀者觀民設教故為求也。」韓康伯《周易注》：「以我臨物故曰與；物來觀我故曰求。」《南軒易說》：「臨者上有與於下；觀者下有求於上。」其二以臨觀皆有與有求。《郭氏傳家易說》記白雲曰：「臨與所臨，觀與所觀，二卦皆有與求之義。或有與无求，或有求无與，皆非臨觀之道。有舜在上，必有戴舜者，是為臨觀也。」其三則綜合二說。《本義》：「以我臨物曰與，物來觀我曰求。或曰二卦互有與求之義。」則綜韓康伯、郭雍之說。

語譯

臨卦和觀卦之主旨，在說明施與和索求。

初九爻辭

初九❶：咸臨❷，貞吉❸。

注釋

❶初九

當臨初爻為老，他爻皆少，即由臨之師䷆；或同人䷌初爻為少，他五爻皆老，即同人之臨：這兩種情形，都以臨初九爻辭占。

❷咸臨

咸，假借為感，感通、感應的意思。咸〈彖傳〉：「咸，感也。」咸卦䷞艮下為少男，兌上為少女，代表少男居下，尊重少女，於是自能感通。臨初九以陽居初，上與六四之陰相應，與咸卦「男下女」相類，故亦相感通。王弼《注》：「咸，感也；感，應也。有應於四，感以應者也。」已以相應說感。項氏《玩辭》：「初九、九二皆臨陰者也。以陽臨陰，反在陰下，有男下女之象，故皆為咸。夫之臨婦，其道如此。」雖未點明咸卦，但已以男下女說之，並言夫婦其道如此。擴而言之，待人處事，以至君臨天下，皆必須與人心意感通，相互應援。船山《易內傳》：「初九與六四相應，不以威嚴相迫，而以德感其心，使受治焉。」

❸貞吉

就象言，初九得位故正，有應故吉。《集解》引虞翻曰：「咸，感也。得正應四，故貞吉也。」就義言，與人心意感通，要以誠正為基礎，如此才獲吉。假使投人所好，以交結人，既背貞道，也不是真正的心志感通。結果就不吉了。《韓非子・二柄》記：「齊桓公妬外而好內，故豎刁自宮以治內；桓公好味，易牙蒸其首子而進之；燕子噲好賢，故子之明不受國。」像這樣，「故君見惡，則群臣匿端；君見好，則群臣誣能；人主見欲，則群臣之情態得其資矣。」結果是：「子噲以亂死；桓公蟲流出戶而不葬。」其不吉是十分明顯的了。

語譯

臨卦初位是陽爻。待人處事，能與人心意感通，相互應援。必須彼此遵守正道，才有收穫。

象傳

咸臨貞吉，志行正也❶。

注釋

❶志行正也

由「志於行正」，到達「志行皆正」的境界。程《傳》：「初得正位，與四感應，是以正道為當位所信任，得行其志。獲乎上而得行其正道，是以吉也。」船山《易內傳》：「臨者其志，咸者其行。陽長陰消，本君子大正之志而見之行事者，不以威而以德，善其成以行其志，無不正也。」

語譯

靈犀相通，坦誠相待，守正得吉，想的作的都很正確啊！

九二爻辭

九二❶：咸臨❷，吉无不利❸。

注釋

❶九二

當臨第二爻為老，他爻皆少，即由臨之復䷗；或姤䷫第二爻為少，他爻皆老，即姤之臨：這兩種情形，都以臨九二爻辭占。

❷咸臨

九二與六五相應，彼此也能溝通心意，所以仍有咸臨之象。案：初九、九二爻辭都先說「咸臨」，是兩爻都能以陽下陰，與六四、六五相應，得咸卦「男下女」之象。朱子《本義》：「卦唯二陽，徧臨四陰，故二爻皆有咸臨之象。」李漢三《周易卦爻辭釋義》以咸臨為威臨之訛，缺乏證據。

❸吉无不利

九二居中多譽，能以陽事六五之陰，就像《孟子・梁惠王下》所說的：「惟仁者能以大事小。湯事葛，文王事昆夷。」所以能吉。不過九二失位而不正，疑有不利；因居中有應而吉，所以无不利。案：初、二皆曰「咸臨」，是其同也；然初九、六四得正有應而不中，故接曰「貞吉」；九二、六五得中有應而失正，故接曰「吉无不利」。无不利者，疑或有不利也。《周易玩辭》：「初者，臨之始也。以九居初既正，而所感六四又正，固守其正者也。……九二不主於貞而主於中，則善用其臨者也。此以中感，彼以中應。君安之，眾信之。故不獨其身之吉，而行之於世，亦无不利也。」初主貞，二主中，是其同中亦有異者也。

語譯

臨卦陽居二位，待人處事，能與人心意相通。會有收穫，沒有不利的。

象傳

咸臨，吉无不利，未順命也❶。

注釋

❶**未順命也**

未字作沒有解，命指六五君命。九二以陽剛居下，以事六五虛中之主。能堅持自己正確原則，沒有事事順從六五。朱虛侯之於呂后，狄仁傑之於武后，均可作為史證。師卦䷆九二「在師中吉」，對於六五可能導致「長子率師弟子輿尸」之命，是可以不順從的。則可作參證。《集解》引荀爽曰：「陽當居五，陰當順從。今尚在二，故曰未順命也。」以二、五陰陽失位言之。孔穎達《周易正義》：「未順命者，釋无不利之義。未可盡順五命，須斟酌事宜，有從有否，故得无不利也。則君臣上下獻可替否之義也。」則以君臣上下之義言之。李光地《周易折中》案語云：「君子道長，天之命也。然命不于常，故〈彖〉言八月有凶，而〈傳〉言消不久。君子處此，惟知持盈若虛。所謂大亨以正，天之道者，則順道而非順命矣。以二為剛長之主，即卦主也。故特發此義，以與〈彖〉意相應。凡天之命，消長焉而已。方其長也，則不順命。不受命，知盈不可久，而進不可恃也。及其消也，則志不舍命。知物不可窮，而往之必復也。《易》之大義盡在於斯。」《折中》案語所謂〈彖〉，指卦辭；所謂〈傳〉，指〈象傳〉。案語區別「命」與「道」，並指出九二為臨卦卦主，均啟人深思。

語譯

將心比心，坦誠相待，會有收穫，沒有不利。依照道理做去，毋須事事都順其自然！

六三爻辭

六三❶：甘臨，无攸利❷；既憂之，无咎❸。

注釋

❶六三

當臨第三爻為老，他爻皆少，即由臨之泰䷊；或否䷋第三爻為少，他爻皆老，即否之臨：這兩種情形，都以臨六三爻辭占。

❷甘臨，无攸利

六三以陰爻居兌三，〈說卦傳〉：「兌以說之……兌為口舌。」有以口舌柔媚取悅於人的現象。故名「甘臨」。《尚書・洪範》：「土爰稼穡……稼穡作甘。」虞翻據此，以為臨卦兌下為口，坤上為土，兌口銜坤，土甘，故曰「甘臨」。《集解》引其言曰：「兌為口，坤為土，土爰稼穡作甘。兌口銜坤，故曰甘臨。」其說甚巧，錄作參考。待人處事，不能以誠意相感通，只以甜言蜜語籠絡人，這就是甘臨了。虛情假意，總有拆穿的一天，故「无攸利」。楊萬里《誠齋易傳》：「剛長之世，將泰之世也。故初九升聞之君子，九二得位之君子，六四好賢之近臣，六五任賢之大君，上六厚德樂善之長者。小人在位者，六三而已。以陰柔之資，據二陽之上，自知其位之不當，自疑二陽之見逼，然孤而无與，亦何能為哉！」於六三在全卦中之處境，有生動之描述。又聞一多《周易義證類纂》：「案臨讀為濫，濫與霖同。甘讀為厭，厭者，足也。古稱甘雨、甘露，皆優渥霑足之謂。《易》曰：『甘臨，无攸利。』蓋就其過足者言之，故占曰『无攸利』。」其說頗有創見，然以釋全卦六爻，尚難通達。

❸**既憂之，无咎**

這是勸人悔過自新的意思。程《傳》：「乘二陽之上，陽方長而上進，故不安。既知危懼而憂之，若能持謙守正，至誠以自處，則无咎也。」九二曰「无不利」，六三言「无攸利」，又言「无咎」，項安世《周易玩辭》曰：「九二剛長而得中，故无不利；六三陰消而不中，故无攸利。二以心感人，三以口說人，此君子小人所以分也。」又曰：「六三以甘媚臨而无攸利，見君子之難說也；既憂之无咎，又見君子之易事也。其處己也嚴，故不受不正之媚；其與人也寬，故不治既憂之人。爻辭雖為六三言之，然可以見二陽之用心矣。」項氏長於比較，其言析義入微如此。

語譯

臨卦陰居三位，以甜言蜜語來籠絡人，是沒有什麼好處的。既然為此憂愁不安，改過自新，也就不錯了。

象傳

甘臨，位不當也❶；既憂之，咎不長也❷。

注釋

❶**甘臨，位不當也**

「位不當也」是解釋爻辭「甘臨无攸利」的。六三失位非中，乘剛而無應，故其位不當。程《傳》：「陰柔之人，處不中正，而居下之上，復乘二陽，是處不當位也。」

❷**既憂之，咎不長也**

「咎不長也」是解釋爻辭「既憂之无咎」的。王弼《注》：「履非其位，居剛長之世，而以邪說臨物，宜其无攸利也，若能盡憂其危，改脩其道，剛不害正，故咎不長。」

語譯

以甜言蜜語籠絡人所以沒有好處，是立場不得當啊！既然憂慮悔改，錯誤也就不會長遠存在了。

六四爻辭

六四❶：至臨❷，无咎❸。

注釋

❶六四

當臨第四爻為老，他爻皆少，即由臨之歸妹䷵；或漸䷴第四爻為少，他爻皆老，即漸之臨：這兩種情形，都以臨六四爻辭占。

❷至臨

「至」字有兩層意思。就象數來看，至指比應，有來到之意。虞翻《易注》：「至，下也，謂下至初應。」以為六四下到與初九相應。是由爻位相應立說。程《傳》：「四居上之下，與下體相比，是切臨於下，臨之至也。臨道尚近，故以比為至。」是由四與兌下相比鄰立說。就義理來看，至有至善之義。王弼《注》：「處順應陽，不忌剛長，而乃應之，履得其位，盡其至者也。」孔穎達《正義》：「能盡其至極之善而為臨。」綜上所述：至有來到、至善二義。待人處世，先要到人群中去。所以《尚書・堯典》記載：「歲二月，東巡狩，至于岱宗……五月，南巡狩，至于南岳……八月，西巡狩，至于西岳，如初。十一月朔巡狩，至于北岳，如西禮。」然後止於至善。所以《大學》說：「為人君，止於仁；為人臣，止於敬；為人子，止於孝；為人父，止於慈；與國人交，止於信。」

❸无咎

六四得位應初，處坤順之下，而臨兌悅。就像一位立場正確，稟性柔順的人，來到了富於理性，支持自己，喜悅自己者的面前。那是不會錯的。程《傳》：「四居正位，而下應於剛陽之初，處近君之位，守正而任賢，以親臨於下，是以无咎。」是也。案：臨上卦三爻，六五、上六皆言「吉」，而六四僅得「无咎」。項安世《周易玩辭》云：「六五以應九二而得吉，上六以志在內而得吉，六四與初九正應，獨不得吉。五為大君，四為大臣，五方用九二以臨眾陰，三四不中，首當斥去。四得无咎，已為幸矣。此保位之臣，非大臣也。」人事鮮能盡善盡美，項氏之分析，亦可啟人三思。

語譯

臨卦陰居四位。待人處世，來到了至善的境界，是不錯的。

象傳

至臨无咎，位當也❶。

注釋

❶位當也

指六四處順、得位、而有應。程《傳》：「以陰處四，為得其正。與初相應，為下賢。所以无咎，蓋由位之當也。」項氏《玩辭》：「三與四皆以陰柔而在高位。三以說媚陽，故雖咎而不長；四以順應陽，故得无咎。其所以勝於三者，三不當位，四當位也。」近人傅隸樸《周易理解》：「柔為不正，便是陰險奸邪，柔行得正，便是溫良恭儉。」所言皆是。

語譯

待人處事到達至善的境界，所以不錯，是因為立場正確啊！

六五爻辭

六五❶：知臨❷，大君之宜❸，吉❹。

注釋

❶六五

當臨第五爻為老，他爻皆少，即由臨之節䷻；或旅䷷第五爻為少，他爻皆老，即旅之臨：這兩種情形，都以臨六五爻辭占。

❷知臨

待人處世很有智慧，叫知臨。《中庸》：「唯天下至聖為能聰明睿知，足以有臨也。」就是知臨的意思。六五居上卦坤之中爻，虛中體順，具坤六五「黃中通理」之德；而且下應九二，能委任九二之賢而不忌陽之長，使九二能竭其聰明而為己用。此其所以為知臨。案：六五以應九二為知臨，而九二〈象傳〉卻強調「未順命」，似有矛盾。其實信任部下，不要求部下事事順命，正是領導者聰明處。予智自雄，是為君大忌。《荀子・堯問篇》：「魏武侯謀事而當，群臣莫能逮，退朝而有喜色。吳起進曰：『亦嘗有以楚莊王之語聞於左右者乎？楚莊王謀事而當，群臣莫逮，退朝而有憂色。楚莊王以憂，而君以喜！』武侯逡巡再拜曰：『天使夫子振寡人之過也。』」是很好的說明。程《傳》：「五以柔中順體居尊位，而下應於二剛中之臣，是能倚任於二，不勞而治，以知臨下者也。夫以一人之身，臨乎天下之廣，若區區自任，豈能周於萬事？故自任其知者，適足為不知；唯能取天下之善，任天下之聰明，則无所不周。是不自任其知，則其知大矣！」是也。

❸大君之宜

弼《注》：「處於尊位，履得其中，能納剛以禮，用建其正，不忌剛長而能任之，委物以能，而不犯焉。則聰明者竭其視聽，知力者盡其謀能，不為而成，不行而至矣。大君之宜，如此而已。」以大君為能任用明智者。程《傳》：「五順應於九二剛中之賢，任之以臨下，乃己以明知臨天下，大君之所宜也。」以能任賢乃大君之明智，與王《注》可互補。〈繫辭傳上〉：「知周乎萬物而道濟天下，故不過。」「不過」是就反面說；此言「知臨大君之宜」，是就正面說。義亦可互補。〈堯典〉記舜：「詢于四岳，闢四門，明四目，達四聰，咨十有二牧。」《史記・高祖本紀》記劉邦自言得天下之故：「夫運籌策帷帳之中，決勝於千里之外，吾不如子房；鎮國家，撫百姓，給餽饟，不絕糧道，吾不如蕭何；連百萬之軍，戰必勝，攻必取，吾不如韓信。此三者皆人傑也，吾能用之，此吾所以取天下也。項羽有一范增而不能用，此其所以為我擒也。」都是很好的史證。

❹吉

項氏《玩辭》：「臨卦陰爻皆以當位為喜。四當位，故无咎；上當位，亦无咎；三不當位，故无攸利。獨五不當位而反吉者，五君也，二陽之所恃，非二陽之所臨也。陽來臨陰，凡陰類皆當用柔，惟大君為宜用剛。何則？自下臨上，暗君之所疑也。君剛則與陽相知，不疑其臨己，故曰知臨。五能知二，則二之中道得行於上，故曰行中之謂也。」以六五知臨，九二行中釋「吉」字。

語　譯

臨卦陰居五位，很智慧的任用天下才俊之士，這是作偉大的領導人應有的態度，會有收穫的！

象傳

大君之宜，行中之謂也❶。

注釋

❶行中之謂也

六五居上卦之中，虛心以接下；九二居下卦之中，誠心以應上。執陰陽兩端，而任剛輔柔，得中庸之宜。《中庸》以舜為「大知」，能執其兩端用其中於民，即此「行中」之意。《易緯・乾鑿度》：「臨者，大也。陽氣在內，中和之盛，應於盛位，浸大之化，行于萬民。」所謂陽氣指九二，所謂盛位指六五；二五相應，此中和之盛。如此浸大之化行于萬民，故為大君之宜。《易緯》解《易》，偶然也有如此精彩的。項氏《玩辭》：「臨六五曰知臨，大君之宜。後世必有以苛察為知者矣，故曰：大君之宜，行中之謂也。言知在知人，使中正之賢得行其道，不在徧知也。」諸事有正即有負，有利亦有弊。明智，正也；苛察，負也。東方朔〈答客難〉：「水至清則無魚；人至察則無友。」鄭燮〈難得糊塗〉：「聰明難，糊塗亦難，由聰明而轉入糊塗更難。放一著，退一步，當下心安，非圖後來福報也。」也許都對「行中之宜」作出部分的解釋。

語譯

偉大的領導人態度恰當，施政得宜，是行事合於中和的意思啊！

上六爻辭

上六❶：敦臨❷，吉无咎❸。

當臨上爻為老，他爻皆少，即由臨之損䷨；或咸䷞上爻為少，他爻皆老，即咸之臨：這兩種情形，都以臨上六爻辭占。

注釋

❶上六

❷敦臨

敦，是敦厚。六十四卦言敦者有三卦。上六「敦臨」外，尚有復卦六五「敦復」，艮卦上九「敦艮吉」。《朱子語類》：「上六敦臨，自是積累至極處，有敦篤之義。艮上九亦謂之敦；復上六爻不好了，所以只於五爻謂之敦復。」上六在坤體，能厚德載物，故為敦臨。敦臨，是以敦厚的行為待人臨民。以象數言，上六與六三無應，欲跳過六三期待初九、九二向上提升，與上六相應，此正其敦厚處。《集解》引荀爽曰：「上應于三，欲因三升二，過應于陽，敦厚之意。」當作如此解。以義理言，程《傳》：「上六坤之極，順之至也。而居臨之終，敦厚於臨也。與初二雖非正應，然大率陰求於陽，又其至順，故志在從乎二陽。尊而應卑，高而從下，尊賢取善，敦厚之至也。」是也。傅隸樸《周易理解》：「六五知臨，是恃賢能以建功。但狡兔死走狗被烹的事，在歷史上屢見不止一見。漢高祖用三傑以定天下，但天下定後，蕭何下獄，韓信被戮，張良遁世，無一能與之共安樂者。陰柔之知，隱藏殺機，實足令功臣寒心。故聖人在知臨後繼以敦臨，即是說用厚道待下。」對六五、上六兩爻安排，頗多感慨。案：聞一多《周易義證類纂》：「敦訓怒，怒暴義近。『敦臨』猶暴雨。……疑『至臨』『知臨』亦猶『敦臨』……暴雨也。」新說似尚需補足更多證據，並必須與上下文相連，意義貫通，方能確立。

❸**吉无咎**

居上位，本有過極之咎，但是正如臨卦〈大象傳〉所指出：「君子以教思无窮，容保民无疆。」以敦厚臨民，是沒有窮盡，沒有界限的。故吉而无咎。程《傳》：「陰柔在上，非能臨者，宜有咎也。以其敦厚於順剛，是以吉而无咎。六居臨之終，而不取極義，臨无過極，故止為厚義。」《周易折中》引楊啟薪曰：「處臨之終，有厚道焉。教思无窮，容保民无疆者也。如是則德厚而物無不載；道久而化無不成。」或以「吉」為「无咎」之前提，呂大臨《易章句》、楊時《易說》皆如此云，亦可備一說。

語譯

臨卦最上一爻是陰。敦厚地對待堅毅奮發的基層幹部，有收穫而沒有差錯。

象傳

敦臨之吉，志在內也❶。

注釋

❶**志在內也**

內指內卦初二兩陽爻。孔穎達《正義》：「雖在上卦之極，志意恆在於內之二陽，意在助賢，故得吉也。」《周易折中》案語云：「此志在內，當與泰初志在外反觀。同是天下國家也，自初言之則為外；自上言之則為內。伊尹躬耕，而自任以天下之重，可謂志在外矣；堯舜耄期倦勤，而念不忘民，可謂志在內矣。」

語譯

敦厚對待幹部所以有收穫，因為領導人的心志能注意內部的發展啊！

觀卦經傳通釋第二十

卦辭

䷓坤下巽上觀❶：盥而不薦❷，有孚顒若❸。

注釋

❶䷓坤下巽上觀

三畫的坤在下，三畫的巽在上，重疊成六畫的觀卦。觀有觀視、門觀二義。前者為動詞，平聲；後者為名詞，去聲。以卦體來說，坤下為地，巽上為風。有風行地上，遍觸萬類，到處觀光之義，〈象傳〉採此立說。又因坤地巽木，三四五互艮為門闕，地上構木而成門闕，這是宗廟。卦辭依此立說。《漢書・五行志上》：「木，東方也。《易》：地上之木為觀，其於王事，威儀容貌，亦可觀者也。」即據此義。以卦德來說：坤順巽遜，上遜下順，外遜內順，有觀示於人，為民榜樣之意。以卦爻來看，既以九五為主爻，居尊中正，以觀示於天下。又以二陽在上，四陰在下，有陰仰觀陽之義。以卦序來看，臨卦之後接以觀卦。臨是和悅的態度臨世，而人順從他。偉大的事業總是值得人去觀瞻學習的。而臨世是愛心的付出，觀摩是學習的要求，此又是兩卦不同的所在。當觀六爻皆少，也就是本卦、之卦都是觀；或大壯䷡六爻皆老，也就是大壯之觀：這兩種情形，都以觀卦辭占。

❷**盥而不薦**

觀為宗廟。盥、薦都是宗廟祭祀的儀式。盥，通灌。於宗廟神龕前東向束白茅為神像置地上，而持用鬱金香和黍混合釀成的鬯酒灌在白茅神像上，使酒味通過白茅滲入地下淵泉以酬神。薦，是將犧牲陳列在供桌上。據《禮記・郊特牲》：「既灌然後迎牲。」把牲口接到庭院中當場屠殺，作為祭品，毋寧是十分殘忍的。《論語・八佾》記載孔子的話說：「禘自既灌而往者，吾不欲觀之矣！」或許就因不忍看這血淋淋的一幕吧！《周易》以宗廟祭祀，誠意為重，不在犧牲。所以盥而不薦。李鼎祚《集解》：「案：鬼神害盈禍淫福善，若人君脩德至誠感神，則黍稷非馨，明德惟馨。故觀盥而不觀薦，饗其誠信者也。斯即東鄰殺牛不如西鄰之禴祭，實受其福。是其義也。」引謙卦〈彖傳〉鬼神害盈而福謙，《尚書・君陳》明德惟馨，既濟九五爻辭殺牛不如禴祭等語，以經解經，最符《易》義。

❸**有孚顒若**

孚，信也。顒若，肅穆的樣子。孔穎達《正義》：「顒是嚴正之貌，若為語辭。容貌儼然也。」徐幹《中論・法象》：「唐堯之帝允恭克讓而光被四表，成湯不敢怠遑而奄有九域，文王祇畏而造彼區夏。《易》曰：『觀：盥而不薦，有孚顒若。』言下觀而化也。」為卦辭舉出史證。

語譯

三畫的坤在下，代表地；三畫的巽在上，代表木。重疊而成六畫的觀卦，代表地上用木建造起的宮觀。用香酒灌白茅束成的神像，卻不用呈獻上血淋淋的犧牲。充滿著誠信，很肅穆的。

附錄古義

《漢書・五行志上》：「說曰：『木，東方也。』《易》：『地上之木為觀。其於王事，威儀容貌，亦可觀者也。』」《中論・法象》：「唐堯之帝允恭克讓而光被四表，成湯不敢怠遑而奄有九域，文王祇畏而造彼區夏。《易》曰：『觀：盥而不薦，有孚顒若。』言下觀而化也。」

彖傳

大觀在上，順而巽，中正以觀天下，觀❶。盥而不薦，有孚顒若，下觀而化也❷。觀天之神道，而四時不忒❸。聖人以神道設教，而天下服矣❹。

注釋

❶大觀在上，順而巽，中正以觀天下，觀

這是解釋卦名為「觀」的理由。前人多以下「觀」字屬下句，非。觀卦初、二、三、四皆陰，陰為小；五、上乃陽，陽為大。大觀在上，謂五、上兩陽爻在上，觀示於下之四陰也。《集解》「案」云：「剛大在上，其德可觀。」是也。順而巽，指坤下為順，巽上能遜；在上者能謙遜，在下者能順從，是其可觀者二也。中正，指九五居中得正。以觀天下，觀示於天下，即天下樂見此居中得正之大人。與乾五「利見大人」意可互通。此可觀者三也。綜此三項，乃能顯示卦名所以為「觀」之義。全句先由二陽觀示四陰說起，再就上下二體言之，乃以主爻九五殿焉，層次至為分明。《郭氏傳家易說》記兼山之言曰：「觀之成卦，二陽在上，四陰在下，所謂大觀也；坤下而巽上，所謂巽而順也；九五得位而應焉，所謂中正以觀天下也。」已得此旨。

❷下觀而化之

這是解釋卦辭「盥而不薦有孚顒若」的。言如此則在下的百姓看到了便受其感化。《集解》引虞翻曰：「巽為進退，容止可觀，進退可度，則下觀其德而順其化。」引〈說卦傳〉「巽為進退」為據，再依坤下為順，說明觀德順化之意。《郭氏傳家易說》記兼山之言又曰：「聖人在上，无思无為以治天下，何事於精神心思之所及哉？至誠以示之而已！故曰：可以贊天地之化育，與天地參，況萬民乎？故垂衣拱手，不下衽席之上，而天下化者，誠以先之也。故曰：誠則形，形則著，著則明，明則動，動則變，變則化，惟天下至誠為能化。經曰：『觀，盥而不薦，有孚顒若。』誠之本也；至於薦也，備而將之，末也。」「无思无為」，〈繫辭傳上〉文；「贊天地化育，與天地參」，《中庸》文；「垂衣」，指「黃帝堯舜垂衣裳而天下治」，〈繫辭傳下〉文；兼採《管子・任法》：「不思不慮，不憂不圖，利身體，便形軀，養壽命，垂拱而天下治。」而揉合之；「誠則形……惟天下至誠為能化」，《中庸》文。兼山郭忠孝綜引經子之書，尤重《中庸》、《易傳》言「誠」之同質性，說明所以能下觀而化者，端賴在上者之「誠」而已。

❸**觀天之神道，而四時不忒**

神，是宇宙間能微妙地創生並化育萬物的最高原理，和「易」和「道」一樣，都只是陰陽。語其陰陽不測謂之神；語其一陰一陽謂之道；語其陰陽變化謂之易。神道，孔穎達《正義》以為：「微妙无方，理不可知，目不可見，不知所以然而然，謂之神道。」《朱子語類》：「天下神道只是自然運行的道理。」是宇宙的律動對人類一種無言的啟示。不忒，言不差錯。《論語・陽貨》：「子曰：『天何言哉？四時行焉，百物生焉，天何言哉？』」意亦相通。《本義》：「四時不忒，天之所以為觀也。」參閱乾卦〈繫辭傳上・易準天地章〉「故神无方而易无體」注釋。

❹**聖人以神道設教，而天下服矣**

聖人知曉並效法自然運行不出差錯的道理，以不出差錯的身教設潛移默化之教，而天下服其德化。程《傳》：「天道至神，故運行四時，化育萬物，无有差忒，至神之道，莫可名言。唯聖人默契，體其妙用，設為政教。故天下之人涵泳其德而不知其功，鼓舞其化而莫測其用，自然仰觀而戴服。」《本義》：「神道設教，聖人之所以為觀也。」案：〈繫辭傳〉：「知變化之道者，其知神之所為乎！」是神之可知也；又云：「始作八卦，以通神明之德，以類萬物之情。」是神之可法也；又云：「民咸用之謂之神。」是神道可用也。神道設教而天下服，古人所言理論基礎如此。

語譯

偉大而值得瞻仰的領導人在上面；民眾順從，領袖謙遜；以恰當而正確的態度來作天下的榜樣，這叫做「觀」。在祭禮中誠信而肅穆地以酒灌在神像上，卻不必獻上犧牲。民眾看了，自自然然受到誠信的感動而氣質起了變化。觀察自然運行微妙的律動，春夏秋冬從不會差錯。聖人效法神妙的自然律動，設立潛移默化的教育法則，於是天下人都服從聖人的德化了。

象傳

風行地上，觀❶；先王以省方觀民設教❷。

注釋

❶風行地上，觀

巽上為風，坤下為地。重疊成觀卦，有風行地面，到處觀覽之象。並有正負雙方面的象徵意義。《集解》引《九家易》曰：「風行地上，草木必偃。枯槁朽腐，獨不從風。象不化之民，五刑所加。」是就負面立說。《郭氏傳家易說》記白雲曰：「風之為物，初不知其生化萬物也。而風行地上，萬物自生自化，猶大觀在上，下觀而化，故為觀之象也。」是就正面立說。凡事有負有正，宜從多面看。

❷先王以省方觀民設教

就像〈象傳〉言比「先王以建萬國親諸侯」，言豫「先王以作樂崇禮」，此言「省方觀民設教」也是「先王」創立的一種制度。觀卦坤下為地為民，巽上為風為進退為申命行事，所以有省方觀民設教之象。項安世《周易玩辭》：「風行天上，人不見其迹也；風行地上，則所加者偃，所觸者動，夫人而見之矣。先王俯就其民而教示之蓋如此。」偏就卦象言。《集解》引《九家易》曰：「省察四方，觀視民俗，而設其教。」偏就卦德言。李鼎祚云：「愚案：《周禮》以地官掌邦教，其取法于觀之坤為地而巽為教乎？設教有二：有反民之俗以為教者，如沉潛剛克，高明柔克是也；有因民之俗以為教者，如脩其教不易其俗，齊其政不異其宜是也。巽為進退。《論語》曰：『求也退，故進之；由也兼人，故退之。』因其民而進退之，斯為善教矣。」鼎祚云設教反民之俗、因民之俗二者，甚是。程《傳》：「天子巡省四方，觀視民俗，設為政教。如奢則約之以儉；儉則示之以禮是也。省方，觀民也；設教，為民觀也。」伊川以觀有觀民、為民觀二者，亦能兼採多項視角。《玩辭》又云：「方與民屬地；省之觀之教之屬風。」來知德《周易註》：「省方者，巡狩省視四方也；觀民者，觀民俗也。即陳詩以觀民風，納價以觀好惡也；設教者，因俗以設教也。如齊之末業，教以農桑；衛之淫風，教以有別是也。」

語譯

風吹過地面，吹倒腐朽的，化生新鮮的。非但到處觀覽，還留下值得觀摩的現象。先王因此也巡視四方，觀察人民風俗，或加鼓勵，或加糾正，並且留給人民一個好榜樣。

附錄古義

《潛夫論・實邊》：「古之理其民，誘之以利，弗脅以刑。《易》曰：『先王以省方觀民設教。』」

《潛夫論・述赦》：「金作贖刑，赦作宥罪，皆謂良人吉士時有過誤不幸陷離者爾。先王議讞獄以刑，原情論意以救善人，非欲令兼縱惡逆以傷人也；是故《周官》差八議之辟，此先王所以整萬民而時雍也。《易》故觀民設教，變通移時之義。今日救世，莫急乎此。」

序卦傳

物大然後可觀，故受之以觀❶。

注釋

❶物大然後可觀，故受之以觀

此說明臨卦之後所以接以觀卦的理由，在於臨為大，有可觀之處。物大有何可觀之處？或以陽大而在上說之。《集解》引虞翻曰：「臨反成觀，二陽在上，故可觀也。」吳澄《易纂言》中之曰：「以臨卦二陽之大，反易其體，則大者在上矣，故為在下四陰之所觀。」或以德業可觀說之。《集解》又引崔憬曰：「言德業大者，可以觀政于人也。」或逕以物之大者說之。張栻《南軒易說》：「天下皆山也，惟泰山可觀；天下皆水也，惟東海可觀；況於人乎？惟物大然後可觀。」近代心理學家則告訴我們：在多數刺激中，何以只選擇其中一部分予以注意呢？又哪一部分會被選擇並加以注意呢？要回答這個問題，必須同時考慮兩個因素：其一為刺激的客觀特徵；其二為個人主觀的動機與期待。就前者言，假如有兩種或多種刺激同時出現時，其中之大者（面積或體積）、強度高者（如聲音）、反覆出現者（如霓虹燈）、輪廓明顯者、顏色鮮明者、以及與其他刺激成對比者（如在很多白棋子中夾放一顆黑棋子），皆易惹人注意。也就是有其「可觀」之處。更就美學言，《左傳・襄公二十九年》記載吳公子季札來魯，請觀於周樂，見舞〈韶箾〉者，曰：

「德至矣哉，大矣！如天之無不幬也，如地之無不載也。雖甚盛德，其蔑以加於此矣，觀止矣。」把德至、大、觀止連在一起。德國哲學家康德在《判斷力批判》（宗白華、韋卓民中譯本）中，談到「審美判斷力的分析」，分為「美的分析」、「崇高的分析」兩項。在崇高的種類上，又分「數學上的崇高」和「力學上的崇高」。所謂數學上的崇高，即人類無法估計與較量的數量，使人產生崇敬、畏懼、感悟、和愉悅。徐志摩喜歡說「數大便是美」，他在一九二三年十月二十一日的日記中有這麼一段話：「『數大』便是美，碧綠的山坡前幾千隻綿羊，挨成一片的雪絨，是美；一天的繁星，千萬隻閃亮的神眼，從無極的藍空中下窺大地，是美；泰山頂上的雲海，巨萬的雲峯在晨光裏靜定著，是美；大海萬頃的波浪，戴著各式的白帽，在日光裏動盪著，起落著，是美；愛爾蘭附近的那個『羽毛島』上棲著幾千萬的飛禽，夕陽西沉時只見一個『羽化』的大空，只是萬鳥齊鳴的大聲，是美；……數大便是美，數大了似乎按照著一種自然律，自然的會有一種特別的排列，一種特別的節奏，一種特殊的式樣，激動我們審美的本能，激發我們審美的情緒。所以西湖的蘆荻，與花塢的竹林，也無非是一種數大的美，不是智力可以分析的，至少不是我的智力所能分析的。」非但對《易傳》「物大然後可觀」作出生動的描述，而且也對《孟子・盡心》所說：「充實之謂美，充實而有光輝之謂大。」舉了許多既充實又富文采光輝的例證。

語譯

有了臨卦所顯示的保民無疆、教思無窮的盛德偉業，然後才值得瞻仰，才可以垂範，於是以觀卦接在臨卦的後面。

雜卦傳

臨觀之義，或與或求❶。

注釋

❶或與或求

有三說。其一以與謂臨，以求謂觀。《集解》引荀爽曰：「臨者教思无窮故為與；觀者觀民設教故為求也。」韓康伯《周易注》：「以我臨物故曰與；物來觀我故曰求。」《南軒易說》：「臨者上有與於下；觀者下有求於上。」其二以臨觀皆有與有求。《郭氏傳家易說》記白雲曰：「臨與所臨，觀與所觀，二卦皆有與求之義。或有與无求，或有求无與，皆非臨觀之道。有舜在上，必有戴舜者，是為臨觀也。」其三則綜合二說。《本義》：「以我臨物曰與，物來觀我曰求。或曰二卦互有與求之義。」則綜韓康伯、郭雍之說。

語譯

臨卦和觀卦之主旨，在說明施與和索求。

初六爻辭

初六❶：童觀❷，小人无咎；君子吝❸。

注釋

❶初六

當觀初爻為老，他爻皆少，即由觀之益䷩；或恆䷟初爻為少，他五爻皆老，即恆之觀：這兩種情形，都以觀初六爻辭占。

❷童觀

初六以陰處坤之初，失位無應而遠於陽，不能見九五大觀中正之美，像兒童一般的見識。王弼《注》：「處於觀時，而最遠朝美，體於陰柔，不能自進，无所鑒見，故曰童觀。」朱子《本義》：「卦以觀示為義，據九五為主也；爻以觀瞻為義，皆觀乎九五也。初六陰柔在下，不能遠見，童觀之象。」

❸小人无咎；君子吝

小人與君子之分，其標準大約有三。一以地位分，如《論語・陽貨》：「君子學道則愛人；小人學道則易使也。」君子是統治者，小人是被統治者。二以德行分，如《論語・里仁》：「君子喻於義；小人喻於利。」三以年齡分，如《詩・國風・周南・關雎》：「窈窕淑女，君子好逑。」君子指成年男子。爻辭此處所言「小人」，指見識幼稚之人。程《傳》：「所見不明，如童蒙之觀也。小人，下民也。所見昏淺，不能識君子之道，乃常分也，不足謂之過咎。若君子而如是，則可鄙吝也。」已以「小人」為「如童蒙」之「下民」。《郭氏傳家易說》記白雲言曰：「小人能用童觀，則內无剛戾之性，外无強暴之行，惟知觀人而效之者也。何咎之有？君子以設教立道為事，反同小人之觀，不亦鄙乎，故曰君子吝。」所言小人、君子亦以地位分。而說明所以无咎、所以吝尤詳。

語譯

觀卦初爻是陰，像小孩一般見識。一般平民這樣，沒有好責備的；在位君子這樣，就令人遺憾了。

象傳

初六童觀，小人道也❶。

注釋

❶小人道也

初六體坤處順，上無應援。順著環境過日子，不能有什麼作為。這正是一般平民處世的道理。弼《注》：「趣順而已，无所能為，小人之道也，故曰小人无咎。君子處大觀之時，而為童觀，不亦鄙乎！」顧炎武以為大人、小人，各有所事，並用《論語・子張》子夏之言：「雖小道必有可觀者焉，致遠恐泥。」（《漢書・藝文志》亦嘗引此以論小說家）以為小人之道亦非一無可觀。所著《日知錄・卷一》童觀條：「其在政教則不能是訓是行，以近天子之光，而所司者籩豆之事；其在學術則不能知類通達，以幾大學之道，而所習者佔畢之文。……小人則无咎也。有大人之事，有小人之事，雖小道必有可觀者焉，致遠恐泥。」

語譯

觀卦初六爻辭所說的童觀，是智慧才能低下有如童稚的人處世的方式。

六二爻辭

六二❶：闚觀❷，利女貞❸。

當觀第二爻為老，他爻皆少，即由觀之渙䷺；或豐䷶第二爻為少，他爻皆老，即豐之觀：這兩種情形，都以觀六二爻辭占。

注釋

❶**六二**

❷**闚觀**

《方言》：「闚，視也；凡相竊視，南楚謂之闚。」《說文》：「闚，閃也。」「閃，闚頭門中也，从人在門中。」所以闚是在門縫中偷看。從形象看，觀䷓是艮☶的放大，〈說卦〉「艮為門闕」，六二像門中之人，所以有在門縫中偷看之象。從爻序看，初六是童蒙，六二是婦女。在女性教育權被限制的古代，「婦孺」每每都蒙「無知」之冤。此喻所見者小，不能高瞻遠矚。王弼《注》：「處在於內，寡所鑒見，體分柔弱，從順而已。猶有應焉，不為全蒙，所見者狹，故曰闚觀。」以六二居內卦，體坤為順，與九五有應，雖寡見而非全蒙。依象說義甚是。胡炳文《周易本義通釋》：「初位陽，故為童；二位陰，故為女。童觀是茫然無所見，小人日用而不知者也。闚觀是所見者小而不見全體也。」較論初、二兩陰爻，言簡意賅。

❸**利女貞**

有應故利，陰爻故為女，居中得正故貞。弼《注》：「居內得位，柔順寡見，故曰『利女貞』，婦人之道也。」在封建時代，女子只能在門縫中窺視外面的世界，甚至包括自己要嫁給他的男人在內，而不能面對面與未婚夫相見。假如一個大男人作風也如此，古人認為那就不成話了。所以朱熹《本義》指出：「陰柔居內，而觀乎外，闚觀之象，女子之正也，故其占如此。丈夫得之，則非所利矣。」

語譯

觀卦陰居二位，像在門縫中偷看著別人，只有女子這樣作還算是合適而正確的。

象傳

闚觀女貞❶，亦可醜也❷。

注釋

❶**闚觀女貞**

是闚觀利女貞的省略，為〈象傳〉複述爻辭省去句中一字的例子。

❷**亦可醜也**

亦字承初六「小人道也」而來。可醜指男子而行妾婦之道，是可羞恥的事；並非指女貞可恥。目光淺窄，缺乏高遠的見識，可醜者一；消極柔順，不能積極有一番作為，可醜者二。《集解》引侯果曰：「得位居中，上應於五，闚觀朝美，不能大觀。處大觀之時，而為闚觀，女正則利，君子則醜也。」《郭氏傳家易說》記白雲曰：「所謂可醜者，非女子之醜也。君子為闚觀則醜也。男女吉凶不同。故恆卦曰：『婦人貞吉夫子凶』則此利女貞者，固知為男子之醜也。故初之象言小人道，則知君子必吝；二之爻言利女貞，則知男子可醜。不然，柔順居中，得其正應，何醜之有？」

語譯

觀卦六二爻辭所說的「闚觀利女貞」，是說只有女子在門縫中看外面還算正當，假使君子作風也如此，那就可恥了。

六三爻辭

六三❶：觀我生❷，進退❸。

注釋

❶六三

當觀第三爻為老，他爻皆少，即由觀之漸䷴；或歸妹䷵第三爻為少，他爻皆老，即歸妹之觀：這兩種情形，都以觀六三爻辭占。

❷觀我生

生，漢京房《易傳》作性行解。詳上九「觀其生」注釋，得《易》古義。以後孔穎達《正義》以道為生，曰：「道是開通，生利萬物，故〈繫辭〉云『生生之謂易』，是道為生也。」來知德《周易集註》以為「我生者，我陰陽相生之正應也，即上九也」。由《中庸》「率性之謂道」與《易・繫辭傳》「一陰一陽之謂道」來觀察：性行、陰陽、道，三者確有密切的關係。六三與上九正應，故六三自觀曰「觀我生」，上九觀彼為「觀其生」。門人王汝華嘗撰〈易有可觀之道〉一文，發表於《孔孟月刊》四十三卷一期。中云：「《孟子・告子篇》：『告子曰：「生之謂性。」』因此，『觀我生』即內觀個人的性行，審度個人的意念心態及動作施為，是否發諸真誠？是否舉措得宜？是否安心無愧？是否進退適時？」其說可採，移此作注腳。

❸進退

六三失位，居上下兩卦之間，處可進可退之地。所以必須依照自己的性行決定進退。王申子《大易緝說》：「六三質柔用剛，處下之上，上之下，故有進退之象。君子進退常觀乎時。今不觀乎時，而觀我生者，蓋九五方以陽剛中正觀示天下，則時不待觀也。但觀吾之所有以為進退可也。」案：三、四居上下卦之際，若又失位，就有進退不定之象。胡炳文《周易本義通釋》：「乾九四陽居陰，坤六三陰居陽，故皆曰『或』，進退未定之際也。」已明言之。參閱坤六三爻辭「或從王事」注釋。

語譯

觀卦陰居三位，看看自己的意念心態，動作施為，是否正確妥當？再決定前進或後退。

象傳

觀我生進退，未失道也❶。

注釋

❶未失道也

呂大臨《易章句》：「觀我生，自觀也；觀其生，觀彼也。六三柔順，居二卦之際，不苟進以比尊，不苟退以遠陽。知反己以自觀，不失進退之道。」申王弼「近不比尊，遠不童觀」說六三之未失道。《郭氏傳家易說》記白雲曰：「六三順而應上，可以進也；柔不當位，可以退也。觀我道之可進而進，可退而退，則為不失進退之道矣。雖孔子用舍行藏，孟子得志不得志之說，不過如是而已。」則以有應說進，失位說退。《易》可以多方說之。

語譯

觀察自己性向與作為，而決定進退，沒有迷失於人生的路途啊！

六四爻辭

六四❶：觀國之光❷，利用賓于王❸。

注釋

❶六四

當觀第四爻為老，他爻皆少，即由觀之否䷋；或泰䷊第四爻為少，他爻皆老，即泰之觀：這兩種情形，都以觀六四爻辭占。

❷觀國之光

六四最近於五，能夠見到九五之君治國的光輝。弼《注》：「居觀之時，最近至尊，觀國之光者也。」程《傳》：「觀莫明於近，五以陽剛中正居尊位，聖賢之君也。四切近之，觀見其道，故云觀國之光。觀見國之盛德光輝也。不指君之身而云國者，在人君而言，豈止觀其行一身乎？當觀天下之政化，則人君之道德可見矣。」案：《集解》引虞翻曰：「坤為國，臨陽至二，天下文明，反上成觀，進顯天位，故觀國之光。」〈說卦〉「坤為地」，故為國；〈文言傳〉言乾九二「見龍在田天下文明」，臨陽至二，即乾九二，故天下文明；臨反轉成觀，臨二轉成觀五，故進顯天位。虞翻此注符合〈文言〉、〈說卦〉，亦可參考，然終不如王、程以六四上承九五之說為直接而簡明也。再案：或以觀國之光為觀別國之光，詳下條注釋。

❸利用賓于王

利用，利於；賓于王，在王廷為上賓。六四以柔居陰，在巽之下，得位能遜，上承九五，所以應該在王廷為上賓。虞翻《注》：「王謂五陽，……四在王廷，賓事於五，故利用賓于王矣！」弼《注》：「居近得位，明習國儀者也。故曰利用賓于王也。」程《傳》：「夫聖明在上，則懷抱才德之人，皆願進於朝廷，輔戴之以匡濟天下。四既觀見人君之德，國家之治，光華盛美，所宜賓于王朝，效其智力，上輔於君，以施澤天下，故云利用賓于王也。」案：《左傳·莊公二十二年》記周史有以《周易》見陳侯，陳侯使筮之，遇觀䷓之否䷋。曰：「是謂觀國之光，利用賓于王。坤，土也；巽，風也；乾，天也。風為天於土上，山也。有山之材，而照之以天光，於是乎居土上。故曰：觀國之光，利用賓于王。」觀卦坤下巽上，故云：「坤，土也；巽，風也。」變而為否，坤下不變，巽上變乾上，故云：「乾，天也。」觀三、四、五互體為艮，否二、三、四互體亦為艮，故云「山也」。可見《易》有以本卦與之卦上下卦及互體說解之例。又：或以觀國之光為觀別國之光；利用賓于王為利于在異國作上賓。《左傳》所記陳侯，生子名完，陳國亂，陳完奔齊。齊桓公欲使為卿，完辭，乃使為工正。完五世孫名無宇，即陳桓子，日尊于齊。無宇子乞，執齊國之政。乞子恆，弒齊簡公。恆，即陳成子，即《史記》所稱田常也。常曾孫田和，始代齊為諸侯。和孫田因，卒有齊國，為齊威王。故《左傳》又云：「此其代陳有國乎？不在此，其在異國。」若然，則利用賓于王，可以是利于在異國為上賓也。既可能在異國為賓，則觀國之光亦可能為觀異國之光。《周易集解纂疏》李道平引《儀禮·聘禮》：「歸大禮之日，既受饔餼，請觀。」因舉：「《春秋傳》吳季札聘魯，請觀于周樂；晉韓起聘魯，觀書于太史氏，皆觀國之光之事也。」《周易》本多義，異說無妨並存也。

語譯

觀卦陰居四位，看到國君治國的盛德光輝，應該在朝廷作國王的上賓。

附錄古義

《左傳·莊公二十一年》：「陳厲公，蔡出也，故蔡人殺五父而立之；生敬仲。其少也，周史有以《周易》見陳侯者，陳侯使筮之，遇觀䷓之否䷋，曰：『是謂觀國之光，利用賓于王。

此其代陳有國乎？不在此，其在異國；非此其身，在其子孫。光遠而自他有耀者也。坤，土也；巽，風也；乾，天也。風為天於土上，山也。有山之材，而照之以天光，於是乎居土上；故曰：觀國之光，利用賓于王。庭實旅百，奉之以玉帛，天地之美具焉；故曰：其在後乎？風行而著於土；故曰：其在異國乎？若在異國，必姜姓也。姜，大嶽之後也。山嶽則配天，物莫能兩大；陳衰，此其昌乎！』及陳之初亡也，陳桓子始大於齊；其後亡也，成子得政。」

象傳

觀國之光，尚賓也❶。

注釋

❶尚賓也

尊敬大臣，以為上賓之意。說明六四所以「觀國之光利用賓于王」，是因為九五能夠「尚賓」的緣故。李道平《集解纂疏》：「案：四觀五光，五尚四賓，故曰尚賓。」君臣關係和父子不同。君臣關係出於後天人事，父子關係由於先天血胤，孟子於此分辨甚清。《孟子・離婁下》：「孟子告齊宣王曰：『君之視臣如手足，則臣視君如腹心；君之視臣如犬馬，則臣視君如國人；君之視臣如土芥，則臣視君如寇讎。』」但父子卻不然。舜父瞽瞍愛象而惡舜，《孟子・萬章上》：「萬章問曰：『舜往于田，號泣于旻天，何為其號泣也？』孟子曰：『怨慕也。……大孝終身慕父母。五十而慕者，予於大舜見之矣！』」《孟子・萬章下》記載孟子嘗對齊宣王問卿。孟子以為「貴戚之卿」，要「君有大過則諫；反覆之而不聽，則易位（廢君更立賢者）」。而「異姓之卿」，則「君有過則諫；反覆之而不聽，則去」。所謂「貴戚」相對於「異姓」，可見是

「同姓」同血胤者。《易》言「賓于王」，而《傳》曰「尚賓也」。正惟王能「尚賓」，則臣方能「賓于王」，蓋異姓者也。

語譯

看到國君治國的盛德光輝，所以應該在朝廷作上賓，因為國君能夠尊重自己，待為上賓啊！

九五爻辭

九五❶：觀我生❷，君子无咎❸。

注釋

❶九五

當觀第五爻為老，他爻皆少，即由觀之剝䷖；或夬䷪第五爻為少，他爻皆老，即夬之觀：這兩種情形，都以觀九五爻辭占。

❷觀我生

六三爻辭亦有「觀我生」，重點在內觀一己之性向，而決定進、退、出、處；九五居至尊，得位有應，其下四陰皆順己之臣民，亦言「觀我生」者，重點在外觀生民之富貧，風俗之善惡，以察己施政之良窳。弼《注》：「居於尊位，為觀之主，宣弘大化，光于四表，觀之極者也。上之化下，猶風之靡草，故觀民之俗，以察己道。」程《傳》：「九五居人君之位，時之治亂，俗之美惡，繫于己。」是也。

❸君子无咎

九五大觀在上，為全民觀瞻的對象。必須省察自己的政刑德教，合乎君子之道，方可示範於天下，化民成俗，使人人皆為君子，而无過咎。案：此言「君子无咎」，君子既指九五自己，亦指其下四陰之臣民。弼《注》：「百姓有罪，在予一人；君子風著，己乃无咎。」是也。船山《易內傳》：「能為人觀者，必先自觀。語默動靜，有一不協於君子之道，則時去勢孤，位且不保。不可徒咎在下者之侵陵，而咎實自己。故當此位者，必觀我生，果其為君子，而後无咎。以其剛健中正之道未亡，責之備也。」以君子責諸九五，注重自明明德。程頤《易傳》：「己觀己之生，若天下之俗皆君子矣，則是己之所為政化善也，乃无咎矣；若天下之俗未合君子之道，則是己之所為政治未善，不能免於咎也。」以君子求諸百姓，強調化民成俗。為政之道，非惟自明明德而已，必也親民而新民，方能止於至善。此云「君子」，必合人、己二者言之方妥。

語譯

觀卦陽居為全民注目的五位，先觀察自己的政刑德教，如果合乎君子的標準，進而化民成俗，使百姓皆為君子，那就沒錯了。

象傳

觀我生，觀民也❶。

注釋

❶**觀民也**

有二義：第一義是觀示於民，作人民的榜樣。船山《易內傳》：「我生云者，畢其一生所有事之辭。觀民，言為大觀以示民也。」第二義是觀察民風的優良與否，可知自己施政的善與不善。程《傳》：「人君欲觀己之施為善否，當觀於民，民俗善則政化善也。」案：乾九五爻辭：「飛龍在天，利見大人。」謂九五利見九二之大人，九二亦利見九五之大人，而萬民更利見此九五大人之出現。觀九五得乾九五之德位，故既能大觀以示民，又能觀民以知己也。王弼《注》：「為觀之主。」隱含第一義。又云：「觀民之俗，以察己道。」明示第二義。

語譯

注意自己的政刑德教，因為要作全民的榜樣啊！只要看看民間風俗的好壞，就知道自己榜樣的好壞了。

上九爻辭

上九❶：觀其生❷，君子无咎❸。

注釋

❶上九

當觀上爻為老，他爻皆少，即由觀之比䷇；或大有䷍上爻為少，他爻皆老，即大有之觀：這兩種情形，都以觀上九爻辭占。

❷觀其生

其，指與上九相比的九五，和與上九相應的六三。李道平《集解纂疏》：「愚案：觀惟三、五、上言生。上乘五，觀五也；下應三，觀三也。」是也。上九以陽剛之德居九五之上，兩剛相比，九五當位而上九不當位。正像蠱上九一樣，是一位「不事王侯，高尚其事」的國之大老。但仍關心國家大事，並注意天下英才，觀察九五的政治教化，也觀察六三的性向言行，適時推介六三給九五。《漢書・五行志》引京房《易傳》曰：「經稱觀其生，言大臣之義，當觀賢知其性行，推而貢之；否則聞善不與，茲謂不知。」尚存古義。弼《注》：「觀我生，自觀其道者也；觀其生，為民所觀者也。不在於位，最處上極，高尚其志，為天下所觀者也。」以上九為天下所觀。其後程《傳》：「上九以陽剛之德處於上，為下之所觀。」朱《義》：「上九陽剛居尊位之上，雖不當事任，而為下所觀。」皆從弼《注》。異說可作參考。案：觀於十二消息卦中，為陰消陽之卦。項安世即據以說觀。《玩辭》云：「觀卦四陰進逼二陽，初稚二貞，未有凌陽之勢。六三不正之小人，在下卦之上，其志剛躁，將進而逼陽，以成四陰之勢者也。時以九五中正，尚未失道，故未敢遽進。方觀九五之所為，以為進退。故曰『觀我生，進退，未失道也。』為九五者，知其如此，則當自觀我之所生，以為休咎之決。民向之，則我為君子；民背之，則我非君子也。故曰：『觀我生，觀民也。』民即在下之眾陰也。上九當剝之時，在卦之外，无民无位，小人之進退，下民之向背，皆不由己，但謹視其身思自免咎而已。非卦之主，故但稱『其生』，此即剝之君子觀象之時也。陰進則滅陽而為坤；陰不進則陽存而為碩果。道之興廢，皆未可知，故曰：『觀其生，志未平也。』觀本是小人逼君子之卦，但以九五中正在上，羣陰仰而視之，故聖人取之以為小人觀君子之象。象雖如此，勢實漸危。故五上二爻皆曰『君子无咎』，言君子方危，能如九五之居中履正，能如上九之謹身在外，僅可免咎爾。不然，則九五建中正以觀天下，雖元吉大亨可也，豈止无咎而已哉？明二陽向消，故道大而福小也。」所言與本《通釋》頗多出入。古今《易》學家說觀同於項氏者不乏其人，所言與本書可以互補。

❸君子无咎

上九據九五之上，過中而失位，疑若有咎。必須合於君子之道，推舉賢能，始免於咎。如本人有失德之行，或所薦者為小人，則有咎矣。

語譯

觀卦陽居上位，觀察民間才俊的性向言行，推介給執政的人，君子能夠這樣，就不錯了。

附錄古義

《漢書・五行志下》：「京房《易傳》曰：『經稱觀其生，言大臣之義當觀賢知其性行，推而貢之；否則為聞善不與，茲謂不知。』」

象傳

觀其生，志未平也❶。

注釋

❶志未平也

不是為自己高而無位而不平；而是為民之未化，賢之未舉而心憂。陸希聲《易傳》：「民之善惡，由我德化；其志未平，憂民之未化也。」案：觀六三、九五都云「觀我生」，上九云「觀其生」，〈象〉以「志未平」釋之。游酢《易說》於此有說：「六三觀我生進退者，省諸己也；度德以就位，量能以任官也。九五觀我生者，驗諸民也；所以審好惡而察治忽也。夫如是則興事造業，无過舉矣，故无咎。此在上位者與德稱而志在民者之所為也。故特稱君子，以別六三也。若夫上九之觀其生，則觀其時之施設也。此有君子之才而无其位，身在畎畝，而志常在君者之所為，故亦稱君子，而〈象〉因其有觀，以知其志未平也。」

語譯

觀察在位者的施政教化，也觀察民間才俊的性向言行，為國舉才的心意依然不曾平靜啊！

噬嗑卦經傳通釋第二十一

卦辭

䷔震下離上噬嗑❶：亨❷，利用獄❸。

注釋

❶䷔震下離上噬嗑

噬是咬，嗑是合。把食物咬斷，使上下牙齒合攏，叫噬嗑。引申有粉碎中間的梗阻，使上下合成一片的意義。以卦形來說：䷚為頤，像上下顎之間有牙齒之形。䷔為噬嗑，像牙齒中咬著九四這一根東西。在這裡，九四是梗阻的象徵，必須除去其間梗阻，上下始有復合的可能。程頤非常重視「噬嗑」中和合無間的大用。所撰程《傳》云：「凡天下至於一國一家，至於萬事，所以不和合者，皆由有間也，无間則合矣。以至天地之生，萬物之成，皆合而後能遂，凡未合者，皆為間也。若君臣父子親戚朋友之間，有離貳怨隙者，蓋讒邪間於其間也，除去之則和合矣。故間隔者，天下之大害也。聖人觀噬嗑之象，推之於天下萬事，皆使去其間隔而合之，則无不和且洽矣。噬嗑者，治天下之大用也。」可謂言之諄諄。其後呂祖謙作《東萊易說》，更補之云：「不特治天下如此，且如人身本與天地无間，只為私意間之，故與天地相遠。苟……

去私意之間，則自與天地相近。」以卦象來說：震下為雷，離上為電。天地有好生之德，凡妨害天地生化，就以雷電警戒甚或擊滅。以卦德來說，震下為動，離上為明。聖人治天下，凡妨害社會福利，就以英明的行動加以處罰。李舜臣《易本傳》：「噬嗑震下離上，天地生物，有為造物之梗者，必以雷電擊搏之；聖人治天下，有為民之梗者，必用刑獄斷制之。故噬嗑以去頤中之梗，雷電以去天地之梗，刑獄以去天下之梗也。」已說明了這些道理。以卦序來說：觀卦之後接以噬嗑。觀是在上者以身作則，希望在下者受其感化，從而導致上下的合作；噬嗑是身教無效之後，採取刑罰，除去其間強橫阻梗，從而導致上下的合作。李道平《集解篹疏》：「觀政之道，不外勸懲。教所以勸，刑所以懲也。在觀之家，則教以勸之，而易合者合；在噬嗑之家，則刑以懲之，而不合者亦合。明于五刑，以弼五教。」說理很精彩。當噬嗑六爻皆少，也就是本卦、之卦都是噬嗑；或井䷯六爻皆老，也就是井之噬嗑：這兩種情形，都以噬嗑卦辭占。

❷亨

咬斷阻梗之物，上下復能相合，所以亨通。王弼《注》：「凡物之不親，由有間也；物之不齊，由有過也。有間與過，齧而合之，所以通也。」《西遊記・第十四回》描寫取經路上，孫悟空打殺了六個阻路的毛賊：眼見喜、耳聽怒、鼻嗅愛、舌嘗思、意見慾、身本憂。此與前引《東萊易說》合看，於「去私」與「亨通」之關係，當更能體會。

❸利用獄

這是由咬斷阻梗，引申出除去強橫之義。崔憬《周易探玄》：「物在頤中隔其上下，因齧而合，而得其亨焉。以喻人于上下之間，有亂群者，當用刑去之，故言利用獄。」關於噬嗑卦辭，郭白雲有一段精彩分析，見《郭氏傳家易說》，其言曰：「噬嗑之名有二義。合而言之，則噬而後合，嗑而後亨，事之序也。別而言之，則方噬者未合，既嗑者不噬。噬為始也，嗑為終也，終始之義分焉。……故言亨，謂嗑之終也；言利用獄，謂噬之始也。噬之始，立卦之義也；嗑之終，卦成之義也。」

語譯

三畫的震在下，三畫的離在上，重疊構成六畫的噬嗑卦。用牙齒咬斷食物而合攏嘴巴，上下牙齒間才不會有阻塞而相通。應該利用刑罰除去妨礙上下合作的不良分子。

附錄古義

《太平御覽・六百四十三・引風俗通》：「《易》噬嗑為獄，十月之卦。」

彖傳

頤中有物曰噬嗑❶，噬嗑而亨❷。剛柔分，動而明❸；雷電並，合而章❹。柔得中而上行❺，雖不當位❻，利用獄也❼。

注釋

❶頤中有物曰噬嗑

此以卦形釋卦名。以頤與噬嗑比較：頤卦初、上二爻為陽，中間二、三、四、五為陰；噬嗑初、上同樣為陽，中間四爻中二、三、五為陰，四卻是剛硬的陽。噬嗑初、二、三，像人的下嘴巴；五、上，像人的上嘴巴；有物，指九四，是梗在嘴巴裡的東西，要咬斷它才能合起來，所以有「噬嗑」的名稱。虞翻《易注》：「物謂四，則所噬乾脯也。頤中无物，則口不噬；故先舉頤中有物曰噬嗑也。」

❷噬嗑而亨

釋卦辭「亨」由卦名「噬嗑」推論而來。弼《注》：「有物有間，不齧不合，无由亨也。」程《傳》：「有物間於頤中，則為害；噬而嗑之，則其害亡，乃亨通也。故云噬嗑而亨。」俞琰《周易集說》：「添一而字，蓋謂噬而嗑之則亨；不噬則不嗑，不嗑則不亨也。」

❸剛柔分，動而明

剛柔分，指震剛離柔，分居上下。暗示在基層的執法者要剛正，而上面的審判官要寬厚。動而明，指震動離明，對社會作梗者，既要採取行動，且要明確、適當。為「利用獄」條件之一，重點在分工。案：「剛柔分」頗多異說。《集解》引虞翻曰：「此本否卦。乾之九五，分降坤初；坤之初六，分升乾五：是剛柔分也。」以爻位消息，推諸卦皆由十二消息卦出。再用此釋「剛柔分」。此一說也。王弼掃象，不從虞翻。其注節《彖傳》「節亨剛柔分而剛得中」云：「坎陽而兌陰也。陽上而陰下，剛柔分也。」以節䷻坎上為陽，兌下為陰，為「剛柔分」。《周易・彖傳》言「剛柔分」，僅噬嗑與節二卦而已。孔穎達《正義》：「剛柔分謂震剛在下，離柔在上。」實遵弼《注》。此二說也。本《通釋》即從王《注》、孔《疏》。又項安世《周易玩辭》：「剛柔分，分者，未合之時，一剛在內，分隔三柔；此其所以當噬也。」以為噬嗑是九四一剛分隔六二、六三、與六五三柔，節是九五一剛分隔六三、六四、與上六三柔。說亦甚好，可作參考。此三說也。以上三說，重點皆在「象數」。至其義理，《禮記・王制》：「史以獄成告於正，正聽之；正以獄成告于大司寇，大司寇聽之棘木之下；大司寇以獄之成告於王，王命三公參聽之；三公以獄之成告於王，王三宥然後制刑。」史、正、大司寇、三公，層層偵審上訴，此法之剛也；王三宥然後制刑，此法之柔也：二者宜分明。

❹雷電並，合而章

震下為雷，離上為電。雷聲威嚴，電光照耀。兩者並作，相合而更章明顯著。為「利用獄」條件之二，重點在合作。《集解》引宋衷曰：「雷動而威，電動而明，二者合，而其道章也。用刑之道，威明相兼。若威而不明，恐致淫濫；明而无威，不能伏物：故須雷電並合而噬嗑備。」程《傳》：「雷震而電耀，相須並見，合而章也。照與威並行，用獄之道也。」案：各本「雷電」下無「並」字。疑有脫文。因據王弼《注》：「剛柔分，動不溷，乃明；雷電並，合不亂，乃章。」而添「並」字。程《傳》亦言「相須並見」。

❺柔得中而上行

噬嗑與賁䷕相顛倒，賁之六二上行，居噬嗑之六五。六為陰故稱柔，五居中故言得中，由下而上故言上行。來知德《周易集注》：「柔得中而上行者，噬嗑與賁相綜，賁下卦之離柔得中，上行而為噬嗑之上卦也。」關於「上行」，相當於「來往」之「往」，為《周易》爻變方式之一。而「來往」，有許多不同的詮釋，較被認同的也有兩種。一種是以爻位的陰陽消長，推卦之所由來。如虞翻所作《周易注》，便以三陰三陽之卦，來自泰否。朱熹亦遵此說。《集解》引侯果曰：「坤之初六上升乾五，是柔得中而上行。」就以為噬嗑自否䷋變來。否卦坤下初六，上升與乾上之九五互換其位，便成噬嗑。此一說也。另一說則以卦之反轉，來說明「來往」。今本《周易》六十四卦次序，非變則覆。「變」又稱「錯」，「覆」或稱「綜」。綜卦已埋以反轉釋來往的基礎。〈雜卦傳〉之論六十四卦卦名之義，專據錯綜變覆發揮。虞翻偶亦以此作《注》；後世如朱震、俞琰、胡一桂，均曾以反轉說來往。而來知德更專以「錯綜」論《易》象，以反轉說「來往」。座師屈萬里先生亦以：「凡卦上體謂之外，下體謂之內。之外曰往，又曰上行，又曰進；反內曰來，又曰下下。」見所著《先秦漢魏易例述評》，本《通釋》言「來往」，遵《反轉》說。又案：弼《注》：「上行，謂所之在進也。凡言上行，皆所之在貴也。」考〈彖傳〉於晉䷢睽䷥、鼎䷱，皆言「柔進而上行」，均指六五爻。五為天子帝后之位，故「在貴」也。

❻雖不當位

指六五以柔居剛，不當其位。柔得中而上行，雖不當位，仍為「利用獄」條件之三。《尚書・呂刑》：「惟良折獄，罔非在中。」《偽古文尚書・大禹謨》：「罪疑惟輕，功疑惟重。與其殺不辜，寧失不經。好生之德，洽乎民心。」都指出治獄在中在寬。《韓非子・大體》：「不逆天理，不傷性情。不吹毛而求小疵，不洗垢而察難知。不引繩之外，不推繩之內。不急法之外，不緩法之內。」更具體顯示罪刑法定適中的觀念。程《傳》：「雖不當位，謂以柔居五為不當。而利用獄者：治獄之道，全剛則傷於嚴暴；過柔則失於寬縱。五為用獄之主，以柔處剛而得中，得用獄之宜也。」

❼**利用獄也**

承「剛柔分」、「雷電並」、「柔得中」三句，而總結上文。以上釋卦辭「利用獄」。

語譯

嘴裡有東西所以取名叫噬嗑，咬斷東西，合攏嘴巴，上下才能貫通相連。在下執法的人應嚴正，在上審理的人要寬厚，得分清楚，如此對犯罪的人方能作出懲罰行動，而且明確、適當。司法工作要上下協調，相互配合，就像雷聲電光，同時產生，相得而益彰。寬厚的人，做事恰到好處，而升上審判的位置，雖然跟威嚴的地位不很相稱，但是來判決刑罰是非常妥當的。

象傳

電雷噬嗑❶；先王以明罰敕法❷。

注釋

❶**電雷噬嗑**

「電雷」各本皆作「雷電」，惟石經作「電雷噬嗑」。晁公武《郡齋讀書志》：「六十四卦〈大象〉无倒置者，當從石經。」甚是。茲從〈象傳〉文例並參考程朱之說，訂作「電雷」。陰陽相噬，有光為電，有聲為雷。電明雷威，使人人知罪惡而有所畏，為噬嗑取象的來源之一。至於上雷下電，成豐䷶。〈象傳〉云：「雷電皆至，豐。君子以折獄致刑。」兩卦取象之不同在：噬嗑電閃在上，雷聲下聞，意在事先的警戒防患；豐卦雷聲在上，電擊在下，著重事後的處罰打擊。請參閱豐卦〈象傳〉注釋。

❷先王以明罰敕法

明罰敕法是指法律之制定，古代由天子立法，故稱「先王」。蔡清《易經蒙引》：「先王以明罰敕法，此以立法言，故曰先王；若豐折獄致刑，以用法言，則曰君子矣！」明罰，是明白公布罰則；敕法，是整飭法令。朱震《漢上易傳》：「明其罰之輕重，使人曉然易避，效電之明也；正其法令，以警懈墮，效雷之動也。」〈象傳〉言「明罰敕法」，與卦辭、〈彖傳〉言「利用獄」微異。項安世嘗較論之。《周易玩辭》曰：「利用獄以實治人，所以懲之而使合也；明罰勅法以象示人，所以禁之而使合也。雷電伏則萬物息；雷電合則造化通。故曰：『雷電合而章。』此二物之功用也，故用獄者取之。陰陽相噬而有聲則為雷；有光則為電。二物因噬而合，故曰雷電噬嗑。此二物之形象也，故立象者取之。」至於噬嗑與豐之不同，船山《易內傳》之言最為簡明：「此定法律於未犯之先；用豐者，折獄於已犯之後。噬嗑，先王之道；豐，司寇之道。法定於一王，獄成於良有司也。」

語譯

電光閃耀，雷聲震動，構成了噬嗑卦；從前的天子因此明白公布處罰的規則，整頓各種法令。

附錄古義

《漢書・藝文志》：「法家者流，蓋出於理官；信賞必罰，以輔禮制。《易》曰：『先王以明罰敕法。』此其所長也。」

《潛夫論・三式》：「噬嗑之卦，下動上明。其象曰：『先王以明罰飭法。』夫積怠之俗，賞不隆則善不勸，罰不重則惡不懲。故凡欲變風改俗者，其行賞罰也，必使足驚心破膽，民乃易視。」

《三國志・魏書・王朗傳》：「朗上疏曰：『《易》稱「勑法」，《書》著「祥刑」，「一人有慶，兆民賴之」；慎法獄之謂也。』」

繫辭傳

日中為市，致天下之民，聚天下之貨，交易而退，各得其所，蓋取諸噬嗑❶。

注釋

❶日中為市六句

在這條注釋，我想隨機說在《易》注的歷史軌跡中，象數《易》和義理《易》的分分合合。首先說東漢末年獻帝時期三國吳人虞翻，在他的《周易注》中寫下：「否五之初也。離象正上，故稱日中也。震為足，艮為徑路，震又為大塗。否，乾為天，坤為民，致天下民之象也。坎水艮山，群珍所出，聚天下貨之象也。震升坎降，交易而退，各得其所。」從中可以看出虞翻很努力想把文本每一個字都找出在象數中的依據。但是除了「離稱日中」、「震為足」、「又為大塗」，就構成噬嗑的「震下離上」立說，可以相信外；其他如「否五之初」、「否乾為天坤為民」，就「卦變」說；「艮為徑路」、「坎水艮山」，就「互體」說：卻有些牽強。寫到最後，虞翻說：「噬嗑，食也；市井交易，飲食之道：故取諸此也。」這又回歸義理。既然如此，那上面說象數方面的依據，豈不全成廢話？晉代韓康伯《注》：「噬嗑，合也。市人之所聚，異方之所合，設法以合物，噬嗑之義也。」盡棄象數，專以義理言。到了宋代，張栻《南軒易說》：「蓋噬嗑成卦，離上而震下。離明乎上，萬物皆相見，為市之時也；震動乎下，除物之間，无所不合，交易而退，各得其所也。」就噬嗑離上震下之象，並暗用〈說卦傳〉說「離」、「萬物皆相見」，而說明義理所在，看來象數亦不必全棄。朱熹《本義》：「日中為市，上明而下動。」據離上為明，震下為動說。「又借噬為市，嗑為合也。」則由字音相近推測另一種可能，顯示解《易》有如猜「謎」之性質來。

語譯

在日升中天時，作為市集的時間，招致天下的人民，聚集各地的貨物，交換了物品再回家去，各自得到所需要的東西：大致取法於噬嗑吧！

序卦傳

可觀而後有所合，故受之以噬嗑❶。嗑者，合也❷。

注釋

❶可觀而後有所合，故受之以噬嗑

一件事物，值得觀看，大家會聚攏觀看；一片風景，值得欣賞，各地人們會不遠千里趕來欣賞；一個偉人，值得景仰，百姓會自動前來投靠。《史記》記舜耕歷山，漁雷澤，陶河濱，一年而所居成聚，二年成邑，三年成都。理由正在此。韓康伯《注》：「可觀則異方合會。」張栻《南軒易說》：「惟其可觀，然後有所合也。太公居東海之濱，伯夷居北海之濱，所以盍於文王者，以文王可觀，然後有所合也。故受之以噬嗑。」朱震《漢上易傳》：「在上而无可觀，則在下引而去矣；非可觀，其能有合乎？故次之以噬嗑。」皆已發此義。

❷嗑者，合也

嗑合音近，語源相同。王力《同源字典》：合、盍、闔皆在緝部匣母。因推尋嗑之字義得聲之由來，而求其義訓。王先謙〈釋名疏證補序〉：「文字之興，聲先而義後。……學者緣聲求義，輒舉聲近之字為釋，取其明白易通，而聲義皆足。」

語譯

值得觀賞景仰，然後才可能聚合在一起，所以接在觀卦後面的是噬嗑。嗑，正是合攏的意思。

雜卦傳

噬嗑，食也❶。

注釋

❶噬嗑，食也

李鼎祚《集解》：「頤中有物，故食。」《南軒易說》：「噬嗑除其間，所以養其生，故曰食也。」爻辭於六二曰「噬膚」，於六三曰「噬腊肉」，於九四曰「噬乾胏」，於六五曰「噬乾肉」，皆食也。

語譯

咀嚼嘴中的東西，這是吃。

初九爻辭

初九❶：屨校滅趾❷，无咎❸。

注釋

❶初九

當噬嗑初爻為老，他爻皆少，即由噬嗑之晉䷢；或需䷄初爻為少，他五爻皆老，即需之噬嗑：這兩種情形，都以噬嗑初九爻辭占。

❷屨校滅趾

屨，有鞋子、踐踏二義。帛書字作「句」，殆為「拘」之省。《釋名・釋衣服》：「屨，拘也，所以拘足也。」宋本及日本足利本都作「履」，屨、履古今字。凡初爻可稱履，如坤初六「履霜」，離初九「履錯然敬之」，歸妹初九「跛能履」。校，《說文》：「木囚也。」在足為桎，在手為梏，在項為枷。滅，是遮沒的意思。孔穎達《正義》：「校之在足，已沒其趾。」是也。趾，帛書作「止」，《釋文》本亦作「止」，止為趾字初文。趾為初爻之象。如賁初九「賁其趾」，大壯初九「壯于趾」，夬初九「壯于前趾」，鼎初六「鼎顛趾」，艮初六「艮其趾」。屨校滅趾，指腳上套著木刑具，連腳趾也遮沒了。案：噬嗑有嚼食、刑罰二義。六爻初言「屨校滅趾」，上言「何校滅耳」，是就刑罰說；二言「噬膚」，三言「噬腊肉」，四言「噬乾胏」，五言「噬乾肉」，是就噬食說，而刑罰之意仍在言外。先儒每言：「初上為受刑之象，中四爻為用刑之象。」雖非全是，亦非全非。

❸无咎

在噬嗑之初，惡性未彰，其初雖有小過，一經薄懲，每能大大警惕，改過自新。而且得位居震下，〈繫辭傳上〉所謂「震无咎者存乎悔」。惡小經薄懲而能悔懼改正，所以无咎。《集解》引干寶曰：「得位于初，顧震知懼，小懲大戒，以免刑戮，故曰无咎。」言象可從。王弼《注》：「凡過之所始，必始於微，而後至於著；罰之所始，必始於薄，而後至於誅。過輕戮薄，故屨校滅趾，桎其行也。足懲而已，故不重也。過而不改，乃謂之過。小懲大誡，乃得其福，故无咎也。」釋義更為詳明。〈繫辭傳下〉於本爻爻辭有所闡發，今錄之於〈象傳〉之後，並加注釋語譯，請參閱。

語譯

噬嗑卦初位是陽爻。腳上套著木頭刑具，連腳趾也遮住了。假使因此警惕，改過自新，就不會再犯過錯了。

象傳

屨校滅趾，不行也❶。

注釋

❶不行也

弼《注》：「過止於此。」程《傳》：「蓋取禁止其行，使不進於惡也。」

語譯

腳上套著木刑具，連腳趾都遮住了，限制他的行動，使不再犯錯啊！

繫辭傳下

子曰❶：「小人不恥不仁，不畏不義❷，不見利不勸，不威不懲❸。小懲而大誡，此小人之福也❹。」《易》曰：「屨校滅趾，无咎。」此之謂也。

注釋

❶子曰

儒門後學轉述其先師孔子之言。

❷小人不恥不仁，不畏不義

小人，指德行較差之人。不恥不仁，不以不仁為恥；不畏不義，不怕做出不義之事。恥為意謂動詞；畏為普通動詞。仁者，人也，是做人的基本道理。其字从人二會意，代表人與人之間應有的倫理。義者，宜也，為最恰當的行為，也就是仁的客觀化的呈現。張栻《南軒易說》：「仁義所以責於君子，小人不以不仁為恥，不以不義為畏。」〈文言傳〉釋乾卦「元」字，曰「君子體仁足以長人」；又釋「利」字，曰：「利物足以和義」。〈說卦傳〉：「立人之道曰仁與義。」請參閱。

❸不見利不勸，不威不懲

這是兩個偏正關係構成的條件複句。不見利、不威是條件，是偏句；不勸、不懲，是表示對結果的推斷，是正句。勸，勉也，勉強努力的意思。懲，懲罰、警惕的意思。《南軒易說》：「夫仁義不足責，故非利則不勸，非威則不懲也。」《折中》引馮氏椅曰：「不以不仁為恥，故見利而後勸於為仁；不以不義為畏，故畏威而後懲於不義。」案：仁人義士之所以行仁為義，是把仁義看作為人做事的基本標準，終極目的；見利而行仁，畏威而行義，仁義便淪落為獲利避罰的手段、工具了。不過「安仁」為「仁者」；「利仁」為「智者」，其成功一也。

❹**小懲而大誡，此小人之福也**

程《傳》：「言懲之於小與初，故得无咎也。」《南軒易說》：「人不知義而所見者利，苟不早有以懲之，則將至於无父无君，其禍有不可勝言者。此噬嗑之初九所以制之於其小，屨校滅趾而使之不行，乃小懲而大誡也。使小人知所忌憚，不敢肆其暴戾，是乃小人之福也。」

語譯

孔子說：「品行較差的人，不把行為不合乎做人道理當作恥辱，不怕幹出不合道義的事情，沒有看到好處就不肯努力去做，不拿刑罰來威嚇就不知道警惕。給他小小的懲罰，而讓他得到大大的教訓。這正是小人的福氣啊！」《周易》說：「套在腳上的木頭刑具遮壓著腳趾頭，不會再犯錯了！」說的就是這個意思啊！

六二爻辭

六二❶：噬膚滅鼻❷，无咎❸。

注釋

❶六二

當噬嗑第二爻為老，他爻皆少，即由噬嗑之睽䷥；或蹇䷦第二爻為少，他爻皆老，即蹇之噬嗑：這兩種情形，都以噬嗑六二爻辭占。

❷噬膚滅鼻

二爻至五爻都有「噬」字，採取噬咬之義，並以本爻性質及距離九四遠近取象。六二以柔居柔，去九四胏骨最遠，故取「膚」為象。膚是柔脆的肉，最好吃的了。正因為好吃，所以連鼻子都埋進肉中被肉掩住了。或以初九「滅趾」類於刖刑，六二「滅鼻」類於劓刑：似非爻辭本意。《周易玩辭》：「六二以柔居柔，在六爻之中至柔者也，故為膚。」是就本爻取象。俞琰《周易集說》：「九四之剛，如乾胏橫於頤中，諸爻之言噬，皆以去四遠近取義。六二純柔，去四尚遠，故其象為膚。」是就去四遠近取象。王夫之船山《易內傳》：「大臠無骨曰膚。滅鼻者，捧大臠而噬，上掩其鼻而不見，噬之剛躁者也。」釋義合象合理。如以「明罰敕法」之義來衡量，六二柔順中正，裕於矜恤之仁，而略於剛斷之義。噬膚滅鼻，吃相雖醜，亦所以勉以矯枉過正，才能奮發興起。

❸无咎

就噬食之義說，要咬斷中梗之九四，用力過猛，實屬必然。《周易集說》：「柔脆而易噬之物，何至於滅沒其鼻，蓋用力不深則不能及胏故也。用力深而及胏，則其滅鼻也又何咎焉。」就刑罰之義說：於己，是從積弱中振作自強；於人，是行重刑使知警惕。都可无咎。

語譯

噬嗑卦陰爻居在二位，吃肉用力太大，連鼻子都被肉掩住了，沒有什麼過失的。

象傳

噬膚滅鼻，乘剛也❶。

注釋

❶乘剛也

下乘初九之剛。對付剛強的犯人，不能太軟弱，只有強硬些。程《傳》：「深至滅鼻者，乘剛故也。乘剛乃用刑於剛強之人，不得不深嚴也。深嚴則得宜，乃所謂中也。」《郭氏傳家易說》記白雲曰：「夫六二柔順中正之德，宜其用刑无過舉矣。今噬膚之易，而有滅鼻之深者，蓋六二以柔乘剛，患在不及，能勉於用剛焉，乃能乘剛。故此噬深亦无咎也。古者刑亂國用重典，豈非噬膚乘剛之義乎？」

語譯

吃肉連鼻子都遮沒住了，對付強橫的人物，就必須這樣用力。

六三爻辭

六三❶：噬腊肉，遇毒❷。小吝，无咎❸。

注釋

❶六三

當噬嗑第三爻為老，他爻皆少，即由噬嗑之離☲；或坎☵第三爻為少，他爻皆老，即坎之噬嗑：這兩種情形，都以噬嗑六三爻辭占。

❷噬腊肉，遇毒

腊肉，是被太陽曬乾了的獸肉。腊初文但作昔，《說文》：「昔，乾肉也，从殘肉，日以晞之。」噬嗑二、三、四、五皆以肉類取象，六三當離上的下面，離為日，所以有乾肉之象。毒，虞翻謂「矢毒」。《周禮・地官・迹人》：「禁麛卵者，與毒矢射者。」可見古代有用毒矢射禽獸者。矢拔去後，毒仍留肉中。虞翻以六三互體得坎，坎為毒，所以有遇毒之象。至其隱喻之義，就如王弼《注》所說：「噬以喻刑人，腊以喻不服，毒以喻怨生。」

❸小吝，无咎

噬肉而有矢毒，施刑而遇怨毒，所以稍有羞吝；然處噬嗑之世，噬肉或施刑是當行的事，所以无咎。程《傳》：「六居三，處不當位。自處不得其當，而刑於人，則人不服而怨懟悖犯之。如噬齧乾腊堅韌之物，而遇毒惡之味，反傷於口也。用刑而人不服，反致怨傷，是可鄙吝也。然當噬嗑之時，大要噬間而嗑之。雖其身處位不當，而強梗難服，至於遇毒；然用刑非為不當也。故雖可吝，亦小噬而嗑之，非有咎也。」

語譯

噬嗑卦陰爻居三位，像咬乾肉碰到箭頭留下的毒，處罰人而人怨恨不服。雖然稍有遺憾，但依法辦事，也沒錯誤啊！

象傳

遇毒，位不當也❶。

注釋

❶位不當也　六是陰爻，三是陽位，陰居陽位，所以不當。喻執法者本性柔弱，但執行著需要剛強的工作，處境艱難。程《傳》：「六三以陰居陽，處位不當。自處不當，故所刑者難服而反毒之也。」李光地《周易折中》案語云：「此亦借爻位之不當，以明其所處之難爾。非其所行有不當也。若所行有不當，則施之刑獄，其失大矣，安得无咎，又豈獨小吝而已乎。」

語譯

咬乾肉，碰到毒；處罰人，人不服：這是自己地位不恰當啊！

九四爻辭

九四❶：噬乾胏，得金矢❷，利艱貞，吉❸。

注釋

❶九四

當噬嗑第四爻為老，他爻皆少，即由噬嗑之頤䷚；或大過䷛第四爻為少，他爻皆老，即大過之噬嗑：這兩種情形，都以噬嗑九四爻辭占。

❷噬乾胏，得金矢

胏，是連骨頭的肉。馬融、陸績皆如此說。九四在上卦離，〈說卦傳〉：「離為乾卦。」所以有乾胏之象。金矢，金屬品製成的矢鏃。王肅《易注》：「金矢所以獲野禽，故食之反得金矢。」〈說卦傳〉：「離為戈兵。」所以有金矢之象。金剛矢直，所以金矢有剛直之義。王肅《易注》接云：「君子於味必思其毒；於利必備其難。」是就「噬」之本義說。陸績《易注》以為九四：「失位用刑，物亦不服，若噬有骨之乾胏也。金矢，取其剛直也。」表示失位用刑之人，必須依靠剛強正直，方能聽訟斷獄。是就「噬」引申為刑罰之義說。考《周禮・大司寇》：「以兩造禁民訟，入束矢於朝，然後聽之；以兩劑禁民獄，入鈞金三日，乃致于朝，然後聽之。」鄭玄《注》：「入矢者，取其直也；入金者，取其堅也。」可見入矢而後聽訟，入金而後斷獄，已形成古代司法的一種制度。而且以金矢象徵剛直，也是古代普遍的看法。王安石《易說》、郭氏《傳家易說》、朱子《本義》、惠棟《周易述》，都引《周禮》說金矢之義。

❸利艱貞，吉

儒以禮樂治天下，聽訟斷獄是不得已。而且九四體剛居柔。所以戒其知難守正，存哀矜之心。必如此，方能獲吉。程《傳》：「九四剛而明，體陽而居柔。剛明則傷於果，故戒以知難；居柔則守不固，故戒以堅貞。」《郭氏傳家易說》白雲郭雍曰：「利艱貞吉者，曾子所謂：『如得其情，則哀矜而勿喜。』蓋聖人明慎欽恤之意也。」案：以全卦來看，九四為頤中之物，是必須除去的阻隔；以六爻看，九四具剛直之才，是除去梗隔的主動者。楊時《龜山易說》：「九四合一卦言之，則為間者；以爻言則居近君之位，任除間之責者也。《易》之取象不同，類如此。」

語譯

噬嗑卦陽爻居四位。咬著連骨的乾肉，發現中間還留著金屬的箭頭。要知道艱難，守著正確的態度，這樣仍有收穫的。

象傳

利艱貞，吉；未光也❶。

注釋

❶未光也

未光，謂其不夠廣大。必艱貞以聽訟斷獄，始吉，此其未光者一；且距離無訟無刑的理想仍有一段距離，所以效果也不算廣大，此其未光者二。程《傳》：「凡言未光，其道未光大也。戒於利艱貞，蓋其所不足也，不得中正故也。」採第一義。《郭氏傳家易說》記白雲曰：「刑期于无刑，必也使无訟。如是則得金矣，亦安足以為聖人之光哉？所謂聽訟猶人者也。帝堯之光被四表，文王之光于四方，其道有大於此矣。故以九四為未光也。」則採第二義。

語譯

要艱苦而正確地聽訟斷獄，方有收穫。這是因為德業不夠偉大的關係，尚未達到無訟無刑的境界！

六五爻辭

六五❶：噬乾肉，得黃金❷。貞，厲无咎❸。

當噬嗑第五爻為老，他爻皆少，即由噬嗑之无妄䷘；或升䷭第五爻為少，他爻皆老，即升之噬嗑：這兩種情形，都以噬嗑六五爻辭占。

注釋

❶六五

❷噬乾肉，得黃金

二、三、四、五皆肉類，五在離中為乾卦，所以有噬乾肉之象。其隱喻之義，就如王弼《注》指出的：「以陰處陽，以柔處剛，以噬于物，物亦不服，故曰噬乾肉也。」二三四五爻，五在最上面，而所噬反比四之乾胏容易，程《傳》：「五居尊位，乘在上之勢以刑於下，其勢易也。」黃指在中。所以坤六五稱黃裳、鼎六五稱黃耳；離六二稱黃離，遯六二稱黃牛，解九二稱黃矢。詳見成蓉鏡《周易釋爻例》。金，指碎了的矢鏃，仍隱含鈞金的意義。俞琰《周易集說》：「六五爻柔位剛，居尊而近四，故其象為噬乾肉，謂其易噬而為力不勞也。黃，中色；金，剛物。得黃金，謂得罰贖之金。《書・舜典》『金作贖刑』是也。六五仁柔之君，明罰勑法于上，任德而不任刑，故其象如此。」大致可從。九四既聽訟，又斷獄，所以入矢而又入金；六五不聽訟，只斷「致于朝」的「民獄」，所以無矢而獨言金。參看九四注。胡炳文《本義通釋》：「訟則出矢，獄則出金；訟為小，獄為大。四於訟獄兼得，大小兼理之也。五，君也，非大獄不敢以聞。《書》所謂『罔攸兼于庶獄』是也。」得黃金，謂六五以柔居剛而得中，剛柔相濟，一似黃金也。

❸**貞，厲无咎**

此句有不同的讀法和解釋。王弼以「貞」為「刑戮得當」；「厲无咎」為「雖厲而无咎也」。句法當是：「貞，厲无咎。」程《傳》：「必正固而懷危厲，則得无咎也。」句法當是：「貞厲，无咎。」《周易集說》：「貞則正固而不偏徇；厲則欽慎而惟刑之恤，故无咎。」句法與程《傳》同，而說解後出轉精。案：九四以剛居柔，爻言「利艱貞吉」；六五以柔居剛，爻言「貞厲无咎」。可見斷獄之不易。或以九四以剛噬，六五以柔噬。以剛噬者，有司執法之公；以柔噬者，人君不忍之仁。邱富國《大易全解》：「噬嗑惟四五兩爻能盡治獄之道。〈彖〉以五之柔為主。故曰：『柔得中而上行，雖不當位，利用獄也。』利用之言，獨歸之五，而他爻不與焉。爻以四之剛為主，故曰：『噬乾胏，得金矢，利艱貞吉。』吉之言獨歸之四，而他爻謂之无咎也。主柔而言，以仁為治獄之本；主剛而言，以威為治獄之用。仁以寓其哀矜；威以懲其奸慝。剛柔迭用，畏愛兼施，治獄之道得矣。」

語譯

噬嗑陰爻在五位。像吃乾肉咬到碎金屬一樣，判案面臨兩難。只要能夠固守正道，謹慎從事，雖然危險，卻不會有差錯。

象傳

貞厲无咎，得當也❶。

注釋

❶得當也　指行動的得當，不是位置的相當。位置相當之當，音ㄉㄤ，如〈象傳〉「雖不當位」，六三〈象傳〉「位不當也」，皆平聲；行動得當之當，音ㄉㄤˋ，此「得當」是也，去聲。《廣韻》當字已有二音。平聲在唐韻，音都郎切；去聲在宕韻，音丁浪切。《周易玩辭》也指出當字有平、去之異，義亦不同。趙汝楳《周易輯聞》：「釋〈彖〉言『不當位』，此言『得當』者，釋〈象〉以位言，此以事言。六五以柔用獄，行以正厲，其无咎者，得用獄之當者也。」

語譯

固守正道，謹慎從事，雖然危險，卻不會有差錯，這樣的行動才得當。

上九爻辭

上九❶：何校滅耳❷，凶❸。

注釋

❶上九

當噬嗑上爻為老，他爻皆少，即由噬嗑之震☳；或巽☴上爻為少，他爻皆老，即巽之噬嗑：這兩種情形，都以噬嗑上九爻辭占。

❷何校滅耳

頸上負荷著木枷，連耳朵都遮沒了。何，是負荷之意。初在下，於人身為趾，故有「屨校滅趾」之象；上在上，於人身為頭，故有「何校滅耳」之象。王夫之《周易稗疏》：「屨校著於脛，從上視之，則不見趾；何校在項，從下視之，則不見耳。」是也。或以滅耳為刵，非。《郭氏傳家易說》記白雲曰：「或以滅為刑而疑之，獨孔氏以為滅沒也。蓋屨校何校則刑也：屨校桎其足也，桎大而沒趾也；何校械其首也，械大而沒耳也。噬膚之易，而深噬焉，自沒其鼻，用力之過也，此皆沒之義也。若以滅耳為刵，滅鼻為劓，滅趾為剕，則上九復不為凶，而初二又不為无咎也。《書》註劓刵輕刑也，考之〈呂刑〉剕辟為重。故漢重斬趾，同於棄市。方初九小懲，固不當斷趾；上九罪大，復不當輕刑。以是知三者言滅，皆非刑也。」案：孔氏，指孔穎達。其言已見噬嗑初九爻辭「屨校滅趾」注釋，請參閱。

❸凶

過中失位，居卦之終，是罪大惡極，窮途末路的象徵。所以凶。〈繫辭傳下〉於此有闡釋，請參閱。

語譯

噬嗑最上面的是陽爻。頭頸上負荷著木枷，連耳朵都遮沒了。真凶惡得很！

象傳

何校滅耳，聰不明也❶。

注釋

❶**聰不明也**
聰字從耳，指聽覺。由於不聽別人的勸告，以至於行惡不改，積惡滿盈，而有何校滅耳之凶。《本義》：「滅耳，蓋罪其聽之不聽也。若能審聽而早圖之，則无此凶矣。」至於何校滅耳之後，耳朵被枷所遮，想聽明白也不可能了。

語譯

負荷著木枷，耳朵被遮住了。都因為早不明白聽進別人的勸告啊！現在想聽也來不及了。

繫辭傳下

善不積不足以成名；惡不積不足以滅身❶。小人以小善為无益而弗為也；以小惡為无傷而弗去也❷。故惡積而不可揜，罪大而不可解❸。《易》曰：「何校滅耳，凶。」

注釋

❶善不積不足以成名；惡不積不足以滅身

在〈繫辭傳下〉，這段話緊接著「子曰」下釋噬嗑初九爻辭的那段話。全段結構頗有邏輯層次，類似「三段推理」。此二句在三段中屬大前提，但善惡二詞並立，又一再使用「不積不足」否定詞，有違推理規則。而且以「成名」為積善的動力，也忽略了道德行為的本身價值。

❷小人以小善為无益而弗為也；以小惡為无傷而弗去也

此三段推理中的小前提。三國蜀主劉備臨死遺詔敕後主，中云：「勿以惡小而為之，勿以善小而不為。」殆本於《易傳》。

❸故惡積而不可揜，罪大而不可解

此三段推理中的結論。說明了「小人」所以「何校滅耳凶」，是由於惡積罪大。《潛夫論・慎微》：「仲尼曰：『湯武，非一善而王也；桀紂，非一惡而亡也。三代之廢興也，在其所積。』」吳怡《新譯易經繫辭傳解義》引此，以為「正可和此處相發明」。

語譯

好事不累積，不能夠成就美名；壞事不累積，也不致於身敗名裂。品行差的人認為小小一點好事做了也沒有什麼利益因而不肯做；認為小小一點壞事做了也沒有什麼害處因而不肯戒除。於是惡行累積到無法掩飾；罪過大到無法消解。這就應了《易經》說的：「頸上戴著木枷，連耳朵都遮沒了，凶險極了！」

賁卦經傳通釋第二十二

卦辭

☶☲ 離下艮上 賁❶：亨❷，小利有攸往❸。

注釋

❶ ☶☲ 離下艮上 賁

賁，是文飾的意思。〈彖傳〉言「文剛」、「文柔」，是賁為文；〈序卦傳〉：「賁者，飾也。」是賁為飾。以卦象來說，離日是紅色的；艮山是青色的。《周禮・考工記》畫繢之事：「青與赤謂之文。」青紅相間，有雜色文飾之象。又艮山離火，山下有火，也有更見文彩之象。以卦德來說，離為明，艮為止，明白人倫物理，行為要有節制，這是文明社會的條件之一。就六爻言，六二「柔來而文剛」，上九「分剛上而文柔」，剛柔相輔並濟，是自然界乃至人文社會發展的重要規律。在卦序方面，噬嗑為合，賁為文飾。程《傳》：「物之合則必有文，文乃飾也。如人之合聚則有威儀上下，物之合聚則有次序排列。」李道平《集解纂疏》：「以天地合者貴乎質，父子兄弟是也；以人合者貴乎文，君臣夫婦是也。君之求臣，有三徵九聘之禮；夫之取婦，有納采納吉之儀：故物不可以苟合，而必受以賁。賁者，文飾之謂也。四言婚媾，五言丘園，其即不可苟合之大者乎。」所以噬嗑之後次以賁卦。至於文飾的功過，適度的文飾是必須的，文過其實就是虛偽的外交辭令了。《論語・雍也》：「質勝於文則野，文勝於質則史。文質彬彬，然後君子。」史，浮誇也。就占筮言，當賁六爻皆少，也就是本卦、之卦都是賁；或困䷮六爻皆老，也就是困之賁：這兩種情形，都以賁卦辭占。

❷亨

單有質不能亨，以質為本，以文飾之才能亨。所以《左傳・襄公二十五年》記仲尼曰：「言之無文，行之不遠。」程《傳》：「无本不立，无文不行。有質而加飾，則可以亨矣！」是也。梁寅《周易參義》更詳言之：「賁者，文飾之道也。有質而加以文，斯可亨矣。朝廷文之以儀制而亨焉；賓主文之以禮貌而亨焉；家人文之以倫序而亨焉；官府文之以教令而亨焉；推之事物，凡有質者，無不待於文也。文則無不亨也。」以象言：賁離下為明，六二柔來文剛，居中得正，故亨。《東萊易說》：「剛本強也，文之以柔，故无不亨。文王，聖人也。得尚父佐輔之，故為大聖人之事業。」是柔來文剛而亨的史證。

❸小利有攸往

利有攸往，靠的是質；今憑文飾而有所往，僅得小利而已。梁寅《周易參義》：「文飾之道，但加之以文彩耳，非能變其實也。故文之過盛，非所利也。但小利於有往而已矣。世之不知本者，或忘其當務之急，而屑屑焉於文飾，雖欲其亨，亦安得而亨乎？」以象言：賁艮上為止，上九剛來文柔而過中失正，故小利有攸往。《東萊易說》：「柔本弱也，文之以剛，則小利有攸往。伊尹、周公，聖人也，所佐者太甲成王而已，則亦止於太甲成王之事業。」是剛上文柔，小利有攸往的史證。案：賁具亨利二德，而不及元貞。質在先，文飾在後，故賁不得言元；以文飾賁，非質之正，所以賁不得言貞。

語譯

離下艮上重疊成賁卦，是文飾的意思。文飾適中，可以大有發展；文飾太過，對前途只有小小的好處。

附錄古義

《呂氏春秋・慎行論・壹行》：「孔子卜，得賁。孔子曰：『不吉。』子貢曰：『夫賁亦好矣，何謂不吉乎？』孔子曰：『夫白而白，黑而黑；夫賁又何好乎？』」

《說苑・反質》：「孔子卦，得賁。喟然仰而歎息，意不平。子張進，舉手而問曰：『師聞賁者吉卦，而歎之乎？』孔子曰：『賁非正色也，是以歎之。吾思夫質素，白當正白，黑當正黑；夫賁又何也？吾亦聞之，丹漆不文，白玉不雕，寶珠不飾；何也？質有餘者，不受飾也。』」

《孔子家語・好生》：「孔子嘗自筮其卦，得賁焉，愀然有不平之狀。子張進曰：『師聞卜者得賁卦，吉也，而夫子之色有不平，何也？』孔子曰：『以其離邪。在《周易》，山下有火謂之賁，非正色之卦也。夫質也，黑白宜正焉。今得賁，非吾兆也。吾聞丹漆不文，白玉不雕。何也？質有餘，不受飾故也。』」

彖傳

賁亨❶，柔來而文剛，故亨❷；分剛上而文柔，故小利有攸往❸。剛柔交錯，天文也❹；文明以止，人文也❺。觀乎天文，以察時變❻；觀乎人文，以化成天下❼。

注釋

❶賁亨

下文有「故亨」，此「賁」下「亨」字依〈彖傳〉文例似不當有。《本義》：「亨字疑衍」是。但孔穎達《正義》以為：「不直言賁，連云賁亨者，由賁而致亨，事義相連也。若大哉乾元，以元連乾者也。」亦可備一說。

❷柔來而文剛，故亨

賁䷕與噬嗑䷔相顛倒，噬嗑離上來而為賁之離下。離下之柔來而文賁卦艮上之剛，六二之柔來文初、三之剛，表明了本質上是剛正的，只是必須修飾以柔和的態度。由於六二居中得正，初三皆得其位，陰陽調和，合成離下，不失其光明，所以能亨。來知德《周易集註》：「柔來文剛者，噬嗑上卦以柔，來文賁之剛也。柔指離之陰卦，剛則艮之陽卦也。柔來文剛，以成離明，內而離明，則足以照物，動罔不臧，所以亨。」何楷《古周易訂詁》：「剛為質，柔為文。柔來文剛，是本先立矣，而文行焉，故亨。」是。案：荀爽、虞翻、王弼、朱熹、項安世、王夫之等都以賁由泰二上兩爻互易而成，泰䷊上六下來為六二以文下剛，九二上往為上九以文上柔。亦代表著先儒對六十四卦卦變的另一種假設。

❸分剛上而文柔，故小利有攸往

噬嗑分出下卦之震，顛倒成艮，為賁之上卦，以文離下之柔，是以艮剛止離柔，以上剛止四五之柔。可是離明在下，為艮所止；上九又過中失位，所以只能小利有攸往。王弼《注》：「剛柔不分，文何由生？故坤之上六，來居二位，柔來文剛之義也。柔來文剛，居中得位，是以『亨』。乾之九二，分居上位，分剛上而文柔之義也。剛上文柔，不得中位，不若柔來文剛，故『小利有攸往』。」注重的是六二得中得位，上九不得中又不得位。來氏《周易集註》：「分剛上而文柔者，分噬嗑下卦之剛，上而為艮，以文柔也。剛指震之陽卦，柔則離之陰卦也。剛上而文柔，以成艮止。則內而能知之；外而不能行之。僅可小利有攸往而已，不能建大功業也。」注重的是賁之離下，足以照物；賁之艮上，多所阻止。項安世《周易玩辭》：「賁亨，謂內卦也；小利有攸往，謂外卦也。二剛為質而以柔文之，則卦之內體固有能亨之道也；及內之一剛分往居外，反使二柔為質，而以剛文之，卦之發用如此，豈堪大事哉！故小利有攸往而已。大抵以柔文剛則順；以剛文柔則悖。蓋其質既弱，則文无所施也。凡卦之法，以內卦為主事，外卦為發用。」則合卦之內外、爻之剛柔而反覆較論，最為周延。李光地《周易折中》案語：「剛上文柔者，見柔當以剛節之，而柔之道不可純用以行也。剛上文柔而曰分者，本於內之誠實，以為節文之則，乃是由中而分出者，故曰分也。」於「分」義有所強調。

❹**剛柔交錯，天文也**

賁卦離下為日，二三四互坎為月，三四五互震為雷，艮上為石為星，《左傳・僖公十六年》「隕石於宋五」，隕石即隕星，故艮為石而為星。日、月、雷、星，構成天上的景觀。而日夜寒暑，剛柔往來，又構成時間的現象，所以說「天文也」。虞翻《注》：「日月星辰高麗于上，故稱天之文也。」是就具體景觀言。程《傳》：「天文，謂日月星辰之錯列，寒暑陰陽之代變。」則綜合空間現象、時間變易而言之。王弼《注》：「剛柔交錯而成文焉，天之文也。」天文之上，似有闕文，朱熹《本義》以為當有「剛柔交錯」四字，今據補。

❺**文明以止，人文也**

離下內含一陰，外見二陽，此文明著於外；艮上抑止二陰，使陰不得逾越。所以說以止。來氏《集註》：「文之明也，而燦然有禮以相接；文之止也，而截然有分以相守。」文明社會，非但要以禮相接，也要拿捏分寸，恰如其分。文明與止的關係包括兩點：一是文明必須有所止。呂大臨《易章句》：「文明不止，則文必勝質，名存實喪，不可以化成天下。」二是用文明的方法去抑止。王弼《周易注》：「止物不以威武，而以文明，人之文也。」能如此，則構成人類的文化活動和文明現象。所以說「人文也」。

❻**觀乎天文，以察時變**

觀察日月星辰的錯列，寒暑陰陽的代變，以察四時的變遷。然後指導人民從事各種適時的工作。《尚書・堯典》：「乃命羲和，欽若昊天，歷象日月星辰，敬授人時。」意思是說：帝堯於是命令羲氏兄弟、和氏兄弟共四人，讓他們謹慎地順著上天的運作，依照日月星辰運行的度數，推定曆法，鄭重地把時令頒授給人民。大旨略同。

❼觀乎人文，以化成天下

化是變而為新，成是久而成俗。見來氏《集註》。觀察人類各種不同的文化活動和文明現象，因勢利導，或加以鼓勵，或予以改變，化民成俗，使天下一歸於至善。《尚書・堯典》：「欽明文思安安，允恭克讓，光被四表，格于上下。克明俊德，以親九族；九族既睦，平章百姓；百姓昭明，協和萬邦，黎民於變時雍。」意思是說：帝堯敬謹、明達、文雅、有腦筋，能安定應該安定的人，真是敬業又能謙讓。光輝普照四方，感召上天下地。還能發揚個人的美德，使家族親睦；明辨百官的職守，使天下諸侯和諧；民眾啊也都變得和善了。大旨略同。

語譯

賁卦離下六二的柔爻來文飾初九、九三的剛爻。使本質剛正的人兼具溫和的態度，所以能夠亨通。艮上分得上九的剛爻來節制六四、六五的柔爻。節制得過分些，所以對前途只有小小的幫助。日月星辰的排列，寒暑日夜的往來，構成天上的景象；人類社會的文化，到達了至善的境界，構成人類的文明。觀看天上景象，發覺四時的變遷；觀看人類文化，因而要明德新民，使文明普及於世界。

附錄古義

《漢書・藝文志》：「天文者，序二十八宿，步五星日月，以紀吉凶之象，聖王所以參政也。《易》曰：『觀乎天文以察時變。』」

《漢書・劉向傳》：「異有小大希稠，占有舒疾緩急，而聖人所以斷疑也。《易》曰：『觀乎天文以察時變。』」

《漢紀・二十七・成帝紀》：「劉向上奏曰：『《易》曰：「觀乎天文以察時變。」昔秦始皇之末及二世之初，日月薄蝕，山陵淪亡，辰星出於四孟，太白再經天，無雲而雷，枉矢夜光，熒惑襲月，孽火燒宮，野禽戲庭，都門內崩，大人見臨洮，長星孛於大角，秦氏以亡。及項籍之敗，亦孛於大角。漢之入秦，五星聚東井，得天下之象也。』」

《論衡・佚文篇》：「候氣變者於天，不於地：天文明也。衣裳在身，文著於衣，不在於裳：衣法天也。察掌理者左不觀右：左文明也。占在右不觀左：右文明也。《易》曰：『大人虎變，其文炳；君子豹變，其文蔚。』又曰：『觀乎天文，觀乎人文。』此言天人以文為觀，大人君子以文為操也。」

《風俗通・十反》：「周舉為朱倀創草曰：『臣聞《易》曰：「天垂象，見吉凶。觀乎天文以察時變。」臣竊見九月庚辰，今月丙辰，過熒惑於東井辟金，光輝合并，移時乃出。夫月者太陰，熒惑火星，不宜相干。臣聞聖德之主不能無異，但當變改，有以供御。孔子曰：「雖明天子，熒惑，必謀禍福之徵，慎察用之。」』」

《三國志・魏書・文帝傳・注引獻帝傳》：「《易》曰：『觀乎天文以察時變，觀乎人文以化成天下。』又曰：『天垂象，見吉凶，聖人則之。河出圖，洛出書，聖人效之：』以為天文因人而變。至于河洛之書，著於〈洪範〉，則殷周效而用之矣。斯言誠帝王之明符，天道之大要也。」

象傳

山下有火，賁❶；君子以明庶政，无敢折獄❷。

注釋

❶山下有火，賁

山本身是美的化身，加上有火相照，更顯得文彩燦爛了。不過山下火光，只能近照而不能遠照，所以只能明庶政不可決大獄。王廙《周易注》：「山下有火，文相照也。夫山之為體，層峰峻嶺，峭嶮參差，直置其形，已如彫飾。復加以火照，彌見文章，賁之象也。」對賁象有美妙的敘述。船山《易內傳》：「山下有火，明有所止，不及高遠，而照近則纖悉皆見。」對賁義有簡明的發揮。

❷君子以明庶政，无敢折獄

先儒對此有兩種詮釋。一就賁「山下有火」，有「文飾」之義釋之。程《傳》：「山者，草木百物之所聚生也。火在其下而上照，庶類皆被其光明，為賁飾之象也。君子觀山下有火明照之象，以修明其庶政，成文明之治。……折獄者，專用情實，有文飾則沒其情矣，故无敢用文以折獄也。」即此說之代表。一就「離下」說「明庶政」，就「艮上」說「无敢折獄」。朱子《本義》：「明庶政，事之小者；折獄，事之大者。內離明而外艮止，故取象如此。」為此說之代表。《朱子語類》記載朱子的學生林學履曾問朱子，「不知二說可相備否？」而朱子答：「明庶政是就離上說；无敢折獄是就艮上說。離明在內，艮止在外。則是事之小者可以用明。折獄是大事，一折便了，有止之義。明在內不能及他，故止而不敢折也。大凡就象中說，則意味長；若懸空說道理，雖說得去，亦不甚親切也。」學履在己未（一一九九）朱子七十歲始來從學，看來朱子到老還堅持己見。項安世少朱子二十三歲，《周易玩辭》說賁〈大象〉云：「山為質，火文之。火在山下，而不在山上者，文可以表質，不可以滅質也。故賁之用，可以明庶政，而不可以折獄。用文以修明庶政，則周之禮樂，庶事備也，不亦可乎？用文以折獄，則張湯、杜周賢於皐陶矣！豈所以求民情哉！」此從伊川就賁全卦說。繼云：「明庶政屬離，不敢折獄屬艮。」則又依朱子分從離下艮上說。朱子畏友蔡元定，其子蔡淵作《易象意言》：「明庶政，離明象。政者，治之具，所當文飾也。无敢折獄，艮止象。」

折獄貴乎情實，賁則文飾而沒其情矣。」所謂「離明象」、「艮止象」固從朱子；而「所當文飾」、「文飾而沒其情」則依伊川。這就說明了「二說可相備」。最有啟發性的是王夫之的意見。早年所作《周易大象解》說：「明庶政，明逮下也；无敢折獄，止其明也。」及其後作《周易內傳》這兩句不見了。捨朱說而轉從伊川是很明顯的。何楷《古周易訂詁》：「〈呂刑〉曰：『非佞折獄，惟良折獄。』苟恃其明察，而緣飾以沒其情，民且有含冤矣。故言刻覈者曰深文，言鍛鍊者曰文致，法曰文網，弄法者曰舞文，治獄之多冤，未有不起於文者。此皆敢心誤之也。」繼項安世痛斥酷吏張湯、杜周後，對冤獄多所警戒。船山《易內傳》：「〈大象〉皆取法卦德之美，獨於賁、夬二卦有戒辭焉。智仁勇皆天德，而非仁以為之本，則智傷於察，勇傷於傲，自恃為德，而以損天下。故君子慎德尤於此致警焉。」於「无敢折獄」三致意焉。案：賁卦由噬嗑顛倒而來，噬嗑〈象傳〉言「明罰敕法」，賁卦故「无敢折獄」。又旅䷷為「山下有火」，亦異於賁之「山下有火」，故旅〈象傳〉言「明慎用刑而不留獄」。

語譯

山下有火照耀著，文彩燦爛，這是賁卦。君子因此明察政治上各種事情，並用美好的態度去施行；卻不敢文飾事實，輕易決定巨大的刑獄。

附錄古義

《三國志・魏書・毛玠傳・注》：「孫盛曰：『魏武於是失政刑矣。《易》稱「明折庶獄」，《傳》有「舉直錯枉」。庶獄明則國無怨民，枉直當則民無不服。未有徵青蠅之浮聲，信浸潤之譖訴，可以丕釐四海，惟清緝熙者也。昔者漢高獄蕭何，出復相之；玠之一責，永見擯棄。二主度量，豈不殊哉！』」

序卦傳

物不可以苟合而已，故受之以賁❶。賁者，飾也。

注釋

❶物不可以苟合而已，故受之以賁

賁卦接在噬嗑之後。嗑者合也。程《傳》：「物之合則必有文，文乃飾也。如人之合聚，則有威儀上下；物之合聚，則有次序行列。」這威儀上下、次序行列，便是賁了。東坡《易傳》更詳乎言之：「君臣、父子、夫婦、朋友之際，所謂合也：直情而行謂之苟；禮以飾情謂之賁。苟則易合，易合則相瀆，相瀆則易以離；賁則難合，難合則相敬，相敬則能久。」今人金景芳、呂紹綱著《周易全解》：「社會處在合和狀態的時候，必須有文以飾其本，所以噬嗑之後次之以賁。」

語譯

事物不可以草率隨便聚合在一起就算了，所以接下來是賁卦；賁，是以文明修飾本質。

雜卦傳

賁，无色也❶。

注釋

❶賁，无色也

賁上六爻辭曰：「白賁，无咎。」上六於六爻是最後一爻；白賁是賁的最終成就。但「白」仍是「色」之一。〈雜卦傳〉言：「賁，无色也。」无色是「色」包括「白色」的一種超越。《老子・六十三章》：「為無為，事無事，味無味。」〈雜卦傳〉言「賁无色」似受《老子》影響。宋儒每混「白賁」、「賁无色」為一談：如張栻《南軒易說》：「賁者設飾，然終於白賁，故无色也。」《郭氏傳家易說》白雲曰：「賁以白賁无咎，故无色。」朱子《本義》：「白受采。」皆宜再思。惟白雲又曰：「无色則質全，有天下之至飾存焉！」則是矣。參閱賁上九爻辭「白賁，无咎」注釋。

語譯

賁飾的最高境界，是回復到原始的無色的自然狀態。

初九爻辭

初九❶：賁其趾❷，舍車而徒❸。

注釋

❶初九

當賁初爻為老，他爻皆少，即由賁之艮䷳；或兌䷹初爻為少，他五爻皆老，即兌之賁：這兩種情形，都以賁初九爻辭占。

❷賁其趾

居初，所以稱趾；居賁卦初九，所以稱賁其趾。賁其趾不是用蔻丹來染腳指甲，而是修飾自己的行為。由於語法上的模稜，還可以解作「賁以其趾」，用自己的行為來顯示個人的風格。程《傳》：「初九以剛陽居明體而處下，君子有剛明之德而在下者也。君子在无位之地，无所施於天下，唯自賁飾其所行而已。趾取其在下而所以行也。君子修飾之道，正其所行，守節處義，其行不苟。」

❸舍車而徒

舍，音捨，義亦同捨。陽在初，像潛龍而求勿用，所以放棄官車而徒步。古代做官的才有資格坐車。《白虎通》：「諸侯路車，大夫軒車，士飾車。」而《論語・先進》記孔子「以吾從大夫之後不可徒行也」。而平民坐車是要受罰的。《後漢書・王符傳》李賢《注》引《尚書大傳》：「古之帝王者必有命。人能敬長矜孤，取舍好讓者，命於其君，然後得乘飾車駢馬，衣文錦。未有命者，不得衣，不得乘，乘衣者有罰。」（案：《大傳》「人」字原當作「民」，李賢蓋避其祖父李世民諱，改作人字。）以象言，初九與六四相應，六四在艮，為手為止。初九又上承六二，二三四互坎，〈說卦〉：「坎，其於輿也為多眚。」所以有阻止上車、乘則多災之象，虞翻《注》：「應在艮，艮為舍；坎為車。徒，步行也。位在下，故舍車而徒。」

語譯

賁卦初位是陽爻。整飭自己的行為，並以此顯示個人風格。放棄官車不坐，用自己的腳走路。

象傳

舍車而徒，義弗乘也❶。

注釋

❶**義弗乘也**

於賁初拈出「義」字，以見賁不僅文飾而已，更應以義來修養自己。《禮記・儒行》：「儒有忠信以為甲冑，禮義以為干櫓，戴仁而行，抱義而處。」與此義有可通。船山《易內傳》：「以方在潛處，義不得邀賁以為榮。」初九在坎輿之下，所以有弗乘之象。

語譯

放棄官車不坐，用自己的腳走路，在原則上是不可以坐的啊！

六二爻辭

六二❶：賁其須❷。

注釋

❶六二

當賁第二爻為老，他爻皆少，即由賁之大畜䷙；或萃䷬第二爻為少，他爻皆老，即萃之賁：這兩種情形，都以賁六二爻辭占。

❷賁其須

賁卦三、四、五、上四爻是☲，形狀有點像頤卦䷚的縮影。六二依附在九三的下面，就像鬍鬚。《集解》引侯果曰：「自三至上，有頤之象也。二在頤下，須之象也。」說象可從。須即今鬚字，也就是鬍鬚。鬍鬚有關乎個人的儀表。傳說中「庖犧鬚垂委地」，見《拾遺記》。《史記・高祖本紀》：「高祖為人隆準而龍顏，美須髯。」《漢書・霍光傳》：「光長七尺三寸，白皙，疏眉目，美須髯。」「美須髯」幾乎是偉男子的同義詞。鬍鬚長在頤上，象徵著柔細而作為文飾的東西不能獨立存在，必須附著在剛強而作為本質的物體上，而能呈現其光輝。〈彖傳〉「柔來而文剛」，指的正是六二。程《傳》：「飾於物者，不能大變其質也。因其質而加飾耳。故取須義。須，隨頤而動者也。動止唯繫於所附，猶善惡不由於賁也。二之文明，唯為賁飾，善惡則繫其質也。」說義可作參考。

語譯

賁卦陰爻居第二位，象徵著嘴巴下面的美麗鬍鬚，使儀容更加煥發！

象傳

賁其須，與上興也❶。

注釋

❶與上興也

鬍鬚不能自己動，隨上面的嘴巴動，從而顯示出個人的風格。《折中》引蔣悌生曰：「須於人身，無損益於軀體，但可為儀表之飾。周旋揖讓，進退低昂，皆隨面貌而動，使人儀舉者文采容止可觀。」（案：蔣悌生，明人，著有《五經蠡測》。今有《通志堂經解》本，已覆核無異。）引申而言之，寬柔仁德之士，也因尚友剛正賢者而相得益彰。〈虬髯客傳〉記紅拂女投奔李靖，說：「絲蘿非獨生，願託喬木，故來奔耳。」正是此意。法國文學家羅曼・羅蘭在榮獲諾貝爾文學獎巨著《約翰・克利斯朵夫》中，描寫安東妮德的弟弟奧里維，性格軟弱，每依賴約翰・克利斯朵夫，更生動表現此種「與上興也」的精義。六二柔順中正而無應，唯上承九三之陽，故有此象。弼《注》：「得其位而无應，三亦无應，俱无應而比焉，近而相得者也。須之為物，上附者也，循其所履，以附於上。」說象甚明。船山《易內傳》：「上謂九三。與，動也。柔不能自明，因陽而顯，則亦隨物而動爾。」說義亦精。

語譯

裝飾著嘴巴的，那是鬍鬚，必須跟著嘴巴才能動啊！

九三爻辭

九三❶：賁如濡如❷，永貞吉❸。

注釋

❶九三

當賁第三爻為老，他爻皆少，即由賁之頤䷚；或大過䷛第三爻為少，他爻皆老，即大過之賁：這兩種情形，都以賁九三爻辭占。

❷賁如濡如

賁如，光彩燦爛的；濡如，潤澤又沉溺似的。二如字皆形容詞詞尾。九三在賁卦，居離下之終，文飾最盛，所以為賁如。而九三居六二、六四兩陰之間，坎水能自潤，亦能陷溺，所以說濡如。濡有潤澤、陷溺二義。《集解》引盧氏曰：「有離之文以自飾，故曰賁如也；有坎之水以自潤，故曰濡如也。」（盧氏為盧景裕，北魏人，著有《周易注》，拙著《魏晉南北朝易學書考佚》立專章論述之。）程《傳》：「三處文明之極，與二四二陰間處相賁，賁之盛者也，故云賁如。賁飾之盛，光彩潤澤，故云濡如。」專重潤澤義。《本義》：「一陽居兩陰之間，得其賁而潤澤者也，然不可溺於所安。」兼顧沉溺義。

❸永貞吉

此可由兩方面來闡釋。就本身言，離下三爻皆得位，九三以陽得位，所以嘉許其能永其貞而得吉。盧景裕《周易注》：「體剛履正，故永貞吉。」就環境言，九三與上無應，比於二陰，有陷溺之可能，所以勉勵其永保貞正。程《傳》：「三與二非正應，相比而成相賁，故戒以當永貞正。」胡炳文《周易本義通釋》

更詳言之：「至坎有濡義，亦有陷義。既未濟濡首濡尾，濡而陷者也。九三非不貞也，能永其貞，則二陰於我為潤澤之濡，我於彼不為陷溺之濡矣。」參閱既濟初九、上六爻辭，未濟卦辭、上九爻辭。

語譯

賁卦陽居三位，燦爛、華潤，又擔心陷溺似的，永遠保持正常，一定有所收穫。

象傳

永貞之吉，終莫之陵也❶。

注釋

❶**終莫之陵也**

終莫能陵之也。陵有踰越、侵犯二義。弼《注》：「處下體之極，居得其位，與二相比，俱履其正，和合相潤，以成其文者也。既得其飾，又得其潤，故曰『賁如濡如』也。永保其貞，物莫之陵，故曰『永貞吉』也。」來氏《集註》：「陵者，侮也。能永其貞，則不陷溺於陰柔之中，有所嚴憚，終莫之陵侮矣。」皆偏重侵犯義。船山《易內傳》：「陰而資飾於人，則物必陵之。剛雖與柔交飾，自可不失其正，陰其能陵之哉？」已兼顧飾不失正，陰不陵剛之義。

語譯

永遠保持貞正的好處，使好裝扮的虛榮心永不能陵越剛正樸實的本質，終於也沒有人會欺侮自己啊！

六四爻辭

六四❶：賁如皤如❷，白馬翰如❸，匪寇婚媾❹。

注釋

❶六四

當賁第四爻為老，他爻皆少，即由賁之離䷝；或坎䷜第四爻為少，他爻皆老，即坎之賁：這兩種情形，都以賁六四爻辭占。

❷賁如皤如

賁六四與屯䷂六二有許多相似之處：賁六四、屯六二皆得位。亦皆有正應：賁六四與初九陰陽相應；屯六二與九五陰陽相應。原是美好的夫妻關係。問題出在乘剛：賁六四下乘九三之剛；屯六二下乘初九之剛。所以轉生出一些枝節來。爻象既如此類似，爻辭也就有些相同：屯六二云：「屯如邅如，乘馬班如，匪寇婚媾。」十二字中，賁六四爻辭除賁、皤、白、翰四字外，其他八個字都與屯六二相同。弼《注》：「有應在初，而閡於三，為己寇難。二志相感，不獲通亨。欲靜則疑初之應；欲進則懼三之難。故或飾或素，內懷疑懼也。」頗能說明此種得位、有應而乘剛的尷尬局面。或飾，釋賁如也；或素，釋皤如也。《說文》「皤，老人白也」，引申物素白都可稱皤。或以六四在艮上，明有所止，由文返質，所以說皤如。俞琰《大易集說》：「四當賁道之變，文返於質，故其象如此。」

❸白馬翰如

指與六四相應的初九。二三四爻互體為坎，故有馬象。白，素色。翰如，馬白貌。《禮記・檀弓上》：

「戎事乘翰。」鄭玄《注》：「翰，白色馬也。」案：白馬翰如，當連下文匪寇婚媾為一句。李光地《折中》云：「白馬翰如，指初九也。已有皤如之心，故知白馬翰如而來者，匪寇也，乃己之婚媾也。凡言匪寇婚媾，皆就上文所指之物而言，屯上睽上，與此正同。」

❹匪寇婚媾

指彼乘白馬來的初九，不是寇盜，而是迎婚的人。二三四互坎為盜，故疑以為寇，初四相應，故實為婚媾。呂大臨《易章句》：「六四以陰居陰，當乎位，質也；以四應初，剛柔相錯，文也。雖與初應，而近比九三，近而不相得，以為己寇。賁如者，欲應初也；皤如者，安於當位，以辟寇也。有是疑也，故或文或質。然潔白其行以待之，寇卒不可得而犯，皆婚媾諧矣！」參閱屯六二爻辭「乘馬班如」、「匪寇，婚媾」注釋。

語譯

賁卦陰居四位。要化妝呢，還是樸素些呢？那騎著馬白亮亮的，不是強盜，是來迎娶的啊！

象傳

六四，當位疑也❶，匪寇婚媾，終无尤也❷。

注釋

❶六四，當位疑也

六四，指賁如皤如。四居上下之際，為多懼之爻。六四得位應初，惜乘剛為憾。又陰爻陰位，質過柔弱。

欲進則畏於九三；欲止恐疏於初九。所以或飾或素，多所遲疑。程《傳》：「四與初相遠，而三介於其間，是所當之位為可疑也。」李光地《折中》：「《易》中凡重言如者，皆兩端不定之辭。故屯如邅如者，欲進而未徑進也。此三爻賁如濡如者，得陰自賁，又慮其見濡也。此爻賁如皤如者，當賁之時，既外尚乎文飾，而下應初剛，又心崇乎質素，兩端未能自決。〈象傳〉謂之疑者，此也。」

❷**匪寇婚媾，終无尤也**

尤，怨尤。程《傳》：「雖為三寇讎所隔，未得親於婚媾；然其正應，理直義勝，終必得合，故云終无尤也。」朱震《漢上易傳》：「純白无偽，誰能閒之；始疑而終合，故曰終无尤也。四之所尤者，三也。」

語譯

六四優柔寡斷，處在進退兩難的位置，心中充滿著疑惑。人家不是來搶你財產的，只是向你求婚罷了。終於也沒有好怨尤的了。

六五爻辭

六五❶：賁于丘園❷，束帛戔戔❸；吝，終吉❹。

注釋

❶六五

當賁第五爻為老，他爻皆少，即由賁之家人䷤；或解䷧第五爻為少，他爻皆老，即解之賁：這兩種情形，都以賁六五爻辭占。

❷賁于丘園

受賁於丘園高士。由〈彖傳〉「分剛上而文柔」，可知上九之剛文六五之柔。所以賁于丘園，是六五被上九之丘園所賁。上九體艮，為山，為果蓏，上位又在卦的外沿，山丘園林，多在郊外，故以丘園取象，借代所居之隱士。案：漢高祖愛戚夫人子如意，想廢太子而立之。太子用張良策，招高帝素所敬畏之隱士四人，為客。高祖於是以太子「羽翮已就」，而打消廢立之意。為丘園之士輔助柔弱之主的最好例證。何楷《古周易訂詁》：「比於上九剛陽之賢，受賁於上九者也。丘園指上。上陽剛而處外，乃賢人隱丘園之象。據〈彖〉曰剛上文柔，則六五乃上所賁者，爻所謂賁於丘園，猶曰受賁飾於丘園也。」

❸束帛戔戔

周代諸侯間派遣卿大夫相問，有束帛加璧之禮，見《儀禮・聘禮》。一直到漢代徵詢於野老，仍多如此。《史記・留侯世家》記張良勸太子「無愛金玉璧帛」，迎隱士四人。《漢書・武帝紀》：「束帛加璧，徵魯申公。」是禮之遺。據《儀禮・昏禮》、《禮記・雜記》等所記，束帛是五兩十端全長二十五尋（約當今四十六公尺）的一束布帛。戔戔，猶言淺淺，是薄薄的意思。六五陰爻兩坼，又居五位，所以用五兩十端的束帛以為象。

❹吝，終吉

就象言，六五失位無應，故吝；居中而承上九之文，故終吉。就義言，拿薄薄的一束帛致贈高人隱士，有些吝嗇；但是，正如《論語・八佾》孔子所說：「禮與其奢也，寧儉。」六五能禮賢下士，受丘園隱士之教，所以終吉。漢文之儉，終勝於漢武之窮奢，可為史證。案：王弼《注》：「賁于束帛，丘園乃落；賁于丘園，帛乃戔戔。」意思是說：國君如果以束帛珍寶來炫耀自己的財富，那麼丘林田園就衰落了；如果藏富於民，繁華農村，那麼國庫裡的玉帛便很少很少了。孔穎達從之。異說可備參考。

語譯

賁卦陰居第五位，像柔弱的國君受到隱居山丘林園的高人逸士的輔助，拿薄薄的一束帛送給清高的隱士；雖然有些吝嗇的遺憾，但那種禮賢下士的態度，卻總是有所收穫的。

象傳

六五之吉，有喜也❶。

注釋

❶有喜也

吉與喜慶，本是一事。所以豐六五〈象〉曰：「六五之吉，有慶也。」兌九四〈象〉曰：「九四之喜，有慶也。」而此處〈象〉曰：「六五之吉，有喜也。」程《傳》：「能從人以成賁之功，享其吉美，是有喜也。」

語譯

六五禮賢下士的收穫，終有喜慶啊！

上九爻辭

上九❶：白賁，无咎❷。

注釋

❶上九

當賁上爻為老，他爻皆少，即由賁之明夷䷣；或訟䷅上爻為少，他爻皆老，即訟之賁：這兩種情形，都以賁上九爻辭占。

❷白賁，无咎

《周禮・考工記》：「凡畫繢之事，後素功。」鄭玄《注》：「素，白采也。後布之，為其易汙漬也。」繢，通繪。古人繪畫，擔心白色容易染汙，總留到最後才畫上去。所以畫上了白色，繪畫就全部完成了。賁上九曰白賁，賁即畫繢之事，白賁即後素功。引申有反璞歸真，復其素白義，所以无咎。案：《論語・八佾》：「子曰：『繪事後素。』」何晏《論語集解》引鄭玄曰：「繪，畫文也。凡繪畫，先布眾色，然後以素分布其間，以成其文。」亦以布色在先，然後施素。朱熹《論語集注》：「繪事，繪畫之事也；後素，後於素也。《考工記》曰：繪畫之事，後素功。謂先粉地為質而後布五采。」以為施粉在先，布采在後，義與鄭異。兩者相較，鄭義似長。

語譯

賁卦最上面是陽爻。由彩飾絢爛返回質樸素白，沒錯。

象傳

白賁无咎，上得志也❶。

注釋

❶上得志也

像一張畫最後畫上了白色，大功告成，當然是件得意的事。呂大臨《易章句》：「畫繪之事後素功。極乎藻絢，必尚素功者，眾色淆亂，非白无以別之也。畫繪至於素功，飾之道盡矣。」推之於人事，可與六五賁於丘園合論。六五上承上九，上九正是賁飾六五的丘園逸士。所以晉干寶《周易注》：「延山林之人，采素士之言，以飾其政，故上得志也。」南朝梁時，陶弘景隱居句容句曲山。梁武帝每有吉凶征討之事，無不諮請。時人稱之為「山中宰相」，可作史證。案：賁上三爻，皆先憂後樂。《周易玩辭》云：「賁上三爻，皆若與卦相反，故其初皆不為人所明。四以為寇致疑，終以婚媾而无尤；五以務實見吝，終以成功而有喜；上以處賁而白，若當有咎，終以在卦之終而得志。蓋樸素篤厚之人，其初常若悖時而難合；及其久也，察其本心之相成，見其事理之當然，始足以免尤而致喜，蓋必至於終而後得志也。」

語譯

由文飾返回質樸，沒錯，最後完成了志願啊！

剝卦經傳通釋第二十三

卦辭

䷖坤下艮上剝❶：不利有攸往❷。

注釋

❶䷖坤下艮上剝

剝，六畫之卦名，由三畫的坤在下，三畫的艮在上，重疊而成。剝的本義是用刀來切割，有凋零剝落的意思。以卦象來說：坤下為地，艮上為山，有山上土石崩坍剝落於地的現象。以卦德來說：坤下為順，艮上為止；啟示君子處於受迫害的時代，要順時忍耐，待機阻止小人。以卦爻消息來說：陰自下向上侵陽，陽一一被剝，僅存上九一爻。代表夏曆九月，萬物零落。鄭玄《周易注》：「陰氣侵陽，上至于五，萬物霝落，故謂之剝也。」以卦序來說：剝卦接在賁卦之後，賁為文飾。〈序卦傳〉：「致飾然後亨，則盡矣；故受之以剝。」呂祖謙《東萊易說》：「以致飾為亨，則其亨盡矣。譬如花開，方其未開之時，固有无窮之意；及其一開之後，則殘謝而已，豈復有餘蘊哉！」以占筮言：當剝六爻皆少，也就是本卦、之卦都是剝；或夬䷪六爻皆老，也就是夬之剝：這兩種情形，都以剝卦辭占。

❷不利有攸往

剝卦陰盛陽衰，是一個世紀末的大環境，所以不利於君子勇往直前。鄭玄《周易注》：「五陰一陽，小人極盛，君子不可有所之，故不利有攸往也。」虞翻《周易注》：「小人道長，子弒其父，臣弒其君，故不利有攸往也。」皆據此。又艮上為止；止，是停止不前往。王夫之《易內傳》：「處陰盛已極之世，止而不行，猶免於害。」即據此而言。郭雍《傳家易說》：「剝有二道：有民剝君，小人剝君子。民之剝君，不過厚百姓以自薄，為安宅順止之道。小人剝君子，則毋與爭利，藏器待時而已。……剝之卦辭獨言不利有攸往者，遇剝无它說焉，懼君子以道自任，與小人校也。」則就義理說。案：卦辭似有脫文，觀〈彖傳〉，疑卦辭於「不利有攸往」下，當有：「順而止之，君子尚消息盈虛。」

語譯

三畫的坤在下，三畫的艮在上，重疊成六畫的剝卦。是陰氣由下向上發展，使陽氣剝落的意思。在這世紀末的時代，正人君子不適合於貿然有所前進，而必須等待時機過阻惡勢力的成長。

附錄古義

《漢書・五行志・中之下》：「僖公三十三年『十二月，隕霜不殺草。』」劉歆以為草妖也。劉向以為今十月，周十二月。於《易》，五為天位，為君位。九月陰氣至；五通於天位，其卦為剝。剝落萬物，始大殺矣。明陰從陽命，臣受君令而後殺也。今十月隕霜而不能殺草，此君誅不行，舒緩之應也。」

彖傳

剝，剝也，柔變剛也❶。不利有攸往，小人長也❷。順而止之，觀象也❸。君子尚消息盈虛，天行也❹。

注釋

❶剝，剝也，柔變剛也

二剝字，前者指剝卦，後者釋其義為剝削、剝奪、剝落。柔變剛，以陰消陽立說。以為剝本乾卦，自姤䷫初六以柔遇剛，消陽成陰開始，經遯䷠、否䷋、觀䷓，到了剝䷖，下面五陽已全被陰剝削，陰柔改變了原屬陽剛之爻。《集解》引虞翻曰：「陰消乾也。」又引盧氏（景裕）曰：「此本乾卦，羣陰剝陽，故名為剝也。」朱震《漢上易傳》更詳言之：「剝本乾，陰侵陽，進而剝之。柔剝乎剛，下剝其上，回邪剝正道，小人剝君子，剛為柔變。故曰：剝，剝也，柔變剛也。」

❷不利有攸往，小人長也

在泰否兩卦〈彖傳〉中，稱陽為「大」，代表「君子」；稱陰為「小」，代表「小人」。剝卦五陰逼陽，是小人極盛的時代，〈彖傳〉據此說明君子不利有所往的原因。楊時《龜山易說》：「五陰上行，小人之長極矣。有爵賞以導其前，刑威以驅其後。中才而下，孰不變而從之乎？雖有剛明之賢，蓋將遜言屈身以避害，亦理勢然也。君子於是時，順而止之可也；往則斯害矣！」案：龜山以人有「中才而下」、「剛明之賢」、「君子」三者。中才而下，雖「變而從之」，而賢者君子固「富貴不能淫，貧賤不能移，威武不能屈」也。

❸順而止之，觀象也

說明「順而止之」，是由觀察剝卦坤順艮止之象而體會得到的。程《傳》：「卦有順止之象，乃處剝之道。君子當觀而體之。」程頤門人楊時作《龜山易說》，更闡揚師說：「夫坤順而艮止，剝之成象也。觀剝之象，則知所以治剝矣。東漢之君子不知出此，引姦凶而授之柄，卒至俱傷兩敗，而國隨以亡，蓋有以取之也。」案：東漢之君子，似指何進，引董卓以誅宦官，卒至東漢滅亡，三國分立。再案：東漢晚期，宦官專權。不僅盤踞朝廷，其子弟親黨布散州郡為官員，每魚肉百姓。朝內名臣朝外名士於是相結與宦官對抗，然態度亦有過當處。如桓帝時，李膺任司隸校尉，為當時京師地區行政、司法的首長。宦官中常侍張讓弟朔，犯罪匿讓家合柱中，膺率吏破柱取朔殺之。桓帝以不先請便加誅責膺，卒釀成黨錮之禍。楊萬里《誠齋易傳》委婉指出：「止亂以順，止小人亦以順。」宜「順而止之，非逆而激之也。」其言可以三思。

❹君子尚消息盈虛，天行也

尚是尊奉；消是消滅；息是生長。陽自陰中生長為盈；陰把陽消滅為虛。以三畫之卦言，震☳自坤☷中初陽出生，兌☱二陽繼長，至乾☰，三陽充盈，是乾息為盈；巽☴自乾中初陰虧陽，艮☶二陰連消，至☷，三陰皆虛，是陰消為虛。以六畫之卦言，陽息卦有復䷗，一陽生，代表夏曆的十一月；臨䷒，二陽生，代表十二月；泰䷊，三陽生，代表正月；大壯䷡，四陽生，代表二月；夬䷪，五陽生，代表三月；乾䷀，六陽充盈，代表四月。陰消卦有姤䷫，一陰消陽，代表五月；遯䷠，二陰消陽，代表六月；否䷋，三陰消陽，代表七月；觀䷓，四陰消陽，代表八月；剝䷖，五陰消陽，代表九月；坤䷁，六爻皆虛，代表十月。（十二地支與二十四節氣的配合，及今通行陽曆起訖約數，已見乾初九〈文言傳〉「潛龍勿用，陽氣潛藏」注釋。此不贅。）這就是《周易》象數一派所說的「消息」。消息盈虛，是天地日月運行中產生的現象，由此現象歸納出的自然運作的規律，就稱為「天行」，而人事活動要注意順應天行，所以剝〈彖傳〉說：「君子尚消息盈虛，天行也。」而其結果，就如復䷗〈彖傳〉所說：「出入无疾」、「反復其道」了。虞翻《周易注》：「乾為君子，乾息為盈，坤消為虛。故君子尚消息盈虛，天行也。則出入无疾，反復其道。易虧巽消艮，出震息兌，盈乾虛坤，故于是見之耳。」是就象數說。程《傳》：「君子存心消息盈虛之理，而能順之，乃合乎天行也。理有消衰，有息長，有盈滿，有虛損，順之則吉，逆之則凶。君子隨時敦尚，所以事天也。」是就義理說。

語譯

剝，是剝削、剝奪、剝落的意思，陰爻由下向上剝落了陽爻。陰柔的力量使原本充實的陽剛變得空虛柔弱了。不利於君子挺身前往，小人的勢力已成長到接近顛峰。只能順著時機加以遏止，這是觀察剝卦坤順艮止的現象得到的啟示。君子應注重時代潮流的消衰、興盛、虛損、充實，配合天時而行動。

象傳

山附於地，剝❶；上以厚下安宅❷。

注釋

❶山附於地，剝

艮上為山，坤下為地，山上土石風化剝落，附著在地面，構成「剝」象。《集解》引陸績曰：「艮為山，坤為地，山附於地，謂高附於卑，貴附於賤，君不能制臣也。」

❷上以厚下安宅

上，上九，指領導人物；下，下五陰爻，指人民。領導者必須為人民謀豐厚的福利，才能安穩地居於君位。程頤《易傳》：「上謂人君與居人上者。……下者，上之本，未有基本固而能剝者也。……為人上者知理之如是，則安養人民，以厚其本，乃所以安其居也。《書》曰：『民惟邦本，本固邦寧。』」朱震《漢上易傳》：「山剝而附於地，則其下厚矣；為人上者觀此，故裕民崇本，務厚其下，是乃安宅不傾之道。」案：〈彖傳〉強調剝卦「柔變剛」「小人長」，而〈象傳〉言「厚下安宅」，凶吉有異。項安世《周易玩辭》：「凡諸〈彖〉所言，皆六爻消長之象也；凡〈大象〉所言，皆八卦取物之象也。以剝之六爻言之，陰自下而長，以剝乎陽，若更上往，則為小人滅君子之象，故曰：『不利有攸往，小人長也。』以剝之物象言之，山自上而剝，以附於下，下厚則山愈安，是為君厚其民之象，故曰：『山附於地，剝；上以厚下安宅。』上削而下廣，山形之所以安也。大抵卦有吉凶善惡，而大象無不善者。」

語譯

山上土石風化流失，附著在地面，這種剝落的現象，使高山有了更廣大深厚的基礎；領導者也要貢獻個人的心力，為人民謀豐厚的福利，才能根本鞏固自己的立場。

序卦傳

致飾然後亨則盡矣，故受之以剝❶；剝者，剝也❷。

注釋

❶**致飾然後亨則盡矣，故受之以剝**

物極必反，文過質喪，先儒多從此立論。賁卦是講文飾的，到了賁上九「白賁」，已飾盡返素，不再講求「青與赤謂之文，赤與白謂之章」（見《周禮・考工記・畫繢》）等美學原則。《集解》引荀爽曰：「極飾反素文章敗，故為剝也。」強調物極必反。荀爽之後，韓康伯《注》：「極飾則實喪也。」強調極飾實喪。

惟荀、韓於《傳》中之「亨」，均未觸及。程《傳》：「夫物至於文飾，亨之極也；極則必反，故賁終則剝也。」以文本當讀作「致飾然後亨，則盡矣」。張栻《南軒易說》：「文之太過，則滅其質，而有所不通，故致飾則亨有所盡。」以文本當讀作「致飾，然後亨則盡矣」。古文言簡而意模稜，程《傳》張說，二義可兼。朱震《漢上易傳》：「致飾然後物亨，亨則盡矣！」綰合兩義，較為周延。

❷剝者，剝也

《南軒易說》：「剝者，五陰剝一陽，此所以為剝也。」就爻象說。《漢上易傳》：「此商周之末，所以不勝其弊，文之末流也。」則就史實說。案：《禮記・表記》：「虞夏之質，殷周之文，至矣！虞夏之文，不勝其質；殷周之質，不勝其文。」故朱震如此說。

語譯

留心用力在文飾然後得以亨通發展，那麼發展就到了窮盡的地步，所以接在賁卦後面的是剝卦；剝呢，是剝落窮盡的意思。

雜卦傳

剝(ㄅㄛ)，爛(ㄌㄢˋ)也(ㄧㄝˇ)❶。

注釋

❶剝，爛也

爛，是爛熟的意思。相對於剝上九之「碩果不食」，就整個大自然的消息盈虛方面來看，「碩果」仍然會成熟、腐爛、掉落。就像韓康伯《注》所說的：「物熟則剝落也。」但是，一顆果子不落到土中，它只是一顆果子；必須落到土中，「就結實，有三十倍的，有六十倍的，有一百倍的。」（《新約聖經・馬可福音》）

語譯

剝，是爛熟而掉落。

初六爻辭

初六❶：剝牀以足❷，蔑貞，凶❸。

注釋

❶**初六**

當剝初爻為老，他爻皆少，即由剝之頤䷚；或大過䷛初爻為少，他五爻皆老，即大過之剝：這兩種情形，都以剝初六爻辭占。

❷**剝牀以足**

以象言，《折中》引虞翻《周易注》云：「此坤卦變乾也，動初成巽，巽木為牀。」以為陰消陽，坤改變了乾之初爻，成姤䷫，巽下為木為牀。項安世《周易玩辭》：「剝之初六，於時為姤，剝乾成巽，巽為木，故有牀象；所剝者下爻也，足者，牀之下木，故曰剝牀以足。」是據虞《注》而詳言之。來知德《周易集註》則以：「剝自下起，故以足言之；一陽在上，五陰列下，有宅象、廬象、牀象。」以義言，王夫之《易內傳》：「牀，所安處者；以，猶及也。」剝牀及於牀腳，人就無法安眠了。案：焦循《易章句》：「牀，壯字假借也。」帛書本「牀」作「臧」，《說文》：「臧，善也。」陽為大，為壯，為臧，為善，今乾初首被陰所剝，所以說「剝臧以足」。帛書作臧，義亦可參考。

❸**蔑貞，凶**

蔑，滅也，見《集解》引盧氏曰，朱子《本義》亦如此說。剝卦本乾，初原為九，今陰剝之，成為初六，是以陰滅陽，變實成虛，是小人逼害君子，故有凶象。虞翻《注》：「失位无應，故蔑貞凶。」考六二、六四皆得位而皆曰凶；六三、六五皆失位而三言无咎，五言無不利：是初、二、四之凶，無關乎位之得失，而關乎比應。虞《注》言凶由「失位」，雖非；言由「无應」，則是也。程《傳》：「陰剝陽，柔變剛，是邪侵正，小人消君子，其凶可知。」船山《易內傳》：「初六卑下柔暗，沈溺於積陰之下，而不能自振，雖力不足以剝陽，實陷於邪以傾陽者深矣。迷於貴貴尊賢之義，藐大人而不知畏敬，自為凶人，天下亦受其凶危矣。」言理可從。案：本句有異讀。《周易折中》引「俞琰曰」，後有案語云：「俞氏之說，是以蔑字屬上句讀。……亦可備一說。」考朱震《漢上易傳》已云：「劉牧讀『剝牀以足蔑』，案六四曰：『剝牀以膚』，則『剝牀以足』當為句。」以文例校之，朱震之說是也。

語譯

剝卦下面初爻首被陰剝落，牀腳被剝損了，無法安眠，邪道消滅了正道，有失落的危險。

象傳

剝牀以足，以滅下也❶。

注釋

❶**以滅下也**

王弼《注》：「剝牀之足，滅下之道也。下道始滅，剛隕柔長，則正削而凶來也。」程《傳》：「滅，沒也；侵滅正道，自下而上也。」王夫之《易內傳》：「以其沈沒於幽暗之中，而不知奉陽之為正也。」

語譯

牀腳被剝損了，先消滅了正道的根基啊！

六二爻辭

六二❶：剝牀以辨❷；蔑貞，凶❸。

注釋

❶六二

當剝第二爻為老，他爻皆少，即由剝之蒙䷃；或革䷰第二爻為少，他爻皆老，即革之剝：這兩種情形，都以剝六二爻辭占。

❷剝牀以辨

剝卦爻辭，初六云「剝牀以足蔑貞凶」，六二云「剝牀以辨蔑貞凶」。二者相較，惟「足」、「辨」一字之異。而六二最難訓解者，亦為「辨」字，以其多歧義故也。《集解》所引，已有鄭玄、虞翻、崔憬三說。鄭玄《周易注》曰：「足上稱辨，謂近厀（膝）之下，詘（屈）則相近，信（伸）則相遠，故謂之辨；辨，分也。」以為「辨」是膝蓋與足之間的部位。虞翻《周易注》：「指間稱辨剝。剝二成艮，艮為指，二在指間。故剝牀以辨。」這是根據《說文》：「釆，辨別也，象獸指爪分別也。讀若辨。」以為「釆」象指爪，有辨別的意思。審查的審，詳悉的悉，解釋的釋，字都從釆，含有辨別之義。剝至六二成遯䷠，下卦艮，〈說卦〉「艮為指」，六二在艮中間，有指間之象。崔憬《周易探玄》：「今以牀言之，則辨當在第、足之間，是牀梐也。」牀梐，是牀板和牀腳之間的牀踏板。《集解》所引三家之外，弼《注》：「辨者，足之上也。」觀弼以「足」為牀足，則此指牀足之上。崔憬所謂牀梐，實本弼《注》。程《傳》以「牀之幹也」；朱子《本義》逕曰「牀幹」，近人高亨《周易大傳今注》以辨當讀為牑，牀版也：皆略同王弼、崔憬。說最可從。案：張載《橫渠易說》：「三雖陰類，然志應在上，二不能進剝陽爻，徒用口舌間說，力未能勝。」則以辯說釋辨。帛書本此四字正作「剝臧以辯」，是以辯說剝奪善良的意思，與橫渠說正合，亦可備作參考。

❸**蔑貞，凶**

六二得位居正，本貞；但上與六五無應，所以喪滅正道。啟示人當正義逐漸失落的時代，要有志同道合的知己，合作奮鬥，才能免於凶險。虞翻《注》：「无應在剝，故蔑貞凶也。」程《傳》：「小人侵剝君子，若君子有與，則可以勝，小人不能為害矣；唯其无與，所以被蔑而凶。」

語譯

剝卦陰爻剝到第二位，牀腳上面的牀踏板也被剝損了，支持牀的結構又喪失了一部分，有倒塌的危險。

象傳

剝牀以辨，未有與也❶。

注釋

❶**未有與也**

《易》例：凡初四、二五、三上，陰陽互異曰「應」，亦曰「與」；不應則稱「敵」，亦曰「无與」、「未有與」、「不相與」。剝六二與六五不應，故曰「未有與」。與，志同道合，相與交好的意思。程《傳》：「剝之未盛，有與猶可勝也，示人之意深矣。」

語譯

牀腳上面的腳踏板也被剝落了，牀的結構又塌了一部分，沒有共同支撐牀的力量了啊！

六三爻辭

六三❶：剝无咎❷。

注釋

❶六三

當剝第三爻為老，他爻皆少，即由剝之艮䷳；或兌䷹第三爻為少，他爻皆老，即兌之剝：這兩種情形，都以剝六三爻辭占。

❷剝无咎

處剝之時，仍能无咎。《注疏》本作「剝之无咎」。《集解》本無「之」字，《經典釋文》：「『剝无咎』一本作『剝之无咎』，非。」熹平石經、帛書亦皆無「之」字。在剝卦中，六三是唯一跟上九有應的陰爻，代表小人羣中獨能支持君子者，因而无咎。《集解》引荀爽曰：「眾皆剝陽，三獨應上，无剝害意，是以无咎。」王弼《注》：「與上為應，羣陰剝陽，我獨協焉，雖處於剝，可以无咎。」其所以不言吉者，程《傳》：「方群陰剝陽，眾小人害君子，三雖從正，其勢孤弱，所應在無位之地，於斯時也，難乎免矣，安得吉也？其義為无咎耳！言其无咎，所以勸也！」

語譯

剝卦陰爻剝到第三位，在剝卦中，是唯一肯支持上九的陰爻，沒有差錯。

象傳

剝之无咎❶，失上下也❷。

注釋

❶剝之无咎

這是設問解釋六三在剝卦中何以无咎的道理，所以比爻辭多一「之」字。項安世《周易玩辭》：「〈小象〉設問剝之所以无咎，則不得不用『之』字，爻辭本无問答，何以『之』為！」

❷失上下也

喪失六三上面的六四、六五，和六三下面的初六、六二。坤〈彖傳〉：「東北喪朋，乃終有慶。」說明了陰喪失朋類，是終可慶賀的事。剝六三喪失上下朋類，不言「有慶」，僅言「无咎」，這是因為處於「剝」的時空中，而所應之上九又貴而無位故。弼《注》：「主上下各有二陰，而三獨應於陽，則失上下也。」程《傳》：「三居剝而无咎者，其所處與上下諸陰不同，是與同類相失，於處剝之道為无咎，如東漢之呂強是也。」案：呂強是東漢的宦官，黃巾兵起，強請靈帝先誅左右貪汙者，解除黨錮之禁。後為小人構陷自殺。在中國歷代宦官中，呂強是極少數講求原則的人！宋胡宏《易外傳》：「昔東漢呂強處閹官之中……」云云，即紹程《傳》。

語譯

剝卦六三處於正義消沉的時代所以不致於有過失，是因為離開上下那些小人，不與他們合汙同流來逼害君子啊！

六四爻辭

六四❶：剝牀以膚，凶❷。

注釋

❶六四

當剝第四爻為老，他爻皆少，即由剝之晉䷢；或需䷄第四爻為少，他爻皆老，即需之剝：這兩種情形，都以剝六四爻辭占。

❷剝牀以膚，凶

剝初六牀腳剝落；六二牀踏板剝落；六三與上九相應，无咎，故未言剝牀；至六四就由牀面剝及牀面上的人膚了。事態發展至此，自然十分凶險。《集解》引王肅曰：「在下而安人者，牀也；在上而處牀者，人也。牀剝盡以及人身，為敗滋深，害莫甚焉。故曰：『剝牀以膚，凶。』也。」牀，帛書本作臧；剝臧以膚，是陰柔的女子以膚色喪人善志的意思。膚，阜陽漢簡作「父」，熹平石經作「簠」，《釋文》謂京房本亦作「簠」。《集解》引崔憬曰：「牀之膚謂薦席。」今人張立文《周易帛書今注今譯》言：「『簠』，疑讀為『簿』。……鋪於牀謂之席，席有草編，亦有竹編。……人膚或牀席，此處義皆可通。」占辭僅言「凶」，而不言「蔑貞凶」，弼《注》：「豈唯削正，靡所不凶。」今人金景芳、呂紹綱《周易全解》：「爻辭不言貞凶而直言凶，說明凶是無條件的，絕對的。」

語譯

剝卦陰爻剝到第四位。牀上人的肌膚也受到剝損，陰柔的女子以膚色迷惑人們善良的心志，有失落的危險。

象傳

剝牀以膚，切近災也❶。

注釋

❶**切近災也**

下卦初、二已剝到睡覺安身的牀，到上卦六四，已剝到牀上的人體，災及本人了。楊時《龜山易說》：「剝牀以足以辨，則剝其所安而已，未嘗及膚也；六四履近尊位，則剝及膚矣，其災也豈不切近乎？」

語譯

牀上人的肌膚也受到剝損，陰柔的女子以膚色迷惑人們善良的心志，要注意切近災難了！

六五爻辭

六五❶：貫魚，以宮人寵❷，无不利❸。

注釋

❶六五

當剝第五爻為老，他爻皆少，即由剝之觀䷓；或大壯䷡第五爻為少，他爻皆老，即大壯之剝：這兩種情形，都以剝六五爻辭占。

❷貫魚，以宮人寵

魚屬陰物。貫魚，是連貫前游的魚群，以喻宮中后妃嬪婦之秩然有序。剝至六五，為艮上所止，剝道已至極限。六五以陰居尊位，為后之象；其下四陰，為嬪妃之象。六五之后，下率嬪妃，上順上九之陽，有以宮人承寵之象。剝卦發展到六五，於是由原來以陰剝陽的抗爭關係，一變而為上九與六五比鄰，六五以陰上承上九的順承關係。〈彖傳〉所謂「順而止之」也。王弼《注》云：「處剝之時，居得尊位，為剝之主者也。剝之為害，小人得寵，以消君子者也。若能施寵小人，於宮人而已，不害於正，則所寵雖眾，終无尤也。貫魚，謂此眾陰也，駢頭相次，似貫魚也。」程《傳》：「剝及君位，剝之極也，其凶可知，故更不言剝，而別設義以開小人遷善之門。」案：男女關係，取譬以喻陰陽，而且僅為陰陽關係之一；陰陽關係，亦可能是義利關係，故剝卦言剝，可視為以利剝義。剝至六五，上承上九，以利從義，為以下四陰示範。〈文言傳〉所謂「利者義之和」，「利物足以和義」，請參閱坤卦辭「君子有攸往：先，迷；後，得主，利」注釋。

❸无不利

剝卦五陰爻，初六、六二、六四皆言「凶」，與上九無應無比也；六三與上九相應，故「无咎」；六五與上九相比，故「无不利」。此開示當剝之世，反制剝道的權宜措施。張載《橫渠易說》：「小人之心，不過圖寵利而已，不以宮人見蓄為恥也。陰陽之際，近必相比。六五能上附於陽，反制羣陰，不使進逼，方得處剝之善。下无剝之之憂；上得陽功之庇，故曰『无不利』。」項安世《周易玩辭》：「天道豈能无小人，人道豈能无女子，但處置得宜，則自无剝剛之禍矣。然此英主之事，非六五所能為也。聖人特著此，以開後世救剝之路耳。」

語譯

剝卦陰爻居於第五位，像連貫前游的魚群，王后因率領眾妃順從上九君王而得寵，沒有什麼不利的。

象傳

以宮人寵，終无尤也❶。

注釋

❶終无尤也

程《傳》：「羣陰消剝於陽，以至於極。六五若能長率羣陰，駢首順序，反獲寵愛於陽，則終无過尤也。於剝之將終，復發此義，聖人勸遷善之意深切之至也。」《郭氏傳家易說》記白雲曰：「方剝之時，小人進長，六五知不可決而寵之，所謂順剝之時而為止剝之道者也。雖然，貫眾陰而寵之，疑非聖人之道。而曰

「无不利」、「終无尤」者，蓋消息盈虛，天之所行，君子之所尚，雖聖人不能違時，特於其間既順以從時，而又有止之道以救時耳。非若一於順而寵之，不知濟時者也。」

語譯

王后因率領眾妃順從君王而得寵，終於沒有什麼怨尤了。

附錄古義

《易緯·乾鑿度》：「陽消陰言夬，陰消陽言剝者，萬物之祖也。斷制除害，全物為務。……夫陰傷害為行，故剝之為行剝也。當九月之時，陽炁衰消，而陰終不能盡陽，小人不能決君子也，謂之剝，言不安而已。是以……剝之六五言盛殺，萬物皆剝墮落。譬猶君子之道衰，小人之道盛，侵害之行興，安全之道廢，陰貫魚而欲承君子也。」

上九爻辭

上九❶：碩果不食❷，君子得輿❸，小人剝廬❹。

注釋

❶上九

當剝上爻為老，他爻皆少，即由剝之坤☷；或乾☰上爻為少，他爻皆老，即乾之剝：這兩種情形，都以剝上九爻辭占。

❷碩果不食

帛書作「石果不食」。〈說卦傳〉：「艮為小石，為果蓏。」上九在艮上，或因此而有石果不可食之象。諺所謂：「軟泥深挖，硬果不食。」啟示處剝之時，強硬抗拒，終能自保。但是《注疏》本、《集解》本、及阜陽漢簡均作「碩果不食」。《集解》引虞翻曰：「艮為碩果。」王弼《注》：「果至于碩，而不見食也。」農夫種植農作物，每留碩果，以為種子。程頤已發此義，程《傳》：「諸陽消剝已盡，獨有上九一爻尚存，如碩大之果不見食，將見復生之理。」胡炳文《周易本義通釋》：「果中有仁，天地生生之心存焉。」更見深意。程《傳》更比較夬之上六與剝之上九，曰：「或曰：『陰陽之消，必待盡而後復生於下，此在上便有復生之義，何也？夬之上六，何以言「終有凶」？』曰：『上九居剝之極，止有一陽，陽无可盡之理，故明其有復生之義，見君子之道，不可亡也；夬者，陽消陰，陰，小人之道也，故但言其消亡耳，何用更言卻有復生之理乎？』」

❸君子得輿

得輿，帛書作「得車」，《經典釋文》引京房作「德輿」，董遇作「德車」。《說文》：「德，升也。」「得，行有所得也。」桂馥《說文義證》引《史記・項羽本紀》「吾為君德」，《漢書》作「公得」等，以為「古升、登、陟、得、德五字義同」。考《周易》小畜上九爻辭「尚德載」，《集解》引「虞翻曰」德字作得；又升〈象傳〉「君子以順德」，《釋文》謂姚信本「德作得」。是德、得二字可通。車輿義也相近。上九陽爻，代表君子，代表德性；其下有坤，代表人民，代表車輿。虞翻《注》：「乾為君子，為德；坤為車，為民。」剝極思復，所以盼望君子得輿，能行大道。程《傳》：「陰道盛極之時，其亂可知，亂極則自當思治，故眾心願載於君子，君子得輿也。」

❹小人剝廬　上九一陽，下庇五陰，又在艮上，〈說卦傳〉：「艮為門闕。」所以有屋廬之象。而陰為小人，竟欲剝之。與上句「君子得輿」相較，可見君子小人行徑之不同，亦見處剝之世合作之必要。郭雍《傳家易說》：「君子小人，蓋相須也。輿，所以載君子，小人之象；廬，所以庇小人，君子之象。君子得輿，為民所載，則有厚下之道故也；小人之性，自下窮上，必剝其廬而後已，剝其廬則无以自庇，終失所安之象，以見小人不可用於天下國家也。」

語　譯

剝卦最上面的是陽爻，代表肥大的果實，要留下作種子，沒被吃掉，也可能象徵堅硬的果實才不致被吃掉。君子厚待人民，獲得人民擁護，共同創造生機；小人窮凶極惡，還要拆毀屋子，大家不得安居。

象傳

君子得輿，民所載也❶；小人剝廬，終不可用也❷。

注釋

❶民所載也

《集解》引侯果曰：「艮為果為廬；坤為輿。處剝之上，有剛直之德，群小人不能傷害也。故果至碩大，不被剝食矣！君子居此，萬姓賴安，若得乘其車輿也。」

❷終不可用也

不可用，是不可以的意思。王引之《經義述聞》：「『用』讀為『以』，於古音亦屬『之』部，故與災、尤、載、志、事為韻。」用作任用解亦甚好。《朱子語類》：「唯君子乃能覆蓋小人；小人必賴君子以保其身。今小人欲剝君子，則君子亡，而小人亦無所容其身，如自剝其廬也。且看自古小人欲害君子，到害得盡後，國破家亡，其小人曾有存活得者否？故聖人於象曰：『君子得輿，民所載也；小人剝廬，終不可用也。』若人占得此爻，則為君子之所為者，必吉；而為小人之所為者，必凶矣！其象如此，而理在其中；卻不是因欲說道理而後說象也。」

語譯

君子得著車輛駛向復興之路，因為人民擁護啊！小人拆毀了屋子，終究是不可以的！

復卦經傳通釋第二十四

卦辭

䷗震下坤上復❶：亨❷。出入无疾，朋來无咎❸。反復其道，七日來復❹。利有攸往❺。

注釋

❶䷗震下坤上復

復，六畫之卦名，由三畫的震在下，三畫的坤在上重疊而成。復，是往而仍來，回到老路上走。《集解》引何妥曰：「復者，歸本之名，群陰剝陽，至于幾盡，一陽來下，故稱反復。」反復即返復，是也。以卦象來說：震下為雷，坤上為地，雷藏地下，總有復出驚蟄之日。以卦德來說：震下代表動，坤上代表順。內動而外順，下動而上順，已動而人順，恢復的主觀、客觀條件全具備了。以卦爻來說：上面五爻全是陰，最下面一爻是陽，有一陽自下再生的勢態。以卦序來說：復卦繼剝卦而起。剝卦五陰在下，僅上九一爻為陽爻。這顆不食的碩果，掉落地下，成為復卦。於是果中之核，核中之仁，萌芽成長，新生命因而復生。「剝極而復」，就是這個意思。以筮法來說：當復六爻皆少，也就是本卦、之卦都是復；或姤䷫六爻皆老，也就是姤之復：這兩種情形，都以復卦辭占。

❷亨

陽代表生命，代表君子。復卦「一元復始」，必能導致「萬象更新」：萬物亨通，君子道長，此即所謂「亨」。何妥曰：「陽氣復反，而得交通，故云復亨也。」程《傳》：「既復則亨也。陽氣復生於下，漸亨盛而生育萬物；君子之道既復，則漸以亨通，澤於天下，故復則有亨盛之理也。」

❸出入无疾，朋來无咎

剝之上九，返下成復之初九，此為「入」；下卦成震，具動之德，此為「出」；上卦為坤，稟性柔順，不見坎象，故無危險疾病，此為「无疾」。虞翻《周易注》：「坎為入，十二消息不見坎象，故出入无疾。」釋象可從。朋來无咎之「朋」，帛書本作「堋」，是「喪葬下土」的意思，以象上九剝落，埋於復卦坤土之下。陸德明《經典釋文》引京房《易傳》作「崩」，以象剝卦艮上為山，崩落成復卦的震下。果落而芽萌；山崩以益下，所以「无咎」。至於其義，王弼《注》：「入則為反，出則剛長，故无疾；疾猶病也。朋謂陽也。」程《傳》云：「出入，謂生長。復生於內，入也；長進於外，出也。出入无疾，謂微陽生長，无害之者也。既无害之，而其類漸進而來，則將亨盛，故无咎也。」弼《注》「朋」謂「陽」類，程《傳》亦作朋類解，與京房不同。

❹反復其道，七日來復

約有六說：一、指陽道由剝經坤而返復，自剝上九，歷坤之六陰，終成復卦初九，共經七爻，一爻為一日，凡需七日。鄭玄《周易注》云：「建戌之月以陽氣既盡，建亥之月純陰用事，至建子之月陽氣始生。隔此純陰一卦，卦主六日七分，舉其成數言之，而云七日來復。」案：建戌之月即九月指剝，建亥之月即十月指坤，建子之月即十一月指復。王弼《注》：「陽氣始剝盡至來復，時凡七日。」孔《疏》：「剝卦陽氣之盡，在於九月之末，十月當純坤用事，坤卦有六日七分。坤卦之盡，則復卦陽來。是從剝盡至陽氣來復，隔坤之一卦六日七分。舉成數言之，故輔嗣言凡七日也。」是王弼之注，實同鄭玄。其後李鼎祚主鄭注而更詳其說。《周易集解》案語云：「案易軌一歲十二月三百六十五日四分日之一。以坎震離兌四方正卦，卦別六爻，爻主一氣；其餘六十卦三百六十爻，爻主一日，當周天之數；餘五日四分日之一，以通閏餘者也。剝卦陽氣盡于九月之終，至十月末，純坤用事；坤卦將盡，則復陽來，隔坤之一卦六爻為六日；復來成震，一陽爻生，為七日。故言反復其道，七日來復，是其義也。」二、自姤䷫初六消乾，歷遯䷠、否䷋、觀䷓、剝䷖、坤䷁，至復䷗初陽復生，其變凡七，故云七日來復。虞翻《周易注》：「謂乾成坤，反出于震而來復。陽為道，故復其道。剛為晝日，消乾六爻為六日，剛來反初，故七日來復。」程頤全採其說，程《傳》云：「反復其道，謂消長之道，反復迭至；陽之消至七日而來復，姤，陽之始消也，七變而成復，故云七日，謂七更也。」虞翻、程頤之說，以「六爻為六日」、「七變而成復」，似與鄭、王、孔氏「隔坤之卦六日七分」小異；究其實質，皆主消息說，亦可合而為一也。三、七日作七月解。《周易集解》引侯果曰：「五月天行至午，陽復而陰升也；十一月天行至子，陰復而陽升也。天地運往，陰陽升復，凡歷七月，故曰七日來復，此天之運行也。〈豳詩〉曰：『一之日觱發，二之日栗烈。』一之日，周之正月也；二之日，周之二月也，則古人呼月為日明矣！」侯說仍遵消息，惟為卦主一月與卦主六日七分調和耳。又夏曆五月，即周曆七月，天行至午為姤䷫而陰升；夏曆十一月，即周曆正月，天行至子為復䷗而陽升。計其終始，凡經七月。所引〈豳詩〉，為《詩經・豳風・七月》。四、七為少陽之數，日亦代表陽物。鄭剛中《周易窺餘》：「七者陽數，日者陽物，故於陽長言七日。」五、言合二、五為七。焦循《易通釋》：「循按：七日來復之說，言人人殊。或謂乾成坤反出于震（虞翻）；或謂五月至十一月（侯果）；或謂六日七分（鄭康成）：紛紛不已。余取王肅之說，合二五為七。所謂七日者，謂姤二之復五而已。紛紛諸說，似極精微，不知《易》之精微殊不在此！」焦氏言《易》「精微殊不在此」，誠是矣；所引王肅說，在既濟六二爻辭：「婦喪其髴，勿逐，七日得。」王肅《注》：「二五相應，故七日得也。」焦氏改「二五相應」為「合二五」，而據此謂「姤二之復五」，則非也。六、過十之半曰七。王引之《經義述聞》：「曰：然則七日何所取義乎？曰：仍求之於本經而已。震之六二曰：『震來厲，億喪貝，躋于九陵，勿逐，七日得。』既濟之六二曰：『婦喪其茀，勿逐，七日得。』喪而復得，皆以七日為期。蓋日之數十，五日而得其半，不及半則稱三日，過半則稱七日。欲明失而復得多不至十日，則云七日得。此卦之『七日來復』亦猶是也。復為剛反，有去而復來之象。占者得此，則凡已去者可以來復，至多不過七日，故云『七日來復』。七日者，人事之遲速，非卦氣之遲速也，何須承坤計之而云六日七分？又何須承姤計之而云七月乎？」王氏綜合《易經》言及「七」之句，探求其義，盡棄舊說，獨標新義，最為可取。再案：朱子《本義》：「自五月姤卦，一陰始生，至此七爻，而一陽來復，乃天運之自然，故其占又為反復其道，至於七日，當得來復。」雖同伊川；但《朱子語類》憂淵記曰：「七日只取七義；猶八月有凶只取八義。」卻與王引之意近。蓋《本義》成書於宋孝宗淳熙四年（一一七七）朱子四十八歲時，憂淵於宋光宗紹熙四年（一一九三）朱子六十四歲始來問學，朱熹晚年已不採消息說七日來復也。

❺利有攸往

此與剝卦相對而言。剝卦陰氣上逼，陽道剝落，故言「不利有攸往」；復卦陽道初生，君子道長，故言「利有攸往」。有勉勵人乘時興起之意。項安世《周易玩辭》：「剝曰不利有攸往，小人長也；復曰利有攸往，剛長也。《易》之意凡以為君子謀也。聖人謂復其見天地之心，吾亦以是見聖人之心也。」呂祖謙〈答朱熹書〉：「或問：利有攸往，向說當作『純亦不已』看，恐亦有時乘有為之意。答曰：隨卦義看，難立定說也。」

語譯

三畫的震在下，三畫的坤在上，重疊成六畫的復卦，是陽道恢復，在底下復生的意思。在這一元復始的時光，必能導致萬象更新，前途一片光明燦爛。生機和正義來到了，出動了，不會有任何疾病或危險！像果核落地而萌芽，像上級克己為基層民眾謀福利，不會有過錯的！黑暗來臨，光明還會遠嗎？陽道的恢復，只需要短短七天的週期！正人君子，趁這時機，要勇往直前，奔向光明的大道！

附錄古義

《左傳・成公十六年》：「楚子救鄭。苗賁皇言於晉侯曰：『楚之良在其中軍，王族而已。請分良以擊其左右，而三軍萃於王卒，必大敗之。』公筮之，史曰：『吉。其卦遇復䷗，曰：「南國蹙，射其元，王中厥目。」國蹙王傷，不敗何待？』公從之。」

《漢書・五行志・中之上》：「京房《易傳》曰：『復，崩來無咎。自上下者為崩。』」

《中論・修本》：「夫見人而不自見者謂之矇，聞人而不自聞者謂之瞶，慮人而不自慮者謂之瞀。故明莫大乎自見，聰莫大乎自聞，睿莫大乎自慮。此三者，舉之甚輕，行之甚邇，而人莫之知也。故知者舉甚輕之事以任天下之重，行甚邇之路以窮天下之遠。故德彌高而基彌固，勝彌眾而愛彌廣。《易》曰：『復：亨。出入無疾，朋來無咎。』其斯之謂歟？」

彖傳

復亨，剛反❶；動而以順行❷，是以出入无疾，朋來无咎。反復其道，七日來復，天行也❸。利有攸往，剛長也❹。復，其見天地之心乎❺！

注釋

❶剛反

此釋「復亨」。陽剛返回初位，故有復元亨通之象。朱熹《本義》：「剛反則亨。」案：《集解》本以「剛反動而以順行」為句，引虞翻曰：「剛從艮入坤，從反震，故曰反動也；坤順震行，故而以順行。」

以為剝卦☶艮上剛爻入於坤下，自上返下，而成復卦之震下坤上，剛返為震，震為動，故曰反動。說可兩存。

❷動而以順行

此釋「出入无疾，朋來无咎」。復卦震下為動，坤上為順，行為如此，自然无疾无咎。王宗傳《童溪易傳》：「夫震動而坤順，剛既來反，則陽動於下，以順而行於上，自此以往，无非順理以動也。夫如是，則剛反為復，陽降而入，剛動以時，陽升而出。其出也，其入也，羣陰莫之能害，故曰出入无疾。夫復之一陽，出入乎羣陰之中，而羣陰莫之能害，則以其以朋類漸進而來，又何咎乎？」理，指自然界和人事界的道理。

❸天行也

此釋「反復其道，七日來復」。言天地運行使之有此現象。請參閱剝卦〈彖傳〉注❹，及復卦卦辭注❹。項安世《周易玩辭》云：「剛之反也，動而以順行，是以出入无疾，朋來无咎，此人事之當然也；反復其道，七日來復，天行也，此天理之必然也。在天則有必復之理；在人則顧其所處，如何无必勝之理也。」

❹剛長也

此釋「利有攸往」。言復卦初九之剛，能逐漸成長。《周易折中》引邱富國曰：「剛反，言剝之一剛，窮上反下，而為復也；剛長，言復之一陽，自下進上，為臨為泰，以至為乾也。以其既去而來反也，故亨；以其既反而漸長也，故利有攸往。剛反，言方復之初；剛長，言已復之後。」案：邱富國，宋建安人，字行可，嘗受學於朱熹門人，著有《周易輯解》、《易學說約》，發明朱子宗旨。

❺復，其見天地之心乎

陽道代表生機，代表天地生生不息的仁心。由剝而坤，就表象來看，純陰無陽，生機幾乎滅絕；由坤而復，一陽生於卦下，生機重現，而復見天地生生不息之仁心。邵雍《邵子外書・漁樵對問》：「樵者問漁者曰：『復何以見天地之心乎？』曰：『先陽已盡，後陽始生，大則當天地始生之際；中則當日月始周之際；末則當星辰始終之際。萬物死生，寒暑代謝，晝夜變遷，非此无以見之。』」蓋以復為天地間循環之現象。又所著《皇極經世・觀物外篇》：「天地之心者，生萬物之本也。」蓋據〈繫辭傳下〉「天地之大德曰生」說。張浚《紫巖易傳》：「天地貴生、貴仁、貴陽、貴君子。天地无心，以天下萬物心為心。凡天下萬物所甚喜而愛之欲之者，天地之心也。夫肅殺於秋冬，而萬物敷生於春，生生之功，於是不窮。原天地本心，生而已，仁而已，貴陽貴君子而已。聖人出而以生物為己心，亦天地心也。聖人貴復，復而後生物之心起，復其大哉，君心既復，天人順之。」《周易》言「天地之心」，又言「天地之情」。張載《橫渠易說》：「復言天地之心；咸、恆、大壯言天地之情。心，內也，其原在內，時則有形見；情則見於事也，故可得而名狀。」案：近人高亨以「心」作「中心規律」解。《周易大傳今注》云：「有往必有復，往復循環，乃天地之中心規律。日月星辰之運行，雨露霜雪之凝降，晝夜之交替，四時之相次，皆往復循環者也。水土之溫熱涼凍，草木之生長凋枯，鳥獸蟲魚乃至人之生存活動，亦皆隨天道之往復循環而往復循環者也。然則往復循環乃天地之中心規律。故曰：『復，其見天地之心乎。』」並自注云：「由此可見，〈彖傳〉作者對於宇宙之認識，未出於循環論之範疇。」說亦大佳。

語譯

復卦所以前途一片光明燦爛，是因為代表生機和正義的陽剛返回到卦的初爻了。震下代表動，坤上代表順，行動順著自然的道理進行，所以出入不會有任何疾病或危險！由高層走向基層，為民服務，不會有過錯的！陽道的恢復，只需要短短七天的週期，這是自然的規則啊！要勇往直前，正義的力量抬頭壯大了！從復卦，可以發現天地生生不息的仁心吧！

象傳

雷在地中，復❶；先王以至日閉關，商旅不行❷；后不省方❸。

注釋

❶雷在地中，復

震下為雷，坤上為地，雷藏在地中，代表陽氣藏於陰下，有一陽復生之象，構成了「復」卦。案：雷電是帶負電的雲層，誘發地球表面的正電相觸，產生極高的電流，發出的閃光名電，同時空氣猛烈膨脹，發出的聲音名雷。所以雷的因素藏在地中，是有可能的。程《傳》：「雷者，陰陽相薄而成聲。當陽之微，未能發也；雷在地中，陽始復之時也。」必須再加說明的是：「陽始復之時」，在二十四節氣中約當冬至，故仍「當陽之微」；須經小寒、大寒、立春、雨水，直到驚蟄，雷聲始發，故於復之時，「雷在地中」「未能發也」。

❷先王以至日閉關，商旅不行

先王，是已故世的君王，此指周朝文王、武王、成王。至日，包括夏至和冬至，此指冬至。復卦繼陽氣剝盡，純坤用事之後，一陽方生，有冬盡春來之象，故以冬至象之。〈繫辭傳上〉：「闔戶謂之坤。」復卦坤上，故有闔戶閉關之象。〈說卦傳〉：「巽為進退，為近利市三倍。」代表商旅通行。今震☳與巽☴，三爻皆不同，故有商旅不行之象。虞翻《周易注》：「先王謂乾初。至日，冬至之日。坤闔為閉關。巽為商旅，為近利市三倍。姤巽伏初，故商旅不行。」就是以卦象來說。至於其義，《禮記・月令》：「仲冬之月，……審門閭，謹房室，必重閉。……日短至，陰陽爭，諸生蕩。君子齊戒，處必掩身。身欲寧，去聲色，禁耆欲，安形性。事欲靜，以待陰陽之所定。……塗闕廷門閭，築囹圄，此以助天地之閉藏也。」所以閉關不行，是為了助天地之閉藏，以待陰陽之所定。程《傳》：「陽始生於下，而甚微安靜，而後能長。先王順天道，當至日陽之始生，安靜以養之，故閉關使商旅不得行。」

❸**后不省方**

后，指後王，與先王相對。《集解》引宋衷曰：「制之者，王者之事；奉之者，為君之業也。故上言先王，而下言后也。」張載《橫渠易說》：「凡言后者，大率謂繼體守成之主也。」方，宋衷謂「四方之事」。高亨《周易大傳今注》：「方猶邦也。君不視察邦國。」復卦初九一陽始生，猶乾之初九潛龍在下；先王閉關，后不省方，皆「勿用」之意。王應麟《困學紀聞》：「乾初九，復也；潛龍勿用，即閉關之義。」已見及此。復卦䷗一陽在下，五陰在上，陽甚隱微，故言「后不省方」；姤卦䷫一陰在下，五陽在上，陰微陽著，故言「后以施命誥四方」。虞翻《周易注》：「姤〈象〉曰：『后以施命誥四方。』今隱復下，故『后不省方』。復為陽始，姤則陰始；天地之始，陰陽之首。已言先王，又更稱后，后君也。六十四卦唯此重耳。」

語譯

引發雷聲的陽氣才開始隱藏在地中，構成了「復」卦。早先的國王因此規定冬至那天關閉城門，不許商旅通行，靜待陽氣順利回來。當時（周）的統治者也依此規定放假一天，不去巡視地方諸侯。

附錄古義

《白虎通．誅伐》：「冬至所以休兵，不舉事，閉關，商旅不行，何？此日陽氣微弱；王者承天理物，故率天下靜，不復行役，扶助微氣，成萬物也。故《孝經讖》曰：『夏至陰氣始動，冬至陽氣始萌。』《易》曰：『先王以至日閉關，商旅不行。』」

《白虎通・商賈》：「商賈，何謂也？商之為言商也：商其遠近，度其有無，通四方之物，故謂之商也。賈之為言固也：固其有用之物，以待民來以求利者也。行曰商，止曰賈。《易》曰：『先王以至日閉關，商旅不行，后不省方。』」

繫辭傳下

復，德之本也❶。……復小而辨於物❷。……復以自知❸。

注　釋

❶復，德之本也

〈繫辭傳下〉三陳九卦，此初陳，釋卦名之義。本，根本，枝葉花果皆自根本生長而出。復卦一陽重返初位，而後諸陽一一出現，都以初九為根本；乾元之德，實本於此。《集解》引虞翻曰：「復初，乾之元，故德之本也。」已提出此義。張栻《南軒易說》：「人復而反本，則不逐於末。」重點在復返。朱子《本義》：「復者，心不外而善端存。」重點在德本善端。陸九淵〈語錄〉：「復者陽復，為復善之義。人性本善，其不善者遷於物也。知物之為害而能自反，則知善者乃吾性之固有，循吾固有而進德，則沛然無它適矣，故曰復德之本也。」所言最詳盡。

❷復小而辨於物

此再陳，由卦爻消息釋卦德。辨，帛書作「辯」，《集解》本亦作「辯」，此依《注疏》本。辨、辯古每通用。《集解》引虞翻曰：「陽始見，故小。乾，陽物；坤，陰物。以乾居坤，故稱別物。」蓋採初陽雖小，而能辨別陰陽之義。韓康伯《注》：「微而辨之，不遠復也。」孔《疏》：「復卦於初細微小之時，即能辨於物之吉凶，不遠速復也。」與復初九爻辭「不遠復」合參，於陰陽中更拈出吉凶義。陸九淵〈語錄〉：「復小而辨於物，復貴不遠，言動之微，念慮之隱，必察其為物所誘與否。不辨於小，則將致悔咎矣。」今人吳怡作《新譯易經繫辭傳解義》，云：「復是一陽復始，是動於微的，所以稱為小。但善念一生，不為物欲所迷，所以能辨於物。《尚書》：『道心惟微，人心惟危，惟精惟一，允執厥中。』(〈大禹謨〉)，也只是一個復道之心而已。」所言更為精審。請參閱坤〈文言傳〉「由辯之不早辯也」注釋。

❸復以自知

此三陳，推卦之用。復，依〈彖傳〉，指「天行」，是天地日月星辰運作的現象。〈彖傳〉又說：「復，其見天地之心乎！」從天地運作現象中是有可能發現生生不息的仁心的。《論語‧季氏》曾記載孔子的話說：「小人不知天命，而不畏也；狎大人，侮聖人之言。」接著又說：「生而知之者，上也；學而知之者，次也；困而學之，又其次也；困而不學，民斯為下矣！」「知天命」是「知」的一端。有人「生而知之」，自然就知道，此又「自知」之一端。有人「學而知」，有人「困而學之」，必須置身於現實世界，審察探索天地周而復始的運作，人事界吉凶悔吝的相關，由此知道自己必須畏天命，畏大人，畏聖人之言。此又是「自知」的另一端，是「自己知道」的意思。而無論「自然知道」或「自己知道」，知道的源頭，正是「復」，從「天行」而知「天地之心」。《集解》引虞翻曰：「有不善未嘗不知，故自知也。」王應麟《困學紀聞》：「復以自知，必自知然後見天地之心。有不善未嘗不知，自知之明也。」

語譯

復，是道德的根本。……一陽復始，雖然微小，卻已辨明行事接物的善惡吉凶。……由天地周而復始的運作，知道自己必須順從天地生生不息的仁心。

序卦傳

物不可以終盡❶；剝窮上反下，故受之以復❷。

注釋

❶物不可以終盡

這是《周易》圜道觀的表現。圜道就是循環之道。《呂氏春秋・季春紀・圜道》：「精氣一上一下，圜周復襍（猶匝），無所稽留，故曰天道圜。」《周易》原有周匝變易之義。〈繫辭傳下〉：「日往則月來，月往則日來，日月相推而明生焉；寒往則暑來，暑往則寒來，寒暑相推而歲成焉。」充分說明時空都在周流不息地變化著。反映在文藝作品：江淹〈恨賦〉：「春草暮兮秋風驚；秋風罷兮春草生。」雪萊〈西風頌〉：「冬天來了，春天還會遠嗎？」明朝末年，畫家好畫枯林，論者或詆之為畫妖，為亡國之徵，此雖不必盡信；而後來畫家，雖冬雪孤梅，樹葉落盡，而寒枝每著蓓蕾，以示生機尚存。海明威《老人與海》，當老人捕獲的大馬林魚被鯊魚群你一口我一口咬得只剩硬殼魚頭、又大又長的脊骨、和高高翹起的尾巴，疲倦不堪地回到小港，有位小伙子來看老人。全書結尾是：「路的那一端，小屋裏的老頭又睡覺了。他還趴著睡，小伙子坐在旁邊望著他。老頭正夢到獅子呢。」我想到了「物不可終盡」，想到了「復其見天地之心」，長長地吁了一口氣。

❷剝窮上反下，故受之以復

《集解》引崔憬曰：「夫易窮則有變，物極則反于初，故剝之為道，不可終盡，而受之于復也。」程《傳》：「物无剝盡之理。故剝極則復來，陰極則陽生；陽剝極於上，而復生於下，窮上而反下也，復所以次剝也。」

語譯

萬事萬物總是周流變易、生生不息的，不可能永遠、徹底被剝落，剝落到頂上面就會回到下面再生，所以接在剝卦後面的是代表復生的復卦。

雜卦傳

復，反也❶。

注釋

❶**復，反也**

反者返也。剝卦上九返回初位，初九一陽處於五陰之下，成為復卦。張栻《南軒易說》：「復者，一陽生於下，而復反其所也。」

語譯

復卦，一陽回到了初位。

初九爻辭

初九❶：不遠復❷；无祇悔❸，元吉❹。

注釋

❶初九

當復初爻為老，他爻皆少，即由復之坤䷁；或乾䷀初爻為少，他五爻皆老，即乾之復：這兩種情形，都以復初九爻辭占。

❷不遠復

復卦震下坤上，初九在純陰用事的坤象中，脫穎而出，是最先返回的陽爻，為復卦的主爻。《集解》引崔憬曰：「從坤反震，而變此爻，不遠復也。」此句要注意兩點：一為「不遠」。王弼《周易注》：「最居復初，始復者也；復之不速，遂至迷凶。」又《周易略例》云：「遠近終始，各存其會。辟險尚遠；趣時貴近。比復好先；乾壯惡首。明夷務闇；豐尚光大。吉凶有時，不可犯也；動靜有適，不可過也。」比䷇，是親近得位有應的仁君；復，是復返生長化育的正路，都以不遠能先為要件。二為「復」要靠自己，此與「剝」之剝物不同。《紫巖易傳》：「復自心始，而用之於家、於國、於天下，故復諸爻皆取義於身。不遠復謂何？一念之非，隨知所復。復，覺也，明也，仁也。」已見及此。近人傅隸樸作《周易理解》，更將剝、復作一比較，說：「剝卦諸辭專取敵對，以消滅對方為事；而復卦諸辭，無一語涉及對方，都是就本身立論的。」

❸无祇悔

祇，帛書作「提」，〈要〉篇作「堤」，阜陽漢簡作「智」，石經作「祇」，《注疏》本作「祇」。《經典釋文》：「祇，音支，辭也。馬同，音之是反。韓伯祁支反，云大也。鄭云病也。王肅作禔，時支反。陸云：禔，安也。九家本作敍字，音支。」案：從氏、是、支、知得聲之字古韻同部，氏則不同部。王引之《經義述聞》：「九家作敍，是也。」茲從之。敍音支（ㄓ），其意為多。无敍悔，謂無多悔。初九迷途不遠，復而得位，所以無須多悔。陶淵明〈歸去來兮辭〉：「悟已往之不諫，知來者之可追；實迷途其未遠，覺今是而昨非。」可移此作注腳。

❹元吉

以象來說，初九得位，與六四相應，所以大吉。《集解》引崔憬曰：「復而有應，故獲元吉也。」以義來說，行為無憾無悔，終得大吉。郭雍《郭氏傳家易說》：「凡充有悔之極，則有大凶；充无悔之極，則有大吉。以其不遠復，故知无祇悔；以其无祇悔，故終知其元吉也。」

語譯

復卦最初的一爻是陽爻。迷途不遠，受害不大，最先回到正路，無須多大悔恨，會大有收穫的。

附錄古義

《蔡邕集・答詔問災異》：「臣竊以意推之：頭為元首，人君之象。今雞身已變，未至於頭；而聖主知之，訪問其故；是將有其事而遂不成之象也。若應之不精，誠無所及；頭冠或成，即為患災。敬慎威儀動作之容，斷嬖御，改興政之原，則其救也。夫以匹夫顏氏之子，有過未嘗不知，知之未嘗復行。《易》曰：『不遠復，无祇悔，元吉。』」

《前漢紀・十五・武帝紀》：「任安之斬也，是開後人遂惡而無變計也。《易》曰：『不遠復，无祇悔，元吉。』」

《後漢紀・十八・順帝紀》：「馬融對曰：『《易》「不遠復」，《論》「不憚改」，朋友交接，且不宿過，況於帝王承天理物，以天下為公者乎？』」

《三國志・魏書・文帝紀・注引魏略》：「王將出征，霍性上疏諫曰：『兵者凶器，必有凶擾；擾則思亂，亂出不意：臣謂此危危於累卵。昔夏啟隱神三年，《易》有「不遠而復」，《論》有「不憚改」。誠願大王揆古察今，深謀遠慮，與三事大夫算其長短。』」

象傳

不遠之復，以修身也❶。

注釋

❶以修身也

修身，是知過能改，能克己復禮。程《傳》：「不遠而復者，君子所以脩其身之道也。學問之道无他也，唯其知不善則速改以從善而已。」朱震《漢上易傳》：「初者，九之位，正其固有也。初正者，善之端，修身之始。未有不正其心而能脩身者。以天地言之，始於剛反，動而正，乃能遂萬物而成其德，故曰不遠復以脩身也。」請參閱下面〈繫辭傳下〉之注釋。

語譯

迷途不遠就回到正路，因為知過能改，能修養品德啊！

繫辭傳下

子曰：「顏氏之子，其殆庶幾乎❶？有不善未嘗不知；知之未嘗復行也❷。《易》曰：『不遠復，无祇悔，元吉。』❸」

注釋

❶**子曰：顏氏之子，其殆庶幾乎**

子，為孔子；顏氏之子，指顏回；殆，或然之詞；庶幾，相近，此言與《易》不遠之復相近。或以《論語》記孔子言及顏回，皆稱「回也」，如：「回也不愚。」（〈為政〉），「賢者回也。」（〈雍也〉），「回也不改其樂。」（〈雍也〉），「語之而不惰者，其回也與？」（〈子罕〉），「回也非助我者也！」（〈先進〉）；絕無稱「顏氏之子」者。因疑〈繫辭傳〉諸「子曰」，皆非孔子之言。然考下文誇讚顏回之語，與《論語》實近，此點下條注釋當詳言之。因此肯定為孔子語。顏回之父顏路，為孔子之友，故孔子於顏回為父執。《論語・先進》嘗記孔子自言「回也視予猶父也」，故孔子可稱老友之子為「顏氏之子」。《論語・先進》：「回也其庶乎！」意與此庶幾同。

❷**有不善未嘗不知；知之未嘗復行也**

《論語・雍也》記載孔子答魯哀公問：「有顏回者好學：不遷怒，不貳過。」此可證明顏回心中也曾有過怒氣，只是不會拿無關的人當出氣筒；顏回一生也曾犯過錯誤，但是犯了一次就知道錯了，不會犯第二次。又〈顏淵〉：「顏淵問仁。子曰：『克己復禮為仁。』」此可證顏回也有喜怒哀樂之私，而孔子告訴他要善自控制，使發而中節合禮。〈子罕〉記載顏淵喟然而歎曰：「夫子循循然善誘人：博我以文，約我以禮。」博我以文，故有善未嘗不知；約我以禮，故知之未嘗復行也。以至後來顏回行藏幾乎同於孔子。〈述而〉：「子謂顏淵曰：『用之則行，舍之則藏，惟我與爾有是夫！』」便是證據。此又可說明「回也其庶乎」、「顏氏之子其殆庶幾乎」也可能是孔子認為顏回學履已與自己相近。劉子翬《屏山集》：「《易・繫辭》曰：『顏氏之子其殆庶幾乎？有不善未嘗不知；知之未嘗復行。』庶幾，近也，謂近於《易》不遠復之義。蓋本夫子嘗以復禮為仁之說告之矣。顏子躬行允蹈，遂臻其極。一己既克，天下歸仁，復之功至矣！」已見及此。

❸《易》曰：「不遠復，无祇悔，元吉。」

引復初九爻辭，以明顏回德行與此相近。顏回有不善未嘗不知，是能克己於過未形顯，不遠復也；知之未嘗復行，是能復禮而不貳過，故無多悔也。程《傳》：「顏子无形顯之過，夫子謂其庶幾。……過既未形而改，何悔之有？……一有不善，未嘗不知，既知未嘗不遽改，故不至於悔乃不遠復也。」《郭氏傳家易說》記白雲曰：「復之初九，顏子盡之。能不貳過，故不遠而復於道；苟貳過，則遠矣。雖然，有不善未嘗不知，則蓋嘗有過也。有過則有悔，唯不貳過，故其悔小而无大悔也。」

語譯

孔子說：「顏家那個孩子呀，人品大概接近乎《易經》復卦初九所說的吧！有差錯沒有不馬上知道的，知道了就不會再犯錯了。就如《易經》復卦初九爻辭說的：『迷途不遠就回到正路，無須多大悔恨，會大有收穫的！』」

六二爻辭

六二❶：休復；吉❷。

注釋

❶六二

當復第二爻為老，他爻皆少，即由復之臨䷒；或遯䷠第二爻為少，他爻皆老，即遯之復：這兩種情形，都以復六二爻辭占。

❷休復；吉

休，有善、美、慶、喜之意。複疊為休休，如《尚書・秦誓》：「其心休休焉，其如有容。」《詩・唐風・蟋蟀》：「好樂無荒，良士休休。」有寬容、安樂有度之意。六二繼初九來復，居中得位，寬厚安適，有容有度，下比初九之陽，所以其復為善為美，可慶可喜，亦能獲吉。王弼《注》：「得位處中，最比於初；上无陽爻，以疑其親。陽為仁行，在初之上，而附順之，下仁之謂也。既處中位，親仁善鄰，復之休也。」項安世《周易玩辭》：「休者，喜也。見初之能復，喜而慕之，亦與之偕復也。何以知其喜而慕之？曰：六二在辟陰之中，獨為中正之人，與君子同體，而中心比之，非喜而何？……此其所以為吉也。」

語譯

復卦陰爻居第二位，完美可喜地回來了，是大可慶賀的。

附錄古義

裴松之《三國志・魏書・彭城王據傳・注引魏書》：「明帝與彭城王璽書云：制詔彭城王：有司奏：王遣司馬董和齎珠玉來到京師中，尚方多作禁物，交通工官，出入近署，踰侈非度，慢令違制。繩王以法，朕用憮然，不寧于心。今詔有司宥王，削縣二千戶，以彰八柄與奪之法。昔羲文作《易》，著休復之語；仲尼論行，既過能改。王其改行，茂昭斯義，率意無怠！」

象傳

休復之吉，以下仁也❶。

注釋

❶以下仁也

仁，指初九能克己復禮為仁；下仁，言六二下附初九，能親仁也。程《傳》：「二雖陰爻，處中正而切比於初，志從於陽，能下仁也，復之休美者也。復者，復於禮也，復禮則為仁。初陽復，復於仁也；二比而下之，所以美而吉也。」朱駿聲《六十四卦經解》：「仁謂初，如果中之仁，生生之元也。下仁，下附于仁也。《易》三百八十四爻，未嘗言仁，獨于此曰下仁。克己復禮，仁也。」

語譯

完美可喜地回來，所以大可慶賀，是因為能夠正確適中、安然自在地親附克己復禮的仁人啊！

六三爻辭

六三❶：頻復❷；厲，无咎❸。

當復第三爻為老，他爻皆少，即由復之明夷䷣；或訟䷅第三爻為少，他爻皆老，即訟之復：這兩種情形，都以復六三爻辭占。

注釋

❶六三

❷頻復

頻在爻辭中出現兩次。一在此爻，另一在巽九三，兩處帛書均作「編」。編有順次排列與相連之義；所以頻當是頻繁連續之意。復六三繼初九「不遠復」、六二「休復」之後，復位於震下的上爻，而失位、失中、失應，是屢失屢復之爻。朱子《本義》：「以陰居陽，不中不正，又處動極，復而不固，屢失屢復之象。」是也。案：《集解》引虞翻曰：「頻，蹙也。三失位，故頻復厲；動而之正，故无咎也。」以頻為蹙意，且以「頻復厲」斷句。王弼《注》：「頻，頻蹙之貌也。……蹙而求復，未至於迷，故雖危无咎也。」亦以頻為頻蹙意，而以「厲无咎」斷句。以頻為頻蹙，似不如頻繁。朱熹作「屢」解，甚佳。又朱熹以「頻復」為象，「厲无咎」為占，斷句亦可從。

❸厲，无咎

程《傳》：「聖人開遷善之道。頻失則為危；屢復何咎？過在失不在復也。」朱子《本義》：「屢失故危，復則无咎，故其占又如此。」案：復卦初曰元吉，二曰吉，三曰无咎，三爻以先後而得失不同。朱駿聲《六十四卦經解》：「初如顏子之不貳過，復于乍萌；二如子路人告之以有過則喜，復于已著；三如太甲之自怨自艾，復于已成。」似已見及此。

語譯

復卦陰爻居第三位，每次錯了，就加以改正；犯錯雖然危險，能復歸於善卻不至於有罪過。

象傳

頻復之厲，義无咎也❶。

注釋

❶義无咎也

凡事都合乎中庸之道，百分之百正確，是很困難的，所以屢錯屢改這種危機處理方式，就義理上說不算罪過。郭雍曾據此說明頻不當作頻蹙，而當作頻數解。《郭氏傳家易說》：「六三，說者皆以頻為頻蹙之頻，失位過中，不得已而復也。獨王昭素先生以為頻數之頻。嘗試考之，《禮》曰：『或安而行之，或利而行之，或勉強而行之，及其成功一也。』然不得已而復與勉強而行之，无以異也。不得已而復，尚且知復焉，何厲之有？與孔子所謂『義无咎』者為不侔矣！由是而知頻非不得已之類亦明矣！孔子曰：『中庸其至矣乎？民鮮能久矣！』『人皆曰予知，擇乎中庸而不能期月守也。』故道有至於數失，亦有知其數復。得失之間，不能以寸，是以危也。然而義无咎者，知復故也。是以子夏之徒，出見紛華盛麗而說，入聞夫子之道而樂，與夫『回之為人，擇乎中庸，得一善則拳拳而弗失之』者，固有間矣！」王昭素，北宋初年人，嘗著《易論》三十三卷。今佚，而宋儒言《易》者每引用之。郭氏所引「《禮》曰」、「孔子曰」，皆見《禮記・中庸》。案：以頻為頻蹙，除上引虞翻、王弼外，唐人侯果亦主此說。《集解》引其言曰：「處震之極，以陰居陽，懼其將危，頻蹙而復。履危反道，義亦无咎也。」近人尚秉和撰《周易尚氏學》，曰：「頻，古文顰字，故云頻蹙。」則為蹙額皺眉之意，異說並存亦好。

語譯

每次錯了，然後改正；像這樣的危機處理，就義理來說，還不算罪過。

六四爻辭

六四❶：中行獨復❷。

當復第四爻為老，他爻皆少，即由復之震☳；或巽☴第四爻為少，他爻皆老，即巽之復：這兩種情形，都以復六四爻辭占。

注釋

❶六四

❷中行獨復

六四介於上下卦之際，位於復卦五陰之中，而獨與初九相應而得正。鄭玄《注》：「爻處五陰之中，度中而行，四獨應初。」王弼《注》亦云：「四，上下各有二陰，而處厥中，履得其位，而應於初，獨得所復，順道而反，物莫之犯，故曰中行獨復也。」程朱皆從其說，是也。案：中行，有指卦之二、五爻者。如泰九二：「得尚于中行。」〈象傳〉：「得尚於中行，以光大也。」師六五〈象傳〉：「長子帥師，以中行也。」夬九五：「中行无咎。」〈象傳〉：「中行无咎，中未光也。」蓋二為下卦之中，五為上卦之中故也。有指卦之三、四爻者。如益六三：「有孚中行。」六四：「中行，告公從。」復六四：「中行獨復。」〈象傳〉：「中行獨復，以從道也。」蓋就全卦六爻言，三、四介於其中也。言象應「唯變所適」，不可固執一端。案：中行獨復，虞翻有異解。《集解》引其言曰：「中謂初；震為行。初，一陽爻故稱獨；四，得正應初，故曰中行獨復以從道也。俗說以四位在五陰之中而獨應復，非也。四在外體，又非內象，不在二、五，何得稱中行邪？」所謂「俗說」，殆指鄭玄。朱震《漢上易傳》：「六四行於五陰之中，獨反而復，下從於初。道，言初九也。震為大塗，亦道也。鄭康成曰：『度中而行，四獨應初。』是也。」又引虞說而駁之云：「夫中无一定之中，自初至三，以二為中；自四至上，以五為中。復卦五陰自二至上，則四為中。康成謂『爻處五陰之中。』」尊鄭斥虞，今從之。康成《易注》已佚，輯本此所據，即《漢上》也。卡西勒(Ernst Cassirer)在所著《人論》(*An Essay on Man*)第九章〈藝術〉中說得好：「事物的各個方面是數不清的，而且它們時時刻刻都在變化著。任何想要把它們包含在一個單一公式內的企圖都是徒勞無效的。」「在藝術中，我們專注於現象的直接外觀，並且最充分地欣賞著這種外觀的全部豐富性和多樣性。在這裡我們並不關心規律的齊一性而是關心直觀的多元性和差異性。」換句話說：數的本質永遠是相對的，而不是絕對的。一個單一的數，只是處在整個系統秩序中的一個單一地位而已！它的意義，為它在整個數的系統中所占據的地位所界定。對於「中」，我們要有這樣的認識；對於《易》學中的數，也要有這樣認識才好。

語譯

復卦陰居第四位，在下卦上卦相接之處，上下四陰的中間，順利適中地行動著，獨自能與仁人合作而回到大道。

象傳

中行獨復；以從道也❶。

注釋

❶以從道也

六四在群陰之中，獨與初九陽道相從，是從道而不從眾。張浚《紫巖易傳》：「自拔於羣陰中，從道不從眾。」案：復之六四，自剝之六三來，二爻可以比較。王宗傳《童溪易傳》：「復之六四，即剝之六三也。方其為剝也，六三處五陰之中，失上下以應上；及其復也，六四行乎五陰之中，獨復以應初。此二爻者，知賢識善如此，其可以陰柔少之乎？又可不謂之賢矣乎？方眾陰之剝陽也，上九以一陽處一卦之外，疑若失位也，而六三能失上下以應之，故曰剝之无咎；及剝之來復也，初九以一陽處一卦之下，疑若尚微也，六二近而比之而曰下仁，六四遠而應之而曰從道，誠以道之所在，可從而不可違也。」

語譯

在群陰之中適當地行動著，特立獨行，重回大道；因為能夠不隨世俗，而追求真理啊！

六五爻辭

六五❶：敦復❷，无悔❸。

注釋

❶六五

當復第五爻為老，他爻皆少，即由復之屯䷂；或鼎䷱第五爻為少，他爻皆老，即鼎之復：這兩種情形，都以復六五爻辭占。

❷敦復

敦，厚也。六五居坤上之中，坤〈象傳〉云：「地勢坤，君子以厚德載物。」所以六五具大地敦厚之德，逐漸累積，順爻所適，終而能復。孔穎達《正義》：「處坤之中，是敦厚於復，故云敦復。」元儒李簡，曾較論復卦初、二、四、五等爻。《學易記》：「初九陽剛，君子之道也；相應相比者，復之易，二與四是也；遠而非應者，復之難，六五所以稱敦復。敦復者，厚之至也。」宋儒項安世，則嘗較論敦臨、敦艮、敦復之異同。《周易玩辭》云：「臨以上六為敦臨，艮以上九為敦艮，皆取積厚之極。復於五即言敦復者，復之上爻，迷而不復，故復至五而極也。」

❸无悔

復卦是陽復陰退之卦。六五陰爻失位，下與六二無應，又遠於初九，雖能敦厚其德，亦有遲遲之憾，所以本當有悔；然以其居中，凡事能執其中，加以厚德載物，所以无悔。張載《橫渠易說》：「性順位中，无他應援，以敦實自求而已。剛長柔危之世，能以中道自考，故可无悔；不然，取悔必矣！」《周易玩辭》：「卦中復者五爻，初最在先，故為不遠；五最在後，故為敦。敦雖訓厚，而有重遲之義。復之遲者，當有悔；而五无悔者，以中自保，故得免悔。」

語譯

復卦陰居第五位，一點一點的累積，一步一步的前進，終於遲遲地回到正路，也就不會後悔了！

象傳

敦復无悔，中以自考也❶。

注釋

❶中以自考也

考，考察、反省、稽查的意思。《經典釋文》引向秀云「察也」。王弼《注》：「居厚而履中；居厚則无怨，居中則可以自考。雖不足以及休復之吉，守厚以復，悔可免也。」《集解》引侯果曰：「坤為厚載，故曰敦復；體柔，居剛，无應，失位，所以有悔；能自考省，動不失中，故曰无悔矣！」王宗傳《童溪易傳》：「考，稽也。動稽諸中，而未嘗過乎中焉，非躬自厚者，而能之乎？故曰敦復无悔，中以自考也。曰自考云者，以明敦復之復，非資諸人而然也。」

語譯

累積長久的辛勞，遲遲回到正路，終於不再後悔，凡事在心都用合不合中庸之道來自我檢討啊！

上六爻辭

上六❶：迷復；凶，有災眚❷。用行師，終有大敗❸；以其國君，凶❹。至于十年，不克征❺。

注釋

❶**上六**

當復上爻為老，他爻皆少，即由復之頤䷚；或大過䷛上爻為少，他爻皆老，即大過之復：這兩種情形，都以復上六爻辭占。

❷**迷復；凶，有災眚**

迷復，王弼《周易注》：「以迷求復。」程《傳》、朱子《本義》都作「終迷不復」解，似均不如來知德《周易集註》：「迷其復而不知復也。」之妥貼。復之上六，以柔居柔，上而遠剛，高而無應，居五陰之顛，在坤上之極。坤〈彖傳〉：「先迷失道。」所以有「迷復」之象。《周易折中》引徐幾曰：「上六位高而無下仁之美，剛遠而無遷善之機，厚極而有難開之蔽，柔終而無改過之勇，是昏迷而不知復者也。」據象言義，甚是。凶，於此包括災與眚。《釋文》引鄭玄云：「異自內生曰眚，自外曰祥，害物曰災。」程《傳》：「災，天災，自外來；眚，己過，由自作。既迷不復善，在己則動皆過失，災禍亦自外而至，蓋所招也。」《左傳．襄公二十八年》記載本爻之筮：「《周易》有之，在復䷗之頤䷚，曰：『迷復，凶。』其楚子之謂乎？欲復其願，而棄其本，復歸無所，是謂『迷復』，能無『凶』乎？」

❸**用行師，終有大敗**

用，用來。行師，動用軍隊打仗。上六在坤上，〈說卦傳〉：「坤為眾。」所以有動眾行師之象。當陽復陰退之際，上六執迷不悟，欲與初九之陽相抗，終被初陽所大敗。坤上六爻辭：「龍戰于野，其血玄黃。」此與之略同。《集解》引荀爽曰：「坤為眾，故用行師也，謂上行師而距于初。陽息上升，必消羣陰，故終有大敗。」《周易玩辭》：「上六即坤之上六龍戰之爻，故有行師之象，蓋與初戰也。」

❹以其國君，凶

有二說，一謂國君指初九。《集解》引荀爽曰：「國君，謂初也，受命復道，當從下升。今上六行師，王誅必加，故以其國君凶也。」其意蓋為：由於國君加誅，故上六必凶。若如此解，則「以」為表原因之介詞。另一說謂國君即上六。程《傳》：「人君居上而治眾，當從天下之善；乃迷於復，反君之道也。」《橫渠易說》：「君道過亢反常，无施而可；故天災人害，師敗君凶，久衰而不可振也。」皆以君指上六。考〈文言傳〉釋坤上六曰：「陰疑於陽必戰。」言陰寒凝結，比擬於陽，為陽所疑，則陽必奮起與陰戰。故以君指上六自擬為君，說亦可通。若如此解，則「以」為表連及之介詞。

❺至于十年，不克征

征，帛書本作「正」。克己復禮是正己；以師討伐是正人。上六於復，居坤上之上爻。坤〈象傳〉：「至哉坤元。」〈繫辭傳上〉：「天九地十。」所以虞翻《周易注》：「坤為至，為十年。」此純就象數說。程《傳》：「十年者，數之終。至于十年不克征，謂終不能行。」則就義理說。《朱子語類》先記朱熹答沈僩問：「上六迷復凶，至于十年不克征，這是箇極不好底爻，故其終如此。凡言十年、三年、五年，七月、八月、三月者，想是象數中自有箇數如此。故聖人取而言之，至于十年不克征，十年勿用，則其凶甚矣！」又記答劉礪問：「問：『上六迷復，至于十年不克征，何如？』曰：『過而能改，則亦可以進善；迷而不復，自是無說，所以無往而不凶。凡言三年、十年、三歲，皆是有箇象。方說若三歲，猶是有箇期限；到十年，便是無說了。』」釋義理而承認「有箇數」、「有箇象」，頗值深思，請與復六四爻辭「中行獨復」參看。復卦辭云「七日來復」，言來復之速，所以勉君子；上六爻辭云「十年不克」，言迷復之凶，所以戒小人，李道平《周易集解纂疏》：「愚案：道心之惟微也，慎獨則能知幾，故來復在于七日；人心之惟危也，徇欲則忘反，故迷復至于十年。」道平重象，而此引《尚書・大禹謨》「人心惟危，道心惟微」以言義理，則甚精善。

語譯

復卦最上面的是陰爻。執迷不悟，不知如何回到正路。大有損失：自己既有過錯，還會引起外禍。在用兵方面，終於被國君打得大敗，損失慘重！以至經過十年，還不能恢復正常。

附錄古義

《左傳・襄公二十八年》：「蔡侯之如晉也。鄭伯使游吉如楚；及漢，楚人還之曰：『宋之盟，君實親辱。今吾子來，寡君謂吾子姑還，吾將使馹奔問諸晉而以告。』子太叔歸，復命；告子展曰：『楚子將死矣。不修其政德，而貪昧於諸侯以逞其願：欲久，得乎？《周易》有之，在復䷗之頤䷚曰：「迷復凶」，其楚子之謂乎！欲復其願而棄其本，復歸無所：是謂迷復。能無凶乎？』」

象傳

迷復之凶，反君道也❶。

注釋

❶反君道也

指上六執迷不悟，違反君道。《東萊易說》：「上六君道，莫大於改過復善；一不改過，則非君道矣！」惠棟《周易述》：「上體坤為臣；君，謂初也。臣奉君命而行事，順君道也；專君命而行事，是臣行君事，故云反君道也。」何楷以「君」為「天君」，也就是「良知」。《古周易訂詁》：「喻一心不能馭眾動，徇物必至喪天君也。」

語譯

執迷不悟，不知回到正路，後果危險極了，因為這是違反國君治國原則的！

无妄卦經傳通釋第二十五

卦辭

䷘震下乾上无妄❶：元亨利貞❷；其匪正有眚，不利有攸往❸。

注釋

❶䷘震下乾上无妄

无妄，六畫之卦名，由三畫的震在下，三畫的乾在上，重疊而成。无妄，帛書作「无孟」；上博館楚簡作「亡忘」；阜陽漢簡作「无亡」。《說文》：「無，亡也。无，奇字無也。」无亡二字義同音近。妄，或作「孟」、「忘」、「亡」者，孟古讀如芒，與忘、亡、妄皆從亡得聲，音近相借。妄為本字，孟、忘、亡皆假借也。无妄訓詁有四：一曰无虛妄，一曰无亂，一曰无所希望。《釋文》：「无妄，无虛妄也。《說文》云：『妄，亂也。』馬、鄭、王肅皆云：『妄猶望，謂无所希望也。』」而虞翻更出「妄，亡也」一義，以无妄為不死。案：妄、望古通。《戰國策・楚策》朱英說春申君，有所謂無妄之福，無妄之禍，無妄之世，無妄之主，無妄之人。而《史記・春申君列傳》諸「無妄」並作「毋望」。《漢書・谷永傳》：「遭无妄之運。」應劭曰：「无妄者，無所望也。」阮籍〈通易論〉：「无妄何也？無望而至，非會同陰陽之違行也。」皆是其證。後注家以採「无虛妄」說者為多。《集解》引何妥曰：「乾上震下，天威下行，物皆絜齊，不敢虛妄也。」由乾天震雷卦象說无妄為不敢虛妄。孔穎達《正義》：「主動而能健，以此臨下，物皆无敢詐偽虛妄，俱行實理。」由乾健震動卦德說无妄為无敢詐偽虛妄。程《傳》亦以「至誠」釋「无妄」。而《二程遺書》中劉絢〈師訓〉記明道先生言，一則曰「无妄震下乾上，聖人之動以天」，无虛妄也；再則曰：「至於无我，則聖人也」，无我望也。暗含无妄、无望二義。朱熹更明白調和二說，《本義》：「无妄，實理自然之謂。《史記》作无望，謂无所期望而有得焉者，其義亦通。」邱富國更詳闡之，《折中》引其言云：「惟其无妄，所以無望也。若其處心未免於妄，則無道以致福，而妄欲徼福，非所謂無望之福；有過以召災，而妄欲免災，非所謂無望之災：此皆未免容心於福禍間，非所謂无妄也。若真實无妄之人，則純乎正理，禍福一付之天，而無苟得倖免之心也。」邱氏此言，已超越道德評判中的「動機說」與「效果說」，而近乎康德 (Immanuel Kant, 1724–1804) 在《道德形而上學原理》中所說的「絕對命令」(categorical imperative)：道德本身就是目的，出自先驗的純粹理性，與任何利害無關，是無條件的，絕對的。在筮法上，當无妄六爻皆少，也就是本卦、之卦都是无妄；或升䷭六爻皆老，也就是升之无妄：這兩種情形，都以无妄卦辭占。

❷元亨利貞

《集解》引虞翻曰：「體乾故元亨；三、四失位，故利貞也。」是從象數來說。朱子《本義》：「二體震動而乾健，九五剛中而應六二，故其占大亨而利於正。」蓋依〈彖傳〉：「動而健，剛中而應：大亨以正，天之命也。」故如此說。若然，則元亨一逗，利貞一句。元義為大，貞義為正。參閱无妄〈彖傳〉注釋。

❸其匪正有眚，不利有攸往

其，假設連詞，作假如解。匪，音義皆同非；眚，由自己的過錯所產生的禍害。虞翻曰：「非正謂上也。」以上九失正為說。孔穎達《正義》：「物既无妄，當以正道行之；若其匪依正道，則有眚災，不利有所往也。」說義甚淺明。參閱无妄〈彖傳〉「无妄之往，何之矣？天命不祐，行矣哉」注釋。

語譯

三畫的震在下，三畫的乾在上，重疊成六畫的无妄卦。是一片天真，無所冀望的意思。大大亨通，利於遵守正常的自然法則。如果行為不正當，會有禍患，不適合前往什麼地方去。

附錄古義

《漢書・谷永傳》：「永對問云：『陛下承八世之功業，當陽數之標季，涉三七之節紀，遭无妄之卦運，直百六之災阸。』」

彖傳

无妄，剛自外來而為主於內❶，動而健❷，剛中而應❸：大亨以正，天之命也❹。其匪正有眚，不利有攸往：无妄之往，何之矣？天命不祐，行矣哉❺！

注釋

❶剛自外來而為主於內

此以往來卦變釋无妄所以元亨利貞之故。《集解》引蜀才曰：「此本遯卦。」以為二陰四陽之卦，來自遯或大壯。遯䷠上九之剛從外卦（即上卦）下來，成為无妄卦的初九，在內卦（即下卦）而為卦之主爻。李鼎祚「案」語：「剛自上降、為主于初。」與李道平《纂疏》：「遯上之初，故云剛自上降。」大致如此說。吳澄《易纂言》則云：「初、三相易，剛自三來初，為一卦之主。」同樣以為卦自遯來，而所指之爻又不同。朱震《漢上易傳》：「无妄，大畜之反。大畜上九之剛自外來，為主於內。主，言震也。」來知德《易註》：「大畜上卦之艮，來居无妄之下卦為震也。」都以大畜☶與无妄顛倒相綜釋來往。《易》象多歧，此其一斑。以上言象。至於其義，王弼《注》：「剛自外來而為主於內，則柔邪之道消矣！」為大亨以正條件之一。呂祖謙《東萊易說》：「剛自外來而為主於內，所謂復則不妄矣！聖人終日乾乾，純剛不息，何自外來之有？《易》所以告學者也，苟不知復，則流於妄，而不自知矣！」依〈序卦傳〉「復則不妄」為說，以為无妄是天命之性來復，而非外鑠。

❷**動而健**

震下為動；乾上為健。此以卦德釋无妄所以元亨利貞之故。弼《注》：「震動而乾健也。……動而愈健，則剛直之道通矣！」為大亨以正條件之二。

❸**剛中而應**

剛中，指九五以剛居上卦之中；而應，指六二與九五互應。此以爻位釋无妄所以元亨利貞之故。弼《注》：「謂五也。……威剛方正，私欲不行，何可以妄？使有妄之道滅，无妄之道成，非大亨以正而何？……剛中而應，則齊明之德著矣，故大亨以正也。」程《傳》：「下動而上健，是其動剛健也。剛健，无妄之體也。五以剛居中正，二復以中正而應，是順理而不妄也。故其道大亨而貞正。」為大亨以正條件之三。

❹**大亨以正，天之命也**

大亨以正，釋卦辭元亨利貞。上依三條件，下更指出此實天之律令。關於天命，大有卦〈象傳〉有「順天休命」之言，已詳彼注。古人對天有許多不同的理解。以孔子為例，如《論語》所記，有時把天看作自然現象，〈陽貨〉記載孔子回答子貢的話：「天何言哉！四時行焉，百物生焉，天何言哉！」引申之，天便成為自然運轉化育的法則，〈堯曰〉記載堯對舜的話：「咨爾舜，天之曆數在爾躬。」曆數，代表自然法則。更是人當效法的對象，〈泰伯〉：「巍巍乎唯天為大，唯堯則之。」甚至把天看作是有意志的至上神，

〈述而〉：「天生德於予。」〈先進〉：「天喪予！」都是明證。〈彖傳〉此言「天之命也」，弼《注》作「天之教命」解，採至上神義。程《傳》：「天命，謂天道也。」指自然運轉化育的法則，亦即自然當然之道理。本條注釋以令為律令，則兼規律、教令二義。人只要順應自然規律行事，天人間一片和諧；要是一味要制天，破壞環境生態，自然就會反撲：這正是自然之教令。〈文言傳〉說乾九五「先天而天弗違，後天而奉天時」，亦是此意。請參閱彼注。至於「大亨以正」何以為「天之命也」，這是因為无妄卦乾上為天、震下為動。无妄承天而動，卦辭「元亨利貞」，正是承乾之「元亨利貞」而來，所以〈彖傳〉如此說。

❺无妄之往，何之矣？天命不祐，行矣哉

此釋卦辭「其匪正有眚不利有攸往」。无妄之具歧義，卦辭已詳言之。〈彖傳〉此處弼《注》：「居不可以妄之時，而欲以不正有所往，將欲何之矣？」是以无妄為无妄之時，增「時」字以訓。程《傳》：「无妄者，理之正也；更有往，將何之矣？」是增「更」字而言其往則過中不正。朱《義》：「其有不正，則不利有所往。」唯取匪正之往，中間略去无妄。《郭氏傳家易說》白雲曰：「謂捨无妄而往，又將何之焉？」无妄成為捨无妄，以上四說，蓋皆以无妄既為无虛妄，如此秉天理而往，將何往而非正？故「何之矣」說不能通。於是或增字為訓，或省略言之，甚或有無顛倒而言之：終覺文義未妥。朱熹晚年亦有此惑。《語類》記其六十歲時，吳必大問：「若以為无望即願望之望，非誠妄之妄？」曰：「有所願望即是妄。但望字說得淺，妄字說得深。」顯然重妄而輕望。六十四歲時答襲淵問：「自文王以來說做希望之望。這事倚閣在這裡，難為斷殺他。」仍依違兩可，不作決斷。到了六十九歲答沈僩問：「據諸爻名義，合作無望；不知孔子何故說歸无妄。」認為卦爻辭中本都作「无望」，〈彖傳〉作「无妄」是孔子改的。到了七十歲答劉礪問，更斬釘截鐵地說：「看來无妄合是無望之義，不知孔子何故使此妄字。」若如朱子晚年之說，无妄之往何之矣，意當為：缺少願景而前往，有什麼地方可去呢？以下再說天命不祐行矣哉。《郭氏傳家易說》先錄兼山（郭忠孝）曰：「聖人之與天合德，觀天之道，執天之行，不先時而起，不後時而縮，因循故常，依於天理，无思无為，亦歸之自然而已！」復錄其子白雲（郭雍）曰：「天非有心於祐不祐之間，蓋其道不與天合，天何由而助之？故《孟子》言：盡心知性則知天；存心養性所以事天。蓋知天事天，為天所祐，皆必與天合德也。」所言甚雄辯，可作參考。

語譯

无妄卦初九剛爻從遯外卦下來而作為內卦的主爻，內卦震代表行動而外卦乾代表強健，九五以剛居上卦之中而與下卦六二陰陽互應：大大亨通而且合乎正道，這正是上天自然的律令啊！如果行為不正當，會有禍患，不適合去什麼地方：毫無希望，盲目前往，有什麼地方可去呢？上天自然律令不能保祐的，行得通嗎？

象傳

天下雷行，物與无妄❶；先王以茂對時育萬物❷。

注釋

❶天下雷行，物與无妄

无妄卦乾上為天，震下為雷，故有天下雷行之象。物與之與，《集解》引虞翻曰：「與，謂舉。」舉從與得聲，故得通用，義如舉國上下之舉，全也。弼《注》：「與，辭也，猶皆也。」亦普遍全部之意。无妄最費解。虞翻曰：「京氏及俗儒以為大旱之卦，萬物皆死，无所復望。」而斷之曰「失之遠矣」！案：京房之言无妄，除虞翻所引外，又見王充《論衡》〈寒溫篇〉：「《易》京氏布六十四卦於一歲中，六日七分，一卦用事。卦有陰陽，氣有升降；陽升則溫，陰升則寒。由此言之，寒溫隨卦而至，不應政治也。案《易・无妄》之應，水旱之至，自有期節，百災萬變，殆同一曲。」〈明雩〉也曾提到「無妄之變」，其言曰：「夫災變大抵有二：有政治之災，有無妄之變。……德鬱政得，災猶至者，無妄也；德衰政失，變應來者，政治也。」以為无妄之變是天災；政治之災是人禍。〈治期〉更舉例明之。曰：「災害繫於上天，賢君之德，不能消卻。……仁惠盛者，莫過堯湯；堯遭洪水，湯遭大旱。水旱，災害之甚者也，而二聖逢之；豈二聖政之所致哉？天地歷數當然也。」把水旱災害歸之於天地曆數，是无妄之應。不僅京房、王充如此說，稍晚於京房的西漢大儒谷永在上成帝〈災異對〉中，也有：「遭无妄之卦運，直百六之災阸。」東漢末年應劭《漢書集解》曰：「天必先雲而後雷，雷而後雨，而今無雲而雷。无妄者，无所望也。萬物无所望於天，災異之最大者也。」也以「无妄」為「无望」，並為京房「大旱之卦」作出了解釋。此外，魏曹植作〈漢二祖優劣論〉：「世祖……值陽九无妄之世，遭炎光厄會之運。」把无妄和炎光厄會相提並論。晉阮籍〈通易論〉亦以「無望」釋「无妄」。以上文獻，說明了京房以无妄為大旱之卦，是無所復望的意思，在《易》學史上曾經流行一時。其源頭可以上溯到《十翼》中的〈雜卦傳〉：「无妄，災也。」而馬融、鄭玄、王肅亦皆云：「妄猶望，謂無所希望也。」見《釋文》。谷永、王充、馬融、鄭玄、應劭、曹植、王肅、阮籍，是否為虞翻所言之「俗儒」，復多可商。漢魏以後，晉劉逵為左思〈吳都賦〉作注云：「《易・无妄》曰：災氣有九，陽阨五，陰阨四，合為九。一元之中，四千六百一十七歲，各以數至。陽阨，故云百六之會。」宋朱熹晚年亦主無望說。已見前注，此不再述。清儒惠士奇、惠棟父子皆以無望釋无妄。惠棟《周易述》：「天下雷行，无雲而雷。京氏以為大旱之卦，萬物皆死，故云物與无妄。」民國屈翼鵬先生《周易集釋初稿》釋「无妄」云：「亦無所希望意，猶今日言意料之外也。」李漢三著《周易卦爻辭釋義》，於无妄全遵屈釋。无妄之義，此其一也。自虞翻據〈序卦傳〉，云：「『復則不妄矣，故受之以无妄。……有无妄然後可畜，』不死明矣！若物皆死，將何畜聚？以此疑也。」以為「妄，亡也」；无妄即不死。王弼亦未採無望之義，《注》云：「天下雷行，物皆不可以妄也。」孔穎達疏之，《正義》云：「天下雷行，震動萬物，物皆驚肅，无敢虛妄。」程《傳》：「雷行於天下，陰陽交和，相薄而成聲。於是驚蟄藏，振萌芽，發生萬物。其所賦與，洪纖高下，各正其性命，无有差妄，物與无妄也。」理學意味就更濃厚了。近人金景芳、呂紹綱合著《周易全解》：「『天下雷行』，雷是依據客觀規律運行的自然現象，春發冬收，並无差妄。『物與无妄』，萬物隨著雷的發生而發生，無論洪纖高下，飛潛動植，都依著自然賦予它們的所謂『性命』，生長、發展、運動，也並无差妄。」无妄之義，此其二也。

❷先王以茂對時育萬物

此句有三種標點法。一、在「茂」下一逗，至「物」成句。《集解》引侯果曰：「雷震天下，物不敢妄；威震驚洽，无物不與。故先王以茂養萬物，乃對時而育矣！時泰則威之以无妄；時否則利之以嘉遯：是對時而化育也。」二、在「對」下一逗，至「物」成句。惠士奇《易說》：「先王以茂對者，謂對天也。……諸儒讀為對時，失之矣！按潘岳〈秋興賦〉云：『四時忽其代謝兮，萬物紛以迴薄；覽花蒔之時育兮，察盛衰之所托。』《注》引《周易》『時育萬物』。北晉時，先漢諸儒章句尚存，故岳從古讀，今當遵之。育萬物者，時也：春息百長，夏賞五德，秋行五刑，冬收五藏。故春仁、夏忠、秋急、冬閉。順天之時，約地之宜。風雨時，五穀實，艸木美多，六畜蕃息：所謂時育者如此。」三、在「時」下一逗，至「物」成句。程《傳》：「先王觀天下雷行，發生賦與之象，而以茂對天時，養育萬物，使各得其宜。」對時育物，玆事體大，非君子所能為力，故必賴先王乃能成功。《正義》：「以此无妄盛事……唯王者其德乃耳，非諸侯以下所能，故不云君子而言先王也。」已點明此意。本句上承「天下雷行物與无妄」，若物與无妄作事物之發生皆在意料之外解，那麼先王必須憑藉盛德，面對危機，依時參贊天地，化育萬物，所謂危機就是轉機，著重事物相反的關係；若物與无妄作事物皆真實無虛假解，那麼先王亦必須憑藉盛德，因勢利導，依時參贊天地，化育萬物，著重事物相承的關係。故二說皆通。案：《易緯・坤靈圖》：「天無雲而雷，先王以茂對時育萬物。」鄭玄《注》：「茂，勉也；對，遂；育，長也。天之將雨，先必興雲而後雷，今乾在上，下無坎而有震，是以雷行天下，無雲而雷，洪水之時，人苦雨之多，故堯於是茂勉遂其教令，以養萬物，以是眾庶艱食，得以餬口焉！」錄以作較論之資。

語譯

天的下面只有雷聲沒有雨，萬物都沒指望了；（或譯：雷在天下面運作，萬物全都不能作假。）古代帝王用生產繁殖面對時代，化育萬物。（或譯：天下雷聲大作，萬物隨著萌生活動，生命顯得真實而不虛妄，先王因此也以豐盛的仁政，適時地化育萬民萬物。）

序卦傳

復則不妄矣❶，故受之以无妄❷。

注釋

❶**復則不妄矣**

復卦䷗由剝卦䷖顛倒而來，窮上返下，剝極而復，〈彖傳〉謂「其見天地之心」。先儒每以誠實無虛說之。《集解》引崔憬曰：「夫《易》窮則有變，物極則反于初。故剝之為道，不可終盡，而受之于復也。物復其本，則為誠實，故復則无妄矣！」程《傳》：「復者，反於道也。既復於道，則合正理而无妄，故復之後，受之以无妄也。為卦乾上震下；震，動也。動以天為无妄；動以人欲則妄矣！无妄之義大矣哉！」皆從誠實無妄說。然復窮上返下，是往而又來。劉百閔《周易事理通義》：「復之義為往來。《說文・辵部》：『返，還也。』『還，復也。』皆訓往而仍來之義。」往而又來，需時幾何？難確言之。《朱子語類》嘗記朱熹之言曰：「无妄是箇不指望偶然底卦，忽然而有福，忽然而有禍。」則以「不指望」訓无妄，意復之來，不能預期也。亦可備一說。

❷故受之以无妄

上句言「不妄」，此句言「无妄」，是以不妄釋无妄。《折中》引何楷曰：「不妄與无妄當辨：由不妄然後能无妄也。」又崔憬言「復則无妄矣」，則上句本亦作「无妄」，亦非全無可能。

語譯

一元復始，回到復興的正常道路，人生就不再空虛了，所以接在復卦後面的是代表真實無虛的无妄卦。

雜卦傳

无妄，災也❶。

注釋

❶无妄，災也

无妄六三爻辭有「无妄之災」，上九〈象傳〉有「无妄之行窮之災也」。〈雜卦傳〉後出，其言无妄災也，似由爻辭、〈象傳〉文字，概括而言之。案：楚考烈王無子，其相春申君憂之。李園事春申君為舍人，進女弟李環於春申君，得幸有身。乃說春申君更進李環於楚王。楚王立李環為王后，所生子為太子。李園陰養死士欲殺春申君以滅口。朱英謂春申君將有「無妄之禍」。其事見《戰國策》，又見《續越絕記》。《史記》述其事作「毋望之禍」，張守節《史記正義》：「無望謂不望而忽至也。」〈雜卦傳〉「无妄災也」只能如此解。韓康伯《注》云：「无妄之世，妄則災也。」非是。《十翼》非一人所作，各傳間或有牴牾，作者意見不同故也。〈序卦傳〉敘「无妄」為不妄，取真實無虛義；〈雜卦傳〉釋「无妄」為災，取不望而忽至義：

正是證據。

語譯

无妄是意想不到的意思，可能是種災害。

初九爻辭

初九❶：无妄往❷，吉❸。

注釋

❶初九

當无妄初爻為老，他爻皆少，即由无妄之否䷋；或泰䷊初爻為少，他五爻皆老，即泰之无妄：這兩種情形，都以无妄初九爻辭占。

❷无妄往

此象也；高亨《周易筮辭分類表》謂之「說事之辭」。各家標點多以「无妄」一逗，「往吉」成句，非也。茲依象辭、占辭分句讀，並參〈象傳〉「无妄之往」，於「无妄往」下一逗，至「吉」成句。高亨《周易古經今注》已如此標點。无妄往，意為无妄而往。朱熹依據〈象傳〉「剛自外來而為主於內」之言，以為指的就是初九，因而《本義》云：「以剛在內，誠之主也；以是而往，其吉可知。故其象、占如此。」用「誠」字來解釋「无妄」。李漢三《周易卦爻辭釋義》（一九六九）：「无妄往者，言未經計劃之往也。」以「无妄」為「無望」之衍伸。廖名春〈楚簡周易校釋記〉（二〇〇四）：「在絕望時，勇於進取。」則以「无妄」為「絕望」。

❸吉

此占也。初九居卦之最底層，以尊貴的陽剛尊重卑弱的六二、六三，得位而不犯過，所以能吉。王弼《注》：「體剛處下，以貴下賤，行不犯妄，往得其志。」即是此意。卦言「不利有攸往」而爻言「吉」

者，程頤有說。程《傳》：「卦辭言不利有攸往，謂既无妄，不可復有往也，過則妄矣；爻言往吉，謂以无妄之道而行，則吉也。」无妄如作未經計劃講，顯示初九之不具機心，就像同人初九爻辭「同人于門无咎」一樣，仍有所收穫。如作絕望講，又別有一番破釜沉舟，勇往直前的悲壯情懷，天無絕人之路，也能獲吉。

語譯

无妄卦的初位是陽爻，誠實無欺地前往吧！無須計劃地前往吧！會有收穫的！

象傳

无妄之往❶，得志也❷。

注釋

❶无妄之往

釋「无妄往」。

❷得志也

釋「吉」。〈繫辭傳上〉：「吉凶者，言乎其失得也。」得志亦得之一，故可言吉。程《傳》：「以无妄而前往，无不得其志也。蓋誠之於物，无不能動。以之修身則身正，以之治事則事得其理，以之臨人則人感而化；无所往而不得其志也。」項安世《周易玩辭》：「无妄之時，以誠滅妄，以陽滅陰。凡陽皆勝，凡陰皆不利。初九剛自外來，而為无妄之主，所往皆吉，可見陽之得志矣！」可作參考。廖名春〈楚簡周易校釋記〉：「卦辭和六三、九五、上九爻辭的『无妄』只能訓為無望，訓為『不妄為』則多不通。此處亦當如此。」值得再思。

語譯

誠實無欺地前往，無須計劃而前往，心中的理想自然得到。

六二爻辭

六二❶：不耕穫，不菑畬❷，則利有攸往❸。

注釋

❶六二

當无妄第二爻為老，他爻皆少，即由无妄之履䷉；或謙䷎第二爻為少，他爻皆老，即謙之无妄：這兩種情形，都以无妄六二爻辭占。

❷不耕穫，不菑畬

此二句多異文歧義。先說異文。陸德明《經典釋文》：「不耕穫，或依《注》作不耕而穫，非；下句亦然。」《注》指王弼《周易注》，其言曰：「不耕而穫，不菑而畬，代終已成，而不造也。」觀王弼之前，虞翻《注》已云：「田在初，一歲曰菑；在二，二歲曰畬。初爻非坤，故『不菑而畬』也。」似虞所見本已如此。上海博物館所藏戰國楚竹書《周易》作：「不耕而穫，不畜之。」畜，疑為菑之誤字，《說文》有畜之重文作「𤳉」，从田从兹，形與菑近似，故致誤也。「不菑之」下則疑脫「畬」字。帛書〈昭力〉：「无孟之卦，邑途之義也；不耕而穫，戎夫之義也。」綜上所說，此二句似應作：「不耕而穫，不菑之畬。」再說歧義。程《傳》：「耕，農之始；穫，其成終也。田一歲曰菑；三歲曰畬。不耕而穫，不菑而畬：謂不首造其事，因其事理所當然也。首造其事，則是人心所作為，乃妄也；因事之當然，則是順理應物，非妄也。」是以「順理應物」釋之。朱子《本義》：「柔順中正，因時順理，而无私意期望之心，故有『不耕穫不菑畬』之象。言其无所為於前，无所冀於後也。」更添「无所冀」一義。案：此二句為偏正複句中的分句，表示假設的一些條件。參閱下條注釋。

❸**則利有攸往**

則，假設複句中的承接連詞。爻辭之意謂，在不耕而能穫，不菑而能成熟田的條件下，那麼利於前往。在通常情況下，這是「無望」的；但不是完全不可能。《呂氏春秋・貴因》：「人為人之所欲，己為人之所惡，先陳（列陣）何益？適令武王不耕而穫。」武王伐紂，不戰而勝，不耕而穫，這是特例。

語譯

无妄卦陰爻居第二位，如果不耕種而能收穫，不開墾而有熟田，那麼就適合前往了！

附錄古義

《禮記・坊記》：「子云：『禮之先幣帛也，欲民之先事而後祿也。先財而後禮，則民利；無辭而行情，則民爭。故君子於有饋者弗能見，則不視其饋。《易》曰：「不耕穫，不菑畬，凶。」』」

象傳

不耕穫❶，未富也❷。

注釋

❶**不耕穫**

古本、石經初刻本，穫上有而字；岳本、閩本、監本、毛本、南昌學堂重刻本則作「不耕穫」。

❷**未富也**　力耕而穫，由開墾而成良田，或能致富；不耕而穫，不墾而望良田，由此求富，更不可能。秦漢時，匈奴每趁秋收以鐵騎搶割農作物（《史記・匈奴列傳》所謂「候秋孰，以騎馳蹂而稼穡耳。」），但匈奴並未由此致富，即為史證。程《傳》：「不耕而穫，不菑而畬，因其事之當然；既耕則必有穫，既菑則必成畬，非必以穫畬之富而為者也。其始耕菑乃設心在於求穫畬，是以其富也；心有欲而為者，則妄也。」陳義似太高。

語譯

不去耕耘，卻想收穫，富不起來的！

六三爻辭

六三❶：无妄之災❷；或繫之牛，行人之得，邑人之災❸。

注釋

❶六三

當无妄第三爻為老，他爻皆少，即由无妄之同人䷌；或師䷆第三爻為少，他爻皆老，即師之无妄：這兩種情形，都以无妄六三爻辭占。

❷无妄之災

有三說。一、六三在无妄之道，而為妄者，故有災。程《傳》：「三以陰柔而不中正，是為妄者也；又志應於上，欲也，亦妄也。在无妄之道，為災害也。」此說无妄可為有妄，是無可為有，甚難服人。二、正因无妄，所以名災。《折中》引關朗曰：「无妄而災者，災也；有妄之災，則其所宜也，非災之也。」關朗，字子明，北魏人，著有《洞極經》、《易傳》。或云關朗《易傳》為阮逸偽作。此所說甚好。三、意外之災。朱子《本義》：「六三處不得正，故遇其占者，无故而有災。」李漢三《周易卦爻辭釋義》：「无妄之災者，言意外之災也。」即依朱《義》。此說最妥。王弼《注》：「以陰居陽，行違謙順，是无妄之所以為災也。」由六三失位，又處下卦最上爻，有失謙順，而說為災之故。王弼依象明義，亦有如此通達者。

❸或繫之牛，行人之得，邑人之災

或繫之牛，《集解》引虞翻曰：「四動之正，坤為牛。」其意為：九四失位，當變為六四，方能得正，於是六二、六三、六四成為坤，〈說卦傳〉：「坤為牛。」因此說「或繫之牛」。象數《易》之牽強附會，每如此。張載《橫渠易說》：「繫牛為說，緣耕穫生詞。」是也。行人之得，弼《注》：「有司之所以為穫。」蓋依《周禮・秋官》有大行人、小行人，故以行人為有司，亦嫌穿鑿。行人，僅指行路之人。朱子《本義》：「行人牽牛以去，而居者反遭詰捕之擾也。」考古代有「公牛」制度。《周禮・牛人》：「牛人掌養國之公牛，以待國之政令。」包括祭祀用牛、饗賓用牛、犒師用牛、兵役負載用牛等等。公牛拴繫不當而脫逃，為行人牽走，對飼養者而言，當然是一種災難。朱熹之說，似據《周禮》。至於所暗示的含意，阮籍〈通易論〉云：「有國而不收其民，有眾而不修其器，行人得之，不亦災乎！」可作隅反之資。

語譯

无妄卦陰爻居第三位，竟發生意外的災害；有拴著牛隻的，被過路人牽走了，地方上的人卻遭了殃。

象傳

行人得牛，邑人災也❶。

注釋

❶行人得牛，邑人災也

程《傳》：「有得則有失，非以為彼此也。妄得之福，災亦隨之；妄得之得，失亦稱之，固不足以為得也。」又云：「行人得牛，乃邑人之災也。有得則有失，何足以為得乎？」考《呂氏春秋・貴公》：「荊人有遺弓者而不肯索，曰：『荊人遺之，荊人得之。』孔子聞之曰：『去其荊而可矣！』老聃聞之曰：『去其人而可矣！』故老聃則至公矣！」伊川之言，可以較論。胡炳文《周易本義通釋》：「六二得位，而有无妄之福，時也；六三失位，而有无妄之禍，亦時也。行人牽牛以去，而居者反受詰捕之擾，其災出於意料之外。〈雜卦〉曰：『无妄，災也。』其此之謂歟？」釋《本義》之意更詳明。

語譯

過路人牽得一頭牛，地方上的人就遭殃了！

九四爻辭

九四❶：可貞无咎❷。

注釋

❶九四

當无妄第四爻為老，他爻皆少，即由无妄之益䷩；或恆䷟第四爻為少，他爻皆老，即恆之无妄：這兩種情形，都以无妄九四爻辭占。

❷可貞无咎

九四以陽爻居陰位，是失位；與下卦初九孤陽無應，是缺乏群眾基礎；上比九五之君，易遭在位者猜忌：在這種種看不到希望的環境中，仍舊可以陽剛的本質，堅守正確的行為準則，而避免過錯。王弼《注》：「處无妄之時，以陽居陰，以剛乘柔，履於謙順，比近至尊，故可以任正，固有所守，而无咎也。」關於可貞與利貞之異同，程《傳》曰：「可貞謂其所處可貞固守之；利貞謂利於貞也。」吳澄《易纂言》：「利者，宜也；可者，僅可。」何楷則較論九四、初九，《古周易訂詁》：「初九之无妄往吉，行乎其所當行也；九四之可貞无咎，止乎其所當止也。」

語譯

无妄卦陽爻居第四位，可以堅守正道，而免於差錯。

象傳

可貞无咎，固有之也❶。

注釋

❶可貞无咎，固有之也

貞字，本象鼎形，鼎為宗廟常器，穩重正固。〈文言傳〉所謂「貞固足以幹事」者也。朱子《本義》：「有猶守也。」固有，是貞固守之的意思。固守什麼？蘇軾《東坡易傳》：「固有之者，生而性之，非外掠而取之也。」以為是固守人本有的天性。這是基於九四以陽剛本質居乾上天體而說的。人能固守天賦的仁義禮智之性，當然可以无咎。呂大臨《易章句》：「九四无應，下比三，三應於上，比之非正，當固有所守，不妄求比，乃可无咎。」這是基於九四外圍的比、應關係而說的。綜合言之：憑藉陽剛本質，不受環境影響，這種兼內外的行為，才是所守能夠穩固的原因。

語譯

可以堅守正道而免於差錯，憑藉的是不被環境影響，保持陽剛的本性啊！

九五爻辭

九五❶：无妄之疾，勿藥有喜❷。

當无妄第五爻為老，他爻皆少，即由无妄之噬嗑䷔；或井䷯第五爻為少，他爻皆老，即井之无妄：這兩種情形，都以无妄九五爻辭占。

注釋

❶九五

❷无妄之疾，勿藥有喜

疾，小病；病，病重。《左傳・宣公十五年》：「初，魏武子有嬖妾，無子。武子疾，命顆曰：『必嫁是。』疾病，則曰：『必以為殉。』及卒，顆嫁之，曰：『疾病則亂，吾從其治也。』」可證古漢語疾與病有輕重之不同。《易》之言「有喜」，或與吉、孚有關，如：賁六五〈象傳〉「六五之吉，有喜也」，大畜六四〈象傳〉「六四之吉，有喜也」，升九二〈象傳〉「九二之孚，有喜也」。而有疾而癒，亦每可喜，如：損六四爻辭「損其疾，使遄有喜」，〈象傳〉「損其疾，亦可喜也」，兌九四爻辭「商兌未寧，介疾有喜」，〈象傳〉「九四之喜，有慶也」。減輕疾患，隔絕疾患，都是有慶可喜之事。无妄九五「勿藥有喜」，當從後一義。至於无妄之疾勿藥有喜之故，程《傳》曰：「九以中正當尊位，下復以中正順應之，可謂无妄之至者也。……人之有疾，則以藥石攻去其邪，以養其正。若氣體平和，本无疾病而攻治之，則反害其正矣！故勿藥則有喜也。有喜，謂疾自亡也。」蓋以无妄為至誠至正，氣體平和也。朱子《本義》：「乾剛中正以居尊位，而下應亦中正，无妄之至也。」蓋從程頤。但《朱子語類》記沈僩所錄：「或說无妄。曰：卦中未便有許多道理。聖人只是說有許多爻象如此，占著此爻，則有此象。无妄是箇不指望偶然底卦，忽然而有福，忽然而有禍，如人方病，忽然勿藥而癒，是所謂无妄也。據諸爻名義，合作無望。……人之卜筮，如決杯珓。如此則吉，如此則凶，杯珓又何嘗有許多道理？如程子之說，說得道理儘好，儘開闊，只是不如此，未有許多道理在。」這就否定了《本義》的說法，程頤的說法，更否定了《周易》占筮的「道理」。接著，朱子話鋒一轉，又曰：「无妄一卦雖云禍福之來也無常，然自家所守者不可不利於正；不可以彼之無常而吾之所守亦為之無常也。故曰：『无咎：元亨利貞；其匪正有眚。』若所守匪正則有眚矣！」《周易》的占筮可以不信，但《周易》之為寡過之書卻有存在發揚的價值在。《語類》又記董銖所錄：「九五陽剛中正，以居尊位，无妄之至，何為而有疾？曰：此是不期而有此，但聽其自爾，久則自定，所以勿藥有喜而無疾也。」亦明白揭示无妄之疾是「不期而有此」。

語譯

无妄卦陽爻居第五位，意外得了小病，不必服藥，而自有痊癒的歡喜。

象傳

无妄之藥，不可試也❶。

注釋

❶无妄之藥，不可試也

《周易折中》引錢氏志立曰：「九五陽剛中正，本無致疾之道，而有疾焉，此无妄之疾也。惟守正安常以處之，疾且自去。而試之藥焉，則必以吾之常者為非，而悉反其道。斯紛紛召疾之方至矣，故曰：无妄之藥，不可試也。」以今日醫藥常識來說，藥品除了正面的醫療作用外，也有些負面作用，如：副作用、過敏反應、中毒、成癮、干擾正常生理機能、增加細菌或病毒的抗藥性等等。沒病亂吃藥，小病吃特效藥，都是不可以的。

語譯

沒有痊癒希望的藥物，不可以試用啊！

上九爻辭

上九❶：无妄行❷，有眚，无攸利❸。

注釋

❶**上九**

當无妄上爻為老，他爻皆少，即由无妄之隨䷐；或蠱䷑上爻為少，他爻皆老，即蠱之无妄：這兩種情形，都以无妄上九爻辭占。

❷**无妄行**

帛書作「无孟之行」。〈象傳〉引爻辭亦言「无妄之行」。或以无妄斷句，非也。高亨《周易古經今注》已以「无妄行」為句，唯言「此爻无字疑衍」，則非。王弼《注》：「處不可妄之極，唯宜靜保其身而已，故不可以行也。」是以妄為荒誕不實之意。李漢三《周易卦爻辭釋義》：「言未經計劃之行。」是以无妄為無所冀望之意。

❸**有眚，无攸利**

上九居乾上之極，又失位，所以本身有過錯，沒有什麼好處。程《傳》：「上九居卦之終，无妄之極者。極而復行，過於理也。過於理則妄也。故上九而行，則有過眚，而无所利矣！」以過猶不及說无妄之所以有眚无利甚好，可惜无妄只是無望的意思。《折中》引龔煥曰：「无妄者，實理自然之謂。循是理則吉；拂是理則凶。初往吉，二利有攸往，循是理而動者也；四可貞无咎，守是理而不動者也；三有災，五有疾，不幸而遇無故非意之事，君子亦聽之而已，守是理而不為動者也。或動或靜，惟理是循，所以為无妄。上九居无妄之極，不可有行；若不循理而動，則反為妄矣，其有眚而不利也宜哉！」雖然強調「實理自然」，但是也兼採「無故非意」說而融入其中。胡炳文《周易本義通釋》：「六爻皆无妄也，特初九得位，而為震動之主，時之方來，故无妄往吉；上九失位，而居乾剛之極，時已去矣，故其行雖无妄，有眚无攸利。是故善學《易》者在識時。初曰吉，二曰利，時也；三曰災，五曰疾，上曰眚，非有妄以致之也，亦時也。初與二皆可往，時當動而動；四可貞，五非藥，上行有眚，時當靜而靜。」案：胡炳文私淑朱子，所作《通釋》必先引《本義》而通之。其釋无妄也，開宗明義，即曰：「朱子解《中庸》誠字，以為真實无妄之謂；此解无妄，則以實理自然之謂。自然二字，已兼无所期望之意矣！」讀者試以「實理」與「无望」，取代上引《通釋》諸「无妄」，說皆可通。

語譯

无妄卦最上面的一爻是陽爻，缺乏願景的行動，會有禍患，沒有什麼好處。

象傳

无妄之行❶，窮之災也❷。

注釋

❶无妄之行

於此可見爻辭當以「无妄行」斷句。

❷窮之災也

〈文言傳〉說乾上九：「亢龍有悔，窮之災也。」无妄上九居乾上之極，所居所應皆失位，故窮而有此災。然〈繫辭傳下〉言：「易窮則變，變則通。」又曰：「困窮而通。」〈序卦傳〉曰：「剝窮上反下。」又曰：「物不可窮也。」是窮不必畏，能變通返下可也。《集解》引崔憬曰：「居无妄之終，有妄者也。妄而應三，上下非正，窮而反妄，故為災也。」《折中》引何楷曰：「无妄之行，猶〈彖傳〉所云『无妄之往』。上九，乾之窮，與乾亢龍義同，故二〈小象〉亦同。以其意於行，故曰眚；以其時位使然，故曰災。」並可作參考。

語譯

沒有指望的行動，會遭到窮途末路的災難啊！

大畜卦經傳通釋第二十六

卦辭

䷙ 乾下艮上大畜❶：利貞❷；不家食，吉❸；利涉大川❹。

注釋

❶䷙乾下艮上大畜

楚竹書作「大⿱竺土」，帛書作「泰蓄」，《釋文》「大畜本又作蓄」。大、太、泰，古每通用。此當以大為本字，泰為假借。畜有三義：〈彖傳〉言「止健」，畜作止解；又言「養賢」，畜作養解；〈象傳〉言「畜其德」，畜作積聚解。所以帛書作「蓄」；《釋文》又作蓄。朱駿聲《六十四卦經解》：「畜賢，畜，養也；畜德，蘊畜也：一作蓄。畜健，畜，止也。」以為畜賢畜德之畜亦可作蓄，而畜止之畜只能作畜，是也。畜、蓄古雖通用，此以作畜概括較全面。至於竹書作⿱竺土，从土竺聲，字不見於《說文》。然竺、畜疊韻，⿱竺土或為畜之通假。大畜，是努力蘊積培養，所聚者大，而又能知所留止的意思。就卦象上說，大畜乾下為天，艮上為山，山間有天，是蘊畜者大。就卦德上說，乾為剛健，艮為厚實，為蓄止；既能不斷充實蘊畜自己剛健之德，又能留住剛健的賢人。大畜取義，大致如此。在占筮上，當大畜六爻皆少，也就是本卦、之卦都是大畜；或萃䷬六爻皆老，也就是萃之大畜：這兩種情形，都以大畜卦辭占。

❷利貞

《集解》引虞翻曰：「二、五失位，故利貞。」以為大畜九二以陽爻居陰位，六五以陰爻居陽位，下上二卦中爻都居非其位，必須糾正，所以勉以「利貞」。此是就象數說。呂祖謙《東萊易說》：「所畜者既大而不正，則反為學者之害，所謂『學非而博』者也。言語足以動人，文章足以聳眾，不正則反為害。不如空无所有之人，雖欲害物亦不能為大害，故利於正。」則就義理說。〈彖傳〉則以「其德剛上而尚賢，能止健，大正也」釋利貞。參閱彼注。

❸不家食，吉

謂賢者道德學問，涵養既博大高明，當為世用，道濟天下，不必居家吃閒飯；而在位者亦務必留住賢者，食以俸祿：如此則賢者與社稷並吉。虞翻曰：「二稱家；謂二、五易位成家人䷤。」吳澄《易纂言》：「大畜與家人易位，不在家也。」蓋就象言。孔穎達《正義》：「已有大畜之資，當須養贍賢人，不使賢人在家自食，如此乃吉也。」重點在當位者吉。程《傳》：「既道德充積於內，宜在上位，以享天祿，施為於天下，不獨一身之吉，天下之吉也。」則賢人與天下皆吉。

❹利涉大川

大畜二、五易位成家人䷤，二三四體坎，有大川之象。《集解》引京房曰：「謂二變五體坎，故利涉大川。」即取此意。又大畜三四五上為☳，像一隻船。《易纂言》：「三四五上有舟象，乾健應五上進，有舟行而前之象。」姑且錄之，以見《易》無定象。《正義》：「豐則養賢，應於天道，不憂險難，故利涉大川。」程《傳》：「所畜既大，宜施之於時，濟天下之艱險，乃大畜之用也，故利涉大川。」皆依〈彖傳〉意而申之，詳見彼注。

語譯

六畫的大畜卦，由三畫的乾在下，三畫的艮在上，重疊而成。是剛健之德得以涵養充實，又能為當政者留用，使國力壯大的意思。偉大的人物，富強的國家，行事都必須穩健正確。使賢能的人，為國效勞，不致於在家吃閒飯，這對個人對國家，都是一種收穫。像渡大河一樣，利於冒險犯難、奮勇前進！

附錄古義

《禮記·表記》：「子曰：『事君大言入則望大利，小言入則望小利；故君子不以小言受大祿，不以大言受小祿。《易》曰：「不家食，吉。」』」

彖傳

大畜，剛健篤實，輝光日新❶。其德剛上而尚賢，能止健，大正也❷。不家食，吉，養賢也❸。利涉大川，應乎天也❹。

注釋

❶剛健篤實，輝光日新

這是以卦德來解釋卦名大畜。朱子《本義》：「剛健、篤實、輝光，以卦德釋卦名義。」是也。大畜乾下為天，有剛健之德；艮上為山，其道光明，有篤實之德。《孟子·盡心下》：「充實而有光輝之謂大。」所以〈彖傳〉就以剛健篤實，輝光日新，來解釋大畜的名義。白雲郭雍曾以此二句與《中庸》「至誠」較論，《郭氏傳家易說》記其言曰：「卦之才能止健，故內能成剛健篤實之德，發於事業者，又輝光而日新也。剛健篤實猶《中庸》所謂至誠；輝光，所謂誠則形，形則著，著則明也；日新，所謂悠久无疆也。」

案：「日新」二字，王弼、孔穎達、程頤、朱熹，皆連下文「其德」斷句。而鄭玄、虞翻則以「輝光日新」斷句。王引之《經義述聞》引「家大人」（指其父王念孫）之言略曰：一、「其德剛上而尚賢」與〈彖傳〉言大有卦「其德剛健而文明」句讀正同。二、新，與下三句末字正、賢、天，古韻正協。三、漢荊州刺史度尚碑「令聞彌崇，暉光日新」、魏劉邵《人物志》「光暉煥而日新」、晉張華詩「進德修業，暉光日新」、晉傅咸〈周易詩〉「暉光日新，照于四方」：日新皆連上文暉光讀。王引之並引錢曉徵說補充，茲不贅述。此依鄭玄、虞翻、郭雍、王念孫父子之說，以「輝光日新」斷句。請參閱附錄古義。

❷其德剛上而尚賢，能止健，大正也

此以爻位與卦體釋卦辭利貞。剛上，指上九以剛居上位；尚賢，指六五居尊位而敬重上九之賢者；止健，艮上為止，乾下為健。言健者明德新民，知止於至善；而人君亦知如何留住賢者。凡此皆大正之事業也。大正有二義，一是偉大而正確，二是大大正確。程《傳》：「剛上，陽居上也；陽剛居尊位之上，為尚賢之義；止居健上，為能止健之義。止乎健者，非大正則安能？以陽剛在上，與尊尚賢能，能止至健，皆大正之道也。」依象說義可從。案：虞翻、來知德皆以「上」為動詞，故用卦變說。虞翻曰：「大壯初之上，其德剛上也。」以為二陰四陽之卦，自遯䷠或大壯䷡來。依虞注睽䷥云「大壯上之三」，注兌䷹云「大壯五之三」，注需䷄云「大壯四之五」，則大畜當云「大壯四之上」。而此竟云「大壯初之上」，可見其變非一例。來知德《周易集註》：「剛上者，大畜綜无妄，无妄下卦之震，上而為大畜之艮也。」亦不如伊川「陽居上」之直接了斷也。「止健」，《集解》本作「健止」。虞翻曰：「舊讀言『能止健』，誤也。」茲仍依王《注》、孔《疏》、程《傳》、朱《義》本作「止健」。

❸不家食，吉，養賢也

此以養賢釋卦辭不家食吉之原因。王弼《注》：「有大畜之實，以之養賢，令賢者不家食，乃吉也。」以為不家食者為賢者。程《傳》：「大畜之人，所宜施其所畜，以濟天下，故不食於家則吉。謂居天位，享天祿也。國家養賢，賢者得行其道也。」則以不家食者為居天位大畜之人。二說可並存，其義始全。上文言「尚賢」，此言「養賢」，梁寅《周易參義》嘗辨其異同：「養賢者，亦取尚賢之象。自剛上而言，則謂之尚賢，所以盡其禮也；自不家食而言，則謂之養賢，所以重其祿也。尚賢者，有尊崇之意；養賢者，有親愛之心。非六五之中順，安能若是哉！」梁寅又以尚賢、養賢，皆是六五尚養上九。其說亦較虞翻「二五易位成家人，今體頤，養象」為簡明。

❹**利涉大川，應乎天也**

此惟以應乎天也釋卦辭利涉大川。就象言，大畜乾下為天，而艮上六五與乾下九二相應，是應乎天也。就義言，王弼《注》：「尚賢制健，大正應天，不憂險難，故利涉大川也。」甚是。程頤則兼象、義而釋之，程《傳》：「六五，君也，下應乾之中爻，乃大畜之君，應乾而行也。所行能應乎天，无艱險之不可濟，況其他乎！」

語　譯

大畜卦，下卦乾代表剛健，上卦艮代表篤實，光輝悠久日新。卦的特性，上九陽剛居於六五尊位的上面，是尊重賢能的象徵；能夠留住穩健的人才，這是偉大而非常正確的。所謂「不家食吉」，指國家能奉養賢能呀！所謂「利涉大川」，順應著上天自然的法則呀！

附錄古義

《三國志・魏書・管輅傳・注引輅別傳》：「劉邠問輅：『《易》言「剛健篤實，輝光日新」，斯為同不也？』輅曰：『不同之名：朝日為輝，日中為光。』」

象傳

天在山中，大畜❶；君子以多識前言往行，以畜其德❷。

注釋

❶天在山中，大畜

天是無限大的載體，容畜著日月星辰；山是高大的載體，容畜著草木禽獸和寶藏。所以《中庸》說：「今夫天，斯昭昭之多；及其無窮也，日月星辰繫焉，萬物覆焉。……今夫山，一卷石之多；及其廣大，草木生之，禽獸居之，寶藏興焉。」我們不僅僅只見眼前的山中之天，要進一步認識山之廣大，天之無窮，這才是大畜。陳瑩中答吳國華書：「天在山中，便是芥子納須彌之義。」似已有此層意思。《集解》引向秀曰：「止莫若山，大莫若天。天在山中，大畜之象。天為大器，山則極止，能止大器，故名大畜也。」《正義》：「欲取德積於身中，故云天在山中也。」向釋大畜取義，孔言譬喻類比，錄供參考。

❷君子以多識前言往行，以畜其德

識，牢記。本條有兩點值得思考的問題。一、前言往行是何種言行？孔《疏》：「前代之言，往賢之行。」程《傳》：「前古聖賢之言與行。」個人認為這樣仍然不夠。必如《論語・述而》：「子曰：三人行，必有我師焉；擇其善者而從之，其不善者而改之。」從前言往行之善者中擇取榜樣，之不善者中記取教訓。二、多識與德行關係問題。其進程當如《中庸》所說：「博學之，審問之，慎思之，明辨之，篤行之。……明則誠矣！」多識是明，畜德是誠。多識是畜德的過程，畜德篤行是多識的目的。呂大臨《孟子解》：「《易》曰：『君子多識前言往行，以畜其德。』《孟子》曰：『博學而詳說之，將以反說約也。』」

世之學者，欲以雕繪組織為工，誇多鬬靡，以資見聞而已。故摭其華不茹其實，未嘗畜德而反約也。彼亦烏用學為哉！」取大畜〈象傳〉與《孟子》「博學反約」較論，頗有深意。朱熹亦感慨言之，《朱子語類》楊道夫錄：「先生謂鄭光弼子直曰：《易》曰：『君子以多識前言往行，以畜其德。』公今卻是讀得一書，便做得許多文字，馳騁跳躑，心都不在裏面。如此讀書，終不干自家事。」我須時時以此自惕，也與讀者共勉。

語譯

天容藏在群山之中，連綿不絕，這是最博大的包容蓄積。君子受這種現象啟示，因而多多記取人們從前說過的話，做過的事，在善惡成敗的思辨中培養自己和眾人的德性。

附錄古義

《潛夫論・讚學》：「是故工欲善其事，必先利其器；士欲宣其義，必先讀其書。《易》曰：『君子以多志前言往行，以畜其德。』」

《漢紀・自序》：「惟漢四百二十有六載，皇帝撥亂反正，統武興文；永惟祖宗之洪業，思光啟於萬嗣，闡綜大猷，命立國典，以及羣籍。於是乃作考舊，通連體要，以述《漢紀》。《易》稱『多識前言往行以畜其德』；《詩》云『古訓是式』。中興已前，一時之事，明主賢臣規模法則得失之軌，亦足以監矣。」

序卦傳

有无妄然後可畜，故受之以大畜❶。

注釋

❶有无妄然後可畜，故受之以大畜

程《傳》：「无妄則為有實，故可畜聚，大畜所以次无妄也。」《郭氏傳家易說》記白雲曰：「大畜，畜无妄之道而已，无妄之道，天道也。有无妄之道則可畜，猶有天命之性則可率而循之，是以君子存其心養其性，使不失赤子之心者，以此。」朱震《漢上易傳》：「无妄然後物物循理，乃可大畜，故次之以大畜。前曰：比必有所畜者，比而後畜，其畜也小，故次之以小畜。」三家其釋无妄然後可畜也，伊川曰有實，白雲曰天道，漢上曰循理，蓋皆以无妄為真實無虛也。白雲以與《中庸》天命之性、率性之道較論，漢上則較論大畜、小畜之異同，均有啟發性。〈序卦傳〉之作者，或已以真實無虛釋无妄也。然无妄若作無望解，在已無指望的環境，惟自我努力積聚，自求多福，亦可備一說。李光地《周易折中・序卦明義》：「无妄、大畜，乾與陽卦合體，義同需訟。然二五不皆陽爻，故亞於需訟。」並可參考。

語譯

具有真實無虛的性質，然後才可能畜積，所以大畜卦接在无妄卦的後面。

雜卦傳

大畜，時也❶。

注釋

❶大畜，時也

韓康伯以為「時」是「畜」所以能「大」的條件。《注》云：「因時而畜，故能大也。」張栻則以為指「君子」能安時。《南軒易說》：「惟大畜之君子，所以能安其時。」考《易緯・坤靈圖》：「乾下艮上，大畜；天災將至，預畜而待之，人免於饑。」則「時」字有可能為「待」之誤。《郭氏傳家易說》記白雲曰：「君子藏器於身，待時而動；然則多識前言往行，以畜其德，亦以待時也。」船山《易內傳》：「乾道成於下而艮止之，使待時而進，遵養以時也。」均以「待時」釋「時」字，實得〈傳〉旨。近人徐志銳更以「待時」貫串大畜二體六爻，所著《周易大傳新注》：「大畜一卦論積蓄，有才德積蓄，有人才積蓄。個人的才德積蓄正是為一國的人才積蓄作基礎。積蓄才德與人才非不用，乃學有所成而後用，其用至大，故稱大畜。〈雜卦傳〉說：『大畜，時也。』時，是為言待時，待時則應止，唯止才能有積養，有充實。所以上下二體艮止乾而養乾，乾積養而待時。六爻之中，初九利止『不犯災』，九二『輿說輹』无過失，九三『日閑輿衛』。『上合志』，皆言止而能待時。六四以『牿』止初九而『有喜』，六五以『牙』止九二而『有慶』，皆言止陽能積蓄。至上九學有所成時至而大用，『何天之衢』鵬程萬里。」所言環環相扣，邏輯周密，可作理解大畜卦爻之線索。

語譯

偉大人格的修練，眾多人才的培養，都需要時間。

初九爻辭

初九❶：有厲，利已❷。

注釋

❶初九

當大畜初爻為老，他爻皆少，即由大畜之蠱䷑；或隨䷐初爻為少，他五爻皆老，即隨之大畜：這兩種情形，都以大畜初九爻辭占。

❷有厲，利已

厲，危險；已，止也。弼《注》：「四乃畜己，未可犯也。故進則有厲；已則利也。」程《傳》：「大畜能止畜乾也，故乾三爻皆取被止為義；艮之三爻皆取止之為義。……在它卦則四與初為正應相援者也；在大畜則相應乃為相止畜。上與三皆陽，則為合志；蓋陽皆上進之物，故有同志之象，而无相止之義。」《易》象取義不一，此其例也。又大畜初九居乾下，與乾初九略似，乾初九爻辭云：「潛龍勿用。」〈文言傳〉曰：「龍德而隱者也，不易乎世，不成乎名，遯世无悶，不見是而无悶，樂則行之，憂則違之，確乎其不可拔，潛龍也。」亦可視為「利已」之注腳。然龍終非池中之物，積蓄既久，必有所成。《中庸》：「今夫地，一撮土之多；及其廣厚，載華嶽而不重，振河海而不洩，萬物載焉。……今夫水，一勺之多，及其不測，黿鼉蛟龍魚鱉生焉，貨財殖焉。」大畜初九，正是天斯昭昭之多，地一撮土之多，山一卷石之多，水一勺之多，而博厚高明悠久，大畜可期也。

語譯

大畜卦最下面的初位是陽爻：往上有危險，利於暫停，好蓄積力量。

象傳

有厲利已，不犯災也❶。

注釋

❶不犯災也

程《傳》：「有危則宜已，不可犯災危而行也；不度其勢而進，有災必矣！」不犯災只是暫時的，《論語・述而》記載孔子告訴子路：「暴虎馮河，死而無悔者，吾不與也；必也臨事而懼，好謀而成者也。」臨事而懼之後，是好謀而成。

語譯

上有危險，宜於暫停，不必急於一時冒險犯難而前進。

九二爻辭

九二❶：輿說輹❷。

注釋

❶九二

當大畜第二爻為老，他爻皆少，即由大畜之賁䷕；或困䷮第二爻為少，他爻皆老，即困之大畜：這兩種情形，都以大畜九二爻辭占。

❷輿說輹

楚竹書作「車敓复」，帛書作「車說緮」，《集解》作「輿說腹」。此從《注疏》本。車輿同物異名。《說文》：「輿，車輿也。」敓（強取也）、說，皆假借為脫。輹，綁在車軸與車轅連接處的繩子。《說文》：「輹，車軸縛也。」車子脫掉了車軸上縛著的繩子，車當然停止不行了。與初九相較，兩爻皆有應而被蓄：初九與六四相應而為六四所蓄；九二與六五相應而為六五所蓄：此同者也。然初九、六四得位而失中；九二、六五得中而失位。初九沉潛於下而不犯，不及者也；九二車壞而止於途中，非正常也。弼注初九曰：「四乃畜己，不可犯也。故進則有厲，已則利也。處健之始，未果其健者，故能利已。」又注九二曰：「五處畜盛，未可犯也。遇斯而進，故輿說輹也。居得其中，能以其中，不為馮河，死而无悔，遇難能止，故无尤也。」案小畜九三爻辭亦言「輿說輻」，可參閱。

語譯

大畜卦陽爻居二位：像車子脫掉了綁在車軸上的帶子，停止不前。

象傳

輿說輹，中无尤也❶。

注釋

❶中无尤也

說明停車不行的心情。中，於象指處乾下之中，於義指心中。尤，過差。如作怨尤講，亦好。程《傳》：「初九處不得中，故戒以有危宜已；二得中，進止自无過差，故但言輿說輹，謂其能不行也，不行則无尤矣！初與二乾體，剛健而不足以進；四與五陰柔而能止。時之盛衰，勢之強弱，學《易》者所宜深識也！」

語譯

車子脫落了綑綁在車軸上的繩帶，停止前進；這合乎中道，並無差錯，心中自然也沒有任何怨尤！

九三爻辭

九三❶：良馬逐❷，利艱貞❸，日閑輿衛❹，利有攸往❺。

注釋

❶九三

當大畜第三爻為老，他爻皆少，即由大畜之損䷨；或咸䷞第三爻為少，他爻皆老，即咸之大畜：這兩種情形，都以大畜九三爻辭占。

❷良馬逐

〈說卦〉：「乾為馬。」又：「乾為良馬，為老馬，為瘠馬，為駁馬。」九三居乾下之三，乾體已成，故有良馬之象。逐，奔馳前進。弼《注》：「凡物極則反，故畜極則通。初、二之進，值於畜盛，故不可以升；至於九三，升于上九，而上九處天衢之亨，塗徑大通，進无違距，可以馳騁，故曰良馬逐也。」逐，帛書、阜陽漢簡皆作「遂」，逐遂形似，遂為譌字；上博楚竹書作「由」，逐、由古音相近而通假。《釋文》：「鄭本作逐逐，云：兩馬走也。姚云：逐逐，疾並驅之皃。」敦煌唐寫本亦作逐逐。案：鄭為鄭玄，姚為三國吳人姚信。「良馬逐」、「利艱貞」，皆三字句，作「逐逐」者，疑涉頤六四爻辭「其欲逐逐」而多一「逐」字。

❸利艱貞

九三得位，而過剛銳進，乾九三爻辭所謂：「君子終日乾乾，夕惕若，厲无咎。」〈繫傳下〉所謂「三多凶……其柔危，其剛勝邪！」〈文言傳〉所謂：上不在天，下不在田；居上不驕，在下不憂；進德修業，乾乾而惕，雖危无咎之爻。雖上九能與之俱進，而仍宜艱辛努力，固守正道。弼《注》：「履當其位，進得其時，在乎通路，不憂險厄，故利艱貞也。」是就正面說。船山《易內傳》：「三以剛居剛而為進爻……而四、五二陰居中為礙，未可遽以得志，故必知難而守正，乃利。」則顧及負面。試再與上句「良馬逐」合看，良馬逐為象，利艱貞是占。意謂在類似良馬奔馳的情況下，仍宜知難守正。吳澄《易纂言》：「良馬逐，象也。利艱貞，占也。良馬雖可以進，然二柔止之於前，其進甚難之時也。故宜艱難以主事，不可以易心處之也。」已點明象、占間之衍伸關係。

❹曰閑輿衛

本句多異文歧義。《注疏》本、唐開成石經作「曰閑輿衛」。《釋文》：「曰，音越。劉云：曰猶言也。」劉是東漢荊州刺史劉表，以為曰就像言，是個語首助詞。弼《注》：「閑，閡也；衛，護也。進得其時，雖涉艱難，而无患也。輿雖遇閑，而故衛也。」以為閑是隔閡，衛是保護，車輿雖然遇到隔閡，事實上是保護。王弼這種注解，和帛書所言相近。帛書六十四卦卦爻辭作「日闌車衛」，閑作闌，輿作車。帛書〈昭力〉：「昭力問曰：『《易》有卿大夫之義乎？』子曰：『師之「左次」，與「闌輿之衛」，與「豶豕之牙」參者，大夫之所以治其國而安其（民也）！』……問『闌輿』之義？子曰：『上正衛國以德，次正衛國以力，下正衛國以兵。衛國以德者，必和其君臣之節，不以耳之所聞，敗目之所見，故權臣不作，同父子之欲，以固其親；賞百姓之勸，以禁違教；察人所疾，不作苛心。是故大國屬力焉，而小國歸德焉。城郭弗修，五兵弗實，而天下皆服焉！《易》曰：「闌輿之衛，利有攸往。」若輿且可以闌然衛之，況以德乎？何不恭之有！』」由帛書資料，「日闌車衛」，是有人用有欄干的兵車攔阻來保護的意思。又上博館楚竹書字作「日班車⿱爻戈」，班為排列之義；⿱爻戈字從爻從戈，當屬兵事，似有衛護之意。亦排列兵車來保護的意思。所以弼《注》，其依據可以上溯漢帛楚竹。本句歧義，此其一。又《釋文》「曰，鄭人實反，云：日習車徒」。音人實反，則當讀為日；云日習車徒，則以習釋閑，以車釋輿，以徒釋衛；全句意思是每日練習駕車並以步兵保護兵車。《集解》引虞翻曰：「離為日……講武閑兵，故曰日閑輿衛也。」程《傳》：「輿者，用行之物；衛者，所以自防。當自日常閑習其車輿與其防衛。」朱熹《本義》：「日當為日月之日。」字皆作「日」。吳澄《易纂言》：「三四五上肖離為日。閑，習也。古者乘車，三人在車上；步卒七十二人在車下，輿之衛也。」所說最詳明。此歧義之二。此外，近人聞一多《周易義證類纂》云：「閑讀為簡，校閱也。」高亨《周易古經今注》：「日疑當作四，形近而譌。四借為駟。」異說尚多，此不一一。

❺**利有攸往**

在本身能天天練習駕車並且練習自我防衛，此內因也；再加上高層的支持，此外緣也：具備此二條件，就利於有所前進。游酢《定夫易說》：「上非我應也，而其德同；己非上比也，而其志合。內之畜於己者，如此之周；外之畜於君者，如此之審：則安往而不利哉！」吳澄《易纂言》：「日閑輿衛，象也；利有攸往，占也。四止初，五止二，故二陽皆不可往；獨上九與九三同德同位，既不止之，而又援之以進；況九三儆備周完，則宜有所往矣！」皆已兼顧內外之因緣。

語譯

大畜卦陽爻居三位：下卦乾體完成，像良馬般奔馳前進，而仍宜艱苦奮鬥，遵守正道。日常練熟駕車和防衛的本領，利於向前邁進。

附錄古義

《漢書・五行志》：「《京房易傳》：經曰：『良馬逐』；逐，進也。言大臣得賢者謀，當顯進其人；否則為下相攘善：茲謂盜明。」

象傳

利有攸往❶，上合志也❷。

注釋

❶利有攸往

引爻辭末句，而賅全部四句。日閑輿衛，利有攸往，固須上合志；良馬逐，利艱貞，亦須上合志也。

❷上合志也

上，指上九。九三與上九皆九，兩陽合志，如乾九二、九五之大人利於互見也。〈文言傳〉：「同聲相應，同氣相求。水流濕，火就燥，雲從龍，風從虎。聖人作而萬物覩。本乎天者親上，本乎地者親下，則各從其類也。」是其例也。張載《橫渠易說》：「本乎天者親上，故上合志也。」即據此說。《易》言陰陽相應，兩陰、兩陽皆敵應，而此言兩陽合志，古人已啟疑竇。《朱子語類》：「問：『九六為正應，皆陰皆陽則為无應。獨畜卦不爾，何也？』先生曰：『陽遇陰則為陰所畜。九三與上九皆陽，皆欲上進，故但以同類相求也。小畜亦然。』」又「上合志」則易治。《中庸》所謂「在下位不獲乎上，民不可得而治」是也。參見小畜六四〈象傳〉注釋。

語譯

利於向前邁進，因為和上級心同志合呀！

六四爻辭

六四❶：童牛之牿❷，元吉❸。

注釋

❶六四

當大畜第四爻為老，他爻皆少，即由大畜之大有䷍；或比䷇第四爻為少，他爻皆老，即比之大畜：這兩種情形，都以大畜六四爻辭占。

❷童牛之牿

此句多異文。楚竹書作「僮牛之檡」，漢帛書作「童牛之鞫」，《說文》引《易》作「僮牛之告」，《釋文》引陸（績）云「牿當作角」，又引《廣蒼》童「作犝」。童、僮、犝，皆從童聲，古可通假。檡為梏之初文，檡之從幸，猶執之從幸，幸即象手梏之形。鞫、鞠、告、梏，古亦每互通用。《注疏》本字作「牿」，牛無手，牿施於牛角，如牛旁以示區別。古漢語有關畜牧之字特多，如公鹿、母鹿，二歲馬、三歲馬、八歲馬，皆有專名，今已罕用。犝、牿，亦其例也，今多用童、梏矣。童牛之牿，套在尚未長角小牛頭上的木製器具。《集解》引侯果曰：「牿，楅也，以木為之，横施于角，止其觝之威也。初欲上進，而四牿之，角既被牿，則不能觸四。」說象頗簡明。

❸元吉

朱子《本義》：「止之於未角之時，為力則易，大善之吉也。〈學記〉曰：『禁於未發之謂豫』，正此意也。」元有大義；又〈文言傳〉云：「元者，善之長也。」故朱子以大善之吉釋元吉。〈學記〉為《禮記》

之一篇。

語　譯

大畜陰爻居四位：就像在小牛將會長角的頭部套上木套，使牠不致撞傷人或撞壞東西，這種事先防患的措施，會有最大且最好的收穫。

象　傳

六四元吉，有喜也❶。

注　釋

❶有喜也

王弼《注》：「處艮之始，履得其位。能止健初，距不以角。柔以止剛，剛不敢犯。抑銳之始，以息強爭。豈唯獨利，乃將有喜也。」依象說義甚善。案：〈象傳〉於六四曰「元吉」，於六五曰「吉」；於六四曰「有喜」，於六五曰「有慶」，異同之辨，參見彼注。

語　譯

六四會有最大且最好的收穫，衷心自有喜悅。

六五爻辭

六五❶：豶豕之牙❷，吉❸。

當大畜第五爻為老，他爻皆少，即由大畜之小畜䷈；或豫䷏第五爻為少，他爻皆老，即豫之大畜：這兩種情形，都以大畜六五爻辭占。

注釋

❶六五

❷豶豕之牙

楚竹書作「芬豕之舀」，漢帛書作「哭豕之牙」。芬，通假為豶；哭，張立文《周易帛書今注今譯》以為「借為吠，哭、吠形近」。舀，即牙。《說文》：「舀，古文牙。」豶豕，是去勢的豬。《釋文》引劉（表）云：「豕去勢曰豶。」公豬性情暴躁，去勢之後轉為溫和，雖有牙而不致咬人。《集解》引崔憬曰：「豕本剛突，劇乃性和，雖有其牙，不足害物，是制于人也。以喻九二之剛健失位，若豕之劇，不足畏也。而六五應止之易，故吉有慶也。」劇亦去勢之意。又劉絢〈師訓〉記明道先生程顥的話：「豶豕之牙吉：不去其牙，而豶其勢，則自善矣！治民者不止其爭，而教之讓之類是也。」意謂這是釜底抽薪的作法，雖然有些譬喻不倫。案：豶、牙二字，都有異訓。豶，弼《注》云「能豶其牙」，則豶的對象是牙而非生殖器官。孔《疏》作「豶損其牙」解，並引褚（仲都）氏「豶，除也」之另一義。牙，《釋文》引「鄭（玄）讀為互」。李富孫《易經異文釋》引《周禮・牛人》以為「福衡之屬」。來知德《周易集註》云：「乃杙牙非齒牙」。弼《注》似由六四「童牛之牿」之牿既為套於牛頭長角處之木械，因而類推此

「豶豕之牙」之牙亦豬圈圍闌之交木，即所謂「杙牙」。但楚竹書牙字作⿱牙臼，則是齒牙無疑，鄭《注》疑誤。

❸吉

六四童牛之牿，其占為「元吉」；此豶牛之牙，其占但為「吉」而無「元」。朱熹、項安世皆有說。《朱子語類》：「大畜下卦，取其能自畜而不進；上卦，取其能畜彼而不使進。然四能止之於初，故為力易；五則陽已進而止之，則難。以柔居尊，得其機會可制，故亦吉；但不能如四之元吉耳。」項氏《周易玩辭》：「若論止物之道，則制之於初，乃為大善。故四為元吉，五獨得吉而已。」案：朱、項皆以初易說六四元吉，後難說六五之吉，是僅由止者之難易說；而未就被止者立場說。若就被止之初九、九二說：初九如童牛，其所以不致為害，套上木套而已；九二如豶豕，其所以不致為害，則為去勢之故，猶人之受腐刑。以輕刑防患於未然，是以「元吉」；以重刑傷害被止者，言「吉」亦有憾也。

語譯

大畜陰爻居五位：就像將公豬閹割了生殖器，莽撞的性格轉為溫和，不再用利牙咬人咬東西，這種猛烈的措施，也是有收穫的。

附錄古義

《帛書・昭力》：「又問：『豶豕之牙，何謂也？』子曰：『古之伎強者也。上正衛兵而弗用；次正用兵而弗先也；下正銳兵而後威。幾兵而弗用者，調爰其百姓而敬其士臣，強爭其時而讓其成利。文人為令，武夫為國，脩兵不解，卒伍必固，權謀不讓，怨弗先昌。是故其士驕而不頃，其人調而不野。大國禮之，小國事之；危國獻焉，力國助焉，遠國依焉，近國固焉。上正垂衣裳以來遠人，次正橐弓矢以伏天下。《易》曰：「豶豕之牙，吉。」夫豕之牙成而不用者也，又笑而後見，言國脩兵不單而威之謂也。此大夫之用也，卿大夫之事也。』」

象傳

六五之吉，有慶也❶。

注釋

❶有慶也

《象傳》於六四言「有喜」，於六五言「有慶」，呂大臨、項安世、王夫之嘗較論之。呂氏《易章句》：「六四、六五，皆以柔畜剛止健者也。牛之剛健在角；豕之剛健在牙。初九居健之始，其健未著，若童牛然。禁於未發，以牿閑之。及其長也，无所用其健。豈特不暴而已，安於馴柔，可駕而服，故有喜也。九二居健之中，其健已具，若豕之牙，漸不可制。六五居尊守中，能以柔道，殺其剛暴之氣，若豶豕然。其牙雖剛，莫之能暴，可以養畜而无虞，故有慶也。」所重在有喜與有慶之原因。《周易玩辭》：「喜慶皆陰陽相得之辭。卦中惟二陰有應，故四為有喜，而五為有慶。喜者，據己言之；慶則其喜及人。五居尊位，故及人也。」兼顧喜慶之原因及字義異同。船山《易內傳》：「喜慶皆自外至之辭。而喜乃中心之所悅；慶猶一時之嘉會爾。」則所重惟在字義之異同。

語譯

六五之有收穫，算是可慶幸的。

上九爻辭

上九❶：何天之衢❷，亨❸。

注釋

❶上九

當大畜上爻為老，他爻皆少，即由大畜之泰䷊；或否䷋上爻為少，他爻皆老，即否之大畜：這兩種情形，都以大畜上九爻辭占。

❷何天之衢

何，楚竹書作「⿰力可」，从力，可聲，聲符相同，故假借為何。衢，《說文》：「四達謂之衢。」楚竹書字作「⿱丘木」，从木，丘聲；衢、丘二字古聲紐相近，故亦得通假。漢帛書作「瞿」，同聲系可假借，或寫者省去形符行也。何天之何，《集解》引虞翻曰：「何，當也。」蓋取負荷、擔當之意。吳澄從之，《易纂言》曰：「象也。何與噬嗑上九何校之何同。後漢王延壽〈魯靈光殿賦〉云『荷天衢以元亨』，何作荷。……何天之衢，其辭猶《詩》言『何天之休』、『何天之龍』，其意猶《莊子》言鵬之背負青天而飛於九萬里之上也。大畜者，一陽止於外，而三陽畜藏於內。畜極則散，止極則行。故上九雖艮體，至畜之終，則不止而行也。」《詩》，指《詩經・商頌・長發》；《莊子》言，在〈內篇・逍遙遊〉。此一說也。王弼則以「何，辭也」。《周易注》云：「處畜之極，畜極則通，大畜以至於大亨之時。何，辭也。猶云何畜乃天之衢，亨也。」程、朱皆承弼，而釋義稍異：程頤自言聞之於胡（瑗）先生曰：「天之衢亨，誤加何字。」朱熹則謂：「何天之衢，言何其通達之甚也。」此又一說也。後來注家，從虞翻、吳澄者為多。必須說明的是：

這兩種說法不僅字義不同，語法結構也不同。「何」作負荷解，則「何天」為動名結構，作名詞「衢」之定語，中間的「之」字是結構助詞。意為：背負著青天白雲的廣闊的道路。「何」若從弼《注》為「辭也」，則是疑問代名詞，而「天之衢」是偏正詞組。意為：上天的道路是何等廣闊。字義之模稜，語法之模稜，正是《周易》和許多占卜之書的共同特色。

❸亨

上九為大畜一卦之主。卦辭所謂「不家食」、「涉大川」，〈彖傳〉所謂剛上而尚賢，應乎天，〈象傳〉所謂多識畜德，〈雜卦傳〉所謂待時，九三爻辭所謂良馬逐，利有攸往：皆以上九故也。游酢《定夫易說》：「剛上而尚賢，則大畜之義，主於上九也。然崇俊良以列庶位，而推轂賢路，使天下无家食之賢者，上九之任也。」已言大畜之義主於上九。王宗傳《童溪易傳》：「〈彖傳〉曰：『剛上而尚賢。』則上九是也。以陽德而居五之上，為五所尚，此所以有『何天之衢』之象，天衢通顯之地也。下之三陽，由己上進，故九三曰『良馬逐』，又曰『上合志』也。此賢者之道所以亨也。」已由卦辭、〈彖傳〉、爻辭、〈象傳〉論上九之亨。胡炳文《周易本義通釋》：「隨畜隨發，不足為大畜；惟畜之極而通，豁達無礙，如天衢然。」又曰：「此不徒為仕者之占，《大學章句》所謂用力之久，一旦豁然貫通者，亦此意也。多識前言往行以畜其德者，當如之。」則先承爻辭，再引《大學》，後較論〈象傳〉。《周易折中・案》：「卦所謂不家食者，此矣！取艮主之義，則能應天止健；卦所謂涉大川者，此矣！故天衢者，喻其通也，荷天之衢者，言其遇時之通也。〈雜卦〉云：『大畜，時也。』正謂此也。」以為卦辭所言「不家食」、「涉大川」者，上九也；〈雜卦傳〉所謂「時也」，亦上九也。故卦所謂「吉」、「利」者，即上九之「亨」也。《船山易內傳》：「艮之畜乾，非抑遏之也。止其躁，養其德，以使裕於行也。至於上九尚賢而與乾合德，乾德已固，引而上升，則三陽依負之以翱翔，左宜右有，惟所往而無不通矣！」惟所往而無不通，即亨也；而依卦德言其所以然者最簡明。

語譯

大畜卦最上面的是陽爻：背對著上天的通道，何等廣闊，暢通得很！

象傳

何天之衢，道大行也❶。

注釋

❶**道大行也**

道，指大畜陽剛健行、包容蓄積之道。游酢《易說》：「畜道之成，至於天人交助，則賢路自我而四達矣。」以為道為畜道。船山《易內傳》：「道謂陽剛健行之道。」四達即大行也。又《折中》引何楷曰：「備於身之謂德，達於世之謂道。道可大行，其亨可知。〈象〉所謂不家食吉而利涉大川者，此也。」何楷所言〈象〉指卦辭。所言備身為德，達世為道，與《論語》所謂修己、安人，《大學》所謂明德、新民亦若合符節。而與《老子》「道生之，德畜之」有異。老子所言「道」，為天地萬物所以生的總原理；「德」，為諸物所得於道而成其物者，亦即一物得道之一端所以生的原理。《折中》又引葉良佩曰：「卦、〈象〉兼取畜止、畜聚二義；〈大象〉專取畜聚義；六爻專取畜止義。初九進則有厲，惟利於已，知難而止者也。九二處得中道，能說輹而不行，時止而止者也。九三與上合志，其進也如良馬之馳逐，此畜極而通之象；然猶以艱貞閑習為戒者，慮其可進而銳於進也。六四當大畜之任，能止惡於初，若童牛始角而加之以牿，則大善之吉也。六五制惡有道，得其機會，故其象為豶豕之牙。其占雖吉，然比之於四，則有閒矣！或問：

六四元吉，傳曰有喜；六五之吉，乃曰有慶：何也？曰：論為力之難易，則四為易，故曰元吉；論其功之廣狹，則五為廣，故曰有慶。上九之亨，畜極而大通也。故以天之衢為象，雲行雨施，天下平也。其斯以為道大行乎！」葉良佩，明朝人，於《周易》、《太玄經》、《皇極經世》，均有研究。《折中》所引，見葉著《周易義叢》。總論大畜卦爻之義，結穴於「道大行」，故錄於此。

語譯

背對著上天的通道，何等廣闊，暢通得很！大畜陽剛健行、包容蓄積的道理，廣大流行呀！

頤卦經傳通釋第二十七

卦辭

䷚震下艮上頤❶：貞吉❷。觀頤❸，自求口實❹。

注釋

❶䷚震下艮上頤

頤，六畫卦的卦名。古文作𦣞，橫之成[illegible]，像人嘴巴之形，篆文加頁旁作頤。頁是頭的初文，表示頤為頭的一部分。頤卦六爻，也像人的嘴巴：上爻和初爻像上脣和下脣，中間四爻像成排的牙齒。所以卦名就稱頤。下卦是三畫的震，震為動；上卦是三畫的艮，艮為止。下顎能動，古人稱之為車；上顎不能動，古人稱之為輔。《集解》引鄭玄《注》：「頤，口車輔之名也。震動于下；艮止于上。口車動，而上因輔嚼物以養人，故謂之頤；頤，養也。」已點明此意。船山《易內傳》：「頤之為卦，以卦畫之象而立名。上下二陽，上顎下頷之象也；四陰居中，齒象也。頤之為體，下頷動以齧，上齶止而斷之，震動於下，艮止於上，亦頷象也。頤所以食，而生人之養，賴此為用，故為養也。」說得就更清楚了。當頤六爻皆少，也就是本卦、之卦都是頤；或大過䷛六爻皆老，也就是大過之頤：這兩種情形，都以頤卦辭占。

❷**貞吉**

占也。占辭多在象辭後，此居前為特例。頤養之道，必須遵守正道，保持常態，才有所收穫。程頤以為人之養身、養德、養人、養於人，以及天地養育萬物，皆宜正。程《傳》：「頤之道，以正則吉也。人之養身、養德、養人、養於人，皆以正道則吉也；天地造化，養育萬物，各得其宜者，亦正而已矣！」陳琛則具體指出養氣、養心、養德、養身之方。所著《易經通典》曰：「集義以養其氣，寡欲以養其心；守聖道而不溺於虛無，崇聖學而不流於術數，則所養德者正矣；窮而不屑於呼蹴，達而不至於素餐，不以貧賤飢渴害其心，不以聲色臭味汩其性，則所以養身者正矣！」

❸**觀頤**

象也。如果暫時不照〈彖傳〉解卦辭，觀頤，可能是看一個人的吃相，在吃什麼，說話的樣子，說什麼；或六爻所顯示的各種情況：觀我朵頤、顛頤、拂頤、由頤等等。高亨《周易古經今注》就說：「食物在口，其頤隆起，觀人之頤，不能飽……」李鏡池《周易通義》則說：「觀頤，研究養生之道。」這種直覺聯想，看似望文生義，其實可能正合原意。項安世《周易玩辭》：「頤之象（指卦辭）曰：『觀頤，自求口實。』若非夫子贊辭（指〈彖傳〉）明白，則後儒必不分作養人、養己兩條也。……便如此解，人必不服也。」由項氏所說「必不分」、「必不服」，可見〈彖傳〉以「觀其所養」釋「觀頤」，也可能是訴諸權威（孔夫子）的奪理強辭。請參閱頤〈彖傳〉注釋。

❹**自求口實**

象也。口實，口中食物。《集解》引虞翻曰：「口實，頤中物，謂其自養。」自求口實，自力尋求口中食物。在此過程中，可以發現正或不正。《集解》引鄭玄曰：「觀其求可食之物，則貪廉之情可別也。」

語　譯

六畫的頤卦，由三畫的震在下，三畫的艮在上，重疊而成。頤，象嘴巴之形，由能動的下巴，不能動只作輔助的上顎組成，是言語、飲食的器官；引申有頤養的意思，包括養人、養己、養身、養德，以及天地養育萬物。觀察個人以至天地化育的現象，要自己努力尋求口中的食物，並從中發現正不正當。

彖傳

頤，貞吉，養正則吉也❶；觀頤，觀其所養也❷；自求口實，觀其自養也❸。天地養萬物❹，聖人養賢以及萬民❺。頤之時大矣哉❻！

注釋

❶養正則吉也

釋卦辭「貞吉」。「正」字釋「貞」，但所正者為何？視卦不同。在頤卦，頤為養，故為養正。觀〈彖傳〉下文，包括「所養」與「自養」二者。孔穎達《正義》：「頤，養也；貞，正也。所養得正，則有吉也。其養正之言，乃兼二義：一者養此賢人，是其養正，故下文云『聖人養賢以及萬民』；二者謂養身得正，故〈象〉云『慎言語節飲食』。以此言之，則養正之文，兼養賢及自養之義也。」已言及此。

❷觀其所養也

釋卦辭「觀頤」。《正義》：「言在下觀視在上頤養，所養何人。」則「其」指「在上」者；「養」之對象是「人」。程《傳》：「所養，謂所養之人與養之之道。」對象加了「養之之道」。朱子《本義》則以「其」指「占者」，曰：「貞吉者，占者得正則吉。觀頤，謂觀其所養之道；自求口實，謂觀其所以養身之術：皆得正則吉也。」而其言「所養之道」又與伊川不同。《朱子語類》嘗記：「(董)銖問：『《本義》言觀頤謂觀其所養之道，自求口實謂觀其所養之術，與程《傳》以觀頤為所以養人之道，求口實為所以自養之道，如何？』先生沉吟良久，曰：『程《傳》似勝。蓋下體三爻皆是自養；上體三爻皆是養人。不能自求所養而求人以養己則凶，故下三爻皆凶；求於人以養其下，雖不免於顛拂，畢竟皆好，故上三爻皆吉。』」則朱熹晚年已認同程頤「養人之道」說。

❸觀其自養也

釋卦辭「自求口實」。《正義》：「謂在下之人，觀此在上自求口中之實。……及自養有節，則是其德盛也；……若自養乖度，則其德惡也。」只看「在上」者自養有節或乖度，未免太狹而有所偏；朱熹以為「占者」自我省察，二者可以互補。《折中》引李舜臣曰：「古之觀人，每每觀其所養；而所養之大小，則必以其所自養者觀之。夫重道義之養而略口體，此養之大者也；急口體之養而輕道義，此養之小者也。養其大體則為大人；養其小體則為小人。天之賦予，初無小大可別；而人之所養各殊，則其所成就者亦異。」大致可從。李舜臣，宋人，有《周易本傳》。王夫之更較論謀食與謀道，船山《易內傳》：「君子謀道不謀食，非求口實者；然養資於天下之物，豈有不求而自至者哉？求之有道，則謀食即謀道矣！」並舉孔子等為例說明。案：《論語・鄉黨》嘗記孔子：「魚餒而肉敗不食，色惡不食，臭惡不食……」又〈述而〉記：「子曰：飯疏食，飲水，曲肱而枕之，樂在其中矣！」可見口實自養之情態。

❹天地養萬物

以象言之，頤初九代表地；上九代表天；中四爻代表萬物。《集解》引翟玄曰：「天，上；地，初也；萬物，眾陰也。天地以元氣養萬物。」以義言之，天以日光雨露，地以水與泥土，相互配合，生養萬物。〈繫辭傳〉所謂：「天地絪縕，萬物化醇。」是也。〈彖傳〉作者極言頤養之廣大，故由天地養萬物說起。《正義》：「廣言頤卦所養事大，故云天地養萬物也。」程《傳》從之，曰：「聖人極言頤之道而贊其大，……天地之中，品物之眾，非養則不生。」案：〈說卦傳〉嘗言乾坤六子，又言八卦取象，馮友蘭《中國哲學史》言「《易傳》之宇宙論」嘗綜而說之：「宇宙間亦有二原理。其男性的原理為陽，其卦為乾；其女性的原理為陰，其卦為坤。而天地乃其具體的代表。乾坤相交，乾一之坤為震，為長男，而雷為其具體的代表；

坤一之乾為巽，為長女，而風為其具體的代表；乾二之坤為坎，為中男，而水為其具體的代表；坤二之乾為離，為中女，而火為其具體的代表；乾三之坤為艮，為少男，而山為其具體的代表；坤三之乾為兌，為少女，而澤為其具體的代表。總之，宇宙間之最大者為天地，天上之最惹人注意者為日月風雷；地上之最惹人注意者為山澤；人生之最切用者為水火；古人以此數者為宇宙之根本，於是以八卦配之；而又依人間父母子女之關係，而推定其間之關係焉。」於乾坤之生震、巽、坎、離、艮、兌，及其所代表之物，有簡明敘述。〈說卦傳〉又嘗言萬物之生養，曰：「萬物出乎震；……齊乎巽，……齊也者，言萬物之潔齊也；離也者，明也，萬物皆相見；……坤也者，地也，萬物皆致養焉；……兌，……萬物之所說也；……乾，……言陰陽相薄也；坎者，……萬物之所歸也；……艮，……萬物之所成終而所成始也。」於此可見〈說卦〉所言天地養物之道。而出於震，終於艮，與頤卦之震下、艮上亦若合符節。

❺聖人養賢以及萬民

易道初生，原於陰陽夫婦之事；推之於自然，以為宇宙間亦具陰陽二原理。原始的《周易》既然由人身而推之於自然，當然也可由自然而反觀人身。此《四庫全書總目》敘「經部易類」，所以說：「《易》之為書，推天道以明人事者也。」上句「天地養萬物」，天道也；此「聖人養賢以及萬民」，人事也。又聖人養賢，是直接的；以及萬民，要通過賢，多是間接的。《正義》：「先須養賢，乃得養民。……聖人但養賢人使治眾；眾得賢人輔佐，政治世康，兆庶咸說。」趙汝楳《周易輯聞》：「聖人之於萬民，豈能家與之粟而人與之衣，其急先務者亦曰養賢而已！賢得所養，則仁恩自及於百姓。」

❻頤之時大矣哉

〈彖傳〉言「時大矣哉」凡四：頤、大過、解、革，此為首次。頤養的時間因素是很重要的：以天地養萬物來說，《呂氏春秋・孟春紀》：「孟春之月，……東風解凍，蟄蟲始振，魚上冰，獺祭魚，候鳥北。……孟春行夏令，則風雨不時，草木早槁，國乃有恐；行秋令，則民大疫，疾風暴雨數至，藜莠蓬蒿並興；行冬令，則水潦為敗，霜雪大摯，首種不入。」對時令與動植物的關係有正、負雙方面的說明，其他十一個月分仿此。孔子於天地之生物自有一番理解。曾對子貢說：「天何言哉！四時行焉，百物生焉，天何言哉！」見《論語・陽貨》。又〈衛靈公〉篇記孔子答顏淵問為邦，曰：「行夏之時。」皇侃《疏》：「謂用夏家時節以行事也。三王所尚正朔服色也雖異，而田獵祭祀播種並用夏時，夏時得天之正故也。」康有為《論語注》：「歐美以冬至後十日改歲，則建子矣；俄及回曆則建丑矣。今大地文明之國仍無不從孔子之三正者，……益見大聖之大智無外也。」原來夏曆與今曆相近，最合乎自然，便於農牧；能配合天地之養萬物，也能配合聖賢之養萬民。《論語》還記載孔子「不時不食」，見〈鄉黨〉；「夫子時然後言」，見〈憲問〉。可見孔子飲食、言語之重「時」，蓋其「自養」者如此。無怪孟子說「孔子聖之時者也」，見《孟子・萬章》。在〈梁惠王〉篇，孟子提到：「不違農時」、「斧斤以時入山林」、「雞豚狗彘之畜無失其時」、「勿奪其時」等等，都與「頤養」有關。程《傳》：「萬物之生與養，時為大，故云時。」楊時《龜山易說》：「夫天地之養萬物，聖人之養賢，與人之自養，各當其可而後得其正，得其正而後吉，則頤之時豈不大矣哉！」所言皆是，惜未舉例具體以證之耳。項安世《周易玩辭》：「頤、大過、解、革，皆大事大變也；故曰『時大矣哉』，欲人之謹之也。」

語譯

頤卦卦辭說到「貞吉」，意思是：無論是培養別人或自我謀生與涵養，都要有正確的態度，才能夠有所收穫；卦辭說到「觀頤」，是觀察一個人培養的對象和方法；卦辭說到「自求口實」，是觀察一個人自我謀生與涵養的重點及方法。天地化育著萬物，聖人也要培養賢能的幹部，並且通過他們培養千千萬萬的人民。化育萬物，栽培幹部，教養人民，時間因素真是重大得很哪！

附錄古義

《潛夫論・班祿》：「是故明君臨眾必以正軌，既無厭有，務節禮而厚下，復德而崇化，使皆阜於養生而競於廉恥也。是以官長正而百姓化，邪心黜而姦匿絕；然後乃能協和氣而致太平也。《易》曰：『聖人養賢，以及萬民。』國以民為本，君以臣為基；然後高能可崇也。」

象傳

山下有雷，頤❶；君子以慎言語，節飲食❷。

注釋

❶山下有雷，頤

頤卦艮上為山，能生物；震下為雷，能啟動生機。雷在山下，於是啟動了生物的生機。〈象傳〉作者以為這是自然界頤養的現象。程《傳》：「以二體言之，山下有雷，雷震於山下，山之生物，皆動其根荄，發其萌芽，為養之象；以上下之義言之，艮止而震動，上止下動，頤頷之象；以卦形言之，上下二陽，中含四陰，外實中虛，頤口之象。」分從上下之體、義、形三者言之，頗為詳盡。

❷君子以慎言語，節飲食

頤是嘴巴，能飲食，能言語。人之言語，有如天之雷聲，引申可為教令，使人敬畏，必須戒慎；人之飲食，有賴山之出產，引申為一切貨物，資人享用，必須節制。程《傳》：「頤，口之象。口所以養身也，故君子觀其象以養其身；慎言語以養其德；節飲食以養其體。不唯就口取養義，事之至近而所繫至大者，莫過於言語飲食也。在身為言語；於天下則凡命令政教出於身者皆是，慎之則必當而无失；在身為飲食，於天下則凡貨資財用養於人者皆是，節之則適宜而无傷。推養之道，養德、養天下，莫不然也。」於慎言語節飲食，闡發可謂淋漓盡致。朱駿聲《六十四卦經解》：「言出乎身，加乎民，故慎言語所以養人；飲食不節，殘賊群生，故節飲食所以養物。口用動；口容止。語言飲食失常，患之所起。禍從口出，病從口入，故宜慎節焉。雷為言語；山之材為飲食。」亦別有一番見解。

語譯

山下有雷聲震動了，代表上天的教令，也啟動了萬物的生機，這就是一種教養。君子受這種現象的啟示，因而效法雷聲的威嚴，言語要謹慎；效法山地養育的有限性，飲食要有節制。

序卦傳

物畜然後可養，故受之以頤❶。頤者，養也❷。

注釋

❶**物畜然後可養，故受之以頤**

此句有多種解讀。一、崔憬《周易探玄》以「可養」為可觀大畜之所養。《集解》引其言曰：「大畜剛健，輝光日新，則可觀其所養，故言物畜然後可養也。」二、程頤、楊萬里皆以為養既畜之物。程《易傳》：「夫物既畜聚，則必有以養之；无養則不能存息，頤所以次大畜也。」楊氏則以畜虎為例，《誠齋易傳》：「物能畜止，然後可養，雖養虎不外是也，故次之以頤。」三、張栻則以畜物所以養人。《南軒易說》：「物畜然後可以推而養人，故受之以頤。」四、郭雍則主所養者天道。《郭氏傳家易說》：「有所畜則天道止於我矣，不有以養之，將復失其正，孟子所謂『以直養而無害，則塞乎天地之間』者也。」《易》義多歧，異說無妨並存。

❷**頤者，養也**

養，有養氣、養心、養德、養身、養人、養物，以及受養於天，受養於人，受養於物諸義，已散見於上文各注。項安世更以「需者飲食之道也」與「頤者養也」相較論，《周易玩辭》曰：「需當物生之初，如兒之須乳，苗之須溉，其養之之道微矣，故曰飲食之道也；頤當物生之極，萬物交致其食，如天地之養萬物，聖人之養萬民，如是而後，可以謂之養，故曰養也。」

語譯

萬物畜聚之後，才可以觀察到畜養的是什麼，於是知道如何養畜牠們，進而知道如何養人，甚至參與、贊助天地的化育，所以接著大畜卦的是頤卦。頤，是養育的意思。

雜卦傳

頤，養正也❶。

注釋

❶**養正也**

養正二字，已見蒙卦〈彖傳〉「蒙以養正」，彼處注釋云：「在童蒙時期培養其正確的人生觀。」此處養正，當指無論養氣、養心、養德、養身、養人、養物，皆宜有正確的方法，正當的目標；受養於天、於人、於物，亦然。《集解》：「謂養三五。」吳澄《易纂言》申之云：「頤上九為主而下養五、三，以上之養下為正也。」蘇軾《東坡易傳》：「初上者，本末之地，以陽居之則正；以陰居之則顛。故曰：頤，養正也；

大過，顛也。」似均不甚妥貼，提供再思之資。

語譯

頤養，須有正確的方法，正當的目標。

初九爻辭

初九❶：舍爾靈龜，觀我朵頤❷，凶❸。

注釋

❶初九

當頤初爻為老，他爻皆少，即由頤之剝䷖；或夬䷪初爻為少，他五爻皆老，即夬之頤：這兩種情形，都以頤初九爻辭占。

❷舍爾靈龜，觀我朵頤

象也。舍，通捨，放棄；爾，指初九；靈龜，能顯示神靈告諭的龜，喻己之明智；我，與爾相對者，此指六四，或以為上九；朵頤，鼓動腮巴。楊時《龜山易說》：「四止於上，而初動於下以應之，朵頤之象也。朵，動其頤也，一陽在下，有剛明之才，而求養於上，則匪正矣。舍靈龜之象也。舍靈龜而觀朵頤，則人賤之矣！」以為我之朵頤指六四。《周易玩辭》：「靈龜伏息而在下，初九之象也；朵頤在上而下垂，上九之象也。上九為卦之主，故稱我；群陰從我而求養，固其所也；初九本無所求，乃亦仰而觀我，有靈而不自保，有貴而不自珍，宜其凶也。」則以我之朵頤指上九。案：朵，楚竹書作敚，帛書作掇，阜簡作端，《釋文》引京房本作揣。揣、敚為一字。《說文》：「揣，量也；一曰捶之。」《廣雅・釋詁》：「揣，動也。」朵頤之朵，當從楚竹書、京房本作「揣」為本字。

❸凶

占也。王弼《注》：「朵頤者，嚼也。以陽處下，而為動始，不能令物由己養，動而求養者也。夫安身莫若不競；修己莫若自保。守道則福至；求祿則辱來。居養賢之世，不能貞其所履，以全其德。而舍其靈龜之明兆，羨我朵頤之躁求；離其致養之至道，闚我寵祿而競進：凶莫甚焉！」

語譯

頤卦初位是陽爻：捨棄你自己靈龜般的明智，窺視我嚼動著的嘴巴，凶險得很，會有損失的呀！

象傳

觀我朵頤，亦不足貴也❶。

注釋

❶**亦不足貴也**

程《傳》：「人之貴乎剛者，為其能立而不屈於欲也；貴乎明者，為其能照而不失於正也。既惑所欲而失其正，何剛明之有？為可賤也。」俞琰《周易集說》：「孟子云：『養其大體為大人；養其小體為小人。』又云：『飲食之人，則人賤之矣！』今初九，陽德之大，本有可貴之質；乃內捨其大而外觀其小，豈不為人所賤？」考孟子語，在《孟子・告子》。孟子認為：體有貴賤，有小大；無以小害大，無以賤害貴云云。

語譯

窺視我嚼動著嘴巴，這就不值得尊重了！

六二爻辭

六二❶：顛頤❷，拂經于丘頤❸，征凶❹。

當頤第二爻為老，他爻皆少，即由頤之損䷨；或咸䷞第二爻為少，他爻皆老，即咸之頤：這兩種情形，都以頤六二爻辭占。

注釋

❶六二

❷顛頤

倒過來養初九，或求養於初九。六二雖居下卦之中而得正；但上與六五無應，而距上九遙遠；而下與初九相比鄰，故有相養之象。《集解》引王肅曰：「養下曰顛。……二宜應五，反下養初，豈非顛頤？」弼《注》大致同肅：此二養初之說也。程《傳》：「以上養下，理之正也；二既不能自養，必求養於剛陽，若反下求於初，則為顛倒，故云顛頤。」《本義》謂「求養於初」，蓋從程頤：此二求養於初之說也。案：顛頤，楚竹書作「曰遉頤」，帛書作「曰顛頤」，上皆有「曰」字，疑為語首助詞，故或刪去。遉，顛，皆以真為聲符，可以通借。阜簡作「奠頤」，奠、顛音近可通。又顛頤之義，聞一多《周易義證類纂》以為：顛為真牙，即壯齒；顛頤為壯年之象。李鏡池《周易通義》以為顛借為慎，顛頤為善於頤養。濮茅左《楚竹書周易研究》以為楚竹書「遉」讀為「填」，遉頤是餬口的意思。廖名春〈楚簡周易頤卦試釋〉說近李鏡池，以為遉本字當為慎，是慎重的意思，顛頤就是慎頤。言人人殊，莫衷一是。《朱子語類》嘗記朱熹之言曰：「頤卦最難看！」信然，而六二爻辭尤甚。

❸**拂經于丘頤**

拂，拂拭；經，經過；于，介處所之介詞；丘，指六五，六五居艮體，艮為山，故有山丘之象。六二欲招惹上九而求養，必須經過六五。此吳澄說，引文見下。此句讀、字義，大有可商。《集解》引王肅曰：「拂，違也；經，常也；丘，小山，謂六五也。……違常于五也，故曰拂經于丘矣！」是以「拂經于丘」為句。王弼《注》、孔穎達《疏》，句讀同肅。《郭氏傳家易說》記白雲曰：「五，艮也；艮為山，而曰『于丘頤』者，山之養物不足故也。」則以頤連上文讀。吳澄《易纂言》：「拂經于丘頤，象也。拂謂舉手摩拭其上，如引袖拂天星，階前樹拂雲之拂。經，過也，歷也。丘，謂六五；五，艮山之中畫為丘。經于丘，如陶淵明言崎嶇而經丘也。六二比初而求下之養，固為顛倒；若欲拂上而求上之養，則上非其應，必須經從六五之丘，而後可至上九之頤。六五雖為六二所應之位，然亦資養於上九，何能為人求養也哉！六二拂上，則必經于丘以求頤。故曰拂經于丘頤。」皆以「拂經于丘頤」為句。觀〈象傳〉言「六二征凶」，頤字上屬為是。吳澄釋尤詳，茲從之。又此句多異文異義，略述如下。拂，楚竹書作翼，字从弜、从隹、从心。廖名春以為與弼相通，翼經，蓋努力經營之意。帛書作柫，从木，疑為拂之譌。阜簡作弗，《釋文》引《子夏易傳》字亦作弗，云輔弼也。丘頤，楚竹書作「北洍」，廖名春以為即「背頤」；黃人二以為洍通汜，水涯也。聞一多《類纂》引〈曲禮〉「百年曰期頤」，以為「期頤」蓋即「丘頤」，「弗經于丘頤」，猶言歷年弗至於老壽。李鏡池《通義》則說：拂經是墾荒。……頤六二爻辭之難看，此句又為最；今從吳澄說，亦非必是定論。

❹**征凶**

或以上句末字「頤」連此讀。《集解》引王肅曰：「拂經雖阻，常理養下，故謂養賢。」蓋以「頤」為獨語，義為「養賢」；又曰：「上既无應，征必凶矣，故曰征凶。」是征凶為另一句。弼《注》以「以此而養，未見其福也」釋「頤」；以「以此而行，未見有與」釋「征」；而結云「故曰頤征凶」：是以「頤、征，凶。」為句讀。《易纂言》：「征凶，占也。下比於初，可資其養；行而求上則凶也。」蓋六二、六五無應，越過六五而求上九養己，必遭六五敵視也。征凶，帛書作「正凶」；阜簡作「政兇」。

語譯

頤卦陰爻居二位：倒過來求養於初九；又想經由六五去招惹上九求養，向上走有凶險，會有損失的。

象傳

六二征凶，行失類也❶。

注釋

❶行失類也

行，釋征字。類，指同屬陰爻之朋類。〈彖傳・坤〉：「西南得朋，乃與類行。」即指坤往西南，則得與巽離兌諸陰類同行。頤六二處震下之中，震為動，故有行征之象；而六五居艮上之中，艮為止，與六二无應而止之，故六二失類也。《郭氏傳家易說》記白雲曰：「二五類也；不得其養，故言失類。」是也。

語譯

六二爻辭說往上走有凶險，因為行動被阻止，失去同屬陰類六五的支援啊！

六三爻辭

六三❶：拂頤❷，貞凶❸，十年勿用❹，无攸利❺。

當頤第三爻為老，他爻皆少，即由頤之賁䷕；或困䷮第三爻為少，他爻皆老，即困之頤：這兩種情形，都以頤六三爻辭占。

注釋

❶六三

❷拂頤

虞翻如此斷句，其後如郭雍、朱震、朱熹、吳澄、來知德、王夫之、惠棟等皆從之。朱子《本義》曰：「陰柔不中正，以處動極，拂於頤矣！」《易纂言》：「拂頤，象也。六三與上九應，拂摩以求養於上者也。」王弼則以「拂頤貞」為句，孔穎達、張載、程頤、楊時、項安世、鄭汝諧等從之。程《傳》：「頤之道，惟正則吉。三以陰柔之質，而處不中正，又在動之極，是柔邪不正而動者也。其養如此，拂違於頤之正道。」案：六三以陰爻居三之陽位，是失位不正；又非二、五居中之爻，是不中；然與上九陰陽相應。爻辭所以仍斥其違拂頤養之道，則不正不中之內因重於陰陽互應之外緣也。拂頤，當為求養於上九之意。《朱子語類》記直卿云：「頤之六爻，只是顛、拂二字。求養於下則為顛；求食於上則為拂。六二比初而求上，故顛頤當為句；拂經于丘頤為句；征凶則其占辭也。六二拂頤，雖與上為正應，然畢竟是求於上以養己，所以有拂頤之象，故雖正應亦凶也。六四顛頤，固與初為正應，然是賴初之養以養人，故雖顛亦吉。六五拂經，即是比於上，所以有拂經之象，然是賴上九之養以養人，所以居貞而吉；但不能自養，所以不可涉大川耳。」直卿，黃榦字，著有《六經講義》、《繫辭傳解》。尤精《論》、《孟》、《學》、《庸》四書。學者稱為勉齋先生。

❸貞凶

《易纂言》：「貞凶，占也。上九之所養者，養賢也；六三亦受上九之養，然陰柔不中正，不賢而竊祿者也。所養之人如此，何所用哉？以之正主事則凶矣！如使鯀治水而績弗成，使管叔監殷而以殷畔是也。」釋義甚好，惟於「貞」何所指，未有說明。虞翻曰：「三失位體剝，不正相應，弒父弒君，故貞凶。」似以「相應」為「貞」。白雲郭雍曰：「六三有應而凶者，蓋上止下動為頤之道，今居上下之際，過於動而不知止，以動為貞，則凶矣！」以處震下為動而貞。劉百閔《周易事理通義》：「六三與上九為應，三居動體，而上居止體，相應而不相應，為拂頤之象；三必求于上，不可貞而貞，故其占為凶。蔡邕之於董卓，揚雄之於王莽，皆六三之拂頤貞凶者也。」則綜虞、郭之說，以六三、上九皆失位失中，六三欲動而上九靜止，是上可應而不應，三不可貞而貞也。封建時代，一般認為臣忠於君是正確的；但所忠之君若如董卓、王莽，則必如蔡邕之死於獄中，揚雄有跳樓之恨了。此亦可以「理分實現之衝突」說之。參見師六五爻辭「貞凶」注釋。案：王弼《周易注》：「履夫不正，以養其上，納上以諂者也。拂養正之義，故曰：拂頤貞，凶也。」如此斷句，則無雖貞亦凶問題；然「貞凶」屢見，文例如此，亦未能一一以不同斷句糾之也。

❹十年勿用

《易纂言》：「占也。用謂用此占而有為也。十年，數之極；戒以十年勿用，則終不可用矣。三、四、五互坤；十，坤數。」案：吳澄此處言義理從程頤，程《傳》：「十，數之終；謂終不可用。」言互體、坤數，從虞翻，《集解》引虞翻曰：「坤為十年，動无所應，故十年勿用，无攸利也。」頤卦三、四、五皆陰爻，互體成坤。又以八卦配天干，乾納甲、壬，坤納乙、癸；癸為天干之十，故十為坤數。此「納甲」說也。京房《易傳》首倡之，虞翻每以注《易》。

❺无攸利

《易纂言》：「占也。六三之占：曰貞凶，再曰十年勿用者，言非但今時之凶；雖後時亦不可用也。又曰无攸利者，言非但此事之凶，雖他事亦无所利也。」析理入微，精當之至！

語譯

頤卦陰爻居第三位：招惹上九而求養，雖然六三在震下有行動的正當性，而且與上九有陰陽互應的正當關係，但是與頤卦「養賢」的原則不符。即使有正當藉口，也是凶險而有損失的。等了十年還是沒有機會靠這種互應關係運作，沒有任何好處。

象傳

十年勿用，道大悖也❶。

注釋

❶道大悖也

《易纂言》：「六三，小人，不足以當君子之養，與上九養賢之道相悖戾也。」案：《周易玩辭》已言：「頤之卦辭曰：『頤：貞吉。』三之爻辭曰：『拂頤貞，凶。』卦中惟此一爻與卦義相反，故曰：『道大悖也。』」但同中有異：項氏以拂頤貞為違背頤卦頤養之正道；而吳氏以拂頤為拂摩、撩撥、招惹上九，此小人之行，悖戾上九養賢之道。斷句及悖戾對象均不同。

語譯

等了十年也沒有機會運作，與君子頤養的大原則嚴重違反呀！

六四爻辭

六四❶：顛頤，吉❷；虎視眈眈，其欲逐逐，无咎❸。

注釋

❶六四

當頤第四爻為老，他爻皆少，即由頤之噬嗑䷔；或井䷯第四爻為少，他爻皆老，即井之頤：這兩種情形，都以頤六四爻辭占。《易緯・乾鑿度》言：「四為諸侯，五為天子，上為宗廟。」四為諸侯或宰相之位。

❷顛頤，吉

顛頤，象也；吉，占也。顛，帛書字同；楚竹書作遉；阜陽漢簡左漫漶而右作真：蓋皆從真聲，可相通借。王弼《注》：「體屬上體，居得其位，而應於初，以上養下，得頤之義，故曰『顛頤吉』也。」以為六四與初九相應，以上養下而獲吉。程《傳》：「四在人上，大臣之位；六以陰居之，陰柔不足以自養，況養天下乎？初九以剛陽居下，在下之賢也，與四為應；四又柔順而正，是能順於初，賴初之養也。以上養下則為順；今反求下之養，顛倒也，故曰『顛頤』。然己以不勝其任，求在下之賢而順從之，以濟其事，則天下得其養，而己無曠敗之咎，故為『吉』也。」以為六四求初九之養，而兼養天下，故吉也。案：六四、初九，皆得位有應，而四吉初凶不同，蘇軾嘗試論之，《東坡易傳》：「自初而言之，則初之見養於四為凶；自四言之，則四之得養初九為吉。」又四與初應而吉，二與初比卻凶，游酢《定夫易說》：「聖人推言頤之為道，以為天地養萬物，聖人養賢以及萬民；則以上養下，頤之正也。若在上而反資養於下，則於頤為倒置矣！此二與四所以俱為顛頤也。然二之志在物，而四之志在道；故四顛頤而吉，而二則征凶也。

何以知其然邪？蓋六二居中得正，宜足以自守矣；然在下體，疎遠而未有祿，又動體也，宜於處約，未能自安，故降志以求初。初方一意以應四而不答也；則又將求其類以趨五。五非其應，又力不足以自養，而何暇養人乎？故二為行失類，此以知其志之在物也。……至於六四，則其志正矣，其位近君矣，官尊祿厚足以無求矣，而汲汲於應初，非好善忘勢，又將與賢者共之，不能為此。……此以知其志之在道也。」游酢之說甚雄辯。

❸**虎視眈眈，其欲逐逐，无咎**

虎視眈眈，其欲逐逐，象也；无咎，占也。眈眈，深沉專注的樣子。楚竹書作融融，帛書作沈沈，阜簡已作耽耽。逐逐，悠久相繼的樣子。其欲逐逐，楚竹書作攸攸，帛書作容笛笛，阜簡作其猶遂遂。王弼《注》：「下交不可以瀆，故虎視眈眈，威而不猛，不惡而嚴；養德施賢，何可有利，故其欲逐逐，尚敦實也。脩此二者，然後乃得全其吉而无咎。觀其自養則履正，察其所養則養陽，頤爻之貴，斯為盛矣！」弼《注》所謂「下交」，指在上之六四養在下之初九；所言「逐逐」，是尊崇敦實，也即養陽之意；「履正」指六四得位；「所養」指下養之初九陽爻。程《傳》：「夫居上位者，必有才德威望，為下民所尊畏，則事行而眾心服從。若或下易其上，則政出而人違，刑施而怨起，輕於陵犯，亂之由也。六四雖能順從剛陽，不廢厥職；然質本陰柔，賴人以濟，人之所輕；故必養其威嚴，眈眈然如虎視，則能重其體貌，下不敢易。又從於人者必有常，若間或无繼，則其政敗矣！其欲，謂所須用者，必逐逐相繼而不乏，則其事可濟；若取於人而无繼，則困窮矣！既有威嚴，又所施不窮，故能无咎也。」所釋尤為詳盡，而言「逐逐」為「相繼」之義，似較弼《注》為妥。王弼、程頤，皆以虎視眈眈屬六四；王夫之則以為屬初九。船山《易內傳》：「虎視謂初九。眈眈，垂耳貌。虎怒噬則耳豎；眈眈，順而有求也。初九剛躁，本虎也；以有逐逐之欲，媚養己者。四以養撫之，疑於徇小人之欲；然居其位，而以君子畜小人之道，使之馴服，則固无咎。」掃盡前說，另標新義，可供再思。

語譯

頤卦陰爻在四位：身居天子一人之下，卻溫柔恭讓，倒過來求教於在下的初九，請求協助自己養賢，會有收穫的；初九像老虎似的威猛看著自己，他的欲念一個接著一個，對六四來說，不會構成過錯禍害。

象傳

顛頤之吉，上施光也❶。

注釋

❶**上施光也**

上，指六四。六四居艮上，〈象傳〉謂艮「其道光明」，下應初九，故能施其光明以及下也。船山《易內傳》：「上謂四，居上而臨初也。光者，君子有養民之道，非以徇小人，其志光明。」王引之《經義述聞》以光義為廣大。《郭氏傳家易說》記白雲曰：「六四所居者正，所應者正，獨得養正之道；故一爻之中，具求養、自養、養內、養外之義；是以吉且无咎，而為上施之光也。」求養、自養、養內、養外，亦見六四所養之廣大也。

語譯

六四倒過來向初九求教，請求協助自己養賢，這樣的收穫，正好顯示了在上者的光明磊落，能博施養眾。

六五爻辭

六五❶：拂經❷。居貞吉；不可涉大川❸。

注釋

❶六五

當頤第五爻為老，他爻皆少，即由頤之益䷩；或恆䷟第五爻為少，他爻皆老，即恆之頤：這兩種情形，都以頤六五爻辭占。

❷拂經

程頤以為：六五以陰爻居五之尊位，未能自力濟養天下，而仰賴上九輔導，所以與六二同樣違背了經常的道理。程《傳》：「六五，頤之時居尊位，養天下者也；然其陰柔之質，才不足以養天下；上有陽剛之賢，故順從之，賴其養己以濟天下。君者，養人者也，反賴人之養，是違拂於經常。」此一說也。吳澄則以拂為拂摩，經為經從。《易纂言》：「拂經，象也。拂經，謂拂上求養者之所經從也。六五比近上九，凡在下求養於上九者，皆必經從乎五，而後至於上也。」此又一說也。吳澄更以頤卦與噬嗑卦䷔作比較云：「頤與噬嗑卦體相似：噬嗑以上下二爻嗑中四爻；頤以上下二爻養中四爻。各以所比所應之爻而為受噬受養者。噬嗑則初九噬二噬四，上九噬五噬三；頤則初九養二養四，上九養五養三。倒首在下曰顛；引手摩上曰拂。六二、六四皆資養於下，故以顛為象；六五、六三皆資養於上，故以拂為象。」茲從吳說。案：拂經，楚竹書作⿱翟心經，阜簡作不經。

❸居貞吉；不可涉大川

六五為柔弱、失位、無應之爻。所以仍能獲吉者，以其能上承上九，貞順固守；若冒險涉川，則力所不及也。程《傳》：「既以己之不足，而順從於賢師傅。上，師傅之位也。必居守貞固，篤於委信，則能輔翼其身，澤及天下，故吉也。陰柔之質，无貞剛之性，故戒以能居貞則吉。以陰柔之才，雖倚賴剛賢，能持循於平時，不可處艱難變故之際，故云不可涉大川也。」朱熹更引《尚書・洪範》之言較論，《朱子語類》：「先生又曰：六五居貞吉，猶〈洪範〉『用靜吉，用作凶』，所以不可涉大川。六五不能養人，反賴上九之養，是已拂其常矣！故守常則吉，而涉險阻則不可也。」吳澄《易纂言》大抵採程、朱所說。

語譯

頤卦陰爻在五位：是二、三、四各陰爻要拂摩、投奔上九必經之地；居尊位，守正道，就有收穫；不必冒險犯難，強渡大河！

象傳

居貞之吉，順以從上也❶。

注釋

❶順以從上也

三、四、五互體為坤，六五在坤體，坤者，順也。且下與六二無應，上與上九比鄰，故能專心一意順從上九，得陽剛之輔而吉也。王弼《注》：「无應於下，而比於上，故可守貞從上，得頤之吉。」是也。項安世《周易玩辭》：「六五、上九二爻，皆當以〈小象〉解之。六五之居貞，非自守也；貞於順上也。故曰：居貞之吉，順以從上也。成王不疑周公，孝昭委任霍光，頤六五之貞也。」六五失位，故不可自守；承陽，故能順上。

語譯

居尊位，守正道的收穫，是由於六五能貞順地聽從上九的輔導呀！

上九爻辭

上九❶：由頤❷。厲吉❸，利涉大川❹。

注釋

❶上九

當頤上爻為老，他爻皆少，即由頤之復䷗；或姤䷫上爻為少，他爻皆老，即姤之頤：這兩種情形，都以頤上九爻辭占。

❷由頤

由於上九而得頤養也。弼《注》：「以陽處上，而履四陰。陰不能獨為主，必宗於陽也。故莫不由之以得其養，故曰由頤。」程《傳》：「上九以剛陽之德，居師傅之任。六五之君，柔順而從於己，賴己之養。是當天下之任，天下由之以養也。」

❸厲吉

上九失位，故有危厲；居危思安，下得眾陰支援，故吉。《集解》引虞翻曰：「失位故厲，以坤艮自輔，故吉也。」弼《注》：「為眾陰之主，不可瀆也，故厲乃吉。……貴而无位，是以厲也；高而有民，是以吉也。」點出頤上九高而有民，為眾陰之主，不同於乾上九之高而無民。程《傳》：「以人臣而當是任，必常懷危厲則吉也。如伊尹、周公，何嘗不憂勤兢畏，故得終吉。」案：〈繫辭傳下〉：「危者，安其位者也；亡者，保其存者也；亂者，有其治者也。是故君子安而不忘危，存而不忘亡，治而不忘亂。是以身安而國家可保也。」程《傳》所言，頗符《易》義。《折中》引李舜臣曰：「豫九四曰『由豫』，……由豫在四，猶下於五也，而已有可疑之迹；由頤在上，則過中而嫌於不安，故厲。」說「厲」甚是。周公當成王之時，已有流言之恐懼；霍光之於漢宣帝，亦有芒背之遺憾。至於王莽、多爾袞，更無論矣！

❹**利涉大川**

對頤上九來說，既有涉川的條件，也有濟危的責任。弼《注》：「為養之主，物莫之違，故利涉大川也。」是就條件說。程《傳》：「夫以君之才不足，而倚賴於己身，當天下大任，宜竭其才力，濟天下之艱危，成天下之治安，故曰利涉大川。」是就責任說。

語譯

頤卦最上面的一爻是陽爻：諸賢及天下都由於上九而得頤養。地位雖然有些危險，但是有收穫；有條件也有責任冒險犯難，渡過大河邁進！

象傳

由頤厲吉，大有慶也❶。

注釋

❶**大有慶也**

吉則有慶，在上則大有慶。故〈象傳〉於大畜言「六五之吉，有慶也」，於豐亦言「六五之吉，有慶也」，於兌言「九四之喜，有慶也」；而於履上九曰「元吉在上，大有慶也」。於頤上九曰「由頤厲吉，大有慶也」。項安世《周易玩辭》：「上九之厲吉，非能自吉也；得六五之委任而吉也。故曰：『由頤厲吉，大有慶也。』陰陽相得為慶；上九苟不得君而自用，則厲且凶矣！」王宗傳《童溪易傳》較論豫之九四與頤之上九，云：「豫之九四，天下由之以豫，故曰『大有得』；頤之上九，天下由之以頤，故曰『大有慶』也。」

語譯

諸賢及天下都由於上九而得頤養；地位雖有些危險，但有收穫；這是大大值得慶賀的！

大過卦經傳通釋第二十八

卦辭

☱☴ 巽下兌上 大過❶：棟橈❷；利有攸往，亨❸。

注釋

❶☱☴ 巽下兌上大過

大過，六畫卦的卦名。二、三、四、五，都是陽爻九，聚集在中間；初、上兩爻是陰爻六，分居兩端。陽爻數是陰爻數的一倍。陽稱大，陰稱小（參泰卦卦辭「小往大來」注釋），過是超過；偉大的陽爻算是超過了。吳澄《易纂言》：「大謂陽也；過者，不及之對。行而踰越其處，謂之過；未至其處，謂之不及。卦有六畫，陰陽各三，則為均平；此卦陽畫四，陰畫二，陰半於陽，小者不及也；陽信於陰，大者過也：故為大過。」依大過卦象說明其所以名大過者甚善。程《傳》：「大過者，陽過也。故為大者過、過之大、與大事過也。聖賢道德功業大過於人，凡事之大過於常者皆是也。……所謂大過者，常事之大者耳，非有過於理也。惟其大，故不常見；以其比常所見者大，故謂之大過。如堯舜之禪讓，湯武之放伐，皆由道也。道无不中，无不常，以世人所不常見，故謂之大過於常也。」蓋以為在偉大而不平常的時代，以偉大而不平常的手段，方能立偉大而不平常的功業：這才是適中正常之道。點出了大過一卦的主旨。當大過六爻皆少，也就是本卦、之卦都是大過；或頤䷚六爻皆老，也就是頤之大過：這兩種情形，都以大過卦辭占。案：六十四卦有：大畜、小畜，大過、小過，皆以陽為大，陰為小。蔡淵《易象意言》：「大畜、小畜，大過、小過，皆取陰陽為義。……小畜者，巽畜乾也；大畜者，艮畜乾也。巽之主柔爻也；艮之主剛爻也。故小畜主四，柔畜剛也；大畜主上，剛畜剛也。……大者為陽，巽下兌上則兩陰包四陽，陽數過焉，故曰大過；小者為陰，艮下震上，則四陰包兩陽，陰數過焉，故曰小過。」綜合四卦而辨析之，頗值參考。

❷棟橈

棟，屋脊下之主樑。橈，假借為撓，彎曲也。南昌府學重刊宋本則已訂作撓。大過中間四陽爻過大，頭尾二陰爻卻小，看起來有點曲撓；再者屋棟居中，眾樑交會於此，負擔最重，加以兩端弱小，更容易彎曲。《集解》引虞翻曰：「棟橈謂三，巽為長木稱棟。初上陰柔，本末弱，故棟橈也。」偏就卦爻之象言。《易纂言》：「屋棟居中，眾材輻湊，木身雖強，然棟之所任者重，苟本末皆弱，則亦不免於曲橈也。」則偏就長棟實際承受之重言。《集解》又引向秀曰：「棟橈則屋壞；主弱則國荒。」於其象徵有所發揮。案：〈彖傳〉以「本末弱也」釋「棟橈」；爻辭於九三曰「棟橈」，於九四曰「棟隆」，是棟尤指其中四陽爻中之三、四兩爻言。請參閱相關各注。

❸利有攸往，亨

利有攸往是前提；亨是後果。項安世《周易玩辭》：「先言亨，後言利有攸往者，亨自亨，利自利也；今先言利有攸往，後言亨者，明亨因於往也。故〈彖〉曰：『利有攸往，乃亨。』言往乃亨，不往則不亨也。棟既橈矣，不往則壓焉，何亨之有？」分析甚是。至於所以利有攸往者，〈彖傳〉云：「剛過而中，巽而說行，利有攸往，乃亨。」蓋由爻象、卦德言之，詳見彼注。往，引申又有去整治之意。《郭氏傳家易說》記白雲曰：「過於用剛，所以為大者過也。當本末弱而棟橈之時，非過於用剛不可也。夫大廈將顛，梁棟傾橈，不可扶持，是以必當大過治之也。亦猶衰亂之世，天下蕩蕩，无綱紀文章，非聖人大過常道以治之，豈能復治哉！利有攸往亨者，大過棟橈之時，利於聖賢大過治之，然後亨也。」就大過主旨，原原本本，說明往亨之故極好。

語譯

三畫的巽在下，三畫的兌在上，重疊而成六畫的大過卦，有大大超越常情常理的意思。大過六爻看起來像屋脊下的主樑：中間四陽爻粗大，兩端兩陰爻細小，有些彎曲。利於有所行動，好好整修，方得亨通發展。

彖傳

大過，大者過也❶；棟橈，本末弱也❷；剛過而中，巽而說行，利有攸往，乃亨❸；大過之時大矣哉❹！

注釋

❶大者過也

釋卦名大過之義。朱震《漢上易傳》引鄭玄曰：「陽爻過也。」虞翻從之，《集解》引其言曰：「陽稱大。」虞更申云：「謂二也。二失位，故大者過也。」以過有過失一義。王弼《注》：「大者乃能過也。」孔穎達《疏》云：「謂盛大者，乃能過其分理以拯難也。故於二爻陽處陰位，乃能拯難也，亦是過甚之義。」援虞《注》以補弼《注》，而易過失為過甚。又以九二失位釋大過，亦可與陽倍於陰為大過互補。其後程《傳》曰：「大者過，謂陽過也；在事為事之大者過，與其過之大。」俞琰《大易集說》曰：「大過卦乃四陽二陰之卦，則陽盛而過於陰，故曰大者過也。在人事則泛言萬事大者之過；凡大者皆是，非一端也。」踵事增華，《易》義愈明。

❷本末弱也

釋卦辭棟撓之原因。《集解》引向秀曰：「所以橈，由于初上兩陰爻也。初為善始，末是令終；始終皆弱，所以棟橈。」向秀，晉人，雅好老莊之學，嘗注《莊子》，郭象《注》多採用之。又有《周易義》。兩書皆能發明隱義，振起玄解。又朱震《漢上易傳》：「中雖剛強，兩端柔弱，棟豈能勝其任哉！故曰：棟橈，本末弱也。」亦可互補。代表社會基層和頂端力量都很微弱，無法制衡中間當權者強勢卻又不正常的行動。

❸剛過而中，巽而說行，利有攸往，乃亨

此釋卦辭「利有攸往亨」。剛過而中有二解：《集解》引虞翻曰：「剛過而中謂二。」王弼《周易注》：「謂二也。居陰，過也；處二，中也。拯弱興衰，不失其中也。」蓋以拯弱興衰，無妨過也。二人皆以剛過而中指九二失位而居中，此一說也。程《傳》：「剛雖過而二五皆得中，是處不失中道也。」《周易玩辭》：「中四爻剛雖大過，而得時措之中。」則均以中四爻皆陽，而二五得中為剛過而中，此二說也。《漢上易傳》：「剛過者，九三九四；中者，九二九五。興衰救弊，補其偏而不起之處，非剛過不可也；中則无剛過之患。剛過而中，所謂時中也。過非過於理也；以過為中也。猶之治疾，疾勢沈痼，必攻之以瞑眩之藥。自其治微疾之道觀之，則謂之過；自藥病相對言之，則謂之中。」說理尤詳明。案：剛過而中，以爻位為釋；其下「巽而說行」，以上下卦德為釋。大過巽下為遜順；兌上為喜悅。行為如果能夠心存謙遜；喜悅待人，則何往而不利？既利於前往，則亨通可知。弼《注》：「巽而說行，以此救難，難乃濟也。危而弗持，則將安用？故往乃亨。」《漢上易傳》：「巽在內者，巽乎內也；兌在外者，說乎外也。內巽外說，而志行，抑剛之有餘，以濟柔之不足。……大者不過，乃亨。」弼云「救難」，朱震言「內巽外說」，皆有深味。楊時《龜山易說》：「堯舜禹三聖之相授，而謳歌獄訟皆歸之焉；湯武之用師，則東征西夷怨，南征北狄怨，簞食壺漿，以迎王師：故能成大功。非巽而說行，何以有此？」以古史證之，而義益明。

❹**大過之時大矣哉**

程《傳》：「大過之時，其事甚大，故贊之曰：大矣哉！如立非常之大事，興不世之大功，成絕俗之大德，皆大過之事也。」朱子《本義》：「大過之時，非有大過人之材，不能濟也，故歎其大。」《語類》更云：「大過自有大過時節；小過自有小過時節。處大過之時，則當為大過之事；處小過之時，則當為小過之事。如堯舜之禪授，湯武之放伐，此便是大過之事；喪過於哀，用過於儉，此便是小過之事。只是在事雖是過，然適當其時，便是合當如此，便是合義。」

語譯

大過，是強人在非常的時代做出非常措施；主樑彎曲，是因為頭尾兩端太細小，無力制衡支撐；強人拯弱興衰，矯枉過正，反倒合乎中道，再加上心存謙遜，喜悅待人，利於有所行動，有所整頓，這樣才能亨通發展。從事非常的任務，時代的因素，時機的拿捏，真是重大得很呢！

象傳

澤滅木，大過❶；君子以獨立不懼，遯世无悶❷。

注釋

❶**澤滅木，大過**

大過兌上為澤，巽下為木，故有澤滅木之象。澤水本來具有滋潤大地，促使樹木生長的功能，今澤水高漲，以至淹沒樹木，這就大大超過了！孔穎達《正義》：「澤滅木者，乃是澤之甚極而至滅木，是極大過越之義。其大過之卦，有二義也：一者，物之自然大相過越常分，即此澤滅木是也；二者，大人大過越常分，以拯患難，則九二枯楊生稊，老夫得其女妻是也。」其後李鼎祚有《集解》，所作「案」語云：「兌，澤也；巽，木；滅，漫也。凡木生近水者，楊也。遇澤太過，木則漫滅焉；二五枯楊是其義。」以滅木之木於九二生稊之枯楊外，亦包括九五生華之枯楊。蓋從孔《疏》而有所增益，提供參考。

❷君子以獨立不懼，遯世无悶

〈文言傳〉說乾初九有：「遯世无悶，不見是而无悶；樂則行之，憂則違之，確乎其不可拔：潛龍也。」之語。《集解》引虞翻曰：「君子謂乾初。」即依〈文言傳〉說之。或大過之義，非但指過於過，兼指過於不及，如潛龍然。趙汝楳《周易輯聞》：「兌為澤，巽為木。……獨立如巽木，无悶如兌說。」依象釋義，可備一說。邵雍《皇極經世書・觀物外篇》：「大過，本末弱也。必有大德大位，然後可救。常分有可過者，有不可過者。有大德大位，可過者也，伊周其人也，不可懼也；有大德無大位，不可過者也，孔孟其人也，不可悶也。其位不勝德耶！大哉位乎，待才用之宅也。」強調可過或不可過，關鍵在「位」。《郭氏傳家易說》：先記父兼山曰：「獨立不懼，遯世无悶，此大者之過也；今以一人譽之則喜，一人非之則沮，不能過者也。」復記子白雲曰：「君子於大過之時有二道：或進則大有為，或退則窮處而已。進而大有為，則反天下之衰弊，獨立不懼可也；退而窮處，則遯世无悶可也。禹之治水，伊尹之相湯，伯夷之諫武王，皆大過之事，可謂獨立不懼者矣；孔子反魯而刪《詩》、《書》，繫《周易》，作《春秋》，顏子人不堪其憂，回也不改其樂：亦皆大過之事，可謂遯世无悶者矣。」父郭忠孝辨析過之是，不能過之非，子郭雍舉史事以證大過之二道，均可為吾人處大過之世之南針。

語譯

澤水淹沒了樹木，這就太過分了；君子或者獨立奮鬥，無所畏懼，或許避世隱居，不覺苦悶。

繫辭傳下

古之葬者，厚衣之以薪，葬於中野，不封不樹，喪期无數❶；後世聖人易之以棺椁，蓋取諸大過❷。

注釋

❶古之葬者，厚衣之以薪，葬於中野，不封不樹，喪期无數

衣，去聲，為動詞，包裹也。之，代詞，指被葬者。中野，野中；古漢語方位詞每置於名詞之上，如中原即原中，中河即河中，中山即山中。封，積土、石為墳。樹，植樹木為標誌。无數，無定數也。《正義》：「不云上古，直云古之葬者：若極遠者，則云上古；其次遠者，則直云古。則厚衣之以薪，葬之中野，猶在穴居結繩之後，故直云古也。不封不樹者：不積土為墳，是不封也；不種樹以標其處，是不樹也。喪期无數者：哀除則止，无日月限數也。」

❷後世聖人易之以棺椁，蓋取諸大過

後世聖人，殆指有虞氏、夏后氏、及殷人。棺，棺材；椁，今字作槨，棺材外之套棺。《禮記・檀弓》：「有虞氏瓦棺，夏后氏塈周，殷人棺椁。」瓦棺是陶器做成的棺材；塈周，燒磚砌在棺材的四周；椁，棺外套棺，葬具越來越過分厚重了。《正義》：「送終追遠，欲其甚大過厚，故取諸大過也。」張栻《南軒易說》：「生而庇大廈，死而棄之中野，不可也；生而居奧室，死而蠅蚋蛄嘬之，又不可也。不封不樹，則无以識之；喪期无數，則无以節之。聖人易之以棺椁，故棺周於身，椁周於土。棺椁之制既興，則封之樹之，不忘其地也；喪期有數，不忘其時也。必取諸大過者，大過之成卦，二陰周乎四方，有棺椁之象。君子不以天下儉其親，於此而過，亦无害也。」說理甚明。都潔《易變體》：「杵臼棺槨，所以使民養生送死无憾，所以依於人者過厚也。然養生不足以當大事，故取小過之義而已；送死足以當大事，故取大過之義焉。」較論杵臼之取諸小過，棺槨之取諸大過之理。鄭東卿《易卦疑難圖・繫辭解》：「大壯外震，震動也，風雨飄搖之象；大過內巽，巽入也，殯葬入土之象。」較論大壯、大過，並可作參考。

語譯

在黃帝、唐堯時代，埋葬死人，是用柴草把死人厚厚地包裹起來，埋在荒野中，不用土石堆高，也不種樹留作標誌，服喪的期限也不一定；到了虞舜時才有瓦棺，殷商時代更棺外套棺，喪葬越來越厚重了，這大概是取法於大過卦吧！

序卦傳

不養則不可動，故受之以大過❶。

注釋

❶**不養則不可動，故受之以大過**

大過卦接在頤卦之後，頤是養，包括養身、養德、養賢、養萬民、和養萬物。不養身，則無力氣行動；不養德，則無意志行動；不養賢，則無助力行動；不養萬民，則不獲全民支持以行動；不養萬物，行動易遭大自然之反撲。故欲在非常時代，成非常之事功，必以養為前提。《南軒易說》：「不養安能出而應世，動而有為乎？不成則不達也；故頤然後繼之以大過也。」《郭氏傳家易說》記白雲曰：「大過之動，非常動也；不能大養其德者不可動。養大過之德，如養枯楊使之生稊，蓋亦難矣，豈可失所養而妄動哉！此孟子所以養浩然之氣也。」朱震《漢上易傳》：「聖人養賢，賢人養德；不養之則不能動。大過者，動而大過乎物也。故次之以大過。」並可為隅反之資。李光地《周易折中・序卦明義》：「頤、大過，男女類分，長少先後，義同屯蒙。然二卦不皆陽卦，故亞於屯蒙。」義或然也。

語譯

不保養身體，不修養品德，不培養浩然正氣，就不可能做出過人的行動；所以接著代表頤養的頤卦之後的是代表超越常態的大過卦。

雜卦傳

大過，顛也❶。

注釋

❶**大過，顛也**

顛，是顛殞、顛危的意思。大過上六爻辭：「過涉滅頂。」虞翻據此釋〈雜卦傳〉曰：「顛，殞也；頂載澤中，故顛也。」當頭頂淹沒在澤中或將顛殞之際，必以權宜過分之手段拯之。《孟子・離婁》嘗以：「男女授受不親，禮也；嫂溺援之以手者，權也。」又曰：「天下溺，援之以道；嫂溺，援之以手。」拯溺而採權宜手段，是大過卻合道的措施。此顛殞說之大概也。韓康伯《注》：「本末弱也。」此以〈彖傳〉文釋〈雜卦傳〉。《南軒易說》中之云：「當本末弱之時，當從權以濟其難，蓋時之顛危故也。」此顛危說之大概也。二說相近；但危字較殞字為妥貼。

語譯

採用非常過分的手段，因為是在一個是非顛倒，環境危險的時代啊！

初六爻辭

初六❶：藉用白茅❷；无咎❸。

當大過初爻為老，他爻皆少，即由大過之夬䷪；或剝䷖初爻為少，他五爻皆老，即剝之大過：這兩種情形，都以大過初六爻辭占。

注釋

❶初六

❷藉用白茅

藉，鋪墊；白茅，潔白的茅花。商、周時代，祭祀時先用茅花在地面上鋪墊好，上面再放祭品或祭器。《周禮・天官・甸師》：「祭祀，共蕭茅。」又〈地官・鄉師〉：「大祭祀，羞牛牲，共茅葅。」共，今字作供；葅，鄭興以為借為藉字。用柔軟的茅花鋪墊在下面，擺在上面的祭品、祭器才放得穩固，才能保持潔淨，此顯示大過之時必須慎始。《集解》引虞翻曰：「位在下，稱藉；巽柔白，為茅：故藉用白茅。」純以象言。《折中》引胡瑗曰：「為事之始，不可輕易，必須恭慎，然後可以免咎；況居大過之時，是其事至重，功業至大，尤不易於有為，必當過分而慎重，然後可也。」言義甚好。胡瑗，北宋早期大儒，著有《周易口義》。案：白茅，是潔白的茅草花，不是茅草莖葉。修辭有以大名借代小名之例，如杜甫〈春望〉「白頭搔更短」，白頭借代白髮。此言茅而實指茅花，亦其例也。《左傳・僖公四年》記管仲責楚：「爾貢苞茅不入，王祭不共，無以縮酒。」能吸收滲濾酒液的，亦為茅花。王夫之《易內傳》：「白茅，茅之秀也。柔潔而樸素，古者祀上帝於郊，掃地而祭，以茅秀藉俎籩，所以致慎而不敢以華美加於至尊。」已指明茅為茅秀。

❸无咎

就象而言，大過初六失位，本有咎者，但能上負四陽，承二應四，故可无咎。虞翻曰：「失位，咎也；承二，過四應五士夫，故无咎矣。」部分可從。就義而言，大過之時，藉用白茅，郊祀上帝，敬慎如是，又何咎之有？《漢上易傳》：「大過君子，將有事焉，以任至大之事，過而无咎者，其惟過於慎乎！過非正也，初六執柔處下，不犯乎剛，於此而過，其誰咎之！」侯果、王夫之皆嘗綜象與義言之。《集解》引侯果曰：「以柔處下，履非其正，咎也。苟能絜誠肅恭不怠，雖置羞于地，可以薦奉；況藉用白茅，重慎之至，何咎之有矣！」船山《易內傳》：「初六承積陽於上，卑柔自謹，有此象焉。君子守身以事親，如仁人之享帝，求无咎而已！」

語譯

大過卦從下面開始的第一爻是陰爻：先用白茅花在地面上鋪墊好，上面才好放置物品；這種過分謹慎，是不會錯的。

附錄古義

《漢書・淮陽憲王欽傳》：「王駿諭指曰：『《春秋》之義，大能變改。《易》曰：「藉用白茅，无咎。」言臣子之道，改過自新，絜己以承上，然後免於咎也。』」

《三國志・魏書・李通傳・注引李秉家誡》：見坤六四爻辭附錄古義。

象傳

藉用白茅，柔在下也❶。

注釋

❶柔在下也

柔，指白茅；在下，釋藉字。意謂柔以承剛，卑以自牧。如此似有「足恭」之嫌，或為左丘明與孔子所恥乎？然大過之世，不得不然。弼《注》：「以柔處下，過而可以无咎，其唯慎乎！」船山《易內傳》：「位在積剛之下，故以柔為美；則棟之橈，非己不克承之咎，過在大也。」意可互補。

語譯

先用白茅花在地面上鋪墊好，讓柔軟的在底下好穩固住基礎。

繫辭傳上

「初六：藉用白茅，无咎❶。」子曰❷：「苟錯諸地而可矣，藉之用茅，何咎之有？慎之至也❸。夫茅之為物薄，而用可重也❹。慎斯術也以往，其无所失矣❺。」

注釋

❶初六：藉用白茅；无咎

先引大過初六爻辭原文，作以下說明之標的。

❷子曰

子，孔子也。

❸苟錯諸地而可矣，藉之用茅，何咎之有？慎之至也

苟，誠也；本來、實在。錯，放置。全句點出藉用白茅之「慎」，故能无咎。

❹夫茅之為物薄，而用可重也

此句就茅之本身功用而言。薄，與下句「重」相對，言茅花之輕也。《周禮・大司徒》言「以荒政十有二聚萬民」，其二曰「薄征」，鄭眾《注》：「薄征，輕租稅也。」《漢書・董仲舒傳》：「（陛下）愍世俗之靡薄。」師古《注》：「靡，散也；薄，輕也。」是薄有輕之意。而用可重，就句義上，言墊茅可承祭器、祭品之重；就卦義上看，言上承四陽，能負擔棟樑之重。《折中》「案」云：「茅之為物薄而用可重也，正對棟為重物重任而言。」或以重指祭祀乃重大之事，《漢上易傳》：「茅之為物雖薄，而祭祀用之，可謂重矣！」異說可作參考。

❺慎斯術也以往，其无所失矣

此句就茅之功用作引申聯想而有所闡發。術，方法。其，或許。无所失，釋无咎；則咎者，有所失也。《集解》引侯果曰：「言初六柔而在下，苟能恭慎誠絜，雖置羞于地，神亦享矣。此章明但能重慎卑退，則悔吝無從而生。術，道也。」程頤則強調「過」字，程《傳》：「言敬慎之至也。……人之過於敬慎，為之非難，而可以保其安而无過；苟能慎斯道，推而行之，於事其无所失矣。」

語譯

大過初六爻辭說：「用白茅花鋪墊好地面，不會有錯失的。」孔子解釋說：「本來把物品擺在地面上也就可以了，墊上白茅花，還會有什麼錯失呢？謹慎到極點了啊。白茅花這種東西雖然很輕，可是能承擔的可重呢。謹慎地採取這種方式去進行整頓，或許可能不會有錯失了。」

九二爻辭

九二❶：枯楊生稊，老夫得其女妻❷；无不利❸。

注　釋

❶**九二**

當大過第二爻為老，他爻皆少，即由大過之咸䷞；或損䷨第二爻為少，他爻皆老，即損之大過：這兩種情形，都以大過九二爻辭占。

❷**枯楊生稊，老夫得其女妻**

稊，新芽。《集解》引虞翻曰：「稊，稚也，楊葉未舒稱稊。」帛書字作「荑」；阜簡字作「苐」，《釋文》：「鄭（玄）作荑，荑，木更生。」女妻，少妻也。九二與初六相比鄰。九二以陽剛居上為長，於草木則似枯楊，於人事猶同老夫；初六以陰柔在下為少，於草木則似稊荑，於人事猶同女妻。參「枯楊生華」條注釋。胡炳文《周易本義通釋》：「巽為木，兌為澤；楊近澤之木，故以取象。枯楊，大過象；初，在下象；老夫，九象；女妻，初柔在下象。九二陽雖過而下比於陰，如枯楊雖過於老，稊榮於下則復生於上矣！老夫而得女妻，雖過以相與，終能成生育之功；无他，以陽從陰，過而不過，生道也。雖然，女嫁士夫，常也；遇老夫，過也。自古君臣過以相與者多矣！吁！可歎也！」依象說義，從夫妻申論君臣，足以示《易》義之廣。案：枯楊之象，虞翻、項安世皆已言之。《集解》引翻曰：「兌為雨澤，枯楊得澤復生稊。」《周易玩辭》：「二、五皆濱於澤，故稱楊焉；楊，澤木也。當大過之時，故稱枯焉；過則木枯也。二亦濱於澤者，卦象兩兌反對也。」或即胡炳文之所據。

❸**无不利**

程《傳》：「二得中居柔而與初，故能復生稊，而无過極之失，无所不利也。在大過，陽爻居陰則善，二與四是也。」考大過不以得位為美，司馬光已言之。《溫公易說》：「大過剛已過矣，止可濟之以柔，不可濟之以剛也。故大過之時，皆以居陰為吉，不以得位為美。」

語譯

大過卦陽爻居二位：枯老的楊樹發出新芽來，老頭子娶到年輕的妻子；不會有不利的情況。

象傳

老夫女妻❶，過以相與也❷。

注釋

❶**老夫女妻**

言老夫，兼指枯楊；言女妻，兼指生稊。《正義》：「枯楊則是老夫也；生稊則女妻也。其意相似，故〈象〉略而不言。」

❷**過以相與也**

弼《注》：「老過則枯，少過則稚。以老分少，則稚者長；以稚分老，則枯者榮：過以相與之謂也。」蓋以拯弱興衰，相輔相成取義。程《傳》：「老夫之說少女，少女之順老夫，其相與過於常分。謂九二、初六，陰陽相與之和，過於常也。」則以老夫少妻，已超越常情。亦大過之時，非常之事也。

語譯

老夫少妻，枯楊發芽，憑藉超越常情來相輔相成。

九三爻辭

九三❶：棟橈❷；凶❸。

注　釋

❶九三

當大過第三爻為老，他爻皆少，即由大過之困䷮；或賁䷕第三爻為少，他爻皆老，即賁之大過：這兩種情形，都以大過九三爻辭占。

❷棟橈

象也。大過六爻像一整條屋中的主樑：初六、上六兩端細；中間四陽爻粗壯。而最中間的九三、九四兩爻更有腫曲的現象。三在四的下面，看起來有點下撓；四在三的上面，看起來有點上隆。再，九三在巽下☴，上重下輕，故下撓；九四在兌上☱，上輕下重，故上隆。三，九三應上六，但上六柔細，救不了九三下撓；九四應初六，但初六柔細，阻不住九四上隆。胡炳文《周易本義通釋》：「屋以棟為中。三視四則在下，棟撓於下之象；四在上，棟隆於上之象。」李過《西谿易說》以為：下卦上實而下弱，故撓；上卦上弱而下實，故隆（原文詳見大過九四爻辭「棟隆」注釋）。呂大臨《易章句》：「九三應上，柔上而剛下，棟橈者也；九四應初，剛上而柔下，棟隆者也。」言象各得其一項。

❸凶

占也。〈繫辭傳下〉：「三多凶。」王弼《周易注》於乾九三注云：「處下體之極，居上體之下，在不中之位，履重剛之險。」又於此注云：「居大過之時，處下體之極，不能救危拯弱，以隆其棟；而以陽處陽，自守所居；又應於上，係心在一，宜其淹溺而凶衰也。」李道平《周易集解纂疏》：「三處下體之上，而初弱不勝其任；又上應兌為毀折，故三獨當棟橈之凶也。」說象並可參考。至於其義，程頤所說最為詳盡。程《傳》：「夫居大過之時，興大過之功，立大過之事，非剛柔得中，取於人以自輔，則不能也。既過於剛強，則不能與人同。常常之功，尚不能獨立；況大過之事乎？以聖人之才，雖小事必取於人；當天下之大任，則可知矣！九三以大過之陽，復以剛自居而不得中，剛過之甚者也。以過甚之剛，動則違於中和而拂於眾心，安能當大過之任乎？故不勝其任，如棟之橈，傾敗其室，是以凶也。」

語譯

大過卦陽爻居三位：像房屋中的主樑向下彎曲，會有損失。

象傳

棟橈之凶，不可以有輔也❶。

注釋

❶不可以有輔也

輔，謂陰陽互應。已見〈文言傳〉謂乾上九「賢人在下位而无輔」之注釋。大過九三與上六互應，但上六居兌體，〈說卦傳〉：「兌為毀折。」故九三不可以與之互應。此一說也，李道平主之，已見前注。或以大過之時，異於平常，得位有應反凶，而以比為輔。《周易玩辭》：「九三有應在上，而〈象〉以為无輔；九四有應在下，而〈象〉以為不橈乎下：何哉？凡卦皆上下相應，惟大過之時不用常理，獨以所比為親。」

初與二比，而為老夫女妻；五與上比，而為老婦士夫：皆過以相與。則三與四亦當相與，乃合大過之義。今二爻皆剛，无相與之情。故三謂之无輔，輔以比言，則指四明矣；四謂之不橈乎下，橈者三也，則指三明矣。」此又一說也。

語　譯

房屋主樑向下彎的損失，是因為不能夠得到輔助啊。

九四爻辭

九四❶：棟隆❷；吉❸，有它吝❹。

注釋

❶九四

當大過第四爻為老，他爻皆少，即由大過之井䷯；或噬嗑䷔第四爻為少，他爻皆老，即噬嗑之大過：這兩種情形，都以大過九四爻辭占。

❷棟隆

象也。就三四兩爻為棟言之，四在上故棟隆。就巽下兌上兩體言之，《西谿易說》：「下卦上實而下弱，下弱則上傾，故三居下卦之上。而曰棟橈凶，言下弱而無助也；上卦上弱而下實，下實則可載，故四居上卦之下而曰棟隆吉，言下實而不橈也：此二爻當分上下體看。」九四居兌，上弱下實故隆。以初、四互應言之，初弱不能阻九四之隆。參閱大過九三爻辭「棟橈」注釋。

❸吉

占之一。弼《注》：「體屬上體，以陽處陰，能拯其弱，不為下所橈者也；故棟隆吉也。」朱熹採其說，《本義》：「以陽居陰，過而不過，故其象隆而占吉。」茲從之。

❹有它吝

占之二。弼《注》：「而應在初，用心不弘，故有它吝也。」《本義》：「然下應初六，以柔濟之，則過於柔矣，故又戒以有它則吝也。」而郭雍（白雲）所說最明。《郭氏傳家易說》：「在大過之時，九四非大有為之才，僅足小用，任重不橈其剛而已；它用之則吝矣！故九四之不能有它，雖愈於三之不能有輔；其於大過之道，亦未優也。」郭雍較論九四、九三；程頤則較論九四、九二。程《傳》：「或曰：二比初，則无不利；四若應初，則為吝：何也？曰：二得中而比於初，為以柔相濟之義；四與初為正應，志相繫者也。九既居四，剛柔得宜矣；復牽繫於陰，以害其剛，則可吝也。」九居四為失位，而曰「剛柔得宜」；四與初應，而曰「以害其剛」：大過之世，位應不可以常理論，可見一斑。

語譯

大過卦陽爻居四位：像房屋中的主樑向上隆起；會有收穫，如果有其他牽扯，那就遺憾了。

象傳

棟隆之吉，不橈乎下也❶。

注釋

❶不橈乎下也

《郭氏傳家易說》記白雲曰：「九三之應上六，卑而不能有尊，是以无輔；初六之應九四，得居下輔上之義，是以九四之棟隆而不橈乎下也。」《本義通釋》：「三之應上，則曰不可以有輔；言上為末，不可輔棟之橈也。四之應初，則曰不橈乎下也；下不橈，則上隆矣！」說理甚清晰。

語譯

主樑上隆的收穫，是因為不向下彎啊。

九五爻辭

九五❶：枯楊生華，老婦得其士夫❷；无咎，无譽❸。

注釋

❶九五

當大過第五爻為老，他爻皆少，即由大過之恆䷟；或益䷩第五爻為少，他爻皆老，即益之大過：這兩種情形，都以大過九五爻辭占。

❷枯楊生華，老婦得其士夫

九五與上六相比鄰。上六以陰柔居上為老，於草木則似枯楊，於人事猶同老婦；九五以陽剛在下為壯，於草木則似生華，於人事猶同壯夫。《集解》引虞翻曰：「舊說以初為女妻，上為老婦，誤矣！馬君亦然。荀公以初……為女妻，二……為老夫；以五……為士夫，上……為老婦：此何異俗說也！悲夫！」案：「馬君」是馬融，「荀公」是荀爽，皆東漢《易》學大儒。虞翻依據〈彖傳〉「本末弱也」句，以為初是本，上是末，於是駁斥馬、荀「以初本為小，反以上末為老」之非。虞翻之說，則為：「老婦謂初，巽為婦，乾為老，故稱老婦也；士夫謂五，大壯震為夫，兌為少，故稱士夫。」個人意見：馬、荀舊說，意象淺明；虞翻所言，反覺穿鑿。呂大臨《易章句》：「大過之世，老少不得當其耦。陽過於陰，則老陽與少陰耦；陰過於陽，則老陰與少陽耦。初六，少陰，女也；上六，老陰，老婦也。九二在初六之上，老於初六，故曰老夫；九五在上六之下，少於上六，故曰士夫。士，未娶；女，未嫁者也。」後之達者，詳其義焉！

❸无咎，无譽

張載《橫渠易說》：「九五上係上六，故不能下濟大事；徒益其末耳。无拯物之心，所能者狹；老婦士夫，所與者不足道；枯楊生華，勢不能久，故无譽；未至長亂，故无咎。」《郭氏傳家易說》：「二之枯楊謂老夫也；五之枯楊謂老婦也。老夫女妻，則剛為主而柔輔之，大過之得者也，故无不利；老婦士夫，則柔為主而剛輔之，大過之失者也，故无譽。」案：坤六四爻辭有「无咎无譽」，項安世嘗較論之，《周易玩辭》：「大過九五與坤六四同占者，其操術同也。坤六四之至謹，大過九五之中立，在己皆可无咎；然括囊无補於當世，老婦不能以生育，安足譽乎？〈象〉言可醜，正解无譽二字。明居上位而中立者，不可自以无咎為能也。」參閱坤六四爻辭注釋。

語譯

大過卦陽爻居五位：枯老的楊樹長出花朵來，老太婆得到年輕的丈夫，沒有差錯，也沒有讚譽。

附錄古義

《漢書・西域傳下》：「曩者，朕之不明，以軍候弘上書言『匈奴縛馬前後足，置城下，馳言「秦人，我匄若馬」』，又漢使者久留不還，故興師遣貳師將軍，欲以為使者威重也。古者卿大夫與謀，參以蓍龜，不吉不行。乃者以縛馬書徧視丞相御史二千石諸大夫郎為文學者，乃至郡屬國都尉成忠、趙破奴等，皆以『虜自縛其馬，不祥甚哉！』或以為『欲以見彊，夫不足者視人有餘。』《易》之卦得大過，爻在九五，匈奴困敗。公車方士、太史治星望氣，及太卜龜著，皆以為吉，匈奴必破，時不可再得也。又曰『北伐行將，於鬴山必克。』卦諸將，貳師最吉。故朕親發貳師下鬴山，詔之必毋深入。今計謀卦兆皆反繆。」案，此條可見龜卜與《易》占等之不可信。

象傳

枯楊生華，何可久也❶；老婦士夫，亦可醜也❷。

注釋

❶枯楊生華，何可久也

《集解》引虞翻曰：「枯而生華，故不可久也。」蘇軾《東坡易傳》：「稊者，顛而復孼，反其始也；華者，盈而畢發，速其終也。」

❷老婦士夫，亦可醜也

程《傳》：「老婦而得士夫，豈能成生育之功，亦為可醜也。」

語譯

枯老的楊樹長出花兒來，怎樣能夠長久呢；老太婆得到年輕丈夫，也很難看啊！

上六爻辭

上六❶：過涉滅頂❷；凶，无咎❸。

注釋

❶上六

當大過上爻為老，他爻皆少，即由大過之姤䷫；或復䷗上爻為少，他爻皆老，即復之大過：這兩種情形，都以大過上六爻辭占。

❷過涉滅頂

過為過甚，而非過失、過誤。弼《注》：「處大過之極，過之甚也。涉難過甚，故至于滅頂。」是也。大過澤滅木，上六居極，終為澤淹滅。至於其象徵之意，程頤以為「小人過常之極」，程《傳》：「上六以陰柔處過極，是小人過常之極者也。小人之所謂大過，非能為大過人之事也，直過常越理，不恤危亡，履險蹈禍而已，如過涉於水，至滅沒其頂。」朱熹則以為「殺身成仁之事」，《本義》：「處過極之地，才弱不足以濟，然於義為无咎矣，蓋殺身成仁之事，故其象占如此。」觀占曰「无咎」，〈象傳〉曰「不可咎」，知必非小人，朱義似長。

❸凶，无咎

上六處大大逾越常理的時代，以陰爻居陰位，是為得位，是能盡己之本分者；與下卦九三陰陽互應，但九三有「棟橈之凶，不可以有輔」。九三不可以有輔，而上六卻過涉往救之，故凶；然盡己之分，亦非咎也，故无咎。此亦個人「生命之有限性」導致「理分實現之衝突」也。《東坡易傳》：「過涉至於滅頂，將有所救也；勢不可救而徒犯其害，故凶；然其義則不可咎也。」呂大臨《易章句》：「上六……涉而至於滅頂，過涉者也；以柔居大過之末，過涉而下濟者也。涉雖不濟，義不得已；滅頂取凶，命不可逃：義命合一，非其咎也。」楊時《龜山易說》：「居大過之終，則過極矣，故有過涉滅頂之象焉，若比干諫而死之類是也。在比干之身則凶矣；於義則不可咎也。」皆已達此旨。案：呂大臨、楊時，都是程頤弟子，亦均不從師說，伊川此說之過當可知。再，《折中》引馮椅曰：「《易》大抵上下畫停（相對稱也）者，從中分反對為象，非他卦相應之例也。頤、中孚、小過皆然，而此卦尤明。三與四對，皆為棟象，上隆下橈也；二與五對，皆為枯楊之象，上華下稊也；初與上對，初為藉用白茅之慎，上為過涉滅頂之凶也。」馮椅，南宋時人，著有《厚齋易學》。所言綜論六爻，故錄於此。再案：初六、上六占辭，皆曰「无咎」。此可視「初與上對」又一證明。

語譯

涉澤過深，澤水淹沒頭頂；雖然喪失了性命，但盡了本分，也不算差錯。

附錄古義

《後漢書・趙典傳》：「趙溫與李傕書曰：『於《易》，一為過；再為涉；三而弗改，滅其頂，凶。』」

象傳

過涉之凶，不可咎也❶。

注釋

❶**過涉之凶，不可咎也**

爻辭「過涉滅頂」為象；「凶」、「无咎」為占。「過涉之凶」，合象占言之，而斷以「不可咎」；則「无咎」為占中主占，其重要性超過「凶」。暗示「成仁」重要性亦超過「殺身」也。《朱子語類》：「『大過過涉滅頂凶无咎』，〈象〉曰『不可咎也』，某（朱熹自稱）嘗謂東漢諸人不量淺深，至於殺身亡家，此是凶；然而其心何罪？故不可咎也。」《周易玩辭》：「上六一爻，則〈象〉所謂末弱者也。力不足以濟難，而志存大義，故過於勇。如陳蕃、李膺之事，此亦大過人之行；雖至於滅頂而不可咎也。」朱熹所謂「東漢諸人」，即指陳蕃、李膺等。朱、項皆南宋時人，項少朱二十三歲，由呂祖謙之薦，嘗登門向朱問學，二人時有書信往還。其《易》學異同，可共證互補每如此。

語譯

過度涉入沼澤造成的喪失，要查清原因，是不可以隨便責怪的。

坎卦經傳通釋第二十九

卦辭

䷜坎下坎上習坎❶：有孚❷，維心亨❸，行有尚❹。

注釋

❶䷜坎下坎上習坎

帛書本作「習贛」。習，重也；坎、贛，通假字，當以坎為正。坎下坎上，兩坎重疊，所以名「習坎」。惟王弼以習為便習，《注》云：「坎，險陷之名也；習，謂便習也。」便習猶今言熟習也。考卦辭、〈彖傳〉、〈象傳〉，皆名卦曰「習坎」，而〈說卦〉、〈序卦〉、〈雜卦〉三傳皆直名「坎」而省去「習」字。再考八純卦：乾為純陽之卦，坤為純陰之卦，就綜合六爻為整體而言之，不以相重取義。餘五卦，如〈象傳〉所言：「明兩作，離」、「洊雷，震」、「兼山，艮」、「隨風，巽」、「麗澤，兌」，所謂兩、洊、兼、隨、麗，亦以相重相連為義，而卦名之上不加「習」等字。項安世《周易玩辭》：「重卦之序，坎在六子之先，故於坎卦加習字，以起後例。示離震艮兌巽皆當以重習起義，不與初經三畫之卦同義也。……乾最為首，不於乾加習字，乾坤六畫只是一爻，自二以上便皆為習。習義在爻，不在重卦；至六子而後，重與單異。」

所言最是。而呂大臨以險非吉德，故須更試，所撰《易章句》云：「習坎，更試乎至難也。八卦乾健、坤順、震動、艮止、離明、坎險、巽入、兌悅，惟險非吉德，君子所不取；故於坎也，獨以習坎為名。更試重險，乃君子所有事也。」蓋兼取弼說，錄以供參考。就卦象言，坎為水。習坎上下皆水，水天茫茫，一片汪洋。就卦德言，坎為險。習坎天險地險，重重險阻。就爻位言，九二一陽陷於初六、六三二陰之間；九五一陽陷於六四、上六二陰之間。兩中爻皆陷於二陰，雖有明德，為陰所蔽。船山《易內傳》所謂：「坎，內明而外暗，體剛而用柔，藏剛德於至陰之原而不可測，故為坎坷不平之象。」是也。必須時時警惕，以明明德。就卦序言，坎卦次於大過䷛之後，大過巽下兌上，有澤滅木之象。到了坎卦，更是洪水滔天了。在筮法上，當坎六爻皆少，也就是本卦、之卦都是坎；或離䷝六爻皆老，也就是離之坎：這兩種情形，都以坎卦辭占。

❷有孚

孚，帛書及阜陽漢簡皆作「復」。孚是鳥覆伏卵上；復疑即覆伏之覆。覆、復、孚，並紐雙聲，可以通假使用。依〈彖傳〉，孚作信解。坎為水為月，海水因月而潮汐有信。《易緯．乾鑿度》：「月，坎也，水魄。聖人畫之，二陰一陽，內剛外弱。坎者……為天地信，順氣而潮。潮者，水氣來往，行險而不失其信者也。」故虞翻《周易注》云：「水行往來，朝宗於海，不失其時，如月行天，故習坎為孚也。」又二五以陽居中，也是內心剛正誠信的象徵。故王弼《周易注》：「剛正在內，有孚者也。」

❸維心亨

維，或以為語氣助詞，無義。心亨，心意能順利達成也。以象言之，乾二五旁行入坤，構成坎卦。二五以陽居中，代表內心至誠；乾坤陰陽會合，代表剛柔相濟。所以心之所思，可以亨通完成。虞翻《周易注》：「坎為心，乾二五旁行流坤，陰陽會合，故亨也。」王弼《周易注》云：「陽不外發，而在乎內，心亨者也。」以理言之，程《傳》云：「維其心誠一，故能亨通。至誠可以通金石，蹈水火，何險難之不可亨也。」《周易折中》引明章潢云：「六十四卦，獨於坎卦指出心以示人，可見心在身中，真如一陽陷於二陰之內，所謂道心惟微者，此也。」又引清吳曰慎云：「陽陷陰中，所以為坎；中實有孚，所以處險。有孚則誠立；心亨則明通。心之體，靜而常明，如一陽藏於二陰中也；心之用，動而不息，如二陰中一陽之流行也。一陽者，流行之本體；二陰者，所在之分限。流而不踰限，動而靜也；限之而安流，靜而動也。有孚心亨之義，發於習坎，至矣哉！」案：帛書及阜簡「維」字均作「巂」，于豪亮以為假借為「纗」。《說文》：「纗，維綱中繩也……或讀若維。」是巂、纗、維互通。疑此處似當以「有孚維心」斷句，言具有誠信以維持其出坎脫險之心；維蓋維繫、維持之意。隨上六爻辭「維之」之「維」，字義同此；益九五爻辭「有孚惠心」，句型同此。而「維心亨」之「亨」，獨字成句。吳澄《易纂言》，高亨《周易古經今注》、《周易大傳今注》，皆已如此斷句。但〈彖傳〉以「維心亨」、「行有尚」斷句，故後之注者，多從〈彖傳〉。

❹行有尚

行，行動，行為；尚，尊尚，嘉尚，高亨以為假借作賞。處重重險難之際，欲求亨通，不僅是存心的問題，更是行動的問題；故經於「有孚維心」之下，更言「行有尚」。弼《注》：「內亨外闇，內剛外順，以此行險，行有尚也。」程《傳》：「謂以誠一而行，則能出險，有可嘉尚，……不行則常在險中矣！」

語譯

三畫的坎在下，三畫的坎在上，重疊成六畫的坎卦，叫作「習坎」，代表重重險難。要有剛正不怕困難的誠信，心裡想的才能圓滿達成；要有行動，才有嘉賞，行為才值得推崇尊重！

附錄古義

《釋名・釋天》：「子，於《易》為坎。坎，險也。」

彖傳

習坎，重險也❶。水流而不盈❷；行險而不失其信❸。維心亨，乃以剛中也❹。行有尚，往有功也❺。天險不可升也❻；地險山川丘陵也❼。王公設險以守其國❽，險之時用大矣哉❾！

注釋

❶**重險也**

此釋卦名「習坎」。習，重也；坎，險也。上下兩卦都是坎險，所以構成重重險阻。虞翻《周易注》曰：「兩象也。天險地險，故曰重險也。」王弼以險對生命具有考驗的作用，《注》曰：「坎以險為用，故特名曰重險；言習坎者，習乎重險也。」孔《疏》：「習坎者，習行重險；險，難也。若險難不重，不為至險，不須便習，亦可濟也；今險難既重，是險之甚者，若不便習，不可濟也。」

❷**水流而不盈**

此句及下句皆釋卦辭「有孚」。兩坎重疊，河床特別深，所以河水流動而不致泛濫成災。孔穎達《正義》云：「險陷既極，坑穽特深，水雖流注，不能盈滿，言險之甚也，釋重險之義也。」胡炳文《周易本義通釋》：「水字當讀（逗），流而不盈，行險而不失其信兩句，皆指水言。」未必盡然也。參下注。

❸**行險而不失其信**

坎卦二三四互體成震為行；坎為險；九二以陽居中，有初六、六三二陰為陷；又潮汐與月相應，為不失其信。此釋卦辭「有孚」之義。虞翻《周易注》曰：「信謂二也；震為行；水性有常，消息與月相應，故不失其信矣。」或以「流而不盈」屬「水」，「行險而不失其信」屬君子。《易章句》：「水之為物，雖行險不礙其必下也；君子之為德，雖行險不失其必信也。」《易》推天道以明人事者也，說可並存。

❹乃以剛中也

此釋卦辭「維心亨」。剛中，指九二以陽剛居下卦之中；九五以陽剛居上卦之中。《集解》引侯果曰：「二五剛而居中，則心亨也。」代表中心剛毅誠信而合乎中道。程《傳》：「中實為有孚之象。至誠之道，何所不通。以剛中之道而行，則可以濟險而亨通矣！」《郭氏傳家易說》記白雲曰：「以一陽而揜於二陰，非亨也；然終不能陷者，剛中也。剛中則所守至固，雖非亨而心亨矣。孟子所謂：『富貴不能淫；貧賤不能移；威武不能屈。』者也。」說義皆是。

❺往有功也

此釋卦辭「行有尚」。〈繫辭傳下〉云：「五多功。」依虞翻「成既濟定」說，凡初、三、五以陽為正；二、四、上以陰為正。不正之爻，變而為正，而卦始定。所以坎之九二變而為六二，與九五相應，往而有功。虞翻《周易注》曰：「功謂五，二動應五，故往有功也。」就是這種意思，代表象數派的說法。程《傳》曰：「以其剛中之才而往，則有功，故可嘉尚；若止而不行，則常在險中矣！坎以能行為功。」則代表義理派的說法。

❻天險不可升也

此句以下皆言坎險之功用。以象言之，乾五入坤，形成坎上；乾五位於天德，坎上代表天險。三、四、五互體成艮為止；二、三、四與四、五、上互體成䷂，屯卦為屯難，有難而止，故不可升。虞翻《周易注》曰：「謂五在天位，五從乾來，體屯難，故天險不可升也。」以理言之，弼《注》：「不可得升，故得保其威尊。」以天險之用偏於保尊。船山《易內傳》：「天以不可升為險，而全其高，非以絕人自私。」似受《中庸》「高明配天」、「高明所以覆物」之影響，所言更為全面。

❼**地險山川丘陵也**

以象言之，乾二入坤，形成坎下，二於天人地三才中為地位，坤又為地，坎下為險，所以說地險。三、四、五互體成艮為山；初、二、三是坎為川；由山川連言丘陵，所以說山川丘陵。虞翻《周易注》曰：「坤為地，乾二之坤，故曰地險。艮為山，坎為川，半山稱丘，丘下稱陵。故曰地險山川丘陵也。」以理言之，弼《注》：「有山川丘陵，故物得以保全也。」以地險之用偏於保物。船山《易內傳》：「地以山川邱陵為險，而成其厚，非以阻人於危。」似受《中庸》「博厚配地」、「博厚所以載物」之影響，所言更為全面。

❽**王公設險以守其國**

《易緯．乾鑿度》：「初為元士、二為大夫、三為三公、四為諸侯、五為天子、上為宗廟。」此卦九五為王；六三為公；坎下坎上為險；二、三、四互體為震為守；乾二、五入坤，坤為國。李鼎祚《集解》案云：「九五，王也；六三，三公也；艮為山城；坎為水池：王公設險之象也。」蓋依象而言之。若以理言之，弼《注》：「國之為衛，恃於險也，言自天地以下，莫不須險也。」偏重衛國恃險。船山《易內傳》：「王公以城郭溝池為險，而固其守，非以負險而肆虐。用險者，非其人不可也。」更斥負險肆虐之非，強調用險在人。

❾**險之時用大矣哉**

〈彖傳〉言「時用」凡三：一、險，二、睽，三、蹇。都不是好現象，但有時也有特殊效用。王弼《周易注》曰：「非用之常，用有時也。」項安世《周易玩辭》曰：「坎、睽、蹇，皆非美事，而聖人有時而用之，故曰時用大矣哉，欲人之別之也。」船山《易內傳》：「此又推言險亦自然不可廢之理，而必因乎險之時，善其險之用，非憑險以與物相難也。」李光地《周易折中》案語：「天之崇窿不可升，地之修阻不可越，此天地用險之著者。在人則所謂忠信以為甲冑，禮義以為干櫓，皆此意也。其大者則又莫如王公之設險守國。險之用豈不大哉！大抵八卦之德，皆有其善，坎之德險，雖微與諸卦不同；然以其用言之，則亦與諸卦之德同歸矣！」

語譯

習坎，是重重險難的意思。水在深深的險谷中流動，自然不會泛濫；江河的水流受高岸的約制，看起來驚險萬狀，實際上卻不失其由高向低的原則。心裡想的都能圓滿達成，是因為剛毅而充滿誠信啊！行為值得推崇尊重，是因為從事的很有功效啊！天險不能超越，地險有山川丘陵。所以擔負政治責任的人也要設立險阻來守衛國家。險的時代效用大得很呀！

附錄古義

《風俗通・山澤》見同人九三爻辭附錄古義。

《三國志・吳書・孫皓傳・注引陸機辨亡論》：「古人有言曰：『天時不如地利。』《易》曰：『王侯設險以守其國』，言為國之恃險也。」

象傳

水洊至，習坎❶；君子以常德行，習教事❷。

注釋

❶水洊至，習坎

洊，是「再」的意思。字本當作「瀳」。《說文》：「瀳，水至也。从水，薦聲。」《爾雅・釋言》：「瀳，再也。」坎卦坎下為水，坎上又為水，有水再來到的現象。用以解釋卦名「習坎」的意義。

❷常德行，習教事

使德行有常而無缺，屬明德修己的工夫；使政教熟習而無憾，屬新民治人的工夫。《集解》引陸績《周易解》曰：「洊，再；習，重也。水再至而益流通，不舍晝夜，重習相隨以為常，有似于習。故君子象之，以常習教事，如水不息也。」朱子《本義》曰：「治己治人，皆必重習，然後熟而安之。」

語譯

流水繼續不斷地來到，形成「習坎」；君子受這種現象啟示，也要經常不斷地修養自己的德行，熟習教導別人的事務。

說卦傳

雨以潤之❶。……勞乎坎❷。……坎者，水也，正北方之卦也❸，勞卦也，萬物之所歸也。故曰「勞乎坎」❹。……潤萬物者莫潤乎水❺。……故水火相逮❻。……坎，陷也❼。……坎為豕❽。……坎為耳❾。……坎再索而得男，故謂之中男❿。……坎為水，為溝瀆，為隱伏，為矯輮，為弓輪⓫；其於人也，為加憂，為心病，為耳痛⓬；為血卦，為赤⓭；其於馬也，為美脊，為亟心，為下首，為薄蹄，為曳⓮；其於輿也，為多眚，為通⓯；為月，為盜⓰；其於木也，為堅、多心⓱。

注釋

❶雨以潤之

孔穎達《正義》本在第四節，朱熹《本義》本析孔本第四節為四、五兩章，本句仍在第四章。坎在地則為水，在天則為雲雨。故屯卦震下坎上，〈彖傳〉言「雷雨之動滿盈」，震雷坎雨也。解卦坎下震上，〈彖傳〉言「雷雨作，解」，亦然。雨水能滋潤大地，「百果草木皆甲坼」，則其盎然生機之效也。朱本第四章皆言八卦之功能。

❷勞乎坎

孔本在第四節，朱本在第五章。勞有二義，一曰辛勞。坎為水，水奔流至海而不息，其滋潤萬物成長亦不息，蓋至勞者也。孔《疏》云：「坎是象水之卦，水行不舍晝夜。」即取辛勞義。二曰慰勞。〈說卦〉本章自「帝出乎震」，以至「戰乎乾」，已備極辛勞矣；及歸乎坎，宜慰勞之。張栻《南軒易說》：「勞者，如勞師之勞，勞其還也。」《郭氏傳家易說》記白雲曰：「自出至戰，久勞於外，必歸而有以休息之，故勞乎坎。」即取慰勞義。《朱子語類》：「勞乎坎，是說萬物休息底意。」殆從南軒、白雲。〈說卦傳〉第五章（從朱本）言八卦之方位及化育萬物之歷程。此先言其綱，後更言其目。參閱下條文本及注❸、❹。

❸坎者，水也，正北方之卦也

自此至「故曰勞乎坎」，孔本在第四節，朱本在第五章。〈彖傳〉於坎卦曰「水流而不盈」，於井卦巽下坎上曰「巽乎水而上水」，〈象傳〉曰「天與水違行，訟」、「地中有水，師」、「地上有水，比」、「水洊至，習坎」、「山上有水，蹇」、「澤无水，困」、「木上有水，井」、「風行水上，渙」、「澤上有水，節」、「水在火上，既濟」、「火在水上，未濟」，諸水皆指坎體也。水火相對，水冷而火熱。就四方言，北方冷，南方熱；就四時言，冬天冷，夏天熱。故坎水代表北方代表冬天，離火代表南方代表夏天。《易緯・乾鑿度》：「坎藏之於北方，位在十一月。」又云：「漸於坎，坎，北方之卦也，陰氣形盛，陰陽氣合，閉信之類也，故北方為信。」孔《疏》：「水行不舍晝夜，所以為勞卦，又是正北方之卦，斗柄指北，於時為冬。」項安世《周易玩辭》：「坎水主冬，故為北方之卦。」其聯想過程，或亦如此。案：〈說卦傳〉第三章「天地定位」章，邵雍據以謂：「乾南、坤北，離東、坎西，震東北、兌東南，巽西南、艮東北。」名之曰「伏羲八卦方位」。而此章，邵雍曰：「起震終艮一節，明文王八卦也。」皆見《皇極經世・觀物外篇》。詳見震卦下〈說卦傳〉之注釋。

❹勞卦也，萬物之所歸也。故曰「勞乎坎」

歸，藏也。坎水主冬，秋收冬藏，故為萬物之所歸也。朱震《漢上易傳》引鄭玄曰：「坎，勞卦也，水性勞而不倦。萬物之所歸也，萬物自春出生於地，冬氣閉藏，還皆入地。」孔《疏》：「冬時萬物閉藏，納受為勞，是坎為勞卦也。」《集解》引崔憬曰：「以坎是正北方之卦，立冬以後，萬物歸藏于坎；又陽氣伏于子，潛藏地中，未能浸長，勞局眾陰之中也。」勞局，言其憂鬱局限也。

❺潤萬物者莫潤乎水

本條和下「故水火相逮」，孔本在第五節，朱本在第六章。孔《疏》云：「潤濕萬物者，莫潤乎坎，坎象水也。」李鼎祚《集解》云：「言潤濕萬物，莫過以水而潤之。」案：《尚書・洪範》言「五行」，已有「水曰潤下」之語。

❻故水火相逮

孔《疏》：「上章言水火不相入，此言水火相逮者，既不相入，又不相及，則无成物之功。明性雖不相入，而氣相逮及。」案：「天地定位」章「水火不相射」句，帛書作「火水相射」，為火水往來相激射之意，疑取「火在水上，未濟」之象。《南軒易說》：「水之飲酌，有待於火；火之烹飪，有須於水：此水火相逮也。」水火相逮，疑取「水在火上，既濟」之象。是水、火二者，既相激射，又相須待，端視其位置關係耳。再案：〈說卦傳〉本章開端於「神也者妙萬物而為言者也」，而結穴於「然後能變化既成萬物也」，章旨在說明易道通過六子變化以成就萬物之神妙作用。先言「燥萬物者莫熯乎火」，繼言「潤萬物者莫潤乎水」，然後言「水火相逮」，殆指日曬雨淋，晴雨配合，而萬物自然成長也。南軒之說，言其小者。大抵易道猶如《西遊記》所言孫悟空所使如意金箍棒，大時上抵三十三天，下至十八層地獄，小時一個繡花針兒相似；又如所言鐵扇公主芭蕉扇，長時一丈二尺，小時只有一個杏葉兒大小，含在口中。王國維《人間詞話》：「境界有大小，然不以是而分高下。『細雨魚兒出，微風燕子斜』何遽不若『落日照大旗，馬鳴風蕭蕭』；『寶簾閒掛小銀鉤』何遽不若『霧失樓台，月迷津渡』也。」易道遍及大小，於此正見其成物之神妙與境界也。

❼坎，陷也

孔本第六節，朱本第七章。《集解》：「陽陷陰中。」孔《疏》：「坎象水，水處險陷，故為陷也。」邵雍《皇極經世・觀物外篇》：「一陽陷於二陰。陷，下也，故天下之下莫如水。」《本義》以「此（第七章）言八卦之性情」。

❽坎為豕

孔本第七節，朱熹本第八章。孔《疏》：「坎主水瀆，豕處污濕，故為豕也。」朱震《漢上易傳》：「坎為豕。坎，陷也，水畜也。美脊剛鬣，坎中陽也；垂耳俯首而尾不足，本末陰也。卑而處穢，陰也；突蕩難制，陽也。」案：卦爻辭中豕字三見，大畜六五曰「豶豕之牙」，睽上九曰「見豕負塗」，姤初六「羸豕孚蹢躅」：皆與坎無關。上引孔、朱之說，聊備一格耳。朱熹《本義》說章旨云：「遠取諸物如此。」

❾坎為耳

孔本第八節，朱本第九章。孔《疏》云：「坎，北方之卦，主聽，故為耳也。」考《尚書・洪範》：「二、五事：一曰貌，二曰言，三曰視，四曰聽，五曰思。」孔穎達《尚書正義》云：「木有華葉之容，故貌屬木；言之決斷若金之斬割，故言屬金；火外光，故視屬火；水內明，故聽屬水；土安靜而萬物生，心思慮而萬事成，故思屬土。又於《易》：東方震為足，足所以動，容貌也；西方兌為口，口出言也；南方離為目，目視物也；北方坎為耳，耳聽聲也；土在內猶思在心：亦是五屬之義也。」將「五行」與「五事」結合起來，此正代表古代中國一種思維方式。本章章旨，《本義》云：「近取諸身如此。」

⑩坎再索而得男，故謂之中男

孔本第九節，朱本第十章。孔《疏》云：「此一節說乾坤六子，明父子之道。王氏云：『索，求也，以乾坤為父母，而求其子也。得父氣者為男，得母氣者為女。……坤二求得乾氣為坎，故曰中男。』」據《釋文》，王氏為王肅。案：朱熹《本義》：「索，求也，謂揲蓍以求爻也。男女，指卦中一陰一陽之爻而言。」蓋不以孔《疏》所言為然。而《語類》記夔淵所錄曰：「震一索而得男一段，看來不當卑作揲蓍看；不依這樣時，便說不通。大概只是乾求於坤，而得震、坎、艮；坤求於乾，而得巽、離、兌。一、二、三者，以其畫之次序言也。」則自承己誤，轉從孔說。此正朱子仰之彌高之處。

⑪坎為水，為溝瀆，為隱伏，為矯輮，為弓輪

自此之下，至「為堅多心」，孔本為第十四節，朱本合孔本第十至第十七，共八節為一章，為第十一章。《本義》：「此章廣八卦之象，其間多不可曉者，求之於《經》，亦不甚合也。」坎為水，已見「坎者，水也」注釋。《集解》引虞翻曰：「以陽闢陰，水性流通，故為溝瀆。陽藏坤中，故為隱伏也。可矯揉（輮字《集解》本作揉），故為弓輪。坎為月，月在于庚為弓，在甲象輪。」又引宋衷曰：「曲者更直為矯，直者更曲為揉。水流有曲直，故為矯揉。」大抵由水聯想到小水溝、大河流，再想到溝瀆中能隱伏鼠蛇宵小，又想到水流彎彎直直，而揉彎矯直可以製作弓、輪。再加坎☵一陽通過二陰，像溝瀆，像隱伏，月缺時像弓，圓時像輪。「廣八卦之象」就如此出現，保存了研究古人聯想思維 (associative thinking) 寶貴資料；雖然有時也不免有觀念之飛揚 (flight of ideas)、強迫觀念 (imperative idea)、固定觀念 (fixed idea)、及自生觀念 (antochthonous idea) 種種疵瑕。「求之於《經》，亦不甚合」，原因或亦在此。

⑫其於人也，為加憂，為心病，為耳痛

其，假設連詞。其於人也，假如就人來說。孔《疏》：「其於人也為加憂，取其憂險難也；為心病，憂其險難，故心病也；為耳痛，坎為勞卦也，又北方主聽，聽勞則耳痛也。」

⓭為血卦，為赤

孔《疏》：「取其人之有血，猶地有水也；為赤，亦取血之色。」

⓮其於馬也，為美脊，為亟心，為下首，為薄蹄，為曳

《集解》引宋衷曰：「陽在中央，馬脊之象也。」崔憬曰：「取其內陽剛動，故為亟心。」（亟，急也，疾也。）荀爽曰：「（象）水之流，首卑下也。」《九家易》曰：「薄蹄者在下，水又趨下，趨下則流散，流散則薄，故為薄蹄也。」宋衷曰：「水摩地而行，故曳。」孔《疏》大抵同九家、宋衷、荀爽、崔憬。（崔憬後於孔穎達，故言「同」而不言「從」。）

⓯其於輿也，為多眚，為通

坎，險也，陷也；途多險陷，則於輿也多災眚。然坎為勞卦；能勞，則終能通。孔《疏》：「取其表裏有陰，力弱不能重載，常憂災眚也。為通，取其行有孔穴也。」似未甚當。

⓰為月，為盜

坎與離相對，離為火，坎為水；離為日，故坎為月。《易緯・乾鑿度》：「月，坎也，水魄。……水滿而圓，水傾而昃。」甲文月、夕同字，而盜賊多夜間行之，故坎又為盜。孔《疏》：「為月，取其月是水之精也；為盜，取水行潛竊，如盜賊也。」李鼎祚《集解》：「坤為夜，以坎陽光坤，故為月也；水行潛竊，故為盜也。」案：月字，爻辭凡三見，〈彖傳〉凡五見，〈文言傳〉一見，皆與坎無涉；盜字，惟見於〈繫辭傳〉及此處，亦無關乎坎。〈說卦〉廣象，僅有或然性，而無必然性。

⓱其於木也，為堅、多心

《集解》：「陽剛在中，故堅多心，棘棗屬也。此上虞義也。」孔《疏》：「其為木也，為堅多心，取剛在內也。」《本義》：「荀九家有：為宮，為律，為可，為棟，為叢棘，為狐，為蒺藜，為桎梏。」所謂逸象也。

語譯

坎的功能像雨水，能滋潤大地。……在化育萬物的歷程中，備極辛勞，坎該要慰勞了。……坎，像滋潤大地的水，是標誌正北方的一卦，是備極辛勞的一卦，是萬物歸藏的一卦。所以說：坎該要慰勞了。……就滋潤萬物來說，沒有比水更具滋潤功效的。……在通過六子以成就萬物的神妙作用來說，水火是既相反又相成的。……坎，是陽剛陷落在陰柔之中。……在遠取諸物方面，坎代表生存在汙穢環境中的豬。……在近取諸身方面，坎代表耳朵。……坎卦是坤向乾再度求取到的第二個陽爻，所以稱為中男。……坎象徵著水，水溝，隱藏在水溝中；彎彎直直，射箭的弓，車子的輪。就人來說，是憂愁多慮，是疑心病，是耳朵痛癢；代表像水流動的血，代表血的紅色。就馬來說，是健美的馬背，是心急，是低頭，是蹄磨薄了，是拖著東西。就車來說，是多災多難，到底還是通過了。代表月夜，代表竊盜。就樹木來說，是堅硬的，有很多節疤。

附錄古義

《漢書・五行志》：「於《易》，坎為豕。豕大耳而不聽察。聽氣毀，故有豕禍也。」

《三國志・魏書・管輅傳・注引輅別傳》：「輅又曰：『坎為棺槨。』」

序卦傳

物不可以終過，故受之以坎❶；坎者，陷也❷。

注釋

❶物不可以終過，故受之以坎

韓康伯《注》曰：「過而不已，則陷沒也。」朱震《漢上易傳》：「過而不已則失中，失中則陷沒。」金景芳、呂紹綱合著《周易全解》：「〈序卦傳〉已具有關於事物發展到極限定向反面轉化的明確觀念。坎與大過意義相反。大過是陽之過，……陽的發展也不可過，陽發展至一定程度便要變為坎陷。」後說轉精，可從。

❷坎者，陷也

《周易全解》：「坎是陽之陷，一陽居二陰之中，有陷之象，所以坎也是陷。」參閱坎〈說卦傳〉「坎，陷也」注釋。

語譯

事物不可能永遠超越常態，所以接著代表超越常態的大過卦之後的是坎卦。坎，是一陽陷落在二陰的中間。

雜卦傳

離上而坎下也❶。

注釋

❶坎下也

韓康伯《注》：「火炎上，水潤下也。」《集解》、《本義》皆從之。

語譯

離為火，向上燃燒；而坎為水，向下流動。

初六爻辭

初六❶：習坎❷，入于坎窞❸，凶❹。

注釋

❶初六

當坎初爻為老，他爻皆少，即由坎之節䷻；或旅䷷初爻為少，他五爻皆老，即旅之坎：這兩種情形，都以坎初六爻辭占。

❷習坎

爻辭同於卦辭，每為卦之主爻。然坎卦辭言「亨」，初六爻辭云「凶」，初六顯非坎之主爻。高亨《周易古經今注》：「余疑此卦本名坎，不名習坎，卦辭習字乃涉初六『習坎』二字而衍。周末《易》之傳本，已有衍習字者，〈彖〉、〈象〉作者據此本以立稱；而〈序卦〉、〈雜卦〉作者所據本，固未衍習字也。」案帛書作「習贛」，已有「習」字。初六處坎下坎上重險之下，所在最低，故亦言習坎也。

❸入于坎窞

帛書作「入贛閻」。閻，窞的假借，上無「于」字。《說文》：「窞，坎中更有坎也。从穴臽，臽亦聲。《易》曰：『入于坎窞。』一曰：旁入也。」窞，從穴臽會意，是坎底下更有坎，主洞旁邊還有支洞，有深陷其中的意思。初位在坎底，故有此象。

❹凶

初六陷於坎底，失位無應，故凶。王弼《注》：「最處坎底，入坎窞者也。處重險而復入坎底，其道凶也。」程《傳》曰：「初以陰柔居坎險之下，柔弱無援，而處不得當，非能出乎險也。唯益陷於深險耳。窞，坎中之陷處。已在習坎中，更入坎窞，其凶可知。」

語譯

坎卦初位是陰爻。在重重深坑中處於坑底的位置，凶險極了！

象傳

習坎入坎❶，失道凶也❷。

注釋

❶習坎入坎

是爻辭「習坎入于坎窞」的省文。

❷失道凶也

就象來說，指失位無應，處於坎底；就理來說，是失出險之道。虞翻《周易注》曰：「上无其應，初二失正，故曰失道凶也。」王弼《注》：「行險而不能自濟，習坎而入坎窞，失道而窮在坎底，上无應援可以自濟，是以凶也。」來知德《周易集註》曰：「剛中維心亨，出險之道也。今陰居重險之下，則與剛中維心亨相反，失出險之道矣，所以凶。」王夫之《周易內傳》亦曰：「險已頻仍，道在剛以濟之，而卑柔自匿，不能忘機，葸畏已甚，必凶。」

語譯

在重重深坑中，進入了坎底，失去了剛毅不屈、力求出險的道德勇氣，所以凶險極了！

九二爻辭

九二❶：坎有險❷，求小得❸。

注釋

❶九二

當坎第二爻為老，他爻皆少，即由坎之比䷇；或大有䷍第二爻為少，他五爻皆老，即大有之坎：這兩種情形，都以坎九二爻辭占。

❷坎有險

帛書作「贛有訦」，阜陽漢簡僅存「有險」二字。《說文》諶、信、訦、誠相次，曰：「訦，燕、代、東齊謂：信，訦也。从言，冘聲。」坎九二以陽居坎下之中爻，陽為實、為誠、為信，所以說「坎有訦」。猶卦辭之言「習坎有孚」，〈彖傳〉之言「行險而不失其信」也。帛書作「訦」為是。又「訦」之見於帛書，似帛書之授者或抄者與燕、代、東齊人具有某種關係。待考。

❸求小得

帛書作「求少得」。坎九二雖陽實有信，然失位無援，故未能出險，所求少得。帛書作「少」為佳。來知德《周易集註》曰：「剛雖得中，雖亦有孚維心；但在險中，僅可求小得而已，若出險之大事，則未能矣。」王夫之《周易內傳》曰：「坎之內卦皆失位，故二雖中而未亨；離之外卦皆失位，故五雖中而多憂。」

語譯

坎卦陽爻居第二位。在坎下剛而得中，雖然具有信實的心，但是要求出險，卻少有所得。

象傳

求小得，未出中也❶。

注釋

❶**未出中也**
未能出於險中，就是所求少得。《集解》引荀爽曰：「處中而比初三，未足為援，雖求小得，未出於險中。」

語譯

要求出險，卻所得甚少；所以未能脫離危險中。

六三爻辭

六三❶：來之坎坎❷，險且枕❸，入于坎窞❹，勿用❺。

注釋

❶六三

當坎第三爻為老，他爻皆少，即由坎之井䷯；或噬嗑䷔第三爻為少，他爻皆老，即噬嗑之坎：這兩種情形，都以坎六三爻辭占。

❷來之坎坎

由上卦來下卦，是坎；由下卦往上卦，也是坎，故曰來之坎坎。之，往也。坎六三居坎下坎上之際，之言「來之坎坎」，猶乾九三之言「終日乾乾」。弼《注》：「既履非其位，而又處兩坎之閒，出則之坎，居則亦坎，故曰來之坎坎也。」程《傳》曰：「六三在坎險之時，以陰柔而居不中正，其處不善，進退與居皆不可者也。來下則入於險之中；之上則重險也。退來與進之皆險。故云『來之坎坎』。」來知德《周易集註》曰：「下坎終而上坎繼，坎坎之象也。故乾九三曰乾乾。」由「來之坎坎」，可見六三載浮載沉，力求脫險之窘境。

❸險且枕

帛書作「噞且訦」，鄭玄《注》本作「檢且枕」。《釋文》：「險，古文及鄭（玄）、向（秀）本作檢。鄭云：『木在手曰檢。』枕，鄭玄云：『木在首曰枕。』」何楷《古周易訂詁》亦云：「鄭云：『木在首曰枕，在手曰檢。』如桎梏之類。」個人以為字當從鄭玄作「檢且枕」，在首在手之木，皆用以浮身，而非桎梏之類。程《傳》：「枕謂支倚。」尚是。就卦象言，坎之井以坎六三占，〈井・象傳〉以「木上有水，井」，故坎六三握木枕木也。

❹入于坎窞

六三仍在坎下，雖握木枕木，欲出險而未能，所以仍舊有墮入坎中小坎之象。

❺勿用

六三才柔弱而又失位，在重重險象中，進退不得，落於坎中之坎，雖握木倚枕，無所施用；只有暫時休息，等待時機，不必冒險妄動。《周易玩辭》：「才不剛，位不正，時不利，皆无所施；此所以戒之以勿用也。」

語譯

坎卦陰爻居第三位。來下卦是坎，往上卦也是坎，危險重重。雖然手抓住木塊，而且頭倚著木塊，仍舊落在洞中的小洞中，抓著的靠著的木塊全無用處。暫且休息吧，不用躁進。

象傳

來之坎坎，終无功也❶。

注釋

❶終无功也

進退皆險，所握所枕之木亦缺少功效，釋爻辭「勿用」之故。

語譯

徘徊或浮沉於重重危險之中，始終沒能有效地脫險。

六四爻辭

六四❶：樽酒，簋貳，用缶❷，納約自牖❸，終无咎❹。

當坎第四爻為老，他爻皆少，即由坎之困䷮；或賁䷕第四爻為少，他爻皆老，即賁之坎：這兩種情形，都以坎六四爻辭占。

注釋

❶六四

❷樽酒，簋貳，用缶

帛書作「尊酒巧誺用缶」。尊，盛酒的器具，後或加木旁作樽，加缶旁作罇。巧，假借為簋，巧、簋古韻同部，段玉裁皆列入第三部，故得相借。簋，盛稻粱的器具。貳，帛書作誺，張立文《周易帛書今注今譯》云：「當讀為亦。」亦者，兩相須之意，兩即貳也。故今本作貳。缶，瓦器。六四以陰爻居陰位，上承九五，五剛四柔，雖皆在險，然相接而得位。所以六四能以儉德避險。酒樽飯盆皆用土器，正表示其儉也。弼《注》：「處重險而履正，以柔居柔，履得其位。以承於五，五亦得位。剛柔各得其所，不相犯位。皆无餘應以相承比，明信顯著，不存外飾。處坎以斯，雖復一樽之酒，二簋之食，瓦缶之器……」云云，依卦德、爻位以說爻義，甚確當。案：本句句讀，頗多異說。《釋文》：「樽酒，音尊，絕句；簋貳，音軌，絕句；用缶，方有反，絕句。舊讀樽酒簋，絕句；貳用缶，一句。」所謂舊讀，指鄭玄、虞翻也。王引之《經義述聞》：「〈象傳〉曰：『樽酒簋貳，剛柔際也。』則『貳』字當上屬為句。王《注》以為『一樽之酒，二簋之食』，其說得之。……『用缶』云者，以缶為樽，又以缶為簋也。」再案：段玉裁《六書音均表・群經韵分十七部表》於第三部上聲表列「酒缶牖咎」韵。今依《釋文》，參王、段之說斷定句讀。

❸納約自牖

《集解》本作「內約自牖」，內為納之初文。阜簡存「自牖」二字。帛書作「入藥自牖」，可從。〈說卦〉：「坎為加憂，為心病，為耳痛，為血卦。」六四在坎水之中，有病痛之憂，故宜入藥醫治。《左傳・宣公十二年》記楚子伐蕭，楚大夫申叔展告蕭大夫還無社曰：「有麥麴無？」「有山鞠窮無？」「河魚腹疾，柰何？」杜預《注》：「麥麴、鞠窮，所以禦濕；無禦濕藥將病。」此所入之藥，或即麥麴、山鞠窮之類。麥麴即今之麥片酵母，山鞠窮即今之芎藭也。牖，窗戶。《論語・雍也》：「伯牛有疾，子問之，自牖執其手。」是問疾入藥自牖之證。聞一多《周易義證類纂》：「納約自牖，即納取自牖。酒食而必自牖納取之者，蓋亦就在獄中者言之。古獄鑿地為窖，故牖在室上，如今之天窗然。以地窖為獄，則獄全不可見，惟見其牖，書傳稱殷獄曰牖里，或以此歟？」其說亦通，可作參考。

❹終无咎

得位在險，上承剛健中正之君，能儉樸自持，入藥自救，故終无咎。終，阜簡作冬，古終字。

語譯

坎卦陰爻居第四位。酒樽飯盆都用土器，自窗口取得藥物治療，最後不會有錯失的。

象傳

樽酒簋貳，剛柔際也❶。

注　釋

❶剛柔際也

六四得位，與初六無應，惟上承九五之剛；而九五居中得位，與九二無應，惟下比六四之柔。際，上下交接也。弼《注》：「剛柔相比而相親焉，際之謂也。」程《傳》：「樽酒簋貳，質實之至，剛柔相際，接之道能如此，則可終保无咎；君臣之交能固而常者，在誠實而已。」皆得爻、象之義。王夫之《周易內傳》：「際，相交接也。柔居柔，以接當位得中之剛，故情迫而輸誠恐後也。」倘「情迫」指四、五皆無應而相比，說亦可通也。

語　譯

酒樽飯盆都用土器，因為在險象環生的情況下，以弱小居下，還好上有剛強中正的統治者相依為命啊！

九五爻辭

九五❶：坎不盈❷，祗既平❸，无咎❹。

注釋

❶九五

當坎第五爻為老，他爻皆少，即由坎之師䷆；或同人䷌第五爻為少，他爻皆老，即同人之坎：這兩種情形，都以坎九五爻辭占。

❷坎不盈

九五以陽剛充實之質居坎上之中爻，有露出水面之象，所以說「坎不盈」。案：六畫之坎，由三畫之坎下坎上組成。就坎下☵言，其形略似凸字。中間九二高，故曰「求小得」；兩邊初六、六三皆低窪，故皆曰「入于坎窞」。坎上亦然，九五居中，高於六四、上六，故曰「坎不盈」。俞琰《周易集說》：「坎不盈，以其流也。〈彖傳〉云：『水流而不盈』，是也。」釋義可從。

❸祗既平

此句有異文歧義。一、以為祗當作坻，乃水中隆起之沙洲。《釋文》：「祇，鄭云：『當為坻，小丘也。』」帛書作「塭既平」，張立文《周易帛書今注今譯》云：塭為堤之誤，假借為坻。《說文》：「坻，小渚也。从土，氐聲。《詩》曰：『宛在水中坻。』」來知德《周易集註》祗作祇，曰：「音坻，水中小渚也。」蓋依鄭玄。二、以為祇當作禔，安也。《釋文》又云：「京作禔，《說文》同，安也。」《說文》：「禔，安也，从示，是聲。《易》曰：『禔既平。』」《說文》引《易》從孟喜，京房受《易》焦延壽，延壽嘗從孟喜問《易》。又《集解》亦作「禔既平」，引虞翻曰：「禔，安也。」虞翻自言「五世治孟氏《易》」。則此為孟氏《易》說。於義亦通，不妨兼存。

❹**无咎**

《集解》引虞翻曰：「得位正中，故无咎。」來知德《周易集註》曰：「九五猶在險中，以地位言，故有坎不盈之象。然陽剛中正，其上止有一陰，計其時亦將出險矣，故又有坻既平之象。若未平，未免有咎，既平則无咎矣。」大致就現象、時位而言。張載《橫渠易說》：「險難垂出，而下比於四，不能勉成其功，光大其志，故聖人惜之曰：祇既平，无咎而已，不能往有功也。」則闡發大義。

語譯

坎卦陽爻居第五位。大水不曾滿溢過這塊居中的陸地，水中的沙洲正好露出水面，又安全，又平靜，不會有災害的。

象傳

坎不盈，中未大也❶。

注釋

❶**中未大也**

九五左右仍有水，中間一陽代表的陸地並不大。來知德《周易集註》：「中者，中德也；未大者，時也。中德雖具，而值時之艱，未大其顯施而出險也。」就時位而論其現象。白雲郭雍則以九五居君位，未能法天效地責之。《郭氏傳家易說》記其言曰：「水之來終不可盈而不失其平者，水之常也，守其常而不變，固可以无咎矣。然九五以剛中之才而居君位，當法天地，設險以守其國，蓋思有濟險之道。以二陰見揜，无應以助之，僅能守常而已，非大人之事也。故〈象〉曰『中未大也』，與『屯膏小貞』之義相類。」宋儒好大言，然立志亦不可不大也。

語譯

雖然大水沒有滿溢過這塊沙洲，可是中間這塊沙洲也不算大啊！

上六爻辭

上六❶：係用徽纆❷，寘于叢棘❸，三歲不得❹，凶。

注釋

❶上六

當坎上爻為老，他爻皆少，即由坎之渙䷺；或豐䷶上爻為少，他爻皆老，即豐之坎：這兩種情形，都以坎上六爻辭占。

❷係用徽纆

帛書作「系用諱纆」。阜簡作「係用徽纆」。系借為係，諱徽音近致誤，纆纆一字而異體。茲從今本。係，縛捆；徽，三糾繩；纆，索也。上六居坎上，有隨波漂流之虞，故以三糾之粗索一端自縛，另一端繫於樹木等堅固物，免為洪水沖失。何休、鄭玄、虞翻、王弼、程頤、項安世、吳澄、王夫之、聞一多、高亨諸家皆以為係縛罪人，說亦甚佳。

❸寘于叢棘

帛書作「親之于繱勒」，多誤字。寘，今置字。言置身於灌木林中。何、鄭、虞、王、程、項、吳、王、聞、高諸家皆以為置於牢獄之中。

❹三歲不得

置身灌木林中，雖不致為洪水沖失；然若三年不得出林，亦可憂也。案：先賢多以刑獄釋此爻。東漢大儒何休《春秋公羊經傳解詁．宣公元年》：「古者疑獄三年而後斷。《易》曰：『繫用徽墨，寘於叢棘，三歲不得，凶。』是也。」唐徐彥《疏》：「鄭氏云：『繫，拘也。……上六乘陽，有邪惡之罪，故縛約徽墨，置于叢棘，而後公卿以下議之。其害人者，置之圜土，而施職事焉，以明刑恥之。能復者，上罪三年而赦，中罪二年而赦，下罪一年而赦。不得者，不自思以得正道，終不自改而出圜土者，殺，故凶。』」是也。」是鄭玄亦主此說。而民國聞一多所言最詳。《周易義證類纂》：「案古者執罪人，周其身置以棘，所以壅遏之也。《左傳・哀公八年》曰：『邾子又無道，吳子使太宰子餘討之，囚諸樓臺，囚之以棘。』《左傳・僖公十五年》曰：『穆姬聞晉侯將至，以太子罃弘與女簡璧登臺而履薪焉。』《注》曰：『穆姬欲自罪，故登臺而荐之以薪，左右上下者皆履柴乃得通。』此言薪蓋謂棘薪。《易》曰『係用徽纆，寘于叢棘』亦此類也。厥後俗變而意存，則獄前猶種棘焉。《周禮・朝士》曰：『掌建邦外朝之法，左九棘，孤卿大夫位焉，羣士在其後；右九棘，公侯伯子男位焉，羣吏在其後。』《禮記・王制》曰：『大司寇聽之於棘木之下。』是矣。鄭及九家並引《周禮》以說《易》，虞亦言獄外種九棘，舉其流以概其源，未為審諦。」《周易》具多義性，此說可並存。

語　譯

坎卦最上面的一爻是陰爻。用三股線纏起來的粗繩子把自己捆繫在樹木旁，使自己留在灌木林中，不被大水沖跑。如果三年內不能逃出叢林，仍舊有凶險。

附錄古義

《春秋公羊經傳解詁・宣公元年》已見注❹引。

象傳

上六失道，凶三歲也❶。

注釋

❶上六失道，凶三歲也

上六隨波逐流，靠粗索自縛於灌木林始免於沖失，然林中無路，故有失道之虞。程《傳》：「以陰柔而自處極險之地，是其失道也。故其凶至於三歲也。三歲之久而不得免焉，終凶之辭也。言久有曰十，有曰三，隨其事也。」

語譯

坎卦最上面的陰爻，在大水中迷失了道路，在凶惡的環境中挨了三年。

離卦經傳通釋第三十

卦辭

䷝離下離上 離（ㄌㄧˊ）❶：利（ㄌㄧˋ）貞（ㄓㄣ），亨（ㄏㄥ）❷；畜（ㄒㄩˋ）牝（ㄆㄧㄣˋ）牛（ㄋㄧㄡˊ），吉（ㄐㄧˊ）❸。

注釋

❶䷝離下離上離

帛書作「羅」，為「罹」之誤字；今本與阜簡皆作「離」，是「麗」之假借。離、罹、麗，音並相近，古書每相通用。《尚書・洪範》：「不罹于咎。」伏勝《尚書大傳》作「不麗于咎」，《史記・宋微子世家》作「不離于咎」，是其證。麗，附著的意思。就卦象言，離為火，火附著於木；為日，日附著於天；為電，電附著於雲。就卦德言，離代表文明、亮麗、智慧，都必須附著在原質上面。就爻位言，六二附著在初九、九三二陽之間；六五附著在九四、上九二陽之間。是陰柔附著在陽剛中。就卦序言，離卦次於坎卦䷜之後，坎卦代表大洪水，在洪水橫流時，人必須攀附著堅固物體，才能免於流失。所以次以代表攀附的離卦。又坎卦䷜，上下反覆仍為坎卦，所以不以上下反覆為序，而以陰陽相變為序：以離卦䷝次於坎卦之後。就占筮言，當離六爻皆少，也就是本卦、之卦都是離；或坎䷜六爻皆老，也就是坎之離：這兩種情形，都以離卦辭占。

❷**利貞，亨**

六二附於兩陽之間，居中得正，故言「利貞」。乾卦辭曰：「元亨利貞。」亨在利貞之前；此言「利貞亨」，亨在利貞之後。意思是宜於遵守正道，方有亨通的成果。王弼《周易注》：「離之為卦，以柔為正；故必貞而後乃亨，故曰利貞亨也。」來知德《周易集註》：「六二居下離之中則正；六五居上離之中則不正，故利于正而後亨。」

❸**畜牝牛，吉**

〈說卦傳〉：「坤為牛。」「為子母牛。」離☲為坤二入乾，〈說卦傳〉：「離再索而得女。」劉百閔據此，於所著《周易事理通義》云：「坤為牝牛，為子母牛。離為再索於坤而得之卦，故亦有牝牛象。猶之乾為馬，震坎一索再索於乾而得之卦，皆有馬象；此即相因而取象也。」至其大義，柔附麗於剛，情附麗於性，利附麗於義，若牝牛附麗於牡牛。人如能如此自我修養，則吉。程《傳》：「畜牝牛，謂養其順德。」案：卦辭此句與九四爻辭參看，再參考大壯六五爻辭：「喪羊于易，无悔。」旅上九爻辭：「鳥焚其巢，旅人先笑後號咷，喪牛于易，凶。」以及《山海經・大荒東經》：「王亥託於有易，河伯僕牛。有易殺王亥，取僕牛。」其事似有所關聯。

語譯

三畫的離在下，三畫的離在上，重疊成六畫的離卦。是依附的意思。宜於遵守正道，方能亨通。培養像母牛般柔順的品德，才有收穫。

附錄古義

《釋名・釋天》：「午於《易》為離。離，麗也；物皆附麗，陽氣以茂也。」

《後漢書・荀爽傳》：「爽陳便宜云：『臣聞之於師曰：漢為火德，火生於木，木盛於火，故其德為孝；其象在《周易》之離。夫在地為火，在天為日；在天者用其精，在地者用其形。』」

彖傳

離，麗也❶。日月麗乎天，百穀草木麗乎土❷。重明以麗乎正，乃化成天下❸。柔麗乎中正，故亨；是以畜牝牛吉也❹。

注釋

❶離，麗也

離有分離義；麗有附著義。〈彖傳〉以附著之麗釋分離之離，似隱含「分即是合，合即是分；分分合合，亦合亦分」之義。《史記・屈原列傳》：「離騷者，猶離憂也。」班固〈離騷贊序〉則說：「離猶遭也；騷，憂也。」是離本亦有分合兩義在。呂大臨《易章句》：「離明而有所麗也。火之為物，麗於物而後見，故離為明，為麗。」楊時《龜山易說》：「離為火，火無常形，麗物而有形，故離麗也。」皆能就離為火之現象說明離之所以為附麗之事實。劉百閔《周易事理通義》：「離之義為麗，離為麗之叚字，而麗為本字。凡卦名義皆與字義相同，獨離字義與卦名義迥異，則以離為麗之叚借也。……麗本字『丽』，象兩鹿皮附著之形；麗皮者，合兩皮為一，既有兩分義，亦有附著義。」案：古有一字兼具正反二義者，如《尚書・泰誓中》「予有亂臣十人」，亂，治也。《易・繫辭上》「其臭如蘭」，臭，香馥也。《朱子語類》：「古來自有這般兩用底字，如亂又喚做治。」已見及此。屯〈彖傳〉：「宜建侯而不寧。」不寧即大寧，亦此類也，參見彼注。再案：邵雍說麗，又出華麗一義。參見注❷及離〈說卦傳〉注❼。

❷**日月麗乎天；百穀草木麗乎土**

來知德《周易集註》：「五為天位，故上離有日月麗天之象，此以氣麗氣者也；二為地位，故下離有百穀草木麗土之象，此以形麗形者也。麗附物，故有氣有形。」王船山《易內傳》：「麗者，依質而生文之謂。日月附天氣以運；百穀草木依地德以榮。未有無所麗而能奠其位發其美者也。」案：來、王兩家之言甚是。惟可補充者有二：一、設天無日月，土無百穀，此天地成何天地？故文雖依質，質亦不可無文。二、日月麗天，寒暑往來，晴雨交替，此百穀草木所以能附麗於土之故也。二者似有因果關係。以上〈彖傳〉文皆釋卦名「離」字的意義。考《文心雕龍・原道》：「文之為德也大矣，與天地並生者何哉？夫玄黃色雜，方圓體分，日月疊璧，以垂麗天之象；山川煥綺，以鋪理地之形：此蓋道之文也。」以為文心原道，實脫胎於此。邵雍以麗有華麗一義，信然！

❸**重明以麗乎正，乃化成天下**

〈說卦傳〉：「離也者，明也。」重明，指上離明與下離明。上離明，指日月麗天，在上者英明；下離明，指百穀草木繁生，在下者賢明。如此，天化地育，明德新民，能依附正道，就可以化成天下，止於至善。來知德《周易集註》：「重明者，上離明，下離明也。上下君臣，皆麗乎正，則可以化成天下，而成文明之俗矣。」劉百閔《周易事理通義》：「《大學》：『大學之道，在明明德，在新民，在止於至善。』明明不已，大人之德；而止於至善，即麗乎正之義；故曰乃化成天下也。」「重明以麗乎正」即「利貞」；「化成天下」即「亨」。

❹**柔麗乎中正，故亨；是以畜牝牛吉也**

柔，指六二具陰柔之德；麗乎，指介於初九、九三兩陽之間；中，居離下卦之中；正，以六居二得正。言陰柔要依靠陽剛之支持，至適中正確之地步，方能亨通；例如畜養母牛，就必須如此，才有收穫。關於「柔」，虞翻以為指「六五」。虞氏說「卦變」有「成既濟定」之說：凡卦之爻不正，皆當變為正，如既濟

☲狀態，方能安定；因此離上卦要變成坎才是。虞翻《周易注》釋「日月麗乎天」：「乾五之坤成坎為月，離為日，日月麗天也。」便用此說。六五表面是柔是陰，此又稱「飛」；實際是陽，居中得正，此又稱「伏」。所以虞《注》：「柔謂五陰，中正謂五伏陽，出在坤中。」程頤、來知德都以為兼指六二、六五。程《傳》：「二五以柔順麗於中正，所以能亨。人能養其至順以麗中正，則吉。故曰畜牝牛吉也。或曰：二則中正矣，五以陰居陽，得為正乎？曰：離主於所麗。五，中正之位；六，麗於正位，乃為正也。學者知時義而不失輕重，則可以言《易》矣。」來氏《周易集註》：「柔麗乎中正者，分言之，六五麗乎中；六二麗乎中正也。總言之，柔皆麗乎中正也。惟其中正，所以利貞而後亨；惟柔中正而後亨，所以當畜牝牛，養其柔順中正之德，而後吉也。」〈彖傳〉此數句言「利貞」而「亨」以及與「畜牝牛吉」之關係。

語譯

離，是依附的意思。日月依附著天空；農作物和草木依附著土地。領導者英明，工作者賢明，都能遵循著正道，這樣就能化民成俗，使天下止於至善。溫柔敦厚要依賴陽剛作支柱，作到適中正確的地步，所以能亨通。因此要培養像母牛般柔順中正的品德，才有收穫。

附錄古義

《論衡・說日篇》：「儒者說曰：『日行一度，天一日一夜行三百六十五度。天左行，日月右行，與天相迎。』問：『日月之行也，繫著於天也；日月附天而行，不直行也。何以言之？《易》曰：「日月星辰麗乎天，百果草木麗於土。」麗者，附也；附天所行，若人附地而圓行：其取喻若蟻行於磑上焉。』」

象傳

明兩作，離❶，大人以繼明照于四方❷。

注釋

❶明兩作，離

離為日，代表光明。離卦由離下離上構成，所以說「明兩作」。孔穎達《正義》：「離為日，日為明，今有上下二體，故云明兩作離也。」《朱子語類》：「明兩作，猶言水洊至。今日明，來日又明。明字便是指日而言。只是一箇明，兩番作。」

❷大人以繼明照于四方

王弼《周易注》：「繼，謂不絕也。明照相繼，不絕曠也。」來知德《周易集註》：「繼明，如云聖繼聖也，以人事論，乃日新又新，緝熙不已也。照于四方者，光被四表也。大人以德言則聖人；以位言則王者。其所謂明者，內而一心，外而應事接物，皆明也。是以達事理、辨民情，天下之邪正得失皆得而見之；不必以察為明，而明照于四方矣。重明者，上下明也。繼明者，前後明也。〈彖〉言二五君臣，故以重明言之；〈象〉言明兩作，皆君也。故以繼明言之。」

語譯

光明的太陽天天會升起，構成離卦；有道德有地位的大人也要日新又新，不斷散發光明，照耀著四方！

附錄古義

《中論・智行》：「聖人之可及，非徒空行也，智也。伏羲作八卦，文王增其辭：斯皆窮神知化，豈徒特行善而已乎？《易・離象》稱『大人以繼明照於四方』。且大人，聖人也；其餘象皆稱君子。蓋君子通於賢者也。聰明，惟聖人能盡之；大才通人，有而不能盡也。」

繫辭傳下

作結繩而為罔罟，以佃以漁❶，蓋取諸離❷。

注釋

❶作結繩而為罔罟，以佃以漁

作，創作、發明。《說文》：「网，庖犧氏所結繩以田以漁也，从冂，下象网交文。罔，或加亡；網，或从糸。……罟，网也，从网，古聲。」是罔、網本一字，初但作网，後加亡為聲符，加糸示其材質。罟亦网也，或音為古。佃，畋獵；漁，捕魚。罔罟，可以捕鳥，捕獸，捕魚。案：此言「作結繩」而上歸於「古者包犧氏之王天下」，然《世本・作篇》：「伏羲制儷皮嫁娶之禮。伏羲作琴。……芒作網。」宋衷注曰：「芒，庖犧之臣。」蓋皆為傳說，不必執著也。

❷蓋取諸離

韓康伯《注》：「離，麗也。罔罟之用，必審物之所麗也。魚麗于水，獸麗于山也。」強調罔罟之作，必須配合獵物活動之空間。朱震《漢上易傳》：「離目，網目謂之罟；兩目相連，結繩為之網罟也。」則以網目類離目，蓋以離之爻象取義。案：此句先言「蓋取」，則非以為必然。兩說無妨並存。胡瑗《繫辭解》：「蓋者，疑之辭也。言聖人創立其事，不必觀此卦而成之。蓋聖人作事立器，自然符合於此之卦象也。非準擬此卦而後成之，故曰蓋取。」是也。

語譯

伏羲氏創造了用編結繩子的方法來製作網子，用來畋獵，用來捕魚，大概是由離六爻的形狀取得網目連接的靈感吧！

說卦傳

日以烜之❶。……相見乎離❷。……離也者，明也。萬物皆相見，南方之卦也❸。聖人南面而聽天下，嚮明而治，蓋取諸此也❹。……燥萬物者莫熯乎火❺。……故水火相逮❻。……離，麗也❼。……離為雉❽。……離為目❾。……離再索而得女，故謂之中女❿。……離為火，為日，為電⓫；為中女⓬；為甲冑，為戈兵⓭；其於人也，為大腹⓮；為乾卦⓯；為鱉，為蟹，為蠃，為蚌，為龜⓰；其於木也，為科上槁⓱。

注釋

❶日以烜之

朱熹《本義》在第四章。離為日；烜《釋文》作晅，引京（房）云「乾也」。言日能曬乾萬物也。《周禮．

秋官》有「司烜氏」，掌理用陽燧（金屬凹鏡）在日光下取火。

❷**相見乎離**

朱本在第五章。依據下文，此句有兩層意思。第一層是自然層次。離在方位上代表南方，在季節上代表夏天。夏天草木蕃盛，動物活躍，紛紛出現，相會相見。第二層是人事層次。人類效法自然，盡己之心，盡人之心，盡物之心，贊助萬物共榮的世界。參見注❸、❹。

❸**離也者，明也。萬物皆相見，南方之卦也**

朱本在第五章。離為火、為日，故明。《漢上易傳》引鄭玄曰：「萬物皆相見，日照之使光大。」項安世《周易玩辭》：「離火主夏，故為南方之卦。」案：《易緯・乾鑿度》：「離長之於南方，位在五月。」又云：「成於離，離，南方之卦也，陽得正於上，陰得正於下，尊卑之象定，禮之序也，故南方為禮。」《易緯》此言受五行家影響，以離為南方，為禮，蓋能推天道以明人事，與〈說卦傳〉之言，可以互參。

❹**聖人南面而聽天下，嚮明而治，蓋取諸此也**

此與我國古代建築有密切關係。古代房屋一般向南，建築在一個高出地面的臺基上面。屋內空間分為堂、室、房三部分。前面是堂，通常為會客、行禮之處，不住人；堂的後面是室，住人，是不輕易讓外人進去的，所以《論語・先進》：「由也升堂矣，未入於室也。」室的東、西兩側是東房和西房。由於會客在堂，主人每朝南向外，作為統治者尤其如此。《論語・為政》：「子曰：為政以德，譬如北辰，居其所而眾星共之。」北辰就是北極星，在北斗七星中的天璇星、天樞星延長五倍的距離，就是北極星的位置。北辰為眾星所拱，就像聖人為萬民所擁戴一樣，是非常尊貴的地位。再就現實面來說，我國位於北半球，太陽由南方照過來，朝南正好向陽取暖。「嚮明而治」，大意取此。這一切為什麼要在「離卦」說明呢？原來北斗七星，斗柄指東，為春；斗柄指南，為夏；斗柄指西，為秋；斗柄指北，為冬。離為南方之卦，主夏，斗柄正好指南。張栻《南軒易說》：「離也者，於方為南，於時為夏，萬物亨嘉而相見。聖人出人天之本宗，應帝王之興起，南面而聽天下，嚮明而治，亦體天道以臨其人者也，故曰『蓋取諸此』，言其不恃其明以聽天下者乎？」似已有見於此。

❺**燥萬物者莫熯乎火**

朱本在第六章。熯，熱烘也。《說文》引《易》字作暵，乾也。又出「熯」字，乾貌。《說文・日部》：「暵，乾也。耕暴田曰暵，从日，莫聲。《易》曰：『燥萬物者莫暵乎火。』」《說文・火部》：「熯，乾皃。从火，漢省聲。《詩》曰：『我孔熯矣。』」

❻**故水火相逮**

朱本在第六章。已見坎卦〈說卦傳〉注❻。

❼**離，麗也**

朱本在第七章。邵雍《皇極經世・觀物外篇》：「離，麗也，一陰麗於二陽，其卦錯然成文而華麗也，故天下之麗莫如火，又為附麗之麗。」參閱離卦〈彖傳〉注❶。

❽**離為雉**

朱本在第八章。雉是一種長尾的大型鳥類，羽毛備有各種鮮豔的顏色，非常漂亮。用來和華麗的離卦相比配，是十分恰當的。孔穎達《正義》：「離為文明，雉有文章，故離為雉。」

❾**離為目**

朱本在第九章。《郭氏傳家易說》白雲曰：「離明利視。」項安世《周易玩辭》：「人覺則神在目，寐則神在耳。故覺則用目而視，離日主晝也；寐則用耳而寤，坎月主夜也。」

❿**離再索而得女，故謂之中女**

朱本在第十章。離卦是乾再度向坤索求而得到的女孩。《正義》：「乾二求得坤氣為離，故曰中女。」

⓫**離為火，為日，為電**

自此至末句「為科上槁」，朱本皆在第十一章。〈象傳〉於睽☲言「火動而上」，於革☲言「水火相息」，於鼎☲言「以木巽火」，諸火字皆指離；〈象傳〉曰：「天與火同人」、「火在天上大有」、「山下有火賁」、

「風自火出家人」、「上火下澤睽」、「澤中有火革」、「木上有火鼎」、「山上有火旅」、「水在火上既濟」、「火在水上未濟」，諸火字亦皆指離。日字於《周易》經傳中屢見，然獨指離者殊鮮。〈彖傳〉於噬嗑亖言「雷電合而章」；〈象傳〉言：「雷電噬嗑」、「雷電皆至豐」。諸電字皆為離。火、日、電皆光明之物，而離為明，故取象如此。《集解》引鄭玄曰：「取火明也，久明似日，暫明似電也。」

⓬**為中女**

《集解》引荀爽曰：「柔在中也。」參見注❿。

⓭**為甲冑，為戈兵**

甲，戰衣；冑，頭盔。《正義》：「為甲冑，取其剛在外也；為戈兵，取其剛在於外，以剛自捍也。」

⓮**其於人也，為大腹**

其，假設連詞，若也，如也。《南軒易說》：「腹陰而有容，坤為腹，而離得坤在中，故為大腹。」

⓯**為乾卦**

乾，乾燥之乾。《集解》：「火日熯燥物，故為乾卦也。」鄭玄、董遇並以乾當作幹。《釋文》〈補宋本〉：「乾卦，古丹反。鄭云：『乾當為幹。陽在外能幹正也。』董作幹。」古聲母為ㄍ，丹韻母為ㄢ，合之正音ㄍㄢ也。

⓰**為鱉，為蟹，為蠃，為蚌，為龜**

此五種動物，皆外具甲殼，而柔肉在內。蠃，古蠃螺同字異形。《集解》：「此五者皆取外剛內柔也。」

⓱**其於木也，為科上槁**

《集解》引宋衷曰：「陰在內，則空中。木中空，則上枯槁也。」《正義》：「科，空也，陰在內為空。木既空中者，上必枯槁也。」釋義是也。《釋文》：「荀爽《九家集解》本離後有一為牝牛。」《本義》：「荀九家有『為牝牛』。」

語譯

太陽來曬乾它。……萬物紛紛出現，與人共存共榮，在這代表南方和夏季的離。……離呢，象徵光明亮麗呀！萬物都紛紛出現，是輪值到南方的一個卦啊！聖人面向南方，聽取各種意見，迎向光明而治理天下，大概是吸取了離這一卦的啟示吧！……能使萬物乾燥的，沒有乾過於火的。……所以水與火是既相反又相成的。……離，是華麗的依附。……離，是多采豔麗的長尾雞。……離代表眼睛。……離卦是乾向坤再度求取到的第二個女孩，所以叫做中女。……離，是火，是太陽，是閃電；是三個女兒中居中的一個；是鋼盔鐵衣，是戈矛兵器；假如是人的話代表大肚子；是能幹的卦；像鱉，像蟹，像螺，像蚌，像龜，外殼內肉；假如是樹木的話代表中空上枯。

序卦傳

陷必有所麗，故受之以離❶，離者，麗也❷。

注釋

❶**陷必有所麗，故受之以離**

韓康伯《注》：「物窮則變，極陷則反所麗也。」程《傳》：「陷於險難之中，則必有所附麗，理自然也，離所以次坎也。」李光地《周易折中・序卦明義》：「坎離得天地之中氣，義同乾坤；然六子之卦也，故又亞於乾坤。」

❷**離者，麗也**

麗為附麗。〈彖傳〉、〈說卦傳〉皆有「離，麗也」，參見彼注。

語譯

陷入險境必定要攀援依附著一些牢靠的東西，所以接著代表險境的坎卦之後的是離卦。離，是一陰攀援依附在二陽的中間。

雜卦傳

離上而坎下也❶。

注釋

❶**離上而坎下也** 離為火，火向上燒；坎為水，水向低處流。參見坎卦〈雜卦傳〉注釋。

語譯

離為火，向上燃燒；而坎為水，向下流動。

初九爻辭

初九❶：履錯然❷；敬之，无咎❸。

注釋

❶初九

當離初爻為老，他爻皆少，即由離之旅䷷；或節䷻初爻為少，他五爻皆老，即節之離：這兩種情形，都以離初九爻辭占。

❷履錯然

帛書作「禮昔然」，阜簡作「履昔然」。禮履、昔錯，都可以通假借用。履本義為鞋子，引申為踐行，履卦〈序卦傳〉：「履者，禮也。」請參閱履卦卦名及〈序卦傳〉之注釋。初九為陽剛之爻，其性上進；又在離卦，離為火，火性上燃：所以有履行前進之象。昔，假借為錯。《周禮・考工記・弓人》：「老牛之角紾而昔。」鄭玄《注》：「鄭司農云：『昔讀為交錯之錯，謂牛角觕理錯也。』玄謂昔讀『履錯然』之錯。」錯然，於己近乎躁動，處境則順逆交錯。當此之時，更應敬慎行事，所以又有敬慎貌之義。進入社會之初，面對錯綜複雜之世界，理應如此。王弼《周易注》：「錯然者，敬（《注》及《注疏》本均作警，此據《集解》本引改）慎之貌也。」程《傳》：「陽固好動，又居下而離體。陽居下則欲進；離性炎上，志在上麗，幾於躁動，其履錯然，謂交錯也。雖未進而跡已動矣。」《周易折中》引馮當可曰：「日方出，人夙興之晨也。履錯然，動之始也，於其始而加敬，則終必吉。禍福幾微，每萌於初動之時，故戒其初。」船山所重皆戒其克己慎始。《易內傳》：「履，始踐其境也；錯然，經緯相閒、文采雜陳之貌。」則錯然者指面對之世界。

❸**敬之，无咎**

在離之初，欲有所附麗，必以道為標的，以敬為先務。之，稱代詞，指自己的責任；也指己所面對之世界。弼《注》：「處離之始，將進而盛，未在既濟，故宜慎其所履，以敬為務，辟其咎也。」程《傳》：「初在下，无位者也。明其身之進退，乃所麗之道也。其志既動，不能敬慎，則妄動；是不明所麗，乃有咎也。」呂祖謙《東萊易說》：「大抵人之念慮，雖未發於外，要當制之於未動之先。蓋離是火，九是剛；火則炎上，剛則欲進。火與剛在乎用之如何耳！善用之則火為明，不善用之則為炎上；剛善用之則為正，不善用之則為躁進。故必敬於先，然後能无咎。」船山《易內傳》：「覩此物理錯陳之大觀，為物所眩而急於自見，咎道也。乃位於潛退，有敬慎之心焉，所以无咎。」

語譯

離卦初爻是陽爻。戰戰兢兢地初臨錯綜複雜的世界。要敬重自己的使命，也要敬重面對的世界，才不致有過失。

象傳

履錯之敬，以辟咎也❶。

注釋

❶**以辟咎也**

辟，通避。初九以剛始入錯綜複雜的社會；在離卦，代表明智，故知以敬避咎。程《傳》：「履錯然欲動，而知敬慎不敢進，所以求避免過咎也。居明而剛，故知而能辟；不剛明則妄動矣。」船山《易內傳》：「剛明可試，而急於自見，則咎。敬慎以辟除之，乃可以無浮明不終之害。」

語譯

處於錯綜複雜的世界，而敬慎行事，因此可以避免過錯啊！

六二爻辭

六二❶：黃離元吉❷。

注　釋

❶六二

當離第二爻為老，他爻皆少，即由離之大有䷍；或比䷇第二爻為少，他爻皆老，即比之離：這兩種情形，都以離六二爻辭占。

❷**黃離元吉**

帛書作「黃羅元吉」。六二是坤二入乾，居中得正。坤為土，土色黃；二在中，亦為黃。附麗在二陽之間，而成離卦。故曰黃離。〈文言傳〉釋坤六五「黃裳元吉」曰：「君子黃中通理，正位居體，美在其中；而暢於四支，發於事業，美之至也。」是「黃中」代表一種通理之美德。故有「元吉」之占語。弼《注》：「居中得正，以柔處柔，履文明之盛，而得其中，故曰黃離元吉也。」郭雍《傳家易說》：「離之六爻，二五為美。五得中而非正，柔麗乎中正，惟六二盡之。黃為中之色而德之至美者也，極美之至，是以元吉也。其義之美與坤六五相類；而其道則中庸之教也。」參閱離〈彖傳〉「柔麗乎中正，故亨」注釋。

語　譯

離卦陰居第二位。華貴的神采蘊含附著在身上，本來就是大吉大利的。

象傳

黃離元吉，得中道也❶。

注釋

❶得中道也

程《傳》：「離以中為重，所以成文明，由中也。」郭忠孝《兼山易解》：「六二，離之所以亨，柔麗乎中正，故亨也。黃離之所以元吉，文明而用中，故元吉也。故盡一卦之美，其惟六二乎！」所言甚是。項安世《周易玩辭》：「坤之六五，黃裳元吉，及索而成離，乃以六二為黃離元吉者：自坤言之，六五坤道之最盛者也，處盛而用柔中，故為元吉；若離則乾之本體，而坤來文之，其義以明為主，乾之九二，本自文明，而坤之六二，又以地道之光來居其位，光明如此，而以柔順中正將之，故曰黃離元吉，得中道也。」較論坤六五與離六二，闡發尤詳明。

語譯

華貴的神采蘊含附著在身上，本來就是大吉大利的；因為得到了中庸的道理啊！

九三爻辭

九三❶：日昃之離❷，不鼓缶而歌，則大耋之嗟，凶❸。

注釋

❶九三

當離第三爻為老，他爻皆少，即由離之噬嗑䷔；或井䷯第三爻為少，他爻皆老，即井之離：這兩種情形，都以離九三爻辭占。

❷日昃之離

帛書作「日禝之羅」，阜簡作「日𣅽之離」。《說文解字》：「𣅽，日在西方時側也。从日，仄聲。《易》曰：『日𣅽之離。』」段玉裁《注》：「《易》曰『日中則昃』，《孟氏易》作稷。《穀梁春秋經》『戊午日下稷』，古文叚借字。」昃，本作𣅽，隸定作昃。昃、稷古韻同，段玉裁皆列入第一部，朱駿聲皆列入頤部。故得假借。帛書作「禝」，殆為「稷」之誤字。〈說卦傳〉：「離為日。」《集解》引荀爽曰：「初為日出，二為日中，三為日昃，以喻君道衰也。」程《傳》：「離之義，在人事最大。九三居下體之終，是前明將盡，後明當繼之時。人之始終，時之革易也，故為日昃之離。」

❸不鼓缶而歌，則大耋之嗟，凶

帛書「缶」作「垢」，「則」作「即」，「耋」作「絰」，「嗟」作「𨲠」。阜簡僅存「歌則大」三字。鼓，動詞，敲擊。缶，土罐，可作樂器。耋、絰皆音碟，古籍耋、絰每相通借。《釋文》：「京作絰。」是京房本字亦作絰，與帛書同。《說文》：「年八十曰耋。」《爾雅・釋詁》：「嗟、咨、𨲠也」。《釋文》：「𨲠，本或作𨲠，《字林》云：『皆古嗟字。』」是嗟、䰐、𨲠，同字而異形。《集解》本嗟作差。《釋文》：「嗟，荀作差，下嗟若亦爾。」蓋通假字也。以象言，來知德《周易集註》：「離為大腹，又中虛，缶之象也。」三四五爻互體為兌，來氏所謂「中爻」，《註》云：「中爻兌口，歌與嗟之象也。」以義言，《論語・述而》記：「葉公問孔子於子路，子路不對。子曰：『女奚不曰：其為人也，發憤忘食，樂以忘憂，不知老之將至云爾。』」可移此作注腳。而《莊子・至樂》：「莊子妻死，惠子弔之，莊子則方箕踞鼓盆而歌。」則可作較論之資。程《傳》：「人之終盡，達者則知其常理，樂天而已，遇常皆樂，如鼓缶而歌；不達者則恐怛有將盡之悲，乃大耋之嗟，為其凶也。」

語譯

離卦陽爻居第三位。太陽傾斜，留戀著傍晚的西天。為什麼不敲敲空土罐子唱唱歌呢？要是七老八十，長嗟短歎，那可危險得很哪！

附錄古義

《風俗通・聲音》：「《易》稱：『日昃之離，不鼓缶而歌。』《詩》云：『坎其擊缶，宛丘之道。』缶者，瓦器；所以盛漿。秦人鼓之以節歌。」

象傳

日昃之離，何可久也❶。

注釋

❶何可久也

日斜於西，行將傾沒，自不可久；然日沒之後，旦將重出，亦不久也。日月麗天，人事革新，都應如此看。程《傳》：「日既傾昃，明能久乎？明者知其然也，故求人以繼其事，退處以休其身，安常處順，何足以為凶也。」

語　譯

太陽傾斜，留戀西天，怎麼可能長久呢？天黑了，黎明還會遠嗎？

九四爻辭

九四❶：突如其來如❷，焚如，死如，棄如❸。

注釋

❶九四

當離第四爻為老，他爻皆少，即由離之賁䷕；或困䷮第四爻為少，他爻皆老，即困之離：這兩種情形，都以離九四爻辭占。

❷突如其來如

帛書作「出如來如」，阜簡作「其出如其來如」。如，語尾助詞，無義。以象言，劉百閔《周易事理通義》：「二三四爻為巽，巽為進退（〈說卦〉文）。凡三四爻稱進退，稱往來（見清成蓉鏡《周易釋爻例》）；故曰突如其來如。」以義言，弼《注》：「處於『明』道始變之際，昏而始曉，沒而始出，故曰突如其來如。」程《傳》則綜合象義而詳言之：「九四，離下體而升上體，繼明之初，故言繼承之義。在上而近君，繼承之地也。以陽居離體而處四，剛躁而不中，且重剛以不正，而剛盛之勢，突出而來，非善繼者也。」案：卦辭言「畜牝牛吉」，似與《山海經．大荒東經》所言「王亥託於有易，河伯僕牛」有關；此云「突如其來如」，亦似與《山海經》所言「有易殺王亥，取僕牛」有關。我有〈周易與神話傳說〉一文，在《周易縱橫談》中，曾論述其事。又大壯六五爻辭：「喪羊于易，无悔。」旅上九爻辭：「鳥焚其巢，旅人先笑後號咷，喪牛于易，凶。」所言或亦關乎此。參見彼二處注釋。李鏡池《周易通義》：「這是寫敵人的另一次襲擊：突然衝過來。」

❸**焚如，死如，棄如**

帛書「焚」作「紛」。阜簡僅存「焚如棄」三字。劉百閔曰：「離為火，故曰焚如；二三四五中爻（案：即互體）為大過䷛卦，大過為棺槨（〈繫辭傳下〉），故曰死如。三四五中爻為兌，兌為毀折，為附決，故曰棄如。離四當附離之時，與初為敵應，乘三之陽，承五之柔，居多懼之地，不利於剛，故有突如其來如，焚如死如棄如之象，謂其無可附麗也。」專以象言。弼《注》：「其明始進，其炎始盛，故曰焚如。逼近至尊，履非其位，欲進其盛，以炎其上，命必不終，故曰死如。違離之義，无應无承，眾所不容，故曰棄如也。」程《傳》：「夫善繼者，必有巽讓之誠，順承之道，若舜、啟然。今四突如其來，失善繼之道也。又承六五陰柔之君，其剛盛陵爍之勢，氣燄如焚然，故云焚如；四之所行，不善如此，必被禍害，故曰死如；失繼紹之義，承上之道，皆逆德也，眾所棄絕，故曰棄如。至於死棄，禍之極矣，故不假言凶也。」分由象、義立說，甚是。

語譯

離卦陽爻居第四位。突然地災禍來了，焚燒啊！殺戮啊！喪失了農作物、牲畜和土地。

附錄古義

《鹽鐵論・雜論》：「桑大夫據當世，合時變，推道術，尚權利，辟略小辯；雖非正法，然巨儒宿學，惡然大能自解，可謂博物通士矣。然攝卿相之位，不引準繩以道化下，放於利末，不師始古。《易》曰：『焚如，棄如。』處非其位，行非其道，果隕其性，以及厥宗。」

象傳

突如其來如，无所容也❶。

注釋

❶**无所容也**　容，指上逼六五，下敵初九，不為對方容忍，亦指自己失位，無處容身。程《傳》：「上陵其君，不順所承，人惡眾棄，天下所不容也。」案：郭璞《山海經注》引真本《竹書紀年》：「殷王子亥賓於有易而淫焉，有易之君緜臣殺而放之。」似為「无所容」之因。

語譯

突然地災禍來了，作出不為人所能容忍的事，以致自己也就無處容身啊！

六五爻辭

六五❶：出涕沱若，戚嗟若❷，吉❸。

注釋

❶六五

當離第五爻為老，他爻皆少，即由離之同人䷌；或師䷆第五爻為少，他爻皆老，即師之離：這兩種情形，都以離六五爻辭占。

❷出涕沱若，戚嗟若

涕，眼淚。沱，淚多貌。嗟，帛書作「⿱髟左」，阜簡僅存「差若」二字，《集解》本嗟亦作差。六五以柔居尊，失位無應，下乘四剛，為四所迫，故有此象。弼《注》：「履非其位，不勝所履，以柔乘剛，不能制下，下剛而進，將來害己，憂傷之深，至於沱嗟也。」朱熹《本義》：「以陰居尊，柔麗乎中，然不得其正，而迫於上下之陽，故憂懼如此。」皆已說明此意。又來知德《註》云：「二五皆以柔麗乎剛，二之辭安，五之辭危者，二中正，五不正故也。」則較論離二、五之辭，而言其原因。

❸吉

六五居尊守中，體離為明，能知憂患，故可獲吉。《孟子・告子下》：「人恆過然後能改。困於心，衡於慮而後作；徵於色，發於聲而後喻。入則無法家拂士，出則無敵國外患者，國恆亡。然後知生於憂患死於安樂也。」即此之意。程《傳》：「居尊位而文明，知憂畏如此，故得吉。若自恃其文明之德，與所麗中正，泰然不懼，則安能保其吉也。」案：伊川之言甚好，然六五居中而未正，「所麗中正」似宜作「所麗得中」。又《周易折中》引蔡淵曰：「坎離之用在中，二五皆卦之中也。坎五當位而二不當位，故五為勝；離二當位而五不當位，故二為勝。」較論坎離二五甚是。又引劉定之曰：「坎者陰險之卦，惟剛足以濟之，沈潛剛克也；離者陽躁之卦，惟柔足以和之，高明柔克也。二五同歸於吉，以柔而然也。」以坎離與《尚書・洪範》：「沈潛剛克，高明柔克。」並論，亦引人觸類旁通。

語譯

離卦陰爻居第五位。流出的眼淚如大雨般紛紛落下，悲淒得長吁短歎，仍然有美好的結果。

象傳

六五之吉，離王公也❶。

注釋

❶**離王公也**

離，附麗，居於之意。六五為王位，而欲與九四〈小象〉「无所容也」的「容」叶韻，並湊足四字，所以「王」下連「公」而言之。孔穎達《周易正義》：「以其所居在五，離附於王公之位，被眾所助，故得吉也。五為王位而言公者，此連王而言公，取其便文以會韻也。」此一說也。又《釋文》：「離，音麗。鄭(玄)作麗。王肅云：『麗王者之後，為公。』」則以六五附於王後，故為公。王者誰？上九也，參閱離上九爻辭「王用出征」注釋。此又一說也。然與《易緯・乾鑿度》所言：「初為元士，二為大夫，三為三公，四為諸侯，五為天子，上為宗廟。」不能符合。

語譯

離卦六五所以會有美好的結果，是因為恰好站在國王的位置啊！

上九爻辭

上九❶：王用出征❷，有嘉折首❸，獲匪其醜❹，无咎❺。

注釋

❶**上九**

當離上爻為老，他爻皆少，即由離之豐䷶；或渙䷺上爻為少，他爻皆老，即渙之離：這兩種情形，都以離上九爻辭占。

❷**王用出征**

帛書作「王出正」。征从正得聲，故得通假。王用出征，有二說。一、王，指六五；用，任用上九；出征，出征逼王之九四。六五乘剛，為九四所逼；而上承陽，順承上九，尚賢得輔，故有此象。來知德《註》：「王指五，離為日，王之象也。用者，用上九也。」李道平《周易集解纂疏》：「離為甲冑，為戈兵，有出征之象。」言象不採虞翻卦變飛伏之說，惟據〈說卦傳〉，可作參考。程《傳》：「九以陽居上，在離之終，剛明之極者也。明則能照；剛則能斷。能照足以察邪惡；能斷足以行威刑。故王者宜用如是剛明以辨天下之邪惡而行其征伐。」是也。二、王指上九，此王肅之說。考帛書無「用」字，惟曰「王出征」，則出征之王即上九本爻也，王肅說似有所本。《易》無定象，讀者自擇之。

❸**有嘉折首**

程頤、來知德以「有嘉」屬上句；王弼、李鼎祚《集解》則以「有嘉折首」為句。此從王、李。有嘉，孔穎達《正義》謂「有嘉美之功」。近人李鏡池作《周易通義》，則以為國名。折首之首，或以為人頭；或以為魁首。李道平云：「居一卦之上，近取諸身，有首象；互兌（三四五爻互體成☱）為毀折，有折首之象。」蓋以為人頭。程《傳》：「但當折取其魁首。」則以為首惡。案：有易之君緜臣殺殷之先祖王亥。王亥弟恆、恆子上甲微，先後立為殷王。郭璞《山海經注》引真本《竹書紀年》：「是故殷主甲微假師於河伯以伐有易，遂殺其君緜臣。」未悉此有嘉是否為彼之有易？待考。

❹獲匪其醜

帛書作「獲不戠」。不、匪，皆假借為非。戠，于豪亮《帛書周易》云：「戠當假為魗。」魗與醜古今字，類也。獲非其醜，言執獲非首惡同類者，皆赦免之，使來順從也。《漢書・陳湯傳》引劉向上疏云：「《易》曰：『有嘉折首，獲非其醜。』言美誅首惡之人，而諸不順者皆來從也。」程《傳》：「但當折取其魁首，所執獲者，非其醜類，則无殘暴之咎也。《書》曰：『殲厥渠魁，脅從罔治。』」案：《山海經・大荒東經》：「河念有易，有易潛出，為國于獸方食之，名曰搖民。」郭璞《注》：「言有易本與河伯友善，上甲微殷之賢王，假師以義伐罪，故河伯不得不助滅之。既而哀念有易，使得潛化而出，為搖民國。」吳其昌〈卜辭所見殷先公先王三續考〉以為「嬴民」即「搖民」，聲之轉也。為秦之先祖。

❺无咎

可以正邦，又大有功，故无咎。參閱離上九〈象傳〉注釋。王弼《注》：「必有嘉折首，獲匪其醜，乃得无咎也。」程《傳》：「則无殘暴之咎也。」

語譯

離卦陽爻居最上位。國王六五任用英明剛毅的上九出兵征伐犯上的九四，獎賞上九能斬除首惡，獲得被裹脅的良民來歸順，使國家免於災害。

附錄古義

《漢書・陳湯傳》：「劉向上疏云：《易》曰：『有嘉折首，獲非其醜』：言美誅首惡之人，而諸不順者皆來從也。」

象傳

王用出征，以正邦也❶。

注釋

❶以正邦也

程《傳》：「王者用此上九之德，明照而剛斷，以察除天下之惡，所以正治其邦國，剛明居上之道也。」

案：《經典釋文》：「王肅本此下更有『獲匪其醜，大有功也。』」朱震《漢上易傳》：「疑今本脫之。」

語譯

國王任用上九出兵征討，來使國家政治歸於正常啊！

附錄一

《周易本義》卷首所載〈筮儀〉

擇地潔處為蓍室，南戶，置牀於室中央。

牀大約長五尺，廣三尺，毋太近壁。

蓍五十莖，韜以纁帛，貯以皁囊，納之櫝中，置於牀北。

櫝以竹筒，或堅木，或布漆為之。圓徑三寸，如蓍之長。半為底，半為蓋。下別為臺函之，使不偃仆。

設木格於櫝南，居牀二分之北。

格以橫木板為之，高一尺，長竟牀。當中為兩大刻，相距一尺；大刻之西為三小刻，相距各五寸許。下施橫足，側立案上。

置香爐一于格南，香合一于爐南，日炷香致敬。將筮，則灑掃拂拭，滌硯一注水，及筆一，墨一，黃漆板一，于爐東。東上，筮者齊潔衣冠北面，盥手焚香致敬。

筮者北面，見《儀禮》。若使人筮，則主人焚香畢，少退，北面立。筮者進立于牀前少西，南向受命。主人直述所占之事，筮者許諾。主人右還西向立，筮者右還北向立。

兩手奉櫝蓋，置于格南爐北。出蓍于櫝，去囊解韜，置于櫝東。合五十策，兩手執之，薰于爐上。

此後所用蓍策之數，其說並見《啟蒙》。

命之曰：「假爾泰筮有常，假爾泰筮有常。某官姓名，今以某事云云，未知可否，爰質所疑于神于靈。吉凶得失，悔吝憂虞，惟爾有神，尚明告之。」乃以右手取其一策，反于櫝中。而以左右手中分四十九策，置格之左右兩大刻。

此第一營，所謂分而為二以象兩者也。

次以左手取左大刻之策執之，而以右手取右大刻之一策，掛于左手之小指閒。

此第二營，所謂掛一以象三者也。

次以右手四揲左手之策。

此第三營之半，所謂揲之以四以象四時者也。

次歸其所餘之策，或一、或二、或三、或四，而扐之左手无名指閒。

此第四營之半，所謂歸奇于扐以象閏者也。

次以右手反過揲之策于左大刻，遂取右大刻之策執之，而以左手四揲之。

此第三營之半。

次歸其所餘之策如前，而扐之左手中指之閒。

此第四營之半，所謂再扐以象再閏者也。一變所餘之策：左一則右必三，左二則右亦二，左三則右必一，左四則右亦四。通掛一之策，不五則九。五以一其四而為奇，九以兩其四而為耦。奇者三而耦者一也。

次以右手反過揲之策于右大刻，而合左手一掛二扐之策，置于格上第一小刻。

以東為上，後放此。

是為一變。再以兩手取左右大刻之蓍合之。

或四十四策，或四十策。

復四營如第一變之儀，而置其掛扐之策于格上第二小刻，是為二變。

二變所餘之策：左一則右必二，左二則右必一，左三則右必四，左四則右必三。通掛一之策，不四則八。四以一其四而為奇，八以兩其四而為耦。奇耦各得四之二焉。

又再取左右大刻之蓍合之。

或四十策，或三十六策，或三十二策。

復四營如第二變之儀，而置其掛扐之策于格上第三小刻，是為三變。

三變餘策，與二變同。

三變既畢，乃視其三變所得掛扐過揲之策，而畫其爻于版。

掛扐之數，五四為奇，九八為耦。掛扐三奇合十三策，則過揲三十六策而為老陽，其畫為□，所謂重也；掛扐兩奇一耦合十七策，則過揲三十二策而為少陰，其畫為--，所謂拆也；掛扐兩耦一奇合二十一策，則過揲二十八策而為少陽，其畫為一，所謂單也；掛扐三耦合二十五策，則過揲二十四策而為老陰，其畫為╳，所謂交也。

如是每三變而成爻。

第一、第四、第七、第十、第十三、第十六，凡六變並同。但第三變以下不命，而但用四十九蓍耳。第二、第五、第八、第十一、第十四、第十七，凡六變亦同。第三、第六、第九、第十二、第十五、第十八，凡六變亦同。

凡十有八變而成卦。乃考其卦之變，而占其事之吉凶。

卦變別有圖。說見《啟蒙》。

禮畢，韜蓍襲之以囊，入櫝加蓋，斂筆硯墨版，再焚香致敬而退。

如使人筮，則主人焚香，揖筮者而退。

附錄二

《周易啟蒙・考變占第四》（節錄）

凡卦六爻皆不變，則占本卦彖辭。而以內卦為貞，外卦為悔。

彖辭為卦下之辭。孔成子筮立衛公子元，遇屯，曰：「利建侯。」秦伯伐晉，筮之遇蠱，曰：「貞風也，其悔山也。」

一爻變，則以本卦變爻辭占。

沙隨程氏曰：「畢萬遇屯之比，初九變也。蔡墨遇乾之同人，九二變也。晉文公遇大有之睽，九三變也。陳敬仲遇觀之否，六四變也。南蒯遇坤之比，六五變也。晉獻公遇歸妹之睽，上六變也。」

二爻變，則以本卦二變爻辭占，仍以上爻為主。

經傳無文，今以例推之當如此。

三爻變，則占本卦及之卦之彖辭。而以本卦為貞，之卦為悔。前十卦主貞，後十卦主悔。

凡三爻變者，通二十卦，有圖在後。沙隨程氏曰：「晉公子重耳筮得國，遇貞屯悔豫皆八。蓋初與四五凡三爻變也。初與五用九變，四用六變，其不變者二三上，在兩卦皆為八。故云皆八。而司空季子占之曰：『皆利建侯。』」

四爻變，則以之卦二不變爻占，仍以下爻為主。

經傳亦無文，今以例推之當如此。

五爻變，則以之卦不變爻占。

穆姜往東宮，筮遇艮之八。史曰：「是謂艮之隨。」蓋五爻皆變，唯二得八，故不變也。法宜以係小子失丈夫為占；而使妄引隨之彖辭以對，則非也。

六爻變，則乾坤占二用；餘卦占之卦彖辭。

蔡墨曰：「乾之坤，曰：『見群龍无首吉』是也。然群龍无首，即坤之牝馬先迷也；坤之利永貞，即乾之不言所利也。」

附圖三十二，錄一。（說明文字係慶萱所加）

䷀乾

此一卦六爻皆不變，占本卦卦辭。

䷫姤　䷌同人　䷉履　䷈小畜　䷍大有　䷪夬

以上六卦一爻變，則以本卦變爻辭占。

䷠遯　䷅訟　䷸巽　䷱鼎　䷛大過
䷘无妄　䷤家人　䷝離　䷰革
䷼中孚　䷥睽　䷹兌
䷙大畜　䷄需
䷡大壯

以上十五卦二爻變，以本卦二變爻辭占，以上爻為主。

䷋否　䷴漸　䷷旅　䷞咸
䷺渙　䷿未濟　䷮困
䷑蠱　䷯井　䷟恆
䷩益　䷔噬嗑　䷐隨
䷕賁　䷾既濟　䷶豐
䷨損　䷻節　䷵歸妹
䷊泰

以上二十卦三爻變，則占本卦及之卦之卦辭。前十卦初爻皆變，以本卦卦辭為主；後十卦初爻皆不變，以之卦卦辭為主。

䷓觀　䷢晉　䷬萃

䷳艮　䷦蹇　䷽小過

䷃蒙　䷜坎　䷧解　䷭升

䷚頤　䷂屯　䷲震　䷣明夷　䷒臨

以上十五卦四爻變，以之卦二不變爻占，以下爻為主。

䷖剝　䷇比　䷏豫　䷎謙　䷆師　䷗復

以上六卦五爻變，則以之卦不變爻占。

䷁坤

此一卦六爻皆變，則乾坤占二用；餘卦占之卦卦辭。

◎新譯禮記讀本

姜義華／注譯
黃俊郎／校閱

禮治是先秦儒家的重要主張，《禮記》一書則是儒家論禮的文獻總彙。它的重點並不是在教人當如何行禮，而在如何認識、理解禮的真義，並確保禮能得到各方面的遵行。本書先以題解分析各篇原委、要點，再以章旨提綱挈領，並輔以詳明的注釋及切合原文的語譯，闡述流暢，期能幫助讀者對於古代典章制度、社會生活規範以及禮的真精神，有更深層的認識。

國家圖書館出版品預行編目資料

新譯周易六十四卦經傳通釋(上)／黃慶萱注譯.——
初版二刷.——臺北市：三民，2024
面； 公分.——（古籍今注新譯叢書）

ISBN 978-957-14-6993-5（平裝）
1. 易經 2. 注釋

121.12 109016589

古籍今注新譯叢書

新譯周易六十四卦經傳通釋(上)

注譯者 黃慶萱
創辦人 劉振強
發行人 劉仲傑
出版者 三民書局股份有限公司(成立於1953年)

三民網路書店
https://www.sanmin.com.tw

地址 臺北市復興北路386號 (復北門市) (02)2500-6600
臺北市重慶南路一段61號(重南門市) (02)2361-7511

出版日期 初版一刷 2021年3月
初版二刷 2024年7月
書籍編號 S034470
ISBN 978-957-14-6993-5